실전답안

행정법연습

정형근 저

동방문화사

새로운 책을 내면서

　이 책은 변호사시험, 사법시험·행정고시 등을 준비하는 수험생을 위하여 집필되었다. 이 책의 특징은 사례문제에 관한 해답을 실제 답안지 양식에 실전답안으로 작성해 놓은 점을 들 수 있다. 실전답안은 두 가지 유형으로 구성하였다. 당해 사례문제가 변호사 시험 출제경향에 맞는 소송실무 중심으로 되어 있으면, 변호사 시험 답안양식으로 작성하여 답안지 첫면에 [사례형(제1문)]으로 표기하였다. 반면, 법이론적이면서도 강학상의 쟁점을 다루는 전통적인 행정법 문제는 사법시험과 행정고시 등의 답안양식으로 작성하여 [제1문]으로 표기하였다.

　수험생들은 사례문제의 쟁점을 파악하고서도 어떻게 답안을 작성해야 하는지 어려워한다. 이 점을 감안하여 문제에 관한 해설은 교과서를 참고하지 않더라도 충분히 이해할 수 있도록 상세한 설명을 하였다. 그 후에 그 문제를 실제 답안에서 어떻게 적어야 하는지를 제시한 실전답안을 수록해 두었다. 이를 통하여 출제위원이 각 문제마다 어떤 쟁점을 중요시하는지, 배점의 비중은 어떠한지, 답안의 형식은 어떠해야 하는지를 알 수 있도록 하였다.

　이 책에서 다루는 사례문제는 기본적으로 주요 판례의 사실관계에서 추출하였다. 행정사건에 관련된 사례는 워낙 다양하여 어떤 유형의 사건으로 연습문제를 만들어야 할 것인지 어려운 작업이다. 일반적으로 행정소송에서 문제되었던 사안은 가장 중요하면서도 현실성 있는 쟁점들을 포함하고 있어 수험생들의 학습자료로는 유익하다. 그러나 대부분의 판례 사례는 지나치게 복잡하거나 단편적인 쟁점을 안고 있기에 적절한 정리가 필요하다. 그리하여 이 책에서는 수험적합성에 맞도록 사례문제를 단순화시키는 작업을 하였다. 가장 기본적이면서도 교과서의 기본이론으로 해결할 수 있는 쟁점을 지닌 설문을 제시하기도 하였다.

　변호사로 일하다가 대학으로 옮겨와서 법학전문대학원에서 전공과목인 「행정법」을 강의하면서, 법조실무 교수로서 「법조윤리」 과목도 맡게 되었다. 한국 최초로 로스쿨이 출범하였지만, 실무교육에 관한 기본교재도 없는 상황에서 강의교재와 수험서를 겸용할 수 있도록 2010년에 「법조윤리강의」, 2011년에 「공법기록형 공법소송실무」를 출간한 바 있다. 그리고 이제 행정법에 관한 사례연습 교재로서 「실전답안 행정법연습」을 내게 된 것을 기쁘게 생각한다. 새로운 저서를 내는 것은 두려운 일이지만, 부족한 부분에 관하여는 더욱 연구하고 보완해 간다는 자세를 갖고 있다.

지금은 추운 겨울이라 꽁꽁 언 땅을 뚫고 나오는 파란 새 싹이 그리워진다. 아름다운 벚꽃들이 만발하는 봄날이 다가오고 있다. 계절에 따른 자연의 봄은 시간이 지나면 어김없이 찾아오지만, 내 꿈을 맘껏 펼 수 있는 인생의 봄은 저절로 다가오지는 않는다. 각고의 노력을 통해서만 그런 시간을 맞이할 수 있다. 수험생 여러분 삶 속에 기쁘고 행복한 인생의 봄날이 깃들기를 기원한다.

이 책이 나오기까지 많은 분들의 도움을 받았다. 경희대학교 법과대학을 졸업하고 사법시험에 합격한 박병주 군은 사법연수원 입소를 앞두고 이 책이 조기에 출판될 수 있도록 크게 수고하였다. 박 군이 정의로운 법조인으로 크게 성장하기를 기도한다. 매일 연구실에서 오로지 연구에만 전념하도록 도와준 사랑하는 아내와 자녀들에게도 감사의 마음을 전한다. 아울러 이 책의 출판을 허락해 주신 동방문화사의 조형근 대표님과 편집작업으로 애써주신 김영옥 선생님에게도 감사의 인사를 드린다.

2012. 1. 30. 새 봄을 그리며

경희대학교 법학전문대학원 연구실에서

저자 **정 형 근** 씀

차 례

[1] 통치행위와 재량하자 ·· 1

- ✦ 특별사면, 특별감면조치
- ✦ 통치행위의 사법심사
- ✦ 행정규칙과 법적 효력
- ✦ 재량행위
- ✦ 재량하자
- ✦ 재량권의 일탈·남용
- ✦ 사실오인, 평등의 원칙
- ✦ 행정소송의 제소요건

『실전답안』

[2] 법치행정의 원칙과 수익적 행정행위의 취소 ·· 25

- ✦ 법치행정의 원칙
- ✦ 법률유보의 원칙
- ✦ 수익적 행정행위의 취소
- ✦ 특허
- ✦ 철회사유
- ✦ 상대방의 유책행위에 대한 제재로서의 철회
- ✦ 사인의 공법행위로서의 신고
- ✦ 수리를 요하는 신고
- ✦ 수리를 요하지 아니하는 신고
- ✦ 처분사유의 변경

『실전답안』

[3] 신뢰보호의 원칙 ·· 55

- ✦ 공적견해의 표명
- ✦ 보호가치
- ✦ 사인의 공법행위로서의 신고
- ✦ 수리를 요하지 않는 신고
- ✦ 수리를 요하는 신고
- ✦ 국적이탈신고

『실전답안』

[4] 법규명령과 행정규칙 ·· 72

- ✦ 법규명령 형식의 행정규칙
- ✦ 행정처분기준
- ✦ 과징금 액수의 법적 성격
- ✦ 재량권의 한계
- ✦ 재량권의 일탈·남용
- ✦ 비례의 원칙
- ✦ 무효와 취소의 구별기준

『실전답안』

[5] 법령보충적 행정규칙 ·· 90

- ✦ 법규를 내용으로 하는 행정규칙
- ✦ 택지개발업무처리지침
- ✦ 위임입법의 근거와 범위
- ✦ 사인의 공법행위로서의 신고
- ✦ 자기완결적 신고
- ✦ 수리를 요하는 신고

[6] 행정계획 ··· 104

- ✦ 취소소송의 피고적격
- ✦ 처분 등을 행한 행정청(처분청)
- ✦ 당사자적격
- ✦ 도시관리계획입안권자
- ✦ 도시관리계획입안제안신청
- ✦ 개인적 공권
- ✦ 거부행위의 요소인 신청권
- ✦ 도시관리계획의 처분성

『실전답안』

[7] 도시계획결정의 하자 ······································ 122

- ✦ 행정계획
- ✦ 절차상의 하자
- ✦ 절차상의 흠의 치유
- ✦ 계획재량
- ✦ 형량명령
- ✦ 형량의 하자
- ✦ 형량의 해태, 형량의 흠결, 오형량
- ✦ 하자의 승계

『실전답안』

[8] 복효적 행정행위 ·· 141

> ✦ 행정처분의 제3자
> ✦ 반사적이익론
> ✦ 행정개입청구권
> ✦ 행정소송법상 원고적격
> ✦ 법률상 이익
> ✦ 경업자(경쟁자소송)
> ✦ 경원자(경원자소송)
> ✦ 인근주민(인인소송)
> ✦ 행정심판의 청구
> ✦ 임시구제로서의 집행정지
> ✦ 취소소송의 제기요건

[9] 재량행위와 사법심사 ·· 163

> ✦ 개인택시운송사업면허(특허)
> ✦ 기속행위와 재량행위
> ✦ 기속재량과 자유재량
> ✦ 재량권의 한계
> ✦ 재량하자
> ✦ 훈령의 효력
> ✦ 평등원칙 위반
> ✦ 비례원칙 위반
> ✦ 직장선택의 자유
>
> 『실전답안』

[10] 판단여지와 학문의 자유 ··· 186

> ✦ 불확정개념
> ✦ 교과서 검정제도
> ✦ 교육을 받을 권리
> ✦ 출판의 자유
> ✦ 사전검열
> ✦ 원고적격
> ✦ 법률상 이익
> ✦ 제3자의 원고적격
>
> 『실전답안』

[11] 행정행위의 특허와 철회 ·· 214

> + 특허와 허가의 구별
> + 행정행위의 취소와 철회
> + 사인의 공법행위로서의 신청
> + 위법성 판단의 기준시
> + 소급적용금지의 원칙
> + 진정소급효
> + 부진정소급효
>
> 『실전답안』

[12] 특허와 재량행위 ·· 238

> + 사인의 공법행위로서의 신청
> + 신청권
> + 귀화허가의 법적 성질
> + 허가
> + 특허
> + 기속행위
> + 재량행위
>
> 『실전답안』

[13] 행정행위의 부관 ··· 252

> + 수익적 행정행위
> + 부관의 가능성
> + 부담인 증여계약
> + 부관의 한계
> + 부당결부금지의 원칙
> + 비례의 원칙
> + 행정행위의 흠(하자)
> + 무효와 취소의 구별기준
> + 중대명백설
>
> 『실전답안』

[14] 기부채납과 철회권의 유보 ·· 279

> + 건축허가
> + 부관의 가능성
> + 법률행위적 행정행위
> + 기속행위, 재량행위
> + 부관의 한계
> + 영업허가취소
> + 철회권(취소권)의 유보
> + 사후부관

[15] 행정행위의 취소와 처분변경 ······ 290

- ✦ 병역감면신청
- ✦ 사인의 공법행위로서의 신청
- ✦ 직권취소
- ✦ 쟁송취소
- ✦ 취소사유
- ✦ 행정청의 착오
- ✦ 사인의 부정행위
- ✦ 소의 이익
- ✦ 처분의 효과소멸
- ✦ 소의 변경

『실전답안』

[16] 행정행위의 실효와 소익 ······ 311

- ✦ 영업허가
- ✦ 명령적 행위
- ✦ 형성적 행위
- ✦ 행정처분기준의 법적 성질
- ✦ 법규명령
- ✦ 행정규칙의 효력
- ✦ 소의 이익
- ✦ 행정행위의 실효사유

『실전답안』

[17] 행정절차와 직권취소 ······ 331

- ✦ 확약
- ✦ 신뢰보호의 원칙
- ✦ 공표
- ✦ 행정행위의 취소
- ✦ 직권취소
- ✦ 침해적 행정처분
- ✦ 의견제출
- ✦ 절차상의 흠

『실전답안』

[18] **정보공개청구** ··· 351

- ✦ 정보공개제도
- ✦ 알 권리
- ✦ 표현의 자유
- ✦ 정보공개청구권의 주체
- ✦ 정보공개의무
- ✦ 공공기관
- ✦ 비공개대상정보
- ✦ 공개대상정보
- ✦ 정보공개결정에 대한 불복절차

『실전답안』

[19] **즉시강제와 인신구제청구** ································ 368

- ✦ 강제입원조치
- ✦ 즉시강제의 한계
- ✦ 인신보호구제청구
- ✦ 국가배상법 제2조
- ✦ 공무원이 직무를 집행하면서 행한 행위
- ✦ 위법한 격리수용
- ✦ 수용자와 피수용자

『실전답안』

[20] **통고처분과 그 불복방법** ································ 385

- ✦ 범칙금
- ✦ 승차거부행위
- ✦ 법규명령 형식의 행정규칙
- ✦ 확정판결에 준하는 효력
- ✦ 즉결심판
- ✦ 도로교통법
- ✦ 항고소송의 대상

『실전답안』

[21] 과태료 부과처분의 이의제도 ·· 400

- ✦ 과태료
- ✦ 질서위반행위
- ✦ 질서위반행위의 성립요건
- ✦ 과태료 부과처분의 불복방법
- ✦ 과태료 납부의 실효성 확보수단
- ✦ 과태료 감경제도
- ✦ 가산금 · 중가산금
- ✦ 체납처분
- ✦ 관허사업의 제한
- ✦ 고액 · 상습체납자
- ✦ 신용정보의 제공
- ✦ 감치제도

『실전답안』

[22] 군인 등의 국가배상특례 ·· 423

- ✦ 국가배상법 제2조 제1항 단서
- ✦ 군인 등에 대한 보상특례
- ✦ 전사 · 순직, 공상
- ✦ 국가배상책임의 법적 성질
- ✦ 가해공무원에 대한 선택적 청구
- ✦ 구상권 행사
- ✦ 공무원의 고의 · 중과실

『실전답안』

[23] 기능적 하자로 인한 손해배상 ·· 442

- ✦ 설치 · 관리의 하자
- ✦ 사회적 · 기능적 하자 (공용관련하자)
- ✦ 소음공해
- ✦ 수인한도
- ✦ 불가항력
- ✦ 예견가능성
- ✦ 예산부족
- ✦ 위험에의 접근이론
- ✦ 유지청구
- ✦ 환경분쟁조정법

『실전답안』

[24] 행정상 손실보상청구 ·· 462

- ✦ 적법한 공권력행사
- ✦ 특별한 희생
- ✦ 공공필요
- ✦ 재산권의 수용·사용·제한
- ✦ 공용침해
- ✦ 보상규정 흠결시의 권리구제
- ✦ 손실보상청구권의 법적 성질

『실전답안』

[25] 행정심판과 취소소송 ·· 481

- ✦ 행정심판의 제기요건
- ✦ 청구인적격
- ✦ 행정심판의 재결
- ✦ 원처분주의
- ✦ 재결 자체에 고유한 위법이 있는 재결
- ✦ 행정소송법상 원고적격
- ✦ 취소소송의 기능과 목적

『실전답안』

[26] 인·허가의제 효과가 수반하는 건축신고의 처분성 ················ 495

- ✦ 항고소송의 대상
- ✦ 건축법상 건축신고
- ✦ 행정처분의 구성요소
- ✦ 건축신고 수리거부행위의 처분성
- ✦ 인·허가의제, 집중효
- ✦ 수리를 요하지 아니하는 신고
- ✦ 개발행위허가가 의제되는 건축신고
- ✦ 행정절차법의 사전통지·의견 제출절차
- ✦ 거부처분의 사전통지의 대상 여부

『실전답안』

[27] 집행정지제도 ·········· 519

- ✦ 식품위생법 시행규칙상의 행정처분기준
- ✦ 제재처분기준의 법적 성질과 효력
- ✦ 기속행위와 재량행위의 사법심사
- ✦ 재량권의 한계
- ✦ 재량하자
- ✦ 평등의 원칙
- ✦ 행정의 자기구속의 법리
- ✦ 비례의 원칙
- ✦ 무효와 취소의 구별기준
- ✦ 집행부정지의 원칙
- ✦ 공정력
- ✦ 임시구제로서의 집행정지

[28] 취소소송 판결의 효력, 간접강제 ·········· 545

- ✦ 행정소송판결
- ✦ 형성력
- ✦ 기속력
- ✦ 반복 금지효
- ✦ 재처분의무
- ✦ 원상회복의무
- ✦ 기판력
- ✦ 간접강제

『실전답안』

[29] 지방자치단체장 처분의 직권취소와 이의소송 ·········· 568

- ✦ 지방자치사무에 대한 관여방법
- ✦ 재의요구명령
- ✦ 제소지시 및 직접제소
- ✦ 시정명령
- ✦ 취소 · 정지권
- ✦ 공무원의 불이익 처분에 대한 구제제도
- ✦ 소 청

『실전답안』

[30] 위법한 조례의 통제제도 ·· 589

- ✦ 국제조약의 법원성
- ✦ 국제법과 국내법의 효력
- ✦ 지방의회의 조례제정권의 범위와 한계
- ✦ 위법한 조례의 통제제도
- ✦ 지방자치법 제26조 재의요구
- ✦ 지방자치법 제107조 재의요구
- ✦ 지방자치법 제172조 재의요구
- ✦ 조례제정의 감독기관에 보고
- ✦ 조례안재의결무효확인소송
- ✦ 조례제정 및 개폐청구권
- ✦ 교육조례의 통제제도
- ✦ 교육감의 재의요구
- ✦ 교육과학기술부장관의 제소지시 · 직접제소

『실전답안』

[31] 공무원의 책임과 불복제도 ·· 605

- ✦ 특별행정법관계
- ✦ 공무원의 징계책임
- ✦ 변상책임
- ✦ 해임처분의 불복절차
- ✦ 소청심사위원회
- ✦ 재량권 행사의 하자
- ✦ 비례의 원칙

『실전답안』

[32] 자연공물의 소멸과 시효취득 ·· 631

- ✦ 공물
- ✦ 공물의 법률적 특색
- ✦ 공물의 시효취득
- ✦ 용폐지행위
- ✦ 묵시적 공용폐지
- ✦ 일반재산
- ✦ 행정재산

『실전답안』

[33] 경찰권 발동의 한계 ·· 645

- ✦ 평등의 원칙
- ✦ 소극목적의 원칙
- ✦ 공공의 원칙
- ✦ 사생활불가침의 원칙
- ✦ 사주소불가침의 원칙
- ✦ 민사관계불간섭의 원칙
- ✦ 책임의 원칙
- ✦ 비례의 원칙
- ✦ 국가배상책임

『실전답안』

[34] 토지수용과 손실보상 ·· 662

- ✦ 손실보상청구권의 요건
- ✦ 특별한 희생
- ✦ 공용수용
- ✦ 사업인정
- ✦ 사업인정의 실효사유
- ✦ 협의로 인한 매수
- ✦ 토지수용위원회
- ✦ 수용재결
- ✦ 이의재결
- ✦ 이의신청
- ✦ 보상액증감청구소송
- ✦ 무효확인소송

[35] 환매권과 공익사업의 변환 ·· 685

- ✦ 공익사업
- ✦ 협의취득
- ✦ 공용수용
- ✦ 재산권 보장
- ✦ 당사자소송
- ✦ 공공기관
- ✦ 사업인정

『실전답안』

쟁점별차례

제1편 행정법서론

Ⅰ. 행정

1. 통치행위
   (1) 개념 .... 【1】-1
   (2) 사법심사 가능성 .... 【1】-2

Ⅱ. 행정법의 일반원칙

1. 법률에 의한 행정의 원리
   (1) 법률유보의 원칙 .... 【2】-1, 【5】-1, 【31】-1
   (2) 법률우위의 원칙 .... 【2】-1, 【30】-1

2. 행정법의 법원
   (1) 신뢰보호의 원칙 .... 【3】-2
   (2) 평등의 원칙 .... 【1】-3, 【9】-3, 【27】-2
   (3) 자기구속의 법리 .... 【27】-2
   (3) 비례의 원칙 .... 【4】-2, 【13】-1, 【27】-2, 【31】-3, 【33】-2
   (4) 부당결부금지의 원칙 .... 【13】-1

3. 국제조약의 법원성 .... 【30】-1

3. 행정법의 효력
   (1) 소급금지원칙 .... 【11】-3

제2편 행정법통칙

Ⅰ. 행정법관계

1. 개인적 공권..【6】-2

2. 행정법관계와 사법관계...【35】-1

3. 행정법관계
   (1) 공정력과 구성요건적 ....【27】-3
   (2) 행정행위발급청구권..【8】-1

4. 특별행정법관계..【31】-1

Ⅱ. 행정상 법률관계의 원인(법률요건 · 법률사실)

1. 공물의 시효취득..【32】

2. 사인의 공법행위............【2】-2, 【3】-1, 【5】-2, 【11】-2, 【12】, 【15】-1, 【26】-2

Ⅲ. 행정상 입법

1. 법규명령
   (1)위임의 한계..【5】-1, 【10】-2

2. 행정규칙
   (1) 행정규칙의 법적 효력..【1】-3, 【16】, 【27】-1
   (2) 법규명령의 형식을 취하는 행정규칙..........【4】-1, 【16】, 【20】-1, 【27】-1
   (3) 행정규칙의 형식을 취하는 법규명령..【5】-1

Ⅳ. 행정계획

1. 행정계획의 처분성 ....【6】-2

2. 계획재량과 형량의 하자 ....【7】

Ⅴ. 행정행위

1. 복효적 행정행위 ....【8】-1

2. 불확정개념과 판단여지 ....【10】-1

3. 기속행위와 재량행위
   (1) 구별표준 ....【9】-1
   (2) 재량권의 한계 ....【1】-3, 【4】-2, 【9】-1, 【27】-2, 【31】-3
   (3) 기속행위와 재량행위에 대한 사법심사 ....【9】-1, 【27】-2

4. 행정행위의 내용
   (1) 특허 ....【2】-1, 【11】-1, 【12】
   (2) 허가 ....【16】
   (3) 특허와 허가의 구별 ....【11】-1, 【12】

5. 행정행위의 부관
   (1) 부관의 가능성 ....【13】-1, 【14】
   (2) 한계 ....【13】-1, 【14】
   (3) 위법한 부관과 행정행위의 효력, 쟁송절차 ....【13】-2

6. 행정법상의 확약 ....【17】

7. 행정행위의 흠
   (1) 무효인 행정행위와 취소할 수 있는 행정행위의 구별 ....

....【4】-2, 【13】-1, 【17】-2, 【27】-2
　　(2) 흠의 승계..【7】
　　(3) 하자의 치유와 전환.. 【7】

8. 행정행위의 취소와 무효..【8】-1, 【15】-2, 【17】-1

9. 행정행위의 철회..【2】-1, 【8】-1, 【11】-1, 【14】

10. 행정행위의 실효...【16】

Ⅵ. 행정절차

1. 거부처분의 사전통지 의무...【26】-3

1. 절차상 하자의 독자적 위법성...【7】, 【17】-2

2. 절차상 하자의 치유.. 【7】

Ⅶ. 행정정보공개제도 및 개인정보보호..【18】

제3편 행정의사의 실효성확보수단

Ⅰ. 행정강제..【19】-1

Ⅱ. 행정벌...【20】-2, 【21】-1, 【21】-2, 【21】-3

제4편 행정구제법

Ⅰ. 행정상 손해배상

1. 공무원의 위법한 직무집행행위로 인한 손해배상
   (1) 국가의 배상책임의 성질...【22】-2
   (2) 배상책임의 요건...【19】-3
   (3) 군인 등에 대한 특례...【22】-1
   (4) 구상권..【22】-3
   (5) 가해공무원의 책임..【22】-2

2. 영조물의 설치·관리의 하자로 인한 국가배상..【23】-1

3. 국가배상법 제2조와 제5조와의 관계..【23】-1

Ⅱ. 행정상 손실보상...【24】-1, 【24】-2, 【34】-1

Ⅲ. 행정상 쟁송

1. 행정심판..【8】-2, 【25】-1, 【25】-2

2. 행정소송
   (1) 항고소송
      1) 취소소송의 소송요건
         ① 취소소송의 재판관할...【1】-4
         ② 취소소송의 당사자
            A. 원고적격.................【1】-4, 【6】-1, 【8】-2, 【10】-3, 【25】-2
            B. 피고적격...【1】-4, 【6】-1
         ④ 취소소송의 소익..【15】-3, 【16】
         ⑤ 취소소송의 대상...【6】-2, 【20】-2, 【25】-2, 【26】-1, 【29】-3, 【34】-4
         ⑥ 기타의 소송요건..【1】-4, 【8】-2, 【29】-3

2) 취소소송의 심리 ....【2】-3, 【11】-3, 【15】-4
　　3) 취소소송상 가구제 ....【8】-2, 【27】-3
　　4) 취소소송의 판결 ....【28】-1, 【28】-2, 【28】-3
　　5) 무효등 확인소송 ....【34】-4
　(3) 공법상 당사자소송 ....【34】-4

제5편 행정조직법

Ⅰ. 행정기관

1. 훈령권 ....【9】-2

Ⅱ. 지방자치행정법

1. 지방자치단체의 사무의 구별 ....【29】-2

2. 지방자치단체의 조례제정권 ....【30】-1

3. 지방자치단체에 대한 관여 ....【29】-1, 【30】-2

4. 감독권 행사에 대한 불복 ....【29】-2

Ⅲ. 공무원법

1. 공무원의 권리 ....【29】-3, 【31】-3

2. 공무원의 의무 · 책임 ....【31】-3

제6편 행정작용법

Ⅰ. 경찰행정법 ....【33】-1, 【33】-2

Ⅱ. 공물법 ....【32】

Ⅲ. 공용부담법 (공용수용) ....【34】-2, 【34】-3, 【34】-4, 【35】

[1] 통치행위와 재량하자

정부는 2010. 8. 15. 광복 65주년 및 건국 62년을 경축하는 한편, 경제위기 상황에서 서민들의 어려움을 덜어주고 민생에 실질적인 도움을 줄 수 있는 대규모 특별조치로 생계형 범죄를 범한 서민을 주된 대상으로 "운전면허 제재 특별감면 기준"을 마련한 다음 특별사면을 실시한 바 있다.

특별사면 중에는, (1) 도로교통법령 위반행위로 벌점을 받은 자 1,238,157명에 대한 자료를 일괄 삭제하여 모든 운전자가 "0점"에서 새롭게 시작하도록 하는 면허벌점의 일괄삭제 조치 및 (2) 운전면허취소처분을 당하여 운전면허취득 결격기간에 있는 자 197,614명에 대한 결격기간을 해제하여 곧바로 운전면허시험에 응시할 수 있도록 하는 운전면허취득 결격기간 해제조치도 포함되었다.

그런데 위 특별감면조치 당시 택시운전에 종사하는 A는 신호위반 운전 등으로 벌점이 누적되어 있던 상태였으며, B는 2004. 7. 12. 음주운전으로 운전면허가 취소된 상태에서 2009. 6. 25. 음주운전을 하다가 200,000원의 물적피해를 야기하여 도로교통법위반으로 기소되어 있었다. A와 B는 법무부의 사면대상자 심사과정에서 특별감면 제외대상자로 분류되어 모두 특별감면을 받지 못하게 되었다. A와 B는 즉시 대통령과 법무부에 억울함을 호소하였으나 모두 곤란하다는 거부통지를 받았다.

(1) 정부가 시행한 특별사면 중 특별감면조치의 법적 성질에 대하여 설명하시오. (10점)

(2) 정부의 특별감면조치의 적법성에 대하여 법원이 판단할 수 있는가. (10점)

(3) 정부가 A, B에 대하여 특별감면조치를 거부한 것은 적법한가. (20점)

(4) A, B가 정부의 특별감면조치거부에 대하여 불복하기 위한 제소요건과 승소가능성을 언급하시오. (20점)

> **참고법령**

「헌법」

제79조(사면권)
① 대통령은 법률이 정하는 바에 의하여 사면 · 감형 또는 복권을 명할 수 있다.
② 일반사면을 명하려면 국회의 동의를 얻어야 한다.
③ 사면 · 감형 및 복권에 관한 사항은 법률로 정한다.

「사면법」

제9조
특별사면, 특정한 자에 대한 감형과 복권은 대통령이 행한다.

제10조
① 법무부장관은 대통령에게 특별사면, 특정한 자에 대한 감형 및 복권을 상신한다.
② 법무부장관은 제1항에 따라 특별사면, 특정한 자에 대한 감형 및 복권을 상신할 때에는 제10조의2에 따른 사면심사위원회의 심사를 거쳐야 한다.

[운전면허 제재 특별감면 기준]

	특별감면 내용	제외대상
면허벌점	△ 일괄삭제	
면허정지	△ 대상자 → 집행면제 △ 기간중 → 잔여기간 면제	△ 갱신기간 경과로 정지된 경우
면허취소 (대상자)	△ 취소처분 면제 ※ 적성검사 탈락자 제외	△ 5년 내 2회 음주운전 △ 무면허 음주운전 △ 음주 인피사고 △ 음주측정 불응 △ 약물사용 운전 △ 뺑소니
면허취득 결격기간	△ 결격기간 해제	△ 단속공무원 폭행 △ 차량이용 범죄

> **주요쟁점**
> ✦ 특별사면, 특별감면조치
> ✦ 통치행위의 사법심사
> ✦ 행정규칙과 법적 효력
> ✦ 재량행위
> ✦ 재량하자
> ✦ 재량권의 일탈 · 남용
> ✦ 사실오인, 평등의 원칙
> ✦ 행정소송의 제소요건

I. 대통령의 특별감면조치의 법적 성질 [설문 (1)의 해결]

1. 문제점

설문 (1)은 대통령의 특별사면인 특별감면조치의 법적성격이 구체적 사실에 관한 법집행으로서의 공권력 행사인 일반 행정처분인지, 이와 구별되는 고도의 정치적인 성격을 지닌 통치행위에 해당하는지 여부가 문제된다.

2. 통치행위로서의 특별감면조치

대통령의 특별감면조치는 일반 행정처분이 아니라 고도의 정치성을 띤 통치행위에 해당된다. 통치행위란 단순한 법집행작용이 아니라 국정의 기본방향을 제시하거나 국가적 이해를 직접 그 대상으로 하는 고도의 정치성을 띤 행정기관의 행위로서, 사법심사의 대상으로 하기에 부적합한 성질의 것일 뿐만 아니라, 비록 그것에 관한 판결이 있는 경우에도 그 집행이 곤란한 성질의 행위를 말한다. 그러므로 대통령의 특별감면조치는 고도의 정치성을 띤 행위로 그 적법여부에 관한 사법심사를 부정하는 것이 일반적이며, 그에 관한 판결이 있더라도 집행하기 곤란한 성격을 갖고 있다.

3. 통치행위의 이론적 근거

가. 학설

(1) 내재적 한계설

사법권에는 동태적인 정치문제는 그 지위가 독립되어 있고 정치적으로 책임을 지지 않는 법원이 심사하기에는 부적합하므로, 정치문제에 관한 최종적인 판단은 행정부나 국회 또는 국민의 여론에 맡기는 것이 적당하다는 견해이다.

(2) 권력분립설

통치행위는 행정부의 전속적 권한에 속하는 사항이므로 사법심사의 대상에서 제외되어야 한다는 견해이다.

(3) 자유재량행위설

통치행위는 정치문제이며, 정치문제는 행정부의 자유재량에 속하는 행위이므로 사법심사의 대상에서 제외된다는 견해이다.

(4) 사법부자제설

법원이 다른 국가기관의 고도의 정치성 있는 행위에 관여하는 것을 스스로 억제하기 때문이라고 보는 견해이다.

(5) 부정설

헌법이 법치주의와 권력분립을 규정하고 있고 또한 행정소송에 있어서 개괄주의를 채택하고 있으므로 통치행위의 관념은 인정할 수 없다는 견해이다.

나. 소결

내재적 한계설과 권력분립설은 법이론적 근거가 될 수 있으며, 사법부자제설은 법정책론적 근거가 될 수 있다. 긍정설이 일반적인 견해이며, 다만 그 행위의 한계와 사법심사의 범위를 확대해 가고 있는 경향이라고 할 수 있다.

4. 대통령의 특별감면조치

가. 특별감면의 개념

대통령의 특별감면은 대통령의 사면권 중 '감형'에 해당하는 것으로 형을 선고받은 자에 대하여 형의 집행을 경감하거나 형을 가볍게 변경하는 것이다.

나. 특별감면의 법적 근거

대통령의 특별감면권은 헌법과 사면법에 근거하고 있다. 즉, 대통령은 법률이 정하는 바에 의하여 사면·감형 또는 복권을 명할 수 있다. 일반사면을 명하려면 국회의 동의를 얻어야 한다. 사면·감형 및 복권에 관한 사항은 법률로 정한다(헌법 79). 특별사면, 특정한 자에 대한 감형과 복권은 대통령이 행한다(사면법 9). 법무부장관은 대통령에게 특별사면, 특정한 자에 대한 감형 및 복권을 상신(上申)한다. 법무부장관은 제1항에 따라 특별사면, 특정한 자에 대한 감형 및 복권을 상신할 때에는 제10조의2에 따른 사면심사위원회의 심사를 거쳐야 한다(사면법 10).

다. 재량행위

대통령의 특별감면조치는 헌법 제79조 및 사면법 제9조에 의한 대통령의 재량행위에 속한다. 재량행위란 법규가 정한 행위요건이 충족된 경우에, 행정청에게 행위(효과)의 여부 또는 어떠한 행위를 할 것인지에 대하여 많은 가능성 중에서 선택의 여지를 부여하고 있는 경우의 행정행위를 말한다.

5. 사안의 해결

사안에서 대통령이 광복 65주년 및 건국 62년을 경축하고, 경제위기에서 민생에 도움을 줄 수 있는 특별조치로 생계형 범죄를 범한 서민을 대상으로 실시한 특별감면조치는 사면법상 특별사면에 해당되는 것으로 통치행위의 일종이라고 할 수 있다. 사안에서는 정부에서 특별사면을 한 것으로 되어 있으나, 헌법과 사면법에 의하면 사면은 대통령만이 할 수 있기 때문에 사면권자는 대통령이다.

기본구조

대통령의 특별감면조치의 법적 성질
[설문 (1)의 해결]

1. 문제점

2. 통치행위로서의 특별감면조치

3. 통치행위의 이론적 근거
   가. 학설
      (1) 내재적 한계설
      (2) 권력분립설
      (3) 자유재량행위설
      (4) 사법부자제설
      (5) 부정설
   나. 소결

4. 대통령의 특별감면조치
   가. 특별감면의 개념
   나. 특별감면의 법적 근거
   다. 재량행위

5. 사안의 해결

II. 통치행위에 대한 사법심사 가능성 [설문 (2)의 해결]

1. 문제점

사안에서 대통령이 행한 특별감면조치는 위에서 본 바와 같이 통치행위에 해당한다. 통치행위는 고도의 정치적 판단에 기초한 국정의 기본방향을 제시하거나 국가적 이해를 직접 그 대상으로 하는 행정청의 행위이다. 역사적으로 통치행위의 개념이 법치주의와 권력분립에 대한 예외영역을 설정하고자 발전되어 온 것임에 비추어, 통치행위에 대하여 사법부가 그 위법 · 부당을 심사하는 것이 가능한 것인지가 문제된다.

2. 사법심사 대상여부

가. 원 칙

기본적으로 통치행위는 사법심사의 대상이 되지 않는다는 것이 통설 · 판례이다.

(1) 대법원의 입장

남북정상회담에 대하여, 남북정상회담의 개최는 고도의 정치적 성격을 지니고 있는 행위라 할 것이므로 특별한 사정이 없는 한 그 당부를 심판하는 것은 사법권의 내재적 · 본질적 한계를 넘어서는 것이다(대법원 2004.3.26. 2003도7878)라고 한 바 있다.[1]

(2) 헌법재판소의 입장

헌법재판소는 대통령의 2003. 3. 21. 국군부대의 이라크전쟁 파견결정과 국회의 2003. 4. 2. 국군부대의 이라크전쟁 파견결정에 대하여 이를 통치행위이라고 인정하였다. 특히 이라크전쟁 파견결정에 대하여는 그 성격상 국방 및 외교에 관련된 고도의 정치적 결단을 요하는 문제로서, 헌법과 법률이 정한 절차를 지켜 이루어진 것임이 명백한 이 사건에 있어서는, 대통령과 국회의 판단은 존중되어야 하고 우리

---

[1] 그 이외에도, ① 1964년 6 · 3사태를 수습하기 위한 비상계엄선포(대법원 1964.7.21. 64초 3 · 초 6), ② 1979. 10. 27.선포한 비상계엄선포 행위에 대하여, 사법기관인 법원이 계엄선포의 요건 구비 여부나, 선포의 당, 부당을 심사하는 것은 사법권의 내재적인 본질적 한계를 넘어서는 것이 되어 적절한 바가 못 된다(대법원 1964.7.21. 64초3; 대법원 1979.12.7. 79초70; 대법원 1997.4.17. 96도3376 전원합의체판결 반란수괴 · 반란모의참여 · 반란중요임무종사 등)고 하여 통치행위로 인정하였다.

재판소가 사법적 기준만으로 이를 심판하는 것은 자제되어야 한다고 판시하였다(헌재 2003.12.18. 2003헌마255·256 병합).

나. 통치행위의 한계와 사법심사 가능성

통치행위도 헌법에 근거한 작용이므로 국민주권의 원리, 자유민주주의 등은 물론이고, 평등의 원칙, 비례의 원칙 등 헌법상의 여러 원칙에 위배될 수 없다.

(1) 당연무효 행위

계엄선포가 당연 무효인 경우에는 사법심사의 대상이 되며, 계엄선포는 그 당, 부당 내지 필요성 여부는 계엄해제요구권을 가진 국회가 판단할 수 있다(대법원 1980.8.26. 80도1278).

(2) 범죄행위

비상계엄의 선포나 확대가 국헌문란의 목적을 달성하기 위하여 행하여진 경우에는 법원은 그 자체가 범죄행위에 해당하는지의 여부에 관하여 심사할 수 있다(대법원 1997.4.17. 96도3376 전원합의체판결).

(3) 기본권 침해

비록 고도의 정치적 결단에 의하여 행해지는 국가작용이라고 할지라도 그것이 국민의 기본권침해와 직접 관련되는 경우에는 당연히 헌법재판소의 심판대상이 될 수 있다(헌재 2004.10.21. 2004헌마554).

3. 사안의 해결

대통령의 특별감면조치는 사면법상 특별사면에 해당되는 것으로 통치행위의 일종이다. 판례는 통치행위의 개념을 인정하면서도 그 범위를 합헌적·합법적인 경우에만 사법심사에서 제외하는 태도를 취하고 있다. 사안에서 대통령의 특별감면조치가 당연무효나 기본권을 침해하는 등의 위헌적이며, 위법한 성격을 갖는다면 사법심사의 대상이 된다고 볼 수 있다. 구체적으로 사법심사의 대상여부는 A, B의 도로교통법령 위반행위와 특별감면조치의 기준을 중심으로 검토할 필요가 있다.

기본구조

통치행위에 대한 사법심사 가능성
[설문 (2)의 해결]

1. 문제점

2. 사법심사 대상여부
  가. 원칙
   (1) 대법원의 입장
   (2) 헌법재판소의 입장

  나. 통치행위의 한계와 사법심사 가능성
   (1) 당연무효의 행위
   (2) 범죄행위
   (3) 기본권 침해

3. 사안의 해결

III. A, B에 대한 특별감면조치거부처분의 적법성 여부 [설문 (3)의 해결]

1. 문제점

대통령은 2009. 8. 15. 특별사면을 실시하기 위하여 "운전면허 제재 특별감면기준"을 마련하였는데, 그 법적 성질은 대통령이 특별사면 처리기준에 관한 행정규칙의 일종인 재량준칙이라고 할 수 있다. 대통령은 헌법과 사면법이 정하는 바에 따라 사면의 종류와 범위를 정할 수 있는 재량권을 갖는다. 반면 대통령은 평등의 원칙에 의하여 재량이 축소되어 국민에 대한 관계에서 동종사안에 대하여는 당해 특별감면 기준이 정하는 바에 따라 동일하게 처분을 하여야 할 자기구속을 당하게 된다. 그러므로 대통령이 특별감면조치라는 처분을 함에 있어서 A, B에 대하여서도 재량준칙을 따랐는지 여부를 검토할 필요가 있다.

2. 행정규칙인 특별감면처리기준의 법적 효력

가. 행정규칙의 개념

전통적인 견해에서는 행정규칙을 행정기관이 정립하는 일반적·추상적인 규정으로서 법규의 성질을 가지지 않는 규범으로 본다. 법규가 아니므로 일반통치권에 기초하여 일반공권력의 사인에 대한 관계를 규율하는 것이 아니라, 공법상의 특별권력에 기초하여 행정조직 내부 또는 특별권력관계 내부에서의 조직·활동을 규율한다.

그러나 오늘날은 ① 법이론적으로 볼 때 행정규칙도 법적 효력을 가지며 행정사무처리의 기준이 된다는 점에서 넓은 의미에서 법규의 하나로 보게 된다. 다만 행정규칙의 법적 효력이 미치는 범위는 행정조직 내부 또는 특별권력관계 내부에 한정되며, 그 점에서 국민에 대한 효력, 즉 대외적 효력을 갖는 좁은 의미의 법규와 다를 뿐이다. ② 이러한 입장에서는 좁은 의미의 법규와 행정규칙은 서로 질적 차이가 있는 것이 아니고 양적 차이만 있게 된다. 따라서 넓은 의미의 법규개념에 양자를 포괄해 보면, 좁은 의미의 법규는 외부법규, 행정규칙은 내부법규라 할 수 있다. 이 입장에서 행정규칙이란 행정기관이 법률의 수권 없이 그 권한의 범위 안에서 정립하는 일반적·추상적 규정으로서 내부법규를 말한다고 할 수 있다.

나. 행정규칙의 법적 효력

(1) **대내적 효력**

행정규칙은 법규가 아니라고 한 전통적 견해는 행정규칙이 행정조직 내부 또는 특별권력관계 내부에서 일정한 법적 구속력을 갖는 점은 인정하여, 특별권력관계의 복종자가 행정규칙에 위반하면 징계사유가 된다고 하였다. 행정규칙을 법규의 일종으로 보는 견해는 이러한 대내적 효력도 하나의 법적 효력으로 본다.

(2) **대외적 효력**

(가) **통설적 견해**

행정규칙의 직접적인 수명자는 국민이 아니고 원칙적으로 하급행정기관이다. 그러나 재량준칙이나 법령해석규칙 등과 같이 하급행정기관의 국민에 대한 행정사무의 처리에 있어서 재량권행사나 법령해석의 기준을 정하고 있기 때문에 하급행정기관을 통하여 행정조직 밖에 있는 국민에게도 강한 사실상의 영향력을 미치게 된다. 그런데 이러한 국민에 대한 사실상의 영향력은 어디까지나 사실상의 효력이며 법적인 효력은 아니다. 그 때문에 행정규칙이 대외적인 법적 효력을 가지는지가 문제된다. 일반적 견해는 행정규칙은 행정조직 내부에서만 구속력을 가지며, 행정기관은 국민에 대한 관계에서는 행정규칙을 준수할 법적의무를 지지 아니한 것으로 본다.

(나) **간접적으로 법적인 대외적 효력을 인정하는 견해**

행정규칙은 대외적 효력은 갖지 않지만, 재량준칙이나 법령해석규칙과 같이 행정기관을 통하여 일반국민에게 적용될 것이 예정되어 있는 행정규칙은 그것이 정립되고 적용되게 되면 행정관행이 성립하게 된다. 이렇게 행정관행이 성립되면 앞으로 다른 신청자들에 대하여도 당해 행정규칙대로 행정작용이 행하여질 것으로 예상되게 된다(이른바 예기관행). 그런데 특별한 이유 없이 어느 특정한 상대방 국민에게만 행정관행을 적용하지 아니하면 헌법상의 평등원칙에 위반되게 되고, 결국 위법하게 된다. 따라서 행정기관은 국민에 대한 관계에서 당해 행정규칙에 따라야 할 자기구속을 당하게 된다. 이는 행정규칙이 직접적으로 대외적 효력을 갖기 때문이 아니고 헌법상의 평등원칙을 매개로 하여 간접적으로 대외적 효력을 갖는 것을 의미한다. 이 경우 평등원칙은 행정규칙을 대외적 효력을 갖는 법규로 전환시키는 「전환규범」으로서의 기능을 담당한다. 이와 같이 행정규칙이 간접적으로 대외적 효력을 갖게 되는 근거로 평등원칙 외에 신뢰보호의 원칙을 들기도 한다. 우리 헌법재판소의 결정례와 일부 대법원판례의 입장도 같다.

(대) 직접적으로 법적인 대외적 효력을 갖는다는 견해

(ㄱ) 행정규칙이 직접적으로 대외적 효력을 갖는다는 견해도 있다. 이 견해는 행정의 자기구속은 행정관행에 의하여 비로소 생기는 것이 아니고, 행정규칙으로 표현된 행정의 의사행위에 의하여 이미 나타난 것으로 보아야 한다고 한다. 따라서 행정권은 그 권한의 범위 안에서는 자주적인 법형성을 의한 법규의사 내지 독립적인 규율권이 생성된다고 한다. 그리하여 행정규칙의 대외적 효력을 뒷받침하기 위하여 헌법상의 평등원칙에 근거한 자기구속의 구조는 불필요하다고 한다.

(ㄴ) 행정규칙에 대하여 직접적인 대외적 효력을 인정하는 경우 법규명령과 행정규칙의 차이는 무엇인가라는 의문이 생긴다. 이 견해는 법규명령은 행정기관이 법률 또는 그 위임에 의한 상위 법규명령에 의한 직접적인 수권에 의하여 제정하는 규범인데, 행정규칙은 행정기관이 독자적인 권한에 의하여 권한의 범위 안에서 제정하는 규범으로 이해한다.

(라) 소결

행정규칙의 대외적 효력을 인정하는 것은 권력분립의 원리 및 법률유보의 원리에 저촉된다고 본다. 또한 우리 행정현실에 비추어 행정기관의 통제 없는 행정규칙으로의 도피를 초래하여, 행정권이 남용될 위험성도 크다고 할 것이다. 따라서 행정규칙은 원칙적으로는 법적인 대외적 효력은 갖지 못하고 행정조직 내부에서의 법적인 대내적 효력만 갖는다고 할 것이고, 예외적으로 재량준칙 등 행정권의 재량이 인정되는 영역에서 평등원칙을 매개로 하여 간접적으로만 대외적 효력을 갖는다고 보는 것이 타당할 것이다.

다. 특별감면처리기준의 법적 효력

따라서 이 사건 행정처분기준 역시 행정조직 내부에서만 구속력을 가지며, 다만 특정한 국민에게만 위 처분기준에 반하는 행위를 하면 평등원칙에 위반되게 되는 문제가 발생한다. 그러므로 행정처분기준은 헌법상의 평등원칙을 매개로 하여 간접적으로 대외적 효력을 갖는다고 이해할 수 있는 측면이 있다. 사안에서 특별사면을 하면서 정립한 특별감면기준은 대통령의 일시적인 사무처리기준으로 행정규칙으로서의 성격을 가진다고 할 수 있다. 만약 대통령이 스스로 제정한 행정규칙을 위반하였을 경우 그 효력여부는 위반사유와 그로 인한 불이익을 당하게 되는 자의 법익을 구체적으로 고려하여 판단하여야 한다.

3. A, B가 특별감면기준에 해당되는지 여부

가. 면허벌점자의 특별감면 기준

면허벌점을 받은 자에게는 그 벌점을 일괄 삭제하여 모든 운전자가 "0"점에서 새롭게 시작하도록 하고, 제외대상자는 설정하지 아니하였다. 따라서 특별감면 조치를 시행할 당시에 면허벌점을 받은 국민은 모두 특별감면 대상자에 해당된다고 볼 수 있고, 실제로 1,238,157명이 특별감면을 받았다.

나. 면허취득결격기간 중에 있는 자의 특별감면 기준

운전면허가 취소되어 1~2년간 면허시험에 응시할 수 없도록 되어 있는 결격기간을 해제하여 곧바로 운전면허시험에 응시할 수 있도록 하였다. 다만, 5년 내 2회 음주운전을 하는 등 8개의 사유에 해당한 때에는 특별감면 제외대상으로 하였다. 위 기준에 따라 197,614명이 면허취득결격기간 해제조치를 받았다.

다. 사안의 경우

(1) A의 경우

A는 신호위반 운전 등으로 벌점이 누적되어 있던 상태였기에 특별감면 기준에 의하면 일괄삭제대상자에 해당된다. 사안에서 도로교통법령 위반행위로 벌점을

받은 자 1,238,157명은 벌점자료가 일괄 삭제되어 모든 운전자가 "0점"에서 새롭게 시작되는 수익적 처분을 받게 되었다. 그런데 A는 신호위반 운전 등으로 벌점이 누적되어 있었기 때문에 당연히 특별감면기준에 따라 벌점의 일괄삭제처분을 받아야 함에도 특별한 이유 없이 그 조치에서 제외되었고, 그 후에 그 처분을 요청하는 신청도 거부당하였다.

(2) B의 경우

B는 2004. 7. 12. 음주운전으로 운전면허가 취소되어 무면허가 되었다. 그런데 B는 2009. 6. 25. 무면허 상태에서 다시 음주운전을 하여 물적 피해를 야기하여 도로교통법위반으로 기소되어 있다. 이는 면허취득 결격기간 해제 제외대상인 "무면허 음주운전"에 해당되어 특별감면조치의 대상자가 아니다.

4. 재량행위로서의 대통령의 특별감면조치

가. 재량행위의 개념

헌법 제79조 및 사면법 제9조는 대통령의 사면권행사는 재량행위로 규정하고 있다. 재량행위란 법규가 정한 행위요건이 충족된 경우에, 행정청에게 행위(효과)의 여부 또는 어떠한 행위를 할 것인지에 대하여 많은 가능성 중에서 선택의 여지를 부여하고 있는 경우의 행정행위를 말한다. 그리하여 재량행위는 ① 법규에서 허용한 행위를 할 것인가에 대한 재량인 결정재량과 ② 여러 가지 허용된 행위 중에서 어느 것을 선택할 것인가 하는 선택재량으로 나눌 수 있다. 그러므로 대통령은 법규에서 정한 사면권을 행사할 것인지 여부를 결정할 수 있으며, 사면권을 행사하는 경우에도 사면의 종류와 그 대상자를 선택할 수 있는 권한을 갖는다.

나. 재량하자로서의 재량권의 일탈·남용

재량권에는 일정한 한계가 있으며, 그 한계를 넘어 행사된 때에는 위법성을 띠게 된다. 행정소송법 제27조는 종래의 학설과 판례를 명문화하여 재량권행사가 위법성을 띠게 되는 재량하자를 '한계를 넘거나(일탈) 그 남용이 있는 때(남용)'두 가지로 나누었다. 여기에서 재량권의 일탈은 재량권의 외적 한계를 넘는 것을 말하며, 재량권의 남용은 바로 재량권의 내적 한계를 넘는 것을 말한다. 판례 역시 재량권을 부여한 내재적 목적에 반하여 다른 목적을 위하여 행정처분을 하는 것과 같은 재량권의 남용이나, 재량권의 행사가 그 법적 한계를 벗어나는 경우와 같은 재량권의 일탈은 사법심사의 대상이 된다(대판 1984.1.31. 83누451)고 판시하여 양 개념을 구별하기도 한다. 그러나 재량권의 일탈과 남용은 이론상으로는 구분이 가능하지만, 실제상으로는 구분하기 어렵고 판례가 명백히 구별하고 있지 않으므로 굳이 구별할 실익도 없다.

다. 재량하자의 일반적인 기준

(1) 사실오인

법이 일정한 사실의 존재를 전제로 하여 재량권의 행사를 인정한 경우 법정요건에 해당하는 사실이 전혀 존재하지 아니한 경우에 행한 처분 또는 처분의 전제가 되는 요건사실의 인정이 전혀 합리성이 없는 경우이다.

(2) 목적위반 · 동기의 부정

행정처분이 추구하는 목적 중 하나는 일반적인 공익목적이고, 다른 하나는 근거법규상의 구체적인 내재적 목적이다. 따라서 재량권의 행사는 일반적인 공익목적에 적합하게 행사하여야 함은 물론이고, 재량권을 부여한 근거법규상의 구체적인 내재적 목적에 적합하도록 행사하여야 한다. 법규의 내재적 목적과 다른 목적으로 재량권을 행사한 경우에는 위법이 된다. 부정한 동기나 자의적 · 보복적 목적으로 재량권을 행사하는 것도 목적위반에 해당한다.

(3) 평등원칙위반

재량행사가 평등원칙에 위반되는 경우로는 ① 합리적인 이유 없이 특정인을 차별 취급하는 자의에 의한 평등원칙위반과 ② 행정청이 재량준칙에 의하여 재량의 한계를 스스로 정한 경우, 어느 하나의 사안에 대하여서만 종래와 다른 취급을 하는 경우가 있다. 행정은 스스로 설정한 행정선례에 의하여 자기 스스로가 구속되며(재량의 자기구속의 원리), 그 범위에서 재량은 수축되게 된다. 평등원칙 위반의 문제는 주로 이 경우에 생긴다.

따라서 대통령이 A에 대하여만 특별감면 대상자에서 제외한 것은 A를 합리적인 이유 없이 차별한 것으로 헌법상 평등의 원칙에 반하는 처분이라 할 수 있다. 따라서 대통령의 A에 대한 특별감면 거부조치는 위법하다고 할 수 있다. 이 경우 평등의 원칙은 특별감면기준을 국가와 국민간의 관계를 규율하는 법규로 전환시키는 전환규범으로서의 기능을 하고 있다.

　(4) 비례원칙위반

　　재량이 추상적으로는 인정되지만, 구체적인 경우에 부적당·불필요한 처분을 행하거나 가장 부담이 적은 수단을 선택하지 않은 경우 등에 생긴다. 일정한 비행에 대하여 심히 중한 징계를 과한 경우는 비례원칙위반이 된다. 이 원칙은 단지 조리상의 한계가 아니고 헌법상의 원칙이므로 모든 행정작용에 적용된다.

5. 사안의 해결

가. A에 대한 거부조치의 경우

　(1) 사실오인

　　A는 신호위반 운전 등으로 벌점이 누적되어 있었으므로 특별감면대상자이고, 제외대상을 설정하지 않았음에도 법무부의 사면대상자 심사과정에서 특별감면 제외대상자로 분류한 것은 사실오인에 해당된다. 법무부의 사실오인은 행정기관 내부의 의사결정 과정이므로 법무부장관을 상대로 다툴 수는 없다.

　(2) 평등의 원칙위반

　　A는 신호위반 운전 등으로 벌점이 누적되어 있던 상태였기에 특별감면 기준에 의하면 일괄삭제대상자에 해당된다. 사안에서 도로교통법령 위반행위로 벌점을 받은 자 1,238,157명은 벌점자료가 일괄 삭제되어 모든 운전자가 "0점"에서 새롭게 시작되는 수익적 처분을 받게 되었다. 그런데 A는 신호위반 운전 등으로 벌점이 누적되어 있었기 때문에 당연히 특별감면기준에 따라 벌점의 일괄삭제처분을 받아야 함에도 특별한 이유 없이 그 조치에서 제외되었고, 그 후에 그 처분을 요청하는 신청도 거부되었다. 따라서 대통령이 비록 행정규칙으로서의 성격을 갖는 재량준칙인 특별감면기준을 위반하였을지라도, 그로 인하여 A에 대하여 합리적인 이유 없이 다른 국민과 차별한 것으로 헌법상 평등의 원칙에 반하는 처분이라 할 수 있다. 이 경우 평등의 원칙은 특별감면기준을 국가와 국민간의 관계를 규율하는 법규로 전환시키는 전환규범으로서의 기능을 하고 있다. 따라서 대통령의 A에 대한 특별감면 거부조치는 위법하다고 할 수 있다.

나. B에 대한 거부조치의 경우

B는 2009. 6. 25. 무면허 상태에서 다시 음주운전을 하여 물적 피해를 야기하여 도로교통법위반으로 기소되어 있는 자이다. 따라서 B는 면허취득 결격기간 해제 제외대상인 "무면허 음주운전"에 해당되어 특별감면조치의 대상자가 아니다. 결국 정부가 B에 대하여 특별감면조치를 거부한 것은 정당하다.

기본구조

A, B에 대한 특별감면조치거부처분의 적법성 여부 [설문 (3)의 해결]

1. 문제점

2. 행정규칙인 특별감면처리기준의 법적 효력
   가. 행정규칙의 개념
   나. 행정규칙의 법적 효력
     (1) 대내적 효력
     (2) 대외적 효력
       (가) 통설적 견해
       (나) 간접적으로 법적인 대외적 효력을 인정하는 견해
       (다) 직접적으로 법적인 대외적 효력을 갖는다는 견해
       (라) 소결
   다. 특별감면처리기준의 법적 효력

3. A, B가 특별감면기준에 해당되는지 여부
   가. 면허벌점자 특별감면 기준
   나. 면허취득결격기간 중에 있는 자의 특별감면 기준
   다. 사안의 경우
     (1) A의 경우
     (2) B의 경우

4. 재량행위로서의 대통령의 특별감면조치
   가. 재량행위의 개념
   나. 재량하자로서의 재량권의 일탈·남용
   다. 재량하자의 일반적인 기준
     (1) 사실오인
     (2) 목적위반·동기의 부정
     (3) 평등원칙위반
     (4) 비례원칙위반

5. 사안의 해결
   가. A에 대한 거부조치의 경우
   나. B에 대한 거부조치의 경우

Ⅳ. A · B에 대한 특별감면조치거분처분의 취소를 위한 제소요건
   [설문 (4)의 해결]

1. 문제점

B에 대한 특별감면조치 제외행위는 특별감면기준에 따른 것으로 적법한 공권력 행사이므로 사법심사의 대상이 되지 아니하며, 그에 대한 제소는 부적법 각하될 것이다.

A가 대통령의 특별감면조치거부처분에 불복하여 그 처분의 취소를 구하는 소송을 제기하기 위해서는 행정소송법이 정하는 취소소송의 요건을 구비하여야 한다. 취소소송은 행정청의 위법한 처분 등을 취소 또는 변경하는 소송이다(행정소송법 4(1)). 사안은 비록 대통령의 전형적인 통치행위에 해당하는 사면권의 행사이지만, 그 처분이 위법하여 법률상 이익을 침해받은 A가 대통령을 피고로 하여 거부처분의 취소를 구할 수 있을 것인지를 검토해야 한다.

2. 취소소송에서의 제소요건

가. 원고적격을 가진 자가 제기할 것

취소소송은 처분 등의 취소를 구할 법률상 이익이 있는 자가 제기할 수 있게 하고, 그 처분 등의 취소로 인하여 회복되는 법률상 이익이 있는 자는 그 처분 등의 효과가 기간의 경과, 처분 등의 집행, 그 밖의 사유로 인하여 소멸된 뒤에도 제기할 수 있다(행정소송법 12). 이는 바로 취소소송의 소익에 관한 규정이기도 하다.

⑴ 취소소송의 기능과 목적에 관한 견해

㈎ 학 설

1) 권리향수회복설

현재 개인의 권리향수를 방해하고 있는 위법한 행정처분의 효력을 배제하여 권리향수를 회복시키는 데 있다고 한다. 이 견해에서 소의 대상은 국민의 구체적 권리를 직접 침해하는 처분이 아니면 안된다. 제3자에 대한 처분에 대하여서는 그 제3자에 대한 특별한 권리를 가진 자를 제외하고는 원고적격은 인정되지 않는다.

2) 법률상 이익구제설

취소소송은 법률이 개인을 위하여 보호하고 있는 이익을 침해한 위법한 처분에 대하여 개인이 이를 방위하기 위한 수단이라고 보는 견해이다. 따라서 소익은 실정법의 취지·목적을 기준으로 정하게 되며, ① 처분이 개인의 이익보호를 고려한 강행법규에 위반하여 관계인에게 불이익을 미치고 있는 경우에는 설령 그 이익이 권리라고는 말할 수 없는 경우에도 취소소송의 제기가 가능하다고 본다. ② 주된 권리의 회복은 불가능하더라도 이에 부수하는 종된 권리나 이익의 회복이 처분의 취소에 의하여 가능한 경우에는 그것이 법률이 보호하고 있는 이익이기만 하면 역시 소익을 인정하게 된다. 우리나라의 통설이다.

3) 보호가치이익구제설

취소소송을 법의 해석적용을 통하여 개인의 실생활상의 이익에 관한 개별적·구체적 분쟁을 해결하는 절차로 보는 견해이다. 따라서 처분의 위법을 다투는 자가 그 효력을 부인함에 대하여 실질적 이익을 가지는 한 그것이 법률이 보호하는 이익이건 사실상의 이익이건 소송법상으로 보호할 가치가 있는 이익이면 널리 취소소송의 소익요건을 충족시키는 것으로 본다.

4) 적법성보장설

취소소송을 개인의 이익보호만을 위한 수단으로 보는 것을 의문시하여 취소소송의 특징을 오히려 행정처분의 적법성 유지기능에서 구한다. 그리하여 소송법상의 개별적·구체적인 문제, 즉 소익의 문제 이외에 소송지휘의 방식, 화해·인낙의 가부, 기판력의 범위 등을 해결함에 있어서도 처분의 적법성유지, 즉 객관소송 이념을 지도이념으로 채택할 것을 요청한다.

(나) 판 례

행정소송에서 소송의 원고는 행정처분에 의하여 직접 권리를 침해당한 자임을 보통으로 하나 직접 권리의 침해를 받은 자가 아닐지라도 소송을 제기할 법률상의 이익을 가진 자는 그 행정처분의 효력을 다툴 수 있다(대법원 1974.4.9. 선고 73누173 판결). 법률상 이익구제설의 입장과 같다.

(다) 소 결

현행 행정소송법은 취소소송은 법률상 이익이 있는 자가 제기할 수 있다고 규정하고 있다(행정소송법 12·35·36). 이처럼 통설·판례 역시 법률상 이익구제설을 취하고 있다.

나. 법률상 이익이 있는 자

(1) 법률상 이익의 판단기준

(가) 실정법의 해석

먼저 법률상 이익이 있는지 여부를 실정법의 해석에서 구한다(제 1단계). 당해 처분의 근거법률이 불특정다수인의 구체적 이익을 오직 일반적 공익 중에 흡수·해소시키고 있는 취지로 해석되는 경우에는 개인은 반사적 이익을 가지는 데 그친다. 그러나 불특정다수인의 구체적 이익을 그것이 귀속하는 개개인의 개별적 이익으로서 보호하려는 취지로 해석되는 경우에는 개인은 법률상 이익을 갖는 것으로 볼 것이다.

(나) 목적론적 해석

근거법률의 명문규정에 의하여 법률상 이익 보호를 도출하는 것이 어려운 경우에도 그것의 보호가 절실히 필요한 경우에는, 근거법률의 목적론적 해석에 의하여 법률상 이익 보호를 도출하도록 시도하게 된다(제 2단계).

(다) 헌법상의 기본권 규정

목적론적 해석에 의하여서도 법률상 이익 보호를 도출할 수 없는 경우에는 최후적으로 헌법상의 기본권, 특히 환경권·소비자보호권 등 새로운 기본권규정의 직접 적용에 의한 법률상 이익 보호 여부가 검토되어야 할 것이다(제 3단계).

(라) 판례의 입장

판례는 법률상 이익의 개념을 계속하여 확대시키는 경향이다. 행정처분의 직접 상대방이 아닌 제3자라 하더라도 당해 행정처분으로 인하여 법률상 보호되는 이익을 침해당한 경우에는 그 처분의 취소나 무효확인을 구하는 행정소송을 제기할 수 있다고 한다. 이 때 원고의 법률상 이익을 당해 처분의 근거 법규뿐만 아니라 관련 법규에 의하여 보호되는 개별적·직접적·구체적 이익이 있는 경우까지를 고려하고 있다.

(2) 법률상 이익의 요건

법률상 이익의 요건은 개인적 공권이 성립하는 것과 같다. 법률상 이익은 개인적 공권의 성립요소인 강행법규성과 사익보호성이 인정될 때 보호받을 수 있다.

(가) 강행법규성

국가 등 행정주체에게 일정한 행위(작위 또는 부작위)를 할 의무를 발생시키는 강행법규가 존재하여야 한다. 따라서 행위의무는 기속행위에서의 특정행위를 할 의무뿐만 아니라 재량행위에서도 하자 없이 행정권을 행사할 의무도 포함된다. 재량행위에서도 재량행사 그 자체는 의무이기 때문에 행정청의 행위의무는 존재한다.

(나) 사익보호성

법규가 공익의 보호와 함께 특정인의 사익의 보호를 목적으로 하여야 한다(보호규범론). 여기서 법규는 성문법뿐만 아니라 불문법(관습법·조리)도 포함된다. 법규가 공익의 보호만을 목적으로 하는 경우에는 사인이 그로부터 이익을 받더라도 그것은 반사적 이익에 불과하다.

(다) 청구권능부여성 (소구가능성의 존재)

개인에게 행정주체에 대하여 그 이익을 보호받을 수 있는 청구권능인 재판청구권이 있어야 한다. 그러나 오늘날은 재판청구권이 헌법상 일반적으로 보장되어 있어 청구권능부여성이 개별 법률에서 규정되어 있어야 하는 것은 아니다.

(3) 법률상 이익이 있는 '자'의 유형

(가) 처분의 직접 상대방

법률상 이익이 있는 자는 원칙적으로 처분의 직접 상대방이다. 처분청이 수익적 행정행위를 거부 또는 취소·철회하거나, 침해적 행정행위를 부과하는 처분을 할 때, 그 상대방은 처분의 취소·변경 등을 구할 수 있는 법률상 이익을 가진다. 그러므로 자연인(외국인 포함)·법인·법인격 없는 단체(사단·재단)를 불문한다.

(나) 처분으로 불이익을 받은 제3자

행정처분의 직접 상대방이 아닌 제3자라 하더라도 당해 행정처분으로 인하여 법률상 보호되는 이익을 침해당한 경우에는 그 처분의 취소나 무효확인등을 구하는 행정소송을 제기하여 그 당부의 판단을 받을 자격이 있다. 그러므로 복효적 행정행위에 있어서 제3자, 즉 처분의 직접상대방이 아닌 제3자도 원고적격을 갖는 경우가 있다.

(a) 경업자(경쟁자소송)

경쟁관계에 있는 영업자 사이에 특정인에게 주어지는 수익적 행위가 상대방에게 법률상 불이익을 초래하는 경우에 그 상대방이 자기의 법률상 이익의 침해를 이유로 다투는 소송을 경업자소송이라고 한다. 특허기업에는 기존업자가 그 특허로 인하여 받은 이익은 법률상 이익이 있다고 하여 원고적격을 인정하고[2], 허가영업은 기존업자가 그 허가로 인하여 받은 이익은 반사적 이익 또는 사실상 이익에 지나지 아니한다고 하여 원고적격을 인정하지 않는 것이 일반적 경향이다.[3]

(b) 경원자(경원자소송)

동종업종 또는 유사한 업종에 종사하는 자의 인·허가 등의 신청에 대하여 일부 업자에 대하여만 인·허가 등의 수익적 처분을 하는 경우에 인·허가 등을 받지 못한 자가 상대방에게 행한 처분의 취소를 구하는 소송을 경원자소송이라 한다. 경원자 상호간에는 인·허가 처분으로 배타적인 이해관계가 발생하므로 타인에 대한 인·허가 등의 취소를 구할 법률상 이익이 있다. 판례는 경원관계에 있는 경우로서 동일대상지역에 대한 공유수면매립면허나 도로점용허가 혹은 일정지역에 있어서의 영업허가 등에 관하여 거리제한규정이나 업소개수제한규정 등이 있는 경우를 그 예로 들 수 있다고 한다(대법원 1992.5.8. 선고 91누13274 판결). 또한 2007년 법학전문대학원 예비인가처분을 받지 못한 대학교의 인가처분을 받은 대학교의 인가처분의 취소를 구할 원고적격을 인정한 바 있다(대법원 2009.12.10.선고 2009두8359 판결). 다만, 경쟁자와 경원자의 구별이 명확한 것은 아니다.

(c) 인근주민(인인소송)

특정인에 대하여 어떤 시설의 설치를 허가하는 수익적 처분이 인근주민에게는 불이익이 되는 경우에, 당해 시설의 인근주민이 다투는 소송을 인인소송이라고 한다. 인근주민의 원고적격 인정여부는 당해 근거법규 및 관계법규가 공익뿐만 아니라 인근주민에게 개인적 이익도 보호하고 있다고 해석되는 경우에 인근주민에게 원고적격이 인정된다. 판례는 일찍이 주거지역내에 도시계획법과 건축법 소정의 제한면

---

[2] 기존 시외버스를 시내버스로 전환하는 사업계획변경인가처분에 대한 노선이 중복되는 기존시내버스업자의 원고적격 인정(대법원 1987.9.22.선고 85누985 판결); 동일한 사업구역 내의 동종의 사업용 화물자동차면허대수를 늘리는 보충인가처분에 대하여 기존업자에게 그 취소를 구할 법률상 이익 인정(대법원 1992.7.10.선고 91누9107 판결)
[3] 한의사 면허는 경찰금지를 해제하는 명령적 행위(강학상 허가)에 해당하고, 한약조제시험을 통하여 약사에게 한약조제권을 인정함으로써 한의사들의 영업상 이익이 감소되었다고 하더라도 이러한 이익은 사실상의 이익에 불과하고 약사법이나 의료법 등의 법률에 의하여 보호되는 이익이라고는 볼 수 없으므로, 한의사들이 한약조제시험을 통하여 한약조제권을 인정받은 약사들에 대한 합격처분의 무효확인을 구하는 당해 소는 원고적격이 없는 자들이 제기한 소로서 부적법(대법원 1998.3.10.선고 97누4289 판결)

적을 초과한 연탄공장건축허가 처분으로 불이익을 받고 있는 제3거주자는 당해 처분의 취소를 구할 법률상 자격을 인정하였다(대법원 1975.5.13.선고 73누96,97 판결).

(d) 주민일반(환경소송)

경업자소송이나 인인소송에서는 특정개인의 경제상 내지 재산상의 이익보호가 문제되지만, 환경소송은 주민일반에게 공통되는 집단적 내지 생활상 이익의 보호가 문제된다. 환경소송은 쾌적한 생활환경의 이익보호나 침해된 환경상의 이익의 구제를 목적으로 하는 소송이다. 위에서 본 인인소송은 환경소송으로서의 성질도 아울러 갖는다. 환경영향평가대상지역 「안의」 주민들은 그 대상사업인 전원개발사업실시계획승인처분과 관련하여 갖는 환경상 이익을 가지며, 주민들은 그 침해를 이유로 위 처분의 취소를 구할 원고적격이 있다(대법원 1998.9.22. 97누19571). 반면, 환경영향평가 대상지역 「밖의」 주민은 수인한도를 넘는 환경피해를 받거나 받을 우려가 있다는 것을 입증한 경우에는 원고적격이 인정된다(대법원 2006.3.16. 2006두330 전원합의체판결).

(4) 사안의 해결

A는 헌법이 보장하는 기본권인 평등권에서 그의 법률상 이익을 도출할 수 있으며, 합리적인 이유 없이 차별대우를 받아 특별감면조치 대상자에서 제외되는 불리한 처분을 받았기 때문에 법률상 이익이 침해받았다고 할 수 있다. 따라서 A는 행정소송법이 정하는 원고적격을 가진다고 할 것이므로, 그 처분의 취소를 구하는 취소소송을 제기할 수 있다.

다. 피고적격을 가진 행정청을 피고로 하여 제기할 것

다른 법률에 특별한 규정이 없는 한「처분등을 행한 행정청」을 피고로 하여 제기하여야 한다(행정소송법 13). 그런데 사면법에는 피고적격에 관한 규정은 없다. 그러므로 행정소송법에 따라 특별사면을 행한 처분행정청인 대통령에게 피고적격이 있다.

라. 제소기간

(1) 제소기한의 제한

행정소송법에서는 민사소송의 경우와는 달리 기간을 제한하고 있는데, 제소기간의 길이는 행정상의 법률관계의 신속한 안정의 필요성과 재판기회의 최대한 보장과의 조화를 고려하여 정하여질 것이다.

(2) 제소기간

㈎ 행정심판을 제기하지 않은 경우

처분 등이 있음을 안날로부터 90일 이내에 제기하여야 한다(행정소송법 20①). 「특정인」에 대한 행정처분을 주소불명 등의 이유로 송달할 수 없어 관보 등에 공고한 경우에는 상대방이 그 처분이 있음을 현실적으로 안 날을 기준으로 제소기간을 산정한다(대법원 2006.4.28. 2005두14851). 반면, 「불특정 다수인」을 상대로 처분을 하는 경우에는 그 처분의 효력이 불특정 다수인에게 일률적으로 적용되는 것이므로, 그 행정처분에 이해관계를 갖는 자는 고시 또는 공고가 있었다는 사실을 현실적으로 알았는지 여부에 관계없이 고시가 효력을 발생하는 날에 행정처분이 있음을 알았다고 보아야 한다(대법원 2007.6.14. 2004두619).

㈏ 행정심판을 거친 경우

예외적으로 다른 법률에서 행정심판의 필요적 전치주의를 채택한 경우와 그 밖에 행정심판청구를 할 수 있는 경우 또는 행정청이 행정심판청구를 할 수 있다고 잘못 알린 경우에 행정심판 청구가 있은 때의 제소기간은 재결서의 정본을 송달받은 날로부터 기산하여 90일 이내에 제기하여야 한다(행정소송법 20① 단서).

㈐ 처분이 있은 날부터 1년

취소소송은 처분이 있은 날로부터 1년(행정심판을 거쳐 제기하는 경우에는 재결 있는 날로부터 1년)을 경과하면 이를 제기할 수 없다. 다만 이 기간은 불변기간이 아니며, 정당한 사유가 있는 경우에는 그러하지 아니하다(행정소송법 20②). 여기서 당사자가 책임질 수 없는 정당한 사유란 당사자가 그 소송행위를 하기 위하여 일반적으로 하여야 할 주의를 다하였음에도 불구하고 그 기간을 준수할 수 없었던 사유를 말한다(대법원 2001.5.8. 2000두6916). 그리고 「안 날로 부터 90일」과 「있은 날로부터 1년」은 서로 선택적인 것이 아니라, 그 중 어느 하나의 기간이 도과되면 제소기간이 만료된다.

㈑ 불변기간

제소기간 90일은 불변기간이다(행정소송법 20③). 법원은 직권으로 불변기간을 신축할 수 없다(민사소송법 172① 단서). 다만, 법원은 불변기간에 대하여 주소 또는 거소가 멀리 떨어진 곳에 있는 사람을 위하여 부가기간을 정할 수 있다(동조 ②). 그리고 당사자가 책임질 수 없는 사유로 말미암아 불변기간을 지킬 수 없었던 경우에는 그 사유가 없어진 날부터 2주 이내에 게을리 한 소송행위를 보완할 수 있다(민사소송법 173③). 국외에서의 추완기간은 14일에서 30일로 한다(행정소송법 5). 불변기간의 경과여부는 법원의 직권조사사항이다(대법원 1977.4.12. 76누268).

(3) 사안의 경우

사안에서 대통령의 특별감면조치는 2010. 8. 15. 무렵 행하여졌다. 통치행위는 그 종류에 따라 관보에 게재하여 공포하거나 또는 대외적인 공고, 고시 등에 의하여 유효하게 성립되고 개별적 통지를 요하지 아니한다(대법원 1983.6.14, 선고 83누43 판결). 따라서 통치행위로 보이는 행정행위의 위헌성·위법성을 다투려는 경우 제소기간은 통치행위의 공고(공포)가 있는 날로부터 90일 이내에 제소하여야 할 것이다.

A는 대통령이 정한 운전면허 제재 특별감면기준의 대상자에 해당되기 때문에 면허벌점이 삭제될 것이라는 기대를 갖게 되었지만, 결국 특별감면을 받지 못하게 된 A는 그 즉시 대통령에게 특별감면조치 처분을 해줄 것을 요청하는 적법한 신청을 하였다. 그러나 A에 대하여서만 개별적으로 그런 조치를 취할 수 없다는 취지의 거부통지를 받게 되었다. 따라서 A는 거부통지를 받게 된 날을 처분이 있음을 안 날로 산정하여 그로부터 90일 이내에 제소하여야 할 것이라는 견해도 있을 수 있지만, 거부통지는 관념의 통지로 처분이라고 볼 수는 없다고 할 것이다.

마. 관할법원

피고 행정청 소재지를 관할하는 행정법원에 제기하여야 한다(행정소송법 9). 따라서 처분청인 대통령이 소재하는 서울행정법원이 관할법원이 된다.

3. 승소가능성 여부

A에 대한 특별감면조치는 통치행위에 해당되지만, 헌법이 정하는 평등원칙 및 사실오인에 의한 재량권의 일탈·남용에 해당되는 하자로 인하여 사법심사의 대상이 되는 일반처분의 성격을 갖게 되므로, A는 대통령을 피고로 하는 특별감면거부 처분취소청구의 소에서 승소할 수 있을 것이다. 반면, B에 대한 특별감면조치 제외 행위는 특별감면 기준에 따른 것으로 적법한 공권력 행사이므로 사법심사의 대상이 되지 아니하며, 그에 대한 제소는 부적법 각하된다.

4. 결론

A는 헌법이 정하는 평등권에서 법률상 이익을 도출할 수 있으며, 사실오인으로 특별감면조치 대상자에서 제외되는 불리한 처분을 받았기 때문에 법률상 이익의 침해를 받았다고 할 수 있다. 따라서 A는 행정소송법이 정하는 원고적격을 가진다고 할 것이므로 그 처분의 취소를 구하는 취소소송을 제기할 수 있다. 그러므로 A는 대통령의 재량권의 일탈·남용으로 인한 위법한 처분으로 승소할 수 있을 것이지만, B에 대한 처분은 적법하여 패소하게 될 것이다.

기본구조

특별감면조치거부처분의 취소를 위한
제소요건 [설문 (4)의 해결]

1. 문제점
2. 취소소송에서의 제소요건
   가. 원고적격을 가진 자가 제기할 것
      (1) 취소소송의 기능과 목적에 관한 견해
         (가) 학설
            1) 권리향수회복설
            2) 법률상 이익구제설
            3) 보호가치이익구제설
            4) 적법성보장설
         (나) 판례
         (다) 소결
   나. 법률상 이익이 있는 자
      (1) 법률상 이익의 판단기준
         (가) 실정법의 해석
         (나) 목적론적 해석
         (다) 헌법상의 기본권 규정
         (라) 판례의 입장
      (2) 법률상 이익의 요건
         (가) 강행법규성
         (나) 사익보호성
         (다) 청구권능부여성(소구가능성의 존재)
      (3) 법률상 이익이 있는 '자'의 유형
         (가) 처분의 직접 상대방
         (나) 처분으로 불이익을 받은 제3자
            ⓐ 경업자(경쟁자소송)
            ⓑ 경원자(경원자소송)
            ⓒ 인근주민(인인소송)
            ⓓ 주민일반(환경소송)
         (4) 사안의 해결
   다. 피고적격을 가진 행정청을 피고로 하여 제기할 것
   라. 제소기간
      (1) 제소기한의 제한
      (2) 제소기간
         (가) 행정심판을 제기하지 않은 경우
         (나) 행정심판을 거친 경우
         (다) 처분이 있은 날부터 1년
         (라) 불변기간
      (3) 사안의 경우
   마. 관할법원
3. 승소가능성 여부
4. 결론

I. 설문 (1)의 해결 - 대통령의 특별감면조치의 법적 성질

1. 문제점

대통령의 특별사면인 특별감면조치의 법적 성격이 일반 행정처분인지, 통치행위에 해당하는지 여부가 문제된다.

2. 통치행위로서 특별감면조치

대통령의 특별감면조치는 일반 행정처분이 아니라 고도의 정치성을 띤 통치행위에 해당된다. 통치행위란 단순한 법집행작용이 아니라 국가적 이해를 직접 그 대상으로 하는 고도의 정치성을 띤 행정기관의 행위로서, 사법심사의 대상으로 하기에 부적합한 성질의 것일 뿐 아니라, 비록 그 것에 관한 판결이 있는 경우에도 그 집행이 곤란한 성질의 행위를 말한다. 사안의 특별감면조치는 통치행위에 해당하여 그 적법여부에 관한 사법심사가 부적법한 성격을 가지고 있다.

3. 통치행위의 이론적 근거

가. 학설

① 동태적인 정치문제는 정치적 책임을 지지 않는 법원이 심사하기에는 부적합하다는 내재적 한계설, ② 통치행위는 행정부의 전속적 권한에 속하는 사항이라는 권력분립설, ③ 통치행위는 행정부의 자유재량행위라는 자유재량행위설, ④ 법원이 다른 국가기관의 고도의 정치성 있는 행위에 관여하는 것을 스스로 억제하기 때문이라는 사법부자제설, ⑤ 부정설이 논의된다.

나. 소결

통치행위의 개념을 인정하는 것이 일반적 견해이다. 다만 그 행위의 한계와 사법심사의 범위를 확대해 가고 있는 경향을 보이고 있다.

4. 대통령의 특별감면조치

사안의 특별감면조치는 대통령의 사면권중 '감형'에 해당하는 것이다. 이러한 특별감면권은 헌법과 사면법에 근거하고 있는 것이며, 대통령의 재량행위에 속한다.

5. 사안의 해결

사안에서 생계형범죄를 범한 서민을 대상으로 실시한 특별감면조치는 사면법상 특별사면에 해당하는 것으로 통치행위의 일종이다.

II. 설문(2)의 해결 – 통치행위에 대한 사법심사 가능성

1. 문제점

사안에서 대통령이 행한 특별감면조치는 통치행위에 해당한다. 통치행위는 고도의 정치적 판단에 기초한 행정청의 행위라는 점에서 사법부가 통치행위의 위법·부당을 심사하는 것이 가능한 것인지가 문제된다.

2. 사법심사 대상여부

가. 원칙

기본적으로 통치행위는 사법심사의 대상이 되지 않는다는 것이 통설의 태도이다. 대법원은 남북정상회담의 개최는 특별한 사정이 없는 한 그 당부를 심판하는 것은 사법권의 내재적·본질적 한계를 넘어서는 것이라고 하였다.

나. 통치행위의 한계와 사법심사 가능성

(1) 통치행위의 한계

통치행위라 할지라도 이는 헌법에 근거한 작용이므로, 국민주권의 원리, 평등의 원칙이나 비례의 원칙 등 헌법상의 여러 원칙에 위배되어서는 안 된다.

(2) 예외적 사법심사 가능성

통치행위의 한계를 벗어난 행위에 대하여는 사법심사가 인정되어야 한다. 판례도 고도의 정치적 결단에 의하여 행해지는 국가작용이라고 할지라도 그것이 국민의 기본권침해와 직접 관련되는 경우에는 당연히 심판대상이 된다고 하였다.

3. 사안의 해결

대통령의 특별감면조치는 통치행위에 해당된다. 판례에 의하면 통치행위라 하여도 일정한 경우에 사법심사가능성을 인정한다. 사안에서 대통령의 특별감면조치가 통치행위의 한계에 해당하는 당연무효, 범죄행위, 기본권침해에 해당되면 사법심사의 대상이 될 수 있다.

III. 설문(3)의 해결 – 특별감면조치 거부처분의 적법성 여부

1. 문제점

'운전면허 제재 특별감면 기준'의 법적 성질은 특별사면 처리기준에 관한 행정규칙의 일종인 재량준칙이라고 할 것이다. 따라서 이러한 재량준칙은 원칙적으로 행정청을 구속하지 못한다. 다만 일정한 경우 재량이 축소되어 동종사안에 대하여 동일한 처분을 하여야 할 자기구속을 당하게 되는바, 사안의 경우 이에 해당하는지 문제된다.

2. 행정규칙의 법적 효력

가. 학설

행정규칙의 대외적 효력에 대하여 ① 행정규칙의 직접적인 수명자는 하급행정기관이라는 점에서, 행정기관은 국민에 대한 관계에서 이를 준수할 의무가 없다는 부정설, ② 원칙적으로 대외적 효력이 없지만 행정관행이 성립함에 따라 간접적으로 대외적 효력을 가진다는 절충설, ③ 행정규칙 자체로 직접적인 대외적 효력을 가진다는 긍정설이 주장된다.

나. 판례

판례는 헌법상의 평등원칙이나 신뢰보호의 원칙을 매개로 하여 간접적으로 대외적 효력을 가진다는 절충설의 입장이다.

다. 검토 및 사안의 특별감면처리기준의 법적 효력

직접적으로 효력을 인정하는 것은 권력분립의 원칙에 저촉된다. 따라서 원칙적으로 대외적 효력은 갖지 못하고, 예외적으로 행정권의 재량이 인정되는 영역에서 간접적으로만 대외적 효력을 가진다. 따라서 이 사건 처리기준 역시 내부적 구속력만 인정되고, 다만 특정한 국민에게만 위 처분기준에 반하는 행위를 하면 평등원칙에 위반되는 효력을 가진다고 할 것이다.

3. A · B가 특별감면기준에 해당되는지 여부

A의 경우 신호위반 운전 등으로 벌점이 누적되어 있어 위 기준에 따른 삭제대상자이다. 그런데 A는 특별한 이유 없이 삭제조치에서 제외되었다. 반면 B의 경우 음주운전으로 면허가 취소된 자인데, 다시 음주운전을 하여 기소되어 있는 자이다. 이는 면허취득 결격기간 해제 제외 대상인 '무면허 음주운전'에 해당하여 감면조치의 대상자가 아니다.

4. 사안의 해결

가. A의 경우

대통령의 사면권 행사는 재량행위이다(헌법 79, 사면법 9). 따라서 사안에서 A를 제외한 행위에 대하여 재량권의 일탈·남용이 있어서 위법한 것이 되는지를 검토하여야 한다. 행정소송법 제27조는 재량권행사가 위법성을 띠게 되는 재량하자를 규정하고 있다. 이러한 재량하자의 판단기준은 일반적으로 ① 사실오인, ② 목적위반·동기의 부정, ③ 평등원칙 위반, ④ 비례의 원칙 위반 등이다.

사안의 경우 A만 특별감면 대상자에서 제외하였다는 점에서 평등원칙 위반이 문제된다. 사안에서 A만 제외할 만한 특별한 사정이 보이지 아니한다. 따라서 대통령이 A만 제외한 것은 헌법상 평등의 원칙에 반하는 처분으로서 위법한 것이다.

나. B의 경우

- 반면 B는 면허취득 결격기간 해제 제외 대상인 '무면허 음주운전'에 해당되어 특별감면

조치의 대상자가 아니다. 결국 정부가 B에 대하여 특별감면조치를 거부한 것은 적법하다.

III. 설문(4)의 해결 - A,B에 대한 특별감면조치거부처분의 취소를 위한 제소요건과 승소가능성

1. 문제점

B에 대한 제외행위는 특별감면 기준에 따른 것으로 사법심사의 대상이 되지 아니하며, 그에 대한 제소는 부적법 각하될 것이다. 반면 A가 그 처분의 취소를 구하는 소송을 제기함에 있어 행정소송법이 정하는 취소소송의 요건이 무엇인지와, 그 승소가능성을 검토할 필요가 있다.

2. 취소소송에서의 제소요건

가. 원고적격

취소소송은 처분 등의 취소를 구할 법률상 이익이 있는 자가 제기할 수 있다(행정소송법 12). 이러한 '법률상 이익'의 개념에 대하여 ① 권리향수회복설, ② 법률상 이익구제설, ③ 보호가치이익구제설, ④적법성 보장설 등이 주장된다. 판례는 처분의 근거법규 및 관련법규에 의하여 보호되는 개별적·직접적 이익을 말한다고 하여 법률상 이익구제설의 태도이다. 또한 A는 처분의 직접상대방으로서 이러한 법률상 이익이 있는 자에 해당한다.

나. 피고적격

다른 법률에 특별한 규정이 없는 한 처분을 한 행정청이 피고가 된다(행정소송법 13). 따라서 특별사면을 행한 대통령에게 피고적격이 있다.

다. 관할법원

피고 행정청 소재지를 관할하는 행정법원에 제기하여야 한다(행정소송법 9). 따라서 처분청인 대통령이 소재하는 서울행정법원이 관할법원이 된다.

라. 기타 요건

취소소송의 대상은 '처분 등'인바, 사안의 거부통지는 처분에 해당하며, A는 계쟁처분의 취소를 구할 소의 이익도 인정된다. 사안은 행정심판전치주의가 적용되는 경우도 아니므로 기타의 요건도 모두 충족한다. A는 행정소송법 제20조가 규정하는 제소기간 내에 소를 제기하면 된다.

3. 승소가능성

특별감면조치는 통치행위에 해당하지만, 헌법상 평등원칙에 위배하여 사법심사의 대상이 된다. 따라서 A는 제소요건을 모두 구비하여 제소한다면 대통령의 재량권의 일탈·남용으로 인한 위법한 처분을 취소하라는 승소판결을 받을 수 있을 것이다. 그러나 B에 대한 처분은 적법하므로, B의 제소는 부적법하여 각하될 것이다.

[2] 법치행정의 원칙과 수익적 행정행위의 취소

A는 춘천시장으로부터 개인택시운송사업 면허를 받아 개인택시를 운행하여 오던 중에, 2006. 7. 4. 23:33경 혈중 알콜농도 0.179% 음주상태에서 친구의 승용차를 운전하다가 승합차를 추돌하는 교통사고를 야기하였는데, A는 위 사고로 중상을 입고 치료를 받던 중 그 날 사망하였다.

강원도지사는 2006. 8. 9. 춘천시장에게 망인 A의 운전면허가 2006. 7. 4. 취소되었고, 그 취소내용은 본인사망이라는 운전면허취소 운전자 명단을 송부하였으며, 춘천경찰서장은 2006. 8. 28. 춘천시장에게 망인이 위와 같이 음주상태에서 승용차를 운전하다가 교통사고를 발생시켰다는 통지를 하였다.

춘천시장은 A의 상속인들인 처와 자녀들 2명에게 A의 음주운전으로 그의 개인택시면허를 취소할 예정이라는 처분사전통지서를 발송하면서 의견의 제출을 요구하였다. A의 처 B는 음주운전자 본인인 A가 사망하였는데도 A의 개인택시 면허를 취소하는 것은 부당하다는 취지의 의견을 제출하였으며, 여객자동차운수사업법 제16조 제1항, 같은 법 시행규칙 제37조의 규정에 따라 춘천시장에게 다른 상속인들의 동의서를 첨부하여 상속 신고를 하였으나, 춘천시장은 개인택시면허 취소의 행정처분을 추진하는 중이라는 이유로 상속 신고를 수리하지 아니하였다.

그 후 춘천시장은 2006. 10. 23. 망인 A 및 A의 상속인에 대하여 망인 A가 술에 취한 상태에서 자동차를 운전하였고, 이는 운전면허 취소사유에 해당한다는 이유로 개인택시운송사업 면허를 취소하는 처분을 하였다. 원고 B는 춘천시장을 상대로 개인택시운송사업면허 취소처분취소 청구의 소를 제기하였고, B는 그 소송에서 다음과 같이 주장하였다. B의 주장에 대한 논거를 제시하고, 그 주장의 당부에 대하여 판단해 보시오.

(1) 개인택시운송사업면허 취소처분의 위법 주장 (20점)

망인 A가 사고 직후 사망함으로써 운전면허가 당연 실효되었을 뿐 망인에 대한 운전면허 취소처분이 있지 아니하였으므로 이와는 달리 그 처분이 있었다거나 운전면허 취소처분 사유가 발생하였을 뿐 취소처분이 있지도 아니한 이 사건의 경우에도 택시운송사업면허를 취소한 피고의 처분은 위법하다.

(2) 상속신고 불수리처분의 위법 주장 (15점)

여객자동차운수사업법 제16조 제1항에 따른 상속신고는 여객자동차운수사업법 제15조 제2항에 따른 사업의 양도·양수와는 달리 이를 제한하는 규정이 없는 데도 불구하고 피고가 위 법 제15조 제2항 후문, 동법 시행령 제10조, 동법 시행규칙 제35조 제4항 내지 제6항의 규정을 그대로 적용 내지 유추적용하여 원고의 상속신고를 수리하지 않은 것은 위법하다.

(3) **처분사유 변경의 위법 주장** (15점)

피고는 당초 원고의 상속신고 불수리처분 사유를 '개인택시면허 취소의 행정처분을 진행하는 중'임을 이유로 하다가 고등법원에서는 '도로교통법상 운전면허 취소사유가 발생'으로 변경하였으나, 이와 같은 처분사유의 변경은 기본적 사실관계의 동일성이 인정되는 한도 내의 변경이 아니어서 위법한 변경이다.

참고법령

「여객자동차 운수사업법 [법률 제7988호 2006.09.27. 일부개정]」

제15조(사업의 양도·양수등)
① 여객자동차운송사업을 양도·양수하고자 하는 자는 건설교통부령이 정하는 바에 의하여 건설교통부장관 또는 시·도지사에게 신고하여야 한다.
② 대통령령이 정하는 여객자동차운송사업을 양도·양수하고자 하는 경우에는 제1항의 규정에 불구하고 건설교통부령이 정하는 바에 의하여 건설교통부장관 또는 시·도지사의 인가를 받아야 한다. 이 경우 건설교통부장관 또는 시·도지사는 건설교통부령이 정하는 일정기간 여객자동차운송사업의 양도·양수를 제한할 수 있다.
③ 운송사업자인 법인이 합병하고자 하는 경우(운송사업자인 법인이 운송사업자가 아닌 법인을 흡수합병하는 경우를 제외한다)에는 건설교통부령이 정하는 바에 의하여 건설교통부장관 또는 시·도지사에게 신고하여야 한다.〈개정 2000.1.28〉
④ 제1항 내지 제3항의 규정에 의한 신고 또는 인가가 있은 때에는 여객자동차운송사업을 양수한 자는 여객자동차운송사업을 양도한 자의 운송사업자로서의 지위를 승계하며, 합병에 의하여 설립되거나 존속되는 법인은 합병에 의하여 소멸되는 법인의 운송사업자로서의 지위를 승계한다.
⑤ 제7조의 규정은 제1항 내지 제3항의 신고 또는 인가에 관하여 이를 준용한다.

제16조(여객자동차운송사업의 상속)
① 운송사업자가 사망한 경우 상속인이 그 여객자동차운송사업을 계속하고자 하는 때에는 피상속인이 사망한 날부터 90일 이내에 건설교통부장관 또는 시·도지사에게 신고하여야 한다.
② 상속인이 제1항의 신고를 한 때에는 피상속인이 사망한 날부터 신고를 한 날까지의 기간에 있어서 피상속인의 여객자동차운송사업의 면허 또는 등록은 이를 상속인에 대한 면허 또는 등록으로 본다.

③ 제1항의 규정에 의하여 신고를 한 상속인은 피상속인의 운송사업자로서의 지위를 승계한다.
④ 제7조의 규정은 제1항의 신고에 관하여 이를 준용한다. 다만, 상속인이 피상속인이 사망한 날부터 90일이내에 그 여객자동차운송사업을 다른 사람에게 양도한 경우에는 피상속인의 사망일부터 양도일까지의 기간에 있어서 피상속인에 대한 여객자동차운송사업의 면허 또는 등록은 이를 상속인에 대한 면허 또는 등록으로 본다.

제76조(면허취소등)
① 건설교통부장관 또는 시·도지사(터미널사업 및 대통령령이 정하는 여객자동차운송사업의 경우에 한한다)는 여객자동차운수사업자가 다음 각호의 1에 해당하는 때에는 면허·등록·허가 또는 인가를 취소하거나, 6월이내의 기간을 정하여 사업의 전부 또는 일부의 정지를 명하거나, 노선폐지·감차등을 수반하는 사업계획의 변경을 명할 수 있다. 다만, 제4호 및 제6호의 경우에는 면허 또는 등록을 취소하여야 한다.
15. 대통령령이 정하는 여객자동차운송사업의 경우 운수종사자의 운전면허가 취소된 때

『여객자동차 운수사업법 시행령 [대통령령 제19476호 2006.05.10. 일부개정]』

제29조(운전면허가 취소된 운수종사자에 대한 사업면허취소 등의 처분)
법제76조제1항제15호에서 "대통령령이 정하는 여객자동차운송사업"이라 함은 개인택시운송사업을 말한다.

『여객자동차 운수사업법 시행규칙 [부령 제329호 2006.05.30. 일부개정]』

제17조 (개인택시운송사업의 면허기준 등)
④ 개인택시운송사업의 면허를 받은 자가 사망한 경우 그 상속인은 법 제15조제2항의 규정에 의한 양도·양수의 인가를 받아 이를 타인에게 양도할 수 있으며, 상속인 본인이 제1항 또는 제7항의 규정에 의한 요건을 갖춘 때에는 법 제16조제1항의 규정에 의한 신고를 하고 그 사업을 직접 승계할 수 있다.

제37조(사업의 상속신고)
법 제16조제1항의 규정에 의하여 여객자동차운송사업의 상속신고를 하고자 하는 자는 별지 제21호서식의 여객자동차운송사업상속신고서에 다음 각호의 서류를 첨부하여 관할관청에 제출하여야 한다.
1. 피상속인이 사망하였음을 증명할 수 있는 서류
2. 피상속인과의 관계를 증명할 수 있는 서류
3. 신고인과 동 순위에 있는 다른 상속인이 있는 경우에는 그 상속인의 동의서

> **주요쟁점**
>
> ✦ 법치행정의 원칙
> ✦ 법률유보의 원칙
> ✦ 수익적 행정행위의 취소
> ✦ 특허
> ✦ 철회사유
> ✦ 상대방의 유책행위에 대한 제재로서의 철회
> ✦ 사인의 공법행위로서의 신고
> ✦ 수리를 요하는 신고
> ✦ 수리를 요하지 아니하는 신고
> ✦ 처분사유의 변경

Ⅰ. 개인택시운송사업면허 취소처분의 적법성 여부 [설문 (1)의 해결]

1. 문제점

개인택시운송사업면허를 받았던 망인 A가 사고 직후 사망함으로 A의 운전면허는 당연 실효되었다고 할 수 있다. 그렇기 때문에 A의 생존 중에 운전면허 취소처분도 실제로 행하여지지 아니하였다. 그런데 A에게 운전면허취소처분의 사유가 발생하였다는 사실만을 이유로 개인택시운송사업면허 취소처분(이하 '이 사건 처분'이라 한다)이 과연 적법한 것인지 여부는, 수익적 행정행위의 취소의 법리와 피고의 처분이 관련 법령에 따른 것이었느냐에 관한 법치행정의 원칙 등의 관점에서 검토할 필요가 있다.

2. 개인택시운송사업면허취소의 법적 성질 및 취소요건

가. 개인택시운송사업면허의 법적 성질

개인택시운송사업면허는 특정인에게 권리나 이익을 부여하는 이른바 수익적 행정행위로서 법령에 특별한 규정이 없는 한 재량행위이다(대법원 2007.3.15. 2006두15783). 그러므로 개인택시운송사업면허는 형성적 행정행위 중 특허에 해당된다.

나. 철회로서의 개인택시운송사업면허취소

피고 춘천시장이 망인 A가 음주운전을 하였다는 이유로 개인택시운송사업면허를 취소한 것은, 장래에 향하여 그 효력을 소멸시키는 효력을 가지는 철회에 해당된다. 철회는 행정행위가 아무런 흠 없이 완전히 유효하게 성립하였으나, 사후에 이르러 공익상 그 효력을 더 존속시킬 수 없는 새로운 사정이 발생하였기 때문에 장래에 향하여 그 효력을 상실시키는 원래의 행정행위와는 별개의 독립된 행정행위를 말한다.

다. 철회사유

행정행위의 철회사유로는 ① 행정행위의 기초가 된 사실관계가 변경되거나 법령이 개정된 결과, 현재의 사실관계 또는 법령 아래서 전에 행한 행정행위가 행하여진다면 당연히 위법이 되는 '사정변경의 발생', ② 일정한 비행, 법령·처분 위반, 부담의 불이행 등에 대한 제재인 '상대방의 유책행위에 대한 제재로서의 철회'(행정법상의 의무확보를 위한 철회), ③ 행정행위를 하면서 일정한 사유가 발생한 경우에는 행정행위를 철회할 수 있음을 정하고 있는 부관으로서의 '철회권의 유보'가 있으며, ④ 행정행위에 외재하는 공익의 요구로 철회가 인정되는 '보다 우월한 공익의 요구에 의한 철회'가 있다.

사안에서는 춘천시장이 망인 A의 음주운전을 이유로 운전면허를 취소(철회)하고 개인택시운송사업면허까지 취소(철회)한 것은 철회사유 중 '상대방의 유책행위에 대한 제재로서의 철회'에 해당된다.

라. 개인택시운송사업면허취소(철회)의 요건

개인택시운송사업면허를 취소하기 위해서는 수익적 행정행위의 취소요건을 충족하여야 한다. 판례는 개인택시 운송사업면허와 같은 수익적 행정처분을 취소 또는 철회하거나 중지하는 경우에는 이미 부여된 그 국민의 기득권을 침해하는 것이 되므로, 비록 취소 등의 사유가 있다고 하더라도 그 취소권 등의 행사는 기득권의 침해를 정당화할 만한 중대한 공익상의 필요 또는 제3자의 이익보호의 필요가 있는 때에 한하여 상대방이 받는 불이익과 비교·교량하여 결정하여야 하고, 그 처분으로 인하여 공익상의 필요보다 상대방이 받게 되는 불이익 등이 막대한 경우에는 재량권의 한계를 일탈한 것으로서 그 자체가 위법하게 된다(대법원 2010.4.8. 2009두17018)고 본다.

그러나 그 처분의 하자가 당사자의 사실은폐나 기타 사위의 방법에 의한 신청행위에 기인한 것이라면 당사자는 그 처분에 의한 이익이 위법하게 취득되었음을 알아 그 취소 가능성도 예상하고 있었다고 할 것이므로, 그 자신이 위 처분에 관한 신뢰이익을 원용할 수 없음은 물론 행정청이 이를 고려하지 아니하였다고 하여도 재량권의 남용이 되지 않고, 이 경우 당사자의 사실은폐나 기타 사위의 방법에 의한 신청행위가 제3자를 통하여 소극적으로 이루어졌다고 하여 달리 볼 것이 아니라는 입장이다(대법원 1995.11.7. 95누11320).

마. 소 결

춘천시장은 음주운전자에 대하여 도로교통법이 정하는 바에 따라 운전면허를 취소(철회)하고, 운전면허의 존재를 전제로 하고 있는 개인택시운송사업면허를 취소(철회)할 수 권한이 있다. 그러나 사안에서 망인은 음주운전 직후 치료 중에 사망하였기에 사망한 자에 대하여 도로교통법과 여객자동차 운수사업법이 정하는 불이익처분을 할 수 있을 것인지 여부는 법치행정의 원칙과 관련하여 살펴보아야 한다.

3. 법치행정의 원칙의 일반론

가. 법치행정의 원칙의 개념

행정은 법에 따라서 행하여져야 하며, 행정에 의하여 개인의 법익이 침해되는 경우에는 사법적인 구제가 보장되는 것을 법치행정의 원칙이라고 한다. 법치행정의 원리는 법치국가원리의 행정면에서의 표현으로 행정법의 기본원리임과 동시에 행정법이 성립하기 위한 전제요건이다.

나. 법치행정의 원칙의 내용

근대 독일 행정법학의 기반을 마련한 오토 마이어(Otto Mayer)는 법치행정의 원칙의 내용으로 법률의 법규창조력, 법률유보, 법률우위를 들었다.

(1) 법률의 법규창조력

법률의 법규창조력은 국가작용 중 국민의 권리의무에 관한 새로운 규율을 정하는 것은 모두 입법으로서 의회가 행하여야 한다는 것이다. 보통 의회의 입법에 의하여 정하여지는 규율을 법률이라 하고, 국민의 권리의무에 관한 새로운 규율을 법규라 하므로 이와 같이 부른다.

(2) 법률우위의 원칙

의회의 입법에 의하여 이미 규율된 사안에 대하여는 행정은 그에 위반되는 일을 하여서는 안 된다는 것이다. 만약 그 경우에 행정이 법에 위반되는 일을 할 수 있다면 그것은 바로 행정이 국민의 권리의무에 대하여 새로운 규율을 행하는 것으로 되어, 법률의 법규창조력의 원칙에도 위반되게 된다. 소극적 의미의 법률적합성의 원칙이라고 한다.

(3) 법률유보의 원칙

법률의 법규창조력의 파생원칙으로 적극적 의미의 법률적합성의 원칙이라고도 하며, 행정은 법적 근거를 갖고서 이루어져야 한다는 것을 의미한다. 법률유보는 법률의 직접적인 근거 또는 법률의 위임에 근거하여 제정된 명령에 의한 근거가 있어야 한다.

① 의회의 입법이 아직 규율하고 있지 아니한 사안에 대하여는 정부의 행정은 어떠한 규율도 하여서는 안 된다는 것으로, 만약 그러한 사안에 대하여 행정이 어떠한 규율을 할 수 있다면, 행정이 스스로 국민의 권리의무에 대하여 새로운 규율을 할 수 있는 것으로 되어 역시 법률의 법규창조력의 원칙에 위반되게 된다.

② 법률우위는 소극적으로 기존 법률의 침해를 금하는 것이나(법의 단계질서의 문제), 법률유보는 적극적으로 행정기관이 행위를 할 수 있게 하는 법적 근거(입법과 행정의 권한의 문제)의 문제라고 할 수 있다.

다. 사안과 법치행정의 원칙과의 관계

피고의 택시운송사업면허의 취소처분은 망인 A에 대한 운전면허 취소처분 사유가 발생하였을 뿐 아직 취소처분이 있지도 아니한 가운데 행하여진 것이기 때문에 관련법령에 근거가 없는 처분에 해당된다. 따라서 피고의 위 처분은 법치행정의 원칙 중 특히 법률유보의 원칙과 관련하여 그 적법성 여부가 문제된다.

4. 피고의 이 사건 처분과 법률유보의 원칙

가. 피고의 이 사건 처분과 법적 근거

(1) 망인 A의 음주운전과 운전면허취소사유의 발생

누구든지 술에 취한 상태에서 자동차등을 운전하여서는 아니 된다(도로교통법 44 ①). 지방경찰청장은 운전면허를 받은 사람이 술에 취한 상태에서 자동차등의 운전을 한 때에는 행정안전부령이 정하는 기준에 의하여 운전면허를 취소하거나 1년 이내의 범위에서 운전면허의 효력을 정지시킬 수 있다(도로교통법 93①(1)). 그런데 망인은 혈중 알콜농도 0.179% 음주만취 상태에서 운전한 바 있으므로, 도로교통법령에 따르면 운전면허취소사유에 해당된다.

(2) 망인 A에 대한 여객자동차운수사업면허 취소사유의 존재 여부

건설교통부장관 또는 시·도지사(터미널사업 및 대통령령이 정하는 여객자동차운송사업의 경우에 한한다)는 대통령령이 정하는 여객자동차운송사업의 경우 운수종사자의 운전면허가 취소된 때에는 면허·등록·허가 또는 인가를 취소하거나, 6월 이내의 기간을 정하여 사업의 전부 또는 일부의 정지를 명하거나, 노선폐지·감차 등을 수반하는 사업계획의 변경을 명할 수 있다(여객자동차운수사업법 76①). 여기에서 '대통령령이 정하는 여객자동차운송사업'은 개인택시운송사업을 말한다(여객자동차 운수사업법 시행령 29).

따라서 망인에 대한 자동차운전면허가 취소된 때에는 그 면허의 존재가 여객자동차운사사업의 전제요건이 되므로 망인에 대한 운수사업면허를 취소할 수 있다. 그런데 망인은 음주만취 상태로 운전 중 야기한 교통사고로 병원치료를 받던 중 사망하게 되었고, 그 사이에 지방경찰청장의 자동차운전면허취소 처분은 없었다. 그럼에도 피고 춘천시장은 망인에 대한 여객자동차운수사업면허를 취소한 것이다.

나. 피고의 이 사건 처분과 법률유보의 원칙

(1) 법률유보의 원칙에 관한 학설

(가) 침해유보설

국민의 자유와 재산을 권력적으로 침해하는 침해행정작용에 대하여서만 법률의 근거를 요한다는 견해이다. 근대입헌국가 초기에는 법률유보는 개인의 자유와 재산을 침해하는 침해행정을 억제하기 위한 것이었으며, 당시에는 소극적인 질서유지를 위하여 행하여지는 침해행정이 행정작용의 대종을 이루었기 때문에 침해유보설이 통설적 지위를 차지할 수 있었다.

(나) 사회유보설(급부행정유보설)

사회유보설은 자유·재산에 대한 침해행정만이 아니라 급부행정 전반에 확대·적용되어야 한다고 한다. 이 견해는 급부의 거부는 자유·재산에 대한 침해와 실질적으로 같은 의미를 가지며, 급부작용은 수혜자의 입장에서는 수익적 작용이지만 경쟁관계에 있는 제3자에게는 침해적 효과가 발생하는 복효적 행정행위

인 경우가 많다고 한다. 그러나 이 견해는 급부행정의 범위가 애매하고, 급부행정에 있어서까지 법률의 근거를 요구하면 행정책임을 완수하기 어렵고, 입법부에 너무 과중한 부담을 지운다는 비판이 있다.

(다) 권력행정유보설

권력행정유보설은 침해행정이거나 수익행정이거나를 막론하고 모든 권력행정은 법률의 근거를 요한다는 견해이다. 이 견해는 법률의 법규창조력에 근거를 두어 국민생활에 영향을 주는 일방적 행위에 대한 새로운 규범을 정립하는 것은 입법권의 전권에 속한다고 한다.

(라) 전부유보설

전부유보설은 모든 공행정작용에는 법률의 근거가 필요하다고 한다. 이 견해는 민주주의적 이념에 근거를 두고 있다. 헌법구조가 변화되어 자유주의와 함께 국민주권주의가 중요한 헌법원리가 된 오늘날의 헌법 아래서는 모든 행정권의 행사는 국민대표기관인 국회의 법률이라는 형식으로 표시된 국민의사를 구체화한 것으로 발동되어야 한다고 한다.

(마) 중요사항유보설(본질유보설)

중요사항유보설은 법률유보의 범위와 강도에 대하여는 각 행정분야의 내용·기능이라든가, 국민의 법적 지위나 이익과의 관계 등 여러 가지 관점에서 분류하여 단계적·개별적으로 결정하는 것이 타당하다고 한다. 이 견해에 의하면 국민의 기본권 실현과 관련하여 중요하고 본질적인 사항은 반드시 국회가 직접 법률로 규정해야 하며, 그렇지 않은 기술적이고 비본질적인 사항만이 위임입법의 대상이 된다고 한다. 그러므로 기본권 등 국민의 법적 이익에 직접적 영향을 미치는 권력적 행정작용에는 모두 법률의 수권을 요하며, 비권력적 행정작용의 경우에도 예컨대, 국토개발계획과 같이 국민생활의 장래에 중요한 영향을 미치는 작용에는 법률의 수권이 필요하게 된다. 이 견해와 관련하여 논의되는 의회유보론은 법률유보를 전제로 하여 법률로 유보된 사항은 반드시 법률로 정하여야 하고 위임입법에 위임할 수 없다고 한다.

중요사항유보설은 2중의 의미 내지 2단계로 구성된다. 1단계는 법률의 유보로써 입법사항의 문제이고, 2단계는 법률의 유보를 전제로 위임입법과의 관계에서 입법자가 위임입법에 위임할 수 없고 반드시 입법자 스스로 정해야 한다는 의미의 문제이다. 의회유보론은 바로 법률유보의 강도에 관한 것으로 국민의 기본권 등에 관련된 본질적이며 중대한 사항은 반드시 법률로 정하여야 하고 위임입법에 위임할 수 없다는 것이다. 판례는 의회유보론과 법률유보를 구별하지 않고 같은 개념으로 사용하고 있다.

㈐ 소 결

① 전부유보설은 법치행정의 원리를 엄격하게 볼 때 이상적이기는 하지만, 현실적으로 실현되기가 어렵다. ② 사회유보설은 급부의 거부가 자유·재산에 대한 침해와 실질적으로 동일한 의미를 가진 점을 인정하지만, 현대행정은 국민의 생존권 확보를 위하여 때로는 상대방의 동의와 협력 아래서 법률에 근거가 없는 경우에도 행정목적의 달성을 도모하여야 한다는 점에서 그대로 따르기가 어렵다. ③ 개인의 자유와 재산의 침해에 대하여 법률의 수권을 요한다는 침해유보설은 오늘날에 있어서도 법치행정의 원칙의 최소한의 요구로서 타당하다고 할 것이다. ④ 다만 오늘날은 사인에 대한 침해적 행위와 수익적 행위의 구별이 상대적으로 되었으며, 법률유보의 타당범위에 있어서도 권력행정유보설에 따라 수익적이거나 침해적이거나를 묻지 않고 권력적 행정활동에는 법률의 근거를 요한다고 할 것이다. ⑤ 중요사항유보설은 오늘날의 민주적 법치국가의 헌법구조에서 보아 타당하다고 할 것이다. ⑥ 결론적으로 법률유보의 적용범위는 권력적 행정활동과, 비권력적 행정활동이라도 당해 행정활동을 개별적·구체적으로 검토하여 국민생활에 중대한 영향을 미치는 본질적 사항에 미친다고 할 것이다.

⑵ 법률유보의 원칙에 관한 판례

판례의 입장은 확실하지 않지만, 중요사항유보설을 취하고 있는 것으로 보인다.
한국방송공사법 제35조 등에 대한 위헌소원에서, 오늘날 법률유보원칙은 단순히 행정작용이 법률에 근거를 두기만 하면 충분한 것이 아니라, 국가공동체와 그 구성원에게 기본적이고도 중요한 의미를 갖는 영역, 특히 국민의 기본권실현에 관련된 영역에 있어서는 행정에 맡길 것이 아니라 국민의 대표자인 입법자 스스로 그 본질적 사항에 대하여 결정하여야 한다는 요구까지 내포하는 것으로 이해하여야 한다고 판시하였다(이른바 의회유보원칙). 그런데 한국방송공사법 제36조 제1항은 국회의 결정 내지 관여를 배제한 채 공사로 하여금 수신료의 금액을 결정하도록 맡기고 있다. 공사가 전적으로 수신금액을 결정할 수 있게 되면 공영방송사업에 필요한 정도를 넘는 금액으로 정할 수 있고, 또 일방적 수신자의 처지에 놓여 있는 국민의 경제적 이해관계가 무시당할 수도 있다. 그러므로 이 법 제36조 제1항은 법률유보원칙(의회유보원칙)에 어긋나는 것이어서, 헌법 제37조 제2항과 법치주의원리 및 민주주의원리에 위반된다고 판시하고 있다(헌재 1999.5.27. 98헌바70).

5. 사안의 해결

가. 법률상 근거 없는 위법한 처분

(1) 피고의 이 사건 처분은 전형적인 권력행정이면서 침해행정에 속한다. 여객자동차운송사업면허는 망인의 상속인들의 직업의 자유의 일환인 영업의 자유라는 기본권 실현과 관련하여 중요하고 본질적인 사항에 해당된다. 따라서 위 면허취소와 같은 불이익처분 사유는 원고의 법적 이익에 직접적 영향을 미치는 권력적 행정작용이기에 반드시 국회가 직접 법률로 규정해야 한다. 그런데 피고가 처분근거로 삼은 여객자동차 운수사업법 제76조 제1항 제15호는 '여객자동차운송사업의 경우 운수종사자의 운전면허가 취소된 때'에 여객자동차운송사업면허를 취소할 수 있도록 하고 있다.

(2) 대법원은 망인이 음주운전을 하다가 사망하였다면 망인에 대하여 음주운전을 이유로 한 운전면허 취소처분은 불가능하고, 음주운전은 운전면허 취소사유에 불과할 뿐 개인택시운송사업면허 취소사유가 될 수는 없으므로 피고의 이 사건 개인택시운송사업면허 취소처분은 취소사유 없이 행해진 처분으로서 위법하다 할 것이다(대법원 2008.5.15. 선고 2007두26001)라고 판시하였다. 따라서 피고의 이 사건 처분은 법률의 근거 없이 행하여진 처분으로 법률유보의 원칙에 반하여 위법하므로 취소되어야 한다.

(3) 그런데 사안에 대한 원심판결은 운전면허의 취소요건에 해당하는 개인택시운송면허사업자가 주취상태에서 운전하다가 사고를 야기하고 사망하지 아니한 경우에는 당연히 그의 운전면허가 취소되고, 따라서 그의 개인택시운송사업면허도 취소되게 될 것인데, 그가 사망한 경우에도 같이 취급되어야 할 것이다(서울고법 2007. 11. 22. 선고 2007누14628)라고 판시하였다.

(4) 대법원은 망인에 대한 운전면허취소처분이 생전에 존재하지 않았다는 이유로 망인의 상속인들에 대한 법적이익을 우선 배려한 것으로 타당한 결론이다.

나. 망인에 대한 운전면허취소처분의 효력

(1) 사안에서 강원도지사는 2006. 8. 9. 피고에게 망인의 운전면허가 2006. 7. 4. 취소되었고, 그 취소내용은 본인사망이라는 운전면허취소 운전자 명단을 송부하였으며, 춘천경찰서장은 2006. 8. 28. 피고에게 망인이 위와 같이 음주상태에서 승용차를 운전하다가 교통사고를 발생시켰다는 통지를 하였다.

(2) 망인에 대한 운전면허취소처분은 사망 후에 이루어진 것으로, 이는 사자를 상대로 한 처분으로 실존하지 않는 상대방에 대한 것이기 때문에 법률상 실현불능에 해당되어 무효라고 할 수 있다. 따라서 피고의 이 사건 처분이 적법하다는 평가를 받으려면 A의 생존 중에 운전면허를 취소하였어야 할 것이지만, 망인은 사고 당일 병원에서 곧바로 사망하였으므로, 망인에 대하여 음주운전을 이유로 한 운전면허 취소처분은 불가능하다.

(3) 따라서 원고의 개인택시운송사업면허 취소처분이 위법하다는 주장은 타당하다.

> **기본구조**

개인택시운송사업면허 취소처분의 적법성 여부 [설문 (1)의 해결]

1. 문제점

2. 개인택시운송사업면허취소의 법적 성질 및 취소요건
   가. 개인택시운송사업면허의 법적 성질
   나. 철회로서의 개인택시운송사업면허 취소
   다. 철회사유
   라. 개인택시운송사업면허취소(철회)의 요건
   마. 소 결

3. 법치행정의 원칙의 일반론
   가. 법치행정의 원칙의 개념
   나. 법치행정의 원칙의 내용
     ⑴ 법률의 법규창조력
     ⑵ 법률우위의 원칙
     ⑶ 법률유보의 원칙
   다. 사안과 법치행정의 원칙과의 관계

4. 피고의 이 사건 처분과 법률유보의 원칙
   가. 피고의 이 사건 처분과 법적 근거
     ⑴ 망인 A의 음주운전과 운전면허취소사유의 발생
     ⑵ 망인 A에 대한 여객자동차운수사업면허 취소사유의 존재 여부
   나. 피고의 이 사건 처분과 법률유보의 원칙
     ⑴ 법률유보의 원칙에 관한 학설
       ㈎ 침해유보설
       ㈏ 사회유보설(급부행정유보설)
       ㈐ 권력행정유보설
       ㈑ 전부유보설
       ㈒ 중요사항유보설(본질유보설)
       ㈓ 소 결
     ⑵ 법률유보의 원칙에 관한 판례

5. 사안의 해결
   가. 법률상 근거 없는 위법한 처분
   나. 망인에 대한 운전면허취소처분의 효력

Ⅱ. 상속신고 불수리처분의 적법성 여부 [설문 (2)의 해결]

1. 문제점

망인 A의 상속인이며 배우자인 B는 피고에게 여객자동차운수사업법 제16조 제1항에 따라 개인택시운송사업을 계속하기 위하여 상속신고를 하였지만, 피고는 망인에 대한 개인택시면허 취소의 행정처분을 추진하는 중이라는 이유로 상속 신고를 수리하지 아니하였다. 건설교통부장관 또는 시·도지사는 건설교통부령이 정하는 일정기간 여

객자동차운송사업의 양도·양수를 제한할 수 있다(여객자동차운수사업법 15②).
그러나 여객자동차운송사업의 상속에 대하여는 이와 같은 제한규정이 없다. 따라서 피고의 원고 B에 대한 상속신고를 수리하지 않는 처분이 관련법령에 비추어 적법한지 여부를 살펴볼 필요가 있다.

2. 사인의 공법행위로서의 신고

가. 신고의 의의

신고란 사인이 행정청에 대한 일정한 사실·관념의 통지에 의하여 바로 공법적 효과가 발생하는 행위이다. 신고는 허가와는 달리 특정한 사실관계 및 법률관계의 존부 및 그 내용을 행정청에 통보하면 그것으로 종료하는 것이므로(자기완결적 행위) 행정청의 별도의 의사표시를 요하지 아니한다. 그러므로 신고는 행정청에 대하여 일정한 사항을 통지함으로써 최종적인 법률효과가 발생한다.

나. 신고의 종류

(1) 자기완결적 신고(수리를 요하지 않는 신고)

㈎ 개념

신고의 형식적 요건을 갖춰 신고를 하면 신고의무를 이행한 것이 되는 신고를 말한다. 법령 등에서 행정청에 대하여 일정한 사항을 통지함으로써 의무가 끝나는 신고(행정절차법 40①)이다.

㈏ 수리거부와 권리구제

자기완결적 신고는 행정청이 신고의 수리(접수)를 거부하더라도, 이 수리의 거부는 행정처분이 아닌 사실행위이므로 취소소송으로 다툴 수 없다.

(2) 수리를 요하는 신고(행정요건적 공법행위)

㈎ 개 념

신고가 수리되어야 신고의 대상이 되는 행위에 대한 금지가 해제 되는 신고를 말한다. 형식적 요건 외에 실질적 요건도 갖추어야 한다. 여기에서 수리란 사인이 알린 일정한 사실을 행정청이 유효한 행위로서 받아들이는 것을 말한다.[4]

---

[4] 장사 등에 관한 법률 제1조, 제14조 제1항, 제15조, 제26조 제2호의 각 규정을 종합하여 보면,

(나) 수리거부와 권리구제

신고의 요건을 갖춘 신고가 있었다 하더라도 수리 되지 않으면 신고하지 않은 것이 된다. 행정청의 수리거부결정은 행정처분에 해당하며, 이에 대하여 신고인은 수리거부처분취소의 소를 제기할 수 있다.

다. 적법한 신고의 효과

(1) 자기완결적 신고

자기완결적 신고의 경우에 적법한 신고가 있으면 행정청의 수리 여부에 관계없이 신고서가 접수기관에 도달한 때에 신고의무가 이행된 것으로 본다(행정절차법 40②). 따라서 행정청이 신고서를 접수하지 않고 반려하였더라도 신고의무는 이행된 것으로 본다.

(2) 수리를 요하는 신고

수리를 요하는 신고의 경우 적법한 신고가 있더라도 수리되지 않은 경우에는 그 신고에 따른 법적 효과가 발생하지 않는다. 신고의 대상이 된 행위를 한 경우 당해 행위를 규율하는 법규에 따라 행정벌의 대상이 된다고 보아야 할 것이다.

라. 부적법한 신고와 신고요건의 보완

행정청은 요건을 갖추지 못한 신고서가 제출된 경우 지체 없이 상당한 기간을 정하여 신고인에게 보완을 요구하여야 한다(행정절차법 40③). 행정청은 신고인이 위 규정에 의한 기간 내에 보완을 하지 아니한 때에는 그 이유를 명시하여 당해 신고서를 되돌려 보내야 한다(행정절차법 40④).

신고인으로부터 납골시설 설치신고를 받은 행정청은 납골시설 설치에 관하여 직접 규율하고 있는 장사 등에 관한 법령뿐만 아니라 다른 관계 법령의 규정까지 함께 고려하여 보건위생상의 위해 방지와 국토의 효율적 이용 및 공공복리의 증진을 위하여 납골시설의 설치를 금지하여야 할 특별한 사정이 있는 경우에는 위와 같은 납골시설 설치신고를 수리하지 않을 수 있는 것으로 인정되므로, 위와 같은 납골시설 설치신고는 행정청의 수리에 의하여 비로소 그 효과가 발생하는 이른바 '수리를 요하는 신고'에 해당한다(서울행법 2009.10.9. 선고 2007구합21945 판결)

3. 사안의 상속신고의 법적 성질

가. 상속신고의 법적 근거

여객자동차운송사업자가 사망한 경우 상속인이 그 여객자동차운송사업을 계속하고자 하는 때에는 피상속인이 사망한 날부터 90일 이내에 건설교통부장관 또는 시·도지사에게 신고하여야 한다(여객자동차운수사업법 16①). 위와 같이 신고를 한 상속인은 피상속인의 운송사업자의 지위를 승계한다(여객자동차운수사업법 16③).

그리고 개인택시운송사업의 면허를 받은 자가 사망한 경우 상속인 본인이 개인택시운송사업의 면허기준을 정한 제1항 또는 제7항의 규정에 의한 요건을 갖춘 때에는 법 제16조 제1항의 규정에 의한 신고를 하고 그 사업을 직접 승계할 수 있다(여객자동차운수사업법 시행규칙 17④).

나. 원칙적으로 수리를 요하지 아니하는 상속신고

여객자동차운수사업법의 규정에 의하면, 개인택시운송사업자가 사망한 경우 관계 법령에서 정한 요건을 갖춘 상속인은 관할관청에 상속 신고를 함으로써 그 운송사업자로서의 지위를 승계받을 수 있으므로, 관할관청은 법률이 정한 사유가 있거나 또는 공공의 복리를 위하여 꼭 필요하다고 인정되는 경우에 한하여 그 신고의 수리를 거부할 수 있다(대법원 2007. 3. 29. 선고 2006두17543 판결).

4. 사안의 해결

망인의 음주운전은 운전면허 취소사유는 될 수 있으나 개인택시운송사업면허 취소사유는 될 수 없다. 여객자동차운수사업법 제16조 제1항에 따른 상속신고는 여객자동차운수사업법 제15조 제2항에 따른 사업의 양도·양수와는 달리 이를 제한하는 규정도 없다. 피고의 상속신고수리거부처분에 대하여 하급심과 대법원의 판결은 그 결론을 달리하였다.

가. 하급심 판결

망인의 음주운전은 개인택시운송사업면허 취소사유가 된다고 전제한 다음, 개인택시운송사업의 양도·양수 인가 신청시 양도인·양수인에게 음주운전 등 도로교통법 위반으로 인한 운전면허 취소처분이 있었거나 운전면허 취소사유가 있는 경우 양도·양수 인가를 제한하도록 한 법 제15조 제2항, 법 시행령 제29조, 법 시행규칙

제35조 제5항, 제6항은 개인택시운송사업의 상속 신고에 있어서도 적용되어야 하므로 망인이 음주운전을 하다가 사망한 이상 피고로서는 그 상속 신고의 수리를 거부할 수 있으므로 이 사건 불수리처분은 적법하다고 하였다(서울고법 2007. 11. 22. 2007누14628 개인택시운송사업면허취소처분등).

나. 대법원 판결

개인택시운송사업의 양도·양수 인가를 제한하도록 한 위 법조항이 개인택시운송사업의 상속 신고에 있어서도 적용되어야 한다고 볼 근거도 없으므로, 피고가 망인이 음주운전을 하였다는 이유만으로 원고의 이 사건 상속 신고의 수리를 거부한 것은 위법하다(대법원 2008.5.15. 2007두26001 개인택시운송사업면허취소처분등).

다. 소결

원고의 여객자동차운수사업법상 상속신고는 여객자동차운수사업법 제15조 제2항에 따른 사업의 양도·양수와는 달리 이를 제한하는 규정도 없기 때문에 수리를 요하지 아니하는 상속신고에 해당된다. 따라서 원고의 상속신고 불수리처분이 위법하다는 주장은 타당하다.

기본구조

상속신고 불수리처분의 적법성 여부
[설문 (2)의 해결]

1. 문제점

2. 사인의 공법행위로서의 신고
   가. 신고의 의의
   나. 신고의 종류
     (1) 자기완결적 신고(수리를 요하지 않는 신고)
       (가) 개념
       (나) 수리거부와 권리구제
     (2) 수리를 요하는 신고(행정요건적 공법행위)
       (가) 개념
       (나) 수리거부와 권리구제
   다. 적법한 신고의 효과
     (1) 자기완결적 신고
     (2) 수리를 요하는 신고
   라. 부적법한 신고와 신고요건의 보완

3. 사안의 상속신고의 법적 성질
   가. 상속신고의 법적 근거
   나. 원칙적으로 수리를 요하지 아니하는 상속신고

4. 사안의 해결
   가. 하급심 판결
   나. 대법원 판결
   다. 소결

Ⅲ. 처분사유 변경의 적법성 여부 [설문 (3)의 해결]

1. 문제점

피고는 원고의 상속신고에 대한 불수리처분 사유를 '개인택시면허 취소의 행정처분을 진행하는 중'임을 이유로 하였다. 그 후 피고는 이 사건 고등법원에 이르러 '도로교통법상 운전면허 취소사유가 발생'하였다고 처분사유를 변경하였다. 그러므로 피고의 이 같은 처분사유의 변경이 기본적 사실관계의 동일성이 인정되는 한도 내의 변경이냐 여부를 검토할 필요가 있다.

2. 처분근거의 사후변경에 관한 일반론

가. 처분근거의 사후변경의 개념

행정소송절차에서 그 소송의 대상이 된 처분의 사실상의 근거 또는 법률상의 근거를 변경하는 것을 처분근거의 사후변경이라 한다. '처분이유의 사후변경' 또는 '처분사유의 추가 · 변경'이라고도 한다. 사안에서는 처분사유의 변경으로 표현되고 있다. 행정기관은 행정소송절차에서 그가 행한 처분을 뒷받침하기 위하여 처분 당시에 존재한 모든 근거를 제시할 필요는 없다. 그런데 소송의 진행 중에 처분 당시에 이미 객관적으로 존재하고 있었으나 알지 못하였거나, 알고는 있었으나 처분의 근거로 주장하지 않았던 근거로 당해 처분의 근거를 변경할 필요가 생기는 경우가 있다.

나. 구별개념

(1) 위법판단의 기준시점 문제

처분근거의 사후변경은 처분시에 존재하였으나 주장하지 않았던 사실상 또는 법률상 근거로 변경하는 것이므로, 처분시에는 존재하지 않았으나 사후에 새로이 발생한 사실관계 또는 법률관계를 법원이 판결에 있어서 고려할 수 있는지의 여부인 위법판단의 기준시점 문제와 구별된다.

(2) 처분이유의 사후추완

처분근거의 사후변경은 처음부터 법령상 요구되는 이유를 제시하고 있으나, 사후에 그 이유를 변경하는 것이므로, 처음에는 법령상 요구되는 이유를 제시하지 않은 경우에 사후에 이유부기를 추완하는 처분이유의 사후추완과도 구별된다.

(3) 행정행위의 전환

처분근거의 사후변경은 행위자체는 그대로 두고 처분의 이유만을 변경하는 것이므로, 흠 있는 행정행위를 새로운 행위로 대체하는 행정행위의 전환과 구별된다.

다. 허용여부

(1) 일반적 견해

소송절차 진행 중에 처분근거의 변경이 허용될 것인지가 문제되는 데, 처분근거의 사후변경은 원칙적으로 허용된다고 할 것이다. 만약 변경을 허용하지 않는 경우에는 법원은 원래의 근거를 받아들이지 않고 처분을 취소할 것이고, 그렇게 되면 행정기관은 변경하려는 근거에 의하여 새로운 처분을 하게 될 것이다. 이는 불필요하게 분쟁해결 과정을 장기화하여 소송경제에 반하게 된다. 그러나 무제한하게 변경을 인정하게 될 때에는 원고의 권리가 침해되는 경우가 발생할 수 있다. 따라서 일정한 제한 안에서만 허용하여야 한다는 것이 일반적인 견해이다.

(2) 판 례

(가) 일반적 기준

행정처분의 취소를 구하는 항고소송에 있어서는 실질적 법치주의와 행정처분의 상대방인 국민에 대한 신뢰보호라는 견지에서 처분청은 당초 처분의 근거로 삼은 사유와 기본적 사실관계에 있어서 동일성이 안정되는 한도 내에서만 새로운 처분 사유를 추가하거나 변경할 수 있을 뿐, 기본적 사실관계와 통일성이 인정되지 않는 별개의 사실을 들어 처분사유로 주장 하는 것은 허용되지 않는다(대법원 2006.10.13.선고 2005두10446 판결).

여기에서 기본적 사실관계의 동일성 유무는 처분사유를 법률적으로 평가하기 이전의 구체적인 사실에 착안하여, 그 기초가 되는 사회적 사실관계가 기본적인 점에서 동일한지의 여부에 따라 결정하여야 한다(대법원 1999.3.9.선고 98두18565 판결).

(나) 기본적 사실관계의 동일성을 인정한 판례

① 행정청이 폐기물처리사업계획 부적정 통보처분을 하면서 농지전용 불가능

사유를 '인근 농지의 농업경영과 농어촌 생활유지에 피해'를 내세웠다가 사후에'농지법에 의한 농지전용이 불가능하다는 사유'등을 주장한 경우(대법원 2006.6.30. 2005두364), ② 골프연습장에 대한 건축허가 신청에 대한 반려처분을 하면서 '향후 토지이용계획에 대한 검토가 이루어질 때까지 건축허가결정을 유보한다'에서 '주변지역의 토지이용실태나 주변환경 또는 경관과 조화를 이루지 못할 우려'사유를 추가한 경우(대법원 2006.10.13. 2005두10446), ③ 주택신축을 위한 산림형질변경허가 신청에 대한 거부처분을 하면서 '준농림지역에서의 행위제한이라는 사유'에서 '자연경관 및 생태계의 교란, 국토 및 자연의 유지와 환경보전 등 중 대한 공익상의 필요'사유를 추가한 경우(대법원 2004.11.26. 2004두4482)등이 있다.

(다) 기본적 사실관계의 동일성을 부정한 판례

① 정보공개거부처분사유인 '구 공공기관의 정보공개에 관한 법률 제7조 제1항 제2호, 제4호, 제6호의 사유'에 '같은 항 제1호의 사유'를 추가한 경우(대법원 2006.1.13. 2004두12629), ② 의료보험요양기관 지정취소처분 사유인 '구 의료보험법 제33조 제1항이 정하는 본인부담금 수납대장을 비치하지 아니한 사실'에 '같은 법 제33조 제2항이 정하는 보건복지부장관의 관계서류 제출명령에 위반하였다는 사실'을 추가한 경우(대법원 2001.3.23. 99두6392), ③ 입찰참가자격을 제한시킨 처분 사유인 '정당한 이유 없이 계약을 이행하지 않은 사실'과 '계약의 이행과 관련하여 관계 공무원에게 뇌물을 준 사실'을 추가한 경우(대법원 1999.3.9. 98두18565)등이 있다.

라. 사후변경의 시적 범위

행정청은 기본적 사실관계의 동일성이 있다고 인정되는 한도 내에서만 다른 처분사유를 추가 · 변경할 수 있다고 할 것이고, 이는 사실심 변론종결시까지만 허용된다(대법원 1999.8.20. 98두17043). 항고소송에서 그 처분의 위법 여부는 처분 당시를 기준으로 판단하므로(대법원 2005.4.15. 2004두10883), 처분시 이후의 사정은 사후변경할 수 있는 사정에 해당되지 않는다.

3. 사안의 처분사유 변경의 위법 주장에 관한 검토

가. 원래의 처분사유와 변경된 처분사유

피고는 당초 원고의 상속신고 불수리처분 사유를 '개인택시면허 취소의 행정처분을 진행하는 중'이라고 하였다. 그 후 피고는 원고의 이 사건 처분의 취소를 구하는 소송의 항소심인 고등법원에 이르러서야 상속신고 불수리처분 사유를 '도로교통법상 운전면허 취소사유가 발생'으로 변경하였다.

나. 처분사유의 변경이 허용되는지 여부

처분의 취소를 구하는 소송에 있어서 실질적 법치주의와 행정처분의 상대방인 원고에 대한 신뢰보호 및 방어권 보장이라는 견지에서 처분청인 피고는 당초 처분의 근거로 삼은 사유와 기본적 사실관계에 있어서 동일성이 안정되는 한도 내에서만 새로운 처분 사유를 추가하거나 변경할 수 있다는 것이 판례의 입장이다.

그러므로 처분청이 처분 당시에 적시한 구체적 사실을 변경하지 아니하는 범위 내에서 단지 그 처분의 근거법령만을 추가·변경하거나 당초의 처분사유를 구체적으로 표시하는 것에 불과한 경우에는 새로운 처분사유를 추가하거나 변경하는 것이라고 볼 수 없다(대법원 2007.2.8. 2006두4899).

4. 사안의 해결

피고의 원고에 대한 당초의 이 사건 처분사유와 피고가 항소심에서 주장한 처분사유를 비교하여 보면, 그 처분은 모두 망인이 음주운전을 하다가 사망한 경우에 그에 대한 개인택시운송사업면허의 취소처분에 관한 것으로서 그 기초가 되는 사회적 사실관계가 기본적인 점에서 동일하다고 할 수 있다. 그리고 이 사건 소송에서 주장된 처분사유가 위와 같은 동일성의 범위 내에서 단지 그 처분의 근거와 사유를 구체적으로 표시하는 것에 불과하다고 할 것이므로, 피고의 이 사건 처분사유의 변경은 적법하다고 할 것이다.

> **기본구조**

처분사유 변경의 적법성 여부
[설문 (3)의 해결]

1. 문제점

2. 처분근거의 사후변경에 관한 일반론
   가. 처분근거의 사후변경의 개념
   나. 구별개념
     (1) 위법판단의 기준시점 문제
     (2) 처분이유의 사후추완
     (3) 행정행위의 전환
   다. 허용여부
     (1) 일반적 견해
     (2) 판 례
       (가) 일반적 기준
       (나) 기본적 사실관계의 동일성을 인정한 판례
       (다) 기본적 사실관계의 동일성을 부정한 판례
   라. 사후변경의 시적 범위

3. 사안의 처분사유 변경의 위법 주장에 관한 검토
   가. 원래의 처분사유와 변경된 처분사유
   나. 처분사유의 변경이 허용되는지 여부

4. 사안의 해결

I. 설문(1)의 해결 - 개인택시운송사업면허 취소처분의 위법 여부

1. 문제점

A가 사망함에 따라 A의 운전면허는 당연 실효되었다. 따라서 A의 생존 중에 운전면허 취소처분은 행하여지지 아니하였다. 그런데 A에게 운전면허취소처분의 사유가 발생하였다는 사실을 이유로 한 개인택시운송사업면허 취소처분(이하 '이 사건 처분')이 적법한 것인지는 수익적 행정행위의 취소의 법리와 법치행정의 원칙 등의 관점에서 검토할 필요가 있다.

2. 개인택시운송사업면허취소의 법적 성질과 취소요건

가. 철회로서의 개인택시운송사업면허취소

A가 음주운전을 하였다는 이유로 택시면허를 취소한 것은 장래에 향하여 그 효력을 소멸시키는 효력을 가지는 철회에 해당한다. 철회란 행정행위가 유효하게 성립하였으나, 사후에 새로운 사정이 발생하여 장래에 향하여 그 효력을 상실시키는 별개의 독립된 행정행위를 말한다.

나. 철회사유

행정행위의 철회사유로는 ① 사정변경의 발생, ② 상대방의 유책행위의 존재, ③ 철회권을 유보한 경우 등이 있다. 사안에서는 춘천시장이 A의 음주운전을 이유로 운전면허를 철회하는 것은 상대방의 유책행위에 대한 제재로서의 철회이다.

다. 철회의 요건

수익적 행정행위의 철회요건을 충족하여야 한다. 판례는 수익적 행정처분을 철회하는 경우에는 철회사유가 존재하여도 그 철회권의 행사는 상대방이 받는 불이익과 교량하여야 하며, 공익상의 필요보다 상대방이 받는 불이익이 큰 경우에는 재량권의 한계를 일탈하여 위법하다고 본다.

라. 소결

춘천시장은 A의 음주운전을 이유로 도로교통법이 정하는 바에 따라 면허취소를 할 수 있다. 그러나 사안에서 A는 음주운전 직후 사망하였기에, A에 대하여 도로교통법이 정하는 불이익 처분을 할 수 있을 것인지 여부는 법치행정의 원칙과 관련하여 살펴보아야 할 것이다.

3. 법치행정의 원칙과 법률유보의 원칙

가. 법치행정의 원칙 개념

행정은 법에 따라서 행하여져야 하며, 행정에 의하여 개인의 법익이 침해되는 경우에는 사법적인구제가 보장되는 것을 법치행정의 원칙이라고 한다. 이러한 법치행정의 원칙의 내용은

① 법률의 법규창조력, ② 법률우위, ③ 법률유보가 있다.
사안에서 A에 대한 운전면허 취소처분 사유가 발생하였을 뿐, 그에 대한 취소처분이 있지도 아니한 가운데 행하여진 행정청의 택시면허의 취소처분은 관련법령에 근거가 없는 것으로서, 법률유보와 관련하여 적법성 여부가 문제된다.

나. 법률유보의 원칙 위배여부

(가) 법률유보의 원칙

행정청의 행위는 법률의 직접적인 근거 또는 법률의 위임에 근거하여 제정된 명령에 의한 근거가 있어야 한다는 것을 의미한다. 사안의 경우 택시면허취소에 있어서 그러한 처분이 법령에 근거한 것인지와 관련하여 법률유보원칙 위반여부가 문제된다.

(나) 법률유보의 원칙에 관한 논의

법률유보의 원칙에 대하여 학설은 ① 침해유보설, ② 급부행정유보설, ③전부유보설, ④ 중요사항유보설(본질유보설) 등이 있다. 판례는 국민의 권리·의무에 관련되는 것인 경우 기본적이고 본질적인 사항은 국회가 정하여야 한다고 보아 중요사항유보설의 입장으로 보인다. 중요사항유보설이 오늘날의 민주적 법치국가의 헌법구조에서 보아 타당하다고 할 것이다. 결국 법률유보의 적용범위는 권력적 행정활동과 비권력적 행정활동이라도 국민생활에 중대한 영향을 미치는 본질적 사항에 미친다고 할 것이다.

(다) 소결

사안의 경우 A에 대한 운전면허취소처분은 사망 후에 이루어졌다. 이는 사자를 상대로 한 처분으로, 실존하지 않는 자에 대한 것으로 무효이다. 여객자동차운수사업법과 시행령에 따르면 자동차운전면허가 취소되어야 운수사업면허를 취소할 수 있다(동법 76①). 그런데 A는 치료 중 사망하였고, 그 사이에 자동차운전면허취소처분은 존재하지 아니하였다. 그럼에도 춘천시장은 택시면허를 취소하였으므로, 이는 법률유보의 원칙에 위반한 처분이 된다.

4. 사안의 해결

춘천시장의 면허취소처분은 여객자동차운수사업법에 근거하였다. 그러나 위 처분은 운전면허 취소처분이 없는 상태에서 이루어진 것으로서 취소사유 없이 행해진 처분으로서 위법하게 된다.

II. 설문(2)의 해결 - 상속신고 불수리처분의 적법성 여부

1. 문제점

B는 택시운송사업을 계속하기 위하여 상속신고를 하였지만 수리되지 아니하였다. B에 대한 불수리처분이 관련법령에 비추어 적법한지 여부를 신고의 법적성질과 관련하여 검토한다.

2. 사인의 공법행위로서의 신고

가. 의의 및 종류

신고란 사인이 행정청에 대한 일정한 사실·관념을 알려야 하는 의무가 있는 경우 이를 알리는 것이다. 이러한 신고는 ① 요건을 갖춘 신고만 하면 신고의무를 이행한 것이 되는 자기완결적 신고와, ② 신고가 수리되어야 신고의 효과가 발생하는 수리를 요하는 신고가 있다.

나. 적법한 신고의 효과

자기완결적 신고는 행정청의 수리 여부에 관계없이 신고의무가 이행된 것으로 본다(행정절차법 40). 반면에 수리를 요하는 신고의 경우 적법한 신고를 하여도 수리되지 않은 경우 그에 따른 법적효과가 발생하지 아니한다.

3. 사안의 상속신고의 법적 성질

여객자동차운수사업법 제16조의 규정에 의하여 상속신고를 하면 피상속인의 운송사업자의 지위를 승계하도록 되어있다. 그리고 택시면허를 받은 자가 사망한 경우 상속인 본인이 요건을 갖춘 경우에는 신고를 하고 그 사업을 승계할 수 있도록 되어 있다(동법 시행규칙 17④).

따라서 위 규정들의 해석에 의하면 관계법령에서 정한 요건을 갖춘 상속인은 상속신고를 함으로써 그 운송사업자로서의 지위를 승계할 수 있으므로, 이는 수리를 요하지 아니하는 신고에 해당한다. 그러므로 행정청은 원칙적으로 이를 수리하여야 할 것이다.

4. 사안의 해결

A의 음주운전은 운전면허취소사유일 뿐, 택시면허취소사유는 될 수 없다. 여객자동차 운수사업법 제16조에 따른 상속신고는 동법 제15조 제2항에 따른 사업의 양도와 달리 이를 제한하는 규정도 없다. 행정청이 B의 상속신고의 수리를 거부한 것은 위법하고, 이는 취소사유에 해당한다.

III. 설문(3)의 해결 - 처분사유 변경의 적법성 여부

1. 문제점

피고는 고등법원 재판절차의 진행에 이르러서 상속신고에 대한 불수리처분 사유를 '도로교통법상 운전면허 취소사유가 발생'하였다는 것으로 변경하였다. 이러한 처분사유의 변경이 인정되는지 여부와, 그 변경의 한계를 검토하여 사안의 처분사유 변경의 적법성을 검토한다.

2. 처분근거의 사후변경

가. 의의

처분근거의 사후변경이란, 행정소송절차에서 그 소송의 대상이 된 처분의 사실상의 근거나 법률상의 근거를 변경하는 것을 말한다. 이는 소송의 진행 중에 처분의 적법성을 유지하기 위하여 처분당시 제시된 처분사유를 변경·추가할 필요가 생기는 경우에서 인정되는 것이다.

나. 허용여부

(1) 일반적 견해

변경을 허용하지 않는다면, 법원은 처분을 취소할 것이고, 행정기관은 변경하려는 근거에 의하여 새로운 처분을 하게 될 것이다. 이는 불필요하게 분쟁해결 과정을 장기화하여 소송 경제에 반한다. 따라서 원칙적으로 이를 인정하되, 무제한하게 변경을 인정할 경우 원고의 권리가 침해되므로 일정한 범위 안에서만 허용하여야 한다는 것이 일반적인 견해이다.

(2) 허용범위

다수설과 판례는 분쟁의 일회적 해결과 원고의 방어권보장을 조화하는 선에서 이를 제한적으로 인정한다. 판례는 '기본적 사실관계의 동일성'이 유지되는 한도 내에서 처분사유의 추가·변경을 인정하는 입장이다. 여기에서 기본적 사실관계의 동일성 유무는 처분사유를 법률적으로 평가하기 이전의 구체적인 사실에 착안하여, 그 기초가 되는 사회적 사실관계가 기본적인 점에서 동일한지 여부에 따라 결정하여야 한다고 본다.

(3) 사후변경의 시적 한계

이러한 사후변경이 인정된다고 할지라도, 이는 사실심 변론종결시까지만 허용된다(판례). 또한 항고소송에서 처분의 위법성 여부는 처분당시를 기준으로 판단하므로, 처분시 이후의 사정은 사후변경할 수 있는 사정에 해당하지 아니한다.

다. 사안의 경우

(1) 원래의 처분사유와 변경된 처분사유

피고는 당초 처분이유를 '택시면허 취소의 행정처분을 진행하는 중'이라고 하였으나, 항소심인 고등법원에 이르러서 불수리처분사유를 '도로교통법상 운전면허 취소사유가 발생'하였다고 변경하였다.

(2) 처분사유의 변경이 허용되는지 여부

처분청이 처분 당시에 적시한 구체적 사실을 변경하지 아니하는 범위 내에서 처분의 근거법령만을 추가·변경하거나 당초의 처분사유를 구체적으로 표시하는 것이라면 이는 가능하다는 것이 판례의 태도이다.

사안의 경우 피고의 원고에 대한 당초의 처분사유와 피고가 항소심에서 주장한 처분사유를 비교하여 보면, 그 처분은 모두 망인이 음주운전을 하다가 사망한 경우에 그에 대한 택시면허의 취소처분에 대한 것으로서, 그 기본적 사실관계가 동일하다고 할 수 있다.

3. 사안의 해결

사안에서 피고는 항소심에서 처분사유를 변경하였다. 이러한 처분은 처분 당시에 존재하는 사유이고, 변경된 처분사유가 기본적 사실관계의 동일성이 유지되는 범위 내이다. 따라서 피고의 이사건 처분사유의 변경자체는 적법하다고 할 것이다.

[3] 신뢰보호의 원칙

A는 1985. 1. 14. 미국에서 대한민국 국적을 가진 부모님의 둘째 아들로 출생하여 대한민국과 미국 국적을 모두 취득한 이중국적자이다. A의 형 또한 1983. 7. 8. 미국에서 출생하여 대한민국과 미국 국적을 모두 취득한 이중국적자였으나, 2000. 11. 7. 국적이탈신고를 하여 대한민국 국적을 상실하였다.

B 동사무소는 2002. 1. 31. A에게 주민등록증 발급연령이 되었으니 6개월 이내에 주민등록증을 발급받으라는 주민등록증발급통지서를 송부하였고, 그 무렵 A의 아버지는 B 동사무소를 방문하여 A의 주민등록증 발급에 필요한 서류를 제출하였다. 그런데 A는 2002. 4. 17. 주민등록표초본을 열람한 결과 자신이 2002. 2. 4.자로 국적이탈 사유로 주민등록이 말소되어 있는 사실을 알게 되었다. A의 형 역시 같은 날 국적이탈을 이유로 주민등록이 말소되었는데, 당시 A는 국적이탈신고를 한 사실은 없었다. 그 후 A는 고등학교를 졸업한 후 2003. 2. 13. 미국으로 출국하여 거주하여 왔는데, 2004. 1. 15.경 인천·경기지방병무청장으로부터 '2004. 2. 19. 수원 징병검사장에서 징병검사를 받으라'는 징병검사통지서를 받았고, A의 주민등록은 2004. 3. 2. 직권재등록되었으며, 같은 날 A의 건강보험도 재등록되었다.

A는 2005. 3. 2. 법무부장관에게 국적법에 따라 국적이탈신고를 하였으나, 법무부장관은 같은 날 'A가 이미 만 18세가 넘어 병역을 필하였거나 병역을 면제받았다는 증명서가 첨부되지 않았기 때문에 국적이탈신고를 접수할 수 없다'는 이유로 A의 국적이탈신고서를 반려하였다.

(1) A의 국적이탈신고는 수리를 요하는 신고에 해당하는가. (25점)

(2) A의 국적이탈신고를 반려한 법무부장관의 처분은 적법한가. (25점)

> ### 참고법령

「행정절차법」

제4조(신의성실 및 신뢰보호)
① 행정청은 직무를 수행함에 있어서 신의에 따라 성실히 하여야 한다.
② 행정청은 법령등의 해석 또는 행정청의 관행이 일반적으로 국민들에게 받아들여진 때에는 공익 또는 제3자의 정당한 이익을 현저히 해할 우려가 있는 경우를 제외하고는 새로운 해석 또는 관행에 의하여 소급하여 불리하게 처리하여서는 아니된다.

「국적법 [법률 제6523호, 2001.12.19, 일부개정] 」

제12조 (이중국적자의 국적선택의무)
① 출생 기타 이 법의 규정에 의하여 만 20세가 되기 전에 대한민국의 국적과 외국 국적을 함께 가지게 된 자(이하 "이중국적자"라 한다)는 만 22세가 되기 전까지, 만 20세가 된 후에 이중국적자가 된 자는 그 때부터 2년내에 제13조 및 제14조의 규정에 의하여 하나의 국적을 선택하여야 한다. 다만, 병역의무의 이행과 관련하여 대통령령이 정하는 사유에 해당하는 자는 그 사유가 소멸된 때부터 2년내에 하나의 국적을 선택하여야 한다.
② 제1항의 규정에 의하여 국적을 선택하지 아니한 자는 그 기간이 경과한 때에 대한민국의 국적을 상실한다.

제14조 (대한민국 국적의 이탈절차)
① 이중국적자로서 외국 국적을 선택하고자 하는 자는 제12조제1항에 규정된 기간내에 법무부장관에게 대한민국의 국적을 이탈한다는 뜻을 신고할 수 있다. 다만, 동조동항 단서에 규정된 자는 그 사유가 소멸된 후에 신고할 수 있다.
② 제1항의 규정에 의하여 국적이탈의 신고를 한 자는 그 신고를 한 때에 대한민국의 국적을 상실한다.
③ 제1항의 규정에 의한 신고절차 기타 필요한 사항은 대통령령으로 정한다.

「국적법 시행령」

제16조 (이중국적자의 의의등)
③ 법 제12조제1항 단서에서 "대통령령이 정하는 사유에 해당하는 자"라 함은 이중국적자중 대한민국의 호적에 입적되어 있는 남자로서 병역법의 규정에 의하여 제1국민역에 편입된 후 병역을 필하지 아니하거나 면제받지 아니한 자를 말한다.
④ 법 제12조제1항 단서에서 "그 사유가 소멸된 때"라 함은 병역법의 규정에 의하여 다음 각호의 1에 해당하게 된 때를 말한다. 다만, 만20세가 되기 전에 다음 각호의 1에 해당하게 된 자는 만 20세가 되는 때에 그 사유가 소멸된 것으로 본다.

1. 현역·상근예비역 또는 보충역으로서 복무를 마치거나 마친 것으로 보는 때
2. 병역면제처분을 받은 때
3. 제2국민역에 편입된 때

「병역법」

제8조(제1국민역 편입)
대한민국 국민인 남성은 18세부터 제1국민역에 편입된다.

「주민등록법 [법률 제6385호, 2001. 1. 26, 일부개정]」

제17조의8 (주민등록증의 발급등)
① 시장·군수 또는 구청장은 관할구역안에 주민등록이 된 자 중 17세 이상의 자에 대하여 주민등록증을 발급한다. 〈개정 1999.5.24〉

주요쟁점

✦ 공적견해의 표명
✦ 보호가치
✦ 사인의 공법행위로서의 신고
✦ 수리를 요하지 않는 신고
✦ 수리를 요하는 신고
✦ 국적이탈신고

I. A의 국적이탈신고가 수리를 요하는 신고인지 여부 [설문 (1)의 해결]

1. 문제점

A가 법무부장관에게 한 국적이탈신고의 법적 성질은 국적이탈신고의 내용이 형식적 요건만 갖춰서 신고를 하면 국적이탈의 효과인 국적상실에 이르게 되는 '수리를 요하지 아니하는 신고'에 해당되는지, 아니면 실질적 요건을 구비하여야만 되는 '수리를 요하는 신고'인지가 문제된다.

2. 사인의 공법행위로서의 신고

가. 신고의 의의

신고란 사인이 행정청에 대한 일정한 사실·관념의 통지에 의하여 바로 공법

적 효과가 발생하는 행위이다. 신고는 행정청에 대하여 일정한 사항을 통지함으로써 최종적인 법률효과가 발생한다.

나. 신고의 종류

(1) 수리를 요하지 않는 신고(자기완결적 신고)

(가) 개 념

신고의 형식적 요건을 갖춰 신고를 하면 신고의무를 이행한 것이 되는 신고를 말한다. 법령 등에서 행정청에 대하여 일정한 사항을 통지함으로써 의무가 끝나는 신고(행정절차법 40①)이다.

(나) 수리거부와 권리구제

자기완결적 신고는 행정청이 신고의 수리(접수)를 거부하더라도, 이 수리의 거부는 행정처분이 아닌 사실행위이므로 취소소송으로 다툴 수 없다.

(2) 수리를 요하는 신고(행정요건적 공법행위)

(가) 개 념

신고가 수리되어야 신고의 대상이 되는 행위에 대한 금지가 해제 되는 신고를 말한다. 형식적 요건 외에 실질적 요건도 갖추어야 한다. 여기에서 수리란 사인이 알린 일정한 사실을 행정청이 유효한 행위로서 받아들이는 것을 말한다.

(나) 수리거부와 권리구제

신고의 요건을 갖춘 신고가 있었다 하더라도 수리 되지 않으면 신고하지 않은 것이 된다. 행정청의 수리거부결정은 행정처분에 해당하며, 이에 대하여 신고인은 수리거부처분취소의 소를 제기할 수 있다.

다. 적법한 신고의 효과

(1) 자기완결적 신고

자기완결적 신고의 경우에 적법한 신고가 있으면 행정청의 수리 여부에 관계없이 신고서가 접수기관에 도달한 때에 신고의무가 이행된 것으로 본다(행정절차법 40②). 따라서 행정청이 신고서를 접수하지 않고 반려하였더라도 신고의무는 이행된 것으로 본다.

(2) 수리를 요하는 신고

수리를 요하는 신고의 경우 적법한 신고가 있더라도 수리되지 않은 경우에는 그 신고에 따른 법적 효과가 발생하지 않는다. 신고의 대상이 된 행위를 한 경우 당해 행위를 규율하는 법규에 따라 행정벌의 대상이 된다고 보아야 할 것이다.

라. 부적법한 신고와 신고요건의 보완

행정청은 요건을 갖추지 못한 신고서가 제출된 경우 지체 없이 상당한 기간을 정하여 신고인에게 보완을 요구하여야 한다(행정절차법 40③). 행정청은 신고인이 위 규정에 의한 기간내에 보완을 하지 아니한 때에는 그 이유를 명시하여 당해 신고서를 되돌려 보내야 한다(행정절차법 40④).

3. 사안의 해결

가. 국적이탈신고의 법적 근거

법무부장관의 국적이탈신고반려 처분 당시의 국적법은 이중국적자의 국적선택 의무를 다음과 같이 규정하고 있다. 만 20세가 되기 전에 대한민국의 국적과 외국 국적을 함께 가지게 된 이중국적자는 만 22세가 되기 전까지 하나의 국적을 선택하도록 하고 있으며(국적법 12①), 다만, 병역의무의 이행과 관련하여 대통령령이 정하는 사유에 해당하는 자는 그 사유가 소멸된 때부터 2년내에 하나의 국적을 선택하여야 한다(국적법 12① 단서). 이는 헌법상 국민의 기본적 의무인 병역의 의무를 다한 후 국적을 선택할 수 있도록 한 것으로서 국적이탈의 자유에 대한 합리적인 범위 내의 제한으로서 헌법 제14조에서 보장되고 있는 거주·이전의 자유를 침해하는 것은 아니다. 이중국적자로서 외국 국적을 선택하고자 하는 자는 제12조 제1항에 규정된 기간내에 법무부장관에게 대한민국의 국적을 이탈한다는 뜻을 신고할 수 있다(국적법 14①). 제1항의 규정에 의하여 국적이탈의 신고를 한 자는 그 신고를 한 때에 대한민국의 국적을 상실한다(국적법 14②).

나. 법무부장관의 국적이탈허가 여부의 결정 기준

법무부장관이 국적이탈허가 여부를 결정함에 있어서는, 법무부 예규인 국적업무처리지침에 규정되어 있는 국적이탈의 허가요건에 맞지 아니한다고 하여 반드시 국적이탈허가를 거부하여야 하는 것은 아니고, 관계 법령의 규정과 취지는 물론 당해 사안의 모든 정황을 전반적으로 살펴 국적이탈허가를 하지 아니함으로써 국적이탈의 자유를 침해하는 결과로 되는지 여부 등을 전반적으로 고려하고, 그 허가를 거부할 만한 공익상의 필요 등과 그 국적이탈허가신청인의 기본적 인권의 침해 및 불이익 등을 비교·교량하여 그 거부행위가 재량권의 범위 내에서 적절한지의 여부에 따라 그 적법 여부를 결정하여야 한다(서울행법 1998.9.4. 선고 98구8178 판결).

다. 수리를 요하는 신고로서의 국적이탈신고

사안의 경우 A의 국적이탈신고는 국적법이 정하는 바에 따른 적법한 신고가 있는 경우에 한하여 접수하는 것이므로, 수리를 요하는 신고로서의 성질을 갖는다고 할 것이다. 국적이탈의 신고를 한 자는 그 신고를 한 때에 대한민국의 국적을 상실한다(국적법 14②)는 의미는, 법무부장관이 A의 국적이탈 신고의 적법한 요건을 구비하였다고 인정하여 수리한 때에 국적을 상실하는 것으로 해석하여야 한다.

사안에서 A의 국적이탈신고는 국적법이 정하는 실질적 요건을 구비하여 신고한 것에 해당되므로 법무부장관은 이를 수리할 의무가 있다고 할 것이다.

기본구조

A의 국적이탈신고가 수리를 요하는 신고인지 여부 [설문 (1)의 해결]

1. 문제점

2. 신고의 법적 성질 일반론
 가. 신고의 의의
 나. 신고의 종류
  (1) 수리를 요하지 않는 신고(자기완결적 신고)
   ㈎ 개념
   ㈏ 수리거부와 권리구제
  (2) 수리를 요하는 신고(행정요건적 공법행위)
   ㈎ 개념
   ㈏ 수리거부와 권리구제
 다. 적법한 신고의 효과
  (1) 자기완결적 신고
  (2) 수리를 요하는 신고
 라. 부적법한 신고와 신고요건의 보완

3. 사안의 해결
 가. 국적이탈신고의 법적 근거
 나. 법무부장관의 국적이탈허가 여부의 결정 기준
 다. 수리를 요하는 신고로서의 국적이탈신고

Ⅱ. 법무부장관의 국적이탈신고반려 처분의 적법성 여부 [설문 (2)의 해결]

1. 문제점

B 동사무소는 2002. 2. 4.자로 A에 대하여 국적이탈 사유로 주민등록을 말소하였다. 그런데 A는 국적이탈신고를 한 바가 없었다. A의 형 역시 2000. 11. 7. 국적이탈신고를 하여 대한민국 국적을 상실하였는데도, 2002. 2. 4.자에 국적이탈을 이유로 주민등록이 말소되어 있었다.

국적법은 만 20세가 되기 전에 대한민국의 국적과 외국 국적을 함께 가지게 된 자(이하 "이중국적자"라 한다)는 만 22세가 되기 전까지, 만 20세가 된 후에 이중국적자가 된 자는 그 때부터 2년내에 하나의 국적을 선택하도록 하고 있다(국적법 12①). 다만, 병역의무의 이행과 관련하여 대통령령이 정하는 사유에 해당하는 자는 그 사유가 소멸된 때부터 2년내에 하나의 국적을 선택하여야 한다(국적법 12① 단서).

그러므로 A가 대한민국 국적을 이탈하기 위해서는 제1국민역에 편입되는 18세부터 2년내에 하나의 국적을 선택하여 국적이탈신고를 하여야 한다. 그런데 A는 국적이탈 사유로 주민등록이 말소되어 대한민국 국적이 상실되어 있는 법률적 효과를 인용하기로 하고, 즉 국적이탈로 인한 주민등록말소라는 행정청의 선행조치를 신뢰하고 국적법이 정하는 바에 따라 국적을 선택하는 국적이탈신고서를 제출하는 등의 행위를 하지 않았다. 그런데 법무부장관이 A의 국적이탈신고가 국적법 소정의 국적이탈신고 요건에 해당하지 않는다는 취지로 국적이탈신고반려 처분에 이른 것은 신뢰보호의 원칙에 반하는 것이 아닌가 문제된다.

2. 신뢰보호의 원칙의 개념

행정법상의 신뢰보호라 함은 행정기관의 적극적·소극적 언동의 정당성 또는 존속성에 대한 개인의 보호가치 있는 신뢰를 보호하여 주는 원칙을 말한다. 판례는 조세소송에서 이 원칙을 '신의성실의 원칙'으로 표현한다. 신뢰보호의 원칙은 헌법상 법치국가의 원칙(헌재 2002.11.28. 2002헌바45) 또는 우리 헌법의 기본원리인 법치주의 원리에 속하는 것이라고 할 것이다(대법원 2006.11.16. 선고 2003두12899 판결).

행정기관의 신뢰보호 유형으로는, ① 사후의 모순되는 행정작용을 금지하고 사전의 행정작용이 관철되도록 하는 '존속보호', ② 사전의 행정작용의 시정 또는 변경을 허용하되 국민의 신뢰손실을 보상하는 '보상보호', ③ 신뢰에 반하는 결정을 하게 될 경우에 신뢰를 가진 자를 참여시키는 '절차적 보호'가 있다.

3. 신뢰보호의 근거

가. 이론적 근거

(1) 신의칙설

행정법관계에서도 신의칙에 따라 행정기관은 성실하게 적법한 행정 작용을 하여야 할 의무를 부담하며, 상대방은 그것을 적법한 것으로 신뢰하게 된다. 따라서 뒤에 당해 행정작용의 위법성 등을 이유로 그 존재 · 효력을 부정하는 행정기관의 언동은 상대방의 신뢰를 저버리는 것이므로 신의성실에 반하게 된다는 견해이다.

(2) 법적 안정성설

법적 안정성은 법전개의 불변성이라는 내용을 가지므로, 행정기관이 행한 결정의 존속 내지 행정절차의 종결을 요구 한다고 할 것이다. 이런 의미에서 법적 안정성은 위법한 행정작용, 예컨대 위법한 수익적 행정행위의 존속성을 뒷받침하는 신뢰보호의 법적 근거가 될 수 있다. 법적 안정성설은 바로 이런 의미에서의 법적 안정성이 신뢰보호의 근거가 된다고 한다.

(3) 소 결

법적 안정성설은 행정의 법률적합성의 견지에서 반대론이 있지만, 오늘날 지배적 견해로 인정되고 있다.

나. 실정법적 근거

행정절차법 제4조 제2항[5] · 국세기본법 제18조 제3항[6]과 같이 실정법에서 신뢰보호의 원칙을 명문으로 규정하고 있다. 그러나 이는 신뢰보호의 원칙을 확인하는 규정이며, 명문의 규정이 없어도 모든 행정활동에 적용된다 할 것이다. 사안은

---

[5] 법령의 해석 또는 행정청의 관행이 일반적으로 국민에게 받아들여진 때에는 공익 또는 제3자의 정당한 이익을 현저히 해할 우려가 있는 경우를 제외하고는 새로운 해석 또는 관행에 의하여 소급하여 불리하게 처리되지 아니 한다.

[6] 세법의 해석이나 국세행정의 관행이 일반적으로 납세자에게 받아들여진 후에는 그 해석이나 관행에 의한 행위 또는 계산은 정당한 것으로 보며, 새로운 해석이나 관행에 의하여 소급하여 과세되지 아니한다.

행정절차법 제4조 제2항에 해당하느냐 여부가 문제된다.

4. 신뢰보호의 일반적 요건

행정청의 행위에 대하여 신뢰보호의 원칙이 적용되기 위해서는, ① 행정청이 개인에 대하여 신뢰의 대상이 되는 공적인 견해표명을 하여야 하고, ② 행정청의 견해표명이 정당하다고 신뢰한 데에 대하여 그 개인에게 귀책사유가 없어야 하며, ③ 그 개인이 그 견해표명을 신뢰하고 이에 상응하는 어떠한 행위를 하였어야 하고, ④ 행정청이 위 견해표명에 반하는 처분을 함으로써 그 견해표명을 신뢰한 개인의 이익이 침해되는 결과가 초래되어야 하며, ⑤ 위 견해표명에 따른 행정처분을 할 경우 이로 인하여 공익 또는 제3자의 정당한 이익을 현저히 해할 우려가 있는 경우가 아니어야 한다(대법원 2006.6.9. 선고 2004두46 판결).

가. 선행조치

행정기관의 선행조치가 존재하여야 한다. 판례는 공적견해의 표명이라고 표현한다. 행정청의 공적 견해표명이 있었는지의 여부를 판단하는 데 있어 반드시 행정조직상의 형식적인 권한분장에 구애될 것은 아니고 담당자의 조직상의 지위와 임무, 당해 언동을 하게 된 구체적인 경위 및 그에 대한 상대방의 신뢰가능성에 비추어 실질에 의하여 판단하여야 한다(대법원 1997. 9. 12. 선고 96누18380 판결). 그 선행조치는 법령·행정규칙·행정처분·확약·행정지도 기타 적극적 또는 위법상태의 장기간 묵인·방치 등 소극적 언동을 포함한다. 사안의 경우 행정청(B 동사무소)이 대외적으로 공신력 있는 주민등록표상 국적이탈을 이유로 A의 주민등록을 말소한 행위는 A에게 간접적으로 국적이탈이 법령에 따라 이미 처리되었다는 견해를 표명한 것이라고 보아야 한다(대법원 2008.1.17. 선고 2006두10931 판결).

나. 보호가치

선행조치의 정당성 또는 존속성에 대한 관계인의 신뢰가 보호가치 있어야 한다. 관계인이 신뢰하게 된 데 대하여 관계인에게 책임 있는 사유인 귀책사유가 있어서는 아니 된다. 귀책사유라 함은 행정청의 견해표명의 하자가 상대방 등 관계자의 사실은폐나 기타 사위의 방법에 의한 신청행위 등 부정행위에 기인한 것이거나 그러한 부정행위가 없다고 하더라도 하자가 있음을 알았거나 중대한 과실로 알지 못한 경우 등을 의미한다고 해석함이 상당하고, 귀책사유의 유무는 상대방과 그로부터 신청행위를 위임받은 수임인 등 관계자 모두를 기준으로 판단하여야 한다(대법원 2002. 11. 8. 선고 2001두1512).

사안의 경우 행정청의 주민등록말소는 주민등록표등·초본에 공시되어 대내·외적으로 행정행위의 적법한 존재를 추단하는 중요한 근거가 되는 점에 비추어 A가 위와 같은 주민등록말소를 통하여 자신의 국적이탈이 적법하게 처리된 것으로 신뢰한 것에 대하여 귀책사유가 있다고 할 수 없다.

A는 주민등록이 된 자 중 17세 이상인 자에 대하여는 주민등록증을 발급한다(주민등록법 17조의8)는 주민등록법 규정에 따라 17세가 되어 주민등록증을 발급받으려고 하였다. 그러나 A의 주민등록은 동사무소 공무원의 착오로 국적이탈신고를 거쳐 이미 말소되어 있었다. 그 당시의 국적법은 만 20세가 되기 전에 대한민국의 국적과 외국 국적을 함께 가지게 된 이중국적자는 만 22세가 되기 전까지 2년 내에 하나의 국적을 선택하도록 되어 있었다(국적법 12①). A는 그 당시에 하나의 국적을 선택할 수 있었는데, 비록 동사무소의 착오이기는 하지만, 자신의 국적이탈신고가 경료되어 주민등록까지 말소되어 있는 것을 확인하고, 그러한 동사무소의 선행조치를 신뢰하였고, 그러한 신뢰에 A의 귀책사유가 없으므로 A의 신뢰는 보호가치가 있다고 할 것이다. A의 신뢰가 보호되지 않으면 A는 국적선택의 기회를 상실하는 불이익이 입게 된다.

다. 처리보호

신뢰보호는 상대방이 행정기관의 선행조치에 대한 신뢰에 입각하여 어떤 처리를 한 경우에 그 처리를 보호하는 것이 목적이다. 판례는 선행조치를 신뢰하여 다투지 아니한 부작위에 대하여도 처리보호를 인정할 수 있다고 한다. 사안의 경우 A가 국적이탈신고의 법적인 효과를 수용하기로 하고 별다른 이의를 하지 않았던 것은 처리보호의 요건에 부합된다.

라. 인과관계

신뢰보호의 원칙이 적용되기 위하여는 당사자간에 계약 기타 유사한 구체적 관계의 존재는 요하지 않지만, 선행조치에 대한 신뢰와 관계자의 처리 사이에 인과관계는 있어야 한다. 사안의 경우 동사무소의 선행조치에 대한 A의 신뢰와 처리와의 사이에는 인과관계를 인정할 수 있다.

마. 선행조치에 반하는 처분의 존재

선행조치에 반하는 행정기관의 처분 등 행정처분이 존재하여야 한다. 사안의 경우 A가 국적이탈신고서를 법무부장관에게 제출하였으나 그 수리를 반려(거부)하는 행위는 선행조치에 반하는 처분이라고 할 수 있다.

바. 공익 또는 제3자의 정당한 이익의 불침해

행정청이 자신의 견해표명에 따른 처분을 할 경우 그로 인하여 공익 또는 제3자의 이익이 현저히 침해되지 아니하여야 한다. 법무부장관이 A의 이 사건 국적이탈신고를 접수하더라도 공익이나 제3자의 이익이 침해될 가능성은 없다. 특별히 현재의 국적법은 오전동 동사무소에서 선행조치를 하였던 때와 달리 국적이탈요건을 강화하였기 때문에 국적이탈신고반려 처분을 취소한다고 할지라도 A와 유사한 사건으로 국적을 이탈할 여지는 없다고 할 것이다.

5. 신뢰보호의 한계

가. 신뢰보호의 원칙과 법률적합성의 원칙과의 관계

신뢰보호의 원칙은 법치국가원리의 내용 중 하나인 법적 안정성을 위한 것이다. 반면 이는 법치국가원리의 또 하나의 내용인 법률적합성의 원칙과 충돌되게 되므로 양자 중 어느 것을 우선시킬 것인지가 문제된다.

(1) 법률적합성우위설

행정의 법률적합성의 요청이 행정의 법적 안정성 및 그로부터 도출되는 신뢰보호의 요청보다 우선하는 것이 법치국가의 원리라고 보는 견해이다.

(2) 양자동위설

법률적합성의 원칙과 법적 안정성의 원칙은 다 같이 법치국가원리의 요소인 것으로 양자는 헌법상 동위적이며, 동가치적인 것이라고 한다.

(3) 이익교량설

신뢰보호를 인정하는 범위는 구체적인 경우에 적법상태의 실현이라는 공익과 행정작용의 존속에 대한 신뢰의 보호라는 관계자 이익의 비교형량의 결과에 의존한다는 것이다. 통설이다.

(4) 판 례

신의칙 내지 금반언의 원칙은 합법성의 원칙을 희생하여서라도 납세자의 신뢰를 보호함이 정의에 부합하는 것으로 인정되는 특별한 사정이 있을 경우에 한하여 적용된다(대법원 1992.4.28. 선고 91누9848 판결). 건축주가 건축허가 내용대로 공사를 상당한 정도로 진행하였는데, 나중에 건축법이나 도시계획법에 위반되는 하자가 발견되었다는 이유로 그 일부분의 철거를 명할 수 있기 위하여는 그 건축허가를 기초로 하여 형성된 사실관계 및 법률관계를 고려하여 건축주가 입게 될 불이익과 건축행정이나 도시계획행정상의 공익, 제3자의 이익, 건축법이나 도시계획법 위반의 정도를 비교·교량하여 건축주의 이익을 희생시켜도 부득이하다고 인정되는 경우라야 할 것이다(대법원 2002. 11. 8. 선고 2001두1512 판결)라고 하여 이익교량설과 취지를 같이 하고 있다.

나. 사정변경

신뢰형성에 기초가 된 결정적인 사실관계가 추후에 변경되고 관계당사자가 이를 인식하였거나 인식할 수 있었던 경우에는, 그 이후로는 관계자도 변경 전의 상태를 이유로 신뢰보호를 주장할 수 없다 할 것이다.

다. 소 결

사안의 경우는 A의 신뢰를 보호할 필요가 법무부장관의 이 사건 처분으로 도모할 수 있는 공익보다 우월하다고 할 것이므로 이익교량설과 판례의 입장이 타당하다.

6. 사안의 해결

신뢰보호의 원칙에 위반하여 행한 처분은 위법하게 된다. 신뢰보호원칙에 반하는 행정입법이나 공법상의 계약은 무효로 된다고 할 것이며, 행정처분의 경우에는 원칙적으로 취소사유가 된다고 할 것이고, 예외적으로 헌법원칙의 위반과 같은 경우에는 무효사유가 된다고 할 것이다. 판례는 제1차 시험을 '절대평가제'에서 '상대평가제'로 환원하는 내용의 2002. 3. 25. 대통령령 제17551호로 개정된 변리사법시행령(이하 '개정 시행령'이라 한다) 제4조 제1항을 2002년의 제1차 시험에 시행하는 것은 헌법상 신뢰보호의 원칙에 비추어 허용될 수 없으므로, 개정 시행령 부칙 중 제4조 제1항을 즉시 2002년의 변리사 제1차 시험에 대하여 시행하도록 그 시행시기를 정한 부분은 헌법에 위반되어 무효라고 한다(대법원 2006.11.16. 선고 2003두12899 판결). 그러나 일반 행정처분이 신뢰보호의 원칙 및 비례의 원칙에 반한 때에는 재량권을 남용한 위법한 처분이라고 하여 취소사유로 보기도 한다(대법원 1998.5.8. 선고 98두4061 판결). 따라서 사안의 경우 A의 국적이탈신고를 반려한 처분은 신뢰보호의 원칙에 반하여 A가 만 18세 이전에 국적이탈신고를 할 수 있었던 기회를 박탈한 것으로서 위법하므로 취소사유에 해당된다고 할 것이다.

기본구조

법무부장관의 국적이탈신고반려 처분의 적법성 여부 [설문 (2)의 해결]

1. 문제점

2. 신뢰보호의 원칙의 개념

3. 신뢰보호의 근거
   가. 이론적 근거
      (1) 신의칙설
      (2) 법적 안정성설
      (3) 소 결
   나. 실정법적 근거

4. 신뢰보호의 일반적 요건
   가. 선행조치
   나. 보호가치
   다. 처리보호
   라. 인과관계
   마. 선행조치에 반하는 처분의 존재
   바. 공익 또는 제3자의 정당한 이익의 불침해

5. 신뢰보호의 한계
   가. 신뢰보호의 원칙과 법률적합성의 원칙과의 관계
      (1) 법률적합성우위설
      (2) 양자동위설
      (3) 이익교량설
      (4) 판 례
   나. 사정변경
   다. 소 결

6. 사안의 해결

68 실전답안 행정법연습

관리번호	**사 례 형** (제1문)	시험관리관 확인	점 수	채점위원인

I. 설문(1)의 해결 - 국적이탈신고의 법적 성질

1. 문제점

A가 법무부장관에게 한 국적이탈신고의 법적 성질은 국적이탈신고의 내용이 형식적 요건만 갖춰서 신고를 하면 국적이탈의 효과인 국적상실에 이르게 되는 수리를 요하지 아니하는 신고에 해당되는지, 아니면 실질적 요건을 구비하여야만 되는 수리를 요하는 신고인지 여부가 문제된다.

2. 사인의 공법행위로서의 신고

가. 신고의 의의 및 종류

신고란 사인이 행정청에 대하여 일정한 사실·관념의 통지에 의하여 바로 공법적 효과가 발생하는 행위이다. 신고는 행정청에 대하여 일정한 사항을 통지함으로써 최종적인 법률효과가 발생한다.

나. 신고의 종류

(1) 수리를 요하지 않는 신고 (자기완결적 신고)

신고의 형식적 요건을 갖춰 신고를 하면 신고의무를 이행한 것이 되는 신고를 말한다. 법령 등에서 행정청에 대하여 일정한 사항을 통지함으로써 의무가 끝나는 신고(행정절차법 40①)이다.

이러한 자기완결적 신고는 행정청이 신고의 수리를 거부하더라도, 이러한 수리의 거부는 행정처분이 아닌 사실행위이므로 취소소송으로 다툴 수 없게 된다.

(2) 수리를 요하는 신고 (행정요건적 공법행위)

신고가 수리되어야 신고의 대상이 되는 행위에 대한 금지가 해제되는 신고를 말한다. 신고의 형식적 요건 외에 실질적 요건도 갖추어야 한다.

따라서 자기완결적 신고와 달리 신고의 요건을 갖춘 신고가 있어도 그것이 수리되지 않으면 신고하지 않은 것이 된다. 행정청의 수리거부결정은 행정처분에 해당하며, 이에 대하여 신고인은 수리거부처분취소의 소를 제기할 수 있다.

다. 적법한 신고의 효과

(1) 자기완결적 신고

자기완결적 신고의 경우에 적법한 신고가 있으면 행정청의 수리 여부에 관계없이 신고서가 접수기관에 도달한 때에 신고의무가 이행된 것으로 본다(행정절차법 40②). 따라서 행정청이 신고서를 접수하지 않고 반려하였더라도 신고의무는 이행된 것으로 본다.

(2) 수리를 요하는 신고

수리를 요하는 신고의 경우 적법한 신고가 있더라도 수리되지 않은 경우에는 그 신고에 따른 법적 효과가 발생하지 않는다. 신고의 대상이 된 행위를 한 경우 당해 행위를 규율하는 법규에 따라 행정벌의 대상이 된다고 보아야 할 것이다.

라. 부적법한 신고와 신고요건의 보완

행정청은 요건을 갖추지 못한 신고서가 제출된 경우 지체 없이 상당한 기간을 정하여 신고인에게 보완을 요구하여야 한다(행정절차법 40③). 행정청은 신고인이 위 규정에 의한 기간 내에 보완을 하지 아니한 때에는 그 이유를 명시하여 당해 신고서를 되돌려 보내야 한다(동법 40④).

3. 사안의 해결

가. 국적이탈신고의 법적 근거

이 사건 처분 당시의 국적법은 이중국적자의 국적선택의무를 다음과 같이 규정하고 있다. 만 20세가 되기 전에 대한민국의 국적과 외국 국적을 함께 가지게 된 이중국적자는 만 22세가 되기 전까지 하나의 국적을 선택하도록 하고 있으며(국적법 12①), 이중국적자로서 외국 국적을 선택하고자 하는 자는 제12조 제1항에 규정된 기간내에 법무부장관에게 대한민국의 국적을 이탈한다는 뜻을 신고할 수 있다(국적법 14①). 제1항의 규정에 의하여 국적이탈의 신고를 한 자는 그 신고를 한 때에 대한민국의 국적을 상실한다(국적법 14②).

나. 법무부장관의 국적이탈허가 여부의 결정 기준

하급심판결은 이와 관련하여, 국적이탈허가 여부를 결정함에 있어서는 관계 법령의 규정과 취지는 물론 당해 사안의 모든 정황을 전반적으로 살펴 그 허가를 거부할 만한 공익상의 필요 등과 그 신청인의 기본적 인권의 침해 및 불이익 등을 비교·교량하여 그 거부행위가 재량권의 범위 내에서 적절한지의 여부에 따라 그 적법 여부를 결정하여야 한다고 하였다.

다. 수리를 요하는 신고로서의 국적이탈신고

사안의 경우 A의 국적이탈신고는 국적법이 정하는 바에 따른 적법한 신고가 있는 경우에 한하여 접수하는 것이므로, 수리를 요하는 신고로서의 성질을 갖는다고 할 것이다.

사안에서 A의 국적이탈신고는 국적법이 정하는 실질적 요건을 구비하여 신고한 것에 해당되므로 법무부장관은 이를 수리할 의무가 있다고 할 것이다.

II. 설문(2)의 해결 - 법무부장관의 국적이탈신고반려 처분의 적법성 여부

1. 문제점

A는 국적이탈신고를 한 적이 없으나, 국적이탈 사유로 주민등록이 말소되어 대한민국 국적이 상실되어 있는 법률적 효과를 신용하고, 국적법이 정하는 바에 따라 국적을 선택하는 국적이탈신고서를 제출하는 등의 행위를 하지 않았다. 그런데 법무부장관이 A의 국적이탈신고가 국적법 소정의 국적이탈신고 요건에 해당하지 않는다는 취지로 이 사건 처분에 이른 것은 신뢰보호의 원칙에 반하는 것이 아닌지 문제된다.

2. 신뢰보호의 원칙

가. 의의 및 근거

행정법상의 신뢰보호라 함은 행정기관의 적극적·소극적 언동의 정당성 또는 존속성에 대한 개인의 보호가치 있는 신뢰를 보호하여 주는 원칙을 말한다. 신뢰보호의 원칙은 헌법상 법치국가의 원칙 또는 우리 헌법의 기본원리인 법치주의 원리에 속하는 것이라고 할 것이다.

신뢰보호의 근거에 대하여 법적 안정성을 유지하기 위함이라는 견해가 오늘날 지배적 견해이다. 또한 행정절차법 제4조 제2항과 같이 실정법에서 신뢰보호의 원칙을 명문으로 규정하고 있다.

나. 신뢰보호의 일반적 요건

(1) 선행조치

행정기관의 선행조치가 존재하여야 한다. 판례는 공적견해의 표명이라고 표현한다. 이를 판단하는 데 있어, 반드시 행정조직상의 형식적인 권한분장에 구애될 것은 아니고 담당자의 조직상의 지위, 당해 언동을 하게 된 구체적인 경위 및 그에 대한 상대방의 신뢰가능성에 비추어 실질에 의하여 판단하여야 한다는 것이 판례의 입장이다.

사안의 경우 행정청(B 동사무소)이 대외적으로 공신력 있는 주민등록표상 국적이탈을 이유로 A의 주민등록을 말소한 행위는 A에게 간접적으로 국적이탈이 법령에 따라 이미 처리되었다는 견해를 표명한 것이라고 보아야 한다.

(2) 보호가치

선행조치의 정당성 또는 존속성에 대한 관계인의 신뢰가 보호가치 있어야 한다. 관계인이 신뢰하게 된 데 대하여 관계인에게 책임 있는 사유인 귀책사유가 있어서는 아니 된다.

사안의 경우 행정청의 주민등록말소는 주민등록표등·초본에 공시되어 행정행위의 적법한 존재를 추단하는 중요한 근거가 되는 점에 비추어 A가 위와 같은 주민등록말소를 통하여 국적이탈이 적법하게 처리된 것으로 신뢰한 것에 대하여 귀책사유가 있다고 할 수 없다.

(3) 처리보호

신뢰보호는 상대방이 행정기관의 선행조치에 대한 신뢰에 입각하여 어떤 처리를 한 경우에 그 처리를 보호하는 것이 목적이다. 판례는 선행조치를 신뢰하여 다투지 아니한 부작위에 대하여도 처리보호를 인정할 수 있다고 한다. 사안의 경우 A가 국적이탈신고의 법적인 효과를 수용하기로 하고 별다른 이의를 하지 않았던 것은 처리보호의 요건에 부합된다.

(4) 인과관계

신뢰보호의 원칙이 적용되기 위해서는 선행조치에 대한 신뢰와 관계자의 처리 사이에 인과관계가 있어야 한다. 사안의 경우 동사무소의 선행조치에 대한 A의 신뢰와 처리와의 사이에는 인과관계를 인정할 수 있다.

(5) 선행조치에 반하는 처분의 존재

선행조치에 반하는 행정기관의 처분 등 행정처분이 존재하여야 한다. 사안의 경우 A가 국적이탈신고서를 법무부장관에게 제출하였으나 그 수리를 반려(거부)하는 행위는 선행조치에 반하는 처분이라고 할 수 있다.

3. 신뢰보호의 한계

신뢰보호의 원칙은 법치국가원리의 내용 중 하나인 법적안정성을 위한 것이다. 반면 이는 법치국가원리의 또 하나의 내용인 법률적합성의 원칙과 충돌되게 되므로 양자 중 어느 것을 우선시킬 것인지가 문제된다. ① 법률적합성 우위설, ② 양자동위설 등이 주장되고 있으나, 구체적인 경우에 적법상태의 실현이라는 공익과 행정작용의 존속에 대한 신뢰의 보호라는 비교형량의 결과에 의존한다는 이익교량설이 통설과 판례의 태도이다.

사안의 경우, A의 신뢰를 보호한다고 하여 공익이 침해될 위험도 없다고 보인다. 또한 원고의 신뢰를 보호할 필요가 법무부장관의 국적이탈신고반려 처분으로 도모할 수 있는 공익보다 우월하다고 할 것이므로 신뢰보호의 한계에도 저촉되지 아니한다고 할 것이다.

4. 사안의 해결

신뢰보호의 원칙에 위반하여 행한 처분은 위법하게 된다. 신뢰보호원칙에 반하는 행정입법이나 공법상의 계약은 무효로 된다고 할 것이며, 행정처분의 경우에는 원칙적으로 취소사유가 된다고 할 것이고, 예외적으로 헌법원칙의 위반과 같은 경우에는 무효사유가 된다고 할 것이다.

따라서 사안의 경우 A의 국적이탈신고를 반려한 처분은 신뢰보호의 원칙에 반하여 A가 만 18세 이전에 국적이탈신고를 할 수 있었던 기회를 박탈한 것으로서 위법하고, 이는 취소사유에 해당된다고 할 것이다.

[4] 법규명령과 행정규칙

> A는 청소년 2명을 자신이 운영하는 유흥주점에 7일간 고용하였다는 사유로 B구청장으로부터 식품위생법 시행규칙 제53조 [별표 15]행정처분기준이 정하는 바에 따라 15일간의 영업정지처분을 받았으며, 청소년보호위원회로부터 청소년보호법 제49조 제1항, 제2항에 따른 같은 법 시행령 제40조 [별표 6]의 '위반행위의 종별에 따른 과징금처분기준'에 근거하여 법령이 정하는 절차를 거쳐 1,600만원의 과징금부과처분을 받았다.

(1) A에 대한 영업정지 15일간의 [별표 15] 행정처분기준 및 1,600만원의 [별표 6] 과징금부과처분기준의 법적 성질을 설명하시오.　(25점)

(2) 청소년보호위원회의 A에 대한 과징금부과처분은 적법한가.　(25점)

참고법률

「청소년보호법 [법률 제5529호, 1998. 2.28, 타법개정]」

제24조 (청소년유해업소에의 고용금지 및 출입제한)
① 청소년유해업소의 업주는 청소년을 고용하여서는 아니 된다.

제49조 (과징금)
① 청소년보호위원회는 제50조 및 제51조의 각호의 1에 해당하는 죄를 범하여 이익을 취득한 자에 대하여 대통령령이 정하는 바에 의하여 1천만원 이하의 과징금의 납부를 명할 수 있다.
② 제1항의 규정에 의한 과징금의 금액 기타 필요한 사항은 대통령령으로 정한다.

제50조 (벌칙)
다음 각 호의 1에 해당하는 자는 3년이하의 징역 또는 2천만원 이하의 벌금에 처한다.
2. 제24조 제1항의 규정에 위반하여 청소년을 유해업소에 고용한 자

「청소년보호법 시행령 [대통령령 제16093호, 1999. 1.29, 타법개정]」

제40조 (과징금의 산정기준)
법 제49조제2항의 규정에 의한 과징금을 부과하는 위반행위의 종별에 따른 과징금의 금액은 별표 6과 같다.

[별표 6] 위반행위의 종별에 따른 과징금 처분기준 (제40조 관련)

위반행위	과징금
8. 법 제24조제1항의 규정에 의한 청소년고용금지의무를 위반한 때	800만원

주요쟁점

✦ 법규명령 형식의 행정규칙
✦ 행정처분기준
✦ 과징금 액수의 법적 성격
✦ 재량권의 한계
✦ 재량권의 일탈 · 남용
✦ 비례의 원칙
✦ 무효와 취소의 구별기준

Ⅰ. A에 대한 영업정지 및 과징금부과처분 기준의 법적 성질 [설문 (1)의 해결]

1. 문제점

A에 대한 B구청장의 영업정지처분은 식품위생법 시행규칙 제53조 [별표 15] '행정처분기준'에 의하였고, 청소년보호위원회의 과징금부과처분은 청소년보호법 시행령 제40조 [별표 6] '위반행위의 종별에 따른 과징금 처분기준'에 의하였다.

A에 대한 처분의 근거는 부령인 시행규칙과 대통령령인 시행령에 규정되어 있다는 점에서 형식적으로는 법규명령으로 제정되어 있지만, 내용적으로는 행정기관 내부의 사무처리기준이라는 행정규칙의 성격을 갖고 있다. 이와 같이 법규명령의 형식을 취하는 행정규칙이 그 형식과 같이 법규명령에 해당하는지, 그 실질적인 내용과 같이 행정규칙에 해당하는지에 관하여 검토할 필요가 있다.

2. 법규명령 형식의 행정규칙의 법적 성질

가. 학 설

(1) 형식적 기준설(법규명령설)

종래에는 법규를 개인의 자유와 재산에 관한 사항을 정한 규범으로 보았으나, 오늘날은 법규는 그 내용이 어떠한 것이든 국민과 국가를 다 같이 구속할 수 있는 일반적 구속력을 가진 규범으로 본다. 법규명령 가운데는 행정조직 내부에서만 효력을 가지는 것이 있는 반면에, 훈령적인 사항(재량준칙 등)이더라도 그것이 일단 법규명령으로 정해지게 되면, 그것은 실질적 의미의 법률로서의 성질을 가지게 된다고 한다. 이 견해에서 국민과 국가를 다 같이 구속할 수 있는 대외적 구속력을 갖는다는 의미는, 처분을 함에 있어서 당해 대통령령이나 부령이 정한 행정처분기준에 따라야 하며, 법원도 그 처분의 적법여부를 그 처분기준에 따라 판단하여야 한다는 것이다.

(2) 실질적 기준설(행정규칙설)

처분기준의 실질적 내용이 행정조직내부에서만 효력을 갖는 것일 때에는, 비록 그것이 법규명령의 형식을 취하더라도 국민일반에 대한 구속력을 갖지 못하고 행정규칙으로서의 성질을 갖는다고 한다. 국민일반에 대하여 구속력을 갖지 못한다는 것은, 그 규칙의 내용과 성질이 행정청 내의 사무처리준칙을 규정한 것이기 때문에 행정조직내부에서 행정기관이나 직원을 구속함에 그치고, 대외적으로 국민이나 법원을 구속하는 것이 아니라는 것이다. 그러므로 당해 처분이 그 규칙에 위배될지라도 위법의 문제는 생기지 아니하고, 그 처분의 적법 여부는 관계 법령의 규정 및 취지에 적합한지의 여부에 따라 판단하게 된다.

(3) 수권여부기준설

법령의 수권을 받아 제정된 대통령령 · 총리령 · 부령은 법규명령이고, 법령의 수권이 없이 제정된 대통령령 · 총리령 · 부령은 행정규칙이라는 견해이다. 법규명령을 법령의 수권에 근거하여 제정되는 명령으로 이해하면서 행정사무처리기준 등과 같은 행정내부적인 사항(행정규칙사항)일지라도 법령의 위임을 받아 제정되었다면 법규명령으로, 법령의 위임이 없이 제정되었다면 행정규칙으로 본다.

(4) 소 결

대통령령이나 총리령 · 부령은 모두 헌법에서 인정한 법규범이며, 법률 또는 상위명령에서 위임한 사항이나 집행을 위하여 필요한 사항을 정하는 법규명령에 해당된다. 따라서 법규명령은 법률이나 마찬가지로 그 내용이 개인의 자유와 재산에 관한 사항을 정한 것인지의 여부와 관계없이 대국민적 일반적 구속력을 가질 수 있다는 점에서, 법규의 형식을 취하는 행정규칙 역시 법규명령으로 보아야 할 것이다.

나. 판 례

(1) 대통령령과 부령의 구별

판례는 법규의 형식이 대통령령인 경우에는 법규명령으로 보고, 법규의 형식이 부령인 경우에는 행정규칙으로 본다. 그러나 부령 형식의 행정규칙의 내용도 워낙 다양하여 위와 같은 판례의 분류 기준대로 해석되는 것은 아니다.

(2) 법규명령으로 본 판례

대통령령인 주택건설촉진법시행령으로 정하여진 행정처분기준에 대하여 법규명령이라고 판시하였다. 주택건설촉진법시행령 제10조의3 제1항 [별표 I]은 주택건설촉진법 제7조 제2항의 위임규정에 터잡은 규정형식상 대통령령이므로 그 성질이 부령인 시행규칙이나 또는 지방자치단체의 규칙과 같이 통상적으로 행정조직 내부에 있어서의 행정명령에 지나지 않는 것이 아니라 대외적으로 국민이나 법원을 구속하는 힘이 있는 법규명령에 해당한다고 보았다(대법원 1997.12.26. 선고 97누15418 판결).

최근 판결에서는, 구 청소년보호법(1999. 2. 5. 법률 제5817호로 개정되기 전의 것) 제49조 제1항, 제2항에 따른 같은법 시행령(1999. 6. 30. 대통령령 제16461호로 개정되기 전의 것) 제40조 [별표 6]의 위반행위의 종별에 따른 과징금처분기준은 법규명령이기는 하나 사안에 따라 적정한 과징금의 액수를 정하여야 할 것이므로 그 수액은 정액이 아니라 최고한도액이다(대법원 2001.3.9. 선고 99두5207 판결)라고 하여 재량권 행사의 여지를 인정하고 있다.

(3) 행정규칙으로 본 판례

㈎ 규정형식상 부령인 시행규칙으로 정해진 제재적 처분의 기준은 그 규정의 성질과 내용이 행정청 내의 사무처리기준에 불과하므로 행정규칙의 성질을 가지며, 대외적으로 국민이나 법원을 구속하는 것은 아니라고 한다. 따라서 처분의 적법여부 역시 당해 시행규칙을 기준으로 판단하지 않고, 그 시행규칙의 상위법령 규정에 적합한 것인지 여부를 기준으로 한다.

㈏ 부령인 행정규칙을 기본적으로 행정규칙으로 보면서도, 평등원칙을 매개규범으로 하여 간접적으로 법규적 효력을 인정한 판례도 있다. 식품위생법 시행규칙 제53조에 따른 별표 15의 행정처분기준은 행정기관 내부의 사무처리준칙을 규정한 것에 불과하기는 하지만, 규칙 제53조 단서의 식품 등의 수급정책 및 국민보건에

중대한 영향을 미치는 특별한 사유가 없는 한 행정청은 당해 위반사항에 대하여 위 처분기준에 따라 행정처분을 함이 보통이라 할 것이므로, 행정청이 이러한 처분기준을 따르지 아니하고 특정한 개인에 대하여만 위 처분기준을 과도하게 초과하는 처분을 한 경우에는 재량권의 한계를 일탈하였다고 볼 만한 여지가 충분하다(대법원 1993.6.29, 선고 93누5635 판결).

㈐ 부령인 시행규칙 형식으로 정하여져 있을지라도 그로 인한 처분이 개인에게 수익적 처분인 특허나, 침해적 처분인 운전면허정지와 같은 처분기준은 법규명령의 성질을 갖는다고 한다. 구 여객자동차 운수사업법 시행규칙(2000.8.23. 건설교통부령 제259호로 개정되기 전의 것) 제31조 제2항 제1호, 제2호, 제6호는 구 여객자동차 운수사업법(2000.1.28. 법률 제6240호로 개정되기 전의 것) 제11조 제4항의 위임에 따라 시외버스운송사업의 사업계획변경에 관한 절차, 인가기준 등을 구체적으로 규정한 것으로서, 대외적인 구속력이 있는 법규명령이라고 할 것이고, 그것을 행정청 내부의 사무처리준칙을 규정한 행정규칙에 불과하다고 할 수는 없다(대법원 2006.6.27, 선고 2003두4355 판결).

다. 소 결

(1) 형식적 기준설(법규명령설)

대통령령이나 총리령 및 부령은 모두 헌법에서 인정한 법규범이며, 법률이나 상위명령에서 위임한 사항이나 집행을 위하여 필요한 사항을 정하는 법규명령이다. 따라서 법규명령은 법률과 같이 그 내용이 개인의 자유와 재산에 관한 사항을 정한 것인지의 여부와 관계없이 대 국민적 구속력을 가질 수 있다는 점에서, 법규의 형식을 취하는 행정규칙 역시 법규명령으로 보아야 할 것이다.

(2) 판례에 대한 비판

판례는 대통령령인 경우와 부령인 경우를 달리 보고 있다. 그러나 대통령령이나 부령 모두 헌법에 근거를 두고 있으며, 다 같이 법률에서 위임된 사항이나 집행을 위하여 필요한 사항을 정하는 법규명령이라는 점에서 양자를 구별하여야 할 합리적인 근거가 없다. 대통령령의 경우에는 국무회의의 심의를 거쳐 대통령이 발하고, 부령의 경우에는 국무회의의 심의를 거치지 않고 행정각부의 장관이 발하나, 그것은 양자를 질적으로 구별할 근거가 될 수 없다.

3. 사안의 해결

가. 학설에 따른 결론

법규명령설과 수권행위기준설은 A에 대한 이 사건 처분기준은 외형상 법규명령 형식을 갖고 있으며, 그 처분기준은 상위법령의 수권에 의하여 제정된 것이므로 모두 법규명령에 해당된다고 할 수 있다. 반면, 처분기준의 실질적인 내용을 기준으로 판단하는 실질적 기준설에서는 행정규칙으로 보게 된다.

나. 판례에 따른 결론

(1) 식품위생법 시행규칙상의 처분기준

판례는 법규의 형식이 부령인 경우에는 행정규칙으로 보기 때문에 이 사건 영업정지처분기준은 시행규칙에 규정되어 있어 행정규칙에 해당된다. 따라서 B구청장이 A에 대한 영업정지처분을 함에 있어 사무처리기준으로 되고, 대외적으로 구속력은 없으며, 구청장이 위 기준에 따른 처분을 하였다고 하여 반드시 적법한 것은 아니다. 사안에서 A에 대한 15일간의 영업정지처분은 식품위생법 시행규칙이 정하는 행정처분기준에 따른 것이므로 특별한 사정이 없는 한 적법한 처분이라고 할 것이다.

(2) 청소년보호법 시행령상의 과징금부과처분기준

법규의 형식이 대통령령인 경우에는 법규명령으로 보기 때문에 과징금부과처분기준은 시행령에 규정되어 있어 법규명령에 해당된다. 따라서 청소년보호위원회는 물론 대외적으로 국민이나 법원을 구속하는 힘을 가진다. 따라서 청소년보호위원회는 A에 대하여 과징금부과처분을 함에 있어 위 [별표 6]처분기준에 따라야 할 의무가 있다.

(3) 과징금 액수의 법적 성격

B구청장은 A의 청소년고용금지의무 위반행위에 대하여 식품위생법에 근거하여 영업정지처분을 할 수 있다. 청소년보호법은 원고에 대한 영업정지처분 외에 청소년고용금지의무 위반으로 인한 불법적인 이익까지 박탈해야 할 필요성 때문에 과징금의 부과를 인정하고 있다. 과징금부과처분기준인 [별표 6]에 의하면 1인의 청소년을 1회 고용하면 800만원의 과징금을 부과할 수 있는 것으로 해석된다.[7] 이

---

7) 현행 청소년보호법 제49조(과징금) ②시장·군수 또는 구청장은 제50조 또는 제51조 각호의 1

때 [별표 6]이 정하는 과징금 액수는 청소년고용금지의무 위반시에 반드시 800만원을 부과하라는 것(정액)이 아니라 800만원을 초과하여 부과할 수 없다(최고한도액)는 의미이다. 따라서 청소년보호위원회는 A의 위반행위의 경위와 과거의 위반행위 존재여부, 청소년의 고용기간 등을 종합적으로 고려하여 800만원을 최고한도로 하여 적정한 과징금 액수를 결정하여 부과할 수 있다.

기본구조

A에 대한 영업정지 및 과징금부과처분 기준의 법적 성질 [설문 (1)의 해결]

1. 문제점

2. 법규명령 형식의 행정규칙의 법적 성질
   가. 학 설
      (1) 형식적 기준설(법규명령설)
      (2) 실질적 기준설(행정규칙설)
      (3) 수권여부기준설
      (4) 소 결
   나. 판 례
      (1) 대통령령과 부령의 구별
      (2) 법규명령으로 본 판례
      (3) 행정규칙으로 본 판례

   다. 소 결
      (1) 형식적 기준설(법규명령설)
      (2) 판례에 대한 비판

3. 사안의 해결
   가. 학설에 따른 결론
   나. 판례에 따른 결론
      (1) 식품위생법 시행규칙상의 처분기준
      (2) 청소년보호법 시행령상의 과징금부과처분기준
      (3) 과징금 액수의 법적 성격

에 해당하는 행위로 인하여 이익을 취득한 자에 대하여 대통령령이 정하는 바에 의하여 1천만원 이하의 과징금을 부과·징수할 수 있다. 다만, 다른 법률의 규정에 의한 영업허가취소·영업소폐쇄·영업정지 또는 과징금부과 등 행정처분의 대상으로서 행정처분이 이루어진 경우 또는 행정처분이 가능한 경우에는 그러하지 아니하다.
청소년보호법 시행령 [별표 7] 위반행위의 종별에 따른 과징금부과기준에 의하면 "1명 1회 고용마다 1,000만원 또는 500만원"으로 명시하고 있다.

Ⅱ. 과징금 부과처분의 적법성 여부 [설문 (2)의 해결]

1. 문제점

청소년보호위원회는 제50조 및 제51조의 각호의 1에 해당하는 죄를 범하여 이익을 취득한 자에 대하여 대통령령이 정하는 바에 의하여 1천만원 이하의 과징금의 납부를 명할 수 있다(청소년보호법 49①). 이처럼 과징금부과사유에 해당하는 행위가 있더라도 청소년보호위원회가 A에 대하여 과징금부과처분을 할 것인지, 부과처분을 하면 어떤 액수를 부과할 것인지는 부과권자의 재량에 맡겨져 있다고 할 것이다. 그러므로 반드시 과징금을 부과하여야만 되는 기속규정으로는 볼 수 없다 하겠다. 그렇지만 그 재량권의 행사가 과징금부과권을 부여한 목적에 반하거나 과징금부과사유로 삼은 위법행위의 정도에 비하여 균형을 잃은 과중한 액수의 과징금을 선택하는 것은 비례의 원칙에 위반하거나 또는 합리적인 사유 없이 같은 정도의 위법행위에 대하여 일반적으로 적용하여 온 기준과 어긋나게 공평을 잃은 부과처분을 선택함으로써 평등의 원칙에 위반한 경우에는, 그 처분은 재량권의 한계를 벗어난 것으로서 위법하다고 할 것이다. 따라서 사안에서는 과징금 부과처분에 재량하자가 없었는지를 살펴 볼 필요가 있다.

2. 청소년보호위원회의 재량권의 한계와 재량하자 여부

가. 행정소송법의 규정

행정청의 재량에 속하는 처분이라도 재량권의 한계를 넘거나 그 남용이 있는 때에는 법원은 이를 취소할 수 있다(행정소송법 27).

나. 재량권의 한계

법에 의하여 허용된 재량권의 범위를 외적한계라 하고, 법의 목적 및 헌법원칙과 조리상의 원칙 등에 의한 재량권행사의 제한을 재량권의 내적 한계라고 한다. 행정청의 재량권은 복지행정의 확대 등 행정행위의 복잡 다기화에 따라 그 영역이 날로 넓어지는 추세에 있고 한편 국민의 권익을 아울러 보장하여야 하는 행정목적과 행정행위의 특성에 따라 재량권을 부여한 내재적 목적에 반하여 명백히 다른 목적을 위하여 행정처분을 하는 것과 같은 재량권의 남용이나, 재량권의 행사가 그 법적 한계를 벗어나는 경우와 같은 재량권의 일탈은 그 재량권이 기속재량이거나 자유재량이거나를 막론하고 사법심사의 대상이 된다(대법원 1984.1.31. 선고 83누451 판결). 이 같은 재량권의 한계는 재량하자를 그 내용으로 하고 있으며, 양자는 동일한 개념으로 사용되기도 한다.

다. 청소년보호위원회의 제재적 처분기준과 재량하자

제재적 행정처분이 사회통념상 재량권의 범위를 일탈하였거나 남용하였는지 여부는 처분사유로 된 위반행위의 내용과 당해 처분행위에 의하여 달성하려는 공익목적 및 이에 따르는 제반 사정 등을 객관적으로 심리하여 공익침해의 정도와 그 처분으로 인하여 개인이 입게 될 불이익을 비교 교량하여 판단하여야 한다(대법원 2000.4.7. 선고 98두11779 판결).

사안의 과징금부과처분기준 [별표 6]은 청소년보호법 제24조 제1항의 규정에 의한 청소년고용금지의무를 위반한 때에는 800만원의 과징금을 부과하도록 되어 있다. 여기서 800만원은 청소년 1인을 1회 고용한 때를 말한다고 할 것이다. 그런데 A는 청소년 2명을 고용한 바 있으므로, 청소년보호위원회는 1,600만원의 과징금을 부과하였기에, 일응 처분기준을 준수한 것으로 보인다. 그렇지만 A의 위반행위와 그 제재처분인 과징금액의 부과처분이 가혹하여, 처분을 통하여 달성하려는 공익과 A가 입게 되는 불이익이 크다고 인정될 경우에는 비례의 원칙위반이라는 재량하자가 문제된다.

(1) 비례의 원칙의 일반론

(가) 비례의 원칙의 개념

비례의 원칙은 경미한 공익목적 달성을 위하여 과도한 수단이 동원되는 것을 금지하는 원칙이다. 과잉조치금지의 원칙이라고도 한다.

(나) 비례의 원칙의 내용

(a) 적합성의 원칙

행정작용에 의한 권리 자유의 침해는 행정이 추구하는 공익목적의 달성에 법적으로나 사실상으로나 적합하고 유용한 수단을 선택하여야 한다는 것이다.

(b) 필요성의 원칙

행정목적 달성을 위한 여러 적합한 수단 중에서도 공익상의 필요에 따라 개인에게 권리침해가 가장 작게 이루어지는 수단만이 선택·행사되어야 한다는 원칙을 말한다. 최소침해의 원칙이라고도 한다.

　(c) 협의의 비례의 원칙(상당성의 원칙)

　행정목적 달성을 위한 그 침해의 정도는 공익상의 필요의 정도와 상당한 비례가 유지되어야 한다는 원칙을 말한다. 상당성의 원칙이라고도 한다. 이 원칙은 적합성의 원칙과 필요성의 원칙의 충족이 있는 경우라도, 침해되는 개인의 이익을 상회하는 공익상의 목적달성이 필요한 경우에 한하여 당해 수단의 적법성을 인정한다는 것이다.

　(d) 3 원칙의 상호관계

　이들 3원칙은 넓은 의미의 비례원칙의 단계구조를 이룬다. 위 원칙 중 어느 하나의 원칙에 대한 위반이 있으면, 비례의 원칙에 대한 위반으로서 위법하게 된다.

　(2) 사안의 해결

　청소년보호위원회는 A에게 과징금을 부과하면서 2인의 청소년을 고용하였다는 이유로 청소년 1인을 1회 고용할 때의 최고한도액인 800만원의 2배에 해당하는 액수인 1,600만원을 부과하는 처분을 하였다. 그렇지만 A가 청소년을 고용한 기간이 7일의 단기간에 불과하고, 그로 인하여 얻은 이익이 실제로 그리 많지 아니하며, 동일한 위반행위로 인하여 B구청장으로부터 15일간의 영업정지를 당하게 된 점 등을 고려해 보면, 상한액의 2배인 1,600만원의 과징금을 부과한 처분은 재량권의 한계인 비례의 원칙 중 필요성의 원칙 및 상당성의 원칙을 위반하여 위법하다고 할 것이다.

3. 위법성의 정도(무효와 취소의 구별기준)

　사안의 처분이 위법하다면 무효와 취소사유 중 어느 것에 해당되는지 문제된다.

가. 학 설

　(1) 중대명백설

　흠의 내부적 성질이 중대하고, 외부적 성질이 명백한 것은 무효이고, 그 이외의 경우는 취소할 수 있음에 그친다는 학설이다. 흠이 중대하고 명백한 경우에는 통상의 행정소송절차에 의하여 권한을 가진 행정청이나 법원의 취소를 기다릴 것 없이, 법원은 민사사건 등의 전제(선결문제)로 그 무효를 인정할 수 있다.

흠의 중대성은 행정행위가 중요한 법률요건을 위반하여 흠이 내용적으로 중대하다는 것을 말한다고 한다. 흠의 명백성에서 무엇이 명백한지가 문제된다. 그것은 흠이라는 것이 명백하다는 것과, 흠이 있다는 것이 명백하다는 이중적인 의미를 갖는다. 그리고 흠의 명백성은 누구에 대하여 명백한지가 문제된다. 처분요건의 존재를 긍정한 처분청의 인정에 중대한 오인이 있었다는 것이, 행정행위 성립 당시로부터, 객관적으로, 관계인(특히 처분청)의 지·부지와 관계없이 누구에 대하여서도 외관상 일견하여 명백하다는 것이다. 이 견해가 전통적 통설이며, 「외관상 일견명백설」이라고도 한다. 그러나 문제는 중대·명백의 개념이 대단히 추상적이고 막연하여 그 구체적인 의미와 내용을 파악하기가 어렵다. 그러므로 국민의 권리구제의 확대를 위한 측면에서 명백성요건을 완화할 필요가 있다.

(2) **조사의무위반설 (객관적 명백설)**

중대명백설의 입장에 서면서 명백성의 요건을 완화하여 무효사유를 더 넓히는 견해이다. ① 행정청의 판단이 각별한 조사를 하지 않더라도 누구라도 명백한 오인이 있다고 인정할 수 있는 경우와 ② 행정청이 구체적인 경우에 그 직무의 성실한 수행으로서 당연히 요구되는 정도의 조사에 의하여 판명될 수 있는 사실관계에서 명백한 오인이 있었다고 인정할 수 있는 경우에는 명백성이 인정되어 무효라는 견해이다. 그러나 무엇을 「직무의 성실한 수행으로서 당연히 요구되는 정도의 조사」로 볼 것인지가 명확하지 아니하다는 비판을 받는다.

(3) **명백성보충요건설**

무효로 되기 위하여서는 흠의 중대성은 항상 그 요건으로 하되, 명백성은 일률적으로 요구할 것이 아니고 구체적 사안에 있어서의 이익형량에 따라 보충적 가중요건으로 하는 것이 타당하다고 보는 견해이다. 이 견해는 명백성은 ① 그 개념 자체가 명확하지 아니하여 일률적인 요건으로 삼는 것은 적당하지 아니하며, ② 이해관계를 가진 제3자가 있는 경우에는 명백성이 요구된다고 할 것이나 직접상대방의 이해에만 관계되는 경우에는 굳이 명백성을 요구할 것이 아니기 때문이라고 한다.

대법원 전원합의체 판결의 반대의견은 이 견해의 입장에 서 있다. 즉, 행정행위의 무효사유를 판단하는 기준으로서의 명백성은 행정처분의 법적 안정성 확보를 통하여 행정의 원활한 수행을 도모하는 한편 그 행정처분을 유효한 것으로 믿은 제3자나 공공의 신뢰를 보호하여야 할 필요가 있는 경우에 보충적으로 요구되는 것으로서, 그와 같은 필요가 없거나 하자가 워낙 중대하여 그와 같은 필요에 비하여 처분 상대방의 권익을 구제하고 위법한 결과를 시정할 필요가 훨씬 더 큰 경우라면 그 하자가 명백하지 않더라도 그와 같이 중대한 하자를 가진 행정처분은 당연무효라고 보아야 한다고 보면서, 다수의견은 행정처분이 당연무효가 되기 위하여는 그 하자가 객관적으로 명백하여야 한다고 하면서도 다시 그 명백성을 판단함에 있어서는 그 법규의 목적, 의미, 기능 등을 목적론적으로 고찰함과 동시에 구체적 사안 자체의 특수성에 관하여도 합리적으로 고찰하여야 한다고 하고 있으나, 명백성을 위와 같이 이익형량 등의 과정을 통하여 판단하는 것이라면 명백성의 요건이라는 것은 이미 그 존재의의를 상실한 것임을 부인할 수 없을 것이고, 무효사유에 해당하는지 여부를 판단함에 있어 혼란만 가중시킬 뿐이라고 생각된다고 주장하였다(대법원 1995.7.11. 선고 94누4615 전원합의체판결).

(4) 중대설

중대한 흠만 있으면 무효로 되며, 명백성은 요구되지 아니한다는 견해가 있다. 이 견해는 통설이 무효라고 하는 중대하고 명백한 흠이 있는 행정행위는 부존재라고 한다. 이 견해는 무효사유를 넓혀 국민의 권리구제에 이바지하려는 것인데, 침해적 행위의 경우는 유리할 것이나, 수익적 행위 내지 복효적 행위는 오히려 불리하게 된다.

(5) 구체적 가치형량설 (다원설)

다양한 행정행위 내지 행정과정의 흠의 효과를 그 성질이 중대명백하다고 하는 단일의 일반적 기준만에 의하여 결정하는 것은 무리라고 하여 개개의 구체적인 경우마다 여러 구체적 이익상황을 고려하여 구분하여야 한다고 한다. 이 견해는 국민의 권리구제의 요청과 행정의 법적 안정성의 요청을 개별적 사안마다 실현할 수 있다는 점에서 이상적인 견해이지만, 무효사유와 취소사유 구분의 객관적 기준이 될 수 없다는 점이 문제이다.

나. 판 례

(1) 대법원

대법원 판례의 주류적 태도는 중대명백설을 취하고 있다(대법원 1995.7.11. 선고 94누4615 전원합의체판결). 명백성보충요건설은 전원합의체판결의 소수의견으로 주장된 것은 앞서 본 바 있다. 그러나 처분 상대방의 권익을 구제하고 위법한 결과를 시정할 필요가 훨씬 더 큰 경우라면, 그 하자가 명백하지 않더라도 그와 같이 중

대한 하자를 가진 행정처분은 당연무효라고 보아야 한다는 예외를 인정하고 있다.

(2) 헌법재판소

헌법재판소는 원칙적으로 중대명백성을 취하고 있지만, 예외적으로 법적 안정성의 요구에 비하여 권리구제의 필요성이 큰 경우에는 무효를 인정한다. 즉, 행정처분의 집행이 이미 종료되었고 그것이 번복될 경우 법적 안정성을 크게 해치게 되는 경우에는 후에 행정처분의 근거가 된 법규가 헌법재판소에서 위헌으로 선고된다고 하더라도 그 행정처분이 당연무효가 되지는 않음이 원칙이라고 할 것이나, 행정처분 자체의 효력이 쟁송기간 경과 후에도 존속 중인 경우, 특히 그 처분이 위헌법률에 근거하여 내려진 것이고 그 행정처분의 목적달성을 위하여서는 후행 행정처분이 필요한데 후행 행정처분은 아직 이루어지지 않은 경우와 같이 그 행정처분을 무효로 하더라도 법적 안정성을 크게 해치지 않는 반면에 그 하자가 중대하여 그 구제가 필요한 경우에 대하여서는 그 예외를 인정하여 이를 당연무효사유로 보아서 쟁송기간 경과 후에라도 무효확인을 구할 수 있는 것이라고 봐야 할 것이라고 한다(헌재 1994.6.30, 92헌바23).

다. 소 결

중대명백설이 타당하다. 그것은 개인의 권리구제와 국법질서의 안정의 요청을 합리적으로 조정하기 위하여서는, 흠이 중대할 뿐만 아니라 명백한 경우에 한하여 행정쟁송절차를 거치지 아니하고 무효로 인정할 수 있다고 할 것이기 때문이다.

무효와 취소를 구별함에는 흠 자체의 성질인 흠의 중대 · 명백성을 일반적인 기준으로 하되, 그 행정행위와 관계되는 구체적인 이익상황, 예컨대 부담적 행정행위에서는 주로 공익, 수익적 행정행위에서는 주로 상대방 등의 신뢰보호 · 법적 안정성도 고려하여야 하며, 더 나아가서 흠의 효과를 개별화하도록 노력하여야 할 필요가 있다.

4. 사안의 해결

따라서 유흥업소에 청소년 2명을 고용한 것은 청소년을 유해업소로부터 보호해야 하는 차원에서 가벼운 위반행위는 아니다. 그렇지만 그 고용기간이 7일간으로 비교적 짧고, A는 동일한 위반행위로 인하여 식품위생법에 따른 15일간의 영업정지처분을 받은 점 등 제반 사정을 고려해 보면 과징금의 최고 상한액의 2배에 해당하는 1,600만원의 과징금을 부과한 처분은 비례의 원칙에 반하는 재량권의 한계를 일탈한 위법한 것이라고 할 수 있다. 그리고 그 위법성의 정도는 내부적으로 중대하기는 하지만, 외부적으로 명백하다고는 할 수 없어 취소사유에 해당된다고 할 것이다. 따라서 A는 과징금부과처분의 취소를 구하는 행정심판 또는 행정소송에서 승소할 수 있을 것이다.

기본구조

과징금 부과처분의 적법성 여부 [설문 (2)의 해결]

1. 문제점
2. 청소년보호위원회의 재량권의 한계와 재량하자 여부
    가. 행정소송법의 규정
    나. 재량권의 한계
    다. 청소년보호위원회의 제재적 처분기준과 재량하자
        (1) 비례의 원칙의 일반론
            (가) 비례의 원칙의 개념
            (나) 비례의 원칙의 내용
                (a) 적합성의 원칙
                (b) 필요성의 원칙
                (c) 협의의 비례의 원칙
                    (상당성의 원칙)
            (d) 3 원칙의 상호관계
        (2) 사안의 해결
3. 위법성의 정도(무효와 취소의 구별기준)
    가. 학 설
        (1) 중대명백설
        (2) 조사의무위반설(객관적 명백설)
        (3) 명백성보충요건설
        (4) 중대설
        (5) 구체적 가치형량설 (다원설)
    나. 판 례
        (1) 대법원
        (2) 헌법재판소
    다. 소 결
4. 사안의 해결

| 관리번호 | 시험과목명 행정법 | 제1문 | 시험관리관 확인 | 점 수 | 채점위원인 |

I. 설문(1)의 해결 - A에 대한 영업정지 및 과징금부과처분 기준의 법적 성질

1. 문제점

A에 대한 B구청장의 영업정지처분은 식품위생법 시행규칙 제53조 [별표15]에 의하였고, 청소년보호위원회의 과징금부과처분은 대통령령인 청소년보호법 시행령 제40조 [별표6]에 의한 것이다. 위 처분들의 근거는 형식적으로는 부령과 대통령령이라는 법규명령으로 제정되어 있지만, 내용적으로는 행정기관 내부의 사무처리기준이라는 행정규칙의 성격을 가지고 있다. 이와 같이 법규명령의 형식을 취하는 행정규칙이 그 형식과 같이 법규명령에 해당하는지, 그 실질적인 내용과 같이 행정규칙에 해당하는지 검토할 필요가 있다.

2. 법규명령 형식의 행정규칙의 법적 성질

가. 학설

(1) 형식적 기준설(법규명령설)

법규는 그 내용이 어떠한 것이든 국민과 국가를 같이 구속할 수 있는 일반적 구속력을 가진 규범으로 보면서, 법규명령의 내용이 실질은 훈령적인 사항이라도 일단 법규명령으로 정해지게 되면, 실질적 의미의 법률로서의 성질을 가지게 된다고 보는 견해이다.

(2) 실질적 기준설(행정규칙설)

비록 그것이 법규명령의 형식을 취하더라도 그 실질적 내용이 행정조직내부에서만 효력을 갖는 것일 때에는 행정규칙의 성질을 갖는다고 한다.

(3) 수권여부기준설

법령의 수권을 받아 제정된 것은 법규명령의 성격을 가지나, 법령의 수권 없이 제정된 법규명령일 경우에는 행정규칙이라는 견해이다. 이는 법규명령을 법령의 수권에 근거하여 제정되는 명령으로 이해하면서 법령의 수권여부를 구속력의 기준으로 삼는다.

나. 판례

판례는 일반적으로 법규의 형식이 대통령령인 경우에는 법규명령으로 보고, 법규의 형식이 부령인 경우에는 행정규칙으로 본다. 그러나 최근 (구)청소년보호법 시행령상의 과징금처분기준은 법규명령이기는 하지만 그 수액은 정액이 아니라 최고한도액이라고 하여 재량권행사의 여지를 인정하고 있다. 또한 부령인 행정규칙에 대하여도 그로 인한 처분이 개인에게 수익적 처분인 특허나, 침해적 처분인 운전면허정지와 같은 처분기분은 법규명령의 성질을 가진다고 본 판결도 있다.

다. 소결

대통령령이나 총리령·부령은 모두 헌법에서 인정한 법규범이며, 법률이나 상위 명령에서 위임된 사항이나 집행을 위하여 필요한 사항을 정하는 법규명령이다. 따라서 법규명령은 법률과 같이 그 내용이 개인의 자유와 재산에 관한 사항을 정한 것인지의 여부와 관계없이 국민에 대하여 구속력을 가질 수 있다는 점에서 그 형식에 관계없이 모두 법규명령으로 보아야 할 것이다.

판례는 그 형식이 대통령령인 경우와 부령인 경우를 달리 보고 있다. 그러나 양자 모두 헌법에 근거를 두고 있으며, 다 같이 법률에서 위임된 사항이나 집행을 위하여 필요한 사항을 정하는 법규명령이라는 점에서 양자를 구별하여야 할 합리적인 근거가 없다.

3. 사안의 해결

가. 학설에 따른 결론

법규명령설과 수권여부기준설에 의하면, A에 대한 처분기준은 법규명령 형식을 가지고 있으며, 그 처분기준은 상위법령의 수권에 의한 것이므로 모두 법규명령의 성격을 가지게 된다. 반면, 처분기준의 실질적인 내용을 기준으로 하는 실질적 기준설에 의하면 위 처분기준은 행정규칙의 성질을 가지게 될 것이다.

나. 판례에 따른 결론

(1) 식품위생법 시행규칙상의 처분기준

판례는 법규의 형식이 부령인 경우에는 행정규칙으로 보기 때문에, 사안의 영업정지처분은 행정규칙에 해당한다.

(2) 청소년보호법 시행령상의 과징금부과처분기준

법규의 형식이 대통령령인 경우에는 판례는 그 성격을 법규명령으로 파악한다. 따라서 위 처분기준은 시행령에 규정되어 있어 법규명령에 해당된다. 따라서 청소년보호위원회는 물론, 대외적으로 국민이나 법원을 구속하는 힘을 가진다. 따라서 청소년보호위원회는 과징금부과처분을 함에 있어서 [별표 6]의 처분기준에 따라야 할 의무가 있다.

다만 이러한 과징금을 부과하는데 있어서, 판례는 그 수액을 정액이 아니라 최고한도액으로 파악하므로, 반드시 800만원을 부과하라는 것이 아니라 800만원을 초과하여 부과할 수 없다는 의미이다.

따라서 청소년보호위원회는 A의 위반행위의 경위와 과거의 위반행위 존재여부, 청소년의 고용기간 등을 종합적으로 고려하여 800만원의 한도 내에서 적정한 과징금 액수를 결정하여 부과할 수 있다.

II. 설문(2)의 해결 - 과징금 부과처분의 적법성 여부

1. 문제점

청소년보호법 제49조 제1항에 의하여 청소년보호위원회는 동법의 규정에 위반한 자에 대하여 과징금의 납부를 명할 수 있다. 이러한 과징금 부과처분은 규정의 해석상 기속규정이 아니라, 청소년보호위원회가 과징금의 부과처분을 할 것인지, 부과처분을 하면 어떤 액수를 부과할 것인지에 대한 결정을 할 수 있는 재량행위라고 할 것이다.

이러한 재량권의 행사가 재량권의 한계를 벗어난 경우, 그 처분은 위법하다고 할 것인데, 사안에서 A에 대한 처분이 이러한 재량권의 한계를 벗어나 위법하게 되는 것인지를 검토한다.

2. 재량권의 한계와 재량하자

가. 행정소송법의 규정

행정청의 재량에 속하는 처분이라도 재량권의 한계를 넘거나 그 남용이 있는 때에는 법원은 이를 취소할 수 있다(행정소송법 27).

나. 재량권의 한계

행정청의 재량권은 행정행위의 복잡·다기화에 따라 그 영역이 날로 넓어지는 추세에 있다. 그러나 행정행위의 특성에 따라, 재량권을 부여한 내재적 목적에 반하여 다른 목적을 위하여 행정처분을 하는 것과 같은 재량권의 남용이나, 재량권의 행사가 그 법적 한계를 벗어나는 경우인 재량권의 일탈은 사법심사의 대상이 된다는 것이 판례의 태도이다.

다. 청소년보호위원회의 제재적 처분기준과 재량하자

제재적 행정처분이 사회통념상 재량권의 범위를 일탈하였거나 남용하였는지 여부는 처분사유로 된 위반행위의 내용과 처분에 의하여 달성하려는 공익목적 등을 심리하여 공익침해의 정도와 그 처분으로 인하여 개인이 입게 될 불이익을 교량하여 판단하여야 한다.

사안에서 과징금부과처분기준인 [별표 6]은 의무를 위반할 경우 800만원의 과징금을 부과하도록 한다. 사안에서 A는 청소년 2명을 고용한 바 있으므로, 청소년보호위원회가 부과한 1,600만원은 일응 처분기준을 준수한 것이다. 그러나 이로 인하여 달성하려는 공익과 A가 입게 되는 불이익을 교량하여 A가 입는 불이익이 현저하게 크다면 재량하자가 인정될 여지가 있다.

3. 비례의 원칙 위반여부

가. 의의 및 내용

비례의 원칙은 경미한 공익목적 달성을 위하여 과도한 수단이 동원되는 것을 금지하는 원칙이다. 비례의 원칙의 내용으로는 ① 행정작용에 의한 침해는 공익목적의 달성에 법적·사실적으로 적합하고 유용한 수단을 선택하여야 한다는 적합성의 원칙, ② 여러 수단 중에서도 개인에게 권리침해가 가장 작게 이루어지는 수단만이 선택·행사 되어야 한다는 필요성의 원칙,

③ 행정목적 달성을 위한 그 침해의 정도는 공익상의 필요의 정도와 상당한 비례가 유지되어야 한다는 협의의 비례의 원칙이 있다.

나. 사안의 경우

청소년보호위원회는 A에게 2인의 청소년을 고용하였다는 이유로, 청소년 1인을 고용할 때의 최고한도액인 800만원의 2배에 해당하는 액수인 1,600만원을 부과하는 처분을 하였다. 그러나 A가 청소년을 고용한 기간이 7일이라는 단기간에 불과하고, 동일한 위반행위로 인하여 B구청장으로부터 별도로 15일간의 영업정지를 당하게 된 점 등을 고려해 보면, 상한액의 2배인 1,600만원의 과징금을 부과한 처분은 재량권의 한계인 비례의 원칙 중 필요성의 원칙 및 상당성의 원칙을 위반하여 위법하다고 할 것이다.

4. 위법성의 정도

가. 문제점

사안의 처분이 위에서 본 바와 같이 재량권의 한계를 일탈하여 위법하다고 할 경우, 그 위법성이 무효사유에 해당하는지 아니면 취소사유에 불과한지 문제된다.

나. 무효와 취소의 구별기준

(1) 학설

학설은 무효와 취소의 구별기준에 대하여, ① 흠의 내부적 성질이 중대하고 외부적으로도 흠이 명백한 것은 무효이고, 그 이외의 경우는 취소사유라는 중대명백설, ② 중대명백설의 입장에 서면서 명백성의 요건을 완화하여 무효사유를 더 넓히는 견해인 조사의무반설, ③ 무효로 되기 위해서는 흠의 중대성은 항상 그 요건으로 하지만 명백성은 구체적 사안에서의 이익형량에 따라 보충적 가중요건으로 하는 것이 타당하다는 명백설보충요건설 등이 있다.

(2) 판례의 태도

대법원 판례는 기본적으로 중대명백설을 취하고 있다. 헌법재판소도 원칙적으로 중대명백설을 취하면서, 예외적으로 법적 안정성의 요구에 비하여 권리구제의 필요성이 큰 경우에는 무효를 인정한다.

(3) 소결

중대명백설이 타당하다. 개인의 권리구제와 국법질서의 안정의 요청을 합리적으로 조정하기 위하여서는, 흠이 중대할 뿐만 아니라 명백한 경우에 한하여 행정쟁송절차를 거치지 아니하고 무효로 인정할 수 있다고 할 것이기 때문이다.

5. 사안의 해결

유흥업소에 청소년을 고용한 것은 위법하다. 그러나 그 고용기간이 짧고, 별도의 제재도 받은 점을 고려하면 사안의 처분은 재량권의 한계를 일탈하여 위법하다. 그리고 그 위법성의 정도는 내부적으로 중대하나, 외부적으로 명백하다고 할 수 없으므로 취소사유에 해당된다.

[5] 법령보충적 행정규칙

> A는 2004. 9. 2. 서울특별시 강남구청장에게 판매시설 용도(슈퍼마켓)로 되어 있는 이 사건 건물에서 목욕장 영업을 하기 위하여 영업신고서를 제출하였다. 그런데 이 사건 건물의 부지인 서울 강남구 개포동 소재 이 사건 토지는 1989. 3. 21. 택지개발촉진법에 따라 건설교통부 고시 제123호로 대치택지개발예정지구로 지정된 후 구 도시계획법(2000. 1. 28. 법률 제6243호로 전문개정되기 전의 것) 제20조의3의 규정에 의하여 상세계획구역으로 지정된 바 있다. 이 사건 토지에 지정된 상세계획은 관계 법령에 의하여 최종적으로 국토의 계획 및 이용에 관한 법률이 정한 제1종 지구단위계획이 결정된 것으로 보게 된다. 위 상세계획결정에 의하면, 이 사건 토지의 사용용도는 택지개발촉진법 제31조, 택지개발촉진법시행령 제7조 제5항에 의하여 건설교통부장관이 택지개발계획의 수립기준 등을 정한 "택지개발업무처리지침"(택지 58540-647, 1995. 8. 10. 제정) 제11조 제1항, [별표 2](토지이용계획의 용지분류)에 의하여 공공시설용지 중 상업용지로 정해졌다.
>
> 택지개발업무처리지침에는 상업용지로 지정된 택지에는 택지개발촉진법 시행령 제2조 제2호에 규정된 판매시설, 업무시설, 의료시설 등 거주자의 생활복리를 위하여 필요한 시설만을 설치할 수 있도록 되어 있다. 따라서 강남구청장은 이 사건 건물에서는 목욕장영업을 영위할 수 없다는 이유로 A의 위 영업신고를 거부하는 처분을 하였다. 그리고 강남구청장은 2004. 9. 13. A가 신고 없이 이 사건 건물에서 목욕장을 운영한다는 이유로 영업소폐쇄명령을 하였다. A는 강남구청장의 이 사건 처분에 대하여 다음과 같이 주장하고 있다. 강남구청장의 입장에서 A의 주장을 반박하는 논거를 제시하시오.

(1) 강남구청장은 이 사건 토지를 택지개발업무처리지침에 의하여 상업용지로 지정한 후 그 사용용도를 제한하였는데, 위 지침은 고시되지도 않았을 뿐만 아니라 법률이 아닌 행정청의 내부지침에 불과하여 위 지침에 따라 이 사건 토지를 상업용지로 지정한 후 그 지상에 판매시설, 업무시설, 의료시설만을 설치할 수 있다는 것은 위법하다. (25점)

(2) 강남구청장이 이 사건 건물의 용도를 판매시설인 슈퍼마켓에서 제1종 근린생활시설인 일반목욕장으로 변경하는 내용의 A의 목욕장 영업신고를 수리하지 아니한 처분은 위법하다.   (25점)

참고법령

「택지개발촉진법(2007. 4. 20. 법률 제8384호로 개정되기 전의 것)」

제3조
④ 건설교통부장관이 제1항 내지 제3항의 규정에 의하여 예정지구를 지정, 변경 또는 해제한 때에는 대통령령이 정하는 바에 따라 이를 고시하여야 한다.

제31조
이 법의 시행에 관하여 필요한 사항은 대통령령으로 정한다.

「택지개발촉진법 시행령 (대통령령 제19503호 2006.06.07. 일부개정)」

제2조(공공시설의 범위)
법 제2조제2호에서 "대통령령이 정하는 시설"이라 함은 다음 각 호의 시설을 말한다.
2. 판매시설·업무시설·의료시설등 거주자의 생활복리를 위하여 필요한 시설

제7조
① 시행자가 개발계획을 작성하여 건설교통부장관의 승인을 얻고자 할 때에는 토지이용에 관한 계획을 비롯한 각 호의 사항을 기재한 택지개발계획승인신청서를 건설교통부장관에게 제출하여야 한다.
⑤ 제1항의 규정에 의한 택지개발계획의 수립기준 기타 필요한 사항은 건설교통부장관이 따로 정한다.

「택지개발업무처리지침(택지 58540-647, 1995. 8. 10. 제정)」

제11조
① 사업시행자는 택지를 주택건설용지와 공공시설용지로 구분하여 [별표 2]에서 정하고 있는 용지분류에 따라 토지이용계획을 수립하여야 한다.[8)]

「국토의 계획 및 이용에 관한 법률」

제54조(지구단위계획구역안에서의 건축등)
지구단위계획구역안에서 건축물을 건축하거나 건축물의 용도를 변경하고자 하는 경우에는 그 지구단위계획에 적합하게 건축하거나 용도를 변경하여야 한다. 다만, 지구단위계획이 수립되어 있지 아니한 경우와 지구단위계획의 범위안에서 시차를 두어 단계적으로 건축물을 건축하는 경우에는 그러하지 아니하다.

> **주요쟁점**
>
> ✦ 법규를 내용으로 하는 행정규칙　　✦ 사인의 공법행위로서의 신고
> ✦ 택지개발업무처리지침　　　　　　✦ 자기완결적 신고
> ✦ 위임입법의 근거와 범위　　　　　✦ 수리를 요하는 신고

Ⅰ. 택지개발업무처리지침의 법적 성질 [주장 (1)의 해결]

1. 문제점

'택지개발업무처리지침'의 법적 성질이 A의 주장과 같이 행정기관 내부의 사무처리기준에 불과한 행정규칙에 해당하는지, 행정기관에 법령의 구체적 내용을 보충할 권한을 부여한 법령 규정의 효력에 의하여 그 내용을 보충하는 기능을 갖게 되는 법령보충적 행정규칙으로서 대외적인 구속력이 있는 법규명령의 효력을 갖는지 문제된다.

사안에서 택지개발업무처리지침에는 상업용지로 지정된 택지에는 택지개발촉진법 시행령 제2조 제2호에 규정된 판매시설, 업무시설, 의료시설 등 거주자의 생활복리를 위하여 필요한 시설만을 설치할 수 있도록 규정하고 있어, 위 지침에 의하면 A는 이 사건 토지상의 건물에서 목욕장영업을 할 수 없게 된다. 과연 위 지침이 A의 영업의 자유를 제한할 수 있는 법적근거가 될 수 있는지가 문제된다.

2. 법령보충적 행정규칙의 법적 성격

행정규칙은 보통 고시·훈령·예규 등의 형식으로 정립된다. 법령보충적 행정규칙은 '법규를 내용으로 하는 행정규칙'이라고 할 수 있는데, 행정규칙 중에서 그 근거가 되는 법령의 규정과 결합한 결과로 법규의 내용을 보충하는 성질을 갖는 것을 말한다. 이와 같이 고시·훈령의 형식으로 상위법령을 보충·구체화한 경우 이러한 고시·훈령의 법적 성질이 무엇인지에 관하여 견해가 대립된다.

---

8) [별표 2] '토지이용계획의 용지분류'에서 공공시설용지에 속하는 상업·업무시설용지에는 택지개발촉진법 시행령 제2조 제2호에 게기한 시설이 가능하도록 규정하고 있다.

가. 학 설

(개) 행정규칙설

법령보충적 행정규칙에 법규와 같은 효력을 인정하더라도 행정규칙의 형식으로 제정되었으므로 행정규칙이라고 본다. 행정입법은 헌법상의 국회입법의 원칙에 대한 예외이므로, 그 예외는 헌법 스스로 법규명령을 제정할 수 있는 주체를 명문으로 인정한 경우(대통령, 국무총리, 행정각부의 장 및 중앙선거관리위원회)에 한정하여야 한다. 그러므로 법규명령을 행정규칙의 형식으로 발하는 것은 국민의 권익보호를 위하여 보다 엄격한 절차와 형식에 의하도록 하고 있는 헌법의 취지에 반하는 것이며, 행정규칙은 법규가 아니므로 대외적 구속력을 인정하게 되면 법률유보의 원칙에 반하는 것이라고 한다.

(내) 규범구체화행정규칙설

행정규칙의 대외적인 법적 구속력은 인정하지만 행정규칙의 형식을 취하고 있으므로, 통상적인 행정규칙과는 달리 그 자체로서 국민에 대한 법적 구속력이 인정되는 독일의 과학기술법 영역에서 발견되는 규범구체화행정규칙으로 보자는 입장이다.

(대) 위헌·무효설

헌법상 법규명령은 한정적이며, 법규를 내용으로 하는 행정규칙은 헌법적 근거가 없는 위임입법이므로 위헌으로 평가되어야 하기 때문에 위헌·무효라고 한다. 법규명령제정권자는 헌법에서 정하여야 하는데, 법령보충적 행정규칙 중에는 법규명령제정권이 없는 자에게 위임되는 경우도 있어 문제가 있다는 것이다.

(라) 법규명령설

법령보충적 행정규칙은 법률 또는 법규명령의 구체적·개별적인 위임에 따라 법규를 보충하는 기능을 가지며, 대 국민적 효력인 대외적 효력을 가지므로 법규명령의 일종이라고 한다. 따라서 구체적·개별적 수권 없이 정립하는 행정규칙은 아니므로 종래의 행정규칙에서 제외하여야 한다고 본다.

나. 판 례

(개) 대법원

대법원은 국세청장의 훈령인 '재산제세 사무처리 규정' 제72조 제3항이 근거법령인 소득세법 시행령의 위임을 받아 제정되었으므로, 그 형식은 행정규칙이지만 실질적으로는 법규명령이라고 판시한 바 있다(대법원 1987.9.29. 선고 86누484 판결).

대법원은 그 후 일관되게 법령이 일정한 행정기관에 대하여 법령의 내용을 구체적으로 규정할 권한을 위임하고, 이에 따라 행정기관이 행정규칙의 형식으로 그 법령의 내용이 될 사항을 규정하였다면, 위 행정규칙은 법령의 내용과 결합하여 법규명령으로서의 효력을 가진다고 한다.

판례가 인정하는 법령보충적 행정규칙으로는 ① 재산제세사무처리규정, ② 산지전용허가기준의 세부검토기준에 관한 규정(대법원 2008.4.10. 선고 2007두4841 판결), ③ 공장입지기준고시(대법원 2007.6.1. 선고 2005두11500 판결), ④ 시장지배적 지위남용행위의 유형 및 기준(대법원 2001.12.24. 선고 99두11141 판결), ⑤ 주유소 등록요건에 관한 고시(대법원 1998.9.25. 선고 98두7503 판결), ⑥ 노인복지사업지침(대법원 1996.4.12. 선고 95누7727 판결), ⑦ 식품영업허가기준(대법원 1995.11.14. 선고 92도496 판결) 등을 들 수 있다.

(나) 헌법재판소

헌법재판소 역시 법률이 부령이 아닌 고시와 같은 행정규칙으로 위임하는 것은 합헌이라고 한다. 다만, 고시와 같은 훈령형식의 법령보충적 행정규칙은 그 자체로서 직접적으로 대외적인 구속력을 갖는 것은 아니고, 상위법령과 결합하여 일체가 되는 한도 내에서 상위법령의 일부가 됨으로써 대외적 구속력을 갖는 법규명령이 된다는 태도를 유지하고 있다(헌재 2004.10.28. 99헌바91).

다. 소 결

법규를 보충하는 고시 등은 법규명령의 일종으로 보아야 하는데, 법률에서 이와 같은 법규를 고시 등 행정규칙에서 정하도록 위임하는 것이 우리 헌법상 가능한지 문제된다. 우리 헌법은 법규명령의 형식으로 대통령령·총리령·부령만을 인정하고 있으므로 헌법해석상 문제가 있다는 견해도 있다. 그러나 헌법이 인정하고 있는 법규명령의 형식은 예시적이며, 입법자가 규율의 형식도 선택할 수도 있다 할 것이므로(헌재 2004.10.28. 99헌바91), 법령에서 전문적·기술적 사항이나 경미한 사항으로서 업무의 성질상 위임이 불가피한 사항에 관하여 구체적으로 범위를 정하여 위임한 경우에는 고시 등으로 법규를 정하도록 위임하는 것은 가능하다(행정규제기본법 4② 단서).

3. 사안의 해결

가. 택지개발업무처리지침의 법적 근거

택지개발촉진법(2007. 4. 20. 법률 제8384호로 개정되기 전의 것) 제3조 제4항은 '건설교통부장관이 제1항 내지 제3항의 규정에 의하여 예정지구를 지정, 변경 또는 해제한 때에는 대통령령이 정하는 바에 따라 이를 고시하여야 한다'고, 제31조는 '이 법의 시행에 관하여 필요한 사항은 대통령령으로 정한다'고 규정하고 있다.

택지개발촉진법 시행령 제7조 제1항 전문이 '시행자가 개발계획을 작성하여 건설교통부장관의 승인을 얻고자 할 때에는 토지이용에 관한 계획을 비롯한 각 호의 사항을 기재한 택지개발계획승인신청서를 건설교통부장관에게 제출하여야 한다'고, 제7조 제5항이 '제1항의 규정에 의한 택지개발계획의 수립기준 기타 필요한 사항은 건설교통부장관이 따로 정한다'고 각 규정함에 따라, 건설교통부장관이 이 사건 택지개발업무처리지침(택지 58540-647, 1995. 8. 10. 제정, 이하 '이 사건 지침'이라 한다)을 제정하기에 이르렀다.

나. 택지개발업무처리지침 제11조의 법적 성격

이 사건 지침 제11조 제1항 본문은 '사업시행자는 택지를 주택건설용지와 공공시설용지로 구분하여 [별표 2]에서 정하고 있는 용지분류에 따라 토지이용계획을 수립하여야 한다'고 규정하고 있다. 그리고 [별표 2] 토지이용계획의 용지분류에서 공공시설용지에 속하는 상업·업무시설용지에는 택지개발촉진법 시행령 제2조 제2호에 게기한 시설이 가능하도록 규정하고 있다.

이와 같은 택지개발촉진법령의 내용 · 형식 및 취지 등을 종합하면, 비록 이 사건 지침 제11조가 건설교통부장관의 지침형식으로 되어 있다 하더라도, 이에 의한 토지이용에 관한 계획은 택지개발촉진법령의 위임에 따라 그 규정의 내용을 보충하면서 그와 결합하여 대외적인 구속력이 있는 법규명령으로서의 효력을 가지는 것으로 보아야 할 것이다.

다. 법규명령으로서의 이 사건 지침의 효력

택지개발촉진 관련 법령은 건설교통부장관에게 그 법령 내용의 구체적 사항을 정할 수 있는 권한을 부여하고 있다. 그리고 그 권한 행사의 절차나 방법을 특정하고 있지 않아 수임행정기관인 건설교통부장관이 이 사건 지침을 고시라는 행정규칙의 형식으로 그 법령의 내용이 될 사항을 구체적으로 규정하게 되었다.

이와 같은 행정규칙은 행정규칙이 갖는 일반적 효력으로서가 아니라 행정기관에 법령의 구체적 내용을 보충할 권한을 부여한 법령 규정의 효력에 의하여 그 내용을 보충하는 기능을 갖게 된다. 따라서 이와 같은 행정규칙은 당해 법령의 위임한계를 벗어나지 않는 한 그것들과 결합하여 국민과 법원을 구속하는 대외적인 구속력이 있는 법규명령으로서의 효력을 가진다.

라. 위임의 한계준수 여부

(1) 위임의 근거와 범위

입법권은 전부위임 할 수 없음은 물론, 비록 일부분일지라도 포괄적인 위임은 권력분립, 의회입법의 원칙에 반하고 국회가 그 입법부로서의 기능을 스스로 포기하는 것이 된다. 헌법은 "… 구체적으로 범위를 정하여 위임받은 사항 …"이라 규정하여(헌법 75) 위임은 범위를 정하여서 하여야 하며, 또한 그 범위 역시 구체적으로 정하도록 하였다. 이는 행정부에 입법을 위임하는 수권법률의 명확성원칙에 관한 것으로서 법률의 명확성원칙이 행정입법에 관하여 구체화된 특별규정이라고 할 수 있다(대법원 2007.10.26, 선고 2007아32. 2007두9884 판결). 따라서 수권법률이 예정하는 위임명령의 기능은 대체로 법률의 보충적 규정, 구체적인 특례적 규정 및 해석적 규정, 시행세칙적 규정을 정하는 것이라고 하겠다.

그러므로 행정규제는 법률에 직접 규정하되, 규제의 세부적인 내용은 법률 또는 상위법령에서 구체적으로 범위를 정하여 위임한 바에 따라 대통령령·총리령·부령 또는 조례·규칙으로 정할 수 있다. 다만, 법령에서 전문적·기술적 사항이나 경미한 사항으로서 업무의 성질상 위임이 불가피한 사항에 관하여 구체적으로 범위를 정하여 위임한 경우에는 고시 등으로 정할 수 있다(행정규제기본법 4② 단서).

헌법재판소는 재산권 등과 같은 기본권을 제한하는 작용을 하는 법률이 입법위임을 할 때에는 "대통령령", "총리령", "부령" 등 법규명령에 위임함이 바람직하고, 금융감독위원회의 고시와 같은 형식으로 입법위임을 할 때에는 적어도 행정규제기본법 제4조 제2항 단서에서 정한 바와 같이 법령이 전문적·기술적 사항이나 경미한 사항으로서 업무의 성질상 위임이 불가피한 사항에 한정된다 할 것이고, 그러한 사항이라 하더라도 포괄위임금지의 원칙상 법률의 위임은 반드시 구체적·개별적으로 한정된 사항에 대하여 행하여져야 할 것이라고 한다(헌재 2004.10.28. 99헌바91).

(2) 위임의 한계

일반적·포괄적 위임과 개별적·구체적 위임의 한계가 문제된다. 개별적·구체적 위임이기 위하여서는 수권법률에서 ① 행정입법으로 정할 대상을 특정 사항으로 한정하여야 하고(대상의 한정성), ② 그 대상에 대하여 행정입법을 행함에 있어 행정기관을 지도 또는 제약하기 위한 목표, 기준, 고려하여야 할 요소 등을 명확하게 지시하여야 한다(기준의 명확성).

(3) 이 사건 지침의 경우

이 사건 지침은 택지개발촉진법(2007. 4. 20. 법률 제8384호로 개정되기 전의 것) 제3조 제4항, 제31조 택지개발촉진법 시행령 제7조 제1항 전문, 제5항이 위임인과 수임기관을 특정하고 있다. 그리고 위임의 구체적인 범위를 정하여 택지개발촉진법 시행령 제7조 제5항이 '제1항의 규정에 의한 택지개발계획의 수립기준 기타 필요한 사항은 건설교통부장관이 따로 정한다'고 규정하여 일반적·포괄적인 위임입법에 의하여 제정된 것도 아니다. 따라서 이 사건 지침은 위임의 범위와 한계를 준수한 것이므로 피고가 이 사건 지침 제11조 제1항, [별표 2]를 처분의 근거로 한 것은 적법하다.

마. 소 결

이 사건 지침 제11조는 건설교통부장관의 지침형식으로 되어 있을지라도, 위 지침은 토지이용에 관한 계획을 택지개발촉진법령의 위임에 따라 그 규정의 내용을 보충하면서 그와 결합하여 대외적인 구속력이 있는 법규명령으로서의 효력을 가지는 것으로 보아야 한다.

따라서 이 사건 지침에 의한 상업용지에 해당하는 이 사건 토지상의 건축물의 용도가 택지개발촉진법 시행령 제2조 제2호에 규정된 시설에 한정되어야 한다. 따라서 A가 이 사건 건물의 용도를 판매시설인 슈퍼마켓에서 제1종 근린생활시설인 일반목욕장으로 변경하여 영업을 하겠다는 영업신고는 이 사건 지침 제11조에 위반되어 허용될 수 없으므로 A의 주장은 타당하지 않다.

> **기본구조**
>
> 택지개발업무처리지침의 법적 성질
> [주장 (1)의 해결]
>
> 1. 문제점
>
> 2. 법령보충적 행정규칙의 법적 성격
>   가. 학 설
>   (개) 행정규칙설
>   (내) 규범구체화행정규칙설
>   (대) 위헌·무효설
>   (래) 법규명령설
>   나. 판 례
>   (개) 대법원
>   (내) 헌법재판소
>   다. 소 결
>
> 3. 사안의 해결
>   가. 택지개발업무처리지침의 법적 근거
>   나. 택지개발업무처리지침 제11조의 법적 성격
>   다. 법규명령으로서의 이 사건 지침의 효력
>   라. 위임의 한계준수 여부
>   (1) 위임의 근거와 범위
>   (2) 위임의 한계
>   (3) 이 사건 지침의 경우
>   마. 소 결

Ⅱ. 목욕장영업신고수리거부처분의 적법성 여부 [주장 (2)의 해결]

1. 문제점

A는 강남구청장이 이 사건 건물의 용도를 판매시설인 슈퍼마켓에서 일반목욕장으로 변경하는 내용의 목욕장 영업신고를 수리하지 아니한 처분이 위법하다고 주장하고 있다. 목욕장 영업은 일반적인 금지를 특정한 경우에 특정의 상대방에게 해제하여 적법하게 일정한 행위를 할 수 있게 하여 주는 허가 사항에 해당된다.

A의 목욕장영업이 신고만으로 되는 자기완결적 신고사항에 해당하는지, 행정청의 신고수리가 있어야 되는지 문제된다. 만약 관련 법령이 A의 이 사건 토지상의 건물에서 목욕장영업을 금하고 있다면, 강남구청장의 신고수리거부처분은 적법하다고 할 것이고, 그 결과 목욕장영업신고는 수리를 요하는 신고로서의 성질을 갖는다고 할 수 있다.

2. 사인의 공법행위로서의 신고

가. 신고의 의의

신고는 개인이 행정청에 대한 일정한 사실·관념의 통지에 의하여 공법적 효과가 발생하는 행위이다. 신고의 대상이 되지 아니하는 단순한 사실로서의 신고는 행정청이 그 신고를 수리하였을지라도 구체적인 권리의무에 아무런 영향을 미치지 아니한다. 판례 역시 공동주택 입주민의 옥외운동시설인 테니스장을 배드민턴장으로 변경하고 그 변동사실을 신고하여 관할 시장이 그 신고를 수리한 경우, 그 용도변경은 주택건설촉진법상 신고를 요하는 입주자 공유인 복리시설의 용도변경에 해당하지 아니하므로 그 변동사실은 신고할 사항이 아니고, 관할 시장이 그 신고를 수리하였다 하더라도 그 수리는 공동주택 입주민의 구체적인 권리의무에 아무런 변동을 초래하지 않는다는 이유로 항고소송의 대상이 되는 행정처분이 아니라고 한다(대법원 2000.12.22. 선고 99두455 판결).

나. 신고의 종류

(1) 자기완결적 신고(수리를 요하지 않는 신고)

㈎ 신고에 관한 형식적 요건을 갖춰 신고를 하면 신고의무를 이행한 것이 되는 신고를 말한다. 법령 등에서 행정청에 대하여 일정한 사항을 통지함으로써 의무가 끝나는 신고(행정절차법 40①)를 자기완결적 신고라고 한다. 형식적 요건을 갖춘 신고서가 접수기관에 도달된 때에 신고의 의무가 이행된 것으로 본다(행정절차법 40②). 따라서 행정청이 신고서를 접수하지 않고 반려하여도 신고의무는 이행된 것으로 본다. 자기완결적 신고는 행정청이 그 신고를 접수함으로 금지가 해제되는 효과를 발생하게 된다(건축신고 ; 건축 14①, 식품영업의 신고 ; 식품위생 22⑤).

㈏ 판례는 건축을 하고자 하는 자는 건축법상 신고사항에 대하여 적법한 요건을 갖춘 신고만 하면 건축을 할 수 있고, 행정청의 수리처분 등 별단의 조치가 필요가 없다고 한다(대법원 1999.4.27. 선고 97누6780 판결). 따라서 행정청이 신고수리처분을 철회하였다고 하여 신고에 따른 건축행위가 건축법에 위반한 것으로 될 수 없다(대법원 1990.6.12. 선고 90누2468 판결). 또한 부부가 일단 혼인신고를 하였다면 그 혼인관계는 성립된 것이고 호적부에의 기재는 그 유효요건이 아니어서 호적에 적법하게 기재되는 여부는 혼인성립의 효과에 영향을 미치는 것은 아니다(대

법원 1991.12.10. 선고 91므535 판결).

㈐ 자기완결적 신고는 행정청이 신고의 수리(접수)를 거부하더라도, 이 수리의 거부는 행정처분이 아닌 사실행위이므로 취소소송으로 다툴 수 없다. 그러나 건축신고의 수리거부는 항고소송의 대상이라는 대법원 전원합의체 판결이 있다. 건축주 등은 신고제하에서도 건축신고가 반려될 경우 당해 건축물의 건축을 개시하면 시정명령, 이행강제금, 벌금의 대상이 되거나 당해 건축물을 사용하여 행할 행위의 허가가 거부될 우려가 있어 불안정한 지위에 놓이게 된다. 따라서 건축신고 반려행위가 이루어진 단계에서 당사자로 하여금 반려행위의 적법성을 다투어 그 법적 불안을 해소한 다음 건축행위에 나아가도록 함으로써 장차 있을지도 모르는 위험에서 미리 벗어날 수 있도록 길을 열어 주고, 위법한 건축물의 양산과 그 철거를 둘러싼 분쟁을 조기에 근본적으로 해결할 수 있게 하는 것이 법치행정의 원리에 부합한다. 그러므로 건축신고 반려행위는 항고소송의 대상이 된다고 보는 것이 옳다(대법원 2010.11.18. 선고 2008두167 전원합의체판결)고 판시하고 있다.

(2) 수리를 요하는 신고(행정요건적 공법행위)

㈎ 신고가 수리되어야 신고의 대상이 되는 행위에 대한 금지가 해제 되는 신고를 말한다. 형식적 요건 외에 실질적 요건도 갖추어야 한다. 여기에서 수리란 사인이 알린 일정한 사실을 행정청이 유효한 행위로서 받아들이는 것을 말한다.

㈏ 수리를 요하는 신고를 '등록'이라고도 한다. 등록이란 사인이 알린 일정한 사실을 행정청이 유효한 행위로서 받아들이는 것으로 수리하는 행위를 말한다. 수리를 요하는 신고는 허가와는 구별된다. 허가는 허가행위가 있으나 신고의 경우에는 수리행위만이 존재한다.

㈐ 인·허가의제 효과를 수반하는 건축신고는 일반적인 건축신고와는 달리, 특별한 사정이 없는 한 행정청이 그 실체적 요건에 관한 심사를 한 후 수리하여야 하는 이른바 '수리를 요하는 신고'로 보아야 한다(대법원 2011.1.20. 선고 2010두14954 전원합의체판결).[9]

㈑ 장사 등에 관한 법률 제1조, 제14조 제1항, 제15조, 제26조 제2호의 각 규

---

9) 이 사건 건축신고는, 연면적 합계 100㎡ 이하인 건축물의 신축에 관한 것으로서 건축법 제14조 제2항, 제11조 제5항 제3호에 의하여 국토계획법 제56조 제1항 제1호에 따른 개발행위허가를 받은 것으로 의제됨을 알 수 있으므로, 위와 같은 법리상 수리를 요하는 신고로 봄이 상당하다(대법원 2011. 1. 20. 2010두14954).

정을 종합하여 보면, 신고인으로부터 납골시설 설치신고를 받은 행정청은 납골시설 설치에 관하여 직접 규율하고 있는 장사 등에 관한 법령뿐만 아니라 다른 관계 법령의 규정까지 함께 고려하여 보건위생상의 위해 방지와 국토의 효율적 이용 및 공공복리의 증진을 위하여 납골시설의 설치를 금지하여야 할 특별한 사정이 있는 경우에는 위와 같은 납골시설 설치신고를 수리하지 않을 수 있는 것으로 인정되므로, 위와 같은 납골시설 설치신고는 행정청의 수리에 의하여 비로소 그 효과가 발생하는 이른바 '수리를 요하는 신고'에 해당한다(서울행법 2009.10.9. 2007구합21945).

㈕ 신고의 요건을 갖춘 신고가 있었다 하더라도 수리 되지 않으면 신고하지 않은 것이 된다. 행정청의 수리거부결정은 행정처분에 해당하며, 이에 대하여 신고인은 수리거부처분취소의 소를 제기할 수 있다.

다. 적법한 신고의 효과

(1) 자기완결적 신고

자기완결적 신고의 경우에 적법한 신고가 있으면 행정청의 수리 여부에 관계없이 신고서가 접수기관에 도달한 때에 신고의무가 이행된 것으로 본다(행정절차법 40②). 따라서 행정청이 선고서를 접수하지 않고 반려하였더라도 신고의무는 이행된 것으로 본다.

판례도 체육시설의 설치·이용에 관한 법률에 따라 신고체육시설업을 하고자 하는 자가 적법한 요건을 갖춘 신고의 경우에는 행정청의 수리처분 등 별단의 조처를 기다릴 필요 없이 그 접수 시에 신고로서의 효력이 발생하는 것이므로 그 수리가 거부되었다고 하여 무신고 영업이 되는 것은 아니다(대법원 1998.4.24. 97도3121)라고 판시하고 있다.

(2) 수리를 요하는 신고

수리를 요하는 신고의 경우 적법한 신고가 있더라도 수리되지 않은 경우에는 그 신고에 따른 법적 효과가 발생하지 않는다. 신고의 대상이 된 행위를 한 경우 당해 행위를 규율하는 법규에 따라 행정벌의 대상이 된다.

라. 부적법한 신고와 신고요건의 보완

행정청은 요건을 갖추지 못한 신고서가 제출된 경우 지체 없이 상당한 기간을 정하여 신고인에게 보완을 요구하여야 한다(행정절차법 40③). 행정청은 신고인이 위 규정에 의한 기간내에 보완을 하지 아니한 때에는 그 이유를 명시하여 당해 신고서를 되돌려 보내야 한다(행정절차법 40④).

3. 사안의 해결

가. A의 목욕장영업신고와 그 법적 성질

A는 2004. 9. 2. 서울특별시 강남구청장에게 판매시설 용도(슈퍼마켓)로 되어 있는 이 사건 건물의 용도를 변경하여 목욕장 영업을 하겠다면서 목욕장영업신고를 하였다. A의 이 사건 신고가 수리를 요하는 신고인지, 아니면 수리를 요하지 아니하는 신고에 해당하는지 여부는 이 사건 토지의 사용용도에 관한 관련법령의 규정과 목욕장영업에 관한 공중위생법을 검토하여 결정하여야 한다.

나. 이 사건 토지의 사용용도에 관한 법령의 규정

A가 목욕장영업을 하겠다면서 신고한 이 사건 건물의 부지인 서울 강남구 개포동 소재 이 사건 토지는 1989. 3. 21. 택지개발촉진법에 따라 건설교통부 고시 제123호로 대치택지개발예정지구로 지정된 후 구 도시계획법(2000. 1. 28. 법률 제6243호로 전문개정되기 전의 것) 제20조의3의 규정에 의하여 상세계획구역으로 지정되었다.

그 상세계획에 의하면, 이 사건 토지의 사용용도는 택지개발촉진법 제31조, 택지개발촉진법시행령 제7조 제5항에 의하여 건설교통부장관이 택지개발계획의 수립기준 등을 정한 "택지개발업무처리지침"(택지58540-647, 1995.8.10. 제정) 제11조 제1항, [별표 2]'토지이용계획의 용지분류'에 의하여 공공시설용지 중 상업용지로 정해졌다. 택지개발업무처리지침에는 상업용지로 지정된 택지에는 택지개발촉진법시행령 제2조 제2호에 규정된 판매시설, 업무시설, 의료시설 등 거주자의 생활복리를 위하여 필요한 시설만을 설치할 수 있도록 되어 있다.

다. 판매시설인 슈퍼마켓을 목욕장으로 용도변경할 수 있는지 여부

택지개발지구 내의 토지는 택지개발촉진법령에 맞게 이용되어야 한다. 토지의 이용은 그 지상 건축물의 용도와 밀접하게 관련되어 있으므로, 택지개발촉진법령이 용지를 분류하면서 그 지상 건축물의 종류를 명시하고 있다면, 그 지상 건축물의 용도도 제한을 받는다고 할 것이다. 그런데 이 사건 토지는 상세계획이 수립되어 있기 때문에 승인된 상세계획을 변경 승인하는 절차를 거치지 아니하는 이상 임의로 상세계획에 반하는 토지 및 그 지상 건축물의 용도를 변경할 수는 없다. 따라서 A가 판매시설인 슈퍼마켓을 일반목욕장의 용도로 변경하기 위해서는 상세계획 승인권자의 용도변경을 먼저 거치지 않으면 안 된다.

라. 소 결

A가 목욕장영업 신고를 한 이 사건 토지상의 건물은 "택지개발업무처리지침" 제11조 제1항 [별표 2] '토지이용계획의 용지분류'에 의하여 공공시설용지 중 상업용지로 정해져 있으며, 상업용지로 지정된 택지에는 택지개발촉진법 시행령 제2조 제2호에 규정된 판매시설, 업무시설, 의료시설 등 거주자의 생활복리를 위하여 필요한 시설만을 설치할 수 있도록 되어 있다.

따라서 A가 이 사건 토지의 용도변경 승인을 거치지 아니하고 한 이 사건 영업신고는 택지개발촉진법령이 정하는 실체적 요건을 구비하지 못한 부적법한 신고에 해당되므로, A의 신고의 수리를 거부한 피고의 이 사건 처분은 적법하다.

기본구조

목욕장영업신고수리거부처분의
적법성 여부 [주장 (2)의 해결]

1. 문제점

2. 사인의 공법행위로서의 신고
   가. 신고의 의의
   나. 신고의 종류
      (1) 자기완결적 신고(수리를 요하지 않는 신고)
      (2) 수리를 요하는 신고(행정요건적 공법행위)
   다. 적법한 신고의 효과
      (1) 자기완결적 신고
      (2) 수리를 요하는 신고
   라. 부적법한 신고와 신고요건의 보완

3. 사안의 해결
   가. A의 목욕장영업신고와 그 법적 성질
   나. 이 사건 토지의 사용용도에 관한 법령의 규정
   다. 판매시설인 슈퍼마켓을 목욕장으로 용도변경할 수 있는지 여부
   라. 소 결

[6] 행정계획

A(원고)는 2008. 9. 10. 그의 소유인 울산광역시 울주군 두서면 소재 임야 107,495m² 지상에 사업기간을 '2007년부터 2050년까지', 납골안치구수를 '92,000위'로 하는 납골시설에 관한 도시관리계획 입안제안서를 울산광역시 울주군수(피고)에게 제출하였다.

이에 대하여 울산광역시 울주군수는 2008. 11. 10. "① A의 이 사건 납골시설은 '울산광역시 장사시설 중·장기 수급계획'의 수급분석 수량을 초과하고, ② 장사문화가 납골시설보다는 자연장지, 수목장 등 자연친화적으로 나아가는 방향이며, ③ 이 사건 신청부지는 주변 경관이 수려한 지역인바, 납골시설을 위한 산지전용은 억제되어야 한다"는 이유를 부가하여 위 도시관리계획 입안제안서를 반려하였다. A는 울산광역시 울주군수의 이 사건 도시관리계획 입안제안서를 반려한 행위의 취소를 구하는 소송을 제기하였는데, 울산광역시 울주군수는 아래와 같이 항변하고 있다. A의 입장에서 이를 반박하는 논거를 제시하시오.

(1) 이 사건 도시관리계획의 입안권자는 울산광역시장이므로 피고를 상대로 이 사건 처분의 취소를 구할 수 없다. (20점)

(2) 도시관리계획의 입안제안은 도시관리계획결정의 전 단계에 불과하고 도시관리계획을 입안하였다고 하더라도 도시관리계획구역 내의 토지소유자 등의 권리의무나 법률관계에 직접적인 영향을 미친다고 할 수 없으므로, 피고가 이 사건 도시관리계획의 입안제안을 반려한 조치는 항고소송의 대상이 되는 처분이 아니다. (30점)

참고법령

『국토의 계획 및 이용에 관한 법률 [법률 제9401호 2009.01.30. 일부개정]』

제2조 (정의)
이 법에서 사용하는 용어의 정의는 다음과 같다.
6. "기반시설"이라 함은 다음 각목의 시설로서 대통령령이 정하는 시설을 말한다.
바. 화장장·공동묘지·납골시설 등 보건위생시설

제24조(도시관리계획의 입안권자)
① 특별시장·광역시장·시장 또는 군수는 관할구역에 대하여 도시관리계획을 입안하여야 한다.

제26조 (도시관리계획 입안의 제안)
① 주민(이해관계자를 포함한다. 이하 같다)은 다음 각 호의 사항에 대하여 제24조의 규정에 의하여 도시관리계획을 입안할 수 있는 자에게 도시관리계획의 입안을 제안할 수 있다. 이 경우 제안서에는 도시관리계획도서와 계획설명서를 첨부하여야 한다.
1. 기반시설의 설치·정비 또는 개량에 관한 사항
2. 지구단위계획구역의 지정 및 변경과 지구단위계획의 수립 및 변경에 관한 사항
② 제1항의 규정에 의하여 도시관리계획의 입안을 제안받은 자는 그 처리결과를 제안자에게 통보하여야 한다.

주요쟁점

- ✦ 취소소송의 피고적격
- ✦ 처분 등을 행한 행정청(처분청)
- ✦ 당사자적격
- ✦ 도시관리계획입안권자
- ✦ 도시관리계획입안제안신청
- ✦ 개인적 공권
- ✦ 거부행위의 요소인 신청권
- ✦ 도시관리계획의 처분성

Ⅰ. 이 사건 처분 취소소송에서의 피고적격 [설문 (1)의 해결]

1. 문제점

원고 A가 피고 울산광역시 울주군수의 도시관리계획 입안제안서 반려행위(이하 '이 사건 처분'이라 한다)의 취소를 구하는 소송을 제기하였고, 울주군수는 도시관리계획의 입안권자는 울산광역시장이므로 울주군수를 상대로 한 A의 소는 부적법하다고 항변한다. A는 울산광역시 울주군수의 이 사건 처분의 취소를 구하고 있는데 반하여, 울주군수는 A가 구하는 도시관리계획입안에 관한 법령상 권한이 울산광역시장에게 있으며, 울주군수에게는 그러한 권한이 없다는 취지의 항변으로 보인다. 울주군수의 항변처럼 이 사건 처분의 피고적격이 울산광역시장에게 있다면, A의 이 사건 소는 부적법하여 각하될 것이다. 그러므로 취소소송에서의 당사자와 관련하여 당사자능력과 당사자적격을 검토할 필요가 있다.

2. 취소소송의 당사자에 관한 일반론

가. 당사자능력의 의의

소송의 주체인 원고 · 피고 · 참가인이 될 수 있는 능력을 당사자능력이라고 한다. 권리능력을 갖는 자연인 · 법인은 물론, 법인격 없는 사단 또는 재단도 당사자 능력을 갖는다(민사소송법 52, 행정소송법 8②). 법인격 없는 사단 또는 재단은 대표자를 통하여 원고가 될 수 있다.

피고 행정청은 원고와 대립하는 권리주체로서가 아니라, 단지 공익을 대표하여 스스로 행한 처분이 위법하지 않다는 것을 변명하게 하고, 재판의 정확 · 공정을 기하기 위하여 소송절차상 특히 피고의 지위에 서게 하였음에 불과하다.

나. 당사자적격

구체적 소송사건에서 원고 · 피고 · 참가인 등 당사자로서 소송을 수행하고 본안 판결을 받을 자격을 말한다.

(1) 원고적격

취소소송은 처분 등의 취소를 구할 법률상 이익이 있는 자에게 인정된다(행정소송법 12). 행정소송은 행정청의 당해 처분이 취소됨으로 인하여 법률상 직접적이고 구체적인 이익을 얻게 되는 사람만이 제기할 이익이 있고, 사실상이나 간접적인 관계만을 가지는 데 지나지 않는 사람은 이를 제기할 이익이 없다(대법원 2003.9.23. 선고 2002두1267 판결). 취소를 구할 법률상의 이익이 있는 자이기만 하면 제3자도 원고적격을 가진다. 그리고 처분 등의 효과가 기간의 경과, 처분 등의 집행, 그 밖의 사유로 인하여 소멸된 뒤에도 그 처분의 취소로 인하여 회복되는 이익이 있는 자는 취소소송을 제기할 수 있게 하였다(행정소송법 12 후문).

(2) 피고적격

㈎ 처분 등을 행한 행정청(처분청)

취소소송은 다른 법률에 특별한 규정이 없는 한 처분 등을 행한 행정청(처분청)을 피고로 하여 제기한다(행정소송법 13①본문). 법원이나 국회의 기관도 그것이 행정적인 처분을 하는 범위 안에서는(예: 국회직원·법원직원에 대한 징계, 법원장의 법무사 인가 및 동 인가의 취소(법무사법 48)등) 행정청에 포함된다.

판례도 항고소송은 원칙적으로 소송의 대상인 행정처분 등을 외부적으로 그의 명의로 행한 행정청을 피고로 하여야 하는 것으로서, 그 행정처분을 하게 된 연유가 상급행정청이나 타행정청의 지시나 통보에 의한 것이라 하여 다르지 않으며, 권한의 위임이나 위탁을 받아 수임행정청이 정당한 권한에 기하여 수임행정청 명의로 한 처분에 대하여는 말할 것도 없고, 내부위임이나 대리권을 수여받은 데 불과하여 원행정청 명의나 대리관계를 밝히지 아니하고는 그의 명의로 처분 등을 할 권한이 없는 행정청이 권한 없이 그의 명의로 한 처분에 대하여도 처분명의자인 행정청이 피고가 되어야 한다(대법원 1994.6.14. 선고 94누1197 판결)고 판시하고 있다.

㈏ 합의제 행정기관

공정거래위원회, 토지수용위원회, 방송통신위원회, 공직자윤리위원회 등 각종 합의제 행정기관이 한 처분에 대하여는 그 합의체의 대표가 아닌 합의체 행정청 자체가 피고가 되는 것이 원칙이다. 그러나 중앙노동위원회의 처분에 대한 소는 중앙노동위원장을 피고로 한다(노동위원회법 27).

㈐ 지방의회

지방의회가 의결한 조례가 그 자체로서 직접 국민의 권리·의무에 영향을 미쳐 항고소송의 대상이 되는 경우에도 그 피고는 조례를 공포한 지방자치단체의 장(교육·학예에 관한 조례는 시·도교육감)이 된다. 지방의회의원에 대한 징계의결이나 의장에 대한 불신임결의의 취소 · 무효 확인을 구하는 소와 같이 지방의회의 의결 자체를 대상으로 하는 소의 피고는 지방의회이다.

(라) 공법인 등 공공단체

공공단체에는 지방자치단체뿐만 아니라, 공공조합과 영조물법인(지방공사 · 지방공단)도 공권력이 부여되어 있는 한, 그 공권력을 행사하는 경우에는 행정청에 포함된다. 에스 에이치공사, 토지개량조합, 국민연금관리공단, 근로복지공단, 공무원연금관리공단, 성업공사 등이 이에 해당된다.

(마) 권한의 위임 · 위탁(수임청 · 수탁청)

행정권한의 위임이나 위탁이 있는 경우에는 권한이 수임청 또는 수탁청에 넘어가기 때문에 이들이 피고가 된다. 내부위임의 경우에는 권한이 이양되는 것은 아니므로 위임기관이 피고가 된다. 그러나 판례는 수임기관의 명의로 처분을 한 경우에는 수임기관을(대법원 1994.8.12. 선고 94누2763 판결), 위임기관의 명의로 처분을 한 경우에는 위임기관이 피고가 된다고 한다.

(바) 공무원징계처분의 피고

국가공무원법 등 각종 공무원법에서는 공무원에 대한 징계 기타 불이익처분의 처분청이 대통령 · 국회의장 또는 중앙선거관리위원회위원장인 경우에 특례를 인정하여, 처분청이 대통령인 경우에는 소속장관, 국회의장인 경우에는 국회규칙이 정하는 소속기관장, 중앙선거관리위원회위원장인 경우에는 사무총장이 피고가 되도록 하였다(국가공무원법 16②). 그 밖의 처분의 경우에 국회의장 · 대법원장 · 헌법재판소장이 처분청인 경우에는 각각 사무총장(국회사무처법 4③, 법원조직법 70) 또는 사무처장(헌법재판소법 17⑤)이 피고가 된다.

(사) 대통령이 피고가 되는 경우

한국방송공사의 사장은 이사회의 제청으로 대통령이 임명한다(방송법 50②). 대통령이 한국방송공사의 사장을 해임하는 경우에 그 취소소송의 피고는 대통령이 된다(대법원 2008.12.29. 선고 2008무107 판결).

3. 사안의 해결

가. 이 사건 도시관리계획의 입안권자

국토의 계획 및 이용에 관한 법률 제24조 제1항은 '특별시장 · 광역시장 · 시장 또는 군수는 관할구역에 대하여 도시관리계획을 입안하여야 한다'고 규정하고 있다. 그러므로 피고로 지정된 울주군수 역시 관할구역에 대하여 도시관리계획을 입안할 수 있는 권한이 있다.

나. A의 이 사건 도시관리계획의 입안신청

A는 그의 소유의 울산광역시 울주군 두서면 소재 임야 지상에 사업기간을 2007년부터 2050년까지, 납골안치구수를 92,000위로 하는 납골시설에 관한 도시관리계획 입안제안신청서를 위 임야를 관할하는 울산광역시 울주군수에게 제출하였다.

다. 이 사건 처분권자

항고소송인 취소소송은 원칙적으로 소송의 대상인 행정처분 등을 외부적으로 그의 명의로 행한 행정청을 피고로 하여야 한다(판례). 피고 울산광역시 울주군수는 2008. 11. 10. A에 대하여 도시관리계획 입안제안서를 반려하는 처분을 하였다.

라. 소 결

따라서 A의 도시관리계획의 입안신청에 대한 처분권이 울산광역시에 있다는 울산광역시 울주군수의 항변은 이유없고, A가 울산광역시 울주군수를 상대로 한 이 사건 취소의 소는 적법하다.

기본구조

I 이 사건 처분 취소소송에서의 피고적격 [설문 (1)의 해결]

1. 문제점

2. 취소소송의 당사자에 관한 일반론
   가. 당사자능력의 의의
   나. 당사자적격
      (1) 원고적격
      (2) 피고적격
         ㈎ 처분 등을 행한 행정청(처분청)
         ㈏ 합의제 행정기관
         ㈐ 지방의회
         ㈑ 공법인 등 공공단체
         ㈒ 권한의 위임·위탁(수임청·수탁청)
         ㈓ 공무원징계처분의 피고
         ㈔ 대통령이 피고가 되는 경우

3. 사안의 해결
   가. 이 사건 도시관리계획의 입안권자
   나. A의 이 사건 도시관리계획의 입안신청
   다. 이 사건 처분권자
   라. 소 결

Ⅱ. 도시관리계획입안제안신청의 반려행위의 처분성 [설문 (2)의 해결]

1. 문제점

A가 울산광역시 울주군수에게 그의 소유의 토지에 납골시설을 설치하기 위하여 도시관리계획 입안제안서를 제출한 것은 헌법이 보장하는 재산권 행사로 볼 수 있다. 울주군수는 관할구역인 A의 토지를 비롯한 그 부근 토지에 대한 도시관리계획의 입안권자이고, A는 도시관리계획구역 내 토지 등을 소유하고 있는 주민이기 때문에 납골시설에 관한 도시관리계획의 입안을 요구할 수 있는 법규상 또는 조리상의 신청권이 있는지를 살펴볼 필요가 있다. 또한 A가 울주군수에게 한 도시관리계획의 입안제안과 그 결정은 구분되는 것이어서 설령 입안제안이 받아들여진 후에 실제로 도시관리계획결정이 이루어지지 않을 수도 있다. 그럼에도 울주군수의 A에 대한 이 사건 도시관리계획입안신청의 반려(거부)행위가 처분성을 가져 취소소송의 대상이 될 수 있느냐도 문제된다.

2. 도시관리계획입안제안신청의 개인적 공권성 여부

가. 개인적 공권의 개념과 성립요건

(1) 개 념

우월적인 의사주체인 국가 또는 공공단체, 기타 국가로부터 공권력을 부여받은 행정주체에 대하여 상대방인 개인이 직접 자기를 위하여 일정한 이익을 주장할 수 있는 법률상의 힘을 개인적 공권이라고 한다. 반면, 법규가 공익을 실현하기 위하여 행정주체 또는 제3자에 대하여 작위 · 부작위의무 등을 부과하고, 행정주체 등이 이를 실현하는 반사적 효과로서 관계 개인이 어떤 사실상의 이익을 얻는 반사적 이익과 구별된다.

(2) 성립요건

개인적 공권은 헌법규정에서 직접 도출되는 것도 있고, 법률의 규정 · 공법상 계약 · 관습법에 의하여 성립하는 것도 있다. 그러나 거의 대부분의 공권은 법률의 규정에 의하여 성립한다(지방자치법 13, 사회보장기본법 9). 판례도 법규명령(시행규칙)에 의하여 공권의 성립을 긍정하고 있다.

독일의 「뷸러」는 1914년에 개인적 공권의 성립요소로 ① 강행법규성, ② 사익보호성, ③ 청구권능여부여성의 세 가지를 들었다(3요소론). 그러나 오늘날은 개괄적인 권리구제제도를 채택함에 따라 청구권능부여성은 별도의 성립요소로 보지 아니한다(2요소론).

(가) 강행법규성

국가 등 행정주체에게 일정한 행위(작위 또는 부작위)를 할 의무를 발생시키는 강행법규가 존재하여야 한다. 따라서 행위의무는 기속행위에서의 특정행위를 할 의무뿐만 아니라 재량행위에서도 하자 없이 행정권을 행사할 의무도 포함된다. 재량행위에서도 재량행사 그 자체는 의무이기 때문에 행정청의 행위의무는 존재한다.

(나) 사익보호성

법규가 공익의 보호와 함께 특정인의 사익의 보호를 목적으로 하여야 한다(보호규범론). 여기서 법규는 성문법뿐만 아니라 불문법(관습법 · 조리)도 포함된다. 법규가 공익의 보호만을 목적으로 하는 경우에는 사인이 그로부터 이익을 받더라도 그것은 반사적 이익에 불과하다.

(다) 청구권능부여성 (소구가능성의 존재)

개인에게 행정주체에 대하여 그 이익을 보호받을 수 있는 청구권능이 부여되어야 한다. 강행법규에 의하여 보호되고 있는 사익은 소송을 통하여 관철시킬 수 있는 법상의 힘 또는 의사력이 주어져야 한다(소구가능성). 그러나 오늘날은 재판청구권이 헌법상 일반적으로 보장되어 있어 청구권능부여성을 제3의 요소로 인정하지 않는다.

나. 사안의 해결

(1) 도시관리계획입안의무 (강행법규성)

특별시장·광역시장·시장 또는 군수는 관할구역에 대하여 도시관리계획을 입안하여야 한다(국토의 계획 및 이용에 관한 법률 24①). 피고 울산광역시 울주군수는 이 법률의 규정에 의하여 관할구역에 대하여 도시관리계획을 입안할 의무가 있다. 따라서 개인적 공권의 성립요소인 강행법규성의 요건을 구비하였다.

(2) 사익보호성

이해관계자를 포함한 주민은 입안권자에게 도시관리계획의 입안을 제안할 수 있으며(국토의 계획 및 이용에 관한 법률 26①), 그 내용으로 기반시설의 설치·정비 또는 개량에 관한 사항을 열거하고 있고(26①(1)), 화장장·공동묘지·납골시설 등 보건위생시설을 기반시설의 하나로 정의하고 있다(국토의 계획 및 이용에 관한 법률 2(6)). 그리고 도시관리계획의 입안제안을 받은 입안권자는 그 처리결과를 제안자에게 통보하도록 규정하고 있다(국토의 계획 및 이용에 관한 법률 26②).

이러한 규정들과 헌법상 개인의 재산권 보장의 취지에 비추어 보면, 피고 울산광역시 울주군수는 관할구역인 이 사건 신청부지에 대한 도시관리계획의 입안권자이고, A는 도시관리계획구역 내 토지 등을 소유하고 있는 주민으로서 이 사건 납골시설에 관한 도시관리계획입안을 요구할 수 있는 법규상 또는 조리상의 신청권이 있다고 할 것이므로, 사익보호성도 인정된다 할 것이다. 견해에 따라서는 A의 도시관리계획입안제안에 구속되는 것은 아니고, 도시관리계획입안과 결정에 관한 국토의 계획 및 이용에 관한 법률에서 원고의 이익을 위한 취지는 찾아보기 어렵다는 사익보호성을 부정할 수 있지만, 도시관리계획의 입안제안과 그 결정은 다른 것이기 때문에 사익보호성을 부정할 것은 아니다.

(3) 소 결

따라서 피고 울산광역시 울주군수는 그 관할구역 내에서 도시관리계획을 입안할 의무가 존재하고(강행법규성), A는 자신의 이익을 위하여 울주군수에게 도시관리계획입안제안신청을 할 법률상 이익을 가진다(사익보호성).

3. 도시관리계획입안제안신청권이 반려(거부)행위의 요소인지 여부

도시관리계획입안제안신청권이 반려(거부)행위의 요소가 되는지에 관하여 견해가 대립된다.

가. 학 설

(1) 필요설 (거부행위요건설)

원고의 신청권을 피고의 거부행위의 요소로 보는 견해이다. 행정소송법은 신청권에 대응하는 처분의무를 부작위의 요소로 규정하고 있으므로(행정소송법 2(2)), 거부처분의 개념은 부작위의 개념과 연결되어 있다고 할 수 있다. 따라서 신청권을 거부행위의 요건으로 보는 것이 타당하다는 견해이다.

(2) 불필요설 (본안문제설)

신청권을 거부행위의 요건으로 보지 않고, 신청에 따른 행정행위를 요구할 수 있는 법규상 또는 조리상의 신청권의 존재 여부는 본안의 문제라고 한다. 신청권의 존재를 소송대상의 문제로 보면, 처분개념을 부당하게 제한하여 국민의 권익구제의 길을 축소시키는 결과를 초래한다고 한다.

(3) 원고적격문제설

신청권을 원고적격의 문제로 보고, 거부행위가 처분에 해당하는지 여부는 행정소송법이 정의하는 처분개념에 해당하는지 여부에 따라 판단하는 것이 옳다고 한다.

나. 판 례

판례는 신청권을 거부행위의 요건으로 본다. 거부행위가 행정처분이 된다고 하기 위해서는 국민이 행정청에 대하여 그 신청에 따른 행정행위를 해줄 것을 요구할 수 있는 법규상 또는 조리상의 권리가 있어야 하는 것이며, 이러한 근거없이 한 국민의 신청을 행정청이 받아들이지 아니한 경우에는 이를 행정처분이라고 할 수는 없는 것이다. 거부행위를 행정처분으로 보는 것은 그로 인하여 현재의 법 상태에 직접적인 변동을 초래하는 것은 아니지만 때로는 그 거부행위가 법령에 규정된 신청권을 침해하고, 또 때로는 신청의 실체에 관하여 적법여부의 판단이 내려져 신청인으로서는 동일한 조건하에서는 자기가 의도한 처분을 받을 수 없는 등 불이익을 끼치기 때문인데 위에서 본 후자의 경우에는 그 거부로 인하여 신청인의 권리나 법적 이익에 어떤 영향을 주는 바가 없기 때문이다(대법원 1984.10.23. 선고 84누227 판결).

다. 소 결

A의 도시관리계획입안신청권을 거부행위의 요건으로 보는 필요설(거부행위요건설)이 타당하다. 신청권이 없는 국민의 신청을 거부한 행위에 대하여 그 취소를 구하는 소송의 본안단계에서 그 신청의 적법성 여부를 심사하는 것은 행정청과 법원에게 과중한 부담을 주게 된다. 그러므로 국민이 행정청에 대하여 그 신청에 따른 행정행위를 해줄 것을 요구할 수 있는 법규상 또는 조리상의 권리의 존재를 거부처분의 요건으로 보아, 그러한 신청권이 없는 자의 신청에 대한 거부행위는 처분성을 인정하지 않고 각하하는 것이 타당하다.

라. 사안의 경우

국토의 계획 및 이용에 관한 법률 제26조는 원고 A와 같은 지역주민은 도시관리계획을 입안할 수 있는 권한을 가진 피고 울산광역시 울주군수에게 도시관리계획 입안의 제안신청권을 부여하고 있다. 따라서 A는 기반시설에 해당하는 납골시설의 설치를 목적으로 도시관리계획입안을 요구할 수 있는 법률상 신청권을 가지므로, 피고 울산광역시 울주군수의 이 사건 거부처분은 취소소송의 대상이 되는 행정처분이라고 할 수 있다. 행정소송법 역시 공권력 행사의 거부를 처분이라고 정의하고 있다(행정소송법 2(1)).

4. 도시관리계획의 처분성

도시관리계획입안거부가 처분이 되기 위해서는 도시관리계획 자체가 처분이 되어야 한다. 도시관리계획의 처분성 여부에 관하여 견해가 대립된다.

가. 입법행위설 (처분부정설)

도시계획결정은 도시계획사업의 기본이 되는 일반적 · 추상적인 도시계획의 결정으로서, 특정개인에게 어떤 직접적이며 구체적인 권리의무관계가 발생한다고는 볼 수 없다. 따라서 행정계획은 일반적 · 추상적 규율을 정립하는 행위(입법행위)로서 일반적 구속력을 갖는다는 효력측면에서 법규명령의 성질을 가진다고 볼 수도 있다.

나. 행정행위설 (처분긍정설)

대법원은 도시계획법 제12조 소정의 도시계획결정이 고시되면 도시계획구역 안의 토지나 건물소유자의 토지형질변경, 건축물의 신축 · 개축 또는 증축 등 권리행사가 일정한 제한을 받게 되는데, 이런 점에서 볼 때 고시된 도시계획결정은 특정개인의 권리 내지 법률상의 이익을 개별적이고 구체적으로 규제하는 효과를 가져오게 하는 행정청의 처분이라 할 것이고, 이는 행정소송의 대상이 되는 것이라 할 것이다(대법원 1982.3.9. 선고 80누105 판결)라고 한다.

헌법재판소 역시 건설교통부고시를 행정처분으로 본다. 신도시 주변지역에 대하여 개발행위허가를 제한하는 건설교통부고시는, 그 고시 자체로 인하여 직접 위 고시에서 지정된 특정 지역 내의 토지나 건물소유자가 토지의 형질변경 및 토석의 채취, 건축물의 신축 · 증축 등의 권리행사를 제한받게 되는 점에서 볼 때, 특정 개인의 구체적인 권리, 의무나 법률관계를 직접적으로 규율하는 성격을 갖는 행정처분에 해당한다(헌재 2008.12.26, 2007헌마862).

다. 개별검토설 (복수성질설)

행정계획에는 여러 종류의 계획이 있다는 사실에 유의할 필요가 있다고 하면서 도시계획 가운데에는 법규명령적인 것도 있고, 행정행위적인 것도 있고, 단순한 사실행위인 것도 있을 수 있다고 한다.

라. 독자성설

행정계획은 법규범도 아니고 행정행위도 아닌 특수한 법 제도인 독자적인 행위형식이지만, 구속력을 가진 점에서 행정행위에 준하여 행정소송의 대상이 된다고 한다.

마. 소 결

구속적 행정계획도 계획마다 특수성이 있다고 할 것이기 때문에, 그 모두를 한데 묶어 법적 성질을 논하기는 어렵다. 그러므로 각 계획별로 그 근거법률 등과 관련하여 개별적으로 그 성질을 판단하여야 할 것이다.

바. 도시관리계획의 처분성 인정여부

사안의 경우 도시관리계획의 입안은 납골장과 같은 기반시설이 도시계획시설로 결정되는 경우 그 도시계획시설사업의 시행자는 사업에 필요한 토지나 건축물 등을 수용 또는 사용할 수 있는 권한을 부여받고(구 국토의 계획 및 이용에 관한 법률 95①), 산지전용허가의 면적제한에 관한 일부 규정의 적용도 면제받는 등(산지관리법 시행규칙 18③(3))의 권한과 혜택을 부여받게 되는 점 등을 고려할 때, 도시관리계획의 처분성을 인정하여 항고소송으로 다툴 수 있도록 하는 것이 국민의 권리구제라는 측면에서 타당하다.

5. 사안의 해결

사안에서 A에게 도시관리계획입안신청권이 법률상 인정되고, 피고 울산광역시 울주군수의 도시관리계획의 처분성이 인정되므로, 울주군수의 A에 대한 이 사건 도시관리계획입안제안신청반려행위는 공권력의 행사 또는 이에 준하는 행정작용으로서 A의 권리·의무나 법률관계에 영향을 주는 처분으로 보는 것이 타당하다. 그러므로 울산광역시 울주군수의 항변은 이유없다.

기본구조

도시관리계획입안제안신청의 반려행위의 처분성 [설문 ⑵의 해결]

1. 문제점

2. 도시관리계획입안제안신청의 개인적 공권성 여부
   가. 개인적 공권의 개념과 성립요건
      ⑴ 개념
      ⑵ 성립요건
         ㈎ 강행법규성
         ㈏ 사익보호성
         ㈐ 청구권능부여성 (소구가능성의 존재)
   나. 사안의 해결
      ⑴ 도시관리계획입안의무 (강행법규성)
      ⑵ 사익보호성
      ⑶ 소결

3. 도시관리계획입안제안신청권이 반려(거부)행위의 요소인지 여부
   가. 학설
      ⑴ 필요설(거부행위요건설)
      ⑵ 불필요설(본안문제설)
      ⑶ 원고적격문제설
   나. 판례
   다. 소결
   라. 사안의 경우

4. 도시관리계획의 처분성
   가. 입법행위설(처분부정설)
   나. 행정행위설(처분긍정설)
   다. 개별검토설(복수성질설)
   라. 독자성설
   마. 소결
   바. 도시관리계획의 처분성 인정여부

5. 사안의 해결

사 례 형 (제1문)

I. 설문(1)의 해결 - 취소소송에서의 피고적격

1. 문제점

울주군수는 도시관리계획입안에 관한 법령상 권한이 울산광역시장에게 있으며, 자신에게는 그러한 권한이 없음을 이유로 자신은 피고적격이 없다고 항변한다. 만약 이 사건 처분의 위법성을 다툼에 있어 피고가 울산광역시라면 A의 소는 각하될 것이다. 그러므로 취소소송의 당사자와 관련하여 당사자능력과 당사자적격을 검토할 필요가 있다.

2. 취소소송에서의 당사자

가. 당사자능력

행정소송의 당사자능력은 민사소송법의 규정을 준용하므로(행정소송법 8②), 민사소송의 일반원칙이 적용된다. 따라서 권리능력을 갖는 자연인·법인은 물론, 법인격 없는 사단 또는 재단도 당사자 능력을 갖는다

행정청은 원고와 대립하는 권리주체로서가 아니라, 단지 공익을 대표하여 스스로 행한 처분이 위법하지 않다는 것을 변명하게 하고, 재판의 정확·공정을 기하기 위하여 소송절차상 특히 피고의 지위에 서게 하였음에 불과하다.

나. 당사자 적격

(1) 원고적격

처분 등의 취소를 구할 법률상이익이 있는 자에게 인정된다(행정소송법 12). 사안에서 A에게 원고적격이 인정됨에는 별다른 문제가 없다.

(2) 피고적격

취소소송은 다른 법률에 특별한 규정이 없는 한 처분 등을 행한 행정청(처분청)을 피고로 하여 제기한다(동법 13①).

판례도 원칙적으로 취소소송은 행정처분 등을 외부적으로 그의 명의로 행한 행정청을 피고로 하여야 하며, 내부위임이나 대리권을 수여받은 데 불과하여, 자신의 명의로 처분 등을 할 권한이 없는 행정청이 권한 없이 그의 명의로 한 처분에 대하여도 처분명의자인 행정청이 피고가 되어야 한다고 본다.

3. 사안의 해결

가. 이 사건 도시관리계획의 입안권자

국토의 계획 및 이용에 관한 법률 제24조 제1항은 특별시장, 광역시장, 시장 또는 군수는 관할구역에 대하여 도시관리계획을 입안하여야 한다고 규정하고 있다. 그러므로 피고로 지정된 울주군수 역시 관할구역에 대하여 도시관리계획을 입안할 수 있는 권한이 있다.

나. A의 이 사건 도시관리계획의 입안신청

A는 그의 소유의 울산광역시 울주군 두서면 소재 임야 지상에 사업기간을 2007년부터 2050년까지, 납골안치구수를 92,000위로 하는 납골시설에 관한 도시관리계획 입안제안신청서를 위 임야를 관할하는 울산광역시 울주군수에게 제출하였다.

다. 소결

항고소송인 취소소송은 원칙적으로 소송의 대상인 행정처분 등을 외부적으로 그의 명의로 행한 행정청을 피고로 하여야 한다. 피고 울산광역시 울주군수는 2008. 11. 10. A에 대하여 이 사건 도시관리계획 입안제안서를 반려하는 처분을 하였다. 따라서 A의 도시관리계획의 입안신청에 대한 처분권이 울산광역시에 있다는 울주군수의 항변은 이유없고, A가 울주군수를 상대로 한 이 사건 취소의 소는 적법하다.

II. 설문(2)의 해결 - 도시관리계획입안제안신청의 반려행위와 처분성

1. 문제점

A가 도시관리계획 입안신청서를 제출한 것은 헌법이 보장하는 재산권 행사로 볼 수 있다. A의 이러한 도시관리계획의 입안을 요구할 수 있는 법규상 또는 조리상의 신청권이 있는지 여부를 살펴볼 필요가 있다. 또한 이러한 입안제안을 하더라도 그에 대한 결정은 구분되는 것이어서, 설령 입안제안이 받아들여진 후에 그에 따른 도시관리계획결정이 이루어지지 않을 수도 있다. 그럼에도 울주군수의 A에 대한 이 사건 입안신청의 반려행위가 처분성이 있어 취소소송의 대상이 될 수 있는지를 검토한다.

2. 도시관리계획입안제안신청의 개인적 공권성 여부

가. 성립요건

개인적 공권이 성립하기 위해서는 ① 국가 등 행정주체에게 일정한 행위를 해야 할 의무를 발생시키는 강행법규가 존재하여야 하며, ② 그러한 법규가 공익의 보호와 함께 특정인의 사익도 보호하는 사익보호성이 있어야 한다.

나. 사안의 경우

사안에서 국토의 계획 및 이용에 관한 법률 제24조 제1항에 의하여 관할구역에 대하여 도시관리계획을 입안하여야 할 의무가 있다. 이해관계자를 포함한 주민은 입안권자에게 도시관리계획의 입안을 제안할 수 있으며(동법 26①), 도시관리계획의 입안제안을 받은 입안권자는 그 처리결과를 제안자에게 통보하도록 규정하고 있다.

이러한 규정들과 헌법상 개인의 재산권 보장의 취지에 비추어 보면, 울주군수는 관할구역인 이 사건 부지에 대한 도시관리계획의 입안권자이고, A는 도시관리계획구역 내 토지 등을 소유하고 있는 주민으로서 이 사건 납골시설에 관한 도시관리계획입안을 요구할 수 있는 법규상 또는 조리상의 신청권이 있다고 할 것이므로, 사익보호성도 인정된다 할 것이다.

3. 신청권이 반려(거부)행위의 요소인지 여부

가. 학설

(1) 필요설

행정소송법은 신청권에 대응하는 처분의무를 부작위의 요소로 규정하고 있으므로(행정소송법 2), 거부처분의 개념은 부작위의 개념과 연결되어 있다. 따라서 신청권을 거부행위의 요건으로 보는 것이 타당하다는 견해이다.

(2) 불필요설

신청권의 존재를 소송대상의 문제로 보면, 처분개념을 부당하게 제한하여 국민의 권익구제의 길을 축소시키는 결과를 초래한다고 하면서, 신청권의 존재 여부는 본안의 문제라고 보는 견해이다.

나. 판례

판례는 거부행위가 행정처분이 된다고 하기 위해서는 국민이 행정청에 대하여 그 신청에 따른 행정행위를 해줄 것을 요구할 수 있는 법규상 또는 조리상의 권리가 있어야 하는 것이며, 이러한 근거 없이 한 국민의 신청을 행정청이 받아들이지 아니한 경우에는 이를 행정처분이라고 할 수는 없다고 한다. 필요설의 입장이라고 볼 수 있다.

다. 검토

신청권을 거부행위의 요건으로 보는 필요설이 타당하다. 신청권이 없는 국민의 신청을 거부한 행위에 대하여 그 취소를 구하는 소송의 본안단계에서 그 신청의 적법성 여부를 심사하는 것은 행정청과 법원에게 과중한 부담을 주기 때문이다.

라. 사안의 경우

국토의 계획 및 이용에 관한 법률 제26조는 울주군수에 대한 지역주민의 도시관리계획 입안의 제안신청권을 부여하고 있다. 따라서 A는 기반시설에 해당하는 납골시설의 설치를 목적으로 도시관리계획입안을 요구할 수 있는 법률상 신청권을 가지므로, 울주군수의 이 사건 거부처분은 취소소송의 대상이 되는 행정처분이라고 할 수 있다.

4. 도시관리계획의 처분성

도시관리계획입안거부가 처분이 되기 위해서는 도시관리계획 자체가 처분이 되어야 한다. 도시관리계획의 처분성의 인정여부에 관하여 견해가 대립한다.

가. 학설

(1) 입법행위설(처분부정설)

도시계획결정은 도시계획사업의 기본이 되는 일반적·추상적인 도시계획의 결정으로서, 개인에게 어떤 직접적이며 구체적인 권리의무관계가 발생한다고는 볼 수 없다는 견해다.

(2) 행정행위설(처분긍정설)

판례의 입장으로서, 도시계획결정이 고시되면 도시계획구역 안의 토지나 건물소유자의 토지형질변경, 건축물의 신축·개축 또는 증축 등 권리행사가 일정한 제한을 받게 되는데, 이런 점에서 볼 때 고시된 도시계획결정은 특정개인의 권리 내지 법률상의 이익을 개별적이고 구체적으로 규제하는 효과를 가져오게 하는 행정청의 처분이라 할 것이고, 이는 행정소송의 대상이 되는 것이라고 한다.

(3) 개별검토설(복수성질설)

행정계획에는 여러 종류의 계획이 있다는 사실에 유의할 필요가 있다고 하면서 도시계획 가운데에는 법규명령적인 것도 있고, 행정행위적인 것도 있고, 단순한 사실행위인 것도 있을 수 있다는 견해이다.

나. 검토

구속적 행정계획도 계획마다 특수성이 있다고 할 것이기 때문에, 그 모두를 한데 묶어 법적 성질을 논하기는 어렵다. 그러므로 각 계획별로 그 근거법률 등과 관련하여 개별적으로 그 성질을 판단하여야 할 것이다.

다. 사안의 경우

납골장과 같은 기반시설이 도시계획시설로 결정되는 경우 그 도시계획시설사업의 시행자는 사업에 필요한 토지나 건축물 등을 수용 또는 사용할 수 있는 권한을 부여받고(구 국토의 계획 및 이용에 관한 법률 95①), 산지전용허가의 면적제한에 관한 일부 규정의 적용도 면제받는 등(산지관리법 시행규칙 18③(3))의 권한과 혜택을 부여받게 되는 점 등을 고려할 때, 도시관리계획의 처분성을 인정하여 항고소송으로 다툴 수 있도록 하는 것이 국민의 권리구제라는 측면에서 타당하다.

5. 사안의 해결

A에게 도시관리계획입안신청권이 법률상 인정되고, 울주군수의 도시관리계획의 처분성이 인정되므로, 울주군수의 A에 대한 이 사건 반려행위는 공권력의 행사 또는 이에 준하는 행정작용으로서 A의 권리·의무나 법률관계에 영향을 주는 처분으로 보는 것이 타당하다.

[7] 도시계획결정의 하자

서울특별시 서초구청장은 2010. 11. 6. A가 일반음식점의 부설주차장과 밭으로 사용하고 있는 A소유의 이 사건 토지를 포함한 2,513㎡에 휴게광장을 조성하여 이용객들에게 만남의 장소를 제공하고 도시경관을 향상시키기 위하여 미관광장을 신설하기로 하는 '도시계획시설(광장)결정 및 지형도면을 승인하는 처분'을 하였다.

그런데 서초구청장은 위 도시계획을 입안함에 있어서는 미리 인구·교통·환경 등에 대한 기초조사를 거쳐 추가적인 도시계획시설의 필요성을 파악하여야 함에도 그러한 기초조사도 하지 않았으며, 이 사건 토지 부근의 등산객 등을 위한 어떠한 도시계획시설이 있는지에 대한 조사나 추가적인 만남의 장소 또는 휴게장소의 필요성과 그 수요에 대한 조사 등도 없었다. 그리고 서초구청장이 미리 작성한 이 사건 도시계획사업의 설계도면에도 이 사건 토지 전부를 광장으로 조성하지 아니하고 있음에도, 서초구청장은 합리적인 근거 없이 이 사건 토지 전부를 위 도시계획사업의 편입대상으로 결정하였다.

A는 1995. 5.경부터 이 사건 토지 중 일부인 99㎡를 음식점의 부설주차장으로 사용하고 있는데, 이 사건 토지 전부가 도시계획시설의 부지로 편입되면 더 이상 주차장을 이용한 영업을 할 수 없게 되어 부설주차장을 유지하는 부근의 다른 음식점에 비하여 영업상의 어려움과 손실을 입게 될 것이 예상되고 있다.

그 후 서초구청장은 위 도시계획사업을 서초구가 직접 시행하기로 하고, 2011. 12. 16. 기반조성, 수목식재, 관리사무소 1동 등을 내용으로 한 도시계획사업의 휴게광장 조성 실시계획을 인가하였다. A는 그의 소유인 이 사건 토지를 휴게광장조성을 위한 부지로 사용하려는 서초구청장의 처분에 대하여 제소요건을 구비하여 취소소송을 제기하였다. A가 이 소송의 본안에서 주장할 수 법률상 쟁점을 설명하시오. (50점)

> **참고법령**
>
> 「국토의 계획 및 이용에 관한 법률」
>
> 제13조(광역도시계획의 수립을 위한 기초조사)
> ① 국토해양부장관, 시·도지사, 시장 또는 군수는 광역도시계획을 수립하거나 변경하려면 미리 인구, 경제, 사회, 문화, 토지 이용, 환경, 교통, 주택, 그 밖에 대통령령으로 정하는 사항 중 그 광역도시계획의 수립 또는 변경에 필요한 사항을 대통령령으로 정하는 바에 따라 조사하거나 측량하여야 한다.
> ② ~ ③ 생략
>
> 제24조(도시관리계획의 입안권자)
> ① 특별시장·광역시장·시장 또는 군수는 관할 구역에 대하여 도시관리계획을 입안하여야 한다.
>
> 제27조(도시관리계획의 입안을 위한 기초조사 등)
> ① 도시관리계획을 입안하는 경우에는 제13조를 준용한다. 다만, 대통령령으로 정하는 경미한 사항을 입안하는 경우에는 그러하지 아니하다.
> ② ~ ④ 생략

> **주요쟁점**
>
> ✦ 행정계획
> ✦ 절차상의 하자
> ✦ 절차상의 흠의 치유
> ✦ 계획재량
> ✦ 형량명령
> ✦ 형량의 하자(형량의 해태, 형량의 흠결, 오형량)
> ✦ 하자의 승계

I. 쟁점정리

(1) 서울특별시 서초구청장의 도시계획시설(광장)결정 및 지형도면을 승인하는 처분(이하 '이 사건 도시계획결정'이라 한다)은 도시계획을 입안함에 있어서 고려하여야 할 요소인 인구·교통·환경 등에 대한 기초조사를 거치지 아니하고, 서초구청장이 미리 작성한 도시계획사업의 설계도면에도 없는 이 사건 토지 전부를 합리적인 근거 없이 위 도시계획사업의 편입대상으로 결정하였다. 이런 사유가 절차상 및 내용상 하자에 해당하는지 여부를 검토해야 한다. 그리고 서초구청장의 이

사건 도시계획결정이 도시계획법 등의 관련법령을 위반한 위법한 행정계획에 해당하는지 여부와 관련하여 행정주체의 행정계획결정에 관한 재량의 한계인 형량하자 유무를 검토할 필요가 있다.

(2) 서초구청장의 이 사건 도시계획결정을 근거로 하여 이루어진 후행처분인 도시계획사업의 휴게광장조성 실시계획을 인가(이하 '이 사건 인가처분'이라 한다) 처분 자체는 적법할지라도 선행행위의 하자로 이 사건 인가처분도 위법하게 되는지 여부가 문제된다. 특히 이 사건 도시계획결정처분에 대하여서도 적법한 제소기간 내에 불복을 제기하여 다투고 있으므로, 불가쟁력이 발생한 선행처분의 하자를 승계한 적법한 후행처분을 다투는 하자의 승계이론이 그대로 적용되는지 여부도 살펴 볼 필요가 있다.

Ⅱ. 이 사건 도시계획결정의 위법성 여부

1. 행정계획의 개념과 그 법적 성질

행정계획은 행정에 관한 전문적·기술적 판단을 기초로 하여 도시의 건설·정비·개량 등과 같은 특정한 행정목표를 달성하기 위하여 서로 관련되는 행정수단을 종합·조정함으로써 장래의 일정한 시점에 있어서 일정한 질서를 실현하기 위한 활동기준으로 설정된 것을 말한다.

서초구청장은 이 사건 휴게광장조성이라는 도시계획결정을 입안·결정함에 있어서 비교적 광범위한 형성의 자유를 가진다. 그렇지만, 행정주체가 가지는 이와 같은 형성의 자유인 계획재량은 무제한적인 것이 아니라, 그 행정계획에 관련되는 자들의 이익을 공익과 사익 사이에서는 물론이고 공익 상호간과 사익 상호간에도 정당하게 비교교량하여야 한다는 제한이 있다.

2. 이 사건 도시계획결정의 문제점

가. 절차상의 위법성

(1) 법률의 규정

특별시장·광역시장·시장 또는 군수는 관할 구역에 대하여 도시관리계획을 입안하려면 미리 인구, 경제, 사회, 문화, 토지 이용, 환경, 교통, 주택, 그 밖에 대통령령으로 정하는 사항 중 그 광역도시계획의 수립 또는 변경에 필요한 사항을 대통령령으로 정하는 바에 따라 조사하거나 측량하여야 한다(국토의 계획 및 이용에 관한 법률 27①, 13①).

(2) 기초조사의 결여

서초구청장은 이 사건 도시계획결정을 입안함에 있어서 국토의 계획 및 이용에 관한 법률이 정하는 바에 따라 기초조사를 하여야 할 의무가 있다. 이 사건 도시계획결정을 통하여 조성하고자 하는 휴게광장의 부지 안에 A가 현재 일반음식점의 주차장으로 사용하고 있는 토지가 편입됨으로 인하여 영업의 손실과 같은 재산상의 손해도 우려되는 상황이었다. 그럼에도 서초구청장은 미리 인구, 교통, 환경, 토지 이용 등에 대한 기초조사를 거쳐 추가적인 도시계획시설의 필요성이나 수요를 파악하여 시설의 규모와 편입대상 토지의 범위 등에 대한 충분한 검토가 이루어져야 함에도 그러한 기초조사조차 행하지 않았던 것은 절차상의 위법에 해당된다고 할 것이다.

(3) 판례의 입장

도시계획의 입안에 있어 다수 이해관계자의 이익을 합리적으로 조정하여 국민의 자유권리에 대한 부당한 침해를 방지하고 행정의 민주화와 신뢰를 확보하기 위하여 국민의 의사를 그 과정에 반영시키는데 있다 할 것이므로 위와 같은 절차에 하자가 있는 행정처분은 위법하다. 그러므로 공람공고절차를 위배한 도시계획변경결정신청은 위법하다고 아니할 수 없다(대법원 1988.5.24. 선고 87누388 판결).

(4) 절차상의 하자가 독자적인 위법사유인지 여부

법령에 의하여 요구되는 사전통지·청문·이유제시 등의 행정절차를 결여한 행정행위 등은 절차상의 요건을 충족하지 못한 행위로 흠을 띠게 된다. 사안과 같은 행정계획은 행정청의 넓은 정책적 재량판단에 의하여 결정되므로 법원이 계획 내용의 당부에 대하여 실체적 심사를 철저하게 행하는 것은 어렵다. 따라서 실체적 심사보다는 계획책정절차가 적법하게 취하여 졌는지 여부라는 절차심사에 중점이 놓여 질 수밖에 없다. 이처럼 절차상의 흠이 있는 행정행위의 효력은 어떻게 될 것인지가 문제된다.

(가) 학 설

(a) 독자적인 흠으로 인정하지 않는 견해(소극설)

절차상의 흠만을 이유로 하여 행정행위를 취소할 수 없다는 견해로서, ① 절차규정은 실체법적으로 적정한 행정결정을 확보하기 위한 수단인 점에 그 본질적 기능이 있고, ② 다시 적법한 절차를 거쳐 처분을 하여도 동일한 처분을 반복할 수밖에 없기 때문에 단지 절차상의 흠만을 이유로 행정행위를 취소하는 것은 행정경제 또는 소송경제에 반한다는 것이다.

(b) 독자적인 흠으로 인정하는 견해(적극설)

절차상의 흠만을 이유로 하여 행정행위를 취소할 수 있다는 견해로서, ① 적정한 결정은 적정한 절차에 의하여서만 행하여질 수 있고, ② 기속행위의 경우에도 다시 적법한 절차를 거쳐 처분을 하는 경우에 반드시 동일한 처분을 하게 된다고는 말할 수 없는 것이며, ③ 소극설에 따른다면 절차적 규제의 담보수단이 없어지게 된다고 한다. 우리 행정소송법 제30조 제3항은 취소소송의 판결의 구속력과 관련하여 '신청에 따른 처분이 절차의 위법을 이유로 취소되는 경우'를 규정하고 있는데, 이는 적극설의 입장을 취하고 있는 것이라고 할 것이다.

(c) 절충설

기속행위의 경우에는 행정절차가 실체적인 판단에 영향을 미칠 수 없으므로 절차상의 흠을 독립된 위법사유로 보지 않고, 재량행위에 있어서는 행정청은 기본처분과 다른 처분을 할 수도 있으므로 절차상의 위법사유가 독자적인 위법사유가 된다고 한다.

(나) 판 례

대법원은 다른 법령 등에서 필요적으로 청문을 실시하거나 공청회를 개최하도록 규정하고 있지 아니한 경우에도 당사자 등에게 의견제출의 기회를 주어야 하되, "당해 처분의 성질상 의견청취가 현저히 곤란하거나 명백히 불필요하다고 인정될 만한 상당한 이유가 있는 경우" 등에는 처분의 사전통지나 의견청취를 하지 아니할 수 있도록 규정하고 있으므로, 행정청이 침해적 행정처분을 하면서 당사자에게 위와 같은 사전통지를 하거나 의견제출의 기회를 주지 아니하였다면 사전통지를 하지 않거나 의견제출의 기회를 주지 아니하여도 되는 예외적인 경우에 해당하지 아니하는 한 그 처분은 위법하여 취소를 면할 수 없다(대법원 2007.9.21. 선고 2006

두20631 판결)는 적극설의 입장에 있다.

행정규칙인 훈령에 규정된 청문절차를 거치지 않은 행정처분에 대하여 처음에는 위법하다고 판시하였으며(대법원 1984.9.11. 선고 82누166 판결), 그 후에는 청문절차를 거치지 않은 행정처분이라 할지라도 위법하지 않다고 판시한 바 있다(대법원 1994.8.9. 선고 94누3414 판결). 현재는 행정청이 특히 침해적 행정처분을 할 때 그 처분의 근거 법령 등에서 청문을 실시하도록 규정하고 있다면, 행정절차법 등 관련 법령상 청문을 실시하지 않아도 되는 예외적인 경우에 해당하지 않는 한 반드시 청문을 실시하여야 하며, 그러한 절차를 결여한 처분은 위법한 처분으로서 취소사유에 해당한다(대법원 2007.11.16. 선고 2005두15700 판결)는 입장이다.

(대) **소 결**

헌법상 법률에 의한 행정의 원칙은 행정행위가 실체법상은 물론 절차법상으로도 적법할 것을 요구한다고 볼 것이기 때문에 절차에 흠결이 있는 경우에는 통지와 청문을 받을 상대방의 절차적 권리를 침해한 것으로 볼 것이고, 또한 절차의 위법을 이유로 행정행위가 취소된 경우에 항상 행정청이 동일한 처분을 반복한다고 말할 수 없으므로, 절차상의 흠은 실체법상의 흠이나 마찬가지로 독립적으로 행정행위를 위법으로 만든다는 적극설이 타당하다.

(래) **사안의 경우**

서초구청장은 이 사건 도시계획결정을 입안함에 있어서 국토의 계획 및 이용에 관한 법률이 정하는 바에 따라 기초조사를 할 의무가 있다. 그럼에도 서초구청장은 미리 인구, 교통, 환경, 토지 이용 등에 대한 기초조사를 거쳐 추가적인 도시계획시설의 필요성이나 수요를 파악하여 시설의 규모와 편입대상 토지의 범위 등에 대한 충분한 검토가 이루어져야 함에도 그러한 기초조사를 행하지 아니한 절차상의 하자가 존재한다. 그리고 이러한 절차상의 하자는 독자적인 위법사유가 된다.

(5) **절차상의 흠의 치유 문제**

절차상의 흠이 있는 경우에 사후보완에 의하여 그것이 치유될 수 있는지가 다투어지고 있다.

(가) 학 설

(a) 무제한허용설

절차상의 흠을 독자적 흠으로 인정하지 아니하는 견해로서 행정심판도 행정과정의 일부라는 이유에서 행정심판은 물론, 행정소송의 단계에서도 일정한 조건하에서 치유를 허용할 수 있다고 한다는 견해이다.

(b) 제한적 허용설

원칙적으로 절차상의 흠의 치유를 인정하되, 절차의 본질적 의의를 손상하지 않는 범위에서 제한적으로 인정하여야 한다는 입장이다.

(c) 원칙적 불허용설

원칙적으로 절차상의 흠의 치유를 허용하지 않는 견해이다.

(나) 판 례

불복 여부 결정 등에 편의를 줄 수 있는 상당한 기간 내에 보정행위가 있어야 치유된다고 한다. 즉, 과세처분시 납세고지서에 과세표준, 세율, 세액의 산출근거 등이 누락된 경우에는 늦어도 과세처분에 대한 불복여부의 결정 및 불복신청에 편의를 줄 수 있는 상당한 기간내에 보정행위를 하여야 그 하자가 치유된다 할 것이므로, 과세처분이 있은지 4년이 지나서 그 취소소송이 제기된 때에 보정된 납세고지서를 송달하였다는 사실이나 오랜 기간(4년)의 경과로써 과세처분의 하자가 치유되었다고 볼 수는 없다(대법원 1983.7.26. 선고 82누420 판결). 따라서 하자의 추완이나 보완은 행정쟁송의 제기이전에 가능하다는 '쟁송제기이전시설'을 취하는 제한적 허용설의 입장으로 보인다.

(다) 소 결

행정행위의 무용한 반복을 피하고 당사자의 법적 생활안정을 기한다는 입장에서는 흠의 치유를 인정할 수 있는 것이다. 반면, 행정행위의 성질이나 법치주의의 입장에서는 흠의 치유는 원칙적으로 허용 할 수 없는 것이라는 상반되는 입장이 조화되는 범위 안에서 흠의 치유를 인정하는 것이 타당하다 할 것이므로 제한적 허용설이 타당하다 할 것이다. 그런데 이 사건 도시계획결정 및 그 취소를 구하는 이 사건 제소전까지 피고가 하자의 치유를 위하여 기초조사를 새로이 하는 등의 자료는 보이지 않는다.

(6) 사안의 해결

서초구청장이 이 사건 도시계획결정을 하는 경우에는 국토의 계획 및 이용에 관한 법률이 정하는 바에 따라 미리 인구, 경제, 사회, 문화, 토지 이용, 환경, 교통, 주택, 그 밖에 대통령령으로 정하는 사항 중 그 도시계획의 수립에 필요한 사항을 대통령령으로 정하는 바에 따라 조사하거나 측량할 의무가 있다. 그럼에도 서초구청장의 이 사건 도시계획결정은 내용적인 하자 유무를 떠나서 도시계획결정시에 반드시 거쳐야 하는 기초조사 절차를 흠결하였다는 점에서 위법한 처분이라 할 수 있다. 또한 사안에서 기초조사 절차의 흠결에 대한 사후적 보완으로 인하여 하자가 치유되었다고 볼 수 있는 사정도 보이지 아니한다.

(7) 위법성의 정도

이 사건 도시계획결정은 내부적으로 중대한 하자가 있지만, 외부적으로는 명백한 흠이라고 할 수는 없으므로 무효라고 할 수는 없고 취소사유에 해당된다. 판례 역시 도시계획결정을 함에 있어서 기초조사절차를 적법하게 거치지 아니한 하자가 있었더라도 그러한 절차상의 하자는 그 도시계획결정의 취소사유는 될지언정 당연무효의 사유는 아니라고 한다(대법원 1990.6.12. 선고 90누2178 판결).

나. 내용상의 위법성

(1) 계획재량의 개념과 통제의 필요성

서초구청장은 이 사건 도시계획결정과 같은 행정계획을 결정함에는 광범위한 형성의 자유인 계획재량이 인정된다. 계획재량이란 계획법규에 근거하여 계획책정에 있어서 계획책정기관이 가지는 재량을 말한다. 행정계획이 확정되면 그것은 이미 완성된 사실로 인정되며, 그로 인한 국민의 권익침해에 대한 구제가 어렵게 된다. 그러나 법치국가원리에서 볼 때 계획책정도 일정한 실체법상 및 절차법상 한계 내에서 행사되어야 한다는 것은 당연하다. 때문에 행정청이 갖는 계획고권의 행사와 관련하여 재량통제를 가능하게 하는 이론으로서 계획재량 및 형량명령이론이 등장하게 되었다.

(2) 행정재량과 계획재량의 구분

㈎ 행정재량은 구체적 사실과 결부시켜 판단하고 결정하는 것이나, 계획재량은 계획규범이 규정한 목적의 범위 안에서 광범위한 형성의 자유를 가지고 행정정

책적으로 행정목표를 정하기 때문에 그 재량권이 광범위하게 인정된다.

㈏ 행정재량의 경우는 행정법규에서 정한 요건규정과 효과규정의 한계 내에서 재량권이 인정되는 것이나, 계획재량은 계획규범이 요건·효과에 대하여 공백규정을 두는 것이 보통이기 때문에 그 한계가 매우 넓다.

㈐ 행정재량권행사의 위법성 여부의 판단은 재량권의 외적·내적 한계를 기준으로 행하는데, 계획재량권행사의 위법성 여부의 판단은 목적·수단을 기준으로 하면서 재량권행사의 절차적 과정을 중심으로 절차하자의 구성을 통하여 행한다.

(3) 계획재량과 사법심사

㈎ 형량명령의 원칙

(a) 의 의

행정계획의 수립주체는 계획재량권 및 계획상의 형성의 자유권을 행사함에 있어서 공익상호간, 사익상호간 및 공익과 사익상호간의 정당한 형량을 하여야 하는 것을 형량명령의 원칙이라고 한다. 계획기관에 의하여 행사되는 계획재량권은 무제한으로 허용되는 것은 아니며 법치주의의 원칙상 일정한 실체법상 및 절차법상 한계 내에서 행사되어야 한다. 형량명령은 실체법상 한계의 하나를 정한 것이라고 하겠다.

(b) 형량의 하자

형량명령이론에 의하면 형량의 과정은 ① 조사 및 확인과정, ② 평가과정, ③ 좁은 의미의 형량과정으로 이루어진다. 그런데 계획기관이 이러한 형량을 함에 있어서 잘못이 있을 때에는 형량은 하자를 띠게 되고 법원의 심사대상이 되게 된다.

형량하자에는 ① 형량을 전혀 행하지 아니한 경우의 형량의 해태, ② 형량의 대상에 마땅히 포함시켜야 할 사항을 빠뜨리고 형량을 행한 경우의 형량의 흠결, ③ 여러 이익간의 형량을 행하기는 하였으나 그것이 정당성·객관성을 결한 경우의 오형량 등이 있다.

(c) 판 례

우리 판례도 형량하자 유형에 따라 공익과 사익 사이의 정당한 형량을 하지 않았거나, 형량을 하였으나 정당성과 객관성이 결여된 경우에는 형량에 하자가 있다고 판시하고 있다. 형량의 원칙은 명문규정이 없는 경우에도 계획재량권행사에 대하여 당연히 적용되는 것으로 받아들이고 있다.

행정계획이라 함은 행정에 관한 전문적·기술적 판단을 기초로 하여 도시의 건설·정비 · 개량 등과 같은 특정한 행정목표를 달성하기 위하여 서로 관련되는 행정수단을 종합 · 조정함으로써 장래의 일정한 시점에 있어서 일정한 질서를 실현하기 위한 활동기준으로 설정된 것으로서, 구 도시계획법(2002. 2. 4. 법률 제6655호로 폐지되기 전의 것) 등 관계 법령에는 추상적인 행정목표와 절차만이 규정되어 있을 뿐 행정계획의 내용에 대하여는 별다른 규정을 두고 있지 아니하므로 행정주체는 구체적인 행정계획을 입안 · 결정함에 있어서 비교적 광범위한 형성의 자유를 가진다고 할 것이지만, 행정주체가 가지는 이와 같은 형성의 자유는 무제한적인 것이 아니라 그 행정계획에 관련되는 자들의 이익을 공익과 사익 사이에서는 물론이고 공익 상호간과 사익 상호간에도 정당하게 비교교량하여야 한다는 제한이 있는 것이고, 따라서 행정주체가 행정계획을 입안 · 결정함에 있어서 이익형량을 전혀 행하지 아니하거나 이익형량의 고려 대상에 마땅히 포함시켜야 할 사항을 누락한 경우 또는 이익형량을 하였으나 정당성과 객관성이 결여된 경우에는 그 행정계획결정은 형량에 하자가 있어 위법하다(대법원 2007.1.25. 선고 2004두12063 판결).

도시계획변경결정 당시 도시계획법령에 의하면, 도시계획구역 안에서의 녹지지역은 보건위생 · 공해방지, 보안과 도시의 무질서한 확산을 방지하기 위하여 녹지의 보전이 필요한 때에 지정되고, 그 중 보전녹지지역은 도시의 자연환경 · 경관 · 수림 및 녹지를 보전할 필요가 있을 때에, 자연녹지지역은 녹지공간의 보전을 해하지 아니하는 범위 안에서 제한적 개발이 불가피할 때 각 지정되는 것으로서 위와 같은 용도지역지정행위나 용도지역변경행위는 전문적·기술적 판단에 기초하여 행하여지는 일종의 행정계획으로서 재량행위라 할 것이지만, 행정주체가 가지는 이와 같은 계획재량은 그 행정계획에 관련되는 자들의 이익을 공익과 사익 사이에서는 물론이고 공익 상호간과 사익 상호간에도 정당하게 비교 · 교량하여야 하고 그 비교·교량은 비례의 원칙에 적합하도록 하여야 하는 것이므로, 만약 행정주체가 행정계획을 입안 · 결정함에 있어서 이익형량을 전혀 행하지 아니하였거나 이익형량의 고려대상에 마땅히 포함시켜야 할 중요한 사항을 누락한 경우 또는 이익형량을 하였으나 그것이 비례의 원칙에 어긋나게 된 경우에는 그 행정계획결정은 재량권을 일탈 · 남용한 것으로 위법하다(대법원 2005.3.10. 선고 2002두5474 판결).

⑷ 사안의 해결

서초구청장이 이 사건 도시계획사업에 관한 행정계획을 입안 · 결정함에 있어서 A가 일반음식점을 운영하면서 주차장으로 사용하는 이 사건 토지 전부를 사업

부지로 편입한 것이 형량하자에 해당하는지 여부가 문제된다. 휴게광장조성으로 만남의 장소를 제공하고 경관의 향상을 위한 공익과 A가 입게 되는 불이익을 이익형량의 고려 대상에 마땅히 포함시켜야 하는데, 그 사업에 필요 이상으로 많은 A의 토지를 편입시키는 등으로 그 사항을 누락하였거나, 정당성 내지 객관성이 결여된 상태에서 이익형량을 한 것으로 보인다. 그리고 행정목적의 달성으로 인한 공익과 이로 인하여 A가 입게 되는 재산권의 침해 등의 불이익을 고려하면, 이 사건 토지 전부에 대하여 도시계획결정을 하는 것이 행정목적을 달성하기 유효·적절하다고 보기 어렵다. 또한 가능한 한 최소침해를 가져오는 수단이라고 할 수도 없어 비례의 원칙에도 반한다고 할 것이다. 따라서 이 사건 도시계획결정은 형량에 하자가 있어 위법하다.

(5) 위법성의 정도

무효와 취소의 구별기준에 관한 중대명백설에 의하면 이 사건 도시계획결정은 형량의 하자로 그 하자가 중대하기는 하지만 외부적으로 명백하다고는 볼 수 없어 취소사유에 해당된다.

Ⅲ. 이 사건 인가처분의 위법성 여부

1. 이 사건 인가처분과 하자의 승계

서초구청장의 이 사건 인가처분이 위법하다고 의심할 만한 사유는 사안에서 찾아 볼 수 없다. 그럼에도 선행처분인 이 사건 도시계획결정이 위법하여 취소사유에 해당되면, 그 선행처분을 기초로 연속하여 행하여진 후행처분인 이 사건 인가처분 역시 위법하여 취소사유에 해당하는지 여부가 문제된다.

이 같은 하자의 승계 문제는 대개는 선행행위에 불가쟁력이 발생하여 그 행위의 효력을 다툴 수 없으나, 그 선행행위를 기초로 행하여진 적법한 후행행위를 선행행위의 하자를 이유로 후행행위의 효력을 다툴 수 있는 점에 실익이 있다. 그러나 A는 선행행위에 대하여도 적법한 제소기간내에 취소소송을 제기하였으므로, 하자의 승계 전제조건인 선행행위의 불가쟁력은 이 사건에서 문제되지 않는다.

2. 하자의 승계 전제조건

하자의 승계가 인정되기 위해서는 ① 선행행위와 후행행위가 모두 항고소송의 대상이 되는 처분이어야 한다. ② 선행행위가 불가쟁력이 발생하여 다툴 수 없어야 한다. ③ 그 선행행위는 무효가 아닌 취소할 수 있는 행위여야 한다. ④ 후행행위는 적법하여야 한다는 조건을 필요로 한다.

3. 하자의 승계 여부에 관한 기준

가. 선·후행행위가 「하나」의 법률효과의 발생을 목적으로 하는 경우에만 승계를 인정하는 경우

승계여부는 양자가 서로 결합하여 하나의 효과를 완성하는 것인 경우에는 흠이 승계된다고 한다. 이 경우에는 서로 연속하는 두 개 이상의 행위에 의하여 법률이 달성하려고 하는 목적은 최종의 행정행위에 유보되어 있다고 보기 때문이다.

판례가 승계를 인정한 예로는 ① 계고처분과 대집행 영장발부통보처분, ② 개별공시지가결정과 과세처분, ③ 독촉과 가산금·중가산금정수처분, ④ 한지의사시험의 자격인정과 한지의사 면허처분, ⑤ 안경사국가시험합격무효처분과 안경사면허취소 처분, ⑥ 계고처분과 대집행비용납부명령, ⑦ 표준공시지가결정처분과 수용보상금처분 등이다.

나. 선행처분과 후행처분이 서로 독립하여 별개의 법률효과를 목적으로 하는 때

(1) 원칙

판례는 선행처분과 후행처분이 서로 독립하여 별개의 법률효과를 목적으로 하는 것이라고 판단될 경우 하자의 승계를 인정하지 아니한다.

판례에서 승계를 인정하지 아니한 예로서는, ① 납세의무자의 신고와 징수처분, ② 항공노선운수권배분실효처분과 노선면허처분, ③ 택지개발예정지구지정과 택지개발계획승인처분, ④ 도시계획결정과 수용재결, ⑤ 개별공시지가결정과 부과처분, ⑥ 전직처분 또는 전직거부처분과 직권면직처분 등이다.

(2) 예 외 (수인한도를 넘거나 예측가능성이 없을 때 승계인정)

㈎ 판례는 선행처분과 후행처분이 서로 독립하여 별개의 효과를 목적으로 하는

경우에도 선행처분의 불가쟁력이나 구속력이 그로 인하여 불이익을 입게 되는 자에게 수인한도를 넘는 가혹함을 가져오며, 그 결과가 당사자에게 예측가능한 것이 아닌 경우에는 국민의 재판받을 권리를 보장하고 있는 헌법의 이념에 비추어 선행처분의 후행처분에 대한 구속력은 인정될 수 없다(대법원 1994.1.25, 선고 93누8542 판결)라고 하여 하자의 승계를 인정하여 독립된 취소사유로 주장할 수 있다고 한다.

(나) 판례는 수인한도와 예측가능성의 법리가 중요한 기준이 되었다고 할 것인데, 그 기준이 대단히 추상적인 것이므로 어느 범위까지 예외를 인정할 것인가는 어려운 문제이다. 표준공시지가결정처분과 수용보상금처분에 관한 판례에서 '표준지공시지가결정이 위법한 경우에는 그 자체를 행정소송의 대상이 되는 행정처분으로 보아 그 위법 여부를 다툴 수 있음은 물론, 수용보상금의 증액을 구하는 소송에서도 선행처분으로서 그 수용대상 토지 가격 산정의 기초가 된 비교표준지공시지가결정의 위법을 독립한 사유로 주장할 수 있다'(대법원 2008.8.21, 2007두13845 토지보상금)고 흠의 승계를 인정한 바 있다.

다. 새로운 견해 (선행행위의 후행행위에 대한 구속력)

새로운 견해는 다수설의 하자의 승계이론을 비판한다. 후행행위와 결합하여 한 개의 효과를 발생한다는 이유로 이미 불가쟁력이 발생된 선행행위의 규율내용에 대하여 다시 다툴 수 있게 한다면, 법적 안정성을 실현시키는 제소기간제도의 의의는 본질적으로 훼손되게 된다는 것이다. 또한 다단계 행정절차에 의하여 진행되는 원자력발전소, 신공항건설 등 대규모시설의 건설사업에 대하여 선행행위가 위법하다는 이유로 수개월이 경과한 후에도 다툴 수 있다면, 중요한 국가과제를 수행하는데 큰 장애가 된다고 한다. 따라서 불가쟁력이 발생한 행정행위의 흠의 승계가능성은 원칙적으로 부인되어야 한다고 주장한다.

4. 사안의 해결

이 사건 인가처분은 사업시행자에게 이 사건 도시계획결정을 전제로 하여 도시계획시설사업을 시행할 수 있는 권한을 설정하는 주는 처분으로서, 두 처분은 서로 결합하여 하나의 효과(휴게광장조성)를 완성하는 것이라고 할 수 있으므로 하자가 승계되는 경우로 볼 수 있다.

앞서 본 바와 같이 A가 이 사건 도시계획결정에 대하여 쟁송기간 내에 소송을 제기하여 다투고 있고, 위 도시계획결정은 위와 같은 하자로 인하여 위법하기 때문에 취소되어야 한다. 따라서 이 사건 도시계획결정을 기초로 한 후행처분인 이 사건 인가처분도 역시 위법하다고 할 것이다.

5. 위법성의 정도

이 사건 인가처분 역시 이 사건 도시계획결정과 같은 사유로 취소사유에 해당한다고 할 것이다.

Ⅳ. 결 론

따라서 이 사건 도시계획결정은 도시계획절차상 필요한 기초조사 등을 흠결하는 절차상의 하자와 형량하자로 인한 내용상 하자로 인하여 위법한 처분으로 취소되어야 한다. 또한 선행처분의 하자를 승계한 후행처분인 이 사건 인가처분 역시 위법하여 취소되어야 할 것이므로, A는 이 사건 각 처분의 취소판결을 받아 승소하게 될 것이다.

기본구조

I. 쟁점정리

II. 이 사건 도시계획결정의 위법성 여부

1. 행정계획의 개념과 그 법적 성질

2. 이 사건 도시계획결정의 문제점
   가. 절차상의 위법성
   　(1) 법률의 규정
   　(2) 기초조사의 결여
   　(3) 판례의 입장
   　(4) 절차상의 하자가 독자적인 위법사유인지 여부
   　　(가) 학설
   　　　(a) 독자적인 흠으로 인정하지 않는 견해(소극설)
   　　　(b) 독자적인 흠으로 인정하는 견해(적극설)
   　　　(c) 절충설
   　　(나) 판례
   　　(다) 소결
   　　(라) 사안의 경우
   　(5) 절차상의 흠의 치유 문제
   　　(가) 학설
   　　(나) 판례
   　　(다) 소결
   　(6) 사안의 해결
   　(7) 위법성의 정도
   나. 내용상의 위법성
   　(1) 계획재량의 개념과 통제의 필요성
   　(2) 행정재량과 계획재량의 구분
   　(3) 계획재량과 사법심사
   　　(가) 형량명령의 원칙
   　　　(a) 의의
   　　　(b) 형량의 하자
   　　　(c) 판례
   　(4) 사안의 해결
   　(5) 위법성의 정도

III. 이 사건 인가처분의 위법성 여부

1. 이 사건 인가처분과 하자의 승계
2. 하자의 승계 전제조건
3. 하자의 승계 여부에 관한 기준
   가. 선·후행행위가 「하나」의 법률효과의 발생을 목적으로 하는 경우에만 승계를 인정하는 경우
   나. 선행처분과 후행처분이 서로 독립하여 별개의 법률효과를 목적으로 하는 때
   　(1) 원칙
   　(2) 예외
   다. 새로운 견해(선행행위의 후행행위에 대한 구속력)

4. 사안의 해결

5. 위법성의 정도

IV. 결론

제1문

I. 쟁점의 정리

(1) 서초구청장은 이 사건 도시계획결정을 입안함에 있어서 고려하여야 할 요소에 대한 기초조사를 거치지 아니하고, 미리 작성한 도시계획사업의 설계도면에도 없는 이 사건 토지 전부를 도시계획사업의 편입대상으로 결정하였다. 이런 사유가 절차상 및 내용상 하자에 해당하는지 여부를 검토해야 하고, 이 사건 도시계획결정이 관련법령을 위반한 위법한 행정계획에 해당하는지 여부와 관련하여 행정계획결정에 관한 재량의 한계인 형량하자 유무를 검토할 필요가 있다.

(2) 서초구청장의 이 사건 도시계획결정을 근거로 하여 이루어진 후행처분인 도시계획사업의 휴게광장조성 실시계획을 인가하는 처분 자체는 적법할지라도 선행행위의 하자로 역시 위법하게 되는지 여부가 문제된다. 특히 이 사건 도시계획결정처분에 대하여서도 적법한 제소기간 내에 불복을 제기하여 다투고 있으므로, 불가쟁력이 발생한 선행처분의 하자를 승계한 적법한 후행처분을 다투는 하자의 승계이론이 그대로 적용되는지 여부도 살펴 볼 필요가 있다.

II. 이 사건 도시계획결정의 위법성 여부

1. 행정계획의 개념과 법적 성질

(1) 행정계획은 행정에 관한 전문적·기술적 판단을 기초로 하여 도시의 건설·정비·개량 등과 같은 특정한 행정목표를 달성하기 위하여 서로 관련되는 행정수단을 종합·조정함으로써 장래의 일정한 시점에 있어서 일정한 질서를 실현하기 위한 활동기준으로 설정된 것을 말한다.

(2) 행정계획의 개념상 행정청은 비교적 광범위한 형성의 자유를 가진다. 그렇지만, 행정주체가 가지는 이와 같은 형성의 자유인 계획재량은 무제한적인 것이 아니라, 공익과 사익 사이에서는 물론이고 공익 상호간과 사익 상호간에도 정당하게 비교교량하여야 한다는 제한이 있다.

2. 이 사건 도시계획결정의 문제점

가. 절차상의 위법성 여부

(1) 기초조사의 결여

도시관리계획을 입안하려면 미리 인구, 경제, 사회, 문화 등 도시계획의 수립 또는 변경에 필요한 사항을 조사하거나 측량하여야 한다(국토의 계획 및 이용에 관한 법률 27①, 13①).

사안에서 조성하고자 하는 휴게광장의 부지 안에 A가 현재 일반음식점의 주차장으로 사용하고 있는 토지가 편입됨으로 인하여 영업의 손실과 같은 재산상의 손해도 우려되는 상황이었다. 그럼에도 서초구청장은 추가적인 도시계획시설의 필요성이나 수요를 파악하여 충분한 검토가 이루어져야 함에도 그러한 기초조사조차 행하지 않았던 것은 절차상의 위법에 해당된다고 할 것이다.

(2) 절차상의 하자가 독자적인 위법사유인지 여부

(가) 학설의 태도

① 다시 적법한 절차를 거쳐 처분을 하여도 동일한 처분을 반복할 수밖에 없기 때문에 절차상의 흠만을 이유로 행정행위를 취소하는 것은 행정경제 또는 소송경제에 반한다는 소극설, ② 적정한 결정은 적정한 절차에 의하여야 하며, 행정소송법 제30조 제3항을 근거로 하는 적극설, ③ 기속행위는 위법을 부정하고, 재량행위는 긍정하는 절충설이 있다.

(나) 판례

대법원은 행정청이 침해적 행정처분을 하면서 당사자에게 행정절차법상의 사전통지를 하거나 의견제출의 기회를 주지 아니하였다면 그 처분은 위법하여 취소를 면할 수 없다고 하여 적극설의 입장에 있다.

(다) 검토 및 사안의 경우

법률에 의한 행정의 원칙은 행정행위가 실체법상은 물론 절차법상으로도 적법할 것을 요구한다고 볼 것이기 때문에 절차상의 흠은 실체법상의 흠이나 마찬가지로 독립적으로 행정행위를 위법으로 만든다는 적극설이 타당하다. 도시계획결정에 있어서 서초구청장은 법률이 정하는 바에 따라 기초조사를 할 의무가 있음에도 그러한 기초조사를 행하지 아니한 절차상의 하자가 존재한다. 그리고 이러한 절차상의 하자는 독자적인 위법사유가 된다.

(3) 소결

서초구청장의 도시계획결정은 앞에서 검토한 바와 같이 절차상의 위법이 있다. 그리고 사안에서 기초조사 절차의 흠결에 대한 사후적 보완으로 인하여 하자가 치유되었다고 볼 수 있는 사정도 보이지 아니한다.

그 하자의 정도는 중대명백설에 따르면 내부적으로 중대한 하자가 있지만, 외부적으로는 명백한 흠이라고 할 수는 없으므로 취소사유에 해당된다. 판례 역시 절차상의 하자는 도시계획결정의 취소사유는 될지언정 당연무효의 사유는 아니라고 한다.

나. 내용상의 위법성

(1) 계획재량의 개념과 통제의 필요성

계획재량이란 계획책정에 있어서 행정청이 가지는 재량을 말한다. 행정계획의 특성상 행정청에게 광범위한 권한이 인정되어야 하지만, 법치국가원리에서 볼 때 그 권한도 일정한 한계

내에서 행사되어야 한다는 것은 당연하다. 때문에 행정청이 갖는 계획고권의 행사와 관련하여 재량통제를 가능하게 하는 이론으로서 계획재량 및 형량명령이론이 등장하게 되었다.

(2) 행정재량과 계획재량의 구분
① 행정재량은 구체적 사실과 결부시켜 판단하고 결정하는 것이나, 계획재량은 계획규범이 규정한 목적의 범위 안에서 광범위한 형성의 자유를 가지고 행정정책적으로 행정목표를 정하기 때문에 그 재량권이 광범위하게 인정되며, ② 계획재량은 계획규범이 요건·효과에 대하여 공백규정을 두는 것이 보통이기 때문에 행정재량에 비하여 그 한계가 매우 넓다.

(3) 계획재량과 사법심사
(개) 형량명령의 원칙과 형량하자
행정계획의 수립주체는 형성의 자유권을 행사함에 있어서 공익상호간, 사익상호간 및 공익과 사익상호간의 정당한 형량을 하여야 하는 것을 형량명령의 원칙이라고 한다. 이에 의하면 형량의 과정은 ① 조사 및 확인과정, ② 평가과정, ③ 좁은 의미의 형량과정으로 이루어진다.

(내) 형량의 하자
그런데 계획기관이 이러한 형량을 함에 있어서 잘못이 있을 때에는 형량은 하자를 띠게 되고 법원의 심사대상이 되게 된다. 형량하자에는 ① 형량을 전혀 행하지 아니한 경우의 형량의 해태, ② 형량의 대상에 마땅히 포함시켜야 할 사항을 빠뜨리고 형량을 행한 경우의 형량의 흠결, ③ 여러 이익간의 형량을 행하기는 하였으나 그것이 정당성·객관성을 결한 경우의 오형량 등이 있다.

우리 판례도 형량하자 유형에 따라 공익과 사익 사이의 정당한 형량을 하지 않았거나, 형량을 하였으나 정당성과 객관성이 결여된 경우에는 형량에 하자가 있다고 판시하고 있다. 형량의 원칙은 명문규정이 없는 경우에도 계획재량권행사에 대하여 당연히 적용되는 것으로 받아들이고 있다.

(대) 사안의 경우
서초구청장이 이 사건 도시계획사업에 관한 행정계획을 입안·결정함에 있어서 서초구청장은 ① 휴게광장조성으로 만남의 장소를 제공하고 경관의 향상을 위한 공익과 ② 그로 인하여 A가 입게 되는 재산상의 불이익을 이익형량의 고려 대상에 마땅히 포함시켜야 하는데, 그 사업에 필요 이상으로 많은 A의 토지를 편입시키는 등으로 그 사항을 누락하였거나, 정당성 내지 객관성이 결여된 상태에서 이익형량을 한 것으로 보인다. 따라서 이 사건 도시계획결정은 형량에 하자가 있어 위법하다.

또한 무효와 취소의 구별기준에 관한 중대명백설에 의하면 이 사건 도시계획결정은 형량의 하자로 그 하자가 중대하기는 하지만 외부적으로 명백하다고는 볼 수 없어 취소사유에 해당된다.

III. 이 사건 인가처분의 위법성 여부

1. 이 사건 인가처분과 하자의 승계

서초구청장의 이 사건 인가처분이 위법하다고 의심할 만한 사유는 사안에서 찾아 볼 수 없다. 그럼에도 선행처분인 이 사건 도시계획결정이 위법하여 취소사유에 해당되면, 그 선행처분을 기초로 연속하여 행하여진 후행처분인 이 사건 인가처분 역시 위법하여 취소사유에 해당하는지 여부가 문제된다.

2. 하자의 승계의 전제조건

하자의 승계가 인정되기 위해서는 ① 선행행위와 후행행위가 모두 항고소송의 대상이 되는 처분이어야 한다. ② 또한 선행행위가 불가쟁력이 발생하여 다툴 수 없어야 한다. ③ 그 선행행위는 무효가 아닌 취소할 수 있는 행위여야 하며, ④ 후행행위는 적법하여야 한다는 조건을 필요로 한다.

3. 사안의 경우

(1) 이 사건 인가처분은 사업시행자에게 이 사건 도시계획결정을 전제로 하여 도시계획시설사업을 시행할 수 있는 권한을 설정하는 주는 처분으로서, 두 처분은 서로 결합하여 하나의 효과(휴게광장조성)를 완성하는 것이라고 할 수 있으므로 하자가 승계되는 경우로 볼 수 있다.

(2) 그러나 앞서 본 바와 같이 A가 이 사건 도시계획결정에 대하여 쟁송기간 내에 소송을 제기하여 다투고 있고, 위 도시계획결정은 위와 같은 하자로 인하여 위법하여 취소되어야 한다. 결국 하자의 승계가 인정되기 위한 전제인 선행행위에 불가쟁력이 발생한 경우가 아니다. 결국 A는 선행행위인 도시계획결정에 대한 위법성을 소송으로서 주장할 수 있으며, 도시계획결정이 위법하게 됨에 따라 후속행위인 인가처분도 위법하게 될 것이다.

IV. 사안의 해결

(1) 따라서 이 사건 도시계획결정은 도시계획절차상 필요한 기초조사 등을 흠결하는 절차상의 하자와 형량하자로 인한 내용상 하자로 인하여 위법한 처분으로 취소되어야 한다.

(2) 또한 선행처분의 하자를 승계한 후행처분인 이 사건 인가처분 역시 위법하여 취소되어야 할 것이므로, A는 이 사건 각 처분의 취소판결을 받아 승소하게 될 것이다.

[8] 복효적 행정행위

> 청주시장은 X회사에 주거지역으로 지정된 청주시 우암동 소재 지상에 원동기를 사용하여 연탄을 제조하는 공장 1동 건평 330㎡의 건축을 허가하였다. 그런데 건축법은 원동기를 사용하는 공장으로서 작업장의 바닥 면적의 합계가 50㎡를 초과하는 것은 주거지역 안에서 건축할 수 없도록 하고 있다. A는 그 공장으로부터 70㎝ 사이에 인접한 주거지역에서 거주하고 있는데, 연탄공장에서 원동기의 가동으로 인한 소음 때문에 일상 대화에 지장이 있고 또 원동기의 진동으로 평상적인 주거의 안녕도 누리기 어려운 상태가 되었으며, 그 소유 가옥의 가치가 하락되고 임대하기도 어려워 재산권의 침해를 받고 있다.

(1) 청주시장의 X회사에 대한 건축허가 처분에 대하여 인근주민 A의 법적지위를 설명하시오. (30점)

(2) A에 대한 행정쟁송법상의 권리구제수단을 설명하시오. (50점)

참고법령

「도시계획법 [법률 제2435호, 1972. 12. 30. 일부개정]」

제17조(지역의 지정)
① 건설부장관은 도시계획구역안에서 토지의 경제적이며, 효율적인 이용과 공공의 복리증진을 도모하기 위하여 필요하다고 인정할 때에는 다음 각호의 지역의 지정을 도시계획으로 결정할 수 있다.
1. 주거지역:거주의 안녕과 건전한 생활환경의 보호를 위하여 필요한 때

제19조(지역 및 지구안의 행위제한등)
① 제17조 및 전조의 규정에 의하여 지정된 지역 및 지구안에 있어서의 건축 기타의 행위의 제한 및 금지에 관하여는 이 법에 특별한 규정이 있는 경우를 제외하고는 건축법 및 기타의 법률이 정하는 바에 의한다.

「건축법」

제32조(지역내에서의 건축물)
① 도시계획법의 규정에 의하여 지정된 지역내에 있어서의 건축물의 건축금지 및 제한에 관하여는 대통령령으로 정한다.

주요쟁점

- 행정처분의 제3자
- 반사적이익론
- 행정개입청구권
- 행정소송법상 원고적격
- 법률상 이익
- 경업자(경쟁자소송)
- 경원자(경원자소송)
- 인근주민(인인소송)
- 행정심판의 청구
- 임시구제로서의 집행정지
- 취소소송의 제기요건

I. 복효적 행정행위에서 처분의 제3자인 A의 법적 지위 [설문 (1)의 해결]

1. 문제점

청주시장은 주거지역 안에서 원동기를 사용하는 공장으로서 작업장의 바닥 면적의 합계가 50㎡를 초과하는 것은 건축할 수 없게 된 건축법령을 위반하여 X회사에게 330㎡에 해당하는 연탄공장건축허가를 하였다. 그로 말미암아 A는 X회사가 연탄공장을 가동함으로 인한 소음과 진동으로 일상생활을 할 수 없을 만큼의 고통을 겪고 있어 수인한도를 넘는 환경피해를 겪고 있는 것으로 보인다. 따라서 청주시장의 X회사에 대한 건축허가처분은 X회사에게는 수익적 행위이며, A에게는 불이익을 주는 복효적 행정행위에 해당된다. 따라서 A는 X회사를 상대로 민사상 손해배상청구도 할 수 있다. 그렇지만 여기서는 인근주민인 A의 법적 지위와 관련하여 복효적 행정행위와 함께 A가 행정청에 대하여 어떤 권리를 갖는지를 살펴볼 필요가 있다.

2. 복효적 행정행위의 검토

가. 개 념

복효적 행정행위라 함은 행정청 이외의 2인 내지 그 이상의 당사자를 가지며, 그 중 적어도 한 사람 이상에게 이익을 부여하고, 동시에 다른 한 사람 이상에게 불이익을 과하는 효과를 가지는 1개의 행정행위를 말한다. 판례는 '제3자효를 수반하는 행정행위'로 표현하기도 한다(대법원 2001.5.29. 선고 99두10292 판결).

나. 성립배경

복효적 행정행위는 반사적이익론에 의하여 취소소송의 원고적격성이 부정되었던 제3자 또는 주민에게 소익이 널리 인정되었기에 성립한 개념이다. 여기에서 행정행위에 관련된 법률관계에 제3자가 권리주체로 등장하여 이익자, 행정청 및 불이익자라고 하는 3자 관계가 성립하게 되었다. 그리하여 처분으로 인한 이익자 및 불이익자의 법적지위와 어떤 권리를 가지는가 또한 양자의 권리를 어떻게 조정할 것인가가 문제된다.

다. 복효적 행정행위의 특징

(1) 제3자의 권리주장의 수단

새로이 권리주체로서 등장한 제3자가 어떤 권리주장의 수단을 가지는가의 문제이다. ① 제3자의 이익을 법적으로 보호하기 위해서는 제3자에게 취소소송의 원고적격성을 인정하는 것이 필요하다. 그리고 취소소송의 출소권 이외에 ② 타인에 대한 행정권발동의 신청권, ③ 청문 등 사전절차에의 참가나 행정행위의 통지의 필요성 등 사전적 행정절차에서의 제3자의 지위 보호도 문제된다.

(2) 행정행위에 미치는 영향

하나의 행정행위가 그 상대방에 대하여서만이 아니고 제3자의 이익에도 일정한 효과를 미치는 경우에, 그것이 행정청의 권한행사에 어떠한 영향을 주는가를 검토해야 한다. 이는 처분청이 당해 행위를 철회·취소해야 하는지에 관한 것으로 재량권행사에 관한 문제이다. 따라서 복효적 행정행위에서는 공익과 개인법익과의 대립이라고 하는 구도로만 파악 할 수 없고, 구체적인 개인법익 상호간의 대립도 고려하여야 한다. 행정청은 그 권한행사에 있어서 양 법익에 대하여 일정한 형량을 하여야 한다.

3. 청주시장에 대한 A의 권리

가. 행정개입청구권의 일반론

(1) 행정개입청구권의 개념과 성립배경

사안의 건축허가와 같이 제3자인 A에게 불이익을 주는 행위에서 A는 X회사에 대한 규제행위를 청주시장에 대하여 청구할 수 있는가에 관한 것이 행정개입청구권의 문제이다. 행정청에 대하여 직접 규제권한의 행사를 의무지우는 것은 반사적 이익론과 행정편의주의에 따라 인정하지 아니하였다. 독일에서 행정개입청구권은 연방행정재판소의 띠톱판결에서 시작하여 학설·판례상 정착된 바 있다.

(2) 행정개입청구권의 요건

첫째로 행정개입청구권은 다른 자에 대한 행정권발동으로 받는 이익이 반사적 이익이 아니고 법적이익으로 인정되어야 한다.

둘째로 행정개입청구권이 인정되기 위하여서는 행정청에게 규제권한의 행사의무가 존재하여야 한다. 따라서 행정청이 규제권한을 행사할 것인지에 대하여 행정청의 재량이 인정되는 경우에는, 제3자에 대한 생활의 방해 또는 위해의 정도가 특히 강하여 행정의 재량영역이 영으로 수축되어 실제로는 개입의 결정만이 적법한 것으로 판단될 수 있는 상황이어야 한다.

(3) 판례의 입장

행정청에 대하여 규제권한의 발동을 청구하고 행정청의 불개입(해태)에 대하여 부작위위법확인소송을 제기하거나 그 거부회답을 받고 거부처분취소소송을 제기하여 승소한 예는 찾아볼 수 없으나, 행정규제권한의 불행사의 위법을 이유로 하는 국가배상사건에서는 인용례가 있다. 우리나라에서도 국가배상에 있어서는 반사적 이익론과 행정편의주의는 이미 포기되고 재량의 영으로의 축소이론이 타당한 경우가 있다고 하겠다.

판례는 피고 산하 군산경찰서 역전파출소 소속 경찰관들로서는 망인들을 비롯한 윤락녀들이 이 사건 업소 내부에 감금된 채로 윤락을 강요받으면서 생활하고 있음을 쉽게 알 수 있는 상황이었으므로, 범죄의 예방과 제지에 관한 경찰관직무집행법 제6조 및 형사소송법 등 관계 법령의 규정에 따라 이러한 감금 및 윤락강요행위를 제지하고 체포, 수사하는 등 필요한 조치를 취했어야 함에도 이러한 조치를 취하지 아니하였을 뿐만 아니라, 오히려 윤락업소의 업주들로부터 뇌물을 수수하며 위와 같은 행위를 방치한 것은 직무상의 의무를 위반한 것으로서 위법하다고 할 것인바, 원심이 같은 취지로 판단하면서 위 경찰관들의 직무상 의무위반행위로 인하여 망인들이 이 사건 업소에 감금된 채 윤락을 강요받게 됨에 따라 망인들 및 그 가족들인 원고들이 입은 정신적 고통에 대하여 피고에게 위자료의 지급을 명한 조치는 정당한 것이라고 판시하였다(대법원 2004.9.23. 선고 2003다49009 판결).

또한 경찰관의 주취운전자에 대한 권한 행사가 관계 법률의 규정 형식상 경찰관의 재량에 맡겨져 있다고 하더라도, 그러한 권한을 행사하지 아니한 것이 구체적인 상황 하에서 현저하게 합리성을 잃어 사회적 타당성이 없는 경우에는 경찰관의 직무상 의무를 위배한 것으로서 위법하게 된다고 보았다(대법원 1998.5.8. 선고 97다54482 판결).

나. A의 청주시장에 대한 행정개입청구권의 행사수단

(1) 행정개입청구권의 요건충족

A가 처분청인 청주시장에게 행정개입청구권을 행사하기 위해서는 그 요건을 충족하여야 한다. A가 소음과 진동과 같은 수인한도를 초과하는 환경피해가 없는 가운데 누리는 주거의 안온과 재산상의 이익은 법률상 보호받아야 할 법률상 이익에 해당된다.

그리고 행정개입청구권의 상대방인 청주시청은 건축법령을 위반하여 연탄공장의 건축을 허가한 처분을 사후에라도 법령에 적합하게 조치할 의무가 있다. 그리고 당장 목전에 행하여지고 있는 환경피해를 수인한도내로 최소화할 규제권을 발동할 의무가 있다.

(2) 복효적 행정행위의 철회

수익적 행정행위의 철회는 당해 행위의 직접상대방인 이익자의 기득의 이익보호의 견지에서 강한 제약을 받는다. 그러나 사안의 경우와 같이 처분의 존속이 제3자에게 불이익이 되는 경우는 다르다. 복효적 행위의 철회에 있어서는 이익자의 보호만을 중시할 것이 아니라 처분으로 인하여 불이익을 받는 제3자의 보호도 고려하지 않으면 안 된다.

X회사에 대한 수익적 행정행위가 제3자인 A의 권리·이익을 침해하고 있으므로, 청주시청은 A의 청구에 의하여 A에 대한 침해의 정도나 이익의 내용, 보호할 필요성의 정도 등을 고려하여 건축허가처분을 철회할 수도 있다.

(3) 복효적 행정행위의 직권취소

위법한 복효적 행위의 직권취소에 대하여는 불가쟁력이 발생하였는가의 여부에 따라 구별하여 검토하여야 한다. 불복제기기간(행정심판 또는 행정소송제기기간) 내에는 수익자(X 회사)는 당연히 불이익을 받은 자(A)가 행정심판·행정소송 등을 제기할 것을 고려하지 않으면 안될 것이고, 그 범위 안에서는 수익자의 신뢰를 크게 보호할 필요가 없다. 그러므로 불가쟁력 발생 전에는 위법한 권리침해로부터 불이익자를 구제하기 위하여 보다 자유로이 직권취소가 인정될 수 있다. 다만, 불가쟁력 발생 후에는 수익자의 신뢰보호를 위하여 직권취소가 제한된다 하겠다.

⑷ 소음진동규제권 및 연탄공장의 규모축소청구권

A는 청주시장에게 X회사의 연탄공장 가동으로 발생하는 소음과 진동 수준이 수인한도내로 낮춰주도록 규제권을 발동하는 청구를 할 수 있다. 뿐만 아니라 A는 당초 건축법령을 위반하여 부당하게 넓게 건축된 공장의 규모를 주거지역안에서의 기준에 부합하도록 축소하도록 하는 조치를 취하도록 청구할 수 있다.

4. 사안의 해결

복효적 행정행위에서 처분의 직접 상대방이 아닌 제3자의 지위에서 현재 수인한도를 초과하는 환경피해를 예방하기 위하여 환경피해를 최소화하도록 하는 소음진동규제 및 연탄공장의 규모축소 등에 관한 규제권의 발동을 요청할 수 있다. 뿐만 아니라 청주시장의 X회사에 대한 건축관련 법령을 위반하여 행하여진 건축허가처분을 직권으로 취소(철회)하도록 하는 내용의 행정개입청구권을 행사할 수 있다. 또한 행정쟁송절차를 통하여 건축허가처분의 취소를 구하는 쟁송을 제기할 수도 있다.

기본구조

복효적 행정행위에서 처분의 제3자인 A의 법적 지위 [설문 ⑴의 해결]

1. 문제점

2. 복효적 행정행위의 검토
   가. 개 념
   나. 성립배경
   다. 복효적 행정행위의 특징
   ⑴ 제3자의 권리주장의 수단
   ⑵ 행정행위에 미치는 영향

3. 청주시장에 대한 A의 권리
   가. 행정개입청구권의 일반론
   ⑴ 행정개입청구권의 개념과 성립배경
   ⑵ 행정개입청구권의 요건
   ⑶ 판례의 입장
   나. A의 청주시장에 대한 행정개입청구권의 행사수단
   ⑴ 행정개입청구권의 요건충족
   ⑵ 복효적 행정행위의 철회
   ⑶ 복효적 행정행위의 직권취소
   ⑷ 소음진동규제권 및 연탄공장의 규모축소청구권

4. 사안의 해결

Ⅱ. A의 행정쟁송법상 권리구제수단 [설문 (2)의 해결]

1. 문제점

A는 청주시장의 X회사에 대한 연탄공장 건축허가의 취소를 구하는 행정심판 또는 행정소송을 제기할 수 있는 원고적격이 있는지 검토할 필요가 있다. 건축허가처분은 필요적 행정심판전치주의를 채택하지 않고 있으므로, 곧바로 행정소송을 제기하여도 된다. 그리고 A에 대한 수인한도를 넘는 환경피해를 당장 중지시키기 위한 가구제로서의 처분의 집행정지요건에 해당되는지도 문제된다.

2. A의 행정쟁송법상의 원고적격 여부

가. 행정소송법 제12조의 원고적격

취소소송은 처분 등의 취소를 구할 법률상 이익이 있는 자가 제기할 수 있게 하고, 그 처분 등의 취소로 인하여 회복되는 법률상 이익이 있는 자는 그 처분 등의 효과가 기간의 경과, 처분 등의 집행, 그 밖의 사유로 인하여 소멸된 뒤에도 제기할 수 있다(행정소송법 12). 이는 바로 취소소송의 소익에 관한 규정이다.

나. 취소소송의 기능과 목적에 관한 견해

(1) 학 설

(가) 권리향수회복설

현재 개인의 권리향수를 방해하고 있는 위법한 행정처분의 효력을 배제하여 권리향수를 회복시키는 데 있다고 한다. 이 견해에서 소의 대상은 국민의 구체적 권리를 직접 침해하는 처분이 아니면 안된다. 제3자에 대한 처분에 대하여서는 그 제3자에 대한 특별한 권리를 가진 자를 제외하고는 원고적격은 인정되지 않는다.

(나) 법률상 이익구제설

취소소송은 법률이 개인을 위하여 보호하고 있는 이익을 침해한 위법한 처분에 대하여 개인이 이를 방위하기 위한 수단이라고 보는 견해이다. 따라서 소익은 실정법의 취지·목적을 기준으로 정하게 되며, ① 처분이 개인의 이익보호를 고려한 강행법규에 위반하여 관계인에게 불이익을 미치고 있는 경우에는 설령 그 이익이 권리라고는 말할 수 없는 경우에도 취소소송의 제기가 가능하다고 본다. ②

주된 권리의 회복은 불가능하더라도 이에 부수하는 종된 권리나 이익의 회복이 처분의 취소에 의하여 가능한 경우에는 그것이 법률이 보호하고 있는 이익이기만 하면 역시 소익을 인정하게 된다. 우리나라의 통설이다.

㈐ 보호가치이익구제설

취소소송을 법의 해석적용을 통하여 개인의 실생활상의 이익에 관한 개별적·구체적 분쟁을 해결하는 절차로 보는 견해이다. 따라서 처분의 위법을 다투는 자가 그 효력을 부인함에 대하여 실질적 이익을 가지는 한 그것이 법률이 보호하는 이익이건 사실상의 이익이건 소송법상으로 보호할 가치가 있는 이익이면 널리 취소소송의 소익요건을 충족시키는 것으로 본다.

㈑ 적법성보장설

취소소송을 개인의 이익보호만을 위한 수단으로 보는 것을 의문시하여 취소소송의 특징을 오히려 행정처분의 적법성 유지기능에서 구한다. 그리하여 소송법상의 개별적·구체적인 문제, 즉 소익의 문제 이외에 소송지휘의 방식, 화해·인낙의 가부, 기판력의 범위 등을 해결함에 있어서도 처분의 적법성유지, 즉 객관소송이념을 지도이념으로 채택할 것을 요청한다.

(2) 판 례

행정소송에서 소송의 원고는 행정처분에 의하여 직접 권리를 침해당한 자임을 보통으로 하나 직접 권리의 침해를 받은 자가 아닐지라도 소송을 제기할 법률상의 이익을 가진자는 그 행정처분의 효력을 다툴 수 있다(대법원 1974.4.9. 선고 73누173 판결). 법률상 이익구제설의 입장과 같다.

(3) 소 결

통설·판례는 법률상 이익구제설을 취하고 있다. 현행 행정소송법 역시 이를 받아들여 취소소송은 법률상 이익이 있는 자가 제기할 수 있다고 규정하고 있다(행정소송법 12·35·36).

다. 법률상 이익이 있는 자

⑴ 법률상 이익의 판단기준

㈎ 실정법의 해석

먼저 법률상 이익이 있는지 여부를 실정법의 해석에서 구한다(제 1단계). 당해 처분의 근거법률이 불특정다수인의 구체적 이익을 오직 일반적 공익 중에 흡수·해소시키고 있는 취지로 해석되는 경우에는 개인은 반사적 이익을 가지는 데 그친다. 그러나 불특정다수인의 구체적 이익을 그것이 귀속하는 개개인의 개별적 이익으로서 보호하려는 취지로 해석되는 경우에는 개인은 법률상 이익을 갖는 것으로 볼 것이다.

(나) 목적론적 해석

근거법률의 명문규정에 의하여 법률상 이익 보호를 도출하는 것이 어려운 경우에도 그것의 보호가 절실히 필요한 경우에는, 근거법률의 목적론적 해석에 의하여 법률상 이익보호를 도출하도록 시도하게 된다(제 2단계).

(다) 헌법상의 기본권 규정

목적론적 해석에 의하여서도 법률상 이익 보호를 도출할 수 없는 경우에는 최후적으로 헌법상의 기본권, 특히 환경권·소비자보호권 등 새로운 기본권규정의 직접 적용에 의한 법률상 이익보호 여부가 검토되어야 할 것이다(제 3단계).

(라) 판례의 입장

판례는 법률상 이익의 개념을 계속하여 확대시키는 경향이다. 행정처분의 직접 상대방이 아닌 제3자라 하더라도 당해 행정처분으로 인하여 법률상 보호되는 이익을 침해당한 경우에는 그 처분의 취소나 무효확인을 구하는 행정소송을 제기할 수 있다고 한다. 이 때 원고의 법률상 이익을 당해 처분의 근거 법규뿐만 아니라 관련 법규에 의하여 보호되는 개별적·직접적·구체적 이익이 있는 경우까지를 고려하고 있다.

(2) 법률상 이익의 요건

법률상 이익의 요건은 개인적 공권이 성립하는 것과 같다. 법률상 이익은 개인적 공권의 성립요소인 강행법규성과 사익보호성이 인정될 때 보호받을 수 있다.

(가) 강행법규성

국가 등 행정주체에게 일정한 행위(작위 또는 부작위)를 할 의무를 발생시키는 강행법규가 존재하여야 한다. 따라서 행위의무는 기속행위에서의 특정행위를 할 의무뿐만 아니라 재량행위에서도 하자 없이 행정권을 행사할 의무도 포함된다. 재량행위에서도 재량행사 그 자체는 의무이기 때문에 행정청의 행위의무는 존재한다.

(나) 사익보호성

법규가 공익의 보호와 함께 특정인의 사익의 보호를 목적으로 하여야 한다(보호규범론). 여기서 법규는 성문법뿐만 아니라 불문법(관습법·조리)도 포함된다. 법규가 공익의 보호만을 목적으로 하는 경우에는 사인이 그로부터 이익을 받더라도 그것은 반사적 이익에 불과하다.

(다) 청구권능부여성 (소구가능성의 존재)

개인에게 행정주체에 대하여 그 이익을 보호받을 수 있는 청구권능인 재판청구권이 있어야 한다. 그러나 오늘날은 재판청구권이 헌법상 일반적으로 보장되어 있어 청구권능부여성이 개별법률에서 규정되어 있어야 하는 것은 아니다.

(3) 법률상 이익이 있는 '자'의 유형

(가) 처분의 직접 상대방

법률상 이익이 있는 자는 원칙적으로 처분의 직접 상대방이다. 처분청이 수익적 행정행위를 거부 또는 취소·철회하거나, 침해적 행정행위를 부과하는 처분을 할 때, 그 상대방은 처분의 취소·변경 등을 구할 수 있는 법률상 이익을 가진다. 그러므로 자연인(외국인 포함)·법인·법인격 없는 단체(사단·재단)를 불문한다.

(나) 처분으로 불이익을 받은 제3자

행정처분의 직접 상대방이 아닌 제3자라 하더라도 당해 행정처분으로 인하여 법률상 보호되는 이익을 침해당한 경우에는 그 처분의 취소나 무효확인등을 구하는 행정소송을 제기하여 그 당부의 판단을 받을 자격이 있다. 그러므로 복효적 행정행위에 있어서 제3자, 즉 처분의 직접상대방이 아닌 제3자도 원고적격을 갖는 경우가 있다.

(a) 경업자(경쟁자소송)

경쟁관계에 있는 영업자 사이에 특정인에게 주어지는 수익적 행위가 상대방에게 법률상 불이익을 초래하는 경우에 그 상대방이 자기의 법률상 이익의 침해를 이유로 다투는 소송을 경업자소송이라고 한다. 특허기업에는 기존업자가 그 특허로 인하여 받은 이익은 법률상 이익이 있다고 하여 원고적격을 인정하고(기존 시외버스를 시내버스로 전환하는 사업계획변경인가처분에 대한 노선이 중복되는 기존시내버스업자;대법원 1987.9.22. 선고 85누985 판결), 허가영업은 기존업자가 그 허가로 인하여 받은 이익은 반사적 이익 또는 사실상 이익에 지나지 아니한다고 하여 원고적격을 인정하지 않는 것이 일반적 경향이다(약사들에 대한 한약조제권 인정에 대하여 한의사; 대법원 1998.3.10. 선고 97누4289 판결).

판례는, ① 다른 업자에 대한 면허나 인 · 허가 등의 수익적 행정처분에 대하여 미리 같은 종류의 수익적 행정처분을 받아 영업을 하고 있는 기존의 업자나, ② 면허나 인 · 허가 등의 수익적 행정처분을 신청한 수인이 서로 경쟁관계에 있어서, 일방에 대한 면허나 인 · 허가 등의 행정처분이 타방에 대한 불면허 · 불인가 · 불허가 등으로 귀결될 수밖에 없는 경우에는 면허나 인 · 허가 등의 행정처분을 받지 못한 사람 등은 비록 경업자나 경원자에 대하여 이루어진 면허나 인 · 허가 등 행정처분의 상대방이 아니라 하더라도 당해 행정처분의 취소를 구할 당사자적격이 있다고 한다(대법원 1999.10.12. 선고 99두6026 판결).

(b) 경원자(경원자소송)

동종업종 또는 유사한 업종에 종사하는 자의 인 · 허가 등의 신청에 대하여 일부 업자에 대하여만 인 · 허가 등의 수익적 처분을 하는 경우에, 인 · 허가 등을 받지 못한 자가 상대방에게 행한 처분의 취소를 구하는 소송을 경원자소송이라 한다. 경원자 상호간에는 인 · 허가 처분으로 배타적인 이해관계가 발생하므로 타인에 대한 인 · 허가 등의 취소를 구할 법률상 이익이 있다. 판례는 경원관계에 있는 경우로서 동일대상지역에 대한 공유수면매립면허나 도로점용허가 혹은 일정지역에 있어서의 영업허가 등에 관하여 거리제한규정이나 업소개수제한규정 등이 있는 경우를 그 예로 들 수 있다고 한다(대법원 1992.5.8. 선고 91누13274 판결). 또한 2007년 법학전문대학원 예비인가처분을 받지 못한 대학교의 인가처분을 받은 대학교의 인가처분의 취소를 구할 원고적격을 인정한 바 있다(대법원 2009.12.10.선고 2009두8359 판결). 다만, 경쟁자와 경원자의 구별이 명확한 것은 아니다.

(c) 인근주민(인인소송)

특정인에 대하여 어떤 시설의 설치를 허가하는 수익적 처분이 인근주민에게는 불이익이 되는 경우에, 당해 시설의 인근주민이 다투는 소송을 인인소송이라고 한다. 인근주민의 원고적격 인정여부는 당해 근거법규 및 관계법규가 공익뿐만 아니라 인근주민에게 개인적 이익도 보호하고 있다고 해석되는 경우에 인근주민에게 원고적격이 인정된다. 판례는 일찍이 주거지역내에 도시계획법과 건축법 소정의 제한면적을 초과한 연탄공장건축허가 처분으로 불이익을 받고 있는 제3거주자는 당해 처분의 취소를 구할 법률상 자격을 인정하였다(대법원 1975.5.13. 선고 73누96,97 판결).

(d) 주민일반(환경소송)

경업자소송이나 인인소송에서는 특정개인의 경제상 내지 재산상의 이익보호가 문제되지만, 환경소송은 주민일반에게 공통되는 집단적 내지는 생활적 이익의 보호가 문제된다. 환경소송은 쾌적한 생활환경의 이익보호나 침해된 환경상의 이익의 구제를 목적으로 하는 소송이다. 위에서 본 인인소송은 환경소송으로서의 성질도 아울러 갖는다.

환경영향평가대상지역 안의 주민들은 그 대상사업인 전원개발사업실시계획승인처분과 관련하여 갖는 환경상 이익을 가지며, 주민들은 그 침해를 이유로 위 처분의 취소를 구할 원고적격이 있다(대법원 1998.9.22. 선고 97누19571 판결). 반면, 환경영향평가 대상지역 밖의 주민은 수인한도를 넘는 환경피해를 받거나 받을 우려가 있다는 것을 입증한 경우에는 원고적격이 인정된다(대법원 2006.3.16. 선고 2006두330 판결).

(4) 사안의 해결

사안에서 인근주민인 A의 원고적격 인정여부는 도시계획법과 건축법령이 청주시장에게 건축허가시에 준수할 것을 요구하는 것이 일반국민의 공익뿐만 아니라 인근주민 등의 사익도 보호하기 위한 취지로 해석되는지 여부에 따라 A의 원고적격 문제가 결정된다.

그런데 사안의 경우 주거지역 안에서는 도시계획법 제19조 제1항과 개정 전 건축법 제32조 제1항에 의하여 공익상 부득이 하다고 인정될 경우를 제외하고는 거주의 안녕과 건전한 생활환경의 보호를 해치는 모든 건축이 금지되고 있을뿐 아니라 주거지역내에 거주하는 사람이 받는 위와 같은 보호이익은 법률에 의하여 보호되는 이익이라고 할 것이다. 따라서 주거지역내에 위 법조 소정 제한면적을 초과한 연탄공장 건축허가처분으로 불이익을 받고 있는 제3거주자인 A는 비록 당해 행정처분의 상대자가 아니라 하더라도 그 행정처분으로 말미암아 위와 같은 법률에 의하여 보호되는 이익을 침해받고 있다면 당해 행정 처분의 취소를 소구하여 그 당부의 판단을 받을 법률상의 자격이 있다. 따라서 A는 건축법령을 위반하여 건축된 연탄공장으로 인하여 침해받는 법률상 이익을 보호하기 위하여 행정심판법 및 행정소송법이 정하는 구제절차를 취할 인인소송에서의 원고적격을 갖는다.

3. 행정심판의 청구

가. 청 구 인

행정심판청구는 ① 취소심판청구의 경우 취소 · 변경이나, ② 무효등확인심판청구의 경우 무효 · 부존재 등의 확인 또는 ③ 의무이행심판청구의 경우 일정한 처분을 구하는 법률상 이익이 있는 자가 제기할 수 있다. 법률상 이익만 침해당하였으면 처분 또는 부작위의 직접 상대방이거나 제3자이거나를 불문하며, 자연인(외국인 포함) · 법인 · 법인격 없는 단체(사단 · 재단)를 불문하고 심판청구를 할 수 있다(행정심판법 14).

나. 심판청구의 대상

모든 위법 또는 부당한 처분이나 부작위가 심판청구의 대상이 된다(개괄주의). 부당한 처분이나 부작위도 대상이 되는 점에서, 위법한 처분이나 부작위만을 대상으로 하는 행정소송보다 대상이 넓다. 사안의 경우 A는 청주시장의 연탄공장 건축허가처분이 도시계획법과 건축법령에 위반하여 위법하거나 부당하다는 이유로 행정심판을 제기할 수 있다.

다. 심판청구기간

행정심판 제기기간은 원칙적으로 처분이 있음을 안 날로부터 90일 이내(행정심판법 27①), 처분이 있은 날로부터 180일이다(행정심판법 27③). 이는 불변기간이다(행정심판법 27④). 이 두 기간 중의 어느 하나라도 도과하면 행정심판을 제기할 수 없게 된다. 그리고 천재 · 지변 · 전쟁 · 사변 그 밖에 불가항력으로 그 기간 내에 제기할 수 없을 때에는 그 사유가 소멸한 날로부터 14일 이내(국외에서는 30일)에 제기할 수 있다(행정심판법 27②)는 예외가 있다. 여기서 '처분이 있음을 안 날로부터 90일'이라 함은 당사자가 통지 · 공고기타의 방법에 의하여 당해 처분이 있었다는 사실을 현실적으로 안 날을 의미한다. 그리고 '처분이 있은 날로부터 180일'이라 함은 처분이 고지에 의하여 외부에 표시되고 효력이 발생한 날을 말한다.

라. 복효적 행정행위와 심판청구기간

행정행위는 원칙적으로 상대방에게 도달(통지)됨으로써 효력이 발생한다. 현행 법상으로는 행정행위의 직접 상대방에게는 통지하도록 되어 있으나, 제3자에게는 통지하도록 하는 규정이 없다. 때문에 사안에서 제3자인 A는 특별한 사정이 없는 한 행정행위가 있음을 알 수가 없다고 할 것이다. 따라서 일반적으로 행정심판제기 기간은 '처분이 있은 날로부터 180일 이내'가 기준이 될 것이다. 처분이 있은 날로부터 180일이 경과된 경우에도, 그 기간 내에 심판청구가 가능하였다는 특별한 사정이 없는 한 행정심판법 제18조 제3항 단서의 '정당한 사유가 있는 경우'에 해당되어 행정심판청구가 가능하다고 할 것이다.

마. 심판청구의 방식

행정심판의 청구는 피청구인인 행정청과 위원회 등의 사항을 기재한 행정심판청구서를 제출함으로써 행하는 서면청구주의를 취하였다(행정심판법 28①).

행정심판법은 온라인 행정심판제도를 새롭게 도입하고 있다. 행정심판 절차를 밟는 자는 심판청구서와 그 밖의 서류를 전자문서화하고 이를 정보통신망을 이용하여 위원회에서 지정·운영하는 전자정보처리조직(행정심판 절차에 필요한 전자문서를 작성·제출·송달할 수 있도록 하는 하드웨어, 소프트웨어, 데이터베이스, 네트워크, 보안요소 등을 결합하여 구축한 정보처리능력을 갖춘 전자적 장치를 말한다.)을 통하여 제출할 수 있다(행정심판법 52①).

바. 행정심판청구서 제출기관

행정심판청구서는 처분청이나 부작위청인 행정청 또는 행정심판위원회에 제출하여야 한다(행정심판법 23①).

사. 처분에 대한 효과(집행부정지의 원칙)

행정처분이 위법·부당하다 하여 행정심판이 제기되어도, 그것은 원칙적으로 처분의 효력이나 그 집행 또는 절차의 속행을 정지시키는 효력은 없다(행정심판법 30①). 따라서 사안의 경우 A는 계속되는 소음진동 등의 피해로부터 벗어날 수단을 강구할 필요가 있다.

아. 집행정지신청

(1) 의 의

행정심판위원회는 처분, 처분의 집행 또는 절차의 속행 때문에 중대한 손해가 생기는 것을 예방할 필요성이 긴급하다고 인정할 때에는 직권으로 또는 당사자의 신청에 의하여 처분의 효력, 처분의 집행 또는 절차의 속행의 전부 또는 일부의 정지(이하 "집행정지"라 한다)를 결정할 수 있다. 다만, 처분의 효력정지는 처분의 집행 또는 절차의 속행을 정지함으로써 그 목적을 달성할 수 있을 때에는 허용되지 아니한다(행정심판법 30②).

(2) 요 건

집행정지결정의 요건 중 적극적 요건으로는, 처분이나 그 집행 또는 절차의 속행으로 인하여 생길 ① 중대한 손해가 생기는 것을 예방할 필요성이 있고, ② 긴급한 필요가 있다고 인정될 때에 집행정지 결정을 할 수 있다. 구법에서는 '회복하기 어려운 손해 예방'을 집행정지의 요건으로 하였지만, 2010.1.15. 개정된 행정심판법에서는 '중대한 손해 예방'으로 그 요건을 완화하였다.

소극적 요건으로는, 적극적 요건에 해당하더라도 ③ 공공복리에 중대한 영향을 미칠 우려가 있을 때에는 인정되지 아니한다. 그리고 명문의 규정은 없으나, 집행정지 대상인 처분이 존재하여야 하고, 행정심판이 계속되어야 한다.

(3) 사안의 경우

사안의 경우 X회사의 연탄공장 가동으로 인한 환경피해로 일상적인 생활이 어려운 상태이고, 행정심판에 대하여 재결을 하기까지는 상당한 시간이 걸리므로 행정심판위원회는 집행정지결정으로 연탄공장의 가동중단 또는 심야시간대에 한하여 가동을 중단토록 하는 등의 조치를 할 수 있다.

4. 취소소송의 제기

가. 제소요건

취소소송은 행정청의 위법한 처분 등을 취소 또는 변경하는 소송(행정소송법 4(1)) 이므로, 취소소송을 제기하기 위하여서는 ① 행정청의, ② 처분 등이 존재하고, ③ 그것이 위법하여, ④ 원고적격을 가진 자가, ⑤ 피고적격을 가진 행정청을 피고로 하여, ⑥ 제소기간 내에, ⑦ 일정한 형식의 소장에 의하여, ⑧ 예외적으로는 행정심판을 거쳐, ⑨ 관할 행정법원에, ⑩ 취소·변경을 구하는 것이어야 한다.

(1) 자기의 법률상 이익에 관계있는 위법

처분의 위법이 주장되어야 한다. 이 점에서 부당까지가 대상이 되는 행정심판과 다르다. 처분의 객관적 위법성은 소송을 제기하기 위한 소송요건은 아니고, 본안에 대한 이유유무의 문제이다. 원고 A가 주장하는 위법은 자기의 법률상의 이익에 관계가 있는 것이라 할 수 있다.

(2) 원고적격·소익을 가진 자가 제기할 것

행정청의 위법한 처분으로 자기의 법률상 이익을 침해받은 자가 원고적격을 가진다. 처분의 효과가 기간의 경과 등으로 소멸된 뒤에도 그 처분의 취소로 인하여 회복되는 법률상의 이익이 있는 자의 경우에는 원고적격을 가진다(행정소송법 12). A가 원고적격을 가지는 것은 이미 앞에서 살펴본 바와 같다.

(3) 피고적격을 가진 행정청을 피고로 하여 제기할 것

다른 법률에 특별한 규정이 없는 한 처분등을 행한 행정청을 피고로 하여 제기하여야 한다(행정소송법 13).

나. 제소기간

(1) 제소기한의 제한

행정소송법에서는 민사소송의 경우와는 달리 기간을 제한하고 있는데, 제소기간의 길이는 행정상의 법률관계의 신속한 안정의 필요성과 재판기회의 최대한 보장과의 조화를 고려하여 정하여질 것이다.

(2) 제소기간

(가) 행정심판을 제기하지 않은 경우

처분 등이 있음을 안날로부터 90일 이내에 제기하여야 한다(행정소송법 20①). 특정인에 대한 행정처분을 주소불명 등의 이유로 송달할 수 없어 관보 등에 공고한 경우에는 상대방이 그 처분이 있음을 현실적으로 안 날을 기준으로 제소기간을 산정한다(대법원 2006.4.28. 선고 2005두14851 판결). 반면, 불특정 다수인을 상대로 처분을 하는 경우에는 그 처분의 효력이 불특정 다수인에게 일률적으로 적용되는

것이므로, 그 행정처분에 이해관계를 갖는 자는 고시 또는 공고가 있었다는 사실을 현실적으로 알았는지 여부에 관계없이 고시가 효력을 발생하는 날에 행정처분이 있음을 알았다고 보아야 한다(대법원 2007.6.14. 선고 2004두619 판결).

⑷ 행정심판을 거친 경우

예외적으로 다른 법률에서 행정심판의 필요적 전치주의를 채택한 경우와 그 밖에 행정심판청구를 할 수 있는 경우 또는 행정청이 행정심판청구를 할 수 있다고 잘못 알린 경우에 행정심판 청구가 있은 때의 제소기간은 재결서의 정본을 송달받은 날로부터 기산하여 90일 이내에 제기하여야 한다(행정소송법 20① 단서).

⑸ 처분이 있은 날부터 1년

취소소송은 처분이 있은 날로부터 1년(행정심판을 거쳐 제기하는 경우에는 재결 있는 날로부터 1년)을 경과하면 이를 제기할 수 없다. 다만 이 기간은 불변기간이 아니며, 정당한 사유가 있는 경우에는 그러하지 아니하다(행정소송법 20②). 여기서 당사자가 책임질 수 없는 정당한 사유란 당사자가 그 소송행위를 하기 위하여 일반적으로 하여야 할 주의를 다하였음에도 불구하고 그 기간을 준수할 수 없었던 사유를 말한다(대법원 2001.5.8. 선고 2000두6916 판결). 그리고 안 날로부터 90일과 있은 날로부터 1년은 서로 선택적인 것이 아니라, 그 중 어느 하나의 기간이 도과되면 제소기간이 만료된다.

⑹ 불변기간

제소기간 90일은 불변기간이다(행정소송법 20③). 법원은 직권으로 불변기간을 신축할 수 없다(민사소송법 172① 단서). 다만, 법원은 불변기간에 대하여 주소 또는 거소가 멀리 떨어진 곳에 있는 사람을 위하여 부가기간을 정할 수 있다(민사소송법 172②). 그리고 당사자가 책임질 수 없는 사유로 말미암아 불변기간을 지킬 수 없었던 경우에는 그 사유가 없어진 날부터 2주 이내에 게을리한 소송행위를 보완할 수 있다(민사소송법 173③). 국외에서의 추완기간은 14일에서 30일로 한다(행정소송법 5). 불변기간의 경과여부는 법원의 직권조사사항이다(대법원 1977.4.12. 선고 76누268 판결).

다. 관할법원

피고 행정청 소재지를 관할하는 행정법원에 제기하여야 한다(행정소송법 9).

사안에서는 청주시를 관할하는 청주지방법원에 제소하여야 한다.

5. 임시구제로서의 집행정지

가. 집행부정지의 원칙

취소소송의 제기는 처분 등의 효력이나 그 집행 또는 절차의 속행에 영향을 주지 아니한다(행정소송법 23①)고 하여 집행부정지의 원칙을 채택하였다.

나. 집행정지결정

(1) 의의 및 필요성

취소소송이 제기된 경우에 처분 등이나 그 집행 또는 절차의 속행으로 인하여 발생하는 회복하기 어려운 손해를 예방하기 위하여 긴급한 필요가 있다고 인정할 때에는 법원은 직권 또는 당사자의 신청에 의하여 처분의 집행정지결정을 할 수 있다(행정소송법 23②). 소송의 결과 승소하더라도 그 때는 벌써 회복이 곤란하게 된 경우가 있을 수 있기 때문에, 본안 판결이 있기까지 응급적이고 잠정적인 권익구제수단으로서 가구제제도가 필요하다.

(2) 성 질

집행정지는 본안판결이 확정될 때까지 임시의 지위를 정하는 잠정적 처분이므로, 본안소송과는 달리, 잠정성, 긴급성 및 본안소송에의 부종성이라는 세 가지 특성을 가진다.

(3) 내 용

집행정지에 의한 가구제는 그 범위가 한정된다. 행정소송법에 의한 집행정지는 처분 등의 효력이나 그 집행 또는 절차의 속행의 정지라고 하는 소극적 형성을 내용으로 하며, 오직 침해적 행정활동에 대한 보전처분으로서의 기능을 가진다.

다. 집행정지의 요건

행정소송법 제23조에 의한 집행정지의 요건의 적극적 요건은 법원이 집행정지결정을 하기 위하여 적극적으로 존재할 것이 요구되는 요건을 말한다. 구체적으로는 ① 정지대상인 처분 등이 존재하여야 하고, ② 본안소송이 계속중이라야 하며, ③ 회복하기 어려운 손해발생의 우려가 있어야 하고, ④ 긴급한 필요가 있어야 한다.

소극적 요건은 집행정지결정을 하기 위하여 존재하여서는 아니되는 요건을 말하며 공공복리에 중대한 영향을 미칠 우려가 없어야 한다. 다만, 2010년 개정 행정심판법은 집행정지의 적극적 요건인 '회복하기 어려운 손해발생의 우려'를 '중대한 손해가 생기는 것을 예방할 필요성'으로 그 요건을 완화하는 내용으로 개정한 바 있어(행정심판법 30②), 향후 행정소송법도 이와 같이 개정될 것으로 예상된다.

라. 집행정지의 절차

당사자의 신청 또는 직권에 의하되 결정의 재판에 의한다(행정소송법 23② 본문). 신청인은 그 신청의 이유에 대하여 소명하여야 한다(행정소송법 23④). 이 경우 신청인이 소명하여야 할 사항은 집행정지의 적극적 요건에 관한 것이고, 공공복리에의 중대한 영향 및 본안청구의 이유 없음이라는 소극적 요건은 그 성질상 피신청인인 행정청이 소명하여야 할 것이다.

마. 집행정지결정의 대상

집행정지의 대상은 처분의 효력, 그 집행 또는 그 절차의 속행이다(행정소송법 23①).

바. 집행정지의 효력

집행정지결정은 그 내용에 따라 처분의 효력, 집행 또는 절차의 속행의 전부나 일부를 정지시키는 효력을 발생한다.

(1) 형성력

처분등의 효력정지는 공정력을 바탕으로 한 당해 처분 등의 구속력을 일응 정지시킴으로써 당해 처분 등이 없었던 것과 같은 상태를 실현시키는 것이므로 그 범위 안에서 형성력(소극적 형성력)을 가지는 것이라고 할 수 있다.

(2) 대인적 효력

집행정지결정의 효력이 당사자, 즉 신청인과 피신청인에 미친다는 것은 당연한 일이나, 판결의 효력에 준하여 관계 행정청 및 제3자에 대하여도 효력이 미친다.

(3) 시간적 효력

집행정지결정의 효력은 결정 주문에서 정한 시기까지 존속하며, 그 시기의 도래와 동시에 효력이 당연히 소멸한다(대법원 2007.11.30. 선고 2006무14 판결).

사. 집행정지결정에 대한 불복

집행정지결정 또는 기각결정에 대하여는 즉시항고를 할 수 있다. 집행정지결정에 대한 즉시항고에는 결정의 집행을 정지하는 효력이 없다(행정소송법 23⑤). 복효적 행정행위에 있어서는 집행정지결정에 대한 즉시 항고는 집행정지결정으로 불이익을 받은 자의 대항수단이 된다.

아. 집행정지결정의 취소

집행정지의 결정이 확정된 후 집행정지가 공공복리에 중대한 영향을 미치거나 그 정지사유가 없어진 때에는 당사자의 신청 또는 직권에 의하여 결정으로써 집행정지의 결정을 취소할 수 있다(행정소송법 24①).

자. 취소판결의 선고와 행정처분의 집행정지와의 관계

행정처분의 취소판결이 선고되더라도 상소 등으로 그것이 확정되기 전에는 행정처분의 효력이 정지되지 아니한다. 그러나 처분의 적법 여부에 대한 심리를 한 후 처분이 위법하다고 하여 취소판결을 하는 경우에는 당해 처분의 집행정지요건에 대한 입증도 행하여졌다고 할 것이다. 따라서 취소판결을 하면서 행정처분의 효력을 유지시키는 것은 취소판결의 성질에 반한다고 할 것이다. 비록 우리 행정소송법은 집행부정지의 원칙을 채택하고 있으나, 취소판결이 선고된 경우에는 그것의 확정 전이라도 집행정지결정이 있는 것으로 보도록 행정소송법을 개정하여야 할 것이다.

6. 사안의 해결

X회사에 대한 청주시장의 처분으로 A는 처분의 직접 상대방이 아니라 하더라도 그 처분으로 이하여 법률상 이익을 침해받고 있으므로 그 처분의 취소를 구할 원고적격이 인정된다. 따라서 A는 청주시장의 X회사에 대한 연탄공장 건축허가의 취소를 구하는 행정심판 또는 행정소송을 제기할 수 있으며, 다른 사정이 없는 한 승소할 수 있을 것이다. 또한 A에 대한 환경피해를 당장 중지시키기 위한 가구제로서의 처분의 집행정지도 청구할 수 있으며, 특별한 사정이 없는 한 본안판결시까지 조업중단등의 처분의 집행정지가 내려질 것으로 보인다.

> 기본구조

A의 행정쟁송법상 권리구제수단
[설문 (2)의 해결]

1. 문제점

2. A의 행정쟁송법상의 원고적격 여부
   가. 행정소송법 제12조의 원고적격
   나. 취소소송의 기능과 목적에 관한 견해
      (1) 학설
         (가) 권리향수회복설
         (나) 법률상 이익구제설
         (다) 보호가치이익구제설
         (라) 적법성보장설
      (2) 판례
      (3) 소결
   다. 법률상 이익이 있는 자
      (1) 법률상 이익의 판단기준
         (가) 실정법의 해석
         (나) 목적론적 해석
         (다) 헌법상의 기본권 규정
         (라) 판례의 입장
      (2) 법률상 이익의 요건
         (가) 강행법규성
         (나) 사익보호성
         (다) 청구권능부여성(소구가능성의 존재)
      (3) 법률상 이익이 있는 '자'의 유형
         (가) 처분의 직접 상대방
         (나) 처분으로 불이익을 받은 제3자
            (a) 경업자(경쟁자소송)
            (b) 경원자(경원자소송)
            (c) 인근주민(인인소송)
            (d) 주민일반(환경소송)
      (4) 사안의 해결

3. 행정심판의 청구
   가. 청구인
   나. 심판청구의 대상
   다. 심판청구기간
   라. 복효적 행정행위와 심판청구기간
   마. 심판청구의 방식
   바. 행정심판청구서 제출기관
   사. 처분에 대한 효과(집행부정지의 원칙)
   아. 집행정지신청
      (1) 의의
      (2) 요건
      (3) 사안의 경우

4. 취소소송의 제기
   가. 제소요건
      (1) 자기의 법률상 이익에 관계있는 위법
      (2) 원고적격·소익을 가진 자가 제기할 것
      (3) 피고적격을 가진 행정청을 피고로 하여 제기할 것
   나. 제소기간
      (1) 제소기한의 제한
      (2) 제소기간
         (가) 행정심판을 제기하지 않은 경우
         (나) 행정심판을 거친 경우
         (다) 처분이 있은 날부터 1년
         (라) 불변기간

다. 관할법원
5. 임시구제로서의 집행정지
　가. 집행부정지의 원칙
　나. 집행정지결정
　　(1) 의의 및 필요성
　　(2) 성 질
　　(3) 내 용
　다. 집행정지의 요건
　라. 집행정지의 절차
　마. 집행정지결정의 대상
　바. 집행정지의 효력
　　(1) 형성력
　　(2) 대인적 효력
　　(3) 시간적 효력
　사. 집행정지결정에 대한 불복
　아. 집행정지결정의 취소
　자. 취소판결의 선고와 행정처분의 집행정지와의 관계
6. 사안의 해결

[9] 재량행위와 사법심사

경기도 고양시장은 2004. 3. 31. '고양시 개인택시 운송사업면허 공급기준 및 처분공고'를 하였다. 고양시장은 위 공고에서 공급할 개인택시 운송사업면허는 150대이고, 그 우선순위는 '고양시 개인택시 운송사업면허 사무처리규정'(고양시훈령 제168호)에 의하기로 하였다. 위 사무처리기준은 각 순위별 우선순위의 요건으로서 '동일회사에서 택시나 버스를 일정한 기간 무사고로 운전한 자로서 성실의무를 이행한 자'라고 하여 동일회사에서의 성실의무를 이행할 것을 요구하고 있다. 그리고 위 사무처리규정 [별표]는 각 순위 1호의 성실의무를 이행한 운전자의 요건을 '면허신청 공고일부터 역산하여 고양시 관내 동일 택시회사에서 택시를 4년 이상 무사고로 운전한 자로서, 면허신청 공고일부터 역산하여 과거 4년 동안 2월 이상 택시운전 공백이 있는 자에 해당하지 아니한 자'라고 규정하여, 성실의무는 면허신청 공고일부터 역산하여 일정기간 이행할 것과 고양시 관내 동일택시회사에서 이행할 것을 요건으로 하고 있다.

A는 1996. 5. 1.경부터 2003. 9. 3.경까지 B택시 주식회사에서 근무하다가 2003. 10. 29.경부터 2004. 4. 12.경까지 개인택시 대리운전을 하여 왔다. A는 위 공고에 따라 개인택시 운송사업면허 신청을 하였지만, 고양시장은 2004. 10. 5. 면허대상자 확정공고를 하면서 신청자 중 우선순위 2순위4호 일부까지 대상자로 결정하면서, A는 3순위2호로 신청자 중 296번째 순위에 해당된다는 이유로 면허대상자에서 제외하는 개인택시운송사업면허제외처분을 하였다.

(1) 개인택시운송사업 면허기준 설정행위의 법적 성질을 설명하고, 그 사법심사에 대하여 언급하시오. (20점)

(2) 개인택시운송사업면허제외처분의 근거규정인 고양시훈령의 효력을 설명하시오. (10점)

(3) 고양시장이 개인택시운송사업면허의 우선순위 기준으로 무사고운전 등의 성실의무를 반드시 동일회사에서 이행하였을 것을 정하고 있는 '고양시 개인택시 운송사업면허 사무처리규정'의 헌법상의 문제점을 지적하시오. (20점)

> **참고법령**

「여객자동차 운수사업법 [법률 제7988호, 2006.09.27. 일부개정]」

제5조(면허등)
① 여객자동차운송사업을 경영하고자 하는 자는 사업계획을 작성하여 건설교통부령이 정하는 바에 의하여 시·도지사의 면허를 받아야 한다. 다만, 대통령령이 정하는 여객자동차운송사업을 경영하고자 하는 자는 특별시장·광역시장·도지사(이하 "시·도지사"라 한다)의 면허를 받거나 사업계획을 작성하여 건설교통부령이 정하는 바에 의하여 시·도지사에게 등록하여야 한다.
② 제1항의 규정에 의한 면허 또는 등록을 함에 있어서는 제3조의 규정에 의한 여객자동차운송사업의 종류별로 노선 또는 사업구역을 정하여야 한다.
③ 건설교통부장관 또는 시·도지사는 제1항의 규정에 의하여 면허 또는 대통령령이 정하는 여객자동차운송사업의 등록을 함에 있어서 필요하다고 인정하는 경우에는 건설교통부령이 정하는 바에 의하여 운송할 여객등에 관한 업무의 범위나 기간을 한정하여 면허(이하 "한정면허"라 한다)를 하거나, 여객자동차운송사업의 질서를 확립하기 위하여 필요한 조건을 붙일 수 있다.

제6조(면허등의 기준)
① 여객자동차운송사업의 면허기준은 다음 각 호와 같다.
1. 사업계획이 당해 노선 또는 사업구역의 수송수요와 수송력공급에 적합할 것
2. 최저의 면허기준대수·보유차고면적·부대시설 기타 건설교통부령이 정하는 기준에 적합할 것
3. 대통령령이 정하는 여객자동차운송사업의 경우에는 운전경력·교통사고유무·거주지등 건설교통부령이 정하는 기준에 적합할 것
② 여객자동차운송사업의 등록기준이 되는 최저의 등록기준대수·보유차고면적·부대시설 기타 필요한 사항은 건설교통부령으로 정한다.

> **주요쟁점**

- 개인택시운송사업면허(특허)
- 기속행위와 재량행위
- 기속재량과 자유재량
- 재량권의 한계
- 재량하자
- 훈령의 효력
- 평등원칙 위반
- 비례원칙 위반
- 직장선택의 자유

Ⅰ. 개인택시운송사업 면허기준 설정행위의 법적 성질과 사법심사 [설문 (1)의 해결]

1. 문제점

여객자동차 운수사업법에 의한 개인택시운송사업면허는 특정인에게 권리나 이익을 부여하는 형성적 행정행위로서 특허에 해당된다. 개인택시운송사업면허는 법령에 특별한 규정이 없는 한 재량행위이고, 그 면허를 위하여 정하여진 순위 내에서의 면허기준을 설정하는 행위 역시 행정청의 재량에 속한다 할 것이다. 따라서 재량으로 설정한 기준이 객관적으로 보아 합리적이 아니라든가 타당하지 아니하여 재량권을 남용한 것이라고 인정되지 아니하는 이상 행정청의 의사는 가능한 한 존중되어야 한다. 따라서 사안에서 개인택시운송사업면허와 그 면허기준을 설정하는 행위의 법적 성질과 관련하여 재량행위에 관한 일반이론과 사법심사와 관련하여 기속행위와의 차이도 살펴보아야 한다.

2. 기속행위와 재량행위

가. 의 의

기속행위란 법규가 행위를 행할 것인가, 그 행위를 행하는 경우에 어떠한 행위를 행할 것인가에 대하여 명확하게 정하여, 법규가 정한 행위요건이 충족되면 행정청은 법규가 정한 바를 단순히 집행하는 데 그치는 경우의 행정행위를 말한다.

재량행위란 법규가 정한 행위요건이 충족된 경우에, 행정청에게 행위(효과)의 여부 또는 어떠한 행위를 할 것인지에 대하여 많은 가능성 중에서 선택의 여지를 부여하고 있는 경우의 행정행위를 말한다. 재량행위는 ① 법규에서 허용한 행위를 할 것인가에 대한 재량인 결정재량과 ② 여러 가지 허용된 행위 중에서 어느 것을 선택할 것인가 하는 선택재량으로 나눌 수 있다.

나. 기속재량과 자유재량

(1) 개 념

재량행위는 법기술적인 요청에 따라 다시 기속재량과 자유재량(공익재량 · 편의재량 또는 목적재량이라고도 한다.)으로 나누는 것이 일반적 견해였다. 기속재량이란 무엇이 법인가의 재량으로 법의 해석판단에 관한 것이며, 그 재량을 그르친

행위는 위법이 되어 법원의 심사대상이 된다. 반면, 자유재량이란 무엇이 공익에 적합한가의 재량이며, 그 재량을 그르친 경우에는 단지 판단의 당·부당만이 문제로 되며 법원의 심사대상이 되지 않는다. 다만, 재량의 한계를 일탈하거나 남용한 때에는 위법이 되어 법원의 심사대상이 된다.

(2) 구별의 상대성

자유재량행위라도 사법심사의 대상이 되며, 재량권을 일탈 · 남용한 경우에는 단순히 당 · 부당의 문제에 그치는 것이 아니라 위법이 되어 취소를 면치 못하게 되었다. 따라서 사법심사의 대상이 되는지의 여부에 따라 기속재량과 자유재량을 구별할 필요성은 상대화 내지 무의미하게 되었다.

판례 역시 '행정행위가 그 재량성의 유무 및 범위와 관련하여 이른바 기속행위 내지 기속재량행위와 재량행위 내지 자유재량행위로 구분된다고 할 때'(대법원 2001.2.9. 선고 98두17593 판결)라고 하여 기속행위와 기속재량행위 및 재량행위와 자유재량행위를 같은 개념으로 분류하고 있다.

다. 기속행위와 재량행위의 구별표준

(1) 전통적인 견해

(가) 요건재량설

행정행위의 요건에 대하여 아무런 규정을 두지 아니한 경우(공백 규정)와 공익만을 행정행위의 요건으로 정한 경우(종국목적)에는 재량권을 가지며, 제정법이 중간목적을 나타내는 다의적 개념에 의하여 행정행위를 수권한 경우에는 행정청은 재량권을 갖지 않는다는 견해이다.

(나) 효과재량설(행위재량설)

① 법률요건에 불확정개념이 사용된 경우, 그 인정은 모두 기속행위이고, ② 개인에게 새로운 권리를 설정하거나 이익을 제공하는 행위는 법률이 특히 개인에게 그 이익을 요구할 수 있는 권리를 부여한 경우를 제외하고는 원칙적으로 재량행위라고 한다. 효과재량설은 불확정개념을 모두 법개념으로 파악하여 그것을 전면적으로 법원의 심사대상으로 함으로써 재량과 관련된 반법치국가성을 해소하려고 한 것이다.

㈐ 판단여지설

이 견해는 실질적으로 보면 행위요건의 해석 · 적용을 선택가능성으로 보지 아니하고 법해석작용으로 보면서도, 행위요건의 해석 · 적용에 있어 판단여지를 인정하는 점에서, 요건재량설이 지닌 이론적 난점을 해결한 새로운 요건재량설이라고도 할 수 있다. 판단여지설은 재량권 행사의 적법 여부는 효과면에서 심사할 수 있는 것이기는 하지만, 재량권행사의 위법성 문제와는 별도로 법규의 요건판단이 잘못 이루어지는 경우에는 바로 위법한 판단이라는 문제가 제기된다.

(2) 판 례

판례는 행정행위가 그 재량성의 유무 및 범위와 관련하여 이른바 기속행위 내지 기속재량행위와 재량행위 내지 자유재량행위로 구분된다고 할 때, 그 구분은 당해 행위의 근거가 된 법규의 체제 · 형식과 그 문언, 당해 행위가 속하는 행정 분야의 주된 목적과 특성, 당해 행위 자체의 개별적 성질과 유형 등을 모두 고려하여 판단(대법원 2001.2.9. 선고 98두17593 판결)하는 것이 기본입장이다.

(3) 소 결

통설은 재량은 오직 행위 효과의 선택에 있어서만 인정될 수 있으며, 행위 요건의 해석 · 적용에 있어서는 재량은 인정될 수 없고 예외적으로 판단여지가 인정될 뿐이라고 한다. 다만 통설에 의하더라도 재량이 인정되는 경우와 그 구별표준이 문제된다. 따라서 재량이 인정되는지의 여부는 판례의 입장과 같이 법령의 규정방식, 그 취지 · 목적, 행정행위의 성질 등을 함께 고려하여 구체적 사안마다 개별적으로 판단하는 수밖에 없다.

(4) 사안의 경우

여객자동차 운수사업법의 관련규정에서 면허발급의 요건을 충족하는 경우 행정청에 재량권이 부여되는지 여부는 명확하게 드러나지는 않는다. 따라서 당해 법령의 규정취지 및 목적 등을 함께 고려하여야 할 것이다. 개인택시운송사업에 대한 면허는 대중교통의 수단이라는 공익적인 판단이 요구되므로, 그 허가는 재량행위로 보는 것이 타당할 것이다.

라. 재량권의 한계

(1) 법률의 규정

행정청의 재량에 속하는 처분이라도 재량권의 한계를 넘거나 그 남용이 있는 때에는 법원은 이를 취소할 수 있다(행정소송법 27). 재량권을 일탈하거나 남용한 경우에는 부당에 그치는 것이 아니라 위법이 되어 사법심사의 대상이 된다는 점을 명문화한 것이다.

(2) 재량권의 한계와 재량하자

(가) 재량권의 한계

법이 재량권을 인정한 경우에도 법이 허용한 범위 안에서 재량권이 인정된다. 이와 같이 법에 의하여 허용된 재량권의 범위가 외적 한계이다. 그리고 법이 허용한 재량의 범위 안에서도 재량권행사는 법이 재량권을 부여한 목적에 적합하여야 하며, 또한 헌법원칙과 조리상의 원칙 등을 준수하여야 하는 것을 재량권의 내적 한계라 한다.

(나) 재량하자

(a) 개 념

행정소송법은 학설과 판례의 입장을 명문화하여 재량권행사가 위법성을 띠게 되는 재량하자를, 재량권의 한계를 넘는 일탈과 그 남용으로 나누고 있다. 여기에서 일탈이라 함은 바로 재량권의 외적 한계를 넘는 것을 말하며, 남용은 바로 재량권의 내적 한계를 넘는 것을 말한다.

판례 역시 재량권을 부여한 내재적 목적에 반하여 다른 목적을 위하여 행정처분을 하는 것과 같은 재량권의 남용이나, 재량권의 행사가 그 법적 한계를 벗어나는 경우와 같은 재량권의 일탈은 사법심사의 대상이 된다(대판 1984.1.31. 선고 83누451 판결)고 한다. 또한 자연공원사업의 시행은 국토 및 자연의 유지와 환경의 보전에 영향을 미치는 행위로서 그 공원시설기본설계 및 변경설계의 승인 여부는 사업장소의 현상과 위치 및 주위의 상황, 사업시행의 시기 및 주체의 적정성, 사업계획에 나타난 사업의 내용, 규모, 방법과 그것이 자연 및 환경에 미치는 영향 등을 종합적으로 고려하여 결정하여야 하는 일종의 재량행위에 속한다고 할 것이고, 위와 같은 재량행위에 대한 법원의 사법심사는 당해 행위가 사실오인, 비례·평등의 원칙 위배, 당해 행위의 목적 위반이나 부정한 동기 등에 근거하여 이루어짐으로써 재량권을 일탈 · 남용한 위법이 있는지 여부만을 심사하게 되는 것이나, 법원의 심사결과 행정청의 재량행위가 사실오인 등에 근거한 것이라고 인정된다면 이는 재량권을 일탈 · 남용한 것으로서 위법하여 그 취소를 면치 못한다고 한다(대법원 2001.7.27. 선고 99두2970 판결).

(b) 구체적 기준

(ㄱ) 사실오인

법이 일정한 사실의 존재를 전제로 하여 재량권의 행사를 인정한 경우 법정요건에 해당하는 사실이 전혀 존재하지 아니한 경우에 행한 처분 또는 처분의 전제가 되는 요건사실의 인정이 전혀 합리성이 없는 경우이다. 공무원에게 일정한 비위가 있다고 하여 징계처분을 행하였으나, 당해 행위가 도저히 비위로 볼 수 없는 경우 등이다.

(ㄴ) 목적위반 · 동기의 부정

행정처분이 추구하는 목적은 일반적인 공익목적과 근거법규상의 구체적인 내재적 목적으로 나눌 수 있다. 그러므로 재량권의 행사는 일반적인 공익목적에 적합하게 행사하여야 함은 물론이고, 재량권을 부여한 근거법규상의 구체적인 내재적 목적에 적합하도록 행사하여야 한다. 법규의 내재적 목적과 다른 목적으로 재량권을 행사한 경우에는 위법이 된다. 부정한 동기나 자의적 · 보복적 목적으로 재량권을 행사하는 것도 목적위반에 해당한다.

(ㄷ) 평등원칙 위반

재량행사가 평등원칙에 위반되는 경우는 다음의 두 경우에 생긴다. ① 합리적인 이유 없이 특정인을 차별 취급하는 자의에 의한 평등원칙 위반이다. ② 행정청이 재량준칙에 의하여 재량의 한계를 스스로 정한 경우, 어느 하나의 사안에 대하여서만 종래와 다른 취급을 하는 경우이다. 행정은 스스로 설정한 행정선례에 의하여 자기 스스로가 구속되며(재량의 자기구속의 원리), 재량이 수축되게 된다.

판례가 인정하는 예를 살펴보면, 집단에너지공급시설에 대한 훼손부담금의 부과율을 전기공급시설 등에 대한 훼손부담금의 부과율인 100분의 20의 다섯 배에 이르는 100분의 100으로 정한 것은, 집단에너지공급시설과 전기공급시설 등의 사이에 그 공급받는 수요자가 다소 다를 수 있음을 감안하더라도, 부과율에 과도한 차등을 둔 것으로서 합리적 근거 없는 차별에 해당하므로 헌법상 평등원칙에 위배되어 무효라고 판시하고 있다(대법원 2007.10.29. 선고 2005두14417 판결).

(ㄹ) 비례원칙 위반

재량이 추상적으로는 인정되지만, 구체적인 경우에 부적당·불필요한 처분을 행하거나 가장 부담이 적은 수단을 선택하지 않은 경우 등에 생긴다. 일정한 비행에 대하여 심히 중한 징계를 과한 경우 등이다. 이 원칙은 단지 조리상의 한계가 아니고 헌법상의 원칙이므로 경찰권뿐만 아니고 모든 행정작용에 적용된다.

판례는, 주거 목적으로 한 채의 주택을 보유한 자로서 일정한 기간 이상 이를 보유하거나 또는 그 보유기간이 이에 미치지 않는다 하더라도 과세 대상 주택 이외에 별다른 재산이나 수입이 없어 조세지불 능력이 낮거나 사실상 거의 없는 자 등에 대하여, 과세의 예외조항이나 조세의 감경 또는 면제에 관한 조정장치를 두지 않고 다른 일반 주택보유자와 동일하게 취급하여 일률적으로 또는 무차별적으로 다액의 종합 부동산세를 부과하는 것은 과잉금지원칙에 위반하여 그들의 재산권을 침해하는 것이므로, 해당 법률조항인 구 종합부동산세법 제7조 제1항(개정법 제7조 제1항 전문 중 괄호 부분 제외, 납세의무자), 제8조(개정법 제8조 제1항, 과세표준) 및 제9조 전단(개정법 제9조 제1, 2항, 세율)이 헌법에 합치되지 아니한다(헌재 2008.11.13. 2006헌바112)고 한다.

(ㅁ) 처분절차의 위반

행정청의 실체판단은 재량 문제로서 완전심사를 할 수 없으므로, 이에 갈음하여 행정행위의 절차를 통제함으로써 행정결정의 공정성을 담보하는 것이다.

(ㅂ) 불행사 또는 해태

행정권의 발동여부가 행정청의 재량에 속하는 경우에도 당해 행정청은 구체적 사안에 있어 행정권의 발동여부를 심사할 의무가 있다. 따라서 정당한 이유 없이 구체적 사안에 대하여 행정권의 발동여부를 심사하지 아니하거나 부당하게 지연시킨 때에는 재량권의 불행사 또는 해태로서 재량하자의 원인이 된다.

판례는, 부동산 실권리자명의 등기에 관한 법률 시행령 제4조의2 단서는 조세를 포탈하거나 법령에 의한 제한을 회피할 목적이 아닌 경우에 과징금의 100분의 50을 감경할 수 있다고 규정하고 있고, 이는 임의적 감경규정임이 명백하므로, 감경사유가 존재하더라도 과징금 부과관청이 감경사유까지 고려하고도 과징금을 감경하지 않은 채 과징금 전액을 부과하는 처분을 한 경우에는 이를 위법하다고 단정할 수는 없으나, 행정행위를 함에 있어 이익형량을 전혀 하지 아니하거나 이익형량의 고려대상에 마땅히 포함시켜야 할 사항을 누락한 경우 또는 이익형량을 하였으나 정당성 · 객관성이 결여된 경우에는 그 행정행위는 재량권을 일탈 · 남용한 위법한 처분이라고 할 수밖에 없다고 한다(대법원 2005.9.15. 선고 2005두3257 판결).

(다) **재량하자의 입증책임**

재량하자의 존재는 행정행위의 효력을 다투는 상대방이 입증하여야 한다(대판 1987.12.8. 선고 87누861 판결). 반면, 그 처분의 적법사유에 대한 입증책임은 행정청에게 있다(대법원 1985.1.22. 선고 84누515 판결).

마. 개인택시운송사업 면허기준 설정행위에 관한 사법심사

(1) **재량행위와 기속행위에 따른 사법심사의 방식**

행정행위는 재량성의 유무 및 범위와 관련하여 기속행위 내지 기속재량행위와 재량행위 내지 자유재량행위로 구분된다. 양자의 구분은 당해 행위의 근거가 된 법규의 체재 · 형식과 그 문언, 당해 행위가 속하는 행정 분야의 주된 목적과 특성, 당해 행위 자체의 개별적 성질과 유형 등을 모두 고려하여 판단하게 된다.

양자에 대한 사법심사는, 기속행위의 경우 그 법규에 대한 원칙적인 기속성으로 인하여 법원이 사실인정과 관련 법규의 해석·적용을 통하여 일정한 결론을 도출한 후 그 결론에 비추어 행정청이 한 판단의 적법 여부를 독자의 입장에서 판정하는 방식에 의하게 된다.

반면, 재량행위의 경우 행정청의 재량에 기한 공익판단의 여지를 감안하여 법원은 독자의 결론을 도출함이 없이 당해 행위에 재량권의 일탈·남용이 있는지 여부만을 심사하게 된다. 이러한 재량권의 일탈·남용 여부에 대한 심사는 사실오인, 비례 · 평등의 원칙 위배, 당해 행위의 목적 위반이나 동기의 부정 유무 등을 그 판단 대상으로 하는 것이 판례의 일관된 입장이다(대법원 2001. 2. 9. 98두17593).

(2) **사안의 경우**

따라서 고양시장이 A에 대한 개인택시운송사업면허제외처분을 함에 있어서 그 선행조건으로서 개인택시운송사업면허의 기준을 설정하는 행위는 재량행위라는 점은 앞서 본 바와 같으므로, 법원은 고양시장의 면허의 기준설정행위에 대하여 독자의 결론을 도출함이 없이 당해 행위에 재량권의 일탈 · 남용이 있는지 여부만을 심사하게 된다. 그러므로 법원은 고양시장의 개인택시운송사업면허제외처분에 사실오인, 비례·평등의 원칙 위배, 당해 행위의 목적 위반이나 동기의 부정 유무 등을 그 판단 대상으로 하게 된다.

3. 사안의 해결

가. 개인택시운송사업 면허에 관한 법률의 규정

여객자동차운송사업을 경영하고자 하는 자는 사업계획을 작성하여 건설교통부령이 정하는 바에 의하여 시·도지사의 면허를 받아야 한다(여객자동차운수사업법 5①).

여기서 '여객자동차운송사업'이란 다른 사람의 수요에 응하여 자동차를 사용하여 유상으로 여객을 운송하는 사업을 말한다(여객자동차운수사업법 2(3)). 따라서 고양시장은 여객자동차운수사업법이 정하고 있는 면허기준을 충족한 자에게 그 면허를 줄 수 있는 권한을 갖는다(여객자동차운수사업법 6①).

개인택시운송사업면허는 A에게 택시운송사업을 할 수 있는 권리나 이익을 부여하는 행정행위로서 법령에 특별한 규정이 없는 한 재량행위에 속하고, 그 면허에 필요한 기준을 정하는 것 역시 법령에 규정이 없는 한 행정청의 재량에 속한다.

나. 재량행위에 대한 사법심사 방식

개인택시운송사업면허의 발급에 대한 기준설정행위를 재량행위로 보는 이상, 행정청의 재량에 기한 공익판단의 여지를 감안하여 법원은 독자의 결론을 도출함이 없이 당해 행위에 재량권의 일탈·남용이 있는지 여부만을 심사하게 될 것이다.

> 기본구조

개인택시운송사업 면허기준 설정행위의 법적 성질과 사법심사
[설문 (1)의 해결]

1. 문제점

2. 기속행위와 재량행위
  가. 의의
  나. 기속재량과 자유재량
    (1) 개념
    (2) 구별의 상대성
  다. 기속행위와 재량행위의 구별표준
    (1) 전통적인 견해
      (가) 요건재량설
      (나) 효과재량설(행위재량설)
      (다) 판단여지설
    (2) 판례
    (3) 소결
    (4) 사안의 경우
  라. 재량권의 한계
    (1) 법률의 규정
    (2) 재량권의 한계와 재량하자
      (가) 재량권의 한계
    (나) 재량하자
      ⓐ 개념
      ⓑ 구체적 기준
        ㉠ 사실오인
        ㉡ 목적위반·동기의 부정
        ㉢ 평등원칙 위반
        ㉣ 비례원칙 위반
        ㉤ 처분절차의 위반
        ㉥ 불행사 또는 해태
    (다) 재량하자의 입증책임
  마. 개인택시운송사업 면허기준 설정행위에 관한 사법심사
    (1) 재량행위와 기속행위에 따른 사법심사의 방식
    (2) 사안의 경우

3. 사안의 해결
  가. 개인택시운송사업 면허에 관한 법률의 규정
  나. 재량행위에 대한 사법심사 방식

Ⅱ. 이 사건 처분의 근거규정인 고양시훈령의 효력 [설문 (2)의 해결]

1. 문제점

사안에서 고양시장은 '고양시 개인택시 운송사업면허 공급기준'을 고양시훈령인 '고양시 개인택시 운송사업면허 사무처리규정'(이하 '이 사건 사무처리규정'이라 한다)에 의하기로 하였다. 그리하여 고양시장은 개인택시 운송사업면허를 신청한 A에 대하여 이 사건 사무처리규정이 정하는 요건을 충족하지 않았다는 이유로 개

인택시운송사업면허제외처분(이하 '이 사건 처분'이라 한다)을 하게 되었다. 따라서 고양시장의 A에 대한 이 사건 처분의 적법성 여부를 판단하는데 있어, 이 사건 사무처리규정을 준수한 것만으로 충분한 것인지, 아니면 상위법령까지를 고려하여야 하는지 확인하기 위하여 훈령의 법적 효력을 검토할 필요가 있다.

2. 훈령으로서의 이 사건 사무처리규정

가. 의 의

상급관청이 하급관청 또는 보조기관의 권한행사를 지휘하는 권한을 '훈령권'이라 하며, 지휘를 위하여 발하는 명령을 '훈령'이라 한다. 훈령권은 특별한 법적 근거를 요하지 아니하고 감독권의 당연한 결과로서 행할 수 있다. 훈령은 상급관청이 하급관청에 대하여 그 소관사무에 관하여 발하는 명령으로, 상관이 그 부하인 공무원 개인에 대하여 그 직무에 관하여 발하는 명령인 직무명령과는 구별된다.

나. 훈령의 법적 효력

행정규칙의 일종인 훈령은 국가와 국민 간에 구속력을 갖는 법규가 아니라는 것이 통설·판례이다. 그러나 법규로 보는 견해도 유력하며, 법규로 보는 근거와 범위는 견해에 따라 다르다.

(1) 비법규설

훈령은 국가와 국민 간의 관계에서 효력을 가지는 법규가 아니며, 행정주체 내부관계에서 상급관청이 하급관청에 대하여 발하는 명령이므로 일반 개인에 대하여서는 구속력이 없다고 한다. 따라서 훈령은 행정주체의 내부관계에서 상급관청에 대하여 하급관청이 이에 따라야 하는 의무를 발생시킬 뿐 국민에 대한 관계에서 하급관청이 이에 따라야 할 법적 구속력을 발생시키는 것은 아니므로, 하급관청이 훈령에 위반하여도 하급관청을 구성하는 공무원의 직무상 의무위반에 그치게 된다. 그러므로 하급관청의 행위가 대외적으로 국민에 대한 관계에서 위법이 되는 것은 아니다.

판례도 같다. 보사부훈령인 품질관리업무지침 제17조에 정한 별표 1의 행정처분기준은 행정기관내부의 사무처리준칙을 규정한 것으로서 관계행정기관이나 직원을 기속함에 그치고, 법원이나 행정처분의 상대방인 의료품 등의 제조업자를 포함한 국민을 기속하는 효력은 없다고 보아야 할 것이다(대법원 1990.5.11.선고 90누

1069 판결).

(2) 법규설

재량준칙이나 법령해석기준을 정한 훈령은 행정사무처리의 기준이 되는 점에서 법규와 동일한 기능을 가진다고 한다. 훈령은 행정조직내부에서만 법적 효력을 가지며, 국민에 대한 관계에서 행정관청에 대하여 법적 구속력을 갖는다고는 보지 아니한다. 다만 예외적으로 재량준칙 등 훈령 중에서 행정청이 국민에 대한 행정처분을 함에 있어서 적용될 것이 예정되어 있는 훈령에 한하여 헌법상의 평등원칙(또는 신뢰보호의 원칙)을 전환규범으로 하여 간접적으로 국민에 대한 관계에서 행정청에 대하여 법적 구속력을 갖게 되는 경우가 있다고 한다.

(3) 소 결

비법규설이 타당하다고 본다. 훈령은 권력분립의 원칙 및 법률유보의 원리에서 볼 때 국민에 대한 관계에서 직접적으로 행정청에 대하여 법적 구속력을 갖는다고 보기는 어렵고, 예외적으로 훈령에 의한 취급이 관행화된 경우에는 그러한 훈령은 헌법상의 평등원칙(또는 신뢰보호의 원칙)을 전환규범으로 하여 간접적으로 법적 구속력을 갖는다고 볼 것이다. 또한 훈령이 관행화되어 국민의 법적 확신을 얻은 때에는 관습법으로 성립하여 평등원칙의 매개 없이 법적 구속력을 갖는 경우도 있을 것이다.

3. 훈령에 위반한 행정행위의 효력

훈령은 행정조직 내부에서 하급관청의 행위를 기속할 뿐 국민에 대한 관계에서 행정청에 대하여 법적 구속력을 가지는 것은 아니다. 따라서 행정관청이 훈령에 위반하여 행정행위를 하더라도 행정조직 내부에서 직무상 의무위반으로 징계책임을 지게 되고, 당해 행정행위가 위법하게 되는 것은 아니다. 그러나 예외적으로 훈령이 평등원칙을 매개규범으로 하여 행정청에 대하여 법적 구속력을 갖는 경우에는 당해 훈령에 위반한 행정행위는 위법하게 된다.

4. 사안의 해결

이 사건 처분 기준인 이 사건 사무처리규정은 고양시장이 개인택시운송사업면허 기준을 구체적으로 규정하여 보조기관의 지위에 있는 공무원에게 준수하도록 명령한 행정규칙의 일종인 훈령이다. 그러므로 이 사건 사무처리규정은 행정기관 내부에서만 효력을 갖고, 국민이나 법원을 구속하는 대외적 효력은 없다. 따라서 고양시장이 위 훈령의 기준대로 처분을 하였을지라도 적법하게 되는 것은 아니다.
   그러므로 처분청인 고양시장이 A에 대한 면허에 필요한 기준을 정하는 것은 법령에 규정이 없는 한 행정청의 재량에 속하지만, 그 경우에도 그 기준은 객관적으로 타당하여야 한다. 그리고 고양시장이 설정한 우선순위 결정방법이나 기준이 객관적으로 합리성을 잃은 것이라면, 그 자체가 위법한 것이므로 그 기준에 따라 면허 여부를 결정하였더라도 재량권의 한계를 일탈한 것이 되어 위법하게 된다.

기본구조

이 사건 처분의 근거규정인 고양시 훈령의 효력 [설문 (2)의 해결]

1. 문제점

2. 훈령으로서의 이 사건 사무처리규정
  가. 의 의
  나. 훈령의 법적 효력

  (1) 비법규설
  (2) 법규설
  (3) 소 결

3. 훈령에 위반한 행정행위의 효력

4. 사안의 해결

Ⅲ. 이 사건 사무처리규정의 헌법적 쟁점 검토 [설문 (3)의 해결]

1. 문제점

   고양시장은 개인택시운송사업 면허기준으로 '면허신청 공고일부터 역산하여 동일회사에서 성실의무 이행'의 요건을 하면서, 성실의무를 이행한 운전자의 요건을 '면허신청 공고일부터 역산하여 고양시 관내 동일 택시회사에서 택시를 4년 이상 무사고로 운전한 자'로 규정하였다. 고양시장이 설정한 면허기준은 ① 면허신청 공고일부터 역산하여 일정기간의 성실의무 이행과, ② 성실의무를 반드시 동일회사에서 이행하도록 요구하고 있다. 그러므로 이 면허기준은 성실의무를 하나의 회사에서 이행하였는지 또는 둘 이상의 회사에서 이행하였는지에 따라 차등을 두고 있기 때문에 성실의무의 이행을 우선순위의 요건으로 한 목적에 비추어 합리적 근거 없이 차별대우를 하는 것으로 평등의 원칙에 반하고 직장선택의 자유를 침해하는 것이 아닌지 의문이 든다.

2. 성실의무의 이행을 우선순위의 요건으로 한 목적

택시회사에서 일정기간 동안 성실의무 이행을 개인택시운송사업면허의 우선순위 요건으로 정하는 것은 여객자동차운수사업법이나 도로교통법 등 관계 법규를 준수하고 무사고 운전을 하는 등 일정기간 성실하게 운전하여 온 자를 우대하려는 것이다. 그리고 개인택시운송사업에 관한 질서를 확립하고 여객의 안전하고 원활한 운송과 개인택시운송사업의 종합적인 발달을 도모하려는 데 그 목적이 있다.

3. 평등의 원칙위반 여부

가. 헌법의 규정

(1) 헌법 전문

헌법 전문은 '정치 · 경제 · 사회 · 문화의 모든 영역에 있어서 각인의 기회를 균등히 하고, 능력을 최고도로 발휘하게 한다'고 선언하고 있다.

(2) 평등권의 보장

모든 국민은 법 앞에 평등하다. 누구든지 성별 · 종교 또는 사회적 신분에 의하여 정치적 · 경제적 · 사회적 · 문화적 생활의 모든 영역에 있어서 차별을 받지 아니한다(헌법 11①).

나. 법 앞에 평등의 의미

(1) '법'의 의미

법 앞에 평등이라고 할 때 '법'은 국회에서 제정하는 형식적 의미의 법률에 한정되지 않고 모든 법규범을 말한다. 따라서 성문법은 물론이고 불문법과 같은 국내법뿐만 아니라 국제법도 포함된다.

사안의 경우 고양시훈령인 '고양시 개인택시 운송사업면허 사무처리규정'도 여기에서 말하는 법에 해당된다. 비록 이 사건 사무처리규정이 지방자치단체장이 제정한 훈령으로 그 법적 성질은 행정기관 내부에서만 효력이 있는 행정규칙의 일종이지만, 헌법 제11조 제1항이 적용되는 법임에는 틀림이 없다.

(2) '법 앞에'의 의미

법 앞에 평등이란 법의 집행, 적용에서의 평등뿐만 아니라 법의 내용도 평등하게 대우하는 것이어야 한다는 법제정의 평등을 의미한다. 따라서 국가는 법을 제정하거나 개정하는 경우에 그 내용이 규율대상을 차별하는 것이어서는 아니 되고, 법의 적용이나 집행에서도 그 대상을 차별대우하여서는 아니 된다. 헌법재판소 역시 법의 적용뿐만 아니라 입법에서도 불합리한 차별대우를 하여서는 아니 된다고 판시하고 있다.

사안의 경우 고양시장의 훈령은 성실의무를 하나의 회사에서 이행하였는지 또는 둘 이상의 회사에서 이행하였는지 여부에 따라 차등을 두고 있다. 그러므로 법(훈령)의 내용이 그 대상자를 차별대우하는 것이 아닌가 하는 법제정의 평등이 문제된다.

(3) '평등'의 의미

법 앞에 평등하다는 것은 절대적, 기계적인 평등이 아니라 상대적 평등을 의미한다.

상대적 평등이란 '같은 것은 같게, 다른 것은 다르게' 대우하는 것이다. 이를 통하여 모든 국민에게 기회균등을 보장하고, 이에 반하는 어떠한 자의적인 공권력의 발동도 허용하지 않게 된다. 헌법재판소는 평등위반에 대한 위헌심사의 기준으로 자의(恣意)금지의 원칙을 채택한 바 있다.

사안의 경우 이 사건 사무처리규정의 제정목적을 고려하더라도, 면허신청 공고일부터 역산하여 일정기간의 성실의무 이행을 반드시 동일회사에서 이행하도록 요구하는 것은 일정기간 무사고 운전을 하여 온 자를 자의적으로 차별한 것에 해당된다. 면허기준으로서의 성실의무는 택시운전자가 일정기간 무사고로 운전하였다는 사실이지, 동일한 택시회사에서 근무하여야 하는 것은 아니다. 성실의무를 동일 택시회사에서 이행할 것을 내용으로 하는 이 사건 사무처리규정은 택시운전자로 하여금 열악한 근로조건하에서 계속적으로 근무할 것을 사실상 강요하는 것에 해당된다. 그러므로 A에 대한 이 사건 처분은 결국 자의적인 공권력의 발동이라고 할 수 있다.

다. 사안의 해결

(1) 헌법 전문의 기회균등의 정신과 헌법 제11조 제1항이 정하는 법 앞에 평등은 이 사건 사무처리규정의 제정과 집행에도 적용된다.

⑵ 고양시장은 위 헌법규정에 반하는 이 사건 사무처리규정을 제정하고, 개인택시운송사업면허 처분의 기준으로 위헌적인 위 규정을 적용·집행함으로써 A의 이 사건 면허신청을 거부하는 처분을 하였다.

⑶ 고양시장이 합리적 근거 없이 성실의무를 동일 회사에서 이행한 자와 서로 다른 회사에서 이행한 자를 차별대우하여, 다른 회사에서 근무하여 온 자의 개인택시운송사업면허를 받을 기회를 박탈한 이 사건 처분은 자의적인 공권력 행사에 해당하여 평등의 원칙을 위반하였다.

⑷ 따라서 고양시장의 A에 대한 이 사건 처분은 재량권의 한계를 넘어선 것으로서 위법하다 할 것이므로 취소되어야 할 것이다.

4. 직장선택의 자유 침해여부

가. 헌법의 규정

모든 국민은 직업선택의 자유를 가진다(헌법 15). 이 규정은 직업의 선택과 직업의 수행을 포함하는 종합적이고 포괄적인 직업의 자유를 보장하는 규정이다.

나. 직업의 자유의 의의

직업이란 생활의 기본적 수요를 충족시키기 위하여 행하는 계속적인 소득활동을 의미한다. 직업의 자유는 ① 직업은 생활수단적 성격을 가져야 하며(생활수단성), ② 소득활동이 어느 정도의 계속성을 가져야 하고(계속성), ③ 공공무해성의 생활수단적 활동이어야 한다(공공무해성)는 개념요소를 포함하고 있다.

다. 직업의 자유의 법적 성격

직업은 생활의 기본적 수요를 충족시키기 위하여 국민 누구나가 자유롭게 선택하고 행사할 수 있는 주관적 공권의 성격과 함께 국민 개개인이 선택한 직업의 수행에 의하여 국가의 사회질서와 경제질서가 형성된다는 점에서 사회적 시장경제질서라고 하는 객관적 법질서의 구성요소이기도 하다.

라. 직업의 자유의 주체

국민이다. 자연인뿐만 아니라 법인에게도 인정된다. 미성년자도 직업의 자유를 가진다. 권리능력이 없는 단체나 상사 역시 직업의 자유의 주체가 된다. 반면 공법인은 기본권 수범자이므로 원칙적으로 주체가 될 수 없다. 외국인이나 무국적자도 일정한 경우에 직업의 자유가 보장되지만, 국가정책적으로 제한이 가해진다.

사안의 경우 A는 택시운전으로 생활에 필요한 소득활동을 계속적으로 행하여 왔기 때문에 직업의 자유의 주체가 되는데 의심이 없다.

마. 직업의 자유의 내용

직업의 자유에는 자신이 원하는 직업을 자유롭게 선택하는 좁은 의미의 직업선택의 자유와 그가 선택한 직업을 자기가 원하는 방식으로 자유롭게 수행할 수 있는 직업수행의 자유를 포함하는 직업의 자유를 뜻한다. 따라서 직업의 자유에는 직업결정의 자유, 직업종사(직업수행)의 자유, 전직의 자유 등이 포함된다.

그런데 사안의 경우 A는 택시회사에 고용되어 운전에 계속적으로 종사해 오던 중에 개인택시운송사업을 직접하기 위하여 고양시장에게 개인택시운송사업면허 신청을 하게 되었다. 그런데 고양시장의 이 사건 사무처리규정은 택시회사에 고용되어 일정기간 무사고로 운전하여 성실의무를 이행한 A와 같은 운전자에게 동일 택시회사에서 성실의무를 이행하여야 한다는 제한을 가함으로써 사실상 A로 하여금 다른 택시회사로 옮겨서 근무할 수 없도록 하는 직장을 변경할 수 있는 전직내지 직장선택의 자유를 제한하고 있다.

바. 사안의 해결

(1) 고양시장이 개인택시운송사업면허를 하면서 그 대상자들에게 일정기간 무사고 운전 등의 성실의무의 이행을 요구하는 것은 대중교통을 담당하는 운전자에게 필요한 요건의 부가라고 할 수 있다.

(2) 그런데 고양시장은 그 성실의무의 이행을 동일 택시회사에서 일정기간 동안 이행할 것을 요구하고 있다. 이러한 요건은 택시운전에 종사하는 자로서 개인택시운송사업면허를 받고자 하는 자는 어떤 열악한 근로조건하에서도 다른 회사로 옮기지 않고 근무할 것을 강요하는 결과를 초래하게 된다.

(3) 이렇게 되면 그 택시운전에 종사하는 자를 고용한 회사의 고용주는 피용자와의 근로조건등을 일방적으로 결정할 수 있으며, 피용자는 해고의 위협 앞에 놓이게 될 수 있다. 결국 고양시장의 이 사건 사무처리규정은 A와 같은 택시운전자의

일반 근로자로서의 법적 지위를 열악하게 만들 우려가 크다.

(4) 따라서 고양시장의 이 사건 사무처리규정에 따른 이 사건 처분은 헌법이 기본권으로 보장하는 직장선택의 자유를 제한하는 위헌적인 처분에 해당하여 위법하게 된다.

5. 결론

고양시장이 합리적 근거 없이 성실의무를 동일 회사에서 이행한 자와 서로 다른 회사에서 이행한 자를 차별대우하여, 다른 회사에서 근무하여 온 자의 개인택시운송사업면허를 받을 기회를 박탈한 이 사건 처분은 자의적인 공권력 행사에 해당하여 평등의 원칙을 위반하였다. 또한 고양시장은 그 성실의무의 이행을 동일 택시회사에서 일정기간 동안 이행할 것을 요구하여 택시운전에 종사하는 자로서 개인택시운송사업면허를 받고자 하는 자는 다른 회사로 옮기지 않고 계속 같은 회사에서 근무할 것을 강요받는 셈이 된다. 따라서 고양시장의 이 사건 처분은 헌법이 보장하는 직장선택의 자유를 제한하는 위헌적인 처분으로 위법하여 취소되어야 한다.

기본구조

이 사건 사무처리규정의 헌법적 쟁점 검토 [설문 (3)의 해결]

1. 문제점

2. 성실의무의 이행을 우선순위의 요건으로 한 목적

3. 평등의 원칙위반 여부
  가. 헌법의 규정
   (1) 헌법 전문
   (2) 평등권의 보장
  나. 법 앞에 평등의 의미
   (1) '법'의 의미
   (2) '법 앞에'의 의미
   (3) '평등'의 의미
  다. 사안의 해결

4. 직장선택의 자유 침해여부
  가. 헌법의 규정
  나. 직업의 자유의 의의
  다. 직업의 자유의 법적 성격
  라. 직업의 자유의 주체
  마. 직업의 자유의 내용
  바. 사안의 해결

5. 결론

제1문

I. 설문(1)의 해결 – 면허기준 설정행위의 법적 성질과 사법심사

1. 문제점

여객자동차 운수사업법에 의한 개인택시운송사업면허는 특정인에게 권리나 이익을 부여하는 형성적 행정행위로서 특허에 해당된다. 따라서 법령에 특별한 규정이 없는 한 재량행위이고, 그 면허를 위하여 면허기준을 설정하는 행위 역시 행정청의 재량에 속한다 할 것이다. 사안에서 개인택시운송사업면허와 그 면허기준을 설정하는 행위의 법적 성질과 관련하여 재량행위에 관한 일반이론과 사법심사와 관련하여 기속행위와의 차이도 살펴보아야 한다.

2. 기속행위와 재량행위

가. 의의

기속행위란 법규가 정한 행위요건이 충족되면 행정청은 법규가 정한 바를 단순히 집행하는 데 그치는 경우의 행정행위를 말한다.

반면에 재량행위란 법규가 정한 행위요건이 충족된 경우에, 행정청에게 행위(효과)의 여부 또는 어떠한 행위를 할 것인지에 대하여 많은 가능성 중에서 선택의 여지를 부여하고 있는 경우의 행정행위를 말한다.

나. 기속행위와 재량행위의 구별

(1) 학설

① 행정행위의 요건에 대하여 아무런 규정을 두지 아니한 경우나 공익만을 행정행위의 요건으로 정한 경우에는 재량행위이고, 중간목적을 나타내는 다의적 개념에 의하여 행정행위를 수권한 경우에는 기속행위에 해당한다는 요건재량설, ② 국민에게 권리나 이익을 부여하는 수익적 행위는 원칙적으로 재량행위이고, 반대로 침해적 행위는 기속행위라는 효과재량설, ③ 행위 요건의 해석·적용에 판단여지를 인정하는 판단여지설 등이 주장되어 왔다.

(2) 판례

판례는 양자의 구분은 당해 행위의 근거가 된 법규의 체재·형식과 그 문언, 당해 행위가 속하는 행정 분야의 주된 목적과 특성, 당해 행위 자체의 개별적 성질과 유형 등을 모두 고려하여 판단하여야 한다고 본다.

(3) 소결

재량행위와 기속행위를 일률적으로 구별할 수는 없다. 결국 판례의 입장과 같이 법령의 규정방식, 그 취지·목적, 행정행위의 성질 등을 함께 고려하여 구체적 사안마다 개별적으로 판단하는 수밖에 없다.

  (4) 사안의 경우

　　여객자동차 운수사업법의 관련규정에서 행정청에 재량권이 부여되는지 여부는 명확하게 드러나지는 않는다. 따라서 법령의 규정취지 및 목적 등을 함께 고려하여야 할 것이다. 개인택시운송사업에 대한 면허는 대중교통의 수단이라는 공익적인 판단이 요구되므로 그 허가는 재량행위로 보는 것이 타당할 것이다.

3. 개인택시운송사업 면허기준 설정행위에 관한 사법심사

　가. 재량행위와 기속행위에 따른 사법심사의 방식

　　① 기속행위의 경우 법원이 사실인정과 관련하여 법규의 해석·적용을 통하여 일정한 결론을 도출한 후 행정청이 한 판단의 적법 여부를 독자의 입장에서 판정하는 방식에 의한다.

　　② 반면, 재량행위의 경우 행정청의 재량에 기한 공익판단의 여지를 감안하여 법원은 독자의 결론을 도출함이 없이 당해 행위에 재량권의 일탈·남용이 있는지 여부만을 심사하게 된다.

　나. 재량하자의 판단기준

　　재량행위에 대한 법원의 사법심사는 당해 행위가 ① 사실오인, ② 비례·평등의 원칙 위배, ③ 목적 위반이나 부정한 동기가 있는 경우, ④ 행정권의 불행사 또는 해태 등이 있는지를 심사하여 이러한 사정이 인정되면 취소판결을 내리게 된다.

　다. 사안의 경우

　　고양시장의 개인택시운송사업면허의 기준을 설정하는 행위는 재량행위이다. 따라서 법원은 위 기준설정행위에 대하여 독자의 결론을 도출함이 없이 당해 행위에 재량권의 일탈·남용이 있는지 여부만을 심사하게 된다.

4. 사안의 해결

　　개인택시운송사업면허는 개인에게 택시운송사업을 할 수 있는 권리나 이익을 부여하는 행위로서 재량행위에 속한다. 따라서 그 면허에 필요한 기준을 정하는 것 역시 행정청의 재량에 속한다. 위 행위를 재량행위로 보는 이상, 당해 행위의 위법성을 심사함에 있어서 법원은 독자의 결론을 도출함이 없이 당해 행위의 재량권의 일탈·남용이 있는지 여부만을 심사하게 된다.

II. 설문(2)의 해결 - 훈령의 효력

1. 문제점

　　고양시장은 '고양시 개인택시 운송사업면허 공급기준'을 고양시훈령인 이 사건 사무처리규정에 의하기로 하였다. 따라서 고양시장의 A에 대한 이 사건 처분의 적법성 여부를 판단하는데 있어,

사무처리규정을 준수한 것만으로 충분한 것인지, 아니면 상위법령까지도 고려하여야 하는지 확인하기 위하여 훈령의 법적 효력을 검토할 필요가 있다.

2. 훈령으로서의 이 사건 사무처리규정

상급관청이 하급관청 또는 보조기관의 권한행사를 지휘하기 위하여 발하는 명령을 '훈령'이라 한다. 이는 특별한 법적 근거를 요하지 아니하고 감독권의 당연한 결과로서 행할 수 있다.

행정규칙의 일종인 훈령은 국가와 국민 간에 구속력을 갖는 법규가 아니라는 것이 통설·판례이다.

3. 훈령에 위반한 행정행위의 효력

훈령은 내부적으로 하급관청의 행위를 기속할 뿐 국민에 대한 관계에서 법적 구속력을 가지는 것은 아니다. 따라서 행정관청이 훈령에 위반 하더라도 행정조직 내부에서 책임을 지게 될 뿐이고, 당해 행정행위가 위법하게 되는 것은 아니다. 그러나 예외적으로 훈령이 평등원칙을 매개규범으로 하여 행정청에 대하여 법적 구속력을 갖는 경우에는 당해 훈령에 위반한 행정행위는 위법하게 된다.

4. 사안의 해결

이 사건 처분의 기준인 고양시훈령은 고양시장이 개인택시운송사업면허 기준을 구체적으로 규정하여 보조기관인 공무원에게 준수하도록 명령한 행정규칙의 일종인 훈령이다. 그러므로 국민이나 법원을 구속하는 대외적 효력은 원칙적으로 없다.

결국 처분청이 면허에 필요한 기준을 정하는 것은 행정청의 재량에 속하지만, 그 경우에도 그 기준은 객관적으로 타당하여야 하므로, 고양시장이 설정한 결정방법이나 기준이 객관적으로 합리성을 잃은 것이라면, 그 기준에 따라 면허 여부를 결정하였더라도 재량권의 한계를 일탈한 것이 되어 위법하게 된다.

III. 설문(3)의 해결 - 이 사건 사무처리규정의 헌법적 쟁점

1. 문제점

고양시장이 설정한 면허기준은 ① 일정기간의 성실의무 이행과, ② 성실의무를 반드시 동일 회사에서 이행하도록 요구하고 있다. 위 면허기준은 성실의무를 하나의 회사에서 이행하였는지 또는 둘 이상의 회사에서 이행하였는지에 따라 차등을 두고 있기 때문에 합리적 근거 없이 차별 대우를 하는 것으로 평등의 원칙에 반하고 직장선택의 자유를 침해하는 것이 아닌지 의문이 든다.

2. 성실의무의 이행을 우선순위의 요건으로 한 목적

이는 성실하게 운전하여 온 자를 우대하려는 것이다. 그리고 택시운송사업에 관한 질서를 확립하고 여객의 안전하고 원활한 운송과 택시운송사업의 발달을 도모하려는 데 그 목적이 있다.

3. 평등의 원칙위반 여부

가. 헌법의 규정과 평등의 의미

모든 국민은 법 앞에 평등하다(헌법 11①). 여기에서 평등이란 법의 집행, 적용에서의 평등 뿐만 아니라 법의 내용도 평등하게 대우하는 것이어야 한다는 법제정의 평등을 의미하며, 절대적·기계적인 평등이 아니라 상대적 평등을 의미한다.

나. 평등의 원칙 위반여부

성실의무를 동일 택시회사에서 이행할 것을 내용으로 하는 이 사건 규정은 택시운전자로 하여금 열악한 근로조건에서 계속적으로 근무할 것을 사실상 강요하는 것에 해당된다. 합리적 근거 없이 성실의무를 동일 회사에서 이행한 자와 서로 다른 회사에서 이행한 자를 차별대우하여, 다른 회사에서 근무하여 온 자의 개인택시운송사업면허를 받을 기회를 박탈한 이 사건 처분은 자의적인 공권력 행사에 해당하여 평등의 원칙을 위반하였다.

4. 직장선택의 자유 침해여부

가. 헌법의 규정과 직업의 자유의 의미

모든 국민은 직업선택의 자유를 가진다(헌법 15). 직업의 자유는 ① 직업은 생활수단적 성격을 가져야 하며(생활수단성), ② 소득활동이 어느 정도의 계속성을 가져야 하고(계속성), ③ 공공에 무해한 생활수단적 활동이어야 한다(공공무해성)는 개념요소를 포함하고 있다.

나. 직업의 자유의 내용과 그 침해여부

직업의 자유는 원하는 직업을 자유롭게 선택하는 직업선택의 자유와, 선택한 직업을 자기가 원하는 방식으로 자유롭게 수행할 수 있는 직업수행의 자유를 포함하는 직업의 자유를 뜻한다. 그런데 고양시장의 이 사건 사무처리규정은 일정기간 무사고로 운전하여 성실의무를 이행한 A와 같은 자에게 동일 택시회사에서 성실의무를 이행하여야 한다는 제한을 가함으로써 사실상 다른 택시회사로 옮겨서 근무할 수 없도록 하는 전직 내지 직장선택의 자유를 침해하고 있다.

5. 사안의 해결

고양시장이 합리적 근거 없이 성실의무를 동일 회사에서 이행한 자와 서로 다른 회사에서 이행한 자를 차별대우하여, 다른 회사에서 근무하여 온 자의 개인택시운송사업면허를 받을 기회를 박탈한 이 사건 처분은 자의적인 공권력 행사에 해당하여 평등의 원칙을 위반하였다. 또한 성실의무를 동일한 회사에서 이행할 것을 요구하여 개인택시운송사업면허를 받고자 하는 자는 다른 회사로 옮기지 않고 계속 같은 회사에서 근무할 것을 강요받는 셈이 된다. 따라서 고양시장의 이 사건 처분은 헌법이 보장하는 직장선택의 자유를 제한하는 위헌적인 처분으로 위법하여 취소되어야 한다.

[10] 판단여지와 학문의 자유

> 교사 A, B는 신학기에 사용할 중학교용 및 고등학교용 미술교과서를 공동저작하여 교육과학기술부장관에게 검정신청을 하여 적격판정을 받았다. 교육과학기술부장관은 A, B에게 위 검정신청교과서들에 대한 교사용지도서심사본을 제출케 하였는데, 이에 따라 A, B는 교사용지도서를 저작하여 검정신청하였다. 그런데 교육과학기술부장관은 지도서 검정심사에서 중학교 및 고등학교 교과서의 지도서가 ① 헌법정신과의 일치, ② 교육기본법, 교육과정과의 일치 여부, ③ 내용의 보편타당성 등 공통 검정기준과 지도서 공통기준에 비추어 볼 때, 지도지침서로서 성격에 맞지 않을 뿐 아니라 각 단원의 지도목표와 지도내용의 성격을 혼돈하므로 뚜렷한 목표의 설정이나 지도내용을 구체적으로 제시하지 못하고 있다는 등의 사유로 각 부적격 판정을 하였다.

(1) 교육과학기술부장관의 미술교과서 교사용지도서의 부적격판정의 법적 성격과 사법심사의 한계를 설명하시오. (15점)

(2) A, B는 교육과학기술부장관의 부적격 판정에 대하여 아래와 같이 주장하고 있다. 이 주장에 대한 헌법적 쟁점을 제시하시오. (20점)

학문연구자는 교육을 위하여 교과용도서를 집필 출판할 자유가 있으며, 이에 대한 검정에 있어서 심사는 오기, 오식등 명백한 객관적 오류, 제본등 기술적 사항에 그쳐야 하고, 저자의 교육적 견해의 당부는 국민, 교사들에 의하여 평가되어야 하며, 행정당국의 판단에 맡겨져서는 안되며, 특히 교사용지도서에 있어서는 교과서보다 폭넓은 집필의 자유가 보장되어야 하며, 이에 대한 검정심사는 공적 교육을 유지하는데 필요 최소한에 그쳐야 한다.

(3) A, B가 교육과학기술부장관의 부적격판정처분의 취소를 구하는 소송을 제기하면서 아울러 동료 수학교사가 집필한 수학교과서에 대한 교육과학기술부장관의 부적격 판정행위가 위법하다는 이유로 그 취소를 구할 수 있는가? (15점)

> 참고법령

「초·중등교육법」

제29조 (교과용도서의 사용)
① 학교에서는 국가가 저작권을 가지고 있거나 교육과학기술부장관이 검정 또는 인정한 교과용도서를 사용하여야 한다.
② 교과용도서의 범위·저작·검정·인정·발행·공급·선정 및 가격사정에 관하여 필요한 사항은 대통령령으로 정한다.

「초·중등교육법 시행령」

제55조(교과용도서의 사용)
법 제29조제2항의 규정에 의한 교과용도서의 범위 등에 관하여 필요한 사항은 따로 대통령령으로 정한다.

「교과용도서에 관한 규정 [대통령령 제22143호, 2010. 5. 4, 일부개정]」

제8조(검정신청)
검정신청은 그 원고를 집필한 자(이하 "저작자"라 한다) 또는 발행자가 하거나 저작자와 발행자가 공동으로 한다.

제9조(검정방법)
① 검정심사는 기초조사와 본심사로 구분하여 실시한다.
② 기초조사는 대상도서의 내용 오류, 표기·표현 오류 등을 조사한다.
③ 본심사는 제7조제1항제4호의 검정기준에 따라 교과용도서로서의 적합성 여부를 심사한다.

제10조(합격결정)
① 검정의 합격결정은 심사의 결과에 따라 교육과학기술부장관이 행한다.
② 동일 학년의 하나의 과목에 검정교과서가 2책 이상으로 구성되는 경우 그 중 하나라도 검정교과서로서 부적합하면 그 신청자가 신청한 해당 교과목의 도서는 모두 불합격으로 한다. 다만, 검정시기가 다른 경우로서 나중에 신청한 도서에 대하여 불합격의 결정을 하는 경우에는 그러하지 아니하다.
③ 하나의 교과목의 교과서와 지도서 중 그 어느 하나라도 부적합한 경우에는 그 교과서와 지도서는 모두 불합격으로 한다.

주요쟁점

✦ 불확정개념
✦ 교과서 검정제도
✦ 교육을 받을 권리
✦ 출판의 자유
✦ 사전검열
✦ 원고적격
✦ 법률상 이익
✦ 제3자의 원고적격

I. 미술교과서 교사용지도서의 부적격판정행위와 사법심사의 한계
[설문 (1)의 해결]

1. 문제점

법원이 교육과학기술부장관의 미술교과서 교사용지도서의 검정행위의 적법성 여부를 판단함에 있어 '교과용도서에 관한 규정' 제9조 검정방법이 정하는 검정기준은 교육과학기술부장관이 설정한 것으로 교과서와 지도서가 '헌법정신과의 일치, 교육기본법, 교육과정과의 일치 여부, 내용의 보편타당성'등의 공통기준과 더욱 상세한 지도서 공통기준내용이 불확정개념으로 되어 있다. 이런 불확정개념을 교육과학기술부장관이 해석·적용하여 내리는 판단을 법원이 어느 정도까지 존중하고 사법심사의 한계로 삼아야 하는가와 관련하여 판단여지에 해당하는지, 아니면 재량행위에 포함되는지 문제된다. 아울러 검정행위의 법적 성격과 관련하여 허가에 해당하는지, 아니면 특허에 해당하는지도 살펴볼 필요가 있다.

2. 불확정개념과 판단여지

가. 불확정개념의 의의

불확정개념이란 법률이 추상적·다의적이며, 불확정적인 개념을 행정행위의 요건으로 정하고 있는 경우를 말한다. 예컨대 당분간, 정당한 보상, 공익상 필요한 때, 공적이 뚜렷한 자, 적당한 장소, 야간, 치안상 위해 등이다. 오늘날의 행정업무가 대폭적으로 확대됨에 따라 불확정개념이 행정법규에 대량으로 등장하게 되었다.

나. 불확정개념의 종류

불확정개념은 경험개념과 가치개념으로 나누어 진다. 경험개념은 '주간, 야간,

위험'등과 같이 경험적으로 지각할 수 있고 경험할 수 있는 대상과 관련된 개념이 며, 가치개념은 '적당한 방법, 공익상 필요'등과 같이 주관적 평가 등 가치충족을 통하여 파악되는 개념이다. 종래의 학설은 가치개념의 경우에는 광범하게 행정청의 판단여지를 인정하려고 한 것이 일반적인 경향이었다.

다. 불확정개념의 해석 · 적용과 판단여지

(1) 법개념으로서의 불확정개념

불확정개념의 해석은 그 개념이 갖는 법적 내용을 파악하는 것이기 때문에 법적 문제에 해당된다. 따라서 법규에서 행위요건을 불확정개념으로 정하였더라도 그 의미는 구체적 사안에 따라 다의적인 것이 아니고, 하나의 결정만이 정당한 법개념이다. 불확정개념의 해석 · 적용은 법적인 문제이기 때문에 모두 사법심사의 대상이 되어야 한다. 그러나 구체적인 사안에서 무엇이 하나의 정당한 결정인지에 대하여 행정청과 법원 간에 의견이 다를 수 있다. 여기서 불확정개념의 해석은 모두 법원의 심사대상이 되지만, 예외적으로 행정청에 대하여서도 불확정개념에 관한 판단여지를 인정할 수 있을 것인지가 문제된다.

(2) 판단여지설

독일의 바호프(O. Bachof) 교수는 불확정개념의 해석 · 적용은 전면적으로 사법심사가 미치는 법의 해석 · 적용으로 보면서도, 그에 관한 사법심사에 일정한 한계를 설정하려고 하였다. 그리하여 그는 행위요건이 불확정개념인 경우에 하나의 올바른 결정만이 아니라 사안에 따라서는 다양한 판단이 가능하다고 한다. 그 때 행정청이 가지는 다양한 판단의 가능성을 판단여지라고 한다. 법원은 행정청의 판단을 적법한 것으로 존중(수인)하여야 하지만, 그 한계를 일탈한 경우에는 행정청의 판단을 위법하다고 판단하여야 한다고 한다.

(3) 대체가능성설 (타당성이론)

울레(C.H. Ule)교수는 행위요건이 가치개념인 불확정개념으로 정하여진 경우에는 가치개념의 적용에는 행정청의 주관적인 가치판단이 불가피하기 때문에 법원은 예외적으로 행정청의 견해가 타당성이 있다면 이에 따라야 한다고 한다. 판단여지설에서는 불확정개념은 재량개념이 아니고 법개념으로서 법의 최종적 해석기관인 법원의 심사대상이 된다고 한다. 다만 법원의 심사능력의 한계성이라는 견지에서 행정의 복잡·다기성에 대응하는 행정의 전문기술성과 종국적 책임성을 존중하여, 행정청이 의무에 합당한 판단에 따라 일정한 결론에 도달하였고, 그 정당성이 인정되는 때에는 법원은 행정청의 판단을 존중하거나, 행정청의 판단을 자기(법원)의 판단에 대체시킬 수 있는 경우가 있다고 하며, 그것을 판단여지(판단우선, 대체가능성)라고 한다.

(4) 판단수권설

독일의 다수설과 판례는 바호프, 울레 교수와는 달리 불확정개념의 적용에 있어서 '하나의 올바른 결정'의 명제를 유지한다. 그리하여 행정청의 판단여지는 불확정개념에 내재하는 것이 아니라 입법자의 수권에 근거하고 있는 판단수권으로 이해한다. 행정청은 유일하게 적법하다고 판단되는 결정에 도달하기 위하여 주어진 법률요건의 의미를 철저히 파악하여야 하나, 한계적인 상황들에 있어서는 의심이 발생할 수 있다. 판단여지란 그 의심이 근거가 있고 행정청에 의하여 내려진 결정이 타당하다면, 법원은 행정청의 결정을 적법한 것으로 수인하여야 한다고 한다. 이 견해에서는 판단여지의 문제는 구체적인 경우에 마지막 인식에 대한 권한의 문제이고, 이는 그때그때 적용되는 실정법상의 수권문제라고 한다.

라. 재량과 판단여지의 구별에 관한 논의

(1) 독일에서의 논의

재량과 구별되는 독자적인 개념으로 판단여지라는 개념을 인정할 것인가에 대하여 독일에서는 양자를 구별하는 것이 통설이다. 재량은 입법자에 의하여 부여되는 것이나, 판단여지는 법원의 인정에 의하여 주어진 것이므로 양자를 동일하게 볼 수 없다고 한다. 반면 구별부정설은 판단여지 또는 결정의 여지는 재량의 여지에 상응한 것이며, 판단여지는 행정청의 재량이 다소 수정되거나 약화된 형태라고 한다.

(2) 우리의 학설·판례

(가) 전통적인 견해 (구별부정설)

판단여지와 재량을 구별하지 아니하고 다 같이 재량으로 본다. 요건부분의 불확정개념에 관한 판단여지와 효과부분의 재량은 구별할 필요가 없고, 양자 모두 재량이라는 동일한 범주에 속하는 것으로 본다.

(나) 통설 (구별긍정설)

오늘날의 통설은, 재량은 오직 행위의 효과의 선택에 있어서만 인정될 수 있으며, 행위요건의 해석·적용에 있어서는 재량은 인정될 수 없고, 예외적으로 판단여지가 인정될 뿐이라고 한다. 그 구별의 논거로는 법치국가원리상 규범의 구성요건은 객관적인 것으로서 요건충족의 판단은 예견가능해야 하므로, 요건의 면에서 재량을 부여한다는 것은 있을 수 없으며, 판단여지는 법원의 인정에 의하여 부여되는데 대하여, 재량은 입법자에 의하여 부여된다는 점을 든다.

(다) 판례

우리 판례는 판단여지설을 받아들이지 아니하고 법률요건규정이 불확정개념으로 되어 있는 경우에 그것을 재량개념으로 보고 요건재량으로 다루고 있다. 하급심 판결에서는 행정청에 판단여지가 있는 재량행위라고 하더라도 그 재량권의 한계를 넘거나 남용한 때에는 위법성의 문제로서 행정소송의 대상이 된다고 하며(서울고법 2005.12.21. 선고 2005누4412 판결), 대법원은 판단여지라는 용어는 명시적으로 사용하지 않고 있지만, 판단여지에 해당하는 행정청의 행위를 존중하여야 한다고 판시한 바 있다(대법원 1988.11.8. 선고 86누618 판결)[10].

헌법재판소도 동일한 취지에서, 입법자가 사법시험 제1차 시험의 시험방법에 대하여 출제담당 시험위원에게 요구하는 것은 논술형이나 면접이 아닌 선택형 또는 선택형과 일부 기입형을 요구하고 있을 뿐이고, 그 외 시험방법에 관한 구체적인 내용, 즉 시험의 난이도, 문항수, 문제유형, 출제비율, 배정비율, 시험시간, 출제범위 등은 시험위원들의 재량에 맡겨져 있다고 할 것이다(헌재 2004.8.26. 2002헌마107)고 판시하고 있다.

마. 판단여지의 인정범위

독일 연방행정재판소는 처음에는 판단여지의 관념을 받아들이지 아니하였으나, 오늘날은 아주 좁은 범위에서 판단여지를 인정한다. 그것은 ① 시험성적의 평가(국

---

[10] 법원이 위 검정에 관한 처분의 위법여부를 심사함에 있어서는 문교부장관과 동일한 입장에 서서 어떠한 처분을 하여야 할 것인가를 판단하고 그것과 동 처분과를 비교하여 당부를 논하는 것은 불가하고, 문교부장관이 관계법령과 심사기준에 따라서 처분을 한 것이라면 그 처분은 유효한 것이고 그 처분이 현저히 부당하다거나 또는 재량권의 남용에 해당된다고 볼 수 밖에 없는 특별한 사정이 있는 때가 아니면 동 처분을 취소할 수 없다(대법원 1988.11.8. 선고 86누618 판결 2종교사용지도서1차심사결과부적판정처분취소).

가고시 등)(예컨대 평가기준이 우수, 양호 등으로 구분된 경우), ② 시험유사의 문제에 대한 평가(학생의 진급결정 등), ③ 공무원에 대한 근무평정, ④ 이익대표 또는 전문가로 구성되고, 직무상 독립성을 갖는 합의체기관(위원회 등)의 결정, ⑤ 행정상 정책에 관련된 불확정개념의 해석, ⑥ 행정기관의 장래의 예측적 사항에 대한 결정 등이다.

3. 판단여지의 법적 효과 및 한계

행정청의 판단여지가 인정되는 범위 내에서 이루어진 행정청의 판단은 법원에 의한 통제의 대상이 되지 아니한다. 따라서 그 행정청의 판단은 법원에 의해 배척될 수 없고, 그러한 판단에 기초하여 행하여진 행정행위도 위법한 처분이 되지 아니하는 것이다.

그러나 행정청의 판단여지를 인정할지라도 그 판단에 하자가 있는 경우에는 위법한 판단으로 인정받게 된다. 예컨대 ① 절차규정을 준수하지 아니하였거나, ② 정확하지 아니한 사실에 근거하여 판단하였거나, ③ 직접 관계없는 사항에 대한 고려를 하였거나, ④ 일반적으로 인정된 평가기준을 무시하였거나, ⑤ 자의적으로 행동한 경우, ⑥ 그 밖에 헌법원칙인 평등원칙에 위반된 경우에는 그 판단여지의 한계를 넘어 하자를 띠게 되며, 위법이 된다고 할 것이다. 따라서 판단여지가 인정된 경우에도 법원은 이러한 사항에는 심사할 수 있다고 할 것이다.

4. 사안의 해결

가. 교육과학기술부장관의 미술교과서 교사용지도서 검정행위의 법적 성질

교육과학기술부장관이 A, B가 저술한 미술교과서 교사용지도서가 검정기준에 적합한지 여부를 검정하는 행위는 중·고등학교의 교육과 관련된 영역에 해당되는 사항을 내용으로 하고 있어 일반인들의 관점에서 평가하기 쉽지 않은 고도의 전문성과 학문성 및 교육환경을 이해하고 있어야 가능하다.

교육과학기술부장관이 제시한 검정기준에는 일응 그 내용이 다의적이며, 정의하기 어려운 불확정개념을 포함하고 있다. 교육과학기술부장관이 그러한 불확정개념을 해석·적용하는 것은 법의 해석·적용에 해당한다. 따라서 이 영역에서는 교육과학기술부장관의 재량이 인정될 수는 없다. 다만 교육과학기술부장관은 검정교과서 및 지도서에 대한 적격성 여부에 관한 올바른 결정을 내려야 할 지위에 있는 행정청으로서 교과서 및 교사용지도서의 검정기준에 적합한지 여부를 판단할 수 있는 전문성을 가지고 있다는 점에서 특별히 그 결정에 하자가 있지 않는 한 사법부도 그 판단을 존중하여야 하는 판단여지를 인정할 수 있다.

나. 하자있는 판단여지 처분에 대한 사법심사의 한계

사안의 경우 교육과학기술부장관의 교과서 교사용지도서 부적격결정은 전문적 · 학문적 · 교육적 평가에 관계되기 때문에 판단여지가 인정될 수 있다. 그런데 우리 법원은 재량과 판단여지를 구별하지 않고 있기 때문에, 판단여지에 하자가 있다면 재량권 행사의 위반으로 인한 재량하자와 같은 법리로 심사하고 있다. 즉, 행정청에 판단여지가 있는 재량행위라고 하더라도 그 재량권의 한계를 넘거나 남용한 때에는 위법성의 문제로서 행정소송의 대상이 되는바(행정소송법 27), 법원은 행정청의 재량에 기한 공익판단의 여지를 감안하여 독자의 결론을 도출함이 없이 그 재량권 행사의 기초가 되는 사실 인정의 오류, 법령 적용의 잘못 및 비례 · 평등의 원칙 위배 등을 심사하여 재량권의 일탈·남용 여부가 있는지를 판단 대상으로 하는 것이다(서울고법 2005.12.21. 선고 2005누4412 판결).

법원이 위 검정에 관한 처분의 위법여부를 심사함에 있어서는 문교부장관과 동일한 입장에 서서 어떠한 처분을 하여야 할 것인가를 판단하고 그것과 동 처분과를 비교하여 당부를 논하는 것은 불가하고, 문교부장관이 관계법령과 심사기준에 따라서 처분을 한 것이라면 그 처분은 유효한 것이고 그 처분이 현저히 부당하다거나 또는 재량권의 남용에 해당된다고 볼 수밖에 없는 특별한 사정이 있는 때가 아니면 동 처분을 취소할 수 없다(대법원 1988.11.8. 선고 86누618 판결).

194 실전답안 행정법연습

기본구조

미술교과서 교사용지도서의 부적격
판정행위와 사법심사의 한계
[설문 (1)의 해결]

1. 문제점

2. 불확정개념과 판단여지
   가. 불확정개념의 의의
   나. 불확정개념의 종류
   다. 불확정개념의 해석·적용과 판단여지
   (1) 법개념으로서의 불확정개념
   (2) 판단여지설
   (3) 대체가능성설(타당성이론)
   (4) 판단수권설

   라. 재량과 판단여지의 구별에 관한 논의
   (1) 독일에서의 논의
   (2) 우리의 학설·판례
      (가) 전통적인 견해(구별부정설)
      (나) 통설(구별긍정설)
      (다) 판례
   마. 판단여지의 인정범위

3. 판단여지의 법적 효과 및 한계

4. 사안의 해결
   가. 교육과학기술부장관의 미술교과서 교사용지도서 검정행위의 법적 성질
   나. 하자있는 판단여지 처분에 대한 사법심사의 한계

Ⅱ. 교육과학기술부장관의 부적격 판정처분에 관한 헌법적 쟁점 [설문 (2)의 해결]

1. 문제점

교육과학기술부장관의 미술교과서 교사용지도서를 검정하는 행위가 헌법이 보장하는 학문의 자유, 출판의 자유 및 국민의 교육을 받을 권리와 교육의 자주성·전문성·정치적 중립성을 침해하는 것은 아닌지 등이 문제된다.

2. 교과서 검정제도의 법적근거

초·중등학교의 교과서는 국정교과서와 검정교과서가 있다(초·중등교육법 29①). 국정교과서는 교육과학기술부가 저작권을 가지는 교과서를 말하며, 검정교과서

는 교육과학기술부장관의 검정기준을 통과한 교과서를 말한다. 교과용도서의 검정 등에 관하여 필요한 사항은 대통령령으로 정한다(초·중등교육법 29②). 초·중등교육법 시행령 제55조는 교과용도서의 범위 등에 관하여 필요한 사항은 따로 대통령령으로 정한다는 재위임 규정을 두었고, 이에 따라 제정된 대통령령이 '교과용도서에 관한 규정'이다. 이 규정에 의하면, 검정의 합격결정은 심사의 결과에 따라 교육과학기술부장관이 행하고(교과용도서에 관한 규정 10①), 하나의 교과목의 교과서와 지도서 중 그 어느 하나라도 부적합한 경우에는 그 교과서와 지도서는 모두 불합격으로 한다(교과용도서에 관한 규정 10③).

3. 교사용지도서에 대한 검정제도의 문제점

교육과학기술부장관은 '교과용도서에 관한 규정'에 근거하여 A, B의 교사용지도서에 대한 부적격판정을 하였다. 그런데 ① 초·중등교육법 제29조 제2항의 위임에 의하여 제정된 '교과용도서에 관한 규정'이 교육제도와 그 운영 등에 관한 사항을 법률로 정하도록 하는 헌법 제31조 제6항과 위임입법의 범위와 한계를 정하고 있는 헌법 제75조에 위반한 것인지 여부가 문제된다. ② 교사는 학문연구를 주요 활동으로 하고 그 연구의 결과는 자유롭게 가르칠 수 있어야 하는데, 이를 제약하는 검정제도는 헌법 제22조 제1항이 보장하는 학문의 자유를 침해하는 것은 아닌지 여부, ③ 전문적인 직업교사로서 교과용도서를 저작·출판하는 것이 사실상 제약을 받게 되므로, 헌법 제21조 제1항이 보장하고 있는 출판의 자유를 침해하는 것인지 여부, ④ 교사 A, B의 자주적, 전문적인 교과용 도서의 저작의 자유가 제한되고 있으므로, 헌법 제31조 제4항이 보장하는 교육의 자주성·전문성·정치적 중립성에 위반되는지 여부가 문제된다.

가. 초·중등교육법 제29조 제2항의 헌법 제31조 제6항 및 제75조 위반여부

(1) 교육제도의 법률주의

헌법 제31조 제6항은 넓은 의미의 교육제도 법정주의 또는 교육제도 법률주의를 규정하고 있다. 교육제도 법률주의는 국가의 백년대계인 교육이 일시적인 특정정치세력에 의하여 영향을 받거나 집권자의 통치상의 의도에 따라 수시로 변경되는 것을 예방하고 장래를 전망한 일관성이 있는 교육체계를 유지·발전시키기 위한 것이며, 그러한 관점에서 국민의 대표기관인 국회의 통제하에 두는 것이 가장 온당하다는 의

회민주주의 내지 법치주의 이념에서 비롯된 것이다(헌재 1992. 11. 12. 89헌마88).

(2) 위임입법의 범위와 한계

헌법 제75조는 법률에 미리 대통령령으로 규정될 내용 및 범위의 기본사항을 구체적으로 규정하여 둠으로써 행정권에 의한 자의적인 법률의 해석과 집행을 방지하고 의회입법의 원칙과 법치주의를 달성하고자 하는 입법취지에 비추어 볼 때, "구체적으로 범위를 정하여"라 함은 법률에 대통령령 등 하위법규에 규정될 내용 및 범위의 기본사항이 가능한 한 구체적이고도 명확하게 규정되어 있어서 누구라도 당해 법률 그 자체로부터 대통령령 등에 규정될 내용의 대강을 예측할 수 있어야 함을 의미한다(헌재 1991. 7. 8. 91헌가4). 이러한 예측가능성의 유무는 당해 특정조항 하나만을 가지고 판단할 것은 아니고 관련 법조항 전체를 유기적·체계적으로 종합 판단하여야 하며, 각 대상 법률의 성질에 따라 구체적·개별적으로 검토하여야 한다. 따라서 법률조항과 법률의 입법취지를 종합적으로 고찰할 때 합리적으로 그 대강이 예측될 수 있는 것이라면 위임의 한계를 일탈하지 아니한 것으로 판단되어야 할 것이다(헌재 1994. 7. 29. 93헌가12).

(3) 소 결

교육제도의 법정주의에 따라 제정된 초·중등교육법 제29조 제2항은 '교과용도서의 범위·저작·검정·인정·발행·공급·선정 및 가격사정에 관하여 필요한 사항은 대통령령으로 정한다'고 규정하고 있다. 이러한 위임에 따라 대통령령으로 제정된 것이 '교과용도서에 관한 규정'이다. 초·중등교육법 제29조 제2항이 대통령령으로 위임한 내용은 교과용도서의 범위·저작·검정·인정·발행·공급·선정 및 가격사정에 관하여 필요한 사항으로 특정하고 있으므로, 헌법 제75조가 정하는 위임의 한계를 일탈하여 행정입법에 포괄적으로 백지위임하였다고 볼 수 없다. 따라서 초·중등교육법 제29조 제2항은 교육제도의 법정주의를 규정한 헌법 제31조 제6항 및 대통령령의 위임입법의 범위와 한계를 정한 헌법 제75조에 위반되지 아니한다.

나. 교과서 지도서 집필자의 학문의 자유를 침해하는 것인지 여부

(1) 학문의 자유의 의의

모든 국민은 학문과 예술의 자유를 가진다. 저작자·발명가·과학기술자와 예술가의 권리는 법률로서 보호한다(헌법 22①②). 전통적으로 학문의 자유는 진리를 탐구하는 자유로 인식되어 왔다. 진리탐구의 방법은 단순한 관찰과 사색은

물론 실험·조사·집필 등에 이르기까지 다양하므로, 학문의 자유에 의하여 보호되는 영역이 넓을 수밖에 없다. 학문의 자유는 연구의 자유, 학술활동의 자유, 학문기관의 자유를 그 내용으로 한다.

  ⑵ A, B의 학문의 자유의 범위와 한계

  미술교과서 지도서를 집필한 A, B는 이 헌법규정에 의하여 학문의 자유를 가진다. 초·중등교육법에 의한 교과서 집필자인 교사들의 학문의 자유는 연구한 결과를 발표하거나 가르치는 자유로 행사될 수 있다. 연구결과의 발표는 설문에서와 같이 미술교과서나 교사용지도서를 집필하여 출판하는 등으로 나타나며, 연구결과를 가르치는 것은 학교 수업으로 이루어질 수 있다.

  그러나 대학에서의 교수의 자유와 초·중등학교에서의 수업의 자유는 그 범위와 한계에 차이가 있다. 교수의 자유는 대학과 같은 고등교육기관에서 수강자에게 진리탐구에 대한 자주적이며 비판적인 능력을 길러주는 학문활동의 자유를 의미한다. 그러므로 진리탐구의 과정과는 무관하게 단순히 기존의 지식을 전달하거나 인격을 형성하는 것을 목적으로 하는 '교육'은 학문의 자유의 보호영역이 아니라 교육에 관한 기본권(헌법 31)의 보호영역에 속한다고 할 것이다(헌재 2003. 9. 25. 2001헌마814).

  ⑶ 교사의 수업의 자유와 학생의 수학권 (교육을 받을 권리)

  학교교육에서 교사가 학생들을 가르치는 권리를 수업권이라 할 수 있다. 헌법재판소는 교사의 수업권에 대하여, 자연법적으로는 학부모에게 속하는 자녀에 대한 교육권을 신탁 받은 것이고, 실정법상으로는 공교육의 책임이 있는 국가의 위임에 의한 것이라고 한다(헌재 1992. 11. 12. 89헌마88).

  수업권은 교원의 지위에서 생기는 학생에 대한 일차적인 교육상의 직무권한이지만, 이는 어디까지나 학생의 학습권 실현을 위하여 인정되는 것이므로, 학생의 학습권은 교원의 수업권에 대하여 우월한 지위에 있다. 따라서 학생의 학습권이 왜곡되지 않고 올바로 행사될 수 있도록 하기 위해서라면 교원의 수업권은 일정한 범위 내에서 제약을 받을 수밖에 없다(대법원 2007.9.20. 선고 2005다25298 판결).

  특히 초·중·고교의 학생은 대학생이나 일반 성인들과 달리 다양한 가치와 지식에 대하여 비판적으로 취사선택할 수 있는 독자적 능력이 부족하기 때문에, 일정 범위 내에서는 수업권도 제약을 받을 수밖에 없다. 바로 그러한 제약이 학교교재 내지 교과용 도서에 대하여 국가가 어떠한 형태로든 간여하여 영향력을 행사하는 것을 들 수 있다. 국가는 수학권의 보장을 위하여 각 급 학교·학년과 학과에 따라 국정 또는 검·인정제도의 제약을 가하거나 자유발행제를 허용하는 등의 재량권을 갖게 된다. 또한 교원이 노조활동의 일환으로 하는 수업거부행위 역시 학생의 학습권과 정면으로 상충하는 것이므로 제약이 가해질 수밖에 없다.

(4) 소 결

A, B의 학문의 자유의 일환인 교과서 지도서의 연구결과를 가지고 학생들에게 가르칠 수 있는 수업의 자유는 무제한 보호되기는 어렵다. 초·중·고등학교의 교사는 자신이 연구한 결과에 대하여 스스로 확신을 갖고 있다고 하더라도 그것을 학회에서 보고하거나 학술지에 기고하거나 스스로 저술하여 책자를 발행하는 것으로 학문의 자유를 행사하여야 한다. 그렇지 않고 수업의 자유를 이용하여 함부로 학생들에게 연구결과의 적정성 여부 등에 대한 검증절차를 거치지 아니하고 여과 없이 전파할 수는 없다고 할 것이다. 따라서 A, B의 학문의 자유는 학생의 수업권과의 관계에서 제한을 받게 된다.

다. 교육과학기술부장관의 부적격 판정이 출판의 자유를 침해하였는지 여부

(1) 출판의 자유의 의의

헌법 제21조의 규정에 의하여 모든 국민은 언론·출판의 자유 내지 표현의 자유가 보장되며, 언론·출판에 대한 허가나 검열은 인정되지 않는다. 언론·출판의 자유는 자신의 의사를 표현·전달하고, 의사형성에 필요한 정보를 수집·접수하고, 객관적인 사실을 보도·전파할 수 있는 자유를 그 내용으로 한다.

A, B 역시 학문연구의 결과를 책자의 형태로 출판할 수 있는 자유를 보장받고 있다. 그런데 국가가 교과용 도서를 독점하거나(국정제) 사전 심사 등의 방법에 의하여 이를 통제(검·인정)하면 그러한 과정을 통과하지 못한 저작물의 출판이나 보급이 사실상 곤란하게 되어 실질적으로 출판의 자유가 침해되는 결과가 초래되는 문제가 발생할 수 있다. 또한 교육과학기술부장관이 A, B가 저술한 교사용지도서의 적격여부를 검정제도의 방법으로 심사하는 것은 실질적으로 검열에 해당한다고 할 수 있을 것이고, 헌법은 명문(제21조 제2항)으로 검열을 금지하고 있기 때문에 교사용지도서의 적격여부의 심사는 헌법의 검열금지 조항에 위배될 수 있는 문제가 발생한다.

(2) 교육과학기술부장관의 부적격 판정이 검열에 해당하는지 여부

검열이란 개인이 정보와 사상을 발표하기 이전에 국가기관이 미리 그 내용을 심사·선별하여 일정한 범위 내에서 발표를 저지하는 것을 의미한다. 검열은 일반적으로 허가를 받기 위한 표현물의 제출의무, 행정권이 주체가 된 사전심사절차, 허가를 받지 아니한 의사표현의 금지 및 심사절차를 관철할 수 있는 강제수단 등의 요건을 갖춘 경우에만 이에 해당하는 것이다(헌재 1996. 10. 4. 93헌가13).

행정청인 교육과학기술부장관이 A, B의 교사용지도서를 사전에 심사하는 점에서는 검열의 요소를 포함하고 있는 것은 사실이다. 그렇지만 A, B가 비록 학교에서 교사용지도서로는 사용할 수 없지만, 연구한 결과를 얼마든지 책자로서 외부에서 출간하는 등으로 발표할 수 있는 기회가 주어져 있으므로 검열에 해당된다고 볼 수 없다.[11]

(3) 판례의 입장

(가) **출판의 자유의 침해라는 판결**

교과용 도서의 검정행위를 기속재량으로 이해하는 하급심 판결은 '헌법이 교육받을 권리, 교육의 자주성, 학문, 출판의 자유를 보장하고 있으며, 교육법은 교육의 자주성을 보장하기 위하여 부당한 간섭을 배제하고 있는바, 학문연구자는 교육을 위하여 교과용 도서를 집필 출판할 자유가 있으며, 이에 대한 검정에 있어서 심사는 오기, 오식 등 명백한 객관적 오류, 제본 등 기술적 사항에 그쳐야 하고, 저자의 교육적 견해의 당부는 국민, 교사들에 의하여 평가되어야 하며 행정당국의 판단에 맡겨져서는 안되며 특히 교사용지도서에 있어서는 교과서보다 폭넓은 집필의 자유가 보장되어야 하며, 이에 대한 검정심사는 공적 교육을 유지하는데 필요 최소한에 그쳐야 한다.'는 논거로 출판의 자유를 침해한 것으로 본다(서울고법 1986.8.12. 선고 83구910 판결).

---

11) 헌법재판소는, 헌법 제21조 제2항에서 말하는 검열금지의 원칙은 모든 형태의 사전적인 규제를 금지하는 것이 아니고, 단지 의사표현의 발표 여부가 오로지 행정권의 허가에 달려있는 사전심사만을 금지하는 것을 뜻한다고 하면서, 그러므로 검열은 일반적으로 허가를 받기 위한 표현물의 제출의무, 행정권이 주체가 된 사전심사절차, 허가를 받지 아니한 의사표현의 금지 및 심사절차를 관철할 수 있는 강제수단 등의 요건을 갖춘 경우에만 이에 해당하는 것이다(헌재 1996. 10. 4. 선고 93헌가13등 영화법 제12조 등에 대한 위헌제청)라고 판시하고 있다.

(나) 출판의 자유를 침해한 것이 아니라는 판결

학문을 연구하는 자가 그 학문연구의 성과를 집필 출판하는 자유가 있는 것은 분명하지만, 그렇다고 해서 중·고등학교 교과용도서의 검정에 있어서 교육과학기술부장관의 심사는 원칙적으로 오기·오식 기타 객관적으로 명백한 잘못, 제본 기타 기술적 사항에 그쳐야 한다고 하는 것은 부당하다. 교육과학기술부장관이 시행하는 검정은 그 책을 교과용 도서로 쓰게 할 것인가 아닌가를 정하는 것일 뿐 그 책을 출판하는 것을 막는 것은 아니며, 현행 교육제도 하에서는 교육과학기술부장관이 중·고등학교 교과용 도서를 검정함에 있어서 그 저술한 내용이 교육에 적합한 여부를 심사할 수 있다고 하여야 할 것이다(대법원 1988.11.8. 선고 86누618 판결).

(4) 소 결

교육과학기술부장관의 A, B가 저술한 교사용지도서의 부적격 판정은 국가가 직접 편찬하지 아니한 여러 가지 도서 중에서 교육목적과 지침에 비추어 각 급 학교의 교과서 및 지도서로서 적정하다고 검정한 것만을 교과용도서로 하려는 취지이므로, 그 기준에 합당하지 않은 도서의 출판 자체를 원천적으로 금지하는 것은 아니기 때문에 출판의 자유를 침해하는 것이라고 할 수 없다. 다만, 검정도서로 인정받지 못함으로 인하여 사실상 출판의 기회가 제약되는 불이익이 있을 수 있지만, 이는 출판의 자유와는 별개의 문제라고 할 것이다.

라. 교육과학기술부장관의 부적격 판정이 교육의 자주성·전문성·정치적 중립성을 침해하는지 여부

(1) 교육제도의 법률주의

헌법 제31조 제1항은 '모든 국민은 능력에 따라 균등하게 교육을 받을 권리를 가진다'고 규정하여 '배우는 것'을 국민의 권리(수학권, 修學權)로 보장하고 있다. 헌법이 권리로 보장하는 교육은 다양한 교육형태 중에서 학교교육을 의미한다. 수학권의 보장은 국민이 인간으로서 존엄과 가치를 가지며 행복을 추구하고(헌법 10, 전문) 인간다운 생활을 영위하는데(헌법 34①) 필수적인 조건이자 대전제이며, 헌법 제31조 제2항 내지 제6항에서 규정하고 있는 교육을 받게 할 의무, 의무교육의 무상, 교육의 자주성·전문성·중립성보장, 평생교육진흥, 교육제도 및 교육재정, 교원지위 법률주의 등은 국민의 수학권의 효율적인 보장을 위한 규정이라고 할 수 있다.

(2) 교육의 자주성ㆍ전문성ㆍ정치적 중립성의 보장의 내용

(가) 교육의 자주성은 교육의 내용, 방법, 교육기관의 운영을 국가가 결정할 수 없다는 것을 말한다. 교육의 자주성은 교육에 대한 국가 개입의 한계를 설정한 것이다. 교육의 자주성이 보장되기 위해서는 정치권력이 개입하거나 교육행정기관에 의한 교육내용에 대한 부당한 권력적 개입이 배제되어야 한다. 따라서 교육의 자주성은 학교운영의 자율성 존중과 교직원ㆍ학생ㆍ학부모 및 지역주민 등은 법령으로 정하는 바에 따라 학교운영에 참여를 보장할 필요로 한다(교육기본법 5②).

(나) 교육의 전문성은 교육정책의 수립과 집행을 교육전문가로 하여금 담당하게 하거나, 그들의 참여하에 이루어져야 하는 것을 말한다. 교육은 법률의 제정이나 집행만으로 행해질 수 없는 영역이므로 국가적 간섭이나 외자개입의 한계가 있다. 교육의 자주성과 전문성은 교육권의 소재와 관련하여 중요한 헌법적 근거조항이 된다.

(다) 교육의 정치적 중립성은 교육은 특정 정파적 이해관계나 영향력으로부터 벗어나 중립적인 입장에서 이루어져야 한다는 것이다. 그러므로 교육은 정치적·파당적 또는 개인적 편견을 전파하기 위한 방편으로 이용되어서는 아니 된다(교육기본법 6①). 또한 교육의 담당자인 교원의 정치활동은 금지되고, 노동운동을 위한 집단행동도 금지된다.

(3) 소 결

교육과학기술부장관의 A, B의 교사용지도서의 검정은 교육과학기술부장관에 의하여 편찬이 주도될 뿐만 아니라 그 교과서와 지도서만이 수업교재로 허용되고 있다는 점에서 정부의 행정관료에 의하여 교과내용 내지 교육내용이 영향을 받을 소지가 있다는 점에서 교육의 자주성을 보장하고 있는 헌법규정과 모순될 수 있다.

그러나 교과서는 심신이 미숙한 학생으로 하여금 그 사용을 의무화하고 있는 것이고, A, B가 저술한 교사용 지도서는 교과서의 내용을 구체화하고 실제 교사의 수업내용과 방향을 제시하고 있다는 점에서 교과서의 검정 못지않게 중요하다. 그러므로 그 내용에 있어서 일정수준의 유지와 아울러 학생의 지능이나 연령에 상응하는 교육적 배려가 불가피하며 학생들의 수학권의 내실 있는 보장, 교육내용의 객관성ㆍ전문성ㆍ적정성의 유지, 공교육에 대한 기준설정과 운영에 대한 국가의 책임과 의무를 완수하기 위하여 국가는 교과용도서의 발행에 어떠한 형태로 관여할 수밖에 없다. 국가가 관여하는 방법의 하나로서 교과서과 지도서의 검정제도를 채

택할 수도 있다 할 것이므로, 교육과학기술부장관의 부적격 판정이 교육의 자주성·전문성·정치적 중립성을 침해하였다고 볼 수는 없다.

4. 사안의 해결

(1) 교육과학기술부장관의 A, B에 대한 부적격 판정의 근거인 '교과용도서에 관한 규정'은 초·중등교육법 제29조 제2항은 교육제도의 법정주의를 규정한 헌법 제31조 제6항 및 대통령령의 위임입법의 범위와 한계를 정한 헌법 제75조에 위반되지 아니한다.

(2) 초·중·고등학교의 교사는 연구결과물을 학회에서 발표하거나 책자를 발행하는 등의 방법으로 학문의 자유를 행사할 수 있고, 학생들에게 연구결과의 적정성 여부에 대한 검증절차 없이 수업에 임하게 할 수 없다고 할 것이므로 A, B의 학문의 자유를 침해하는 것은 아니다.

(3) 교육과학기술부장관의 부적격 판정으로 A, B의 지도서가 사실상 출판의 기회가 제약되지만, 개인적으로 출간할 자유가 있기 때문에 출판의 자유를 침해하였다고 볼 수 없다.

(4) 교육의 자주성과 전문성은 교육의 전문가인 A, B가 관여하여 외부의 간섭을 받지 아니하고 교과서와 지도서 등을 발간하여 수업을 하는 것이 바람직하다. 그러나 국가가 학생의 지능이나 연령과 충실하고 건전한 수학권의 보장, 교육내용의 객관성·전문성·적정성의 유지, 공교육에 대한 기준설정과 운영을 책임지는 입장에서 행하는 검정제도가 교육의 자주성·전문성·정치적 중립성을 침해한 것으로는 볼 수 없다.

> **기본구조**

교육과학기술부장관의 부적격 판정처분에 관한 헌법적 쟁점
[설문 (2)의 해결]

1. 문제점

2. 교과서 검정제도의 법적근거

3. 교사용지도서에 대한 검정제도의 문제점
   가. 초·중등교육법 제29조 제2항의 헌법 제31조 제6항 및 제75조 위반여부
   (1) 교육제도의 법률주의
   (2) 위임입법의 범위와 한계
   (3) 소 결
   나. 교과서 지도서 집필자의 학문의 자유를 침해하는 것인지 여부
   (1) 학문의 자유의 의의
   (2) A, B의 학문의 자유의 범위와 한계
   (3) 교사의 수업의 자유와 학생의 수학권(교육을 받을 권리)
   (4) 소 결
   다. 교육과학기술부장관의 부적격 판정이 출판의 자유를 침해하였는지 여부
   (1) 출판의 자유의 의의
   (2) 교육과학기술부장관의 부적격 판정이 검열에 해당하는지 여부
   (3) 판례의 입장
     (가) 출판의 자유의 침해라는 판결
     (나) 출판의 자유를 침해한 것이 아니라는 판결
   (4) 소 결
   라. 교육과학기술부장관의 부적격 판정이 교육의 자주성·전문성·정치적 중립성을 침해하는지 여부
   (1) 교육제도의 법률주의
   (2) 교육의 자주성·전문성·정치적 중립성의 보장의 내용
   (3) 소 결

4. 사안의 해결

Ⅲ. A, B의 수학교과서 부적격 판정의 취소를 구할 원고적격 [설문 (3)의 해결]

1. 문제점

A, B는 교육과학기술부장관의 부적격 판정처분의 직접 상대방이 아닌 제3자의 지위에 있다. A, B에게 원고적격을 인정하기 위해서는 교육과학기술부장관의 수학교과서에 대한 부적격 판정처분으로 인하여 법률상 보호되는 이익을 침해당하

였어야 한다. 따라서 설문은 A, B가 동료 수학교사가 집필한 수학교과서에 대한 교육과학기술부장관의 부적격 판정처분에 대하여서도 그 취소를 구할 수 있는 원고적격이 인정되는가에 관한 문제이다.

2. 행정소송법상 원고적격

가. 행정소송법의 규정

취소소송은 처분 등의 취소를 구할 법률상 이익이 있는 자가 제기할 수 있게 하고, 그 처분 등의 취소로 인하여 회복되는 법률상 이익이 있는 자는 그 처분 등의 효과가 기간의 경과, 처분 등의 집행, 그 밖의 사유로 인하여 소멸된 뒤에도 제기할 수 있다(행정소송법 12). 이는 바로 취소소송의 소익에 관한 규정이다.

나. 취소소송의 기능과 목적에 관한 견해

(1) 학 설

(가) 권리향수회복설

현재 개인의 권리향수를 방해하고 있는 위법한 행정처분의 효력을 배제하여 권리향수를 회복시키는 데 있다고 한다. 이 견해에서 소의 대상은 국민의 구체적 권리를 직접 침해하는 처분이 아니면 안된다. 제3자에 대한 처분에 대하여서는 그 제3자에 대한 특별한 권리를 가진 자를 제외하고는 원고적격은 인정되지 않는다.

(나) 법률상 이익구제설

취소소송은 법률이 개인을 위하여 보호하고 있는 이익을 침해한 위법한 처분에 대하여 개인이 이를 방위하기 위한 수단이라고 보는 견해이다. 따라서 소익은 실정법의 취지·목적을 기준으로 정하게 되며, ① 처분이 개인의 이익보호를 고려한 강행법규에 위반하여 관계인에게 불이익을 미치고 있는 경우에는 설령 그 이익이 권리라고는 말할 수 없는 경우에도 취소소송의 제기가 가능하다고 본다. ② 주된 권리의 회복은 불가능하더라도 이에 부수하는 종된 권리나 이익의 회복이 처분의 취소에 의하여 가능한 경우에는 그것이 법률이 보호하고 있는 이익이기만 하면 역시 소익을 인정하게 된다. 우리나라의 통설이다.

㈐ 보호가치이익구제설

취소소송을 법의 해석적용을 통하여 개인의 실생활상의 이익에 관한 개별적·구체적 분쟁을 해결하는 절차로 보는 견해이다. 따라서 처분의 위법을 다투는 자가 그 효력을 부인함에 대하여 실질적 이익을 가지는 한 그것이 법률이 보호하는 이익이건 사실상의 이익이건 소송법상으로 보호할 가치가 있는 이익이면 널리 취소소송의 소익요건을 충족시키는 것으로 본다.

㈑ 적법성보장설

취소소송을 개인의 이익보호만을 위한 수단으로 보는 것을 의문시하여 취소소송의 특징을 오히려 행정처분의 적법성 유지기능에서 구한다. 그리하여 소송법상의 개별적·구체적인 문제, 즉 소익의 문제 이외에 소송지휘의 방식, 화해·인낙의 가부, 기판력의 범위 등을 해결함에 있어서도 처분의 적법성유지, 즉 객관소송 이념을 지도이념으로 채택할 것을 요청한다.

(2) 판 례

행정소송에서 소송의 원고는 행정처분에 의하여 직접 권리를 침해당한 자임을 보통으로 하나 직접 권리의 침해를 받은 자가 아닐지라도 소송을 제기할 법률상의 이익을 가진 자는 그 행정처분의 효력을 다툴 수 있다(대법원 1974.4.9. 선고 73누173 판결). 법률상 이익구제설의 입장과 같다.

(3) 소 결

현행 행정소송법은 취소소송은 법률상 이익이 있는 자가 제기할 수 있다고 규정하고 있다(행정소송법 12·35·36). 이처럼 통설·판례 역시 법률상 이익구제설을 취하고 있다.

다. 법률상 이익이 있는 자

(1) 법률상 이익의 판단기준

㈎ 실정법의 해석

먼저 법률상 이익이 있는지 여부를 실정법의 해석에서 구한다(제 1단계). 당해 처분의 근거법률이 불특정다수인의 구체적 이익을 오직 일반적 공익 중에 흡수·해소시키고 있는 취지로 해석되는 경우에는 개인은 반사적 이익을 가지는 데 그친다.

그러나 불특정다수인의 구체적 이익을 그것이 귀속하는 개개인의 개별적 이익으로서 보호하려는 취지로 해석되는 경우에는 개인은 법률상 이익을 갖는 것으로 볼 것이다.

(나) 목적론적 해석

근거법률의 명문규정에 의하여 법률상 이익 보호를 도출하는 것이 어려운 경우에도 그것의 보호가 절실히 필요한 경우에는, 근거법률의 목적론적 해석에 의하여 법률상 이익보호를 도출하도록 시도하게 된다(제 2단계).

(다) 헌법상의 기본권 규정

목적론적 해석에 의하여서도 법률상 이익 보호를 도출할 수 없는 경우에는 최후적으로 헌법상의 기본권, 특히 환경권·소비자보호권 등 새로운 기본권규정의 직접 적용에 의한 법률상 이익보호 여부가 검토되어야 할 것이다(제 3단계).

(라) 판례의 입장

판례는 법률상 이익의 개념을 계속하여 확대시키는 경향이다. 행정처분의 직접 상대방이 아닌 제3자라 하더라도 당해 행정처분으로 인하여 법률상 보호되는 이익을 침해당한 경우에는 그 처분의 취소나 무효확인을 구하는 행정소송을 제기할 수 있다고 한다. 이 때 원고의 법률상 이익을 당해 처분의 근거 법규뿐만 아니라 관련 법규에 의하여 보호되는 개별적·직접적·구체적 이익이 있는 경우까지를 고려하고 있다.

(2) 법률상 이익의 요건

법률상 이익의 요건은 개인적 공권이 성립하는 것과 같다. 법률상 이익은 개인적 공권의 성립요소인 강행법규성과 사익보호성이 인정될 때 보호받을 수 있다.

(가) 강행법규성

국가 등 행정주체에게 일정한 행위(작위 또는 부작위)를 할 의무를 발생시키는 강행법규가 존재하여야 한다. 따라서 행위의무는 기속행위에서의 특정행위를 할 의무뿐만 아니라 재량행위에서도 하자 없이 행정권을 행사할 의무도 포함된다. 재량행위에서도 재량행사 그 자체는 의무이기 때문에 행정청의 행위의무는 존재한다.

(나) 사익보호성

법규가 공익의 보호와 함께 특정인의 사익의 보호를 목적으로 하여야 한다(보호규범론). 여기서 법규는 성문법뿐만 아니라 불문법(관습법 · 조리)도 포함된다. 법규가 공익의 보호만을 목적으로 하는 경우에는 사인이 그로부터 이익을 받더라도 그것은 반사적 이익에 불과하다.

(다) 청구권능부여성 (소구가능성의 존재)

개인에게 행정주체에 대하여 그 이익을 보호받을 수 있는 청구권능인 재판청구권이 있어야 한다. 그러나 오늘날은 재판청구권이 헌법상 일반적으로 보장되어 있어 청구권능부여성이 개별법률에서 규정되어 있어야 하는 것은 아니다.

(3) 법률상 이익이 있는 '자'의 유형

(개) 처분의 직접 상대방

법률상 이익이 있는 자는 원칙적으로 처분의 직접 상대방이다. 처분청이 수익적 행정행위를 거부 또는 취소 · 철회하거나, 침해적 행정행위를 부과하는 처분을 할 때, 그 상대방은 처분의 취소 · 변경 등을 구할 수 있는 법률상 이익을 가진다. 그러므로 자연인(외국인 포함) · 법인 · 법인격 없는 단체(사단 · 재단)를 불문한다.

(나) 처분으로 불이익을 받은 제3자

행정처분의 직접 상대방이 아닌 제3자라 하더라도 당해 행정처분으로 인하여 법률상 보호되는 이익을 침해당한 경우에는 그 처분의 취소나 무효확인등을 구하는 행정소송을 제기하여 그 당부의 판단을 받을 자격이 있다. 그러므로 복효적 행정행위에 있어서 제3자, 즉 처분의 직접상대방이 아닌 제3자도 원고적격을 갖는 경우가 있다.

(a) 경업자(경쟁자소송)

경쟁관계에 있는 영업자 사이에 특정인에게 주어지는 수익적 행위가 상대방에게 법률상 불이익을 초래하는 경우에 그 상대방이 자기의 법률상 이익의 침해를 이유로 다투는 소송을 경업자소송이라고 한다. 특허기업에는 기존업자가 그 특허로 인하여 받은 이익은 법률상 이익이 있다고 하여 원고적격을 인정하고(기존 시외버스를 시내버스로 전환하는 사업계획변경인가처분에 대한 노선이 중복되는 기존시내버스업자; 대법원 1987.9.22. 선고 85누985 판결), 허가영업은 기존업자가 그 허가로 인하여 받은 이익은 반사적 이익 또는 사실상 이익에 지나지 아니한다고 하여 원고적격을 인정하지 않는 것이 일반적 경향이다(약사들에 대한 한약조제권 인정에 대하여 한의사; 대법원 1998.3.10. 선고 97누4289 판결).

(b) 경원자(경원자소송)

동종업종 또는 유사한 업종에 종사하는 자의 인 · 허가 등의 신청에 대하여 일부 업자에 대하여만 인 · 허가 등의 수익적 처분을 하는 경우에 인 · 허가 등을 받지 못한 자가 상대방에게 행한 처분의 취소를 구하는 소송을 경원자소송이라 한다. 경원자 상호간에는 인 · 허가 처분으로 배타적인 이해관계가 발생하므로 타인에 대한 인 · 허가 등의 취소를 구할 법률상 이익이 있다. 판례는 2007년 법학전문대학원 예비인가처분을 받지 못한 대학교의 인가처분을 받은 대학교의 인가처분의 취소를 구할 원고적격을 인정한 바 있다(대법원 2009.12.10. 선고 2009두8359 판결).

(c) 인근주민(인인소송)

특정인에 대하여 어떤 시설의 설치를 허가하는 수익적 처분이 인근주민에게는 불이익이 되는 경우에, 당해 시설의 인근주민이 다투는 소송을 인인소송이라고 한다. 인근주민의 원고적격 인정여부는 당해 근거법규 및 관계법규가 공익뿐만 아니라 인근주민에게 개인적 이익도 보호하고 있다고 해석되는 경우에 인근주민에게 원고적격이 인정된다. 판례는 일찍이 주거지역내에 도시계획법과 건축법 소정의 제한면적을 초과한 연탄공장건축허가 처분으로 불이익을 받고 있는 제3거주자는 당해 처분의 취소를 구할 법률상 자격을 인정하였다(대법원 1975.5.13. 선고 73누96,97 판결).

(d) 주민일반(환경소송)

경업자소송이나 인인소송에서는 특정개인의 경제상 내지 재산상의 이익보호가 문제되지만, 환경소송은 주민일반에게 공통되는 집단적 내지는 생활적 이익의 보호가 문제된다. 환경소송은 쾌적한 생활환경의 이익보호나 침해된 환경상의 이익의 구제를 목적으로 하는 소송이다. 위에서 본 인인소송은 환경소송으로서의 성질도 아울러 갖는다.

환경영향평가대상지역 안의 주민들은 그 대상사업인 전원개발사업실시계획승인처분과 관련하여 갖는 환경상 이익을 가지며, 주민들은 그 침해를 이유로 위 처분의 취소를 구할 원고적격이 있다(대법원 1998.9.22. 선고 97누19571 판결). 반면, 환경영향평가 대상지역 밖의 주민은 수인한도를 넘는 환경피해를 받거나 받을 우려가 있다는 것을 입증한 경우에는 원고적격이 인정된다(대법원 2006.3.16. 선고 2006두330 판결).

3. 사안의 해결

사안에서 A, B는 미술교과서 검정신청에서는 적격판정을 받고 교사용지도서의 검정에서는 부적격 판정을 받았는데, 자신들이 검정신청하였던 교과서 과목과 전혀 관계가 없는 동료교사의 수학교과서의 검정에서의 부적격 판정처분에 대하여는 직접적인 이해관계를 가지고 있지 않다.

따라서 처분의 직접적인 당사자가 아닌 제3자의 지위에서 원고적격이 인정되는 경업자나 경원자 및 이웃주민과는 달리, 사안에서 A, B는 그러한 지위에 해당되지 않으므로 수학교과서의 부적격 판정처분의 취소를 구할 원고적격이 없다. 그러므로 A, B가 제기한 소는 당사자적격을 충족하지 못한 소송요건의 결여로 각하될 것이다.

기본구조

A, B의 수학교과서 부적격 판정의 취소를 구할 원고적격 [설문 (3)의 해결]

1. 문제점

2. 행정소송법상 원고적격
   가. 행정소송법의 규정
   나. 취소소송의 기능과 목적에 관한 견해
      (1) 학설
         (가) 권리향수회복설
         (나) 법률상 이익구제설
         (다) 보호가치이익구제설
         (라) 적법성보장설
      (2) 판례
      (3) 소결
   다. 법률상 이익이 있는 자
      (1) 법률상 이익의 판단기준
         (가) 실정법의 해석
         (나) 목적론적 해석
         (다) 헌법상의 기본권 규정
         (라) 판례의 입장
      (2) 법률상 이익의 요건
         (가) 강행법규성
         (나) 사익보호성
         (다) 청구권능부여성(소구가능성의 존재)
      (3) 법률상 이익이 있는 '자'의 유형
         (가) 처분의 직접 상대방
         (나) 처분으로 불이익을 받은 제3자
            ⓐ 경업자(경쟁자소송)
            ⓑ 경원자(경원자소송)
            ⓒ 인근주민(인인소송)
            ⓓ 주민일반(환경소송)

3. 사안의 해결

사례형 (제1문)

I. 설문(1)의 해결

1. 문제점

'교과용도서에 관한 규정' 제9조 검정방법이 정하는 검정기준은 교육과학기술부장관이 설정한 것으로, 교과서와 지도서가 '헌법정신과의 일치, 교육기본법, 교육과정과의 일치 여부, 내용의 보편타당성' 등의 공통기준과 더욱 상세한 지도서 공통기준내용이 불확정개념으로 되어 있다. 이런 불확정개념을 교육과학기술부장관이 해석·적용함에 있어 내리는 판단을 법원이 어느 정도까지 존중하고 사법심사의 한계로 삼아야 하는가와 관련하여 판단여지에 해당하는지, 아니면 재량행위에 포함되는지 문제된다.

2. 불확정개념과 판단여지

가. 의의

불확정개념이란 법률이 추상적·다의적이며, 불확정적인 개념을 행정행위의 요건으로 정하고 있는 경우를 말한다. 예컨대 정당한 보상, 공익상 필요한 때, 적당한 장소 등의 개념이다. 오늘날 행정업무가 대폭적으로 확대됨에 따라 불확정개념이 대량으로 등장하게 되었다.

나. 인정근거

독일의 다수설인 판단수권설에 의하면 행정청의 판단여지는 불확정개념에 내재하는 것이 아니라 입법자의 수권에 근거하고 있는 판단수권으로 이해한다. 판단여지란 그 의심이 근거가 있고 행정청에 의하여 내려진 결정이 타당하다면, 법원은 행정청의 결정을 적법한 것으로 수인하여야 한다는 것이다.

다. 재량과 판단여지의 구별

통설은 재량은 오직 행위의 효과의 선택에 있어서만 인정될 수 있으며, 행위요건의 해석·적용에 있어서는 재량은 인정될 수 없고, 판단여지가 인정될 뿐이라고 한다. 그러나 판례는 판단여지설을 받아들이지 아니하고 법률요건규정이 불확정개념으로 되어 있는 경우에 그것을 재량개념으로 다루고 있다.

라. 법적 효과 및 한계

행정청의 판단여지가 인정되는 범위 내에서 이루어진 행정청의 판단은 법원에 의한 통제의 대상이 되지 아니한다. 따라서 그 행정청의 판단은 법원에 의해 배척될 수 없고, 그러한 판단에 기초하여 행하여진 행정행위도 위법한 처분이 되지 아니하는 것이다. 그러나 행정청의 판단여지를 인정할지라도 그 판단에 하자가 있는 경우에는 위법한 판단으로 인정받게 된다.

3. 사안의 해결

가. 교육과학기술부장관의 미술교과서 교사용지도서 검정행위의 법적 성질

교육과학기술부장관이 제시한 검정기준에는 그 내용이 다의적이며, 정의하기 어려운 불확정 개념을 포함하고 있다. 교육과학기술부장관은 검정교과서 및 지도서에 대한 적격성 여부에 관한 올바른 결정을 내려야 할 지위에 있는 행정청으로서 교과서 및 교사용지도서의 검정기준에 적합한지 여부를 판단할 수 있는 전문성을 가지고 있다는 점에서 특별히 그 결정에 하자가 있지 않는 한 사법부도 그 판단을 존중하여야 하는 판단여지를 인정할 수 있다.

나. 판단여지에 대한 사법심사의 한계

우리 법원은 재량과 판단여지를 구별하지 않고 있기 때문에, 판단여지에 하자가 있다면 재량하자와 같은 법리로 심사하고 있다. 즉, 행정청에 판단여지가 있는 행위라고 하더라도 그 재량권의 한계를 넘거나 남용한 때에는 법원은 독자의 결론을 도출함이 없이 재량권의 일탈·남용 여부가 있는지를 판단 대상으로 하는 것이다.

II. 설문(2)의 해결 - 부적격 판정처분에 관한 헌법적 쟁점

1. 문제점

교육과학기술부장관은 '교과용도서에 관한 규정'에 근거하여 A, B의 교사용지도서에 대한 부적격판정을 하였다. 미술교과서 교사용지도서를 검정하는 행위가 학문의 자유, 출판의 자유 및 국민의 교육을 받을 권리와 교육의 자주성·전문성·정치적 중립성을 침해하는 것은 아닌지 문제된다.

3. 초·중등교육법 제29조 제2항의 헌법 제31조 제6항 및 제75조 위반여부

가. 교육제도의 법률주의

헌법 제31조 제6항은 교육제도 법률주의를 규정하고 있다. 이는 교육이 특정정치 세력에 의하여 영향을 받거나 집권자의 의도에 따라 수시로 변경되는 것을 예방하기 위한 것이다.

나. 위임입법의 범위와 한계

헌법 제75조는 법률의 명령에 대한 수권의 한계를 규정하고 있다. 여기에서 "구체적으로 범위를 정하여"라 함은 법률에 하위법규에 규정될 내용 및 범위의 기본사항이 가능한 한 구체적이고도 명확하게 규정되어 있어서 누구라도 당해 법률 그 자체로부터 대통령령 등에 규정될 내용의 대강을 예측할 수 있어야 함을 의미한다.

다. 사안의 경우

초·중등교육법 제29조 제2항이 대통령령으로 위임한 내용은 교과용도서의 범위·저작·검정 등의 사항 및 가격산정에 관하여 필요한 사항으로 특정하고 있으므로, 헌법 제75조가 정하는 위임의 한계를 일탈하여 행정입법에 포괄적으로 백지위임하였다고 볼 수 없다.

4. 학문의 자유를 침해하는 것인지 여부

모든 국민은 학문과 예술의 자유를 가진다(헌법 22①). 이러한 학문의 자유는 연구의 자유, 학술활동의 자유 등을 내용으로 한다. 교과서 집필자의 학문의 자유는 연구한 결과를 발표하거나 가르치는 자유로 행사될 수 있다. 그러나 판례가 언급하는 바와 같이 학생의 학습권이 왜곡되지 않고 올바로 행사될 수 있도록 하기 위하여, 교원의 수업권은 일정한 범위 내에서 제약을 받는다.

수업의 자유를 이용하여 함부로 학생들에게 연구결과의 적정성 등에 대한 검증절차를 거치지 아니하고 여과 없이 전파할 수는 없다고 할 것이다. 따라서 A, B의 학문의 자유는 학생의 수업권과의 관계에서 제한을 받게 된다.

5. 부적격 판정이 출판의 자유를 침해하였는지 여부

헌법 제21조는 출판의 자유를 보장하고 있다. 이는 자신의 의사를 표현·전달하고, 의사형성에 필요한 자료를 수집하고 객관적인 사실을 보도·전파할 수 있는 것을 내용으로 한다.

사안에서 교과부장관이 부적격 판정을 한 것이 헌법이 금지하는 검열에 해당하는지 문제된다. 그렇지만 A, B가 비록 학교에서 교사용지도서로는 사용할 수 없지만, 연구한 결과를 얼마든지 외부에서 발표할 수 있는 기회가 주어져 있으므로 검열에 해당된다고 볼 수 없다. 판례도 위 사안에서 심사결과 책을 출판하는 것을 막지 아니하므로 검열에 해당하지 않는다고 한다.

6. 부적격 판정이 교육의 자주성·전문성·정치적 중립성을 침해하는지 여부

① 헌법 제31조 제4항은 교육의 자주성·전문성·정치적 중립성을 보장하고 있다. 따라서 정치권력은 교육에 개입할 수 없으며, 교육정책의 수립은 교육전문가에 의하여 담당하게 하며, 교육은 특정 정파적 이해관계로부터 벗어나 중립적인 입장에서 이루어져야 한다.

② 사안에서 교과부장관의 교사용지도서 검정은 정부의 관료에 의하여 영향을 받을 소지가 있어, 교육의 자주성을 보장하는 규정과 모순될 수 있다. 그러나 교사용 지도서는 교사의 수업내용과 방향을 제시하는 점에서 교과서의 검정 못지않게 중요하다. 그러므로 그 내용에 있어서 일정수준의 유지와 아울러 교육내용의 객관성·적정성의 유지, 공교육에 대한 국가의 책임과 의무를 완수하기 위하여 국가는 어떠한 형태로든 관여할 수밖에 없고, 그 방법으로서 검정제도를 채택한 것이므로, 부적격 판정이 교육의 자주성·전문성·정치적 중립성을 침해하였다고 볼 수는 없다.

7. 사안의 해결

교과부장관의 부적격판정은 위헌적인 것이 아닌가라는 의심이 들지만, 앞서 본 바와 같이 헌법상의 기본권이나 헌법상 보장되는 제도를 침해하는 것은 아니라고 본다.

III. 설문(3)의 해결 - A, B의 수학교과서 부적격 판정의 취소를 구할 원고적격 여부

1. 문제점

A, B는 교육과학기술부장관의 부적격 판정처분의 직접 상대방이 아닌 제3자의 지위에 있다. A, B에게 원고적격을 인정하기 위해서는 교과부장관의 수학교과서에 대한 부적격 판정처분으로 인하여 법률상 보호되는 이익을 침해당하였어야 하는바, 처분의 직접 상대방이 아닌 제3자인 A, B에게 원고적격이 인정되는가 문제된다.

2. 행정소송법상 원고적격

가. 행정소송법의 규정

취소소송은 처분 등의 취소를 구할 법률상이익이 있는 자가 제기할 수 있다(행정소송법 12). 이는 구체적인 소송에서 원고로서 소송을 수행하여 본안판결을 받을 수 있는 자격을 말한다.

나. 원고적격의 판단

통설과 판례는 '법률상 이익'에 대하여 처분의 근거법 내지 관계법이 공익뿐 아니라 개인의 이익도 보호하고 있다고 판단되는 경우에 원고적격을 인정하는 법적이익구제설의 입장이다. 이러한 법률상 이익을 판단함에 있어서 우선 실정법의 해석에 의하고, 다음으로 근거법률의 목적론적 해석과 헌법상의 기본권규정까지 검토할 수 있을 것이다.

3. 법률상 이익이 있는 '자'의 유형

가. 처분의 직접 상대방

법률상 이익이 있는 자는 원칙적으로 처분의 직접 상대방이다. 처분청이 수익적 행정행위를 거부 또는 취소·철회하거나, 침해적 행정행위를 부과하는 처분을 할 때, 그 상대방은 처분의 취소·변경 등을 구할 수 있는 법률상 이익을 가진다.

나. 처분으로 불이익을 받은 제3자

처분의 상대방이 아닌 제3자라 하더라도 당해 행정처분으로 인하여 법률상 보호되는 이익을 침해당한 경우에는 그 처분의 취소 등을 구하는 행정소송을 제기하여 그 당부의 판단을 받을 자격이 있다. 판례도 권리의 침해를 받은 자가 아닐지라도 소송을 제기할 법률상의 이익을 가진 자는 그 행정처분의 효력을 다툴 수 있다고 본다.

구체적인 예로는 경업자소송, 경원자소송, 인인소송 등에서의 제3자의 지위가 문제된다.

4. 사안의 해결

제3자의 지위에서 원고적격이 인정되는 경업자나 경원자와 달리 A, B는 수학교과서의 부적격 판정으로 침해당한 법률상 이익이 없다. 그러므로 A, B가 제기한 소는 당사자적격을 충족하지 못한 부적법한 소로서, 소송요건의 결여로 인하여 각하될 것이다.

[11] 행정행위의 특허와 철회

> A는 1989. 2. 2. 산업자원부 광업등록사무소장으로부터 규사광산에 관한 1989. 5. 1.부터 1996. 4. 30. 까지를 존속기간으로 하는 광업권 허가를 받았다. A는 1990. 5. 10. 인근 토지를 수용하여 그 지상에 채광시설 등을 설치하여 사업이 경제성을 가질 때까지 채광을 휴지하겠다는 이유로 1990. 5. 10.부터 1993. 5. 9. 까지 3년 기간의 채광휴지인가를 받았다. A는 그 후 같은 이유로 1993. 5. 10.부터 1996. 4. 30.까지 3년 기간의 채광휴지인가를 다시 받았다.
>
> A는 1996. 1. 30. 광업등록사무소장에게 위 광업권의 존속기간 연장신청을 하였는데, 광업등록사무소장은 1996. 2. 1. A가 광업법 시행령(1994. 12. 8. 대통령령 제14424호로 개정되어 1995. 6. 8.부터 시행된 것) 제3조 제1항 제1호에 규정한 생산실적을 올리지 못하였고, 투자실적 또한 없으며, 개정 시행령의 시행으로 휴지인가를 받은 광산은 광업권의 존속기간 연장허가요건에 해당되지 않는다는 이유 등으로 원고의 광업권 존속연장신청을 거부하는 처분을 하였다.

(1) A가 받은 광업권 허가와 광업권 존속연장신청거부처분의 법적 성질을 설명하시오. (20점)

(2) A가 광업등록사무소장에게 한 광업권의 존속기간 연장신청은 개정 시행령상 적법한 것인가. (10점)

(3) 광업등록사무소장이 개정 시행령을 근거로 A에게 광업권 존속연장신청에 대한 거부처분을 한 것은 위법한 것인가. (20점)

> **참고법령**

『광업법 [법률 제4755호 1994.03.24. 일부개정]』

제14조(광업권의 존속기간)
① 광업권의 존속기간은 25년을 초과할 수 없다.
② 광업권자는 광업권의 존속기간 만료전에 대통령령이 정하는 바에 의하여 상공자원부장관의 허가를 받아 광업권의 존속기간을 연장할 수 있다. 이 경우, 매차의 연장기간은 25년이내로 한다.〈개정 1993 · 3 · 6〉

제99조(생산보고서)
광업권자 또는 조광권자는 대통령령이 정하는 바에 의하여 광물생산보고서를 상공자원부장관에게 제출하여야 한다.〈개정 1993 · 3 · 6〉

『광업법 시행령 [시행 1995. 6. 9]』
[대통령령 제14424호, 1994.12. 8, 일부개정]』

제3조 (광업권 존속기간의 연장허가)
① 상공자원부장관은 법 제14조 제2항의 규정에 의한 광업권 존속기간의 연장허가신청을 받은 경우에 그 광업권자가 다음 각 호의 1에 해당하는 때에는 그 허가를 하여서는 아니 된다.
1. 광업권 존속기간의 연장허가 신청일로부터 소급한 3년간의 생산실적이 제34조의 규정에 의한 생산실적에 미달하는 때 또는 법 제99조의 규정에 의한 광물생산보고가 없을 때. 다만, 법 제46조 제2항의 규정에 의하여 탐광실적의 인정을 받았거나 채광시설 · 선광시설에 대한 투자등 상공자원부장관이 인정하는 투자실적이 있는 때에는 예외로 한다.

제3조의2(광종별광업권의 존속기간 및 연장기간)
법 제14조제1항의 규정에 의한 광업권의 존속기간 및 법 제14조제2항의 규정에 의한 광업권의 매차의 연장기간은 광종별로 각각 상공자원부장관이 정한다. 〈개정 1993 · 3 · 6〉

> **주요쟁점**

✦ 특허와 허가의 구별
✦ 행정행위의 취소와 철회
✦ 사인의 공법행위로서의 신청
✦ 위법성 판단의 기준시
✦ 소급적용금지의 원칙
✦ 진정소급효
✦ 부진정소급효

I. 광업권 허가와 이 사건 처분의 법적 성질 [설문 (1)의 해결]

1. 문제점

A가 광업등록사무소장으로부터 받은 광업권 허가는 그 문자적인 의미처럼 명령적 행정행위인 허가에 해당되는지, 형성적 행정행위로서의 특허에 해당되는지 문제된다. 그리고 광업권 존속기간연장신청거부처분(이하 '이 사건 처분'이라 한다)은 광업권의 효력을 장래에 향하여 소멸시키는 행정행위의 철회로서의 성격을 갖는 것은 아닌지 검토할 필요가 있다.

2. 광업권 허가의 법적성질

가. 광업권 허가의 개념

A가 광업등록사무소장으로부터 받은 광업권 허가는 명령적 행정행위로서의 허가인지, 아니면 형성적 행정행위로서의 특허인지 문제된다. 허가란 일반적 금지를 특정의 경우에 특정의 상대방에게 해제하여 적법하게 일정한 행위를 할 수 있게 하여 주는 처분이다. 그리고 특허란 특정의 상대방을 위하여 새로이 권리를 설정하는 행위(예: 특허기업 특허 · 토지수용권설정 · 도로(하천) 통행료(통항료) 징수권설정 · 어업면허), 능력을 설정하는 행위(예: 공법인을 설립하는 행위), 국가와 공무원간의 특별행정법관계나 국가와 일반국민 간의 포괄적 법률관계를 설정하는 행위(공무원임명 · 귀화허가)와 같은 처분을 말한다.

나. 특허와 허가와의 차이

(1) 대상사업

허가는 그 대상사업이 소극적인 사회질서유지를 위하여 국가의 관여를 요하는 음식점 · 숙박업영업 등 개인적 · 영리적 사업이다. 반면, 특허는 그 대상사업이 적극적인 공익증진을 위하여 국가의 관여를 요하는 국민생활 필수재화의 공급인 물 · 전기 · 가스사업 등 공익사업이다.

(2) 법적성질

허가는 자연적 자유를 회복시키는 금지해제행위로 명령적 행위이고, 특허는 설권행위로 형성적 행위이다. 허가는 단순한 '허용'을 의미하는데, 특허는 적극적으로 제3자에 대항하여 이익을 주장할 수 있는 '가능'을 의미 한다. 그리하여 허가로 얻은 이익은 반사적 이익으로서 제3자에게 신규허가를 하여 그 이익이 사실상 침해되어도 사법적 구제를 받을 수 없는 데 대하여, 특허로 얻은 이익은 권리로서 제3자에 대하여 신규특허를 하여 그 권리가 침해된 경우에는 사법적 구제를 받을 수 있다. 다만 오늘날에는 허가로 얻은 이익도 법적이익으로 보는 경우도 있어, 양자 간의 차이는 상대화되었다고 할 수 있다.

(3) 신청유무

허가는 신청 없이 행하여지는 경우도 있으나, 특허는 항상 신청을 요하는 쌍방적 행정행위이다.

(4) 행위성질

허가여부는 원칙적으로 기속행위인데, 특허여부는 국민에게 권리 등을 부여하는 행위이므로 원칙적으로 재량행위라고 보는 것이 종래의 통설이었다. 그러나 오늘날은 당해 행위가 수익적인 것인지 또는 부담적인 것인지 하는 것만으로 재량행위와 기속행위로 구별할 수 없다고 하는 것이 일반적 견해이다.

(5) 효과

허가의 효과는 공법상의무의 해제로 공법적인데 비하여, 특허의 효과는 보통은 공법적이지만 사안의 광업허가와 같이 사권을 설정하여 주는 사법적일 때도 있다.

(6) 결정기준

허가여부의 결정기준은 공공질서에 대한 장해를 발생시킬 우려가 있는 영업행위를 배제함을 목적으로 하여 정하여지는데, 특허여부의 결정기준은 당해 특허사업을 통하여 국민의 복리를 적극적으로 증진시킬 것을 목적으로 하여 정하여진다.

(7) 감독권의 범위

허가를 받은 자에 대한 감독은 공공의 안녕·질서를 유지하기 위한 소극적인 것인데, 특허를 받은 자에 대한 감독은 당해 특허사업을 조성하기 위한 적극적인 것이다.

다. 소결

따라서 A가 받은 광업권 허가는 A에게 규사광업에 관한 권리나 이익을 부여하는 수익적 행정행위로서의 특허에 해당된다. A에 대한 광업권 허가는 무제한으로 인정되는 것이 아니라 그 존속기간이 정해져 있다. 광업법은 25년을 초과할 수 없도록 하는데, 사안에서 A는 7년 기한의 허가를 받았다. 그러므로 A의 광업권 허가는 장래 도달할 것이 확실한 사실에 의존하게 하는 행정행위의 부관의 일종인 기한부 행위로서의 성질도 갖고 있다.

3. 광업권 존속연장신청거부처분의 법적성질

가. 이 사건 처분의 개념

광업권의 존속기간은 원칙적으로 25년을 초과할 수 없다(광업법 14①). 사안에서 A는 7년 기간의 광업권을 허가받은 후 두 차례에 걸쳐서 3년 기간의 채광휴지인가를 받았다. 그 후 A는 다시 광업권의 존속기간 연장신청을 하였지만, 광업등록사무소장은 개정 시행령이 정하는 생산실적과 투자실적이 없으며, 개정 시행령은 휴지인가를 받은 광산은 광업권의 존속기간 연장허가요건에 해당되지 않는다는 이유 등으로 이 사건 처분을 하기에 이르렀다. 광업등록사무소장의 이 사건 처분은 A에게 부여하였던 광업권이라는 권리·이익을 거부하여 불이익한 효과를 발생시키는 부담적 행정행위(침익적 행정행위)이다. 그리고 이 사건 처분은 아무런 흠 없이 완전히 유효하게 성립한 행정행위를 사후에 이르러 공익상 그 효력을 더 존속시킬 수 없는 새로운 사정이 발생하였기 때문에 장래에 향하여 그 효력을 상실시키는 원래의 행정행위와는 별개의 독립된 것으로서 행정행위의 철회라고 할 수 있다. 철회는 실정법상 취소로 표현하기도 한다. 예컨대 도로법 제84조 '공익을 위한 처분, 하천법 제70조 '공익을 위한 처분' 도로교통법 제79조, 광업법 제34조 '공익상 이유에 따른 취소처분'등이 이에 해당된다.

나. 행정행위의 취소와 구별

(1) 철회권자·취소권자

철회는 그 성질에 있어 새로이 동일한 행정행위를 소극적으로 행하는 것과 같기 때문에 당해 처분행정청만이 행할 수 있다. 취소권자는 직권취소의 경우는 처분청과 그 감독청, 쟁송취소에서는 행정청(처분청과 감독청)과 법원이며, 예외적으로 재결청인 공무원소청심사위원회가 취소권을 가진다.

(2) 처분근거 요부

공익상 이유에 의한 철회는 전혀 새로운 행정처분인 것이 아니고 본래의 행정처분을 장래에 향하여 실효시키는 것에 지나지 않기 때문에 철회권은 당연히 처분권에 포함된다(철회자유설). 직권취소의 경우에는 원칙상 법률의 근거를 요하지 않지만 특히 수익적 행정행위의 취소의 경우에는 법률의 근거를 요한다는 견해도 있다.

(3) 철회원인 · 취소원인

행정행위의 취소사유는 행정행위의 성립 당시에 존재하였던 하자를 말하고, 철회사유는 행정행위가 성립된 이후에 새로이 발생한 것으로서 행정행위의 효력을 존속시킬 수 없는 사유를 말한다고 할 것이다(대법원 2003.5.30. 선고 2003다6422 판결).

㈎ 철회원인 (철회사유)

(a) 사정변경

행정행위의 기초가 된 사실관계가 변경되거나 법령이 개정된 결과, 현재의 사실관계 또는 법령 아래서 전에 행한 행정행위가 행하여진다면 당연히 위법이 되는 경우이다. 행정행위가 사후에 위법하게 된 경우이다. 예컨대 국민기초생활보장을 받는 수급자에 대한 급여의 전부 또는 일부가 필요 없게 된 때는 급여를 중단할 수 있다(국민기초생활보장법 30).

(b) 상대방의 유책행위에 대한 제재로서의 철회(행정법상의 의무확보를 위한 철회)

일정한 비행, 법령·처분 위반, 부담의 불이행 등에 대한 제재로서 인가 또는 허가 등의 철회가 인정된다. 이 경우 철회도 구체적인 행정목적 실현을 위한 수단으로 행하여지므로, 철회 이외의 수단으로 법령위반상태의 시정이나 부담을 이행시킬 수 있으면 그에 의하고, 철회는 최후수단으로 인정된다 하겠다.

철회의 대부분은 상대방의 유책행위에 대한 제재 내지 행정법상의 의무확보를 위한 철회라고 할 수 있다. 그리고 인·허가 등의 철회·정지는 국민의 생업이 인·허가사업으로 되어 있기 때문에 행정상 강제집행이나 행정벌보다 오히려 실효성 있는 의무확보수단이 되고 있다. 음주운전으로 인한 운전면허취소(철회)처분이나, 국세를 3회 이상 체납 시에 체납자의 허가를 취소(철회)할 수 있도록 한 경우가 이에 해당된다(국세징수법 7②). 판례도 부담부 행정처분의 상대방이 그 부담을 이행하지 않음을 이유로 한 처분의 취소(철회)를 인정한다(대법원 1989.10.24. 선고 89누2431 판결).

(c) 철회권의 유보

철회권의 유보는 법령에서 직접 규정될 수도 있고, 행정행위의 부관으로 정해질 수도 있다. 철회권이 유보된 경우에도 그 내용의 타당성을 검토함은 물론, 구체적 사정에 비추어 그 행사로 인한 상대방의 권익에 대한 부당한 침해여부, 신뢰보호와 법적 안정성의 견지에서 철회 여부를 결정하여야 한다. 판례는 기본재산전환인가처분을 함에 있어 철회사유를 인가조건으로 부가하면서 비록 철회권 유보라고 명시하지 아니한 채 조건불이행시 인가를 취소할 수 있다는 기재를 하였다 하더라도, 위 인가조건의 전체적 의미는 인가처분에 대한 철회권을 유보한 것이라고 봄이 상당하다고 한다(대법원 2003.5.30. 선고 2003다6422 판결).

(d) 보다 우월한 공익의 요구에 의한 철회

행정행위에 외재하는 공익의 요구로 철회가 인정되는 경우가 있다. 이는 별개의 공익상의 필요에 따라 새로운 행정적 개입이 행하여져 그것이 철회의 형태로 나타나는 경우이다. 예컨대 '법령에 따라 토지를 수용하거나 사용할 수 있는 사업을 위하여 필요한 경우'에 기존의 공유수면매립면허를 철회하는 것(공유수면 관리 및 매립에 관한 법률 52(9))이다. 이 경우 실질에 있어서는 공용수용과 같으므로, 철회로 생기는 불이익은 '매립면허관청 또는 해당 사업의 시행자'가 그 손실을 보상하여야 한다(공유수면 관리 및 매립에 관한 법률 57①(3)).

(나) **취소원인**

취소는 유효하게 성립한 행정행위의 효력을 그 성립에 흠이 있음을 이유로 권한 있는 기관이 원칙적으로 원래의 행위시에 소급하여 소멸시키는 행정행위로서, 위법·부당한 행위, 사인의 부정행위, 행정청이 어떠한 법률조항에 근거하여 행정처분을 한 후 헌법재판소가 그 조항을 위헌으로 결정하였다면, 그 행정처분은 결과적으로 법률의 근거 없이 행하여진 것과 마찬가지로 되어 하자 있게 된다 할 것이다. 그러나 일반적으로 법률이 헌법에 위반된다는 사정은 헌법재판소의 위헌결정이 있기 전에는 객관적으로 명백한 것이라고 할 수는 없으므로, 특별한 사정이 없는 한 그러한 하자는 행정처분의 취소사유일 뿐 당연무효사유라고 할 수 없다(대법원 2009.5.14. 선고 2007두16202 판결).

처분권한의 근거 조례가 무효인 경우, 그 근거 규정에 기하여 한 행정처분이 당연무효인지에 관하여 판례는 당연무효는 아니라고 한다. 조례 제정권의 범위를 벗어나 국가사무를 대상으로 한 무효인 서울특별시행정권한위임조례의 규정에 근거하여 구청장이 건설업영업정지처분을 한 경우, 그 처분은 결과적으로 적법한 위임 없이 권한 없는 자에 의하여 행하여진 것과 마찬가지가 되어 그 하자가 중대하나, 지방자치단체의 사무에 관한 조례와 규칙은 조례가 보다 상위규범이라고 할 수 있고, 또한 헌법 제107조 제2항의 "규칙"에는 지방자치단체의 조례와 규칙이 모두 포함되는 등 이른바 규칙의 개념이 경우에 따라 상이하게 해석되는 점 등에 비추어 보면 위 처분의 위임 과정의 하자가 객관적으로 명백한 것이라고 할 수 없으므로 이로 인한 하자는 결국 당연무효사유는 아니라고 봄이 상당하다(대법원 1995.7.11. 선고 94누4615 판결).

⑷ 효과

철회는 사후의 새로운 사유의 발생을 이유로 하여 행정행위의 효력을 상실시킨다는 그 성질상 당연히 장래에 향하여서만 그 효력을 발생한다. 원시적 하자를 이유로 한 직권취소의 경우에는 그 행위를 소급적으로 취소하면 상대방인 국민의 신뢰를 해하게 되는 경우에는 장래에 향해서만 취소할 수 있다는 점에서, 양자를 구별하는 결정적인 기준이 되지 못한다.

다. 소결

A는 광업권 허가를 받은 후 2회에 걸쳐서 채광휴지인가를 받았다. 그 채광휴지인가기간 중에 광업법 시행령이 개정되었는데, 광업권 존속기간의 연장허가시에는 "광업권 존속기간의 연장허가 신청일로부터 소급한 3년간의 생산실적이 제34조의 규정에 의한 생산실적에 미달하는 때 또는 법 제99조의 규정에 의한 광물생산보고가 없을 때"(광업법 시행령 3①(1))에는 광업권 존속기간의 연장허가를 할 수 없도록 하는 내용으로 변경되었다. 그런데 A는 위 개정 시행령이 시행된 이후에 또 다시 채광휴지인가신청을 하였지만, 그 당시 위 시행령에서 정한 생산실적이나 광물생산보고가 전혀 없는 상태였기에 그 신청이 거부되었다. 따라서 광업등록사무소장의 A에 대한 이 사건 처분은 철회사유 중 사정변경 또는 보다 우월한 공익의 요구에 의한 철회라고 할 수 있다. 개정 시행령 규정에서 종전의 채광휴지인가사유를 대부분 삭제한 것은 광업권의 사후관리제도를 실제로 광업을 영위하고자 하는 자 위주로 개선하고 뚜렷한 생산활동 없이 명목상으로만 광업권을 장기간 보유하는 것을 억제함으로써 광물자원의 합리적 개발을 촉진하고자 함에 그 취지가 있다(대법원 2000.3.10. 선고 97누13818 판결).

사안에서는 개정 시행령의 규정에 의하여 A에 대한 이 사건 처분이 있었지만, 그 같은 명문의 규정이 없더라도 일정한 경우에는 철회가 가능하다는 것이 판례의 입장이다. 행정행위를 한 처분청은 비록 그 처분 당시에 별다른 하자가 없었고, 또 그 처분 후에 이를 철회할 별도의 법적 근거가 없다 하더라도, 원래의 처분을 존속시킬 필요가 없게 된 사정변경이 생겼거나 또는 중대한 공익상의 필요가 발생한 경우에는 그 효력을 상실케 하는 별개의 행정행위로 이를 철회할 수 있다(대법원 2004.7.22. 선고 2003두7606 판결).

4. 사안의 해결

A가 취득한 광업권 허가는 형성적 행정행위의 일종인 특허에 해당된다. 그 후 2회에 걸쳐 채광휴지인가를 받은 A는 개정 시행령이 시행된 후에 다시 채광휴지인가신청을 하였지만 개정 시행령이 정하는 요건을 충족하지 못하였기 때문에 거부처분을 받게 되었는데, 이는 사정변경 또는 보다 우월한 공익의 요구에 의하여 광업권의 효력을 장래에 향하여 그 효력을 소멸시키는 철회라고 할 수 있다.

> **기본구조**

광업권 허가와 이 사건 처분의 법적
성질 [설문 (1)의 해결]

1. 문제점

2. 광업권 허가의 법적성질
　가. 광업권 허가의 개념
　나. 특허와 허가와의 차이
　　(1) 대상사업
　　(2) 법적성질
　　(3) 신청유무
　　(4) 행위성질
　　(5) 효과
　　(6) 결정기준
　　(7) 감독권의 범위
　다. 소결

3. 광업권 존속연장신청거부처분의
　　법적성질
　가. 이 사건 처분의 개념

　나. 행정행위의 취소와 구별
　　(1) 철회권자·취소권자
　　(2) 처분근거 유무
　　(3) 철회원인·취소원인
　　㈎ 철회원인(철회사유)
　　　ⓐ 사정변경
　　　ⓑ 상대방의 유책행위에 대한 제재로서의 철회(행정법상의 의무확보를 위한 철회)
　　　ⓒ 철회권의 유보
　　　ⓓ 보다 우월한 공익의 요구에 의한 철회
　　㈏ 취소원인
　　(4) 효과
　다. 소결

4. 사안의 해결

Ⅱ. 이 사건 신청의 법적 성질과 적법성 여부 [설문 (2)의 해결]

1. 문제점

A가 광업등록사무소장에게 한 광업권의 존속기간 연장신청을 하였는데(이하 '이 사건 신청'이라 한다), 이 신청이 적법한 것인지 여부는 채광휴지인가를 받은 상태에 있는 A에게 광업법과 그 관련법령이 연장신청권을 허용하고 있는지를 살펴보아야 한다.

2. 사인의 공법행위로서의 신청

가. 신청의 개념

신청이란 행정청에 대하여 자기의 권리 또는 이익을 위하여 어떤 사항을 청구하는 의사표시이다. 신청은 자신에 대하여 직접 이익을 부여하는 처분을 요구하거나(행정행위발급청구권), 제3자에 대하여 규제조치를 발동할 것을 요구하는 경우가 있다(행정개입청구권). 행정절차법 제17조와 민원사무처리에 관한 법률 시행령 제2조에서 이를 정하고 있다.

나. 신청의 요건

신청인에게 자기의 권리 또는 이익을 위하여 청구하는 신청권이 있어야 하며, 신청이 법령상 요구되는 문서, 형식 등의 요건을 갖추어야 한다.

(1) 신청권의 존재

신청권은 행정청의 응답을 구하는 권리이며 신청된 대로의 처분을 구하는 권리는 아니다. 신청권은 실체법상의 적극적 청구권과는 구별되는 절차적 권리이다.

(2) 법령상 신청요건

법령상 신청에 구비서류 등 일정한 요건을 요하는 경우가 있다. 신청은 원칙상 문서(전자문서 포함)로 하도록 하고 있다(행정절차법 17조①②, 민원사무처리에 관한 법률 8). 다만, 대통령령이 정하는 경우에는 구술 또는 전화 · 전신 · 모사전송 등 정보통신망(「전자정부구현을 위한 행정업무 등의 전자화촉진에 관한 법률」 제2조 제7호의 규정에 의한 정보통신망을 말한다.)으로 할 수 있다(민원사무처리에 관한 법률 8 단서).

다. 신청의 효과

(1) 접수의무

행정청은 신청에 대한 접수의무가 있다. 행정청은 신청이 있는 때에는 다른 법령 등에 특별한 규정이 있는 경우를 제외하고는 그 접수를 보류 또는 거부하거나 부당하게 되돌려 보내서는 아니 되며, 신청을 접수한 경우에는 신청인에게 접수증을 주어야 한다. 다만, 대통령령이 정하는 경우에는 접수증을 주지 아니할 수 있다(행정절차법 17④).

(2) 부적법한 신청의 효과 (보완조치의무)

행정청은 신청에 서류 등이 미비된 경우에는 보완을 요구하여야 한다. 행정청은 적법요건을 모두 갖추지 아니한 신청에 대하여 그 요건의 보완을 요구할 수 있으며, 이에 불응할 경우 요건흠결을 이유로 그 신청을 반려할 수 있다(대법원 2002.10.11. 선고 2000두987 판결). 행정청은 보완에 필요한 상당한 기간을 정하여 지체 없이 신청인에게 보완을 요구하여야 한다(행정절차법 17⑤). 판례는 보완의 대상이 되는 흠은 보완이 가능한 경우이어야 하고, 그 내용 또한 형식적·절차적인 요건에 한하고 실질적인 요건에 대하여서까지 보완 또는 보정요구를 하여야 한다고 볼 수 없다(대법원 1996.10.25. 선고 95누14244 판결)고 한다. 다만 실질적 요건의 흠이라도 민원인의 단순한 착오 등에 의한 경우에는 보완의 대상으로 본다(대법원 2004.10.15. 선고 2003두6573 판결).

(3) 처리의무 (응답의무)

행정청은 적법한 신청이 있는 경우에 상당한 기간 내에 응답을 하여야 한다. 그러므로 행정기관은 신청에 따른 행정행위를 하거나 거부처분을 하여야 한다. 신청에 따른 행정청의 처분이 기속행위일 뿐만 아니라 재량행위인 경우에도 행정청은 신청에 대한 응답의무를 진다.

(4) 신청과 권리구제

신청에 대하여 거부처분을 한 경우에는 의무이행심판이나 취소심판 또는 거부처분취소소송으로, 부작위에 대하여는 의무이행심판 또는 부작위위법확인소송으로 다툴 수 있다. 적법한 신청의 접수를 거부하거나 보완명령을 내린 경우에, 신청인은 접수거부 또는 보완명령을 신청에 대한 거부처분으로 보고 항고소송을 제기할 수 있고, 그로 인하여 손해를 입은 경우에 국가배상도 청구할 수 있다.

거부처분 취소소송 등에서 신청권의 존재를 소송요건으로 보는 견해(소송요건설)와 본안의 문제로 보는 견해(본안문제설)가 있다. 판례는 신청권을 소송요건(소송대상의 문제)으로 보아, 법규상·조리상 신청권이 없는 경우 거부행위의 처분성을 인정하지 않고 부작위도 인정하지 않는다.

3. 이 사건 신청의 법적 성질과 적법성 여부 검토

가. 광업권존속기간연장을 위한 의사표시로서의 신청

A가 광업등록사무소장에게 한 이 사건 신청은 현재 A의 광업권이 채광휴지인가를 받은 상태에 있지만, 광업권이라는 권리기간의 존속을 연장해 줄 것을 청구하는 의사표시인 신청에 해당된다.

나. 신청의 요건

(1) 신청권의 존재

A의 이 사건 신청은 광업법 제14조 제2항에 의하여 인정되는 법률상 권리이다.

(2) 법령상 신청요건

광업법 시행령 제3조는 A의 이 사건 신청요건에 관하여 규정하고 있다. 광업권존속기간의 연장허가는 광업권 존속기간의 연장허가 신청일로부터 소급한 3년간의 생산실적이 제34조의 규정에 의한 생산실적에 미달하는 때 또는 법 제99조의 규정에 의한 광물생산보고가 없을 때에는 할 수 없다. 다만, 법 제46조 제2항의 규정에 의하여 탐광실적의 인정을 받았거나 채광시설·선광시설에 대한 투자등 상공자원부장관이 인정하는 투자실적이 있는 때에는 예외로 한다.

그런데 A는 광업권 등록 후에 계속적으로 채광휴지인가를 받아 둔 상태였고, 실제적으로 채광실적이 전혀 없기 때문에 개정 시행령이 요구하는 생산실적 또는 광물생산보고를 할 수 없기 때문에 이 사건 신청의 허가요건을 충족하지 못하고 있다.

다. 신청의 효과

(1) 접수의무

행정청인 광업등록사무소장은 A의 이 사건 신청을 접수하였다.

(2) 부적법한 신청의 효과 (보완조치의무)

신청에 대하여 보완의 대상이 되는 흠은 보완이 가능한 경우이어야 하고, 그 내용 또한 형식적·절차적인 요건에 한하고 실질적인 요건에 대하여서까지 보완 또는 보정요구를 하여야 한다고 볼 수 없다. 그러므로 A의 이 사건 신청은 광업권존속기간연장의 실체적 요건에 해당하는 광물생산실적이 전혀 없기 때문에 보완의 대상이 될 수 없다고 하겠다.

⑶ 처리의무 (응답의무)

광업등록사무소장은 A의 이 사건 신청에 대하여 상당한 기간 내에 거부처분을 하여 처리의무를 이행하였다.

4. 사안의 해결

A가 광업등록사무소장에게 이 사건 신청을 할 수 있는 권리는 있기 때문에 그 신청 자체는 적법하다. 만약 A가 이 사건 처분에 불복하기 위해서는 행정심판법이 정하는 의무이행심판이나 취소심판 또는 행정소송법상의 거부처분취소소송을 제기할 수 있다. 원고는 실제로 행정소송으로 이 사건 신청거부처분의 취소를 구하는 소송을 제기하였다. 그러나 A의 청구는 개정 시행령이 정하는 휴지인가 요건을 구비하지 못하고 있기 때문에 특별한 사정이 없는 한 이유가 없어 패소하게 될 것이다.

기본구조

이 사건 신청의 법적 성질과 적법성 여부 [설문 ⑵의 해결]

1. 문제점

2. 사인의 공법행위로서의 신청
   가. 신청의 개념
   나. 신청의 요건
     ⑴ 신청권의 존재
     ⑵ 법령상 신청요건
   다. 신청의 효과
     ⑴ 접수의무
     ⑵ 부적법한 신청의 효과(보완조치 의무)
     ⑶ 처리의무(응답의무)
     ⑷ 신청과 권리구제

3. 이 사건 신청의 법적 성질과 적법성 여부 검토
   가. 광업권존속기간연장을 위한 의사표시로서의 신청
   나. 신청의 요건
     ⑴ 신청권의 존재
     ⑵ 법령상 신청요건
   다. 신청의 효과
     ⑴ 접수의무
     ⑵ 부적법한 신청의 효과(보완조치 의무)
     ⑶ 처리의무(응답의무)

4. 사안의 해결

Ⅲ. 개정된 법령에 따른 행정처분의 위법성 여부 [설문 (3)의 해결]

1. 문제점

A는 채광휴지인가신청을 하였지만, 개정 시행령의 인가요건에 해당하는 생산실적 등이 없다는 이유로 거부되었다. 행정처분은 처분 당시에 시행되는 법령이 정하는 기준에 따르는 것이 원칙이다. 사안에서 A에 대한 이 사건 처분에 관한 위법성 여부는 어느 시점의 법령을 기준으로 판단할 것인가 하는 문제가 대두된다. 그리고 A는 채광휴지인가 처분 후에 불리하게 개정된 시행령으로 채광휴지인가신청을 거부하는 것은 특허로서의 광업권을 소멸시키는 침해적 행정처분에 해당된다. A의 입장에서는 마치 소급입법에 의하여 불리한 처분을 받은 것이라는 주장도 할 수 있으므로, 이 점에 관하여서도 검토할 필요가 있다.

2. 항고소송에서의 위법성 판단의 기준시

광업등록사무소장의 A의 대한 이 사건 처분의 취소를 구하는 항고소송에서 그 소송의 대상인 처분의 위법성을 어느 시점의 법규와 상태를 기준으로 판단할 것인가에 관하여 견해가 대립되고 있다.

가. 학 설

(1) 처분시설

처분의 위법 여부의 판단은 처분시의 사실 및 법률상태를 기준으로 하여야 한다는 견해이다. 이 견해는 항고소송의 본질은 처분에 대한 사법적 사후심사이며, 판결시를 기준으로 하면 법원에 대하여 행정적 재량 및 행정 감독적 기능을 인정하게 되어 부당하다는 것을 이유로 한다. 통설이다.

(2) 판결시설

취소소송의 목적을 계쟁처분의 효력을 현재에 있어서 유지할 것인가의 여부를 결정하는 데 있다고 보고, 처분의 취소여부를 판결시(구두변론종결시)를 기준으로 하여 판단하여야 한다고 본다.

(3) 절충설

취소소송은 원고가 위법한 처분에 대하여 그 위법한 행위(행위시의 위법한 행위)의 취소를 구한다고 볼 것이므로 법원은 원고의 뜻에 따라 처분시를 기준으로 위법여부를 판단하여야 할 것이다. 판결시설에 의하면 행위시에는 위법한 행위가 그 동안의 법령의 개폐에 따라 적법하게 될 수도 있어 법치주의의 뜻에 어긋나고, 판결이 늦어지는 경우 불균형이 생길 우려도 있고, 또한 반대로 행위시에 적법인 행위가 판결시에는 위법한 행위가 될 수도 있어 불합리하다 할 것이다. 다만, 계속적 효력을 가진 처분(물건의 압수처분)이나 미집행의 처분(집행되지 않은 철거명령)에 대한 소송에 있어서는 소송의 목적이 일정 시기에서의 처분의 위법성의 판단에 있는 경우(선거 또는 당선의 효력 등은 선거시를 기준으로 하여야 한다) 또는 직접 제3자의 권리 · 이익에 관계되는 경우(경원자의 일방에 대한 허가처분의 효력을 다투는 것 등)를 제외하고는 판결시를 기준으로 하는 것이 합리적이라 하겠다. 그러나 부작위위법확인소송의 경우에는 그 성질로 보아 판결시를 기준으로 하여 위법여부를 판단하여야 할 것이다.

나. 판 례

처분시를 기준으로 한다. 행정처분의 위법 여부는 행정처분이 있을 때의 법령과 사실상태를 기준으로 하여 판단하여야 하고, 처분 후 법령의 개폐나 사실상태의 변동에 의하여 영향을 받지 않는다(대법원 2007.5.11. 선고 2007두1811 판결). 행정청이 수익적 행정처분을 하면서 부가한 부담의 위법 여부는 처분 당시 법령을 기준으로 판단하여야 하고, 부담이 처분 당시 법령을 기준으로 적법하다면 처분 후 부담의 전제가 된 주된 행정처분의 근거 법령이 개정됨으로써 행정청이 더 이상 부관을 붙일 수 없게 되었다 하더라도 곧바로 위법하게 되거나 그 효력이 소멸하게 되는 것은 아니다. 따라서 행정처분의 상대방이 수익적 행정처분을 얻기 위하여 행정청과 사이에 행정처분에 부가할 부담에 관한 협약을 체결하고 행정청이 수익적 행정처분을 하면서 협약상의 의무를 부담으로 부가하였으나 부담의 전제가 된 주된 행정처분의 근거 법령이 개정됨으로써 행정청이 더 이상 부관을 붙일 수 없게 된 경우에도 곧바로 협약의 효력이 소멸하는 것은 아니다(대법원 2009.2.12. 선고 2005다65500 판결).

다. 소 결

행정처분은 그 근거 법령이 개정된 경우에도 경과 규정에서 달리 정함이 없는 한 처분 당시 시행되는 개정 법령과 그 기준에 의하는 것이 원칙이라는 점에서 처분시설이 타당하다. 따라서 A가 이 사건 광업권에 관하여 사업휴지인가를 받은 바 있음을 사유로 하여 이 사건 신청을 하였으나, 광업등록사무소장이 개정 시행령 규정상 사업휴지인가는 광업권 존속기간 연장 불허의 예외사유에 해당하지 않는다는 이유로 그 신청을 반려하는 이 사건 처분을 한 것은 처분 당시의 개정 시행령에 근거한 것이다. 개정 시행령에는 A에 대한 광업권존속기간연장과 관련된 경과규정도 두고 있지 아니하므로, 광업등록사무소장이 처분시의 개정 시행령에 따라 이 사건 처분을 한 것은 적법하다.

3. 이 사건 처분이 소급적용금지의 원칙에 위반하는지 여부

가. 소급적용금지의 원칙의 개념과 근거

새 법령이 그 공포시행 전에 종결된 사실에 대하여 적용되는 것을 소급(적용)이라 한다. 법령이 이러한 소급효를 갖지 않는 것을 소급적용금지의 원칙이라 한다. 소급효는 장래의 행위만을 규율하는 법령의 본질에 어긋나고, 소급효를 인정하면 법률생활의 안정성을 해하고, 예측가능성을 빼앗게 되어 법치국가의 원리 및 거기에 근거를 둔 신뢰보호의 원리에 어긋나게 된다. 헌법은 소급입법에 의한 처벌, 참정권의 제한 또는 재산권의 박탈을 금지하고 있다(헌법 13).

나. 적용범위

(1) 소급효의 종류

원칙적으로 금지되는 소급효는 이미 종료된 법률관계나 사실관계에 법령의 효력을 미치게 하는 진정소급효이다. 문제되는 것은 이미 과거에 시작하였으나 아직 완성되지 않고 진행중인 법률관계 및 사실관계에 국민에게 불리한 법령의 효력을 미치게 하는 부진정소급효이다.

진정소급입법은 개인의 신뢰보호와 법적 안정성을 내용으로 하는 법치국가 원리에 의하여 허용되지 아니하는 것이 원칙인 데 반하여, 부진정소급입법은 원칙적으로 허용되지만 소급효를 요구하는 공익상의 사유와 신뢰보호를 요구하는 개인보호의 사유 사이의 교량과정에서 그 범위에 제한이 가하여지는 것이다(대법원 2007.10.11. 선고 2005두5390 판결).

(2) 진정·부진정 소급입법의 구분방법

독일 판례의 영향을 받은 헌법재판소나 대법원 판례는 소급입법에 관하여 진정·부진정 소급효의 입법을 구분하고 있다. 소급입법을 진정·부진정으로 나누는 척도는 개념상으로는 쉽게 구분되나 사실상 질적 구분이 아닌 양적 구분으로, 단순히 법기술적 차원으로 이루어질 가능성이 있다는 것이 헌법재판소의 입장이다.

헌법재판소는 현재로서는 이를 대체할 새로운 대안도 찾기 어려우므로 종전의 구분을 그대로 유지하는 것이 불가피하다고 하면서, 다만 부진정 소급입법에 속하는 입법에 대해서는 일반적으로 과거에 시작된 구성요건 사항에 대한 신뢰는 더 보호될 가치가 있다고 할 것이기 때문에 신뢰보호의 원칙에 대한 심사가 장래입법에 비해서보다는 일반적으로 더 강화되어야 할 것이라고 한다(헌재 1995.10.26. 94헌바12).

(3) 진정소급효의 원칙과 예외

진정소급효를 갖는 입법은 허용되지 않지만, 그것이 절대적으로 허용되지 않는 것은 아니다. 위헌으로 결정된 형벌에 관한 법률 또는 법률의 조항은 소급하여 그 효력을 상실한다(헌법재판소법 47②). 또한 헌법재판소는 진정소급효를 갖는 입법도, ① 일반적으로 국민이 소급입법을 예상할 수 있었거나, ② 법적 상태가 불확실하고 혼란스러워 보호할 만한 신뢰이익이 적은 경우와, ③ 소급입법에 의한 당사자의 손실이 없거나 아주 경미한 경우, ④ 신뢰보호에 우선하는 심히 중대한 공익상의 사유가 소급입법을 정당화하는 경우 등에는 예외적으로 허용된다고 하였다(헌재 1999.7.22. 97헌바76).

(4) 부진정소급효의 원칙과 예외

부진정소급효의 경우에는 소급입법금지원칙의 적용이 없는 것으로 본다. 그러나 이 경우에도 신뢰보호의 원칙에 의하여 기존의 법률상태를 신뢰하고 행한 재산상·생활상의 조치가 당해 입법에 의하여 추구하는 공익목적과 비교형량하여, 전자가 후자보다 중대하다고 판단되는 경우에는 부진정소급입법은 허용되지 않는다고 할 것이다. 이러한 입법의 경우에는 보통 국민의 신뢰를 보호하기 위하여 신구관계를 조정하는 경과조치가 두어진다.

다. 사안의 해결 — 개정 시행령이 소급적용금지의 원칙에 해당되는지 여부

(1) 원 칙

행정처분은 그 근거 법령이 개정된 경우 경과 규정에서 달리 정함이 없는 한 처분 당시 시행되는 개정 법령과 그 법령에서 정하는 기준에 따른다. 개정 법령이 기존의 사실 또는 법률관계를 적용대상으로 하면서 국민의 재산권과 관련하여 종전보다 불리한 법률효과를 규정하고 있는 경우에도 그러한 사실 또는 법률관계가 개정 법률이 시행되기 이전에 이미 완성 또는 종결된 사항을 대상으로 하는 경우에는 진정소급효에 해당되어 허용되지 아니한다.

그런데 개정 법령이 기존의 사실 또는 법률관계를 적용대상으로 하여 종전보다 불리한 법률효과를 규정하면서 개정 법률이 시행되기 이전에 이미 완성 또는 종결된 사항을 대상으로 하는 것이 아닌 경우에는 부진정소급효에 해당되어, 헌법상 금지되는 소급입법에 의한 재산권 침해라고 할 수는 없다.

(2) 개정 시행령이 진정소급효에 해당하는지 여부

A가 이 사건 광업권을 취득하고 그에 대하여 사업휴지인가를 받은 것은 모두 개정 시행령이 1995. 6. 8.자로 시행되기 이전이며, 사업휴지인가의 존속기간의 만료는 개정 시행령 시행 이후인 1996. 4. 30.이다. 그리고 광업권존속기간의 연장신청 역시 그 시행 이후인 1996. 1. 30.자로 이루어졌다. 따라서 이 사건 광업권의 존속기간 연장에 대하여 개정 시행령 규정을 적용하는 것이 이미 완성되거나 종결된 사실 또는 법률관계에 대하여 개정 시행령을 소급 적용하는 것이라고 할 수 없다 (대법원 2000.3.10. 선고 97누13818 판결). 따라서 A는 이 사건 광업권의 취득과 채광휴지인가를 개정 시행령의 효력발생 이전에 이루어졌으므로 개정 시행령 이전의 구 시행령이 적용되어야 한다고 주장할 수 있지만, 채광휴지인가처분이 개정 시행령 효력발생 이전에 완성된 것만으로는 진정소급효라고 할 수는 없다.

(3) 원고의 개정 전 시행령 규정에 대한 신뢰보호 문제

A가 이 사건 광업권 취득과 사업휴지인가시에 A가 사업휴지인가를 광업권 존속기간 연장 불허의 예외사유로 규정한 개정 전 시행령 규정의 존속에 대하여 신뢰를 가졌을 수 있다. 그러나 그 같은 A의 신뢰는 국가에 의하여 유도된 것이라고 할 수 없다. 이는 시행령의 존재 자체가 그 시행령이 계속 존속할 것이라는 신뢰보호의 원칙에서 말하는 공적견해의 표명으로 볼 수 없기 때문이다. 그러므로 원고의

신뢰가 개정 시행령 규정의 적용에 관한 공익상의 요구와 비교·형량 하더라도 더 보호가치가 있는 것이라고 할 수 없다.

기본구조

개정된 법령에 따른 행정처분의 위법성 여부 [설문 (3)의 해결]

1. 문제점

2. 항고소송에서의 위법성 판단의 기준시
  가. 학 설
    (1) 처분시설
    (2) 판결시설
    (3) 절충설
  나. 판 례
  다. 소 결

3. 이 사건 처분이 소급적용금지의 원칙에 위반하는지 여부
  가. 소급적용금지의 원칙의 개념과 근거
  나. 적용범위
    (1) 소급효의 종류
    (2) 진정·부진정 소급입법의 구분방법
    (3) 진정소급효의 원칙과 예외
    (4) 부진정소급효의 원칙과 예외
  다. 사안의 해결 - 개정 시행령이 소급적용금지의 원칙에 해당되는지 여부
    (1) 원 칙
    (2) 개정 시행령이 진정소급효에 해당하는지 여부
    (3) 원고의 개정 전 시행령 규정에 대한 신뢰보호 문제

관리번호	사 례 형 (제1문)	시험관리관 확인	점 수	채점위원인

I. 설문(1)의 해결 - 광업권 허가와 이 사건 처분의 법적 성질

1. 문제점

A가 광업등록사무소장으로부터 받은 광업권 허가는 명령적 행정행위인 허가에 해당되는지, 형성적 행정행위로서의 특허에 해당되는지 문제된다. 그리고 광업권 존속기간연장신청거부처분 (이하 '이 사건 처분'이라 한다)은 광업권의 효력을 장래에 향하여 소멸시키는 행정행위의 철회로서의 성격을 갖는 것은 아닌지 검토할 필요가 있다.

2. 광업권 허가의 법적 성질

가. 허가와 특허의 개념

허가란 일반적 금지를 특정의 상대방에게 해제하여 적법하게 일정한 행위를 할 수 있게 하여 주는 처분이다. 그리고 특허란 특정의 상대방을 위하여 새로이 권리를 설정하거나 능력을 설정하는 처분이다.

나. 허가와 특허의 구별

① 허가는 자연적 자유를 회복시키는 금지해제행위로 명령적 행위이고, 특허는 설권행위로 형성적 행위이다. 다만 오늘날에는 허가로 얻은 이익도 법적이익으로 보는 경우도 있어, 양자 간의 차이는 상대화되었다고 할 수 있다.

② 허가여부는 원칙적으로 기속행위인데, 특허여부는 국민에게 권리 등을 부여하는 행위이므로 원칙적으로 재량행위라고 보는 것이 종래의 통설이었다. 그러나 오늘날은 당해 행위가 수익적인 것인지 또는 부담적인 것인지 하는 것만으로 재량행위와 기속행위로 구별할 수 없다고 하는 것이 일반적 견해이다.

다. 사안의 경우

A가 받은 광업권 허가는 A에게 규사광업에 관한 권리나 이익을 부여하는 수익적 행정행위로서의 특허에 해당된다. A에 대한 광업권 허가는 무제한으로 인정되는 것이 아니라 그 존속기간이 정해져 있다. 사안에서 A는 7년 기한의 허가를 받았다. 그러므로 A의 광업권 허가는 장래 도달할 것이 확실한 사실에 의존하게 하는 행정행위의 부관의 일종인 기한부 행위로서의 성질도 갖고 있다.

3. 광업권 존속연장신청거부처분의 법적성질

가. 철회로서의 이사건 처분

광업등록사무소장의 이 사건 처분은 아무런 흠 없이 완전히 유효하게 성립한 행정행위를 사후에 이르러 공익상 그 효력을 더 존속시킬 수 없는 새로운 사정이 발생하였기 때문에 장래에 향하여 그 효력을 상실시키는 원래의 행정행위와는 별개의 독립된 것으로서 행정행위의 철회라고 할 수 있다.

나. 행정행위의 취소와의 구별

① 행정행위의 취소사유는 행정행위의 성립 당시에 존재하였던 하자를 말하고, 철회사유는 행정행위가 성립된 이후에 새로이 발생한 것으로서 행정행위의 효력을 존속시킬 수 없는 사유를 말한다. ② 철회는 본래의 행정처분을 장래에 향하여 실효시키는 것에 지나지 않기 때문에 철회권은 당연히 처분권에 포함된다(철회자유설). 직권취소의 경우, 특히 수익적 행정행위의 취소의 경우에는 법률의 근거를 요한다는 견해도 있다.

다. 철회사유

행정청이 철회를 하기 위해서는 ① 행정행위의 기초가 된 사실관계나 법령이 개정되는 등 사정변경이 있거나, ② 상대방의 유책행위에 대한 제재를 하기 위한 경우, ③ 원처분 당시에 이미 철회권이 유보되어 있는 경우, ④ 마지막으로 행정행위에 외재하는 공익상의 요구로 철회가 인정되는 경우도 있다.

라. 소결

A는 위 개정 시행령이 시행된 이후에 또 다시 채광휴지인가신청을 하였지만, 그 당시 위 시행령에서 정한 생산실적이나 광물생산보고가 전혀 없는 상태였기에 그 신청이 거부되었다. 따라서 광업등록사무소장의 A에 대한 이 사건 처분은 철회사유 중 사정변경 또는 보다 우월한 공익의 요구에 의한 철회라고 할 수 있다.

4. 사안의 해결

A가 취득한 광업권 허가는 형성적 행정행위의 일종인 특허에 해당된다. 그 후 2회에 걸쳐 채광휴지인가를 받은 A는 개정 시행령이 정하는 요건을 충족하지 못하였기 때문에 거부처분을 받게 되었는데, 이는 광업권의 효력을 장래에 향하여 그 효력을 소멸시키는 철회라고 할 수 있다.

II. 설문(2)의 해결 - 이 사건 신청의 법적 성질과 적법성 여부

1. 문제점

A가 광업등록사무소장에게 한 광업권의 존속기간 연장신청을 하였는데, 이 신청이 적법한 것인지 여부는 채광휴지인가를 받은 상태에 있는 A에게 광업법과 그 관련법령이 연장신청권을 허용하고 있는지를 살펴보아야 한다.

2. 사인의 공법행위로서의 신청

가. 의의 및 신청의 효과

신청이란 행정청에 대하여 자기의 권리를 위하여 어떤 사항을 청구하는 의사표시이다.

행정청은 신청에 대한 접수의무가 있으며(행정절차법 17④), 행정청은 신청에 서류 등이 미비된 경우에는 보완을 요구하여야 한다(행정절차법 17⑤). 또한 행정청은 적법한 신청이 있는 경우에 상당한 기간 내에 응답을 하여야 한다.

나. 사안의 경우

A가 광업등록사무소장에게 한 이 사건 신청은 광업권이라는 권리기간의 존속을 연장해 줄 것을 청구하는 의사표시인 신청에 해당된다

3. 신청의 적법성 여부

가. 신청요건의 구비여부

A의 이 사건 신청은 광업법 제14조 제2항에 의하여 인정되는 법률상 권리이다. 그러나 광업법 시행령 제3조에 의하면 존속기간의 연장허가는 신청일로부터 소급한 3년간의 생산실적이 제34조의 규정에 의한 생산실적에 미달하는 때에는 할 수 없다.

그런데 A는 채광실적이 전혀 없기 때문에 개정 시행령이 요구하는 생산실적 또는 광물생산보고를 할 수 없기 때문에 이 사건 신청의 허가요건을 충족하지 못하고 있다.

나. 행정청의 보완조치의 필요성

판례는 보완의 대상이 되는 흠은 보완이 가능한 경우이어야 하고, 그 내용 또한 형식적·절차적인 요건에 한하고 실질적인 요건에 대하여서까지 보완요구를 하여야 하는 것은 아니라고 본다. 그러므로 A의 이 사건 신청은 실질적 요건을 흠결하여 보완의 대상이 될 수 없다.

4. 사안의 해결

A가 광업등록사무소장에게 이 사건 신청을 할 수 있는 권리는 있기 때문에 그 신청 자체는 적법하다. 그러나 A의 청구는 개정 시행령이 정하는 휴지인가 요건을 구비하지 못하고 있기 때문에 신청은 수리되지 않을 것이다.

III. 설문(3)의 해결 - 개정된 법령에 따른 행정처분의 위법성 여부

1. 문제점

사안에서 A에 대한 이 사건 처분에 관한 적법성 여부는 어느 시점의 법령을 기준으로 판단할 것인가 하는 문제가 대두된다. 그리고 A는 채광휴지인가 처분 후에 불리하게 개정된 시행령으로 불리한 처분을 받은 것이라는 주장도 할 수 있으므로, 이에 대여서도 검토할 필요가 있다.

2. 항고소송에서의 위법성 판단의 기준시

가. 학설의 태도

학설은 ① 취소소송의 목적은 계쟁처분의 효력을 현재에 있어서 유지할 것인가의 여부를 결정하는 데 있다고 보고, 처분의 취소여부를 판결시를 기준으로 하여 판단하여야 한다고 보는 판결시설이 있으나, ② 처분의 위법 여부의 판단은 처분시의 사실 및 법률상태를 기준으로 하여야 한다는 견해인 처분시설이 통설이다.

나. 판례

행정처분의 위법 여부는 행정처분이 있을 때의 법령과 사실상태를 기준으로 하여 판단하여야 하고, 처분 후 법령의 개폐나 사실상태의 변동에 의하여 영향을 받지 않는다고 한다.

다. 소결

행정처분은 그 근거 법령이 개정된 경우에도 처분 당시 시행되는 개정 법령에 의하는 것이 원칙이라는 점에서 처분시설이 타당하다. 따라서 광업등록사무소장이 개정 시행령을 근거로 A의 신청을 반려하는 이 사건 처분을 한 것은 적법하다.

3. 이 사건 처분이 소급적용금지의 원칙에 반하는지 여부

가. 의의 및 소급입법의 금지

새 법령이 그 공포시행 전에 종결된 사실에 대하여 적용되는 것을 소급(적용)이라 한다. 소급효를 인정하면 법률생활의 안정성을 해하고, 예측가능성을 빼앗게 되어 법치국가의 원리에 반하게 된다.

진정소급입법은 법치국가 원리에 의하여 허용되지 아니하는 것이 원칙인 데 반하여, 부진정 소급입법은 원칙적으로 허용되지만 공익과 사익간의 교량과정에서 그 범위에 제한이 가하여진다.

나. 사안의 경우

(1) A의 사업휴지인가의 존속기간의 만료는 개정 시행령 시행 이후인 1996. 4. 30.이다. 그리고 광업권존속기간의 연장신청 역시 그 시행 이후인 1996. 1. 30.자로 이루어졌다. 따라서 이 사건 광업권의 존속기간 연장에 대하여 개정 시행령 규정을 적용하는 것이 이미 완성되거나 종결된 사실 또는 법률관계에 대하여 개정 시행령을 소급 적용하는 것이라고 할 수 없다. 따라서 이는 부진정 소급입법에 해당하여 그 자체로 위법한 것은 아니다.

(2) 다음으로 부진정 소급입법이 허용되는 사항인지와 관련하여 살핀다. A는 개정 전 시행령 규정의 존속에 대하여 신뢰를 가졌을 수 있다. 그러나 그 같은 A의 신뢰는 국가에 의하여 유도된 것이라고 할 수 없으므로 원고의 신뢰가 개정 시행령 규정의 적용에 관한 공익상의 요구와 비교·형량하더라도 더 보호가치가 있는 것이라고 할 수 없다.

[12] 특허와 재량행위

A는 중국 국적의 조선족 동포로서 방문동거 체류자격으로 2003. 4. 28. 대한민국에 입국하여, 고속도로 휴게소에 취업하여 근무하다가 뇌출혈 등으로 쓰러졌고, 그로 인하여 산업재해로 인한 연금 수급권자가 되었으며, 2005. 2. 5.부터 소송수행, 질병 등의 사유가 있을 때 부여되는 체류자격으로 국내에 체류하고 있었다.

A는 2008. 10. 7. 법무부장관에게 그의 부모가 모두 대한민국의 국민이었고, 대한민국에 3년 이상 주소를 두고 있음을 이유로 국적법 제6조 제1항 제1호 소정의 간이귀화신청을 하였다. 그러나 법무부장관은 A가 간이귀화신청의 요건을 구비하였음에도 그 신청을 불허하는 처분을 하였다. 그리하여 A는 현재까지 국내에 체류하고 있으면서 위 처분에 대하여 불복하는 소송을 제기하였다. 법무부장관의 귀화신청거부처분이 적법한지 여부를 설명하시오. (50점)

참고법령

「국적법」

제4조(귀화에 의한 국적 취득)
① 대한민국 국적을 취득한 사실이 없는 외국인은 법무부장관의 귀화허가(歸化許可)를 받아 대한민국 국적을 취득할 수 있다.
② 법무부장관은 귀화허가 신청을 받으면 제5조부터 제7조까지의 귀화 요건을 갖추었는지를 심사한 후 그 요건을 갖춘 자에게만 귀화를 허가한다.

제6조(간이귀화 요건)
① 다음 각 호의 어느 하나에 해당하는 외국인으로서 대한민국에 3년 이상 계속하여 주소가 있는 자는 제5조제1호의 요건을 갖추지 아니하여도 귀화허가를 받을 수 있다.
1. 부 또는 모가 대한민국의 국민이었던 자

> **주요쟁점**
> - 사인의 공법행위로서의 신청
> - 신청권
> - 귀화허가의 법적 성질
> - 허가
> - 특허
> - 기속행위
> - 재량행위

Ⅰ. 쟁점정리

A는 법무부장관에게 국적법 제6조 제1항 제1호 소정의 간이귀화신청에 해당하는 국적신청을 하였다.

⑴ A가 국적취득을 목적으로 한 간이귀화신청이 국적법상 사인의 공법행위로서의 신청의 일반적 요건을 충족하고 있는지 여부가 문제된다.

⑵ 국적을 부여하는 귀화허가의 법적 성질이 상대적 금지의 해제인 허가에 해당하는지, 특정한 권리를 설정해 주는 특허에 해당하는지 여부를 검토할 필요가 있다.

⑶ 귀화허가는 법무부장관이 국적법이 정한 귀화요건을 갖춘 자에게 반드시 귀화허가를 하여야 할 의무가 있는 기속행위인지, 아니면 귀화를 허가할 것인지 여부에 관하여 재량권을 가지는 재량행위에 해당하는지 여부가 문제된다. 재량행위라면 귀화신청거부처분에 재량권의 일탈이나 남용은 없었는지를 살펴볼 필요가 있다.

Ⅱ. A의 귀화허가신청이 적법한 것인지 여부

1. 문제점

A는 중국 국적의 조선족 동포로서 2003. 4. 28. 대한민국에 입국하여 체류하면서 2008. 10. 7. 법무부장관에게 국적법 제6조 제1항 제1호 소정의 간이귀화신청을 하였다. A가 법무부장관에게 한 귀화신청은 사인의 공법행위로서의 신청에 해당된다. 그러므로 A의 귀화신청이 적법한 것이었는지는 신청의 일반적 요건과 국적법의 요건을 살펴볼 필요가 있다.

2. 사인의 공법행위로서의 신청

가. 신청의 개념

신청이란 행정청에 대하여 자기의 권리 또는 이익을 위하여 어떤 사항을 청구하는 의사표시이다. 신청은 자신에 대하여 직접 이익을 부여하는 처분을 요구하는 행정행위발급청구권 또는 제3자에 대하여 규제조치를 발동할 것을 요구하는 행정개입청구권으로 나타나는 경우가 있다.

나. 신청의 요건

(1) 신청권의 존재

신청인에게 자기의 권리 또는 이익을 위하여 청구하는 신청권이 있어야 한다. 신청권은 행정청의 응답을 구하는 권리이므로, 신청된 대로의 처분을 구하는 권리는 아니다. 신청권은 실체법상의 적극적 청구권과는 구별되는 절차적 권리이다.

거부처분 취소소송 등에서 신청권의 존재를 소송요건으로 보는 소송요건설과 본안의 문제로 보는 본안문제설이 있다. 판례는 신청권을 소송요건인 소송대상의 문제로 보아, 법규상·조리상 신청권이 없는 경우 거부행위의 처분성을 인정하지 않고 부작위도 인정하지 않는다.

행정청이 국민의 신청에 대하여 한 거부행위가 항고소송의 대상이 되는 행정처분으로 되려면, 행정청의 행위를 요구할 법규상 또는 조리 상의 신청권이 국민에게 있어야 하고, 이러한 신청권의 근거 없이 한 국민의 신청을 행정청이 받아들이지 아니한 경우에는 그 거부로 인하여 신청인의 권리나 법적 이익에 어떤 영향을 주는 것이 아니므로 이를 항고소송의 대상이 되는 행정처분이라 할 수 없다. 그리고 제소기간이 이미 도과하여 불가쟁력이 생긴 행정처분에 대하여는 개별 법규에서 그 변경을 요구할 신청권을 규정하고 있거나 관계 법령의 해석상 그러한 신청권이 인정될 수 있는 등 특별한 사정이 없는 한 국민에게 그 행정처분의 변경을 구할 신청권이 있다 할 수 없다(대법원 2007.4.26. 선고 2005두11104 판결).

(2) 신청요건에 적합한 신청의 존재

(가) 적법한 신청이 되기 위해서는 먼저 현실적인 신청이 있어야 한다. 판례 역시 국·공립대학 교원 임용권자가 재임용심사절차를 재개하지 아니함을 이유로 그에게 손해배상책임을 지우려면, 그 전제로 먼저 당해 교원의 재심사신청의사가

확인되어야 한다(대법원 2011.1.27. 선고 2009다30946 판결)고 판시한다.

㈏ 또한 신청을 할 경우에는 법령이 요구하는 형식과 절차 등의 요건을 구비하여야 한다. 신청은 원칙상 문서(전자문서 포함)로 하여야 한다(행정절차법 17조①②). 다만, 대통령령이 정하는 경우에는 구술 또는 전화·전신·모사전송 등 정보통신망(전자정부구현을 위한 행정업무 등의 전자화촉진에 관한 법률 제2조 제7호의 규정에 의한 정보통신망을 말한다.)으로 할 수 있다(민원사무처리에 관한 법률 8 단서).

다. 신청의 효과

(1) 접수의무

행정청은 신청에 대한 접수의무가 있다. 행정청은 신청이 있는 때에는 다른 법령 등에 특별한 규정이 있는 경우를 제외하고는 그 접수를 보류 또는 거부하거나 부당하게 되돌려 보내서는 아니 되며, 신청을 접수한 경우에는 신청인에게 접수증을 주어야 한다. 다만, 대통령령이 정하는 경우에는 접수증을 주지 아니할 수 있다(행정절차법 17④).

(2) 부적법한 신청의 효과 (보완조치의무)

㈎ 행정청은 신청에 서류 등이 미비된 경우에는 보완을 요구하여야 한다. 행정청은 적법요건을 모두 갖추지 아니한 신청에 대하여 그 요건의 보완을 요구할 수 있으며, 이에 불응할 경우 요건흠결을 이유로 그 신청을 반려할 수 있다(대법원 2002.10.11. 선고 2000두987 판결).

㈏ 행정청은 보완에 필요한 상당한 기간을 정하여 지체 없이 신청인에게 보완을 요구하여야 한다(행정절차법 17⑤). 판례는 보완의 대상이 되는 흠은 보완이 가능한 경우이어야 하고, 그 내용 또한 형식적·절차적인 요건에 한하고 실질적인 요건에 대하여서까지 보완 또는 보정요구를 하여야 한다고 볼 수 없다(대법원 1996.10.25. 선고 95누14244 판결)고 판시한다. 다만 실질적 요건의 흠이라도 민원인의 단순한 착오 등에 의한 경우에는 보완의 대상으로 본다(대법원 2004.10.15. 선고 2003두6573 판결).

(3) 처리의무 (응답의무)

행정청은 적법한 신청이 있는 경우에 상당한 기간 내에 응답을 하여야 한다. 그러므로 행정기관은 신청에 따른 행정행위를 하거나 거부처분을 하여야 한다. 신청에 따른 행정청의 처분이 기속행위일 뿐만 아니라 재량행위인 경우에도 행정청은 신청에 대한 응답의무를 진다.

3. 사안의 해결

가. 귀화허가 신청권의 존재

대한민국 국적을 취득한 사실이 없는 외국인은 법무부장관의 귀화허가를 받아 대한민국 국적을 취득할 수 있다(국적법 4①). 부 또는 모가 대한민국의 국민이었던 자는 외국인으로서 대한민국에 3년 이상 계속하여 주소가 있는 자는 제5조 제1호의 요건을 갖추지 아니하여도 귀화허가를 받을 수 있다(국적법 6①(1)).

A는 중국 국적의 조선족 동포로서 그의 부모 중 일방은 대한민국 국민이고, 2003. 4. 28. 대한민국에 입국하여 법무부장관에게 2008. 10. 7. 간이귀화신청을 할 때까지 대한민국에 3년 이상 계속하여 체류하여 왔기 때문에 국적법 제6조 제1항 제1호 소정의 간이귀화신청권이 있다.

나. 귀화허가신청행위의 존재

A는 2008. 10. 7. 국적법과 그 시행규칙 등의 법령이 정하는 바에 따른 절차와 형식에 따라 서면으로 적법한 귀화허가신청을 하였다.

다. 귀화허가신청의 효과

법무부장관은 A의 귀화허가신청을 접수할 의무가 있다. 그리고 적법한 신청권자의 귀화허가신청에 대하여 상당한 기간 내에 응답을 할 의무가 있다. 그러므로 법무부장관은 A의 신청에 따른 귀화허가를 하거나 이를 거부하는 처분을 하여야 한다. 신청에 따른 응답하는 처분이 기속행위일 뿐만 아니라 재량행위인 경우에도 응답의무를 진다. 사안에서 법무부장관은 A의 귀화허가신청에 대하여 거부하는 처분을 하여 응답의무를 이행하였다.

Ⅲ. 국적을 부여하는 귀화허가의 법적 성질

1. 문제점

국민은 대한민국 헌법의 국적법정주의에 따라 제정된 국적법에 의하여 부여되는 국적을 가지고 있는 자연인을 말한다. 사안에서 A가 국적을 취득하기 위하여 한 귀화허가신청에 대하여 행하게 되는 법무부장관의 귀화허가는 강학상 명령적 행위의 일종인 허가에 해당하는지, 아니면 형성적 행위인 특허에 해당하는지 문제 된다. 그리고 귀화허가는 귀화신청인이 법률이 정하는 귀화요건을 갖추었으면 처분을 하여야 하는 기속행위인지, 귀화를 허가할 것인지 여부에 관하여 재량권을 갖는 재량행위에 해당하는지를 검토하는 것도 중요하다.

2. 허가와 특허의 구별

가. 개 념

일반적으로 금지된 것을 특정한 경우에 특정의 상대방에게 해제하여 적법하게 일정한 행위를 행할 수 있게 하여 주는 행위를 허가라고 하며, 특정의 상대방을 위하여 새로이 권리를 설정하는 행위, 능력을 설정하는 행위, 포괄적 법률관계를 설정하는 행위를 특허라고 한다.

허가는 소극적인 사회질서유지를 위하여 국가의 관여를 요하는 음식점·숙박업영업 등 개인적·영리적 사업에 대하여 행하여지고, 특허는 적극적인 공익증진을 위하여 국가의 관여를 요하는 국민생활 필수재화의 공급인 교통기관의 운영·전기·가스사업 등 공익사업에 대하여 행하여진다.

나. 법적 성질

허가는 자연적 자유를 회복시키는 금지해제행위로 명령적 행위인데, 특허는 설권행위로 형성적 행위이다. 허가는 단순한 허용을 의미하는데, 특허는 적극적으로 제3자에 대항하여 이익을 주장할 수 있는 가능을 의미 한다.

허가로 얻은 이익은 반사적 이익으로서 제3자에게 신규허가를 하여 그 이익이 사실상 침해되어도 사법적 구제를 받을 수 없는 데 대하여, 특허로 얻은 이익은 권리로서 제3자에 대하여 신규특허를 하여 그 권리가 침해된 경우에는 사법적 구제를 받을 수 있다.

다. 기속행위인지, 재량행위인지 여부

허가여부는 원칙적으로 기속행위인데, 특허여부는 국민에게 권리 등을 부여하는 행위이므로 원칙적으로 재량행위라고 보는 것이 통설이었다. 그러나 오늘날은 당해 행위가 수익적인 것인지 또는 부담적인 것인지 하는 것만으로 재량행위와 기속행위로 구별할 수 없다고 하는 것이 일반적 견해이다.

라. 효과

허가의 효과는 공법상의무의 해제로 공법적인데 비하여, 특허의 효과는 보통은 공법적이지만, 광업허가와 같이 사권을 설정하여 주는 사법적일 때도 있다.

3. 사안의 해결

가. 국적에 관한 법령

대한민국의 국민이 되는 요건은 법률로 정한다(헌법 2①). 이 같은 국적법정주의에 따라 국적의 취득과 상실에 관한 사항을 정하고 있는 것이 국적법이다. 대한민국은 우리나라의 국적을 가진 국민을 그 인적인 존립기반으로 하고 있다. 국적은 헌법을 비롯한 국내법의 인적 적용범위를 확정하고, 국제법적으로는 대외적으로 자기 국민에 대한 보호를 제공하는 근거와 재외국민에 관한 법적 관할권을 설정하는 의미를 갖는다.

나. 특허로서의 성질을 갖는 귀화허가

우리나라의 국적을 취득하는 방법으로는 선천적 취득과 후천적 취득이 있다. 국적의 선천적 취득은 출생에 의하여 자동적으로 국민이 되는 것을 말한다. 반면 후천적 취득은 인지·귀화·국적회복 등 출생 이외의 사실에 의해서 국민이 되는 것이다.

사안에서 귀화허가 신청은 후천적인 국적취득을 위한 방법이다. A가 귀화허가를 통하여 얻고자 하는 국적은 국민의 자격을 결정짓게 되는데, 국적을 취득한 사람은 국가의 주권자로서의 지위를 갖게 됨과 동시에 국가의 속인적 통치권의 대상이 된다. 그러므로 귀화허가는 외국인에게 대한민국 국적을 부여함으로써 국민으로서의 법적 지위를 포괄적으로 설정하는 행위로서 특허에 해당한다.

다. 귀화허가의 법규에의 기속성의 여부

귀화허가는 귀화신청인이 법률이 정하는 귀화요건을 갖추었으면 처분을 하여야 하는 기속행위인지, 귀화를 허가할 것인지 여부에 관하여 재량권을 갖는 재량행위에 해당하는지 문제된다.

(1) 하급심 판결 (기속행위라는 입장)

국적법 제4조는 대한민국의 국적을 취득한 사실이 없는 외국인은 법무부장관의 귀화허가를 받아 대한민국 국적을 취득할 수 있고, 법무부장관은 귀화허가를 신청한 자에 대하여 동법 제5조 내지 제7조의 규정에 의한 귀화요건을 갖추었는지 여부를 심사한 후 그 요건을 갖춘 자라고 인정되면 귀화를 허가하도록 규정하고 있는바, 귀화제도는 선천적 국적취득과 관계없이 국내법에서 정한 요건을 충족하는 외국인에 대하여 대한민국 국민으로서의 자격을 부여하는 제도로서, 귀화의 요건을 정하는 것은 국가의 배타적인 관할권에 속하는 영역으로 국가 정책을 충분히 반영할 수 있도록 입법자의 재량에 맡겨져 있다고 할 수 있으나, 일단 그 요건이 법으로 규정된 이상 대한민국 국민으로서의 자격이 부여되는지 여부에 따라 그 사람의 권리·의무에 미치는 영향이 매우 크기 때문에 법이 정한 귀화의 요건은 반드시 명확하고 엄격하게 해석·적용되어야 할 것이고, 만약 법이 정한 요건을 모두 충족하는 외국인에 대하여는 국적법 제4조의 규정 취지상 법무부장관은 귀화를 허가하여야 하고, 달리 불허가할 수 있는 재량의 여지가 없다고 보인다(서울고법 2009.10.6. 선고 2009누11135 판결).

(2) 대법원 판결 (재량행위라는 입장)

국적법 등 관계 법령 어디에도 외국인에게 대한민국의 국적을 취득할 권리를 부여하였다고 볼 만한 규정이 없다. 이와 같은 귀화허가의 근거 규정의 형식과 문언, 귀화허가의 내용과 특성 등을 고려하여 보면, 법무부장관은 귀화신청인이 법률이 정하는 귀화요건을 갖추었다고 하더라도 귀화를 허가할 것인지 여부에 관하여 재량권을 가진다고 봄이 상당하다.

원심은 이와 다른 전제에서 피고가 귀화허가 여부에 관한 재량권 행사로써 원고의 체류자격의 내용, 체류자격의 부여 경위 등을 참작하여 이 사건 귀화불허가처분에 이른 것 자체로 그 처분이 위법하다고 판단하였다. 이러한 원심 판단에는 귀화허가의 법적 성질에 관한 법리를 오해하여 판결 결과에 영향을 미친 위법이 있다(대법원 2010.7.15. 선고 2009두19069 판결).

(3) 소 결

법무부장관은 귀화허가 신청을 받으면 제5조부터 제7조까지의 귀화 요건을 갖추었는지를 심사한 후 그 요건을 갖춘 자에게만 귀화를 허가한다(국적법 4②). 여기에서 '요건을 갖춘 자에게만 귀화를 허가'한다는 규정과 관련하여 기속행위로 이해하면 국적취득의 예측가능성과 외국인이 국민으로 편입되는 개방성을 유지할 수 있는 장점도 있다. 반면, 장차 대한민국을 구성하는 인적기반으로서의 정체성 유지와 국제적인 정치환경 변화에 따른 탄력적인 결정을 내릴 수 없는 문제도 제기된다. 그러므로 법무부장관은 국적법이 정하는 요건을 갖추었다고 할지라도 그 신청을 거부할 수 있는 재량을 갖는다고 할 것이고, 사안에서 A에 대한 간이귀화신청의 거부처분이 특별히 재량의 하자에 해당되는 재량권의 일탈 또는 남용에 해당되는 사정이 없는 한 적법하다고 할 것이다.

Ⅳ. 결 론

(1) 국적법에는 국적취득을 위한 간이귀화신청권이 보장되어 있고, 실제로 A는 법무부장관에게 그 신청권을 행사하였다. 법무부장관은 그 신청에 대하여 응답할 의무가 있는데, 귀화허가거부처분으로 응답의무를 이행하였다.

(2) A는 국적취득의 방법 중 후천적인 국적취득의 일종인 간이귀화신청을 하였다. 국적은 국가의 주권자의 지위와 국가의 통치권의 대상으로서의 양면성을 갖게 한다. 그러므로 귀화허가는 국적을 부여하여 국민으로서의 법적 지위를 포괄적으로 설정하는 것이므로 형성적 행위인 특허에 해당한다.

(3) 그리고 국적법에는 외국인이 국적취득의 요건을 충족하였다고 하여 국적을 취득할 권리가 있다고 하지는 않고 있다. 따라서 법무부장관은 귀화신청에 대하여 귀화를 허가할 것인지 여부에 관한 재량권을 갖는다고 할 것이다. 그리고 법무부장관의 귀화신청거부처분은 재량권의 일탈 또는 남용이라고 볼 만한 사정도 보이지 아니하므로 적법하다고 할 것이다. 따라서 A의 법무부장관의 간이귀화허가신청거부처분의 취소를 구하는 행정심판이나 행정소송은 기각될 것이다.

기본구조

I. 쟁점정리

II. A의 귀화허가신청이 적법한 것인지 여부

1. 문제점
2. 사인의 공법행위로서의 신청
   가. 신청의 개념
   나. 신청의 요건
      (1) 신청권의 존재
      (2) 신청요건에 적합한 신청의 존재
   다. 신청의 효과
      (1) 접수의무
      (2) 부적법한 신청의 효과(보완조치 의무)
      (3) 처리의무(응답의무)
3. 사안의 해결
   가. 귀화허가 신청권의 존재
   나. 귀화허가신청행위의 존재
   다. 귀화허가신청의 효과

III. 국적을 부여하는 귀화허가의 법적 성질

1. 문제점
2. 허가와 특허의 구별
   가. 개념
   나. 법적성질
   다. 기속행위인지, 재량행위인지 여부
   라. 효과
3. 사안의 해결
   가. 국적에 관한 법령
   나. 특허로서의 성질을 갖는 귀화허가
   다. 귀화허가의 법규에의 기속성의 여부
      (1) 하급심 판결(기속행위라는 입장)
      (2) 대법원 판결(재량행위라는 입장)
      (3) 소 결

IV. 결 론

제1문

I. 쟁점의 정리

(1) A가 국적취득을 목적으로 한 간이귀화신청이 사인의 공법행위로서의 신청의 일반적 요건을 충족하고 있는지 여부가 문제된다.

(2) 국적을 부여하는 귀화허가의 법적 성질이 상대적 금지의 해제인 허가에 해당하는지, 특정한 권리를 설정해 주는 특허에 해당하는지 여부를 검토할 필요가 있다.

(3) 또한 귀화허가의 법적 성질이 기속행위인지 재량행위인지를 검토하고 그에 따른 거부처분의 위법성여부를 검토한다.

II. A의 귀화허가신청이 적법한 것인지 여부

1. 문제점

A는 중국 국적의 조선족 동포로서 대한민국에 입국하여 체류하면서 2008. 10. 7. 법무부장관에게 국적법 제6조 제1항 제1호 소정의 간이귀화신청을 하였다. A가 법무부장관에게 한 귀화신청은 사인의 공법행위로서의 신청에 해당된다. 그러므로 A의 귀화신청이 적법한 것이었는지는 신청의 일반적 요건과 국적법의 요건을 살펴볼 필요가 있다.

2. 사인의 공법행위로서의 신청

가. 신청의 개념

신청이란 행정청에 대하여 자기의 권리 또는 이익을 위하여 어떤 사항을 청구하는 의사표시이다. 신청은 자신에 대하여 직접 이익을 부여하는 처분을 요구하는 행정행위발급청구권 또는 제3자에 대하여 규제조치를 발동할 것을 요구하는 행정개입청구권으로 나타나는 경우가 있다.

나. 신청의 요건

① 우선 신청인에게 자신의 권리 또는 이익을 위하여 청구하는 신청권이 있어야 하며, ② 형식적으로는 신청요건에 적합한 신청이 있어야 한다.

특히 '신청권'의 존재가 취소소송의 소송요건인지에 대한 논의가 있다. 학설은 거부처분 취소소송 등에서 신청권의 존재를 소송요건으로 보는 소송요건설과 본안의 문제로 보는 본안문제설이 있다. 판례는 신청권을 소송요건인 소송대상의 문제로 보아, 법규상・조리상 신청권이 없는 경우 거부행위의 처분성을 인정하지 않고 부작위도 인정하지 않는다.

다. 신청의 효과

(1) 접수의무

행정청은 신청에 대한 접수의무가 있다. 행정청은 신청이 있는 때에는 다른 법령 등에 특별한 규정이 있는 경우를 제외하고는 그 접수를 보류 또는 거부하거나 부당하게 되돌려 보내서는 아니 되며, 신청을 접수한 경우에는 신청인에게 접수증을 주어야 한다(행정절차법 17④).

(2) 보완조치의무

행정청은 신청에 서류 등이 미비된 경우에는 보완을 요구하여야 한다(행정절차법 17⑤). 판례는 보완의 대상이 되는 흠은 보완이 가능한 경우이어야 하고, 그 내용 또한 형식적·절차적인 요건에 한하고 실질적인 요건에 대하여서까지 보완 또는 보정요구를 하여야 한다고 볼 수 없다고 판시한다.

(3) 처리의무(응답의무)

행정청은 적법한 신청이 있는 경우에 상당한 기간 내에 응답을 하여야 한다. 그러므로 행정기관은 신청에 따른 행정행위를 하거나 거부처분을 하여야 한다. 신청에 따른 행정청의 처분이 기속행위일 뿐만 아니라 재량행위인 경우에도 행정청은 신청에 대한 응답의무를 진다.

3. 사안의 경우

부모가 대한민국의 국민이었던 자는 외국인으로서 대한민국에 3년 이상 계속하여 주소가 있는 자는 제5조제1호의 요건을 갖추지 아니하여도 귀화허가를 받을 수 있다(국적법 6①(1)).

A는 중국 국적의 조선족 동포로서 그의 부모 중 일방은 대한민국 국민이고, 2003. 4. 28. 대한민국에 입국하여 대한민국에 3년 이상 계속하여 체류하여 왔기 때문에 국적법 제6조 제1항 제1호 소정의 간이귀화신청권이 있다. A는 2008. 10. 7. 국적법과 그 시행규칙 등의 법령이 정하는 바에 따른 절차와 형식에 따라 서면으로 적법한 귀화허가신청을 하였다.

III. 국적을 부여하는 귀화허가의 법적 성질

1. 문제점

사안에서 A가 국적을 취득하기 위하여 한 귀화허가신청에 대하여 행하게 되는 법무부장관의 귀화허가는 명령적 행위의 일종인 허가에 해당하는지, 아니면 형성적 행위인 특허에 해당하는지 문제된다. 그리고 귀화허가는 귀화신청인이 법률이 정하는 귀화요건을 갖추었으면 처분을 하여야 하는 기속행위인지, 귀화를 허가할 것인지 여부에 관하여 재량권을 갖는 재량행위에 해당하는지를 검토하는 것도 중요하다.

2. 허가와 특허의 구별

가. 개념

일반적으로 금지된 것을 특정한 경우에 특정의 상대방에게 해제하여 적법하게 일정한 행위를 행할 수 있게 하여 주는 행위를 허가라고 하며, 특정의 상대방을 위하여 새로이 권리를 설정하는 행위, 능력을 설정하는 행위, 포괄적 법률관계를 설정하는 행위를 특허라고 한다.

나. 법적 성질

허가는 자연적 자유를 회복시키는 금지해제행위로 명령적 행위인데, 특허는 설권행위로 형성적 행위이다. 허가는 단순한 허용을 의미하는데, 특허는 적극적으로 제3자에 대항하여 이익을 주장할 수 있는 가능을 의미 한다.

다. 기속행위인지 재량행위인지 여부

허가여부는 자유의 회복이라는 견지에서 원칙적으로 기속행위인데, 특허여부는 국민에게 권리 등을 부여하는 행위이므로 원칙적으로 재량행위라고 보는 것이 통설이었다. 그러나 오늘날은 당해 행위가 수익적인 것인지 또는 부담적인 것인지 하는 것만으로 재량행위와 기속행위로 구별할 수 없다고 하는 것이 일반적 견해이다.

3. 사안의 검토

가. 국적에 관한 관련법령

대한민국의 국민이 되는 요건은 법률로 정한다(헌법 2①). 이 같은 국적법정주의에 따라 국적의 취득과 상실에 관한 사항을 정하고 있는 것이 국적법이다. 대한민국은 우리나라의 국적을 가진 국민을 그 인적인 존립기반으로 하고 있다. 국적은 헌법을 비롯한 국내법의 인적 적용범위를 확정하고, 국제법적으로는 대외적으로 자기 국민에 대한 보호를 제공하는 근거와 재외국민에 관한 법적 관할권을 설정하는 의미를 갖는다.

나. 특허로서의 성질을 갖는 귀화허가

사안에서 귀화허가 신청은 후천적인 국적취득을 위한 방법이다. A가 귀화허가를 통하여 얻고자 하는 국적은 국민의 자격을 결정짓게 되는데, 국적을 취득한 사람은 국가의 주권자로서의 지위를 갖게 됨과 동시에 국가의 속인적 통치권의 대상이 된다. 그러므로 귀화허가는 외국인에게 대한민국 국적을 부여함으로써 국민으로서의 법적 지위를 포괄적으로 설정하는 행위로서 특허에 해당한다.

다. 귀화허가가 기속행위인지 재량행위인지 여부
(1) 법무부장관의 귀화허가가 기속행위에 해당하는지 재량행위에 해당하는지 문제된다. 기속행위에 해당한다면 법무부장관의 거부처분의 위법성은 당해 처분이 법령에 위반하는 것인지만 검토하면 되는 것이나, 재량행위에 해당한다면 그 처분이 재량권의 일탈·남용에 해당하는지 판단하여야 하기 때문이다.
(2) 대법원은 이에 대하여, 국적법 등 관계 법령 어디에도 외국인에게 대한민국의 국적을 취득할 권리를 부여하였다고 볼 만한 규정이 없고, 이와 같은 귀화허가의 근거 규정의 형식과 문언, 귀화허가의 내용과 특성 등을 고려하여 보면, 법무부장관은 귀화신청인이 법률이 정하는 귀화요건을 갖추었다고 하더라도 귀화를 허가할 것인지 여부에 관하여 재량권을 가진다고 봄이 상당하다고 판시하였다..

4. 소결
(1) 귀화허가는 대한민국 국적을 부여함으로써 국민으로서의 법적 지위를 창설하여 주는 특허의 법적 성질을 지닌다.
(2) 귀화허가를 기속행위로 이해하면 국적취득의 예측가능성과 외국인이 국민으로 편입되는 개방성을 유지할 수 있는 장점도 있다. 반면, 장차 대한민국을 구성하는 인적기반으로서의 정체성 유지와 국제적인 정치환경 변화에 따른 탄력적인 결정을 내릴 수 없는 문제도 제기된다.
(3) 그러므로 법무부장관은 국적법이 정하는 요건을 갖추었다고 할지라도 그 신청을 거부할 수 있는 재량을 갖는다고 할 것이고, 사안에서 A에 대한 간이귀화신청의 거부처분이 특별히 재량의 하자에 해당되는 재량권의 일탈 또는 남용에 해당되는 사정이 없는 한 적법하다고 할 것이다.

IV. 사안의 해결
(1) A는 귀화요건을 충족한 자로서, 법무부장관에게 그 신청권을 행사하였다. 법무부장관은 그 신청에 대하여 응답할 의무가 있는데, 귀화허가거부처분으로 응답의무를 이행하였다.
(2) 귀화허가는 국적을 부여하여 국민으로서의 법적 지위를 포괄적으로 설정하는 것이므로 형성적 행위인 특허에 해당한다.
(3) 국적법에는 외국인이 국적취득의 요건을 충족하였다고 하여 국적을 취득할 권리가 있다고 하지는 않고 있다. 따라서 법무부장관은 귀화신청에 대하여 이를 허가할 것인지 여부에 관한 재량권을 갖는다고 할 것이다. 그리고 법무부장관의 귀화신청거부처분은 재량권의 일탈 또는 남용이라고 볼 만한 사정도 보이지 아니하므로 적법하다고 할 것이다. 따라서 A의 법무부장관의 간이귀화허가신청 거부처분의 취소를 구하는 행정심판이나 행정소송은 기각될 것이다.

[13] 행정행위의 부관

A는 골프장 운영을 목적으로 설립된 회사인데, 천안시에 골프장 건설을 추진함에 있어 충청남도로부터 골프장을 건설하는 내용의 등록체육시설업(골프장업)사업계획에 대한 승인을 받았다. 충청남도는 지역내의 골프장 신설과 관련하여 사업주체가 자발적으로 기부한 지역발전협력기금과 개발이익환수금을 효율적으로 관리, 사용하기 위하여 '지역발전협력기금 관리지침'을 마련하여 적용하여 왔다. 충청남도는 위 지침에 의하여 A에게 위 사업계획승인하면서 A가 충청남도에게 지역발전협력기금 명목의 25억 원을 기부하기로 하는 내용의 증여계약을 체결하였다.

그 무렵 충청남도는 사업계획승인을 받은 관내 다른 골프장사업자들과도 20억 내지 30억 원의 범위 내에서 증여계약을 체결하였다. 충청남도는 위 지침에서 정한 용도에 맞게 A의 기부금을 문예단체육성기금으로 사용토록 배정하였다. 반면 내무부장관은 1994. 2. 21. 인·허가를 조건으로 한 기부금은 기부자의 자발적인 의사가 아니므로, 체육시설업 인·허가시 기부금 모집을 금지할 것을 지방자치단체에 시달한 바 있다.

그런데 A가 위 사업을 위한 개별 인·허가가 지연되어 공사착수가 늦어지자, 충청남도는 착공지연을 이유로 1996. 10. 16. 위 사업계획승인을 취소하였다. 그러자 A는 사업계획승인처분의 취소를 구하는 행정심판을 청구한 결과, 위 취소처분은 재량권의 한계를 일탈하여 위법하다는 이유로 1997. 7. 3. 취소되었다. 그 후 A는 환경영향평가 등 나머지 인·허가 절차를 마친 후 2004. 1. 2. 관할 천안시장에게 착공계획서를 제출하고 골프장 공사에 착수하였고, 2005. 1. 20.부터는 골프장회원 모집을 시작하였다. 그러자 충청남도는 A를 상대로 위 증여계약에 따른 25억 원 및 그 지연손해금의 지급을 청구하는 약정금소송을 제기하였다.

(1) A는 아래와 같이 항변하고 있는데, 충청남도는 약정금청구소송에서 승소할 수 있겠는가. (25점)

지방자치단체인 충청남도가 사업승인과 관련하여 법률상 근거 없이 대가를 받는 부관을 붙이는 것은 법치주의와 사유재산 존중, 조세법률주의 등 헌법의 기본원리에 비추어 비례의 원칙이나 부당결부의 원칙에 어긋나는 등 그 자체로 무효이거나 반사회질서의 법률행위에 해당하여 무효이다.

⑵ 충청남도가 약정금 청구소송을 제기하지 않았다고 가정할 때, A가 증여계약에 의한 기부금 지급의무를 소멸시킬 수 있는 행정상 쟁송수단은 무엇인가. (25점)

참고법령

『체육시설의설치·이용에관한법률 [법률 제4106호 1989.03.31. 제정]』

제7조(사업계획의 승인 등)
① 제4조 제1항 제1호의 체육시설업을 등록하고자 하는 자는 대통령령이 정하는 바에 의하여 당해 등록을 하기 전에 미리 당해 사업에 대한 사업계획서를 작성하여 시·도지사의 승인을 얻어야 한다. 사업계획을 변경하고자 할 때에도 또한 같다.
② 시·도지사는 제1항의 규정에 의하여 사업계획의 승인을 얻은 자가 다음 각호의 1에 해당한 때에는 그 승인을 취소할 수 있다.
1. 사업계획의 승인을 얻은 날부터 6월이내에 정당한 사유없이 그 사업시설의 설치등에 착수하지 아니한 때
2. 사업계획서에 의하여 승인된 개업예정일로부터 1년이내에 정당한 사유없이 그 사업을 개업하지 아니한 때
③ 시·도지사는 제1항의 규정에 의한 사업계획의 승인을 하지 아니하고자 하거나 제2항의 규정에 의한 승인취소를 하고자 할 때에는 체육부장관에게 이를 보고하여야 한다.

『기부금품모집규제법 [법률 제5126호 1995.12.30. 전문개정]』

제4조(기부금품의 모집허가)
① 기부금품의 모집을 하고자 하는 자는 대통령령이 정하는 바에 의하여 내무부장관 또는 특별시장·광역시장·도지사(이하 "허가권자"라 한다)의 허가를 받아야 한다. 허가받은 사항중 대통령령이 정하는 중요사항을 변경하는 경우에도 또한 같다.
② 제1항의 규정에 의한 기부금품의 모집허가는 다음 각호의 1에 해당하는 사업에 한한다.
1. 국제적으로 행하여지는 구제사업
2. 천재·지변 기타 이에 준하는 재난의 구휼사업
3. 불우이웃돕기등 자선사업
4. 공익을 목적으로 국민의 적극적인 참여가 필요한 경우로서 대통령령이 정하는 바에 의하여 기부금품의 모집의 필요성이 인정된 사업
③ 허가권자는 제1항의 규정에 의한 허가를 함에 있어서는 미리 기부심사위원회의 심

의를 거쳐야 한다.
④ 제3항의 규정에 의한 기부심사위원회의 구성·운영등에 관하여 필요한 사항은 대통령령으로 정한다.

제5조(국가등 기부금품 모집 · 접수제한)
① 국가 또는 지방자치단체 및 그 소속기관과 공무원은 기부금품의 모집을 할 수 없다.
② 국가 또는 지방자치단체 및 그 소속기관과 공무원은 자발적으로 기탁하는 금품이라도 법령에 다른 규정이 있는 경우를 제외하고는 이를 접수할 수 없다. 다만, 대통령령이 정하는 바에 의하여 사용용도와 목적을 지정하여 자발적으로 기탁하는 경우로서 기부심사위원회의 심의를 거친 경우 또는 모집자의 의뢰에 의하여 단순히 기부금품을 접수하여 모집자에게 전달하는 경우에는 그러하지 아니하다.

주요쟁점

✦ 수익적 행정행위
✦ 부관의 가능성
✦ 부담인 증여계약
✦ 부관의 한계
✦ 부당결부금지의 원칙
✦ 비례의 원칙
✦ 행정행위의 흠(하자)
✦ 무효와 취소의 구별기준
✦ 중대명백설

I. 충청남도의 약정금청구소송의 승소가능성 여부 [설문 (1)의 해결]

1. 문제점

충청남도와 A간의 지역발전협력기금 증여계약(이하 '이 사건 증여계약'이라 한다)은 형식적으로는 당사자간의 민사계약의 성질을 가진 것이지만, 그 실질은 우월적 지위에 있는 행정청이 등록체육시설업(골프장업)사업계획승인(이하 '이 사건 사업승인'이라 한다)처분을 하면서 주된 행정행위에 부수하여 그 행위의 상대방인 A에게 기부금이라는 명목의 돈을 지급하도록 하는 의무를 부과하는 부담에 해당하다. 따라서 그 부관이 적법하여 충청남도의 약정금청구가 인용되기 위해서는 ① 이 사건 사업승인행위에 부관을 붙일 수 있는지 여부, ② 이 사건 증여계약의 근거와 법률상 유효한지 여부, ③ 이 사건 증여계약이 부관이라면 어떤 부관에 해당하는지, ④ 충청남도가 A로 하여금 기부금을 지급할 의무를 부과한 것이 부관의 한계를 위반한 것은 아닌지 여부, ⑤ 이 사건 증여계약이 위법하다면 무효에 해당하는지, 취소할 수 있는지 여부 등을 구체적으로 살펴볼 필요가 있다.

2. 이 사건 사업승인행위에 부관을 붙일 수 있는지 여부

가. 부관의 개념 및 종류

(1) 개 념

행정행위의 부관이라 함은 행정청에 의해 주된 행정행위에 부가된 종된 규율이라고 하는 것이 종래의 일반적 입장이었다. 오늘날에는 이러한 부관의 개념을 확장하여 행정행위의 효과를 제한하거나 보충하기 위하여 주된 행정행위에 부가된 종된 규율로 파악하고 있다.

(2) 부관의 종류

(a) 조건

조건이라 함은 행정행위의 효력의 발생 또는 소멸을 장래의 불확실한 사실에 의존시키는 부관을 말한다. 조건의 유형에는 ① 조건이 성취되어야 행정행위가 효력을 발생하게 되는 정지조건과, ② 행정행위는 일단 효력을 발생하나 조건이 성취되면 행정행위가 효력을 상실하게 되는 해제조건이 있다.

(b) 기한

행정행위의 효력을 장래 도달할 것이 확실한 사실(예: 일자, 어떤 사람이 죽을 때)에 매이게 하는 부관을 말한다. 기한에는 ① 기한이 도래함으로써 행정행위의 효력이 발생하는 시기와, ② 기한이 도래함으로써 행정행위가 효력을 상실하는 종기가 있다.

(c) 부담

부담이란 주된 행정행위에 부수하여 행정행위의 상대방에게 작위 · 부작위 · 급부 또는 수인의무를 부과하는 부관이다. 부담은 다른 부관과는 달리 주된 행정행위의 일부로서가 아니라 그 자체로서 독립된 행정행위로서의 성질을 갖는다.

(d) 철회권(취소권)의 유보

주된 행정행위에 부가하여 특정의 경우에 행정행위를 철회할 수 있는 권한을 유보하는 부관이다. 철회권의 유보는 장래의 상황변화에 대비하여 철회의 가능성을 유보하여 두는 기능을 하는 것이나, 상대방은 법적 불안감을 갖게 되는 특성이 있다.

   (e) **법률효과의 일부배제(제외)**

   주된 행정행위에 부가하여 법령이 일반적으로 그 행위에 부여한 효과의 일부의 발생을 배제하는 의사표시이다(예: 택시영업허가를 하면서 격일제운행을 명하는 것 등).

   (f) **부담의 추가·변경 또는 보충권의 유보**

   행정행위의 부담의 사후적 추가·변경·보충의 권한을 미리 유보하는 부관을 말한다.

나. 부관의 가능성

   (1) **원 칙**

   개별법규에서 부관에 관한 규정을 두는 경우에는 그 법규에서 정하는 바에 따라 부관을 붙일 수 있다.[12] 그렇지만 그런 명문의 규정이 없더라도 일정한 경우에는 부관을 붙일 수 있다.

   판례는 수익적 행정처분에 있어서는 법령에 특별한 근거규정이 없다고 하더라도 그 부관으로서 부담을 붙일 수 있고, 그와 같은 부담은 행정청이 행정처분을 하면서 일방적으로 부가할 수도 있지만 부담을 부가하기 이전에 상대방과 협의하여 부담의 내용을 협약의 형식으로 미리 정한 다음 행정처분을 하면서 이를 부가할 수도 있다고 한다(대법원 2009.2.12. 선고 2008다56262 판결).

   (2) **법률행위적 행정행위와 준법률행위적 행정행위**

   (1) 통설은 부관을 주된 의사표시에 붙여진 종된 의사표시라 하여 부관은 법률행위적 행정행위(명령적 행위·형성적 행위)에 대하여만 붙일 수 있으며, 준법률행위적 행정행위(확인·공증·통지·수리)에는 그것이 의사표시를 구성요소로 하지 아니하고, 효과도 법률에 의하여 부여되므로 성질상 붙일 수 없다고 본다.

   (2) 그러나 새로운 견해는 부관의 허용성은 행정행위의 성질에 의하여 결정된

---

12) 광업법 25(광업권설정의 조건부허가), 식품위생법 37②(영업허가시에 필요한 조건부가)·38 ①(영업시간 및 영업행위에 관한 필요한 제한) 등의 규정이 그 예이다. 법률의 규정에 의하여 직접 부가된 부관을 법정부관이라고 하는데, 행정청의 의사결정에 의하여 비로소 붙여지는 행정행위의 부관과 차이가 있다. 그런데 행정의 실제에서는 법정부관의 내용을 다시 행정행위의 부관으로 표시하는 경우가 있다.

다고 본다. 그리하여 통설이 준법률행위적 행정행위라 하여 부관을 붙일 수 없다고 하는 확인·공증에도 기한 등의 부관을 붙일 수 있다고 하고, 통설이 법률행위적 행정행위로 보아 부관을 붙일 수 있다고 하는 귀화허가에는 부관을 붙일 수 없다고 한다.

(3) 기속행위와 재량행위

(1) 통설은 법률행위적 행정행위에 대하여도 법령상 명문규정이 있으면 몰라도 명문규정이 없는 경우에는 기속행위에 대하여는 붙일 수 없고, 재량행위에만 부관을 붙일 수 있다고 한다. 왜냐하면 재량행위는 행정청에게 행위를 거부할 수 있는 자유가 인정되어 있다고 볼 것이므로, 부관에 의하여 그 효과를 제한하는 것도 허용된다고 볼 수 있기 때문이다.

(2) 이에 반하여 기속행위는 행정청은 법령이 정한 바에 따라서 그 행위를 행하여야 할 구속을 받으므로, 자기의 의사에 의하여 그 효과를 제한하는 부관을 붙일 여지가 없다.

다. 이 사건 사업승인행위의 법적 성질과 부관의 가능성

체육시설의 설치·이용에 관한 법률 제7조 제1항은 이 사건 사업과 같은 체육시설업을 등록하고자 하는 자는 대통령령이 정하는 바에 의하여 당해 등록을 하기 전에 미리 당해 사업에 대한 사업계획서를 작성하여 시·도지사의 승인을 얻도록 하고 있다. 그러므로 시·도지사는 골프장업 사업계획이 관련법령에 적합하는지 여부를 심사하여 사업승인 여부를 결정할 수 있는 재량권을 가지고 있다. 체육시설의 설치·이용에 관한 법률 제7조 제1항은 이 사건 사업승인을 할 때 부관을 붙일 수 있는지 여부에 관하여 명시적인 규정은 없지만, 이 사건 사업승인행위는 전형적인 수익적 행정행위에 해당되고, 재량행위에 해당되므로 부관을 붙일 수 있다.

라. 부관의 일종인 부담으로서의 이 사건 증여계약

충청남도와 A 사이의 이 사건 증여계약은 골프장사업계획승인이 확정적으로 취소되는 것을 묵시적 해제조건으로 한 계약이라고 할 수 있으며, 그 증여계약의 효력은 위 골프장사업승인의 효력 유지와 직결된다 할 것이다. 따라서 이 사건 증여계약은 충청남도가 A에게 이 사건 사업승인을 하고, 그 효력을 유지시키기 위하여 25억 원의 금전 급부의무를 명하는 것이므로 부관 중에서 행정행위의 상대방에게 작위 ·부작위 · 급부 · 수인 등의 의무를 부과하는 부담에 해당된다.

3. 이 사건 증여계약의 위법여부

가. 부관의 한계

부관의 내용은 적법하여야 하고, 이행가능 하여야 하며, 비례의 원칙 및 평등의 원칙에 적합하고, 행정처분의 본질적 효력을 해하지 않는 한도의 것이어야 한다(대법원 1992.4.28. 선고 91누4300 판결). 그리고 공무원이 인·허가 등 수익적 행정처분을 하면서 상대방에게 그 처분과 관련하여 부관으로서 부담을 붙일 수 있다 하더라도, 그러한 부담은 법치주의와 사유재산 존중, 조세법률주의 등 헌법의 기본원리에 비추어 비례의 원칙이나 부당결부의 원칙에 위반되지 않아야만 적법한 것이 된다(대법원 2009.12.10. 선고 2007다63966 판결).

(1) 적법성의 한계

부관은 법령에 위배되어서는 아니된다. 예컨대 법령이 행정행위의 상대방에게 신고 · 인가 등을 받을 것을 조건으로 하여 일정한 행위를 허용하고 있는 경우에, 부관으로서 이러한 행위를 절대 금지시키는 것은 허용되지 않는다.

(2) 목적상의 한계

부관은 그 행정행위가 추구하는 목적의 범위를 일탈하여서는 아니된다. 예컨대 도로법에 의한 도로점용허가의 부관은 오직 도로관리적 견지에서만 붙여져야 한다.

(3) 비례 · 평등의 원칙 및 부당결부금지의 원칙

부관의 내용은 비례의 원칙에 반한 것이 아니어야 한다. 필요한 한도를 넘어서, 또는 상대방에게 가혹한 부관을 붙일 수 없다. 그리고 부관의 내용은 평등의 원칙에 반한 것이 아니어야 한다. 또한 부관을 실질적 관련이 없는 상대방의 반대급부와 결부시키는 부당결부금지의 원칙에 반하여서도 아니 된다.

나. 이 사건 증여계약의 적법성 여부

(1) 기부금 모집에 관한 법률의 규정

이 사건 증여계약은 A가 충청남도의 이 사건 사업승인과 관련하여 25억 원을 지역발전협력기금 명목으로 충청남도에게 기부하기로 하는 내용이다. 그런데 구 기부금품모집금지법(1995. 12. 30. 법률 제5126호로 전문 개정되기 전의 것) 제4조는 '공무원은 여하한 명목의 기부금도 모집할 수 없다'고 규정하고 있다. 그리고 1995. 12. 30. 전문 개정된 기부금품모집규제법 제5조도 '국가 또는 지방자치단체 및 그 소속기관과 공무원은 기부금품의 모집을 할 수 없고, 비록 자발적으로 기탁하는 금품이라도 원칙적으로 이를 접수할 수 없다'고 규정하고 있다.

(2) 이 사건 증여계약의 체결경위

이 사건 증여계약은 충청남도지사로부터 골프장사업승인을 받은 A가 충청남도에게 거액의 협력기금을 증여하기로 약정한 것이다. 이 사건 증여계약 체결 후이기는 하지만, 내무부장관은 1994. 2. 21. 인·허가를 조건으로 한 기부금은 기부자의 자발적인 의사가 아니므로 체육시설업 인·허가시 기부금 모집을 금지할 것을 지방자치단체에 시달하기도 한 바 있다. 따라서 이 사건 증여와 증여자가 신청한 골프장사업계획승인과 사이에 대가관계에 있음을 부인하기 어렵다. 결국 이 사건 증여는 A가 충청남도지사로부터 골프장사업승인을 받는 대가로 충청남도에게 이를 지급하기로 계약한 것이라고 볼 수밖에 없다.

(3) 공무원의 직무와 대가관계에 있는 이 사건 증여계약의 효력

공무원은 직무수행에 있어서의 공정과 청렴성, 불가매수성 등 공직윤리를 준수하여야 하는데, 이를 침해하는 행위는 기본적 사회질서를 위태롭게 하는 행위로서 여러 법률에 의해 엄격히 금지되고 제재의 대상이 되고 있다. 공무집행의 불가매수성은 반드시 위법·부당한 직무집행만을 전제로 하는 것이 아니므로 이 사건 사업승인과 같은 정당한 직무집행이라도 그에 대해 대가를 받으면 형법상의 뇌물수수죄가 성립하게 된다. 판례는 공무원의 직무집행 그 자체는 위법·부당한 것이 아니라 하더라도 당해 직무집행을 어떤 대가관계와 연결시켜 그 직무집행에 관한 대가의 교부를 내용으로 하는 것도 '부정한 청탁'에 해당하여 처벌대상이 된다고 한다(대법원 2006.6.15. 선고 2004도3424 판결). 따라서 이 사건 증여계약은 공무수행과 결부된 금전적 대가로서 그 조건이나 동기가 사회질서에 반하는 것이어서 민법 제103조에 의해 무효라고 할 것이다.

다. 이 사건 증여계약의 부당결부금지의 원칙위반 여부

(1) 부당결부금지의 원칙

⑺ 의 의

부당결부금지의 원칙이란 행정주체가 행정작용을 함에 있어서 이와 실질적인 관련이 없는 반대급부를 결부시켜서는 안 된다는 것으로, 상대방에게 의무를 부과하거나 그 이행을 강제하여서는 아니 된다는 원칙을 말한다. 이 원칙은 법치국가원리와 자의의 금지에서 나온 것이며, 헌법적 원리에 해당된다.

⑷ 요 건

부당결부금지의 원칙이 적용되기 위해서는 행정청의 행정작용이 있어야 하고, 그 행정작용은 상대방에 부과하는 반대급부와 결부되어야 하고, 그 행정작용과 사인의 급부가 부당한 내적 관련(실체적 관련성)을 가져야 한다. 실체적 관련성이란 원인적 관련성과 목적적 관련성을 포함한다. 판례는 실체적 관련성을 이렇게 세분하지는 않고 있다. 아무튼 이 둘 중 하나를 결여하면 부당결부금지의 원칙에 반한다. 여기서 '원인적 관련성'이라 함은 행정작용과 사인의 반대급부 사이에 특정한 행정목적 추구에 있어서 인과관계가 인정되는 경우에 원인적 관련성이 인정된다(예, 주택사업계획승인처분에 부가된 진입도로 개설 또는 확장 및 기부채납 부담). 그리고 '목적적 관련성'이라 함은 행정작용과 사인의 반대급부가 특정한 행정목적 추구에 있어서 관련성을 갖고 있어야 한다(예, 위법건축물을 사용하여 행할 영업에 대한 허가거부).

판례는, 주택사업계획승인을 하게 됨을 기화로 그 주택사업과는 아무런 관련이 없는 토지인 2,791㎡를 기부 채납하도록 하는 부관을 주택사업계획승인에 붙인 경우, 위 부관은 부당결부금지의 원칙에 위반되어 위법하다(대법원 1997.3.11. 선고 96다49650 판결)고 판시한다.

⑷ 원칙위반의 효과

부당결부금지의 원칙을 위반하여 제정된 법령은 위헌심판 및 헌법소원의 대상이 될 수 있고, 이 원칙을 위반한 부관부 행정행위는 위법한 행위로서 항고소송의 대상이 된다.

(2) 이 사건 증여계약과 실체적 관련성 존재여부

이 사건 증여계약이 부당결부금지의 원칙에 위반하려면, 이 사건 사업승인과 이 사건 증여계약상의 기부금 지급 사이에 실체적 관련성이 없어야 한다. 실체적 관련성의 요건인 원인적 관련성을 보면, 이 사건 증여계약은 충청남도가 이 사건 사업승인을 하면서 골프장 사업과 전혀 무관한 재정확보를 목적으로 A에게 기부금을 지급하도록 하는 것이므로 인과관계를 인정할 수 없다. 그리고 목적적 관련성 역시 이 사건 사업승인과 기부금 지급은 상호간에 그 목적을 같이한다고 볼 수도 없다.

(3) 소결

충청남도의 이 사건 사업승인은 승인을 받은 A가 골프장을 건설하여 운영하는 것을 가능하게 하는 것이고, A의 이 사건 증여계약에 의한 기부행위는 공무수행과 결부된 금전적 대가로서 그 조건이나 동기가 사회질서에 반하는 것에 해당되므로 충청남도의 이 사건 사업승인과 A의 기부행위는 서로 목적을 달리하는 행위로서 상호간에 아무런 관련성이 없다.

판례 역시 공무원의 직무와의 사이에 외관상 대가관계가 없는 것으로 보이더라도 사실상 공권력의 영향력에 의한 것이거나 또는 그러한 의심을 자아내는 경우가 있음을 경계하여 직무 관련 여부를 묻지 아니하고 이를 금지함으로써 공무의 순수성과 염결성이 훼손되지 않도록 하고 있으며, 하물며 직무와 사이에 대가관계가 인정되는 기부행위라면 이는 결코 허용되어서는 아니 된다고 한다(대법원 2009.12.10. 선고 2007다63966 판결). 따라서 충청남도가 이 사건 사업승인을 해주는 기회에 A로 하여금 이 사건 기부금을 증여하도록 한 부담은 부당결부금지의 원칙을 위반하여 위법하다.

라. 이 사건 증여계약의 비례의 원칙위반 여부

(1) 비례의 원칙

(가) 비례의 원칙의 개념

비례의 원칙은 경미한 공익목적 달성을 위하여 과도한 수단이 동원되는 것을 금지하는 원칙이다. 과잉조치금지의 원칙이라고도 한다.

(나) 비례의 원칙의 내용

(a) 적합성의 원칙

행정목적의 달성에 적합한 수단을 선택하여야 한다는 원칙이다. 행정작용에 의한 권리·자유의 침해는 행정이 추구하는 공익목적의 달성에 법적으로나 사실상으로나 적합하고 유용한 수단을 선택하여야 한다는 것이다.

(b) 필요성의 원칙(최소침해의 원칙)

행정목적 달성을 위한 여러 적합한 수단 중에서도 공익상의 필요에 따라 개인에게 권리침해가 가장 작게 이루어지는 수단만이 선택·행사되어야 한다는 원칙을 말한다.

(c) 협의의 비례의 원칙(상당성의 원칙)

행정목적 달성을 위한 그 침해의 정도는 공익상의 필요의 정도와 상당한 비례가 유지되어야 한다는 원칙을 말한다. 이 원칙은 적합성의 원칙과 필요성의 원칙의 충족이 있는 경우라도, 침해되는 개인의 이익을 상회하는 공익상의 목적달성이 필요한 경우에 한하여 당해 수단의 적법성을 인정한다는 것이다.

(d) 3 원칙의 상호관계

이들 3원칙은 넓은 의미의 비례원칙의 단계구조를 이룬다. 위 원칙 중 어느 하나의 원칙에 대한 위반이 있으면, 비례의 원칙에 대한 위반으로서 위법하게 된다.

(2) 소결

충청남도가 A로부터 받은 기부금으로 충청남도가 수행하는 공익적 사업에 사용할 목적이었고, 그 기부금의 사용 방법과 절차를 미리 충청남도의 내부 규정으로 정해 놓았을 수 있다. 그리고 충청남도는 A뿐만 아니라 골프장 건설을 하려는 사업자 모두에게도 이 사건 증여계약과 같은 내용의 계약을 체결하였다. 그렇지만 충청남도가 공익적 사업에 필요한 비용의 충당을 공무수행과 결부된 금전적 대가로서 그 조건이나 동기가 사회질서에 반하는 수단을 사용하는 것은 비례의 원칙 중 적합성의 원칙에도 반하여 위법하다.

4. 위법한 부담인 이 사건 증여계약의 효과

가. 행정행위의 흠(하자)

(1) 의 의

행정행위 효력의 발생을 방해하는 사정을 행정행위의 흠(하자)이라 한다. 흠 있는 행정행위에는 법령 또는 일반원칙에 위반한 경우인 위법한 행정행위와 공익에 위반한 경우를 부당한 행정행위라고 한다.

(2) 흠의 유형

흠 있는 행정행위가 법률상 어떠한 효력을 발생할 것인가에 대하여 실정법상 정함이 없는 것이 통례이다. 우리 행정심판법이 항고쟁송의 종류로 취소심판과 무효등확인심판을, 행정소송법이 항고소송의 종류를 취소소송과 무효등확인소송으로 구분하고 있는 것은 흠의 유형을 무효와 취소로 구분하는 것을 전제로 한다고 볼 수 있다.

(3) 무효와 취소의 구별기준

㈎ 학 설

(a) 중대명백설

흠의 내부적 성질이 중대하고, 외부적 성질이 명백한 것은 무효이고, 그 이외의 경우는 취소할 수 있음에 그친다는 학설이다. 흠이 중대하고 명백한 경우에는 통상의 행정소송절차에 의하여 권한을 가진 행정청이나 법원의 취소를 기다릴 것 없이, 법원은 민사사건 등의 전제(선결문제)로 그 무효를 인정할 수 있다.

흠의 중대성은 행정행위가 중요한 법률요건을 위반하여 흠이 내용적으로 중대하다는 것을 말한다고 한다. 흠의 명백성에서 무엇이 명백한지가 문제된다. 그것은 흠이라는 것이 명백하다는 것과, 흠이 있다는 것이 명백하다는 이중적인 의미를 갖는다. 그리고 흠의 명백성은 누구에 대하여 명백한지가 문제된다. 처분요건의 존재를 긍정한 처분청의 인정에 중대한 오인이 있었다는 것이, 행정행위성립 당시로부터, 객관적으로, 관계인(특히 처분청)의 지·부지와 관계없이 누구에 대하여서도 외관상 일견하여 명백하다는 것이다. 이 견해가 전통적 통설이며, '외관상 일견명백설'이라고도 한다. 그러나 문제는 중대·명백의 개념이 대단히 추상적이고 막연하여 그 구체적인 의미와 내용을 파악하기가 어렵다. 그러므로 국민의 권리구제의 확대를 위한 측면에서 명백성요건을 완화할 필요가 있다.

(b) 조사의무위반설 (객관적 명백설)

중대명백설의 입장에 서면서 명백성의 요건을 완화하여 무효사유를 더 넓히는 견해이다. ① 행정청의 판단이 각별한 조사를 하지 않더라도 누구라도 명백한 오인이 있다고 인정할 수 있는 경우와 ② 행정청이 구체적인 경우에 그 직무의 성실한 수행으로서 당연히 요구되는 정도의 조사에 의하여 판명될 수 있는 사실관계에서 명백한 오인이 있었다고 인정할 수 있는 경우에는 명백성이 인정되어 무효라는 견해이다. 그러나 무엇을 '직무의 성실한 수행으로서 당연히 요구되는 정도의 조사'로 볼 것인지가 명확하지 아니하다는 비판을 받는다.

(c) 명백성보충요건설

무효로 되기 위하여서는 흠의 중대성은 항상 그 요건으로 하되, 명백성은 일률적으로 요구할 것이 아니고 구체적 사안에 있어서의 이익형량에 따라 보충적 가중요건으로 하는 것이 타당하다고 보는 견해이다. 이 견해는 명백성은 ① 그 개념 자체가 명확하지 아니하여 일률적인 요건으로 삼는 것은 적당하지 아니하며, ② 이해관계를 가진 제3자가 있는 경우에는 명백성이 요구된다고 할 것이나 직접상대방의 이해에만 관계되는 경우에는 굳이 명백성을 요구할 것이 아니기 때문이라고 한다. 대법원 전원합의체 판결의 반대의견은 이 견해의 입장에 서 있다(대법원 1995. 7. 11. 선고 94누4615 판결).

(d) 중대설

중대한 흠만 있으면 무효로 되며, 명백성은 요구되지 아니한다는 견해가 있다. 이 견해는 통설이 무효라고 하는 중대하고 명백한 흠이 있는 행정행위는 부존재라고 한다. 이 견해는 무효사유를 넓혀 국민의 권리구제에 이바지하려는 것인데, 침해적 행위의 경우는 유리할 것이나, 수익적 행위 내지 복효적 행위는 오히려 불리하게 된다.

(e) 구체적 가치형량설 (다원설)

다양한 행정행위 내지 행정과정의 흠의 효과를 그 성질이 중대명백하다고 하는 단일의 일반적 기준만에 의하여 결정하는 것은 무리라고 하여 개개의 구체적인 경우마다 여러 구체적 이익상황을 고려하여 구분하여야 한다고 한다. 이 견해는 국민의 권리구제의 요청과 행정의 법적 안정성의 요청을 개별적 사안마다 실현할 수 있다는 점에서 이상적인 견해이지만, 무효사유와 취소사유 구분의 객관적 기준이 될 수 없다는 점이 문제이다.

(나) 판 례

(a) 대법원

대법원 판례의 주류적 태도는 중대명백설을 취하고 있다(대법원 1995.7.11. 선고 94누4615 판결). 명백성보충요건설은 전원합의체판결의 소수의견으로 주장된 것은 앞서 본 바 있다. 그러나 처분 상대방의 권익을 구제하고 위법한 결과를 시정할 필요가 훨씬 더 큰 경우라면, 그 하자가 명백하지 않더라도 그와 같이 중대한 하자를 가진 행정처분은 당연무효라고 보아야 한다는 예외를 인정하고 있다.

(b) 헌법재판소

헌법재판소는 원칙적으로 중대명백성을 취하고 있지만, 예외적으로 법적 안정성의 요구에 비하여 권리구제의 필요성이 큰 경우에는 무효를 인정한다(헌재 1994.6.30. 92헌바23)라고 한다.

(c) 소 결

중대명백설이 타당하다. 그것은 개인의 권리구제와 국법질서의 안정의 요청을 합리적으로 조정하기 위하여서는, 흠이 중대할 뿐만 아니라 명백한 경우에 한하여 행정쟁송절차를 거치지 아니하고 무효로 인정할 수 있다고 할 것이기 때문이다.

무효와 취소를 구별함에는 흠 자체의 성질인 흠의 중대·명백성을 일반적인 기준으로 하되, 그 행정행위와 관계되는 구체적인 이익상황, 예컨대 부담적 행정행위에서는 주로 공익, 수익적 행정행위에서는 주로 상대방 등의 신뢰보호·법적안정성도 고려하여야 하며, 더 나아가서 흠의 효과를 개별화하도록 노력하여야 할 필요가 있다.

나. 사안의 경우

이 사건 증여계약은 공무수행과 결부된 금전적 대가로서 그 조건이나 동기가 사회질서에 반하는 것이어서 민법 제103조에 의해 무효이다. 그런데, 증여계약에서 정하는 기부금을 지급하도록 하는 내용의 부담을 부과한 처분은 A의 재산상 침해를 야기하므로 내용상 중대하다고 할 것이지만, 그 하자의 정도가 일반인의 관점에서 외관상 명백한 것이라고 할 수는 없다. 특히 이 사건 실제 소송에서도 고등법원에서는 이 사건 증여계약의 효력을 유효한 것으로 보았던 점을 보더라도 그렇다. 따라서 통설·판례인 중대명백설에 의할 때 A에게 부과된 부담은 취소할 수 있는 위법한 처분이다.

5. 사안의 해결

충청남도의 A에 대한 이 사건 사업승인행위는 수익적 행정행위이면서 재량행위에 속하므로 부관을 붙일 수 있는데, 부관의 종류 중 이 사건 증여계약은 충청남도가 A에게 25억 원의 금전 급부의무를 명하는 것으로 부담에 해당된다. 그런데 이 사건 증여계약은 A가 골프장사업승인을 받는 대가로 충청남도에게 지급하기로 하는 계약에 해당되고, 따라서 이 사건 증여계약은 공무수행과 결부된 금전적 대가로서 그 조건이나 동기가 사회질서에 반하는 것으로 무효라고 할 것이다. 또한 충청남도가 이 사건 사업승인을 해주는 기회에 A로 하여금 기부금을 증여하도록 한 부담은 부당결부금지의 원칙에 위반되며, 공익목적의 달성에 적합하고 유용한 수단을 선택하여야 하는 비례의 원칙 중 적합성의 원칙에도 반한다. 그리고 그 위법의 정도는 내용상 중대하다고 할 것이지만, 그 하자의 정도가 외관상 명백한 것이라고는 할 수 없어 취소사유에 해당된다. 따라서 A의 항변은 타당하고, 충청남도의 약정금청구소송은 기각될 것이다.

기본구조

충청남도의 약정금청구소송의 승소 가능성 여부 [설문 (1)의 해결]

1. 문제점
2. 이 사건 사업승인행위에 부관을 붙일 수 있는지 여부
   가. 부관의 개념 및 종류
      (1) 개념
      (2) 부관의 종류
         (a) 조건
         (b) 기한
         (c) 부담
         (d) 철회권의 유보
         (e) 법률효과의 일부배제
         (f) 부담의 추가, 변경 또는 보충권의 유보
   나. 부관의 가능성
      (1) 원칙
      (2) 법률행위적 행정행위와 준법률행위적 행정행위
      (3) 기속행위와 재량행위
   다. 이 사건 사업승인행위의 법적 성질과 부관의 가능성
   라. 부관의 일종인 부담으로서의 이 사건 증여계약
3. 이 사건 증여계약의 위법여부
   가. 부관의 한계
      (1) 적법성의 한계
      (2) 목적상의 한계
      (3) 비례·평등의 원칙 및 부당결부금지의 원칙
   나. 이 사건 증여계약의 적법성 여부
      (1) 기부금 모집에 관한 법률의 규정
      (2) 이 사건 증여계약의 체결경위
      (3) 공무원의 직무와 대가관계에 있는 이 사건 증여계약의 효력
   다. 이 사건 증여계약의 부당결부금지의 원칙위반 여부
      (1) 부당결부금지의 원칙
         (가) 의의
         (나) 요건
         (다) 원칙위반의 효과
      (2) 이 사건 증여계약과 실체적 관련성 존재여부
      (3) 소결
   라. 이 사건 증여계약의 비례의 원칙 위반 여부
      (1) 비례의 원칙
         (가) 비례의 원칙의 개념
         (나) 비례의 원칙의 내용
            (a) 적합성의 원칙
            (b) 필요성의 원칙 (최소침해의 원칙)
            (c) 협의의 비례의 원칙(상당성의 원칙)
            (d) 3원칙의 상호관계
      (2) 소결
4. 위법한 부담인 이 사건 증여계약의 효과
   가. 행정행위의 흠(하자)
      (1) 의의

```
 ⑵ 흠의 유형                    ⑷ 판 례
 ⑶ 무효와 취소의 구별기준        ⓐ 대법원
  ㈎ 학 설                       ⓑ 헌법재판소
   ⓐ 중대명백설                  ⓒ 소 결
   ⓑ 조사의무위반설(객관적 명백설) 나. 사안의 경우
   ⓒ 명백성보충요건설
   ⓓ 중대설                    5. 사안의 해결
   ⓔ 구체적 가치형량설 (다원설)
```

Ⅱ. A의 기부금 지급의무를 소멸시키는 행정쟁송수단 [설문 ⑵의 해결]

1. 문제점

충청남도의 A에 대한 이 사건 사업승인과 같은 수익적 행정행위에 기부금의 납부의무를 부과하는 부관이 붙여져 A의 법률상 이익이 침해된 때, ① 그 부관만을 취소쟁송의 대상으로 할 수 있는지, 아니면 부관부 행정행위 전체를 취소쟁송의 대상으로 삼아야 하는지에 관한 부관의 '독립쟁송가능성'과, 독립쟁송이 가능하다면 어떠한 쟁송형태로 하여야 하는지에 관한 '쟁송형태'의 문제가 제기된다. 그리고 ② 부관에 대한 취소쟁송이 적법하게 제기된 경우에도 행정심판위원회나 법원에서 부관의 위법성을 인정한 경우에 주된 행정행위와의 관련성을 고려하지 않고 부관만을 독립적으로 취소하는 재결이나 판결을 내릴 수 있느냐에 관한 '본안에 있어서 부관의 독립취소가능성'의 문제가 있다.

2. 위법한 부관과 행정쟁송

가. 부관의 독립쟁송가능성

수익적 행정행위에 부가된 부관이 위법한 경우에 위법한 부관만을 취소쟁송의 대상으로 할 수 있는지, 아니면 부관부 행정행위 전체를 취소쟁송의 대상으로 삼아야 하는지에 관한 것이 부관의 독립쟁송가능성 문제이다.

(1) 학설

(개) 부담만의 독립쟁송가능성설

부관 중 부담은 그 자체로 행정행위의 성질을 갖고 있기 때문에 주된 행정행위와 분리하여 독립적으로 취소쟁송을 제기할 수 있다고 한다. 그 밖의 부관은 그 자체가 행정행위의 성격을 갖지 않고 주된 행정행위의 일부에 지나지 아니하기 때문에 부관만을 대상으로 취소쟁송을 제기할 수 없으며, 부관부행정행위를 대상으로 취소쟁송을 제기하여 부관만의 취소를 구할 수 있다고 한다.

(내) 분리가능성기준설

부관이 주된 행정행위로부터의 분리가능성이 있느냐 여부에 초점을 맞추어 부관이 분리 가능한 경우에는 부관만을 대상으로 쟁송을 제기할 수 있으며, 부관이 주된 행정행위의 본질적 요소를 이루고 있는 경우에는 부관부 행정행위 자체를 대상으로 그 전체의 취소를 구하여야 한다고 한다.

(대) 전면긍정설

부관이란 본래 본체인 행정행위에 부가시킨 것이므로 분리될 수 없는 부관이란 존재하지 않으며, 처분의 일부취소도 가능하므로 그 부관의 종류를 가리지 아니하고 모든 부관에 대하여 독립하여 쟁송을 제기할 수 있다고 한다.

(2) 판례

(개) 부담만의 독립쟁송가능성 인정

판례는 부관에 대한 쟁송의 문제를 부관의 종류에 따라 구별한다. 부담인 경우에는 주된 행정행위와 분리하여 독립적으로 취소쟁송을 제기 할 수 있다고 하고, 그 밖의 부관은 그 부관만을 대상으로 취소쟁송을 제기할 수 없으며, 부관부행정행위 전체를 대상으로 그 전체의 취소쟁송을 제기하여야 한다고 한다(대법원 1992.1.21. 선고 91누1264 판결).

(내) 부담 외의 부관은 본체인 행정행위 전체로 판단

그러므로 판례는 부담을 제외한 부관이 위법한 경우 당해 부관과 본체인 행정행위가 밀접히 연관되어 일체를 이루는 경우에는 이를 전부 취소하고 있다. 반면, 부관이 위법하기는 하지만 본체인 행정행위의 존속에 영향을 미칠 정도의 중요한 부분을 이루지 못하는 경우에는 원고의 청구는 부적법 각하한다.

(다) 부관의 변경신청과 그 거부처분의 취소쟁송인정

판례 중에는 부관부 행정행위를 부관 없는 행정행위로 또는 다른 내용의 부관이 붙여진 행정행위로 변경신청을 한 후에, 그 신청에 대한 거부(불허)처분이 있는 경우 그 거부처분의 취소를 구하는 소송을 제기할 수 있다고 한다. 이 경우에는 사실상 부관만의 취소를 구하는 쟁송이 될 수 있다. 판례는 행정청이 원고에 대하여 이 사건 기선선망어업의 허가를 하면서 운반선, 등선 등 부속선을 사용할 수 없도록 제한한 부관은, 위 어업허가의 목적달성을 사실상 어렵게 하여 위법한 것이라고 할 것이고, 나아가 이 부관을 삭제하여 등선과 운반선을 사용할 수 있도록 하여 달라는 내용의 원고의 이 사건 어업허가사항변경신청을 불허가한 피고의 처분 역시 위법하다고 한다(대법원 1990.4.27. 선고 89누6808 판결).

(3) 소 결

부관에 대한 쟁송의 문제는 부관의 종류에 따라 구별함이 타당하다. 그리하여 부담인 경우에는 주된 행정행위와 분리하여 부담만에 대하여 독립적으로 취소쟁송을 제기할 수 있고, 그 밖의 부관은 부관부행정행위를 대상으로 부관만의 취소를 구하는 취소쟁송을 제기할 수 있다고 할 것이다. 그러므로 모든 부관에 대하여 취소쟁송의 제기 자체는 가능하다.

나. 부관에 대한 쟁송형태

(1) 종 류

위법한 부관의 취소를 구하는 쟁송형태로는 형식상으로나 내용상으로도 부관만을 대상으로 하는 진정일부취소소송과, 형식상으로는 부관이 붙은 행정행위 전체를 대상으로 하지만 내용상으로는 부관만의 취소를 청구하는 부진정일부취소소송을 생각할 수 있다.

(2) 쟁송형태에 관한 학설

(가) 부담만의 독립쟁송가능성설

부담은 진정일부취소소송이 가능하고, 그 밖의 부관은 부관부행정행위를 대상으로 취소쟁송을 제기하여 부관만의 취소를 구할 수 있다는 부진정일부취소쟁송이 가능하다고 한다. 그러나 부관부행정행위의 취소를 구하는 제소 후에 부관만의 취소를 구한다는 것은 전체 처분의 취소에서 부관만의 취소를 구하는 청구취지변경을 한다는 것으로, 이는 결국 부담과 같이 부관만의 취소를 구하는 것이기 때문에 허용될 수 없다고 할 것이다.

(나) 분리가능성기준설

본체인 행정행위로부터 분리가능성이 없는 것은 부관만의 독립쟁송가능성이 부인되므로 전체 행정행위의 취소를 구해야 하고, 분리가능성이 있는 부관이 ① 처분성을 가진 경우 당해 부관만을 직접적인 대상으로 하여 취소쟁송을 제기하는 진정일부취소소송을, ② 처분성이 인정되지 않는 경우에는 전체 행정행위를 대상으로 소송을 제기하고, 이 가운데 부관만의 취소를 구하는 부진정일부취소소송을 취하여야 한다고 한다.

(다) 전면긍정설

모든 부관이 취소쟁송의 대상이 되므로 부관에 대한 쟁송은 성질상 부진정일부취소쟁송의 형태를 갖게 된다. 다만 부담의 경우에는 그 특성상 진정일부취소소송도 가능하게 된다.

(3) 판례상의 쟁송형태

판례는 부담의 경우에만 진정일부취소소송을 인정한다. 그리고 부담 이외의 부관은 부진정일부취소쟁송도 인정하지 아니하면서 부관(부담은 제외)만의 취소를 구하는 소송에 대하여는 각하판결을 하고 있다. 따라서 부담 이외의 부관은 부담이 붙은 행정행위 전체의 취소를 청구하거나, 부관이 없거나 그 내용의 변경을 구하는 신청을 한 후에 이를 거부하는 처분이 있을 때, 그 거부처분의 취소를 구함으로써 실질적으로 부관만의 취소를 도모할 수 있다.

(4) 소결

위법한 행정작용의 통제를 위해 가능한 한 쟁송가능성을 넓히는 것이 타당하므로 전면적으로 부관에 대한 쟁송가능성을 인정하는 것이 타당하다. 다만 사안의 경우 부담에 대한 다툼이므로 판례의 견해에 따르더라도 부담만의 취소를 구하는 소송이 가능할 것이다.

다. 본안에 있어서 부관의 독립취소가능성

취소쟁송에서 부관에 대한 본안의 심리결과 그 위법성이 인정되는 경우에 행정심판위원회나 법원이 부관만을 본체인 행정행위와 분리하여 독립적으로 취소할 수 있는지가 문제된다. 다만, 행정심판의 경우는 행위의 위법성뿐만 아니라 당·부당의 문제도 다룰 수 있고, 청구가 이유 있다고 인정할 때에는 처분의 취소뿐만 아니라 적극적인 변경이나 취소·변경을 명할 수도 있기 때문에 행정소송과는 구별된다.

(1) 행정심판에서의 부관의 독립취소가능성

본안 심리결과 부관의 위법·부당성이 인정되는 경우에는 행정심판위원회는 직접 부관을 취소하거나 또는 새로운 적법한 부관을 붙일 수 있으며, 또한 취소·변경을 명하는 인용재결을 할 수 있다.

(2) 행정소송에서의 부관의 독립취소가능성

㈎ 기속행위의 경우에만 독립취소가 가능하다는 견해

기속행위의 경우 상대방의 신청이 법률요건을 충족시키고 있는 때에는, 신청인은 관계법령이 정하는 대로 부관이 없는 수익적 행정행위의 발급청구권이 있기 때문에 위법한 부관이 붙여진 때에는 부관만을 분리하여 취소할 수 있다고 한다. 반면, 재량행위의 경우에는 부관만을 독립적으로 취소하여 본체인 행정행위를 유지시키는 것은 결국 행정청이 원하지 않는 부관 없는 행정행위를 행정청에게 강요하는 결과가 되기 때문에 권력분립의 관점에서 허용될 수 없다고 한다.

㈏ 모든 행정행위의 경우에 독립취소가 가능하다는 견해

본안 심리의 결과 부관이 위법한 경우에는 기속행위는 물론 재량행위의 경우에도 부관만의 일부취소를 제한 없이 인정한다. 이 견해에 의하면 부관만이 취소되면 주된 행정행위가 위법하게 되는 경우, 처분청은 주된 행정행위를 직권으로 취소하거나 적법한 부관을 다시 부가하여 부관부행정행위 전체를 적법하게 할 수 있다고 본다.

㈐ 제한적 긍정설

재량행위에 있어서도 부관의 독립취소가능성에 관한 일반이론에 따라 부담 등 부관이 주된 행정행위의 본질적 부분인지 여부에 따라 재량행위에 대한 부관의 독립취소가능성 여부를 판단하는 견해이다.

㈑ 소 결

기속행위는 상대방의 신청이 법정요건을 충족하고 있는 경우에는 부관에 의한 제한이 없는 행정행위에 대한 청구권이 있다고 할 것이므로, 부관이 위법하면 부관만의 취소가 인정되어야 한다. 그러나 법률요건충족부관의 경우 부관이 위법하더라도 부관만의 취소가 인정될 수 없다고 할 것이다.

재량행위는 부관만을 취소하여 본체인 행정행위를 유지시키는 것은 결국 행정청에게 부관 없는 본체인 행정행위만을 선택하도록 강제하는 것이 된다. 행정청이 부관을 붙이지 않고는 당해 행위를 하지 않았을 것이라고 해석하여야 할 것이므로, 부관만을 독립적으로 취소하는 것은 인정되지 않는다고 할 것이다.

3. 사안의 해결

가. 독립쟁송가능성

이 사건 증여계약은 골프장회사가 이 사건 사업승인을 받기 위하여 계약한 것으로 증여계약 자체는 행정쟁송의 대상이 되는 처분에 해당되지 않고, 증여계약의 내용인 '기부금 25억 원의 지급의무'가 부담에 해당된다. 충청남도는 이 사건 증여계약을 체결하는 형식으로 부관을 붙인 것이다. 따라서 통설·판례에 따라 그 부담만의 취소를 구하는 행정심판 또는 행정소송을 제기할 수 있다. 이 사건 부담의 취소를 구하는 사건은 필요적 행정심판전치주의 사항에 해당되지 아니한다. 따라서 골프장회사 A는 행정심판법과 행정소송법이 정하는 바에 따른 기부금지급의무부과처분취소 또는 기부금지급의무부존재확인을 청구할 수 있다.

나. 쟁송형태

학설상 이 사건 부관의 취소를 구하는 쟁송형태로는 형식상으로나 내용상으로도 부관만을 대상으로 하는 진정일부취소소송이라 할 수 있다.

다. 본안에 있어서 부관의 독립취소가능성

이 사건 사업승인은 체육시설의 설치·이용에 관한 법률 제7조에서 정하는 요건을 구비하여 체육시설업 등록신청을 하여야 하고, 관할 관청인 충청남도지사의 승인을 얻어야 하는 성질의 행위이므로 재량행위에 해당된다.

이 사건 증여계약에 의한 기부금 지급의무 부담은 공무수행과 결부된 금전적 대가로서 그 조건이나 동기가 사회질서에 반하는 것이어서 민법 제103조에 의해 무효에 해당된다. 그 때문에 골프장회사의 기부금 지급의무 역시 소멸하게 된다.

따라서 행정심판위원회나 법원은 본안 심리과정에서 드러난 위법한 부담의 취소를 인정하는 재결이나 판결을 할 수 있다.

기본구조

A의 기부금 지급의무를 소멸시키는 행정쟁송수단 [설문 (2)의 해결]

1. 문제점

2. 위법한 부관과 행정쟁송
  가. 부관의 독립쟁송가능성
    (1) 학설
      (가) 부담만의 독립쟁송가능성설
      (나) 분리가능성기준설
      (다) 전면긍정설
    (2) 판례
      (가) 부담만의 독립쟁송가능성 인정
      (나) 부담 외의 부관은 본체인 행정행위 전체로 판단
      (다) 부관의 변경신청과 그 거부처분의 취소쟁송인정
    (3) 소 결
  나. 부관에 대한 쟁송형태
    (1) 종 류
    (2) 쟁송형태에 관한 학설
      (가) 부담만의 독립쟁송가능성설
      (나) 분리가능성기준설
      (다) 전면긍정설
    (3) 판례상의 쟁송형태
    (4) 소 결
  다. 본안에 있어서 부관의 독립취소가능성
    (1) 행정심판에서의 부관의 독립취소가능성
    (2) 행정소송에서의 부관의 독립취소가능성
      (가) 기속행위의 경우에만 독립취소가 가능하다는 견해
      (나) 모든 행정행위의 경우에 독립취소가 가능하다는 견해
      (다) 제한적 긍정설
      (라) 소 결

3. 사안의 해결
  가. 독립쟁송가능성
  나. 쟁송형태
  다. 본안에 있어서 부관의 독립취소가능성

제1문

I. 설문(1)의 해결 - 약정금청구소송의 승소가능성

1. 문제점

충청남도와 A간의 증여계약은 형식적으로는 민사계약의 성질을 가진 것이지만, 그 실질은 행정청이 사업승인을 하면서 A에게 기부금을 지급하도록 의무를 부과하는 부관에 해당한다.

따라서 그 부관이 적법하여 충청남도의 약정금청구가 인용되기 위해서는 사업승인행위에 부관을 붙일 수 있는지 여부와, 이러한 부관의 종류와 그 근거, 기부금 지급의무의 부과가 부관의 한계를 위반한 것은 아닌지 여부 등을 살펴보아야 한다.

2. 이 사건 사업승인행위에 부관을 붙일 수 있는지 여부

가. 부관의 개념 및 종류

부관이란 행정행위의 효과를 제한하거나 특별한 의무를 부과하거나 요건을 보충하기 위하여 주된 행정행위에 부가된 종된 규율이다.

부관의 종류로는 ① 조건, ② 기한, ③ 부담, ④ 철회권의 유보, ⑤ 법률효과의 일부배제, ⑥ 부담의 추가·변경 또는 보충권의 유보 등이 있다.

나. 부관의 가능성

① 종래의 통설은 부관은 법률행위적 행정행위에만 붙일 수 있다고 보았으나, 오늘날은 준법률행위적 행정행위에도 법률의 규정에 의하여 부관을 붙일 수 있으며, ② 원칙적으로 재량행위에만 부관을 붙일 수 있고, 기속행위에 부관을 붙이는 것은 원칙적으로 허용되지 아니한다.

다. 이 사건 사업승인행위의 법적 성질과 부관의 가능성

- 체육시설의 설치·이용에 관한 법률 제7조 제1항에 의하여 시·도지사는 사업승인 여부를 결정할 수 있는 재량권을 가지고 있다. 부관을 붙일 수 있는지 여부에 관하여 법령에 명시적인 규정은 없지만, 이 사건 사업승인행위는 전형적인 수익적 행정행위에 해당 되고, 재량행위에 해당되므로 그 성질상 부관을 붙일 수 있다고 할 것이다.

라. 부담으로서의 이 사건 증여계약

충청남도와 A 사이의 증여계약의 효력은 위 골프장사업승인의 효력 유지와 직결된다 할 것이다. 따라서 이 사건 증여계약은 충청남도가 A에게 이 사건 사업승인을 하고, 그 효력을 유지시키기 위하여 금전 급부의무를 명하는 것이므로 부관 중에서 행정행위의 상대방에게 작위·부작위·급부·수인 등의 의무를 부과하는 부담에 해당된다.

3. 이 사건 증여계약의 위법여부

가. 부관의 한계

부관을 붙일 수 있는 경우라고 하여도 부관의 내용은 적법하여야 하고, 이행가능 하여야 하며, 법의 일반원칙에 반하지 아니하며, 처분의 본질적 효력을 해하지 않는 것이어야 한다.

나. 이 사건 증여계약의 적법성

개정된 기부금품모집규제법 제5조는 자발적으로 기탁하는 금품이라도 원칙적으로 이를 접수할 수 없다고 규정하고 있다. 또한 이 사건 증여계약 체결 후이기는 하지만, 내무부장관은 체육시설업 인·허가시 기부금 모집을 금지할 것을 지방자치단체에 시달하기도 한 바 있다.

이 사건의 증여와 골프장사업계획승인의 사이에 대가관계에 있음을 부인하기는 어렵다. 따라서 이 사건 증여계약은 공무수행과 결부된 금전적 대가로서 그 조건이나 동기가 사회질서에 반하는 것이어서 민법 제103조에 의해 무효라고 할 것이다.

다. 부당결부금지의 원칙 위반여부

부당결부금지의 원칙이란 행정주체가 행정작용을 함에 있어서 이와 실질적인 관련이 없는 반대급부를 결부시켜서는 안 된다는 것이다. 부당결부금지의 원칙이 적용되기 위해서는 ① 행정청의 행정작용이 있어야 하고, ② 그 행정작용은 상대방에 부과하는 반대급부와 결부되어야 하며, ③ 그 행정작용과 사인의 급부가 부당한 내적관련(실체적 관련성)을 가져야 한다. 실체적 관련성이란 원인적 관련성과 목적적 관련성을 포함한다.

이 사건 증여계약은 충청남도가 사업승인을 하면서 골프장 사업과 전혀 무관한 재정확보를 목적으로 기부금을 지급하도록 하는 것이므로 인과관계를 인정할 수 없다. 그리고 목적적 관련성 역시 이 사건 사업승인과 기부금 지급은 상호간에 그 목적을 같이한다고 볼 수도 없다.

라. 비례의 원칙 위반여부

비례의 원칙은 경미한 공익목적 달성을 위하여 과도한 수단이 동원되는 것을 금지하는 원칙이다. 그 내용으로는 ① 적합성의 원칙, ② 필요성의 원칙, ③ 협의의 비례의 원칙이 있다.

충청남도가 A로부터 받은 기부금으로 공익적 사업에 사용할 목적이었다. 그리고 충청남도는 A뿐만 아니라 골프장 건설을 하려는 사업자 모두에게도 이 사건 증여계약과 같은 내용의 계약을 체결하였다. 그렇지만 충청남도가 공익적 사업에 필요한 비용의 충당을 공무수행과 결부된 금전적 대가로서 그 조건이나 동기가 사회질서에 반하는 수단을 사용하는 것은 비례의 원칙 중 적합성의 원칙에도 반하여 위법하다.

4. 사안의 해결

A에 대한 사업승인행위는 수익적 행정행위이면서 재량행위에 속하므로 부관을 붙일 수 있는데, 이 사건 증여계약은 금전 급부의무를 명하는 부담에 해당된다. 그러나 이 사건 증여계약은 그 조건이나 동기가 사회질서에 반하는 것으로 무효라고 할 것이다. 또한 충청남도가 이 사건 사업승인을 해주는 기회에 A로 하여금 기부금을 증여하도록 한 부담은 부당결부금지의 원칙에 위반되며, 비례의 원칙 중 적합성의 원칙에도 반한다.

그리고 그 위법의 정도는 통설과 판례의 태도인 중대명백설에 의하면 내용상 중대하다고 할 것이지만, 그 하자의 정도가 외관상 명백한 것이라고는 할 수 없어 취소사유에 해당된다.

따라서 A의 항변은 타당하고, 충청남도의 약정금청구소송은 패소하게 될 것이다.

II. 설문(2)의 해결 - A의 기부금 지급의무를 소멸시키는 행정쟁송수단

1. 문제점

A에 대한 행정행위에 부관이 붙여져 A의 법률상이익이 침해된 때, ① 그 부관만을 취소쟁송의 대상으로 할 수 있는지에 관한 부관의 「독립쟁송가능성」과, 독립쟁송이 가능하다면 어떠한 쟁송형태로 하여야 하는지에 관한 「쟁송형태」의 문제가 제기된다. 그리고 ② 부관에 대한 취소쟁송이 적법하게 제기된 경우에도 부관만을 독립적으로 취소하는 판결을 내릴 수 있느냐에 관한 「본안에 있어서 부관의 독립취소가능성」의 문제가 있다.

2. 위법한 부관과 행정쟁송

가. 부관의 독립쟁송가능성

(1) 학설

① 부담과 그 이외의 부관을 구별하여 부담만이 독립된 행정행위이므로 독립적으로 취소쟁송을 제기할 수 있다는 부담만의 독립쟁송가능성설, ② 부관이 주된 행정행위로부터 분리가능성이 있느냐의 여부에 따라 분리가능한 경우 가능하다는 분리가능성기준설, ③ 부관의 종류를 가리지 아니하고 모든 부관에 대하여 독립하여 쟁송을 제기할 수 있다고 보는 전면긍정설이 있다.

(2) 판례의 견해

판례는 부관에 대한 쟁송의 문제를 부관의 종류에 따라 구별한다. 부담인 경우에는 독립적으로 취소쟁송을 제기 할 수 있다고 하고, 그 밖의 부관은 그 부관만을 대상으로 취소쟁송을 제기할 수 없으며, 행정행위 전체를 대상으로 취소쟁송을 제기하여야 한다고 한다.

(3) 소결

쟁송행태는 부관의 종류에 따라 구별하여야 한다. 부담은 그 자체가 행정행위 이므로 독립하여 취소를 구할 수 있고, 기타 부관은 행정행위 전부를 대상으로 하여 부관만의 일부취소를 구하여야 할 것이다.

나. 부관에 대한 쟁송형태

(1) 종류

부관만을 대상으로 하는 진정일부취소소송과, 형식상으로는 부관이 붙은 행정행위 전체를 대상으로 하지만 내용상으로는 부관만의 취소를 청구하는 부진정일부취소소송이 있다.

(2) 쟁송형태에 대한 학설 및 판례의 태도

① 부담은 진정일부취소소송에 의하고, 그 외의 부관은 부진정일부취소소송에 의한다는 견해와, ② 본체인 행정행위와 분리가능한 부관만 진정일부취소소송이 가능하다는 견해, ③ 모든 부관에 대하여 부진정일부취소소송의 형태라는 견해가 있다.

판례는 부담의 경우에만 취소소송을 인정하며, 그 외의 부관에 대하여는 부진정일부취소쟁송도 인정하지 아니한다.

(3) 소결

위법한 행정작용의 통제를 위해 가능한 한 쟁송가능성을 넓히는 것이 타당하므로 전면적으로 부관에 대한 쟁송가능성을 인정하는 것이 타당하다. 다만 사안의 경우 부담에 대한 다툼이므로 판례의 견해에 따르더라도 부담만의 취소를 구하는 소송이 가능할 것이다.

다. 본안에 있어서의 부관의 독립취소 가능성

(1) 행정심판의 경우

본안 심리결과 부관의 위법·부당성이 인정되는 경우에는 행정심판위원회는 직접 부관을 취소하거나 새로운 적법한 부관을 붙일 수 있으며, 인용재결도 할 수 있다.

(2) 행정소송의 경우

학설은 이에 대하여, ① 재량행위의 경우 부관만을 취소할 경우 행정청이 원하지 않는 부관 없는 행정행위를 행정청에 강요하는 결과가 됨을 이유로 기속행위의 경우에만 독립취소를 인정하는 견해와, ② 본안심리의 결과 부관이 위법하다면 모든 행정행위의 경우에 독립취소가 가능하다는 견해 등이 있다.

재량행위에 부관이 붙은 경우 행정청이 부관을 붙이지 않고는 당해 행정행위를 하지 않았을 것이라고 해석하여야 할 것이므로, 부관만을 독립적으로 취소하는 것은 인정되지 않는다고 할 것이다.

3. 사안의 해결

① 증여계약의 내용인 '기부금의 지급의무'는 부담에 해당된다. 따라서 통설·판례에 따라 부담만의 취소를 구하는 행정심판 또는 행정소송을 제기할 수 있고, 그 소송형태는 진정일부취소소송이라 할 수 있다. ② 이 사건 부담은 공무수행과 결부된 금전적 대가로서 그 조건이나 동기가 사회질서에 반하는 것이어서 민법 제103조에 의해 무효이다. 따라서 법원은 본안 심리과정에서 드러난 위법한 부담의 취소를 인정하는 재결이나 판결을 할 수 있다.

[14] 기부채납과 철회권의 유보

C 회사는 서울특별시 강동구청장에게 백화점 및 관광호텔건물의 건축허가신청을 하였다. 강동구청장은 건축법 및 동시행령이 정하는 대지와 도로와의 관계에 관한 규정에 따라 도로를 확보하기 위한 뜻에서 백화점 부지의 일부인 299㎡를 도로로 지정하고 "그 지정된 도로는 위 백화점 및 관광호텔건물의 준공시 지목변경한 후 강동구청장에게 이를 기부채납하여야 한다"는 내용의 부관을 붙여 건축허가를 하였다.

그 후 C 회사는 백화점 및 관광호텔건물의 건축을 완료하였으나, 강동구청장은 백화점 건물에 대하여만 준공검사를 실시하여 준공검사필증을 교부하고, 관광호텔건물에 대하여는 기부채납의무를 이행하지 아니하였다는 이유로 준공검사를 하지 아니하고 C 회사의 신청에 의하여 가사용을 승인하였다. C 회사는 관광사업법이 정한 관광사업의 등록을 함으로써 일부의 영업에 대하여 강동구청장의 영업허가를 받은 것으로 간주되었고, 나머지 영업에 대하여는 강동구청장으로부터 개별적으로 영업허가를 받았다.

그 후 A가 C 회사로부터 백화점 및 관광호텔건물과 대지를 매수하면서 그 사용관리권을 얻어 위 영업을 승계하여 경영하게 되었다. 강동구청장은 A로부터 호텔의 영업허가증을 회수한 후 이를 재교부함에 있어 "호텔건물의 가사용기간 만료시까지 기부채납 의무를 이행하지 아니하고, 위 호텔건물의 준공검사필증을 교부받지 못하면 영업허가를 취소한다"는 내용의 부관을 붙였다. 그 당시 관계법령의 규정에는 영업을 하기 위한 일정한 시설을 갖추지 못할 경우 그 허가를 취소하도록 되어 있고, 호텔건물에 관한 준공검사필증을 교부받지 못하면 호텔건물을 사용할 수 없을뿐만 아니라 관계법령이 정한 기준시설을 갖추지 못한 것으로 되어 있었다. 그럼에도 강동구청장은 A가 기부채납 의무를 이행하지 아니하자 모든 관광호텔영업허가를 취소하기에 이르렀다. A는 강동구청장의 관광호텔영업허가취소처분에 불복하는 소송을 제기하여 다음과 같이 주장하였다. 강동구청장은 A의 주장에 대하여 어떻게 대응할 수 있는지 그 주장별로 논거를 제시하시오. (50점)

강동구청장이 백화점 및 관광호텔의 건축허가를 함에 있어서 건축법에 의하여 도로로 지정된 부분을 지목변경한 후 강동구청장에게 기부채납하도록 부관을 붙인 것은 행정행위의 부관의 한계를 초월한 것으로서 무효이다. 이 무효의 부관에 기하여 영업허가에 대하여도 위 기부채납의무의 부담을 이행하지 아니할 경우 그 각 영업허가를 취소한다는 위 철회권(취소권)유보의 부관을 붙였다가 그 부담 불이행을 이유로 이 사건 영업허가취소처분을 한 것은 위법하다.

> ### 처분당시 법령
>
> 「건축법」
>
> 제5조 (건축허가)
> ① 도시계획구역·국토이용관리법에 의하여 지정된 공업지역 및 취락지역와 대통령령이 정하는 구역안에 있어서의 건축물과 기타 구역안에 있어서의 연면적 200평방미터 이상이거나 3층 이상인 건축물을 건축(증축의 경우에는 그 증축으로 인하여 당해 건축물의 연면적이 200평방미터 이상이 되거나 3층 이상이 되는 경우를 포함한다)하거나 대수선하고자 하는 자는 미리 시장 또는 군수의 허가를 받아야 한다.
>
> 제27조(대지와 도로와의 관계)
> ① 건축물의 대지는 2미터이상을 도로(자동차만의 교통에 공하는 것을 제외한다)에 접하여야 한다. 다만, 건축물의 주위에 대통령령으로 정하는 공지가 있거나 기타 보안상 지장이 없을 때에는 그러하지 아니하다.
> ② 제7조의2에 규정된 건축물의 대지 또는 차고의 대지가 인접하는 도로의 폭, 그 대지가 도로에 접하는 부분의 길이 기타 그 대지와 도로와의 관계에 관하여 필요한 사항은 대통령령으로 정한다.
>
> 「건축법 시행령」
>
> 제63조 (대지와 도로와의 관계)
> ① 법 제27조제2항의 규정에 의하여 연면적이 1천제곱미터 이상인 건축물의 대지는 폭 6미터이상의 도로 또는 광장에 6미터이상을 접하거나 4미터 이상을 2곳 이상 접하여야 한다.
> ② 판매시설·관람집회시설 기타 이와 유사한 용도의 건축물의 대지는 제1항의 규정에 불구하고 그 대지둘레길이의 6분의 1이상을 다음의 도로에 접하여야 한다. 〈개정 1985·8·16〉
> 1. 당해 용도에 쓰이는 바닥면적의 합계가 1천제곱미터 이상 2천제곱미터 미만인 때에는 폭 8미터이상의 도로
> 2. 당해 용도에 쓰이는 바닥면적의 합계가 2천제곱미터 이상인 때에는 폭 10미터이상의 도로

```
┌─────────────────────────────────────────────────────────────┐
│          주요쟁점                                            │
│                                                              │
│   ✦ 건축허가              ✦ 부관의 한계                      │
│   ✦ 부관의 가능성          ✦ 영업허가취소                    │
│   ✦ 법률행위적 행정행위    ✦ 철회권(취소권)의 유보           │
│   ✦ 기속행위, 재량행위     ✦ 사후부관                        │
└─────────────────────────────────────────────────────────────┘
```

Ⅰ. 쟁점정리

　서울특별시 강동구청장은 C 회사에게 건축허가를 하면서 당시의 건축법령에 따라 백화점 부지의 일부를 도로로 지정하고, 백화점 및 관광호텔건물의 준공시 지목변경한 후 강동구청장에게 기부채납하도록 하였다. 그 후 강동구청장은 다시 백화점 및 관광호텔의 소유권을 취득하여 영업 중인 A에게 기부채납의무의 이행이 없을 때는 영업허가를 취소할 것이라는 부관을 붙인 후 실제로 영업허가취소처분을 하게 되었다.

　이와 관련하여 ① 강동구청장이 건축허가를 하면서 부관을 붙일 수 있는지 여부, ② 기부채납 부관이 부관의 한계를 준수하여 적법한 것인지 여부, ③ 기부채납 의무의 불이행시에 영업허가를 취소한다는 부관을 추가하여 실제로 영업허가처분을 취소한 처분의 위법성 여부와 관련하여, 강동구청장의 철회권의 유보에 해당하는 부관이 적법한 것인지 여부, 사후부관으로서의 요건에 해당하는지 여부와 선행 부관이 위법하다면 그 위법성을 승계한 후행 부관은 위법한 것은 아닌지 여부가 문제된다.

Ⅱ. 건축허가시에 기부채납의 부관을 붙일 수 있는지 여부

1. 부관의 가능성

가. 부관의 의의

　행정행위의 부관이란 행정행위의 효과를 제한하거나 특별한 의무를 부과하거나 요건을 보충하기 위하여 주된 행위에 붙여진 종된 규율을 말한다. 종래의 통설은 행정행위의 효과를 제한하기 위하여 주된 의사표시에 붙여진 종된 의사표시라고 하였다.

나. 원 칙

개별법규에서 부관에 관한 규정을 두는 경우에는 그 법규에서 정하는 바에 따라 부관을 붙일 수 있다. 그렇지만 그런 명문의 규정이 없더라도 일정한 경우에는 부관을 붙일 수 있다. 판례는 수익적 행정처분에 있어서는 법령에 특별한 근거규정이 없다고 하더라도 그 부관으로서 부담을 붙일 수 있다고 한다(대법원 2009.2.12. 선고 2008다56262 판결).

다. 법률행위적 행정행위와 준법률행위적 행정행위

(1) 종래의 통설은 부관을 주된 의사표시에 붙여진 종된 의사표시라 하여 부관은 법률행위적 행정행위(명령적 행위 · 형성적 행위)에 대하여만 붙일 수 있으며, 준법률행위적 행정행위(확인 · 공증 · 통지 · 수리)에는 그것이 의사표시를 구성요소로 하지 아니하고, 효과도 법률에 의하여 부여되므로 성질상 붙일 수 없다고 본다.

(2) 그러나 새로운 견해는 부관의 허용성은 행정행위의 성질에 의하여 결정된다고 본다. 그리하여 통설이 준법률행위적 행정행위라 하여 부관을 붙일 수 없다고 하는 확인 · 공증에도 기한 등의 부관을 붙일 수 있다고 하고, 통설이 법률행위적 행정행위로 보아 부관을 붙일 수 있다고 하는 귀화허가에는 부관을 붙일 수 없다고 한다.

라. 기속행위와 재량행위

(1) 통설은 법률행위적 행정행위에 대하여도 법령상 명문규정이 있으면 몰라도 명문규정이 없는 경우에는 기속행위에 대하여는 붙일 수 없고, 재량행위에만 부관을 붙일 수 있다고 한다. 왜냐하면 재량행위는 행정청에게 행위를 거부할 수 있는 자유가 인정되어 있다고 볼 것이므로, 부관에 의하여 그 효과를 제한하는 것도 허용된다고 볼 수 있기 때문이다.

(2) 이에 반하여 기속행위는 행정청은 법령이 정한 바에 따라서 그 행위를 행하여야 할 구속을 받으므로, 자기의 의사에 의하여 그 효과를 제한하는 부관을 붙일 여지가 없다.

2. 사안의 경우

(1) 건축허가권자인 강동구청장은 건축허가신청이 건축법 등 관계 법규에서 정하는 어떠한 제한에 배치되지 않는 이상 당연히 같은 법조에서 정하는 건축허가를 하여야 한다. 따라서 중대한 공익상의 필요가 없는데도 관계 법령에서 정하는 제한사유 이외의 사유를 들어 요건을 갖춘 자에 대한 허가를 거부할 수는 없다는 것이 판례의 일관된 입장이다(대법원 2010.2.25. 선고 2009두19960 판결).

(2) 다만, 국토계획법에 의하여 지정된 도시지역 안에서 토지의 형질변경행위를 수반하는 건축허가는 재량행위로 본다(대법원 2010.2.25. 선고 2009두19960 판결). 그러므로 건축허가는 원칙적으로 건축법 등의 관계법령에 제한 사유가 없으면 건축허가를 하여야 하는 기속행위의 성질도 갖고 있지만, 중대한 공익상의 필요가 있을 경우에는 거부할 수 있는 재량권이 부여되어 있어 건축허가시에 부관을 붙이는 것은 가능하다.

(3) 사안의 경우 백화점 부지의 일부를 지목변경하여 일반의 통행에 제공하도록 하여 토지의 형질변경행위를 수반하게 되므로, 위 건축허가는 재량행위에 해당한다. 따라서 원칙적으로 강동구청장은 건축허가에 대하여 부관을 붙일 수 있다.

Ⅲ. 이 사건 기부채납의 부관이 적법한 것인지 여부

1. 부관의 한계

부관의 내용은 적법하여야 하고, 이행가능 하여야 하며, 비례의 원칙 및 평등의 원칙에 적합하고, 행정처분의 본질적 효력을 해하지 않는 한도의 것이어야 한다(대법원 1992.4.28. 선고 91누4300 판결). 그리고 공무원이 인·허가 등 수익적 행정처분을 하면서 상대방에게 그 처분과 관련하여 부관으로서 부담을 붙일 수 있다 하더라도, 그러한 부담은 법치주의와 사유재산 존중, 조세법률주의 등 헌법의 기본원리에 비추어 비례의 원칙이나 부당결부의 원칙에 위반되지 않아야만 적법한 것이 된다(대법원 2009.12.10. 선고 2007다63966 판결).

가. 적법성의 한계

부관은 법령에 위배되어서는 아니 된다. 예컨대 법령이 행정행위의 상대방에게 신고·인가 등을 받을 것을 조건으로 하여 일정한 행위를 허용하고 있는 경우에, 부관으로서 이러한 행위를 절대 금지시키는 것은 허용되지 않는다.

나. 목적상의 한계

부관은 그 행정행위가 추구하는 목적의 범위를 일탈하여서는 아니 된다. 예컨대 도로법에 의한 도로점용허가의 부관은 오직 도로관리적 견지에서만 붙여져야 한다.

다. 비례·평등의 원칙 및 부당결부금지의 원칙

부관의 내용은 비례의 원칙에 반한 것이 아니어야 한다. 필요한 한도를 넘어서, 또는 상대방에게 가혹한 부관을 붙일 수 없다. 그리고 부관의 내용은 평등의 원칙에 반한 것이 아니어야 한다. 또한 부관을 실질적 관련이 없는 상대방의 반대급부와 결부시키는 부당결부금지의 원칙에 반하여서도 아니 된다.

2. 사안의 경우

강동구청장은 C회사에 건축허가를 함에 있어 건축법 제27조 제2항 및 건축법 시행령 제63조 제2항의 대지와 도로와의 관계에 관한 규정에 따라 도로를 확보하기 위한 뜻에서 백화점 부지의 일부인 299㎡를 도로로 지정하고 기부채납하도록 하는 부관을 붙였다. 기부채납은 목적물의 소유권을 무상으로 양도하는 것으로, 사안의 경우 C 회사 소유의 백화점 부지의 일부인 299㎡를 도로로 지목을 변경하여 그 소유권을 강동구청장에게 이전하도록 한 부담이 위에서 살펴 본 부관의 한계를 일탈하였다고 볼 만한 특별한 사정이 보이지 않는다. 따라서 강동구청장의 C 회사에 대한 부관은 적법한 것이라 할 수 있으므로, 부관의 한계를 넘어 무효라는 A의 주장은 타당하지 않다.

Ⅳ. 선행 부관의 불이행을 전제로 한 영업허가취소 부관의 적법성 여부

1. 문제점

C 회사는 백화점과 관광호텔의 건축허가시에 부가된 기부채납의 부담을 이행하지 아니하여 준공검사를 받지 못한 상태에서 관광호텔을 가사용하게 되었다. 그 후 A는 위 호텔을 매수하여 강동구청장으로부터 호텔 내의 영업허가증을 재교부받

게 되었다. 그 때 강동구청장은 A에게 "호텔건물의 가사용기간 만료시까지 기부채납 의무를 이행하지 아니하고, 위 호텔건물의 준공검사필증을 교부받지 못하면 영업허가를 취소한다"는 새로운 부관을 부가하였다.

강동구청장이 A에게 부가한 부관이 철회권(취소권)의 유보에 해당되는지, 부관을 붙일 수 있는 시간적 한계에 관한 사후부관의 요건을 충족하고 있는지 문제된다. 그리고 A의 주장처럼 선행 부관이 위법하다면 그 부관의 불이행을 전제로 하는 후행 부관 역시 위법한 것은 아닌지 검토하여야 할 것이지만, 선행 부관이 적법한 것은 앞서 살펴보았으므로 이 부분은 재론할 필요는 없다.

2. 철회권(취소권)의 유보에 해당되는지 여부

가. 개 념

철회권(취소권)의 유보란 주된 행정행위에 부가하여 특정의 경우에 행정행위를 철회할 수 있는 권한을 유보하는 부관이다. 철회권의 유보는 장래의 상황변화에 대비하여 철회의 가능성을 유보하여 두는 기능을 하는 것이나 상대방은 법적 불안감을 갖게 된다. 장래의 철회권의 행사 그 자체가 조건일 수 있다는 점에서 성질상 철회권의 유보는 해제조건의 한 특수한 경우에 해당된다.

나. 사 유

행정청이 행정행위를 거부하거나 조건이나 기한을 붙일 정도는 아니지만, 행정행위를 장래에 계속적으로 유지하는 것이 공익상 불안한 경우에 붙여진다.

다. 철회권의 행사

철회권이 유보된 경우(특히 철회사유를 특정하지 않고 막연하게 유보한 경우)에도 그 자체만으로 후의 철회를 정당화하는 근거는 되지 못하며, 철회시에 철회의 일반적 요건이 충족되지 않으면 철회할 수 없다. 판례는 행정청이 종교단체에 대하여 기본재산전환인가를 함에 있어 인가조건을 부가하고, 그 불이행시 인가를 취소할 수 있도록 한 것은 철회권을 유보한 것이라고 본다(대법원 2003.5.30. 선고 2003다6422 판결).

라. 한 계

철회권의 유보가 있더라도 철회권유보 사유가 발생하였을 경우 아무런 제한 없이 철회할 수 있는 것은 아니다. 철회권의 유보에는 조리상 일정한 한계가 있다고 할 것이다. 철회를 하지 않으면 안 될 공익상 필요가 있고, 허가 등 당해 행정행위의 목적에 비추어 합리적 이유가 있다고 인정되는 경우에만 유효하게 되는 이익형량의 원칙이 적용된다 할 것이다.

마. 사안의 해결

강동구청장이 C 회사에게 부가한 기부채납 부관을 C 회사 또는 A가 이행하였다면, A에게 또 다시 기부채납의 이행을 하지 않으면 관광호텔영업허가를 취소한다는 새로운 부관을 부가할 필요가 없었을 것이다. 강동구청장이 위 부관을 붙일 당시의 관계법령에 의하면, 호텔에서 영업을 계속 하기 위해서는 일정한 시설을 갖추어야 하고, 만일 A가 기부채납 의무를 이행하지 않아서 가사용기간이 만료되도록 위 호텔건물에 관한 준공검사필증을 교부받지 못하면 호텔건물을 사용할 수 없게 된다. 그렇게 되면 당연히 호텔건물 내에 위치하고 있는 여러 영업장소도 사용할 수가 없다. 그러면 A는 호텔영업에 관한 기준시설을 갖추지 못한 것이 되기 때문에 강동구청장은 부득이 철회권의 유보에 해당하는 부관을 추가로 부가하게 된 것이다. 따라서 A의 기부채납 부관의 이행은 호텔영업에 필수적인 요소라 할 것이므로, 그 의무의 이행을 전제조건으로 하는 철회권의 유보로서의 부관을 붙인 것은 적법하다.

3. 부관을 붙일 수 있는 시간적 한계 (사후부관)

가. 사후부관의 개념

사후부관은 주된 행정행위를 할 때 붙이지 않고, 행정행위가 행하여진 후에 부관(특히 부담)을 추가하거나, 이미 붙여진 부관을 변경하거나 보충하는 것을 말한다. 부관 중 조건·기한 또는 철회권의 유보를 사후부관으로 붙인 경우에는 이미 행한 행위를 취소 또는 철회하고, 이런 부관이 붙은 새로운 행정행위를 한 것으로 볼 것이다.

나. 인정여부

부관은 본질상 행정행위의 발령과 동시에 부과되어야 하지만, 사후에 부관을 추가하거나 변경·보충할 수 있는지 여부가 문제된다.

학설은 이에 대하여 ① 부관은 주된 행정행위와 별개로 사후에 붙일 수 없다는 부정설과 ② 명문의 규정이 있거나 행정행위 그 자체에 사후부관의 가능성이 유보되어 있거나, 본인의 동의가 있는 경우에 사후부관이 가능하다는 제한적 긍정설이 주장된다.

판례는, 본체인 행정처분에 이미 부담이 부가되어 있는 상태에서 그 의무의 범위 또는 내용 등을 변경하는 부관의 사후변경은, 법률에 명문의 규정이 있거나 그 변경이 미리 유보되어 있는 경우 또는 상대방의 동의가 있는 경우에 한하여 허용되는 것이 원칙이지만, 사정변경으로 인하여 당초에 부담을 부가한 목적을 달성할 수 없게 된 경우에도 그 목적달성에 필요한 범위 내에서 예외적으로 허용된다고 볼 것이다(대법원 1997.5.30. 선고 97누2627 판결)고 하여 다수설과 같은 제한적 긍정설의 입장이다.

다. 사안의 해결

(1) 강동구청장이 A에 대한 선행 부담인 기부채납의무의 불이행이 있을 경우에는 관광호텔 영업허가를 취소하겠다는 철회권의 유보는 주된 행정행위가 있은 후에 부관을 추가한 경우에 해당되어 사후부관이라고 볼 수 있다. A의 선행 부관의 불이행이라는 사정이 계속되고 있어 처음에 부담을 부가한 목적을 달성할 수 없게 되고, 영업허가증을 재교부할 당시에도 여전히 그러한 사정이 해소되지 않고 있어 강동구청장으로서는 다시 한 번 A에게 부관의 이행을 독촉하고, 관광호텔의 영업시설이 구비되지 않은 상태에서 영업을 하는 것을 묵과할 수도 없는 상황이었으므로 사후부관을 부가할 필요성도 긍정된다.

(2) 사안에 관한 하급심 판결은 관광숙박업 등의 영업허가에 대하여도 위 기부채납의무의 부담을 이행하지 아니할 경우 그 각 영업허가를 취소한다는 철회권 보유의 부관을 사후에 붙였다가 그 부담을 이행하지 아니한다는 이유로 영업허가취소처분을 한 것은 위법하다(서울고법 1991.12.17. 선고 90구8802 판결)고 하였다.

(3) 반면, 대법원은 건축허가시 붙여졌던 부관인 기부채납 의무이행이 영업허가증을 재교부할 때의 철회권유보의 부관이 되는 것으로 오인한 원심판결은 영업

허가 및 취소에 관한 법리오해 또는 부관의 내용을 오해한 위법이 있다(대법원 1992.11.13. 선고 92누1308 판결)고 하여 강동구청장의 A에 대한 철회권 유보의 부관이 적법하다고 하였다.

V. 결 론

(1) 강동구청장의 C 회사에 대한 건축허가는 건축법 등의 관계법령에 제한 사유가 없으면 건축허가를 하여야 하는 기속행위로서의 성질도 갖고 있지만, 중대한 공익상의 필요가 있을 경우에는 허가를 거부할 수 있는 재량권이 부여되어 있기 때문에 건축허가시에 부관을 붙이는 것이 허용된다. 이에 따라 강동구청장은 건축법령에 따라 백화점 부지의 일부인 299㎡를 도로로 지정하고 기부채납하도록 하는 부관을 붙였다. 이 부관이 사안의 경우 부당결부금지의 원칙에 위반하는 등의 부관의 한계를 어긋났다는 특별한 사정이 보이지 않기 때문에 적법한 것으로 판단되므로, 그 부관이 무효라는 A의 주장은 이유가 없다.

(2) 강동구청장이 관광호텔 가사용승인만을 받은 채 영업을 하고 있는 A에게 영업허가증을 재교부하면서 추가로 선행 부관의 불이행시에 영업허가를 취소할 것이라는 부관은 철회권의 유보에 해당된다. 강동구청장으로서는 A가 관광호텔 영업시설이 구비되지 않은 상태에서 계속적으로 영업하는 것을 수용하고 있을 수 없어서 사후적으로 부관을 추가한 것 역시 적법한 것이라 할 것이다.

(3) 따라서 강동구청장의 기부채납 부관은 행정행위의 부관의 한계를 초월한 것으로서 무효이며, 위 기부채납의무의 부담을 이행하지 아니할 경우 그 영업허가를 취소한다는 철회권(취소권)유보의 부관을 붙였다가 그 부담 불이행을 이유로 한 영업허가취소처분도 위법하다는 A의 주장은 타당하지 않다.

기본구조

Ⅰ. 쟁점정리

Ⅱ. 건축허가시에 기부채납의 부관을 붙일 수 있는지 여부

1. 부관의 가능성
  가. 부관의 의의
  나. 원 칙
  다. 법률행위적 행정행위와 준법률행위적 행정행위
  라. 기속행위와 재량행위

2. 사안의 경우

Ⅲ. 이 사건 기부채납의 부관이 적법한 것인지 여부

1. 부관의 한계
  가. 적법성의 한계
  나. 목적상의 한계
  다. 비례·평등의 원칙 및 부당결부금지의 원칙

2. 사안의 경우

Ⅳ. 선행 부관의 불이행을 전제로 한 영업허가취소 부관의 적법성 여부

1. 문제점

2. 철회권(취소권)의 유보에 해당되는지 여부
  가. 개 념
  나. 사 유
  다. 철회권의 행사
  라. 한 계
  마. 사안의 해결

3. 부관을 붙일 수 있는 시간적 한계 (사후부관)
  가. 사후부관의 개념
  나. 인정여부
  다. 사안의 해결

Ⅴ. 결 론

[15] 행정행위의 취소와 처분변경

A는 1998. 2. 19. 징병신체검사에서 공익근무소집대상자처분을 받은 후 2002년부터 2006년까지 부산지방병무청장에게 '본인이 아니면 가족의 생계를 유지할 수 없는 사람'에 해당된다는 생계유지곤란 사유로 병역감면신청을 하는 등으로 같은 사유로 4회에 걸쳐 병역감면신청을 한 바 있다. 부산지방병무청장은 2008. 7. 22. 병역감면신청서를 회송하는 처분을 하면서 공익근무요원 소집통지를 하였다. 공익근무요원소집처분은 보충역편입처분을 받은 공익근무요원소집대상자에게 기초적 군사훈련과 구체적인 복무기관 및 복무분야를 정한 공익근무요원으로서의 복무를 명하는 행정처분이다.

A는 2008. 7. 30. 부산지방병무청장의 공익근무요원 소집처분에 불복하여 그 처분의 취소를 구하는 소를 제기하였다. 그러자 부산지방병무청장은 2008. 8. 8. 병역면제신청서 회송처리가 착오였음을 이유로 재검토가 필요하다고 판단하고, A에게 앞서 회송했던 병역감면신청서를 다시 제출해 줄 것을 요청하였다. A는 2009. 3. 24. 항소심 진행 중에 병역감면신청서를 제출하였는데, 부산지방병무청장은 병역감면요건 구비 여부를 심사하여 A가 제소한 소의 상고 제기 후인 2009. 9. 21. 병역감면신청 거부처분을 하면서 다시 공익근무요원 소집통지를 하였다.

(1) A는 생계유지곤란 사유로 병역감면신청을 하였는데, A의 병역감면신청은 적법한가. (10점)

(2) 부산지방병무청장이 2008. 7. 22. A에게 한 병역감면신청서를 회송하는 처분을 하면서 공익근무요원 소집통지를 한 행위의 법적 성격과 그 효력을 설명하시오. (20점)

(3) 부산지방병무청장이 2008. 7. 22. A에게 한 병역감면신청거부처분 및 공익근무요원소집처분통지의 취소를 구할 수 있는 소의 이익이 있는가. (10점)

(4) A가 2009. 9. 21. 병역감면신청거부처분 및 공익근무요원소집처분통지의 취소를 구하는 것으로 소의 변경을 할 수 있는가. (10점)

[15] 행정행위의 취소와 처분변경   291

> **참고법률**
>
> **「병역법」**
>
> 제62조(가사사정으로 인한 제2국민역 편입 등)
> ① 현역병입영 대상자로서 제1호에 해당하는 사람은 원할 경우 제2국민역으로, 제2호에 해당하는 사람은 원할 경우 보충역으로 처분할 수 있다.
> 1. 본인이 아니면 가족의 생계를 유지할 수 없는 사람
> ② 보충역으로서 제1항제1호에 해당하는 사람은 원할 경우 제2국민역에 편입할 수 있다.
>
> **「병역법 시행령」**
>
> 제132조(가사사정으로 인한 병역감면원서 등의 제출)
> ① 법 제62조제1항제1호 또는 제2항에 따라 제2국민역 편입을 원하는 사람은 지방병무청장에게 생계유지곤란사유 병역감면원서(전자문서로 된 원서를 포함한다)를 제출하여야 하며, 이를 받은 지방병무청장은 제130조제1항제7호에 따른 병역감면 대상자의 가족관계, 재산 및 수입 등을 확인하여야 한다.

> **주요쟁점**
>
> ✦ 병역감면신청
> ✦ 사인의 공법행위로서의 신청
> ✦ 직권취소
> ✦ 쟁송취소
> ✦ 취소사유
> ✦ 행정청의 착오
> ✦ 사인의 부정행위
> ✦ 소의 이익
> ✦ 처분의 효과소멸
> ✦ 소의 변경

I. A의 병역감면신청이 적법한지 여부 [설문 (1)의 해결]

1. 문제점

A는 징병신체검사에서 공익근무소집대상자처분을 받은 후 '본인이 아니면 가족의 생계를 유지할 수 없는 사람'이라는 이유로 병역법 제62조 제2항 및 병역법 시행령 제132조 제1항이 정하는 바에 따라 지방병무청장에게 생계유지곤란사유 병역감면원서를 제출하였다.

A의 부산지방병무청장에 대한 병역감면신청은 사인의 공법행위로서의 신청에 해당된다. 그러므로 A의 병역감면신청이 적법한 것이었는지는 신청의 일반적 요건과 병역법의 요건을 살펴볼 필요가 있다.

2. 사인의 공법행위로서의 신청

가. 신청의 개념

신청이란 행정청에 대하여 자기의 권리 또는 이익을 위하여 어떤 사항을 청구하는 의사표시이다. 신청은 자신에 대하여 직접 이익을 부여하는 처분을 요구하는 행정행위발급청구권 또는 제3자에 대하여 규제조치를 발동할 것을 요구하는 행정개입청구권으로 나타나는 경우가 있다.

나. 신청의 요건

(1) 신청권의 존재

신청인에게 자기의 권리 또는 이익을 위하여 청구하는 신청권이 있어야 한다. 신청권은 행정청의 응답을 구하는 권리이므로, 신청된 대로의 처분을 구하는 권리는 아니다. 신청권은 실체법상의 적극적 청구권과는 구별되는 절차적 권리이다.

거부처분 취소소송 등에서 신청권의 존재를 소송요건으로 보는 소송요건설과 본안의 문제로 보는 본안문제설이 있다. 판례는 신청권을 소송요건인 소송대상의 문제로 보아, 법규상·조리상 신청권이 없는 경우 거부행위의 처분성을 인정하지 않고 부작위도 인정하지 않는다. 즉, 국민의 적극적 신청행위에 대하여 행정청이 그 신청에 따른 행위를 하지 않겠다고 거부한 행위가 항고소송의 대상이 되는 행정처분에 해당하는 것이라고 하려면, 그 신청한 행위가 공권력의 행사 또는 이에 준하는 행정작용이어야 하고, 그 거부행위가 신청인의 법률관계에 어떤 변동을 일으키는 것이어야 하며, 그 국민에게 그 행위발동을 요구할 법규상 또는 조리상의 신청권이 있어야 한다(대법원 2009.9.10. 선고 2007두20638 판결).

(2) 신청요건에 적합한 신청의 존재

(가) 적법한 신청이 되기 위해서는 먼저 현실적인 신청이 있어야 한다. 판례 역시 국·공립대학 교원 임용권자가 재임용심사절차를 재개하지 아니함을 이유로 그에게 손해배상책임을 지우려면, 그 전제로 먼저 당해 교원의 재심사신청의사가 확

인되어야 한다(대법원 2011.1.27. 선고 2009다30946 판결)고 하였다.

(나) 또한 신청을 할 경우에는 법령이 요구하는 형식과 절차 등의 요건을 구비하여야 한다. 신청은 원칙상 문서(전자문서 포함)로 하여야 한다(행정절차법 17조 ①②). 다만, 대통령령이 정하는 경우에는 구술 또는 전화·전신·모사전송 등 정보통신망[13]으로 할 수 있다(민원사무처리에 관한 법률 8 단서).

다. 신청의 효과

(1) 접수의무

행정청은 신청에 대한 접수의무가 있다. 행정청은 신청이 있는 때에는 다른 법령 등에 특별한 규정이 있는 경우를 제외하고는 그 접수를 보류 또는 거부하거나 부당하게 되돌려 보내서는 아니 되며, 신청을 접수한 경우에는 신청인에게 접수증을 주어야 한다. 다만, 대통령령이 정하는 경우에는 접수증을 주지 아니할 수 있다(행정절차법 17④).

(2) 부적법한 신청의 효과(보완조치의무)

(가) 행정청은 신청에 서류 등이 미비된 경우에는 보완을 요구하여야 한다. 행정청은 적법요건을 모두 갖추지 아니한 신청에 대하여 그 요건의 보완을 요구할 수 있으며, 이에 불응할 경우 요건흠결을 이유로 그 신청을 반려할 수 있다(대법원 2002.10.11. 선고 2000두987 판결).

(나) 행정청은 보완에 필요한 상당한 기간을 정하여 지체 없이 신청인에게 보완을 요구하여야 한다(행정절차법 17⑤). 판례는 보완의 대상이 되는 흠은 보완이 가능한 경우이어야 하고, 그 내용 또한 형식적·절차적인 요건에 한하고 실질적인 요건에 대하여서까지 보완 또는 보정요구를 하여야 한다고 볼 수 없다(대법원 1996.10.25. 선고 95누14244 판결)고 한다. 다만 실질적 요건의 흠이라도 민원인의 단순한 착오 등에 의한 경우에는 보완의 대상으로 본다(대법원 2004.10.15. 선고 2003두657 판결).

(3) 처리의무(응답의무)

행정청은 적법한 신청이 있는 경우에 상당한 기간 내에 응답을 하여야 한다.

---

[13] 전자정부구현을 위한 행정업무 등의 전자화촉진에 관한 법률 제2조 제7호의 규정에 의한 정보통신망을 말한다.

그러므로 행정기관은 신청에 따른 행정행위를 하거나 거부처분을 하여야 한다. 신청에 따른 행정청의 처분이 기속행위일 뿐만 아니라 재량행위인 경우에도 행정청은 신청에 대한 응답의무를 진다.

3. 사안의 해결

가. 병역감면신청권의 존재

병역법 제62조 제2항은 보충역으로 본인이 아니면 가족의 생계를 유지할 수 없는 사람은 원할 경우에 제2국민역에 편입할 수 있도록 규정하고 있다. 따라서 A는 징병신체검사에서 공익근무소집대상자처분을 받은 바 있으므로, 병역법 소정의 생계유지곤란사유를 들어 병역감면을 요청할 수 있는 법률상의 신청권이 존재한다.

나. 적법한 병역감면신청

A는 병역법이 정하는 생계유지곤란 사유로 4회에 걸쳐 병역감면신청을 한 바 있다. 그러나 부산지방병무청장은 2008. 7. 22. 병역감면신청서를 회송(거부)하는 처분을 하였다. 그 후 A는 2009. 3. 24. 부산지방병무청장의 요청에 따라 병역감면신청서를 다시 제출하기도 하였다. 따라서 A의 병역감면신청 자체는 적법하다.

다. 병역감면신청의 효과

부산지방병무청장은 A의 병역감면신청을 접수하여 상당한 기간 내에 응답을 할 의무가 있다. 가사사정으로 인한 병역감면원서가 제출되었을 경우에는 지방병무청장은 병역감면 대상자의 가족관계, 재산 및 수입 등을 확인하여야 한다(병역법 시행령 132①).

그런데 부산지방병무청장은 그러한 사실확인의 착오로 A의 신청을 거부하는 처분을 하였고, A가 이 사건 처분의 취소를 구하는 소를 제기하자, 뒤늦게 다시 병역감면신청서를 제출해 줄 것을 요청하기에 이르렀다. 이에 A가 항소심 계속 중에 병역감면신청서를 제출하였는데, 부산지방병무청장은 상고심 계속 중에 다시 거부처분을 하였다.

> **기본구조**
>
> A의 병역감면신청이 적법한지 여부
> [설문 (1)의 해결]
>
> 1. 문제의 제기
>
> 2. 사인의 공법행위로서의 신청
>   가. 신청의 개념
>   나. 신청의 요건
>   (1) 신청권의 존재
>   (2) 신청요건에 적합한 신청의 존재
>
> 다. 신청의 효과
>   (1) 접수의무
>   (2) 부적법한 신청의 효과(보완조치의무)
>   (3) 처리의무(응답의무)
>
> 3. 사안의 해결
>   가. 병역감면신청권의 존재
>   나. 적법한 병역감면신청
>   다. 병역감면신청의 효과

Ⅱ. 병역감면신청서 회송처분 및 공익근무요원 소집처분의 직권취소 여부 [설문 (2)의 해결]

1. 문제점

A는 2008. 7. 22. 부산지방병무청장의 병역감면신청서 회송처분과 공익근무요원 소집처분(이하 '이 사건 1처분'이라 한다)에 불복하여 그 취소를 구하는 소를 제기하였다. 그러자 부산지방병무청장은 A에게 이 사건 1처분 당시에 병역감면신청서를 반환한 것은 착오에 의하였다는 등의 이유로 회송해 줄 것을 요청하였다. A는 위 요청을 받고 다시 병역감면신청서를 제출하였는데, 부산지방병무청장은 다시 병역감면 거부처분을 하고 이를 전제로 다시 공익근무요원 소집통지(이하 '이 사건 2처분이라 한다)를 하였다. 그렇다면 부산지방병무청장의 A에 대한 이 사건 1처분의 효력과 관련하여 부산지방병무청장이 이 사건 1처분을 직권취소한 것으로 볼 수 있는지 문제된다.

2. 행정행위의 취소

가. 취소의 개념

취소란 일응 유효하게 성립한 행정행위의 효력을 그 성립에 흠(무효원인 이외의 위법 또는 부당한 흠)이 있음을 이유로, 권한있는 기관이 원칙적으로 원래의 행위시에 소급하여 소멸시키는 원래의 행정행위와는 별개의 독립된 행정행위를 말한다.

취소는 유효하게 성립한 행정행위의 효력을 소멸시키는 행위인 점에서, ① 처음부터 효력이 없는 무효인 행위를 무효라고 선언하는 무효선언과 구별된다. 그리고 ② 행정행위의 취소는 행정행위의 성립 당시에 존재하였던 하자를 말하고, 철회는 행정행위가 성립된 이후에 새로이 발생한 것으로서 행정행위의 효력을 존속시킬 수 없는 사유를 말한다(대법원 2006.5.11. 선고 2003다37969 판결).

나. 행정행위의 취소의 종류

행정행위의 취소는 행정청에 의해 행하여지는 경우와 소송의 제기를 전제로 법원에 의해 소송절차에 따라 행하여지는 경우가 있다. 행정청에 의한 취소는 다시 직권으로 행하여지는 경우와 개인의 행정심판제기 등 쟁송제기에 의해 행하여지는 경우로 나누어진다.

쟁송에 의한 취소는 부담적 행정행위에서 문제되고, 직권에 의한 취소는 부담적 행정행위가 대상으로 되는 경우도 있지만, 주로 수익적 행정행위가 그 대상이 된다.

다. 취소권자

(1) 쟁송취소

행정청과 법원이다. 행정청은 처분청과 감독청을 말한다. 예외적이기는 하나 제3기관을 재결청으로 하는 경우가 있다(예: 공무원소청심사위원회). 이 경우에는 그 재결청은 그 법률의 규정에 의하여 취소권을 가진다.

(2) 직권취소

처분청과 그 감독청이다. 감독청이 직권취소를 할 수 있는가에 대하여는 ① 취소권은 감독권에 포함되는 것이므로 별도의 명문규정이 없어도 직접 취소할 수 있다는 견해(적극설)와, ② 감독청은 명문규정이 없는 한 직접 취소할 수는 없고 피감독청에 대하여 취소를 명할 수 있음에 그친다는 견해(소극설)가 있는데, 소극설이 타당하다고 본다.

감독청이 처분청의 처분을 취소할 수 있도록 규정한 예로서는 지방자치법 제169조 제1항을 들 수 있는데, 지방자치단체장의 명령·처분이 법령에 위반되거나 현저히 부당하여 공익을 해친다고 인정되면 시·도에 대하여는 주무부장관이, 시·

군 및 자치구에 대하여는 시·도지사가 취소할 수 있다고 한 것이 그것이다.

판례 역시 '하급 지방자치단체장이 전국공무원노동조합의 불법 총파업에 참가한 소속 지방공무원들에 대하여 징계의결을 요구하지 않은 채 승진임용하는 처분을 한 것이 재량권의 범위를 현저히 일탈한 것으로서 위법한 처분이므로, 상급 지방자치단체장이 지방자치법 제169조 제1항에 따라 위 승진임용처분을 취소한 것은 적법'(대법원 2007.3.22. 선고 2005추62 판결)하다고 한다.

라. 취소권의 근거

(1) 쟁송취소

쟁송취소는 행정심판법·행정소송법 등, 쟁송을 인정한 법률에 근거하여 행하여진다.

(2) 직권취소

직권취소는 특별한 법률의 근거를 요하지 않는다. 취소권의 근거는 행정행위의 근거법에 포함되었다고 할 것이다. 행정행위를 한 처분청은 그 행위에 하자가 있는 경우에는 별도의 법적 근거가 없더라도 스스로 이를 취소할 수 있고, 수익적 행정처분의 하자가 당사자의 사실은폐나 기타 사위의 방법에 의한 신청행위에 기인한 것이라면 당사자는 처분에 의한 이익이 위법하게 취득되었음을 알아 취소가능성도 예상하고 있었다 할 것이므로, 그 자신이 처분에 관한 신뢰이익을 원용할 수 없음은 물론 행정청이 이를 고려하지 아니하였다고 하여도 재량권의 남용이 되지 않는다(대법원 2006.5.25. 선고 2003두4669 판결).

마. 취소사유

(1) 위법·부당한 행위

행정행위의 위법 또는 부당한 모든 경우가 원칙적으로 취소사유가 된다고 하겠다. 따라서 행정행위에 하자가 있을지라도 그 하자가 중대·명백하지 않는 경우 및 하자가 중대하기는 하나 명백하지 않는 경우에 취소의 대상이 된다.

(2) 행정청의 착오

행정청의 착오는 그것만으로는 행정행위를 위법하게 만들지는 않는다. 착오에 의하여 법령해석·사실인정을 잘못한 결과, 행정행위가 객관적으로 위법하게 된 경우에 그 행위가 수익적 행위에 해당된다면 상대방의 신뢰보호의 견지에서 취소가 제한된다고 할 것이다.

판례는 운전면허 취소사유에 해당하는 음주운전을 적발한 경찰관의 소속 경찰서장이 사무착오로 위반자에게 운전면허정지처분을 한 상태에서 위반자의 주소지 관할 지방경찰청장이 위반자에게 운전면허취소처분을 하였다면 선행처분에 대한 당사자의 신뢰 및 법적 안정성을 저해하는 것이므로 선행처분을 취소할 없다고 한다(대법원 2000.2.25. 선고 99두10520 판결).

(3) 사인의 부정행위

사인의 사기 등 부정수단에 의하여 행정행위가 행하여진 경우에는, 그 결과인 행정행위의 내용이 위법하지 않더라도 독립의 취소 원인이 될 수 있다. 신뢰보호를 할 필요가 없다는 것을 실질적 이유로 하는데, 행정청의 의사에 결함이 있다고도 할 수 있고 행정행위의 성립과정에 위법이 있다고도 할 수 있다.

판례는, 원고가 허위의 고등학교 졸업증명서를 제출하는 사위의 방법에 의하여 하사관을 지원하여 입대한 이상, 원고로서는 자신에 대한 하사관 임용이 소정의 지원요건을 갖추지 못한 자에 대하여 위법하게 이루어진 것을 알고 있어 그 취소가능성도 예상할 수 있었다 할 것이므로, 피고가 33년이 경과한 후 뒤늦게 원고에 대한 하사관 및 준사관 임용을 취소함으로써 원고가 입는 불이익이 적지 않다 하더라도 위 취소행위가 신뢰이익을 침해하였다고 할 수 없음은 물론 비례의 원칙에 위배하거나 재량권을 남용하였다고 볼 수 없어, 결국 원고에 대한 하사관 및 준사관 임용을 취소한 이 사건 처분은 적법하다고 한다(대법원 2002.2.5. 선고 2001두5286 판결).

(4) 처분의 근거법규가 위헌·위법한 경우

대법원과 헌법재판소는 어느 법률이 헌법재판소에서 위헌으로 결정된 경우에 당해 법률이 위헌으로 결정되기 전에 그 법률에 근거하여 행하여진 행정처분의 하자는 특별한 사정이 없으면 취소사유에 그친다고 한다. 그것은 일반적으로 법률이 헌법에 위반되는지의 여부는 헌법재판소의 위헌결정이 있기 전에는 객관적으로 명백한 것이라고는 볼 수 없기 때문에 법적안정성의 측면에서 취소사유로 본 것이다(헌재 1994.6.30. 92헌바23, 대법원 1994.10.28. 선고 92누9463 판결 등). 판례는 마찬가지로 명령·규칙(지방자치단체의 조례·규칙 포함)이 법원에서 위헌·위법으로 결정된 경우에, 그러한 결정이 있기 전에 당해 명령·규칙에 근거하여 행하여진 행정처분의 하자도 특별한 사정이 없으면 취소사유에 그친다고 한다(대법원

1995.7.11. 선고 94누4615 판결).

바. 취소의 제한

직권취소에 있어서는 취소로 인하여 상대방이나 이해관계인이 받게 되는 불이익과 취소로 인하여 달성되는 공익을 비교형량하여 공익이 우월해야 한다. 그러나 쟁송취소에 있어서는 행정행위가 위법한 경우에는 이익형량 없이 원칙적으로 취소하여야 한다. 다만 예외적인 사정판결의 가능성이 있을 뿐이다.

사. 취소의 절차

(1) 쟁송취소

행정심판법·행정소송법이 정하는 행정쟁송절차에 의하게 된다.

(2) 직권취소

수익적 행정처분의 취소와 같은 불이익처분의 경우에는 원칙적으로 상대방에 대한 의견청취(의견제출 또는 청문)절차를 거쳐야 한다(행정절차법 22). 또한 행정절차법 이외의 개별법률(도로법 85, 식품위생법 64)에서 청문과 같은 절차를 정하고 있는 경우에는 그러한 절차도 함께 거쳐야 함은 물론이다.

아. 취소의 효과

(1) 원칙적으로 소급효

취소는 행정행위의 성립시의 흠을 이유로 하므로 그 효과는 원칙적으로 당해 행위를 한 때에 소급하여 발생한다. 취소되면 처음부터 그 행위가 없었던 것과 같은 효과를 발생한다. 그러나 소급효로 기성의 법률질서를 파괴하고, 상대방의 신뢰를 배반하여서는 안 된다는 점에서 보면 소급하여서는 안되는 경우도 있다. 대개는 침익적 행위의 취소의 효과는 소급적이나, 수익적 행위의 취소의 효과는 장래적이라 할 것이다.

(2) 쟁송취소

그 성질상 과거(행위시)에 소급한다. 쟁송취소의 경우에도 흠이 사기·강박·증뢰로 유발된 경우, 부정 또는 부실신고로 유발된 경우와 같이 당사자에게 책임 있는 경우 이외에는, 당사자에게 불이익하게 소급하지 아니하고 장래에 향하여서만 행위의 효력을 상실시키는 데 그친다 할 것이다.

(3) 직권취소

명문의 규정이 없는 한 행정청은 취소의 범위(행정행위의 전부 또는 일부취소)와 효력발생시기에 대하여 자유로이 정할 수 있다고 할 것이다. 따라서 직권취소의 경우에는 효력발생시기에 대하여 일률적으로 말할 수 없다.

3. 사안의 해결

가. 부산지방병무청장의 이 사건 1처분에 취소사유가 존재하는지 여부

부산지방병무청장은 2008. 8. 8. 이 사건 1처분 당시에 A에게 반려한 병역면제신청서 회송행위가 착오에 의하였다고 인정하였다. 착오에 의하였다는 사유만으로 취소사유라고 말할 수는 없지만, 착오의 결과 법령해석·사실인정을 잘못하여 그 행위가 객관적으로 위법하게 된 경우에는 취소사유가 된다고 할 수 있다. 사안과 같이 A의 병역감면신청은 전형적인 수익적 행위에 해당되고, 그러한 행위를 착오에 의하여 거부처분을 하였다면, A에게는 큰 불이익이 되기 때문에 취소사유가 된다고 할 것이다.

나. 부산지방병무청장의 이 사건 1처분 서류의 회송요청행위의 법적 성질

부산지방병무청장은 이 사건 1처분이 착오에 의하였음을 인정하고 다시 A의 권익을 고려하여 병역감면처분을 할 것인지 여부에 대하여 재검토 후 처분을 하기 위하여 A에게 앞서 회송했던 병역감면신청서를 다시 제출해 줄 것을 요청하였다. 이는 부산지방병무청장이 이 사건 1처분이 착오에 의하여 A의 신청에 대한 병역감면 요건에 해당하는지 여부를 충분히 검토하지 못하였기 때문에 그 처분의 효력을 소급하여 소멸시키려는 의도에서 비롯된 것이다. 따라서 부산지방병무청장의 A에 대한 이 사건 1처분 서류의 회송요청행위는 처분청의 직권취소라고 할 수 있다.

다. 부산지방병무청장의 이 사건 1처분에 대한 직권취소의 효력

부산지방병무청장의 A에 대한 이 사건 1처분의 직권취소는 결국 착오로 인한 거부처분의 효력을 소급적으로 소멸시키는 효과를 가진다. 따라서 부산지방병무청장의 이 사건 1처분은 2008. 8. 8. 처분서류의 회송요청행위시부터 2008. 7. 22. 병역감면신청서를 회송하는 처분시로 소급하여 그 효력이 상실되었다고 할 것이다.

그러므로 A에 대한 공익근무요원소집처분 역시 A가 부산지방병무청장의 회송요청에 응하여 그 처분서류를 회송하였는지 여부와 상관없이 효력이 소멸된다.

라. 직권취소 제한 사유의 부존재

취소사유가 존재한다 하더라도 상대방에 대한 법률생활의 안정, 기득의 권익보호, 신뢰보호의 원칙을 보호할 필요가 있을 때에는 직권취소가 제한된다. 그렇지만 부산지방병무청장의 이 사건 1처분은 A의 신청을 거부하는 불이익처분이기 때문에 일반적으로 수익적 행위를 취소함에 있어 고려되는 취소권의 제한사유는 문제되지 아니한다.

따라서 부산지방병무청장의 이 사건 1처분은 A에게 병역감면신청서를 회송하는 처분시로 소급하여 그 효력이 소멸되었다.

기본구조

병역감면신청서 회송처분 및 공익근무요원 소집처분의 직권취소 여부
[설문 (2)의 해결]

1. 문제의 제기

2. 행정행위의 취소
  가. 취소의 개념
  나. 행정행위의 취소의 종류
  다. 취소권자
    (1) 쟁송취소
    (2) 직권취소
  라. 취소권의 근거
    (1) 쟁송취소
    (2) 직권취소
  마. 취소사유
    (1) 위법·부당한 행위
    (2) 행정청의 착오
    (3) 사인의 부정행위
    (4) 처분의 근거법규가 위헌·위법한 경우
  바. 취소의 제한
  사. 취소의 절차
    (1) 쟁송취소
    (2) 직권취소
  아. 취소의 효과
    (1) 원칙적으로 소급효
    (2) 쟁송취소
    (3) 직권취소

3. 사안의 해결
  가. 부산지방병무청장의 이 사건 1처분에 취소사유가 존재하는지 여부
  나. 부산지방병무청장의 이 사건 1처분 서류의 회송요청행위의 법적 성질
  다. 부산지방병무청장의 이 사건 1처분에 대한 직권취소의 효력
  라. 직권취소 제한 사유의 부존재

Ⅲ. 이 사건 1처분의 취소를 구할 소의 이익 유무 [설문 (3)의 해결]

1. 문제점

부산지방병무청장은 A에게 이 사건 1처분에 관한 서류를 회송해 줄 것을 요청하면서 병역면제신청서를 다시 제출해 줄 것을 요청하였다. 부산지방병무청장의 이러한 행위가 이 사건 1처분을 직권으로 취소한 행위라는 점은 앞서 검토하였다. 그런데 A는 이 사건 1처분의 취소를 구하는 행정소송을 제기한 후 항소심에 이르러서야 병역감면신청서를 부산지방병무청장에게 제출하였고, 부산지방병무청장은 위 취소소송이 상고심에 이르렀을 때 이 사건 2처분을 하였다. 그렇다면 이 사건 1처분의 효력이 소멸되어, A의 이 사건 1처분의 취소를 다투고 있는 소의 이익은 있는 것인지 여부가 문제된다.

2. 소의 이익에 관한 일반론

가. 소의 이익의 개념

A가 부산지방병무청장의 이 사건 1처분의 취소를 구하기 위해서는 처분 등의 취소를 구할 법률상 이익이 있어야 한다(행정소송법 12). A가 소를 제기하여 취소판결이 내려지면 A의 구제가 현실적으로 달성될 가망이 있는 것을 협의의 소의 이익 또는 권리보호의 이익이라고 한다. 오늘날의 통설(법률상 이익구제설)·판례는 위법한 처분의 취소에 의하여 어떠한 법률상 이익이 회복될 가능성이 있는 경우에는 부수적 이익도 보호한다. 그리하여 처분 등의 효과가 기간의 경과, 처분 등의 집행 그 밖의 사유로 인하여 소멸된 뒤에도 그 처분 등의 취소로 인하여 회복되는 법률상 이익이 있는 자의 경우에는 또한 같다(행정소송법 12 후단)고 한다.

나. 처분의 효과소멸 후 법률상 이익이 인정되는 경우

취소소송의 소익을 넓게 인정하여 처분의 취소에 의하여 부수적 이익이 회복되는 경우에도 인정된다. 그러나 부수적 이익도 법률상 이익이 있어야 하며, 단순한 사실상 이익이어서는 아니 된다. 법률상 이익이 인정되는 경우로는 판결의 소급효에 의하여 당해 처분이 소급적으로 취소되게 됨으로써 A의 이익이 구제될 수 있는 경우와 당해 처분이 존재하였다는 것이 A에 대한 장래의 불이익한 전력이 되는 경우를 들 수 있다.

다. 처분의 효력이 소멸한 경우

(1) 원 칙

처분의 효력이 소멸된 경우에는 통상 당해 처분의 취소를 통하여 회복할 법률상 이익이 없다. 판례도 행정청이 공무원에 대하여 새로운 직위해제사유에 기한 직위해제처분을 한 경우 그 이전에 한 직위해제처분은 이를 묵시적으로 철회하였다고 봄이 상당하므로, 그 이전 처분의 취소를 구하는 부분은 존재하지 않는 행정처분을 대상으로 한 것으로서 그 소의 이익이 없어 부적법하다(대법원 2003. 10.10. 선고 2003두5945 판결)고 한다.

또한 보충역편입처분 및 공익근무요원소집처분의 취소를 구하는 소의 계속중 병역처분변경신청에 따라 제2국민역편입처분으로 병역처분이 변경된 경우, 보충역편입처분은 제2국민역편입처분을 함으로써 취소 또는 철회되어 그 효력이 소멸하였고, 공익근무요원소집처분의 근거가 된 보충역편입처분이 취소 또는 철회되어 그 효력이 소멸한 이상 공익근무요원소집처분 또한 그 효력이 소멸하였다는 이유로, 종전 보충역편입처분 및 공익근무요원소집처분의 취소를 구할 소의 이익이 없다고 한 바 있다(대법원 2005.12.9. 선고 2004두6563 판결).

(2) 예 외

다만, 처분의 효력소멸로 기본적인 권리회복은 불가능하다고 하더라도 판결의 소급효에 의하여 당해 처분이 소급적으로 취소되게 됨으로써 A의 법률상 이익에 해당하는 부수적인 이익이 구제될 수 있는 경우에는 처분 등의 효과가 소멸된 후에도 소익이 인정된다. 판례는 공무원이 파면처분을 다투고 있는 중에 다른 사정으로 공무원의 지위를 회복할 여지가 없게 된 경우에도, 그 동안의 급여청구와의 관계에서 아직 이익이 있는 이상 소를 제기할 수 있다고 하였다(대법원 1993.7.27. 92다40587).

3. 사안의 해결

가. 이 사건 2처분의 법적 성질

부산지방병무청장의 A에 대한 이 사건 2처분이 종전 공익근무요원 소집처분의 의무이행기일을 연기하였다가 다시 그 기일을 정하여 통지한 것인지, 종전 공익근무요원 소집처분을 직권으로 취소하면서 새로운 처분으로 공익근무요원 소집처분을 한 것인지 문제된다.

의무이행기일을 연기한 것으로 본다면, 이 사건 2처분은 종전의 처분의 이행을 독촉한 것에 해당된다. 따라서 A가 취소를 구하는 이 사건 1처분의 취소를 구하는 소는 법률상 이익을 가지는 것이므로 소의 이익도 긍정된다. 그러나 앞서 보았듯이 이 사건 1처분은 직권으로 취소된 바 있으므로, 이 사건 2처분은 새로운 처분을 한 것에 해당된다.

나. 처분의 효력이 소멸 후 보호할 만한 부수적 이익이 있는지 여부

이 사건 1처분의 취소를 구하고 있는 A의 소는 효력이 소멸한 처분의 취소를 구하고 있다. 그럼에도 당해 처분이 소급적으로 취소되게 됨으로써 A의 법률상 이익에 해당하는 부수적인 이익이 구제될 수 있는 경우에는 처분 등의 효과가 소멸된 후에도 소익이 인정되는 경우가 있다. 그러나 A가 취소를 구하는 이 사건 1처분이 취소될지라도 새로운 처분이 내려져 있기 때문에 부수적인 이익의 존재를 인정할 만한 특별한 사정은 보이지 않는다. 따라서 A의 이 사건 1처분의 취소를 구하는 소는 더 이상 존재하지 않는 행정처분을 대상으로 한 것이거나 과거의 법률관계의 효력을 다투는 것에 불과하므로 소의 이익이 없어 부적법하다. 그러므로 A의 청구는 결과적으로 제소요건을 구비하지 못한 소로 각하될 것이다.

기본구조

이 사건 1처분의 취소를 구할 소의 이익 유무 [설문 (3)의 해결]

1. 문제의 제기

2. 소의 이익에 관한 일반론
  가. 소의 이익의 개념
  나. 처분의 효과소멸 후 법률상 이익이 인정되는 경우
  다. 처분의 효력이 소멸한 경우
    (1) 원 칙
    (2) 예 외

3. 사안의 해결
  가. 이 사건 2처분의 법적 성질
  나. 처분의 효력이 소멸 후 보호할 만한 부수적 이익이 있는지 여부

Ⅳ. 이 사건 2처분의 취소를 구하는 소로 변경할 수 있는지 여부 [설문 (4)의 해결]

1. 처분변경으로 인한 소의 변경

취소소송의 계속 중에 부산지방병무청장이 소송대상인 처분을 변경한 경우에 A의 신청이 있으면, 법원은 결정으로써 청구취지 또는 청구원인의 변경을 허가할 수 있다(행정소송법 22①). 소의 변경을 인정하는 취지는 부산지방병무청장의 책임 있는 사유로 소의 목적물이 소멸되거나 변경되어 생기는 소 각하와 다시 제소해야 하는 불합리한 절차의 반복을 피하고, 원고가 간이·신속하게 권익구제를 받을 수 있도록 하는 데 있다.

2. 소의 변경의 요건

처분이 제소 후에 부산지방병무청장에 의하여 변경되어야 한다. 처분의 변경은 적극적·소극적 변경을 불문한다. 처분의 변경이 있음을 안 날로부터 60일 이내에 A가 신청해야 한다. 종전의 소가 계속중이고 사실심 변론종결 전이어야 한다. 그리고 종전의 처분에 대하여 행정심판을 거쳤으면 새로운 처분에 대하여 별도의 전심절차를 거치지 않아도 된다.

3. 소의 변경의 효과

처분변경을 이유로 하는 소변경에 있어서는 새로운 소에 대한 행정심판을 거친 것으로 본다(행정소송법 22③). 신속한 권익구제를 위한 것이다. 소변경의 허가 결정이 있으면 구소가 처음 제기된 때에 새로운 소가 제기된 것이 되고, 동시에 구소는 취하된 것으로 본다(행정소송법 21④).

4. 사안의 해결

A가 2008. 8. 8. 새로운 병역감면신청서를 제출하라는 부산지방병무청장의 요청이 있었을 무렵 곧바로 병역감면신청을 하였다면 그에 대한 후속 처분도 사안과 같이 상고심 계속 중이 아닌 그 이전에, 즉 사실심 변론종결 전에 있었을 것으로 예상된다. 그런데 A는 이 사건 1처분의 취소를 구하는 1심 재판(패소판결)이 선고

된 후 항소심에 이르러서야 제출하여 결국 부산지방병무청장의 이 사건 2처분이 상고심 계속 중에 있게 되었다. A가 부산지방병무청장의 처분변경을 원인으로 소의 변경을 하려면 사실심 변론종결 전이어야 한다는 시적 한계를 준수하여야 한다. 그런데 부산지방병무청장의 변경된 처분인 이 사건 2처분은 상고심에 계속 중일 때 내려졌기 때문에, A는 새로운 처분의 취소를 구하는 소의 변경을 할 수 없다. 결국 A는 새로운 처분이 있음을 안날로부터 90일이 경과하지 않았다면 그 처분의 취소를 구하는 소를 제기할 수 있을 뿐이다.

기본구조

이 사건 2처분의 취소를 구하는 소로 변경할 수 있는지 여부 [설문 ⑷의 해결]

1. 처분변경으로 인한 소의 변경

2. 소의 변경의 요건

3. 소의 변경의 효과

4. 사안의 해결

사례형
(제1문)

I. 설문(1)의 해결 – A의 병역감면신청의 적법성 여부

1. 문제점

A의 병역감면신청은 사인의 공법행위로서의 신청에 해당된다. 그러므로 A의 병역감면신청이 적법한 것이었는지는 신청의 일반적 요건과 병역법의 요건을 중심으로 살펴볼 필요가 있다.

2. 사인의 공법행위로서의 신청

가. 신청의 개념과 요건

신청이란 행정청에 대하여 자기의 권리 또는 이익을 위하여 어떤 사항을 청구하는 의사표시를 의미한다. 적법한 신청이 되기 위해서는 ① 신청인에게 자기의 권리 또는 이익을 위하여 청구하는 신청권이 있어야 하며, ② 또한 신청을 할 경우에는 법령이 요구하는 형식과 절차 등의 요건을 구비하여야 한다(행정절차법 17 등).

나. 신청의 효과

(1) 접수의무

행정청은 신청이 있는 때에는 다른 법령 등에 특별한 규정이 있는 경우를 제외하고는 그 접수를 보류 또는 거부하거나 부당하게 되돌려 보내서는 아니 된다. (행정절차법 17④).

(2) 보완조치의무

행정청은 서류 등이 미비된 경우에는 보완에 필요한 상당한 기간을 정하여 지체 없이 신청인에게 보완을 요구하여야 한다(행정절차법 17⑤). 판례는 보완의 대상이 되는 흠은 보완이 가능한 경우이어야 하고, 그 내용 또한 형식적·절차적인 요건에 한하고 실질적인 요건에 대하여서까지 보완 또는 보정요구를 하여야 한다고 볼 수 없다고 한다.

(3) 응답의무

행정청은 적법한 신청이 있는 경우에 상당한 기간 내에 응답을 하여야 한다. 신청에 따른 행정청의 처분이 기속행위일 뿐만 아니라 재량행위인 경우에도 행정청은 응답의무를 진다.

3. 사안의 해결

병역법 제62조 제2항은 보충역으로 생계가 곤란한 자는 제2국민역에 편입할 수 있도록 규정하고 있다. 따라서 A는 공익근무소집대상자이므로 생계유지곤란사유를 들어 병역감면을 요청할 수 있는 법률상의 신청권이 있다. 또한 A는 이러한 사유로 4회에 걸쳐 감면신청을 하였고, 2009. 3. 24. 다시 신청서를 제출하였는데, 이러한 신청이 요건을 구비했다면 적법한 신청이다.

II. 설문(2)의 해결 - 병역감면신청서 회송처분 및 공익근무요원 소집처분의 직권취소 여부

1. 문제점

부산지방병무청장은 이 사건 1처분 당시에 반려한 병역감면신청서를 반환한 것이 착오에 의하였다는 이유로 회송을 요청하고, 다시 병역감면신청을 하도록 한 다음 역시 A의 신청을 거부하는 내용의 이 사건 2처분을 하였다. 그렇다면 부산지방병무청장의 A에 대한 이 사건 1처분의 효력과 관련하여 부산지방병무청장이 1처분을 직권취소한 것으로 볼 수 있는지 문제된다.

2. 행정행위의 취소

가. 취소의 개념

취소란 일응 유효하게 성립한 행정행위의 효력을 그 성립에 흠이 있음을 이유로, 권한 있는 기관이 원래의 행위시에 소급하여 소멸시키는 별개의 독립된 행정행위를 말한다. 따라서 행정행위의 성립 이후에 발생한 사유로 인하여 발하는 철회와 구별된다.

나. 취소권자

이러한 취소를 할 수 있는 권한을 가진 자는 ① 쟁송취소의 경우 행정청과 법원이, ② 직권취소의 경우에는 처분청이다. 감독청도 직권취소를 할 수 있는지에 대한 논의가 있으나 명문규정이 없는 한 불가능하다고 보아야 한다.

다. 취소권의 근거

직권취소는 특별한 법률의 근거를 요하지 않는다. 취소권의 근거는 행정행위의 근거법에 포함되었다고 할 것이다. 판례도 처분청은 그 행위에 하자가 있는 경우에는 별도의 법적 근거가 없더라도 스스로 이를 취소할 수 있다고 하여 동일한 입장이다.

라. 취소사유와 그 제한

직권취소에 있어서는 위법뿐만 아니라 부당도 취소사유가 된다. 또한 행정청의 착오가 있는 경우나 사인의 부정행위에 의하여 행정행위가 행하여진 경우, 처분의 근거법규가 위헌·위법한 경우 취소사유가 존재하게 된다.

그러나 취소권이 존재하더라도, 취소로 인하여 상대방이나 이해관계인이 받게 되는 불이익과 취소로 인하여 달성되는 공익을 비교형량하여 공익이 우월해야 한다. 그러나 쟁송취소에 있어서는 행정행위가 위법한 경우에는 이익형량 없이 원칙적으로 취소하여야 한다. 다만 예외적으로 사정판결의 가능성이 있다.

마. 취소의 효과

취소는 행정행위의 성립시의 흠을 이유로 하므로 그 효과는 원칙적으로 당해 행위를 한 때에 소급하여 발생한다. 그러나 소급효로 기성의 법률질서를 파괴하고, 상대방의 신뢰를 배반하여서는 안 된다는 점에서 보면 소급하여서는 안되는 경우도 있다. 대개는 침익적 행위의 취소의 효과는 소급적이나, 수익적 행위의 취소의 효과는 장래적이라 할 것이다.

3. 사안의 해결

가. 부산지방병무청장의 이 사건 1처분에 취소사유가 존재하는지 여부

부산지방병무청장은 이 사건 1처분 당시에 A에게 반려한 병역면제신청서 회송행위가 착오에 의하였다고 인정하였다. 사안과 같이 A의 병역감면신청에 대하여 착오에 의하여 거부처분을 하였다면, A에게는 큰 불이익이 되기 때문에 취소사유가 된다고 할 것이다.

나. 부산지방병무청장의 1처분 서류의 회송요청행위의 법적 성질과 그 효력

위 요청은 부산지방병무청장이 1처분이 착오에 의하여 A의 신청에 대한 병역감면 요건에 해당하는지 여부를 충분히 검토하지 못하였기 때문에 그 처분의 효력을 소급하여 소멸시키려는 것이다. 따라서 A에 대한 1처분 서류의 회송요청행위는 처분청의 직권취소라고 할 수 있다.

부산지방병무청장의 A에 대한 이 사건 1처분의 직권취소는 결국 착오로 인한 거부처분의 효력을 소급적으로 소멸시키는 효과를 가진다. 따라서 이 사건 1처분은 병역감면신청서를 회송하는 처분시로 소급하여 그 효력이 상실되었다고 할 것이다.

III. 설문(3)의 해결 - 이 사건 1처분의 취소를 구할 소의 이익 유무

1. 문제점

A는 1처분의 취소를 구하는 행정소송을 제기한 후 항소심에 이르러서야 병역감면신청서를 제출하였고, 부산지방병무청장은 위 취소소송이 상고심에 이르렀을 때 이 사건 2처분을 하였다. 결국 1처분의 효력이 소멸되어, 1처분의 취소를 다투고 있는 소의 이익이 있는지 여부가 문제된다.

2. 소의 이익의 일반론

가. 소의 이익의 개념

통설과 판례는 행정소송법 제12조 후문을 소의 이익을 규정하고 있는 규정이라고 본다. 취소판결이 내려지면 원고의 구제가 현실적으로 달성될 가망이 있는 것을 협의의 소의 이익이라고 한다.

나. 판단기준

취소소송의 소익을 넓게 인정하여 처분의 취소에 의하여 부수적 이익이 회복되는 경우에도 이를 인정한다. 처분의 효력이 소멸한 경우 소의 이익이 문제되는데, ① 처분의 효력이 소멸된 경우에는 처분의 취소를 통하여 회복할 법률상 이익이 없다. ② 다만, 처분의 효력소멸로 기본적인 권리회복은 불가능하다고 하더라도 판결의 소급효에 의하여 당해 처분이 소급적으로 취소되게 됨으로써 법률상이익에 해당하는 부수적인 이익이 구제될 수 있는 경우에는 처분 등의 효과가 소멸된 후에도 소익이 인정된다.

판례도 공무원이 파면처분을 다투고 있는 중에 공무원의 지위를 회복할 여지가 없게 된 경우에도, 급여청구와의 관계에서 아직 이익이 있는 이상 소를 제기할 수 있다고 하였다

3. 사안의 해결

이 사건 2처분은 종전 공익근무요원 소집처분을 직권으로 취소하면서, 새로운 처분으로 공익근무요원 소집처분을 한 것이다. 따라서 1처분의 효력은 소급하여 소멸하였고, 1처분의 취소를 구하고 있는 A의 소는 효력이 소멸된 처분의 취소를 구하는 것이 된다. 이러한 경우 원칙적으로 소의 이익이 없다. 또한 이 사건 1처분이 취소될지라도 새로운 처분이 내려져 있기 때문에 부수적인 이익의 존재를 인정할 만한 특별한 사정은 보이지 않는다.

따라서 A의 이 사건 1처분의 취소를 구하는 소는 더 이상 존재하지 않는 행정처분을 대상으로 한 것에 불과하므로 소의 이익이 없기 때문에 소가 부적법하여 각하될 것이다.

Ⅳ. 설문(4)의 해결 - 이 사건 2처분의 취소를 구하는 소로 변경할 수 있는지 여부

1. 문제점

A가 자신이 제기한 소가 각하되지 않기 위하여 이 사건 2처분의 취소를 구하는 소로 청구의 변경을 할 수 있는지 여부에 대하여 행정소송법의 규정을 검토할 필요가 있다.

2. 처분변경으로 인한 소의 변경

취소소송의 계속 중에 행정청이 소송대상인 처분을 변경한 경우에 원고의 신청이 있으면, 법원은 결정으로써 청구취지 또는 청구원인의 변경을 허가할 수 있다(행정소송법 22①). 이를 인정하는 취지는 행정청의 책임 있는 사유로 소의 목적물이 소멸되거나 변경되어 생기는 소 각하와 다시 제소해야 하는 불합리한 절차의 반복을 피하고, 원고가 간이·신속하게 권익구제를 받을 수 있도록 하는 데 있다.

3. 요건과 그 효과

소를 변경하기 위해서는 ① 처분이 제소 후에 행정청에 의하여 변경되어야 하고, ② 처분의 변경이 있음을 안 날로부터 60일 이내에 신청해야 한다. ③ 또한 종전의 소가 계속 중이고 사실심변론종결 전이어야 한다(행정소송법 22).

4. 사안의 해결

A가 부산지방병무청장의 처분변경을 원인으로 소의 변경을 하려면 사실심 변론종결 전이어야 한다는 시적 한계를 준수하여야 한다. 그런데 A는 새로운 병역감면신청서를 1심 재판이 선고된 후 제출하였고, 부산지방병무청장의 변경된 처분인 이 사건 2처분은 상고심에 계속 중일 때 내려졌다. 따라서 A는 새로운 처분의 취소를 구하는 소의 변경을 할 수 없다.

다만 A는 새로운 처분이 있음을 안날로부터 90일이 경과하지 않았다면 이 사건 2처분의 취소를 구하는 새로운 소를 제기할 수 있을 뿐이다.

[16] 행정행위의 실효와 소익

A는 유기장 영업허가를 받고 전자오락실 영업을 하던 중에 운영이 어려워 그 영업점포 건물의 소유권자에게 점포를 명도하게 되었다. 그 후 A는 오락시설을 모두 철거하여 점포의 옥상에 쌓아 두었다가 곧 매각을 하고 폐업하게 되었다.

서울특별시 중구청장은 A가 유기장의 영업을 무단폐업하였다는 이유로 A에 대한 유기장의 영업허가를 취소하였다. 그러자 A는 위 처분에 불복하는 행정소송을 제기하였는데, 승소할 수 있겠는가. (50점)

참고법령

「유기장업법」

제3조 (영업의 허가)
① 업으로서 유기장을 경영하고자 하는 자는 구청장, 시장 또는 군수의 허가를 받아야 한다.
② 구청장, 시장 또는 군수는 유기장의 설치장소, 구조, 시설 또는 유기의 방법이 공중위생상 또는 공중오락의 건전성유지상 부적당하다고 인정할 때에는 전항의 규정에 의한 허가를 하지 아니할 수 있다. 단, 이 경우에는 서면으로써 그 이유를 신청자에게 통지하여야 한다.

제9조(영업허가의 취소등)
① 시장·군수는 영업자가 다음 각호의 1에 해당하는 때에는 영업허가를 취소하거나 6월 이내의 기간을 정하여 그 영업을 정지시킬 수 있다.
1. 시설 또는 유기기구가 제3조의 규정에 의한 기준에 맞지 아니한 때
2. 제4조제1항의 규정에 의한 허가를 받지 아니하고 영업장소 또는 시설을 변경한 때
3. 제7조의 영업자가 지켜야 할 사항을 지키지 아니한 때
4. 제8조제2항의 규정에 의한 개선명령을 이행하지 아니한 때
② 시장·군수는 영업자가 제1항의 규정에 의한 영업의 정지명령에 위반하여 계속 영업을 하는 때에는 그 영업의 허가를 취소할 수 있다.
③ 제1항 및 제2항의 규정에 의한 영업허가의 취소 또는 영업의 정지에 관한 세부적

인 기준은 보건사회부령으로 정한다.

「유기장업법시행규칙」

제9조(행정처분의 기준)
법 제9조제3항의 규정에 의한 행정처분의 기준은 [별표 2]와 같다. 다만, 특별한 사유가 있는 때에는 이 기준에 의하지 아니할 수 있다.

[별표 2] 행정처분의 기준

위반 사항	행정처분기준			
	1차 위반	2차 위반	3차 위반	4차 위반
영업자가 법 제4조 제1항의 규정에 의한 허가를 받지 아니하고 영업장소 또는 시설을 변경한 때	영업정지 10일 내지 20일	영업정지 20일 내지 1월	영업정지 1월 내지 2월	영업허가 취소

주요쟁점

- ✦ 영업허가
- ✦ 명령적 행위
- ✦ 형성적 행위
- ✦ 행정처분기준의 법적 성질
- ✦ 법규명령
- ✦ 행정규칙의 효력
- ✦ 소의 이익
- ✦ 행정행위의 실효사유

Ⅰ. 쟁점정리

서울특별시 중구청장의 A에 대한 유기장 영업허가의 성질과 관련하여 명령적 행정행위의 일종인 허가에 해당하는지 여부가 문제된다. A는 유기장업을 운영 중에 영업장소를 그 점포건물의 소유자에게 명도하고 유기시설을 모두 매각함으로써 유기장업을 폐업한 바 있다. 그런데 중구청장은 A의 유기장 영업허가를 취소하는 처분을 하였는데, 이 처분이 유기장업법 시행규칙 제9조 행정처분의 기준에 부합하는지 여부와 행정처분의 기준의 대·내외적 효력을 검토할 필요가 있다. 그리고 A가 유기장업을 폐업한 상태에서 영업허가의 취소를 다툴 수 있는 소의 이익이 있는지 여부를 검토하여야 한다.

Ⅱ. 유기장 영업허가의 법적 성질

1. 유기장 영업허가의 개념

일반적으로 금지된 것을 특정한 경우에 특정의 상대방에게 해제하여 적법하게 일정한 행위를 행할 수 있게 하여 주는 처분을 허가라고 한다. 허가제에 있어서 허가는 부여함이 원칙이고 불허가는 예외라고 할 수 있다. 다만, 허가 중에는 금지하여 두는 것이 원칙이고 허가함이 예외인 경우를 '예외적 허가'라고도 한다. 그러므로 청소년에게 주류를 판매하는 등의 행위는 절대적 금지사항에 해당되므로 허가될 수 없다.

가. 명령적 행위인지 형성적 행위인지의 여부

(1) 허가는 금지된 자연의 자유를 특정의 경우에 회복시켜 주는 행위로 명령적 행위의 일종으로 보는 것이 통설·판례이다. 반면, 허가를 형성적 행위로 보아 특허와 구별하지 아니하는 견해는 허가도 법령 또는 행정행위에 의하여 일정한 행위를 할 수 있는 권리가 제한되고 있는 경우에 그 제한을 해제하여 적법한 권리행사를 가능하게 하여 주는 행위라는 점에서 형성적 행위로 보아야 한다는 견해도 있다.

(2) 금지된 권리를 회복시켜 준다는 점에서 허가는 그 범위 안에서 형성적 행위의 성질을 갖는다고 할 것이다. 따라서 일정한 경우에는 허가로 인하여 받는 이익은 보호되어야 할 것으로 본다. 판례도 주류제조면허에 대하여, 재정허가의 일종으로서는 일반적 금지의 해제로 자유의 회복일 뿐 새로운 권리의 설정은 아니지만 일단이 주류제조업의 면허를 얻은 자의 이익은 단순한 사실상의 반사적 이익에만 그치는 것이 아니고 주세법의 규정에 따라 보호되는 이익이다(대법원 1989.12.22. 선고 89누46 판결)라고 한다.

(3) 물론 허가로 인하여 누리는 영업상 이익은 반사적 이익에 불과하다는 판례

도 있다. 한의사인 원고들이 한약조제시험을 통하여 한약조제권을 인정받은 약사들에 대한 합격처분의 무효확인을 구하는 사건에서, 판례는 한의사 면허는 경찰금지를 해제하는 명령적 행위(강학상 허가)에 해당하고, 한약조제시험을 통하여 약사에게 한약조제권을 인정함으로써 한의사인 원고들의 영업상 이익이 감소되었다고 하더라도 이러한 이익은 사실상의 이익에 불과하고 약사법이나 의료법 등의 법률에 의하여 보호되는 이익이라고는 볼 수 없다(대법원 1998.3.10. 선고 97누4289 판결)고 하였다.

나. 재량행위인지 기속행위인지의 여부

(1) 허가 여부를 결정하는 것은 원칙적으로 행정청의 기속재량이라 할 것이다. 판례 역시 기부금품모집허가의 법적 성질이 강학상의 허가라는 점을 고려하면, 기부금품모집행위가 같은 법 제4조 제2항의 각 호의 사업에 해당하는 경우에는 특별한 사정이 없는 한 그 모집행위를 허가하여야 하는 것으로 풀이하여야 한다(대법원 1999.7.23. 선고 99두3690 판결)고 판시하고 있다.

(2) 이와 달리 허가여부가 자유재량인 경우도 있다. 예컨대 자연보호관계의 개발허가(자연공원법 23) 등의 경우는 미관보호를 위하여 일반적으로 개발이 금지되는 지역에서 특별한 사정이 있는 경우에 개발금지를 해제하여 개발을 허용하는 것이므로, 허가여부결정에 있어서 행정청에게 자유재량이 인정된다.

3. 사안의 경우

사안에서 유기장을 경영하고자 하는 A는 구청장, 시장 또는 군수의 허가를 받아야 한다(구 유기장업법 3①)는 점에서 유기장업 허가는 강학상 상대적 금지의 해제인 명령적 행위의 일종으로서의 허가에 해당된다. 다만, 구청장, 시장 또는 군수는 유기장의 설치장소, 구조, 시설 또는 유기의 방법이 공중위생상 또는 공중오락의 건전성유지상 부적당하다고 인정할 때에는 전항의 규정에 의한 허가를 하지 아니할 수 있다(유기장업법 3②). 행정청이 영업허가를 할 것인지 여부는 공중위생상 또는 공중오락의 건전성유지상 부적당하다고 인정할 때에는 허가를 하지 않을 수도 있으므로, 유기장업 영업허가는 원칙적으로는 국민의 직업선택의 자유의 보장을 위해서도 기속행위라고 할 것이지만, 예외적으로 불허가할 수도 있는 여지가 있는 재량행위로서의 성격도 갖는다고 하겠다.

Ⅲ. 유기장업법 시행규칙 제9조 [별표 2] 행정처분기준의 법적 성질 및 효력

1. [별표 2] 행정처분기준의 법적 성질

유기장업의 허가를 받은 영업자가 허가를 받지 아니하고 영업장소 또는 시설을 변경한 때에는 행정청은 영업허가를 취소하거나 6월 이내의 기간을 정하여 그 영업을 정지시킬 수 있다(유기장업법 9). 구체적인 행정처분의 기준은 법규명령의 일종인 부령형식의 유기장업법 시행규칙 제9조 [별표 2]에 규정되어 있다. 이와 같이 법규명령의 형식을 취하는 행정규칙이 그 형식과 같이 법규명령에 해당하는지, 그 실질적인 내용과 같이 행정규칙에 해당하는지 여부에 관하여 견해가 대립한다.

가. 학 설

(1) 형식적 기준설 (법규명령설)

과거에는 법규는 개인의 자유와 재산에 관한 사항을 정한 규범으로 보았으나, 오늘날은 법규는 그 내용이 어떠한 것이든 국민과 국가를 다 같이 구속할 수 있는 일반적 구속력을 가진 규범으로 본다. 법규명령 가운데는 행정조직 내부에서만 효력을 가지는 것이 있는 반면에, 훈령적인 사항(재량준칙 등)이더라도 그것이 일단 법규명령으로 정해지게 되면, 그것은 실질적 의미의 법률로서의 성질을 가지게 된다고 한다. 이 견해에서 대외적 구속력을 갖는다는 의미는 처분을 함에 있어서 당해 대통령령이나 부령이 정한 행정처분기준에 따라야 하며, 법원도 그 처분의 적법 여부를 그 처분기준에 따라 판단하여야 한다는 것이다.

(2) 실질적 기준설 (행정규칙설)

그 실질적 내용이 행정사무처리기준과 같이 행정조직내부에서만 효력을 갖는 것일 때에는, 비록 그것이 법규명령의 형식을 취하더라도 국민일반에 대한 구속력을 갖지 못하고 행정규칙으로서의 성질을 갖는다고 한다. 대외적으로 구속력을 갖지 못하는 것은 그 규칙의 내용과 성질이 행정청 내의 사무처리준칙을 규정한 것이기 때문에 행정조직내부에서 행정기관이나 직원을 구속함에 그치고, 대외적으로 국민이나 법원을 구속하는 것이 아니라는 것이다. 그러므로 당해 처분이 그 규칙에 위배될지라도 위법의 문제는 생기지 아니하고, 그 처분의 적법 여부는 관계 법령의 규정 및 취지에 적합한지의 여부에 따라 판단하게 된다.

(3) 수권여부기준설

법령의 수권을 받아 제정된 대통령령 · 총리령 · 부령은 법규명령이고, 법령의 수권이 없이 제정된 대통령령 · 총리령 · 부령은 행정규칙이라는 견해이다. 법규명령을 법령의 수권에 근거하여 제정되는 명령으로 이해하면서 행정사무처리기준 등과 같은 행정내부적인 사항(행정규칙사항)일지라도 법령의 위임을 받아 제정되었다면 법규명령으로, 법령의 위임이 없이 제정되었다면 행정규칙으로 본다.

(4) 소 결

대통령령이나 총리령 · 부령은 모두 헌법에서 인정한 법규범이며, 법률 또는 상위명령에서 위임한 사항이나 집행을 위하여 필요한 사항을 정하는 법규명령에 해당된다. 따라서 법규명령은 법률이나 마찬가지로 그 내용이 개인의 자유와 재산에 관한 사항을 정한 것인지의 여부와 관계없이 대국민적 일반적구속력을 가질 수 있다는 점에서 법규의 형식을 취하는 행정규칙은 법규로 보아야 할 것이다(법규명령설).

나. 판 례

(1) 원 칙 - 대통령령과 부령의 구별

종래에는 행정규칙적인 내용이 법규의 형식을 취하고 있는 경우 모두 행정규칙으로 보았지만, 오늘날 판례는 법규의 형식이 대통령령인 경우에는 법규로 보고, 법규의 형식이 부령인 경우에는 행정규칙으로 본다. 그러나 부령 형식의 행정규칙의 내용도 다양하기 때문에 판례의 분류 기준대로 해석되는 것은 아니다.

(2) 법규명령으로 본 판례

대통령령인 주택건설촉진법시행령으로 정하여진 행정처분기준에 대하여 법규명령이라고 판시하였다. 주택건설촉진법 시행령 제10조의3 제1항 [별표 I]은 주택건설촉진법 제7조 제2항의 위임규정에 터잡은 규정형식상 대통령령이므로 그 성질이 부령인 시행규칙이나 또는 지방자치단체의 규칙과 같이 통상적으로 행정조직 내부에 있어서의 행정명령에 지나지 않는 것이 아니라 대외적으로 국민이나 법원을 구속하는 힘이 있는 법규명령에 해당한다고 보았다(대법원 1997.12.26. 선고 97누15418 판결).

최근 판결에서는, 구 청소년보호법(1999. 2. 5. 법률 제5817호로 개정되기 전의 것) 제49조 제1항, 제2항에 따른 같은법 시행령(1999. 6. 30. 대통령령 제16461호로 개정되기 전의 것) 제40조 [별표 6]의 위반행위의종별에따른과징금처분기준은 법규명령이기는 하나 사안에 따라 적정한 과징금의 액수를 정하여야 할 것이므로 그 수액은 정액이 아니라 최고한도액이다(대법원 2001.3.9. 선고 99두5207 판결)라고 하여 재량권 행사의 여지를 인정하고 있다.

(3) 행정규칙으로 본 판례

㈎ 규정형식상 부령인 시행규칙으로 정해진 제재적 처분의 기준은 그 규정의 성질과 내용이 행정청 내의 사무처리기준에 불과하므로 행정규칙의 성질을 가지며, 대외적으로 국민이나 법원을 구속하는 것은 아니라고 한다. 따라서 처분의 적법여부 역시 당해 시행규칙을 기준으로 판단하지 않고, 그 시행규칙의 상위법령 규정에 적합한 것인지 여부를 기준으로 한다.

㈏ 부령인 행정규칙을 기본적으로 행정규칙으로 보면서도, 평등원칙을 매개규범으로 하여 간접적으로 법규적 효력을 인정한 판례도 있다. 식품위생법시행규칙 제53조에 따른 별표 15의 행정처분기준은 행정기관 내부의 사무처리준칙을 규정한 것에 불과하기는 하지만 규칙 제53조 단서의 식품 등의 수급정책 및 국민보건에 중대한 영향을 미치는 특별한 사유가 없는 한 행정청은 당해 위반사항에 대하여 위 처분기준에 따라 행정처분을 함이 보통이라 할 것이므로, 행정청이 이러한 처분기준을 따르지 아니하고 특정한 개인에 대하여만 위 처분기준을 과도하게 초과하는 처분을 한 경우에는 재량권의 한계를 일탈하였다고 볼 만한 여지가 충분하다(대법원 1993.6.29. 선고 93누5635 판결).

㈐ 부령인 시행규칙 형식으로 정하여져 있을지라도 그로 인한 처분이 개인에게 수익적 처분인 특허나, 침해적 처분인 운전면허정지와 같은 처분기준은 법규명령의 성질을 갖는다고 한다. 구 여객자동차운수사업법 시행규칙(2000. 8. 23. 건설교통부령 제259호로 개정되기 전의 것) 제31조 제2항 제1호, 제2호, 제6호는 구 여객자동차 운수사업법(2000. 1. 28. 법률 제6240호로 개정되기 전의 것) 제11조 제4항의 위임에 따라 시외버스운송사업의 사업계획변경에 관한 절차, 인가기준 등을 구체적으로 규정한 것으로서, 대외적인 구속력이 있는 법규명령이라고 할 것이고, 그것을 행정청 내부의 사무처리준칙을 규정한 행정규칙에 불과하다고 할 수는 없다(대법원 2006.6.27. 선고 2003두4355 판결).

(4) 소 결

판례는 대통령령(시행령)인 경우와 부령(시행규칙)인 경우를 달리 보고 있다. 그러나 대통령령이나 부령 모두 헌법에 근거를 두고 있으며, 다 같이 법률에서 위임된 사항이나 집행을 위하여 필요한 사항을 정하는 법규명령이라는 점에서 양자를 구별하여야 할 합리적인 근거가 없다. 대통령령의 경우에는 국무회의의 심의를 거쳐 대통령이 발하고, 부령의 경우에는 국무회의의 심의를 거치지 않고 행정각부의 장관이 발하나, 그것은 양자를 질적으로 구별할 근거가 될 수 없다. 따라서 법규명령은 법률과 같이 그 내용이 개인의 자유와 재산에 관한 사항을 정한 것인지의 여부와 관계없이 대 국민적 구속력을 가질 수 있다는 점에서, 법규의 형식을 취하는 행정규칙 역시 법규명령으로 보아야 할 것이다. 다만 이하에서는 판례의 기준에 의하여 검토하기로 한다.

다. 이 사건 [별표 2] 행정처분기준의 법적 성질

유기장업법 시행규칙 제9조에 따른 [별표 2]의 행정처분기준은 부령형식으로 제정된 것이므로, 행정기관 내부의 사무처리준칙을 규정한 행정규칙에 해당된다(판례).

2. 행정규칙인 행정처분기준의 법적 효력

가. 대내적 효력

행정규칙은 법규가 아니라고 한 전통적 견해는 행정규칙이 행정조직내부 또는 특별권력관계내부에서 일정한 법적 구속력을 갖는 점은 인정하여, 특별권력관계의 복종자가 행정규칙에 위반하면 징계사유가 된다고 하였다. 행정규칙을 법규의 일종으로 보는 견해는 이러한 대내적 효력도 하나의 법적효력으로 본다.

나. 대외적 효력

(1) 통설적 견해

행정규칙의 직접적인 수명자는 국민이 아니고 원칙적으로 하급행정기관이다. 그러나 재량준칙이나 법령해석규칙 등과 같이 하급행정기관의 국민에 대한 행정사무의 처리에 있어서 재량권행사나 법령해석의 기준을 정하고 있기 때문에 하급행정기관을 통하여 행정조직 밖에 있는 국민에게도 강한 사실상의 영향력을 미치게 된다. 그런데 이러한 국민에 대한 사실상의 영향력은 어디까지나 사실상의 효력이며 법적인 효력은 아니다. 그 때문에 행정규칙이 대외적인 법적 효력을 가지는지가 문제된다. 일반적 견해는 행정규칙은 행정조직내부에서만 구속력을 가지며, 행정기관은 국민에 대한 관계에서는 행정규칙을 준수할 법적의무를 지지 아니한 것으로 본다.

(2) 간접적으로 법적인 대외적 효력을 인정하는 견해

행정규칙은 대외적 효력은 갖지 않지만, 재량준칙이나 법령해석규칙과 같이 행정기관을 통하여 일반국민에게 적용될 것이 예정되어 있는 행정규칙은 그것이 정립되고 적용되게 되면 행정관행이 성립하게 된다. 이렇게 행정관행이 성립되면 앞으로 다른 신청자들에 대하여도 당해 행정규칙대로 행정작용이 행하여질 것으로 예상되게 된다(이른바 예기관행). 그런데 특별한 이유 없이 어느 특정한 상대방 국민에게만 행정관행을 적용하지 아니하면 헌법상의 평등원칙에 위반되게 되고, 결국 위법하게 된다. 따라서 행정기관은 국민에 대한 관계에서 당해 행정규칙에 따라야 할 자기구속을 당하게 된다. 이는 행정규칙이 직접적으로 대외적 효력을 갖기 때문이 아니고 헌법상의 평등원칙을 매개로 하여 간접적으로 대외적 효력을 갖는 것을 의미한다. 이 경우 평등원칙은 행정규칙을 대외적 효력을 갖는 법규로 전환시키는 전환규범으로서의 기능을 담당한다. 이와 같이 행정규칙이 간접적으로 대외적 효력을 갖게 되는 근거로 평등원칙 외에 신뢰보호의 원칙을 들기도 한다. 우리 헌법재판소의 결정례와 일부 대법원판례의 입장도 같다.

(3) 직접적으로 법적인 대외적 효력을 갖는다는 견해

(가) 행정규칙이 직접적으로 대외적 효력을 갖는다는 견해도 있다. 이 견해는 행정의 자기구속은 행정관행에 의하여 비로소 생기는 것이 아니고, 행정규칙으로 표현된 행정의 의사행위에 의하여 이미 나타난 것으로 보아야 한다고 한다. 따라서 행정권은 그 권한의 범위 안에서는 자주적인 법형성을 의한 법규의사 내지 독립적인 규율권이 생성된다고 한다. 그리하여 행정규칙의 대외적 효력을 뒷받침하기 위하여 헌법상의 평등원칙에 근거한 자기구속의 구조는 불필요하다고 한다.

(나) 행정규칙에 대하여 직접적인 대외적 효력을 인정하는 경우 법규명령과 행정규칙의 차이는 무엇인가라는 의문이 생긴다. 이 견해는 법규명령은 행정기관이 법률 또는 그 위임에 의한 상위 법규명령에 의한 직접적인 수권에 의하여 제정하는 규범인데, 행정규칙은 행정기관이 독자적인 권한에 의하여 권한의 범위 안에서 제정하는 규범으로 이해한다.

(4) 소 결

행정규칙의 대외적 효력을 인정하는 것은 권력분립의 원리 및 법률유보의 원리에 저촉된다고 본다. 또한 우리 행정현실에 비추어 행정기관의 통제 없는 행정규칙으로의 도피를 초래하여, 행정권이 남용될 위험성도 크다고 할 것이다. 따라서 행정규칙은 원칙적으로는 법적인 대외적 효력은 갖지 못하고 행정조직내부에서의 법적인 대내적 효력만 갖는다고 할 것이고, 예외적으로 재량준칙 등 행정권의 재량이 인정되는 영역에서 평등원칙을 매개로 하여 간접적으로만 대외적 효력을 갖는다고 보는 것이 타당할 것이다. 따라서 이 사건 행정처분기준 역시 행정조직내부에서만 구속력을 가지며, 다만 특정한 국민에게만 위 처분기준에 반하는 행위를 하면 평등원칙에 위반되게 되는 문제가 발생한다. 그러므로 행정처분기준은 헌법상의 평등원칙을 매개로 하여 간접적으로 대외적 효력을 갖는다고 이해할 수 있는 측면이 있다.

다. 사안의 경우

(1) 내부적 효력을 갖는 행정사무처리기준

구 유기장업법 시행규칙 제9조 [별표 2]는 부령의 형식으로 되어 있으나 그 규정의 성질과 내용이 유기장영업허가의 취소처분 등에 관한 사무처리기준 등 행정청내의 사무처리준칙을 규정한 것에 불과하다. 따라서 이 사건 처분당시의 주무장관인 보건사회부장관이 관계 행정기관 및 직원에 대하여 그 직무권행사의 지침을 정하여 주기 위하여 발한 행정조직 내부에 있어서의 행정명령의 성질을 가지는 것이라고 할 것이다. 그러므로 이 규칙은 행정조직 내부에서 관계 행정기관이나 직원을 구속함에 그치고 대외적으로 국민이나 법원을 구속하는 것은 아니다.

(2) 행정사무처리 기준에 위반한 이 사건 처분의 위법성 여부

(가) 행정처분의 기준

유기장업법 시행규칙 제9조 [별표 2]는 영업자가 유기장업법 제4조 제1항의 규정에 의한 허가를 받지 아니하고 영업장소 또는 시설을 변경한 때에는 ① 1차 위반일 때 영업정지 10일 내지 20일, ② 2차 위반일 때영업정지 20일 내지 1월, ③ 3차 위반일 때 영업정지 1월 내지 2월, ④ 4차 위반일 때 영업허가취소를 하도록 행정처분의 기준을 규정하고 있다.

(나) 행정청의 허가 없는 영업시설의 변경행위

A는 유기장의 영업장소 또는 시설의 변경을 할 경우에는 영업허가를 한 행정청의 허가를 받아야 함에도 불구하고, 영업 중에 운영이 어렵다는 이유로 그 영업점포 건물의 소유권자에게 점포를 명도하고, 유기시설은 모두 철거하여 그 점포의 옥상에 쌓아 두었다가 곧 매각을 하고 폐업하기에 이르렀다.

(다) 행정처분의 기준에 반하는 중구청장의 영업허가취소처분에 관한 판결

A의 위와 같은 행위는 행정처분의 기준에 의하면 1차 위반에 해당하여 영업정지 10일 내지 20일에 해당된다. 그럼에도 영업허가를 하였던 서울특별시 중구청장은 4차 위반일 때에 해당하는 영업허가취소처분을 하여 위 처분기준을 위반하였다. A는 영업허가취소처분에 불목하여 그 처분의 취소를 구하는 소를 제기하였다.

(a) 하급심 판결

설사 원고가 위 유기장의 영업장소 또는 시설의 변경에 관하여 허가를 받은 사실이 없다고 하더라도 그에 관한 위반사항이 4차에 걸쳐 이루어졌음을 인정할 아무런 증거가 없는 이 사건에 있어서 위 행정처분기준을 위배하여 한 이 사건 취소처분은 재량권을 일탈한 위법한 처분이라고 판단하여 이 사건 취소처분의 취소를 구하는 원고의 청구를 인용하였다(서울고법 1990.1.23. 선고 89구5623 판결).

(b) 대법원 판결

대법원은 유기장영업허가취소 등의 처분이 위 규칙에서 정한 기준에 위배되었다고 하여 바로 그 처분이 위법한 것이라고는 할 수 없고, 그 처분이 적법한 것인지의 여부는 위 규칙에 적합한 것인지의 규정과 그 취지에 적합한 것인지의 여부에 따라 판단하여야 할 뿐만 아니라, 위 구 유기장업법 시행규칙 제9조 단서에 의하더라도 특별한 사유가 있는 때에는 그 기준에 의하지 아니할 수 있도록 규정되어 있음을 전제로, 원고가 유기장의 영업허가를 받고 유기장업을 경영하던 중 점포의 소유권자에게 점포를 명도하여 그 장소에서는 더이상 영업을 계속할 수 없게 되자 유기시설을 모두 철거하여 점포의 옥상에 쌓아 두었다가 곧 매각하고 폐업함으로써 유기장업법 소정의 유기장영업허가의 요건이 되는 영업장소와 유기시설을 전혀 갖추지 못하게 되었음을 알 수 있으므로, 원심으로서는 이와 같은 사정들까지도 고려하여 이 사건 취소처분이 재량권의 범위를 일탈한 것인지의 여부를 판단하였어야 마땅하다. 그럼에도 불구하고 원심은 이 사건 취소처분이 위의 구 유기장업

법 시행규칙 제9조에서 정한 행정처분기준에 위배된 것이라는 이유만으로 재량권을 일탈한위법한 처분이라고 판단하였으니, 원심판결은 이 점에서 유기장영업허가의 취소나 행정처분의 재량권의 범위에 관한 법리를 오해한 위법을 저질렀다고 하지 않을 수 없다(대법원 1990.7.13. 선고 90누2284 판결)고 판시한 바 있다.

㈜ 소 결

따라서 비록 중구청장이 위 행정처분의 기준에 반하는 처분을 하였을지라도, 그 처분기준은 대외적으로 국민이나 법원을 구속하는 힘이 없고, 처분기준에 위배되었다고 하여 바로 그 처분이 위법한 것이라고는 할 수 없다.

A는 단 1회에 걸쳐서 유기시설을 처분하여 변경한 것이지만, 실질적으로는 당해 영업을 폐업하기에 이르렀던 것에 해당된다. 그러므로 행정처분기준에 따라 영업정지처분을 하더라도 그러한 처분은 실효성이 없는 것이다.

유기장업법 시행규칙 제9조 단서는 특별한 사유가 있는 때에는 이 기준에 의하지 아니할 수 있다고 규정하고 있다. 중구청장이 A가 점포를 양도하고 유기장업에 사용한 시설도 매각하여 사실상 영업의 폐업에 이르게 되었던 점을 '특별한 사유가 있는 때'로 인정하여 이 사건 영업허가취소처분을 하게 된 것으로 보인다. 그러므로 중구청장의 A에 대한 영업허가취소처분이 위 행정처분의 기준을 벗어나 위법하다고 볼 수도 없다.

Ⅳ. 영업허가취소처분의 취소를 구할 소의 이익 유무

1. 문제점

A가 영업허가의 취소를 구하기 위해서는 처분 등의 취소를 구할 법률상 이익이 있어야 한다(행정소송법 12). A가 원고가 되어 소를 제기하여 취소판결이 내려지면 원고의 구제가 현실적으로 달성될 가망이 있는 것을 협의의 소의 이익 또는 권리보호의 이익이라고 한다.

그런데 A는 전자오락실 점포를 명도하여 영업장소도 없어졌으며, 그 오락기기 역시 전부 처분하여 사실상 폐업상태가 되었다. 사안에서 A의 영업허가가 여전히 효력을 가지고 있는지 아니면 실효되었는지 여부 및 실효되었을 경우에도 영업허가의 취소를 구할 소익이 인정되는지 여부가 문제된다.

2. 행정행위의 실효

가. 의 의

하자 없이 성립·발효한 행정행위의 효력이 행정청의 의사와 관계없이 일정한 사실의 발생으로 장래에 향하여 소멸되는 것을 행정행위의 실효라고 한다. 행정행위의 실효는 ① 일단 발효된 행정행위의 효력이 소멸되는 것인 점에서 처음부터 효력이 발생하지 아니한 무효와 구별되고, ② 효력의 소멸이 흠이나 행정청의 의사와 관계가 없는 점에서 취소에 의한 소멸과 다르며, ③ 행정청의 의사에 의한 것이 아니라는 점에서 철회에 의한 소멸과도 다르다.

나. 실효의 사유

(1) 대상의 소멸

대상이 되는 사람의 사망, 목적물의 소멸(자동차가 소실된 경우의 자동차검사합격처분 등)로 인하여 당연히 실효된다. 판례는 신청에 의한 허가영업을 자진 폐업한 경우에도 허가는 실효된다고 보고 있다. 청량음료 제조업허가는 신청에 의한 처분이고, 이와 같이 신청에 의한 허가처분을 받은 원고가 그 영업을 폐업한 경우에는 그 영업허가는 당연 실효된다(대법원 1981.7.14. 선고 80누593 판결)고 한다. 또한 대물적 행정행위에 있어서 물적 시설을 철거하는 것은 대상의 소멸로서 실효의 사유가 된다고 보면서, 유기장의 영업허가는 신청에 의하여 행하여지는 처분으로서 허가를 받은 자가 영업을 폐업할 경우에는 그 효력이 당연히 소멸된다고 본다(대법원 1990.7.13. 선고 90누2284 판결).

(2) 해제조건의 성취 또는 종기의 도래

행정행위의 부관으로 정한 해제 조건이 성취되거나, 기한부 행정행위에 있어서 기한이 도래하면 행정행위의 효력이 실효된다.

(3) 목적의 달성

작위하명이나 급부하명의 경우에 작위의무나 급부의무를 이행하는 것과 같이 행정행위는 목적이 달성되면 효력이 실효된다.

다. 사안의 해결

중구청장의 A에 대한 유기장업 영업허가는 대물적 허가로서 영업장소의 소재지와 유기시설 등이 영업허가의 요소를 이루는 것이므로, 영업장소에 설치되어 있던 유기시설이 모두 철거되어 허가를 받은 영업상의 기능을 더 이상 수행할 수 없게 된 경우에는, 이미 당초의 영업허가는 허가의 대상이 멸실된 경우와 마찬가지로 그 효력이 당연히 소멸되는 것이다. 또 유기장의 영업허가는 신청에 의하여 행하여지는 처분으로서 허가를 받은 A가 영업을 폐업할 경우에는 그 효력이 당연히 소멸되는 것이라 할 수 있다. 실효사유가 발생하면 행정행위의 효력은 그 때부터 장래에 향하여 당연히 미치는 것이므로, A가 앞으로 다시 유기장업을 운영하고자 할 경우에는 새로운 영업허가를 받아야 한다.

3. 실효된 영업허가의 취소를 구할 소익이 인정되는지 여부

가. 중구청장의 A에 대한 영업허가취소처분의 법적 성질

중구청장의 A에 대한 영업허가는 위와 같은 행정행위의 실효사유의 발생으로 그 효력이 실효되었다. 그럼에도 영업허가를 하였던 중구청장이 이미 실효된 허가를 취소한 처분은 허가가 실효되었음을 확인하는 것에 지나지 않는다고 보아야 할 것이다.

나. 실효된 행정행위에 대한 권리구제

행정행위의 실효 여부가 다투어지는 경우에는 행정청은 무효등확인소송의 일종인 행정행위실효확인의 소를 제기하여야 한다. 반면 처분의 상대방은 처분의 효력존재확인소송을 제기하여야 한다.

다. 사안의 해결

A가 허가를 받은 영업장소를 명도하고 오락시설을 모두 철거하여 매각함으로써 유기장업을 폐업하였다면, 그 유기장의 영업허가는 효력이 당연히 소멸(실효)되었다. 중구청장의 영업허가 취소처분은 유기장영업허가가 실효되었음을 확인하는 것에 지나지 않는다. 따라서 A로서는 이 사건 취소처분의 취소를 청구할 소의 이익이 없는 것이라고 볼 수 있다.

V. 결 론

(1) A가 중구청장으로부터 받은 유기장업 영업허가는 상대적 금지의 해제인 명령

적 행위의 일종인 허가이다. 유기장업 영업허가는 원칙적으로는 기속행위로서의 성격을 갖지만, 예외적으로 허가를 하지 않을 수도 있는 재량행위로서의 성격도 있다.

⑵ 이 사건 [별표 2] 행정처분기준은 부령형식의 사무처리준칙인 행정규칙에 해당된다. 그러므로 중구청장이 위 처분기준에 반하는 영업허가취소 처분을 하였을지라도, 그 처분기준은 국민이나 법원을 구속하는 힘이 없기 때문에 그 처분이 위법하다고는 볼 수 없다. 유기장업법 시행규칙 제9조 단서는 특별한 사유가 있는 때에는 이 기준에 의하지 아니할 수 있다고 규정하고 있기 때문에 더욱 그러하다.

⑶ A가 영업장소를 명도하고 오락시설을 모두 철거하여 매각함으로써 유기장업을 폐업하였다면, 대물허가에 있어서 반드시 존재해야 하는 요소가 모두 소멸되어 결국 그 영업허가도 소멸(실효)된 것이다. 따라서 중구청장이 실효된 영업허가를 확인하는 차원에서 행한 처분의 취소를 구하려는 A의 취소소송의 소익은 인정될 수 없고, 결국 A의 소는 부적법하여 각하될 것이다.

기본구조

I. 쟁점정리

II. 유기장 영업허가의 법적 성질

1. 유기장 영업허가의 개념

2. 유기장 영업허가의 법적 성질
   가. 명령적 행위인지 형성적 행위인지의 여부
   나. 재량행위인지 기속행위인지의 여부

3. 사안의 경우

III. 유기장업법 시행규칙 제9조 [별표 2] 행정처분의 기준의 법적 성질 및 효력

1. [별표2] 행정처분기준의 법적 성질
   가. 학 설
      (1) 형식적 기준설(법규명령설)
      (2) 실질적 기준설(행정규칙설)
      (3) 수권여부기준설
      (4) 소 결
   나. 판 례
      (1) 원 칙 - 대통령령과 부령의 구별
      (2) 법규명령으로 본 판례
      (3) 행정규칙으로 본 판례
      (4) 소 결
   다. 이 사건 [별표 2] 행정처분기준의 법적 성질

2. 행정규칙인 행정처분기준의 법적 효력
   가. 대내적 효력
   나. 대외적 효력
      (1) 통설적 견해
      (2) 간접적으로 법적인 대외적 효력을 인정하는 견해
      (3) 직접적으로 법적인 대외적 효력을 갖는다는 견해
      (4) 소 결
   다. 사안의 경우
      (1) 내부적 효력을 갖는 행정사무처리기준
      (2) 행정사무처리 기준에 위반한 이 사건 처분의 위법성 여부
         (가) 행정처분의 기준
         (나) 행정청의 허가 없는 영업시설의 변경행위
         (다) 행정처분의 기준에 반하는 중구청장의 영업허가취소처분에 관한 판결
            ⓐ 하급심 판결
            ⓑ 대법원 판결
         (라) 소 결

IV. 영업허가취소처분의 취소를 구할 소의 이익 유무

1. 문제점

2. 행정행위의 실효
   가. 의 의
   나. 실효의 사유
      (1) 대상의 소멸
      (2) 해제조건의 성취 또는 종기의 도래
      (3) 목적의 달성
   다. 사안의 해결

3. 실효된 영업허가의 취소를 구할 소익이 인정되는지 여부
   가. 중구청장의 A에 대한 영업허가취소처분의 법적 성질
   나. 실효된 행정행위에 대한 권리구제
   다. 사안의 해결

V. 결 론

사례형 (제1문)

I. 쟁점의 정리

① 서울특별시 중구청장의 A에 대한 유기장 영업허가의 성질과 관련하여 명령적 행정행위의 일종인 허가에 해당하는지 여부가 문제된다. ② A는 유기장업을 운영 중에 영업장소를 그 점포건물의 소유자에게 명도하고 유기시설을 모두 매각함으로써 유기장업을 폐업한 바 있다. ③ 그런데 중구청장은 A의 유기장 영업허가를 취소하는 처분을 하였는데, 이 처분이 유기장법 시행규칙 제9조 행정처분의 기준에 부합하는지 여부와 행정처분의 기준의 대·내외적 효력을 검토할 필요가 있다. ④ 그리고 A가 유기장업을 폐업한 상태에서 영업허가의 취소를 다툴 수 있는 소의 이익이 있는지 여부를 검토하여야 한다.

II. 유기장 영업허가의 법적 성질

1. 유기장 영업허가의 개념

일반적으로 금지된 것을 특정한 경우에 특정의 상대방에게 해제하여 적법하게 일정한 행위를 행할 수 있게 하여 주는 처분을 허가라고 한다. 허가제에 있어서 허가는 부여함이 원칙이고 불허가는 예외라고 할 수 있다.

2. 유기장 영업허가의 법적 성질

가. 명령적 행위인지 형성적 행위인지 여부

허가는 금지된 자연의 자유를 특정의 경우에 회복시켜 주는 행위로 명령적 행위의 일종으로 보는 것이 통설·판례이다. 반면, 허가를 형성적 행위로 보아 특허와 구별하지 아니하는 견해는 허가도 제한을 해제하여 적법한 권리행사를 가능하게 하여 주는 행위라는 점에서 형성적 행위로 본다.

금지된 권리를 회복시켜 준다는 점에서 허가는 그 범위 안에서 형성적 행위의 성질을 갖는다고 할 것이다. 따라서 일정한 경우에는 허가로 인하여 받는 이익도 보호되어야 한다.

나. 재량행위인지 기속행위인지 여부

허가 여부를 결정하는 것은 원칙적으로 행정청의 재량이라 할 것이다. 판례 역시 기부금품모집허가의 법적 성질이 강학상의 허가라는 점을 고려하면, 특별한 사정이 없는 한 그 모집행위를 허가하여야 하는 것으로 풀이하여야 한다고 판시하고 있다.

3. 사안의 경우

(1) 사안에서 유기장을 경영하고자 하는 A는 허가를 받아야 한다(구 유기장업법 3①)는 점에서 유기장업 허가는 강학상 상대적 금지의 해제인 명령적 행위의 일종으로서의 허가에 해당된다.

(2) 원칙적으로 허가는 기속행위에 해당한다고 할 것이다. 다만, 유기장업법 제3조 제2항의 규정에 의하면 행정청은 부적당하다고 인정할 때에는 허가를 하지 아니할 수 있다.

(3) 따라서 유기장업 영업허가는 원칙적으로는 국민의 직업선택의 자유의 보장을 위해서도 기속행위라고 할 것이지만, 예외적으로 불허가할 수도 있는 여지가 있는 재량행위로서의 성격도 갖는다고 하겠다.

III. 유기장업법 시행규칙 제9조 [별표 2] 행정처분기준의 법적 성질 및 효력

1. [별표 2] 행정처분기준의 법적 성질

가. 문제점

유기장업의 허가를 받은 영업자가 허가를 받지 아니하고 영업장소 또는 시설을 변경한 때에, 구체적인 행정처분의 기준은 법규명령인 유기장업법 시행규칙 제9조 [별표2]에 규정되어 있다. 이와 같이 법규명령의 형식을 취하는 행정규칙이 그 형식과 같이 법규명령에 해당하는지, 그 실질적인 내용과 같이 행정규칙에 해당하는지 여부에 관하여 견해가 대립한다.

나. 학설의 태도

학설은 법규명령 형식의 행정규칙에 대하여, ① 그 형식을 중요시 하면서 법규는 그 내용이 어떠한 것이든 일반적 구속력을 가진 규범으로 보는 법규명령설, ② 실질적 내용이 행정규칙이라면 그것이 법규명령의 형식을 취하더라도 국민일반에 대한 구속력을 갖지 못한다는 행정규칙설, ③ 법령의 수권을 받아 제정된 것은 법규명령이고, 법령의 수권이 없이 제정된 것은 행정규칙이라는 수권여부기준설이 있다.

다. 판례의 태도

판례는 일반적으로 대통령령과 부령을 구별하여 대통령령의 형식으로 규정된 경우에만 법규명령으로 보는 입장이다. 다만 대통령령의 경우라도 최근 판결에서는 과징금 규정의 수액은 정액이 아니라 최고한도액이라고 보아 재량권 행사의 여지를 인정하고 있다.

라. 검토

법규명령은 모두 헌법에서 인정한 법규범이며, 법률과 마찬가지로 그 내용과 관계없이 대국민적 일반적구속력을 가질 수 있다는 점에서 법규의 형식을 취하는 행정규칙은 법규로 보아야 할 것이다. 판례는 대통령령인 경우와 부령인 경우를 달리 보고 있다. 그러나 대통령령이나 부령 모두 헌법에 근거를 두고 있으며, 다 같이 법률에서 위임된 사항이나 집행을 위하여 필요한 사항을 정하는 법규명령이라는 점에서 양자를 구별하여야 할 합리적인 근거가 없다.

다만 이하에서는 판례의 기준에 따라서 검토하기로 한다.

2. 행정규칙인 행정처분기준의 법적 효력

행정규칙의 직접적인 수명자는 국민이 아니고 원칙적으로 하급행정기관이다. 따라서 대외적으로는 국민에게 영향을 미치지 아니한다. 다만 실질적으로는 재량권 행사의 기준 등을 규정하고 있어, 국민에게도 사실상의 영향력을 미치게 된다. 이에 따라 행정규칙이 대외적 효력을 가지는지가 문제된다.

학설은 이에 대하여 논의가 있으나, 일반적으로는 평등원칙과 신뢰보호원칙에 의하여 간접적으로 대외적 효력을 가진다고 본다. 우리 헌법재판소와 대법원도 동일한 입장에 서있다.

3. 사안의 경우

가. 행정규칙으로서의 사무처리기준

구 유기장업법시행규칙 제9조 [별표 2]는 그 실질이 행정규칙의 성질을 가지며, 부령의 형식으로 되어 있으므로 판례에 의하면 대외적 구속력을 갖지 못하는 사무처리준칙에 불과하다.

나. 행정사무처리 기준에 위반한 이 사건 처분의 위법성 여부

(1) A의 위반행위에 대한 행정청의 처분

A는 유기장의 영업장소 또는 시설의 변경을 할 경우에는 영업허가를 한 행정청의 허가를 받아야 함에도 불구하고, 이를 거치지 아니하고 건물의 소유권자에게 점포를 명도하고, 이후 폐업하기에 이르렀다. 유기장업법시행규칙 제9조 [별표 2]는 1차 위반일 때 영업정지 10일 내지 20일을 하도록 행정처분의 기준을 규정하고 있다. 그럼에도 영업허가를 하였던 서울특별시 중구청장은 4차 위반일 때에 해당하는 영업허가취소 처분을 하여 위 처분기준을 위반하였다.

(2) 처분의 위법성 여부

대법원은 그 처분이 적법한 것인지의 여부는 위 규칙에 적합한 것인지의 규정과 그 취지에 적합한 것인지의 여부에 따라 판단하여야 할 뿐만 아니라, 위 구 유기장업법시행규칙 제9조 단서에 의하더라도 특별한 사유가 있는 때에는 그 기준에 의하지 아니할 수 있도록 규정되어 있음을 전제로, 위법하지 않다고 판시하였다.

(3) 소결

위 규정이 행정규칙에 해당한다면, 이를 위반하였다고 하여 바로 위법이라고 할 수 없고, 당해 처분이 재량권의 남용 등으로 상위법령의 규정에 위반하였는지 검토하여야 한다. 사안에서 A는 1회의 위반을 하였으나 실질적으로는 당해영업을 폐업하여 영업정지를 하더라도 실효성이 없다. 또한 시행규칙 제9조에서 예외사유도 규정하고 있으므로 중구청장의 위 처분은 행정처분의 기준을 벗어나 위법하다고 할 수 없다.

Ⅳ. 영업허가취소처분의 취소를 구할 소의 이익 유무

1. 문제점

- A가 영업허가의 취소를 구하기 위해서는 처분 등의 취소를 구할 법률상 이익이 있어야 한다(행정소송법 12). 그런데 A는 사실상 폐업상태가 되었다. 사안에서 A의 영업허가가 실효되었는지 여부 및 실효되었을 경우에도 영업허가의 취소를 구할 소익이 인정되는지 여부가 문제된다.

2. 행정행위의 실효

가. 의의 및 실효사유

하자 없이 성립·발효한 행정행위의 효력이 행정청의 의사와 관계없이 일정한 사실의 발생으로 장래에 향하여 소멸되는 것을 행정행위의 실효라고 한다. 행정행위의 실효는 행정행위의 대상이 소멸하거나, 해제조건이 성취된 경우, 종기의 도래, 행정행위의 목적이 달성된 경우 등에 실효된다.

나. 사안의 경우

중구청장의 A에 대한 유기장업 영업허가는 대물적 허가로서 영업장소의 소재지와 유기시설 등이 영업허가의 요소를 이루는 것이다. 따라서 유기시설이 모두 철거되어 허가를 받은 영업장의 기능을 더 이상 수행할 수 없게 된 경우에는 이미 당초의 영업허가는 허가의 대상이 멸실된 경우와 마찬가지로 그 효력이 당연히 소멸되는 것이라고 할 것이다.

3. 실효된 행정행위에 대한 권리구제

중구청장이 이미 실효된 허가를 취소한 처분은 허가가 실효되었음을 확인하는 것에 지나지 않는다고 보아야 한다. 행정행위의 실효 여부가 다투어지는 경우에는 상대방은 무효등확인소송의 일종인 처분의 효력존재확인소송을 제기하여야 한다. 따라서 A로서는 이 사건 취소처분의 취소를 청구할 소의 이익이 없는 것이라고 볼 수 있다.

Ⅴ. 사안의 해결

(1) 사안의 유기장업 영업허가는 명령적 행위의 일종인 허가이다. 허가는 원칙적으로 기속행위지만 사안의 경우 법률의 규정상 행정청이 재량권을 가지게 된다. 또한 이 사건 [별표 2]는 행정규칙의 성질을 가진다. 따라서 그 기준은 대외적 구속력이 없어 이에 위반한다고 하여 바로 위법한 것은 아니다. 또한 A에 대한 영업허가는 A의 폐업으로 이미 실효되었다고 보아야 한다.

(2) 결국 사안에서 행정청의 영업허가 취소처분은 실효된 영업허가를 확인하는 것에 불과하다. 따라서 A의 취소소송은 소의 이익이 인정될 수 없고, A의 소는 부적법하여 각하될 것이다.

[17] 행정절차와 직권취소

A는 국방대학교 안보대학원에 재직 중 군인사위원회에서 대령진급예정자로 선발 · 공표되었다. 국방대학교 총장은 A가 육군본부 군수참모부 대장으로 근무하던 중 군납업자로부터 운영비 지원 및 전별금 명목으로 합계 5,300,000원 상당의 금품을 수수하여 기소유예 처분을 받아 국방대학교의 명예를 훼손하고, 공직자로서 청렴의무를 위반하였다는 등의 이유로 감봉 3월의 징계를 하였다. 그 후 육군 참모총장은 국방부장관에게 A에 대한 진급낙천을 건의하였다.

국방부장관은 육군 참모총장의 건의에 따라 군인사법 및 그 시행령에 근거하여 A에 대한 대령진급 선발을 취소하는 처분을 하고, 공문으로 국방대학교 총장에게 처분사실을 통지하였다. 국방대학교 인사 관련 실무자는 이를 A에게 구두로 통지하였다. 그런데, A는 육군 참모총장이 국방부장관에게 A에 대한 진급낙천을 건의하는 과정이나 국방부장관이 A에 대하여 대령진급 선발을 취소하는 이 사건 처분을 하는 과정에서 따로 의견진술 기회나 소명기회 등을 전혀 부여받지 않았다.

A는 국방부장관의 진급낙천처분에 불복하면서 다음과 같이 주장하고 있다. A의 주장이 인용될 수 있겠는가.

(1) A가 이미 국방부장관에 의해 진급예정자로 선발되어 그 명단이 공표되었으므로 군인사법 제31조 제2항, 군인사법 시행령 제38조 제1항이 규정하는 '진급발령 전에 진급시킬 수 없는 사유'가 있는 경우에만 국방부장관이 A를 진급예정자 명단에서 삭제할 수 있는 것인데, A의 경우 이에 해당하지 아니하므로 진급낙천처분은 법령의 근거가 없는 것으로서 위법하다. (30점)

(2) A는 이 사건 처분과정에서 일체의 소명의 기회를 제공받은 바 없고, 처분사실을 통지받지도 않았기에 절차상 하자가 있다. (20점)

> **처분 당시의 법령**

「군인사법」

제31조(진급발령 및 삭제)
① 장교진급선발위원회에 의하여 선발된 자는 추천권자, 제청권자 또는 진급권자에 의하여 취소되지 아니하는 한 진급권자가 당해전군에 그 명단을 공표하고 궐원에 따라 선임순으로 수시로 진급발령한다.
② 제1항의 규정에 의하여 공표된 자라 할지라도 진급발령 전에 진급시킬 수 없는 사유가 발생하였을 때에는 진급권자는 이를 진급예정자 명단에서 삭제할 수 있다.

제32조(진급낙천)
진급선발대상권에 포함된 대령이하의 장교로서 장교진급선발위원회에서 진급될 자격이 없다고 인정되어 진급심사대상에서 제외된 자 및 제31조의 규정에 의하여 취소 또는 삭제된 자는 진급낙천자로 한다.

「군인사법시행령」

제38조(진급시킬 수 없는 사유)
① 법 제31조제2항에 규정된 진급발령전에 진급시킬 수 없는 사유라 함은 다음 각호의 1에 해당하는 경우를 말한다.
1. 군사법원에 기소되었을 경우(약식명령이 청구된 경우를 제외한다). 다만, 무죄판결된 자는 예정대로 진급시키며, 진급예정일이 경과한 때에는 그 무죄로 확정된 일차이후의 첫 진급시에 발령한다.
2. 중징계의 처분을 받았을 경우. 다만, 항고에 따라 처분이 경징계로 경감 또는 면제된 때에는 제1호 단서의 규정을 준용한다.
3. 법 제37조제1항제1호 또는 제2호에 해당하는 자로서 전역심사위원회에 회부될 경우. 다만, 전역시키지 아니하기로 의결된 자는 제1호 단서의 규정을 준용한다.
② 참모총장은 제1항의 규정에 의한 사유로 말미암아 진급자명단에서 삭제할 필요가 있는 자에 대하여는 그 명단을 진급권자에게 보고하여야 한다.

제39조(진급추천 및 제청의 취소)
법 제31조제1항에 규정된 추천권자 또는 제청권자가 선발위원회에 의하여 선발된 자를 취소할 경우에는 그 사유를 진급권자에게 보고하여야 한다.

「행정절차법」

제3조(적용범위)
① 처분·신고·행정상 입법예고·행정예고 및 행정지도의 절차(이하 "행정절차"라 한다)에 관하여 다른 법률에 특별한 규정이 있는 경우를 제외하고는 이 법이 정하는 바에 의한다.

② 이 법은 다음 각호의 1에 해당하는 사항에 대하여는 적용하지 아니한다.
9. 병역법에 의한 징집·소집, 외국인의 출입국·난민인정·귀화, 공무원 인사관계 법령에 의한 징계 기타 처분 또는 이해조정을 목적으로 법령에 의한 알선·조정·중재·재정 기타 처분등 당해 행정작용의 성질상 행정절차를 거치기 곤란하거나 불필요하다고 인정되는 사항과 행정절차에 준하는 절차를 거친 사항으로서 대통령령으로 정하는 사항

주요쟁점
- 확약
- 신뢰보호의 원칙
- 공표
- 행정행위의 취소
- 직권취소
- 침해적 행정처분
- 의견제출
- 절차상의 흠

Ⅰ. 국방부장관의 진급낙천처분의 적법성 여부 [주장 (1)의 해결]

1. 문제점

(1) A는 군인사위원회에서 대령진급예정자로 선발되어 그 사실이 공표되었다. 진급예정자 명단에 포함된 자는 추천권자, 제청권자 또는 진급권자에 의하여 취소되지 아니하는 한 궐원에 따라 선임 순으로 수시로 진급발령을 받게 된다(군인사법 31①). 따라서 A에 대한 국방부장관의 대령진급예정자선발·공표행위가 장차 대령으로 진급시키겠다는 자기구속적 약속인 확약에 해당되는지 문제된다.

(2) 진급예정자 명단이 공표된 후에 '진급발령 전에 진급시킬 수 없는 사유'가 발생하였을 때에는 진급권자가 해당자를 진급예정자 명단에서 삭제하는 '명단삭제처분'을 할 수 있다(군인사법 31②). 그런데 A는 군납업자로부터 직무와 관련하여 금품을 수수한 혐의로 기소유예 처분과 감봉 3월의 징계처분을 받은 바 있는데, 이 점이 군인사법 시행령이 정하는 명단삭제처분 사유에 해당되지는 않는다. 그 때문에 A의 비리행위를 이유로 진급예정자 결정을 취소하는 진급낙천처분(이하 '이 사건 처분'이라 한다)을 할 수 있는지 여부가 문제된다.

2. 대령진급자예정자선발 · 공표가 확약에 해당하는지

가. 확약의 개념

확약이란 행정기관이 국민에 대한 관계에 있어서 자기구속을 할 의도로써 장래에 향하여 일정한 행위 또는 불행위를 약속하는 의사표시라 할 수 있다. 각종의 인허가에 관한 이른바 내허가 · 내인가, 공무원임용의 내정, 과세처분에 관한 견해표명 등은 확약의 성질을 가졌다고 볼 수 있다. 확약은 금반언의 법리 또는 신뢰보호의 원칙 중 '선행조치'에 해당되는 행정청의 행위형식의 하나이다.

나. 확약의 법적 성질

(1) 확약이 행정행위로서의 성질을 가지는지 여부에 관하여 긍정설과 부정설이 있으나, 행정청만을 구속하고 국민은 구속하지 않으므로 행정행위와 동일할 수는 없고, 그와 유사한 성질을 가지는 것으로 보는 행정행위유사설이 다수설이다.

(2) 행정처분성을 긍정하는 판례는, 폐기물처리사업 부적정통보에 대하여, 부적정통보는 허가신청 자체를 제한하는 등 개인의 권리 내지 법률상의 이익을 개별적이고 구체적으로 규제하고 있어 행정처분에 해당한다(대법원 1998.4.28. 선고 97누21086 판결)고 본다. 행정처분이 아니라는 판례는, 어업권면허에 선행하는 우선순위결정은 행정청이 우선권자로 결정된 자의 신청이 있으면 어업권면허처분을 하겠다는 것을 약속하는 행위로서 강학상 확약에 불과하고 행정처분은 아니므로, 우선순위결정에 공정력이나 불가쟁력과 같은 효력은 인정되지 아니하며, 따라서 우선순위 결정이 잘못되었다는 이유로 종전의 어업권면허처분이 취소되면 행정청은 종전의 우선순위결정을 무시하고 다시 우선순위를 결정한 다음 새로운 우선순위결정에 기하여 새로운 어업권면허를 할 수 있다(대법원 1995.1.20. 선고 94누6529 판결)고 한다.

다. 확약의 요건

① 확약의 내용이 되는 본행정행위를 할 수 있는 권한을 가지는 행정청이 그 권한의 범위 안에서 행하여야 한다. ② 법령에 적합하고 실현가능하여야 한다. ③ 확약의 내용인 본행정행위에 관하여 상대방에 대한 청문이나, 다른 행정청의 동의 또는 승인 등 일정한 절차가 요구되는 경우에는 확약에 있어서도 그 절차가 이행되어야 한다. ④ 형식으로는 명문의 규정이 없으므로 구술에 의한 확약도 가능하다고 할 것이다.

라. 효 과

(1) 확약의 이행의무

행정청은 상대방에게 확약된 행위를 하여야 할 자기구속적인 의무를 지게 된다. 그 구속력의 근거는 신뢰보호의 원칙이라 할 것이다. 행정청이 의무를 이행하지 아니할 때에는 상대방은 의무이행행정심판과 거부처분취소소송 및 부작위위법확인소송을 제기할 수 있다.

(2) 확약의 무효, 취소 · 변경, 철회, 실효

우리 행정절차법은 이에 관한 규정을 두지 아니하였다. 독일 행정절차법은 행정행위에 관한 규정을 준용한다. 명문의 규정이 없는 우리의 경우에도 동일하게 보아야 할 것이다.

판례는 행정청이 확약을 취소하거나 철회하기 위하여는 확약이 행해진 후에 불가항력이나 기타의 사유로 확약을 이행할 수 없을 정도로 그 기초가 되었던 사실상태나 법률상태가 변경된 경우 또는 확약을 번복해야 할 공익상의 필요가 당사자가 입게 될 기득권과 신뢰 및 법률생활 안정의 침해 등의 불이익을 정당화할 수 있을 만큼 중대한 경우에 한한다(광주지법 2006.9.28. 선고 2006구합1036 판결)고 한다.

(3) 확약과 사정변경

확약 후 사실상태 또는 법률상태가 변경된 경우, 행정청이 그와 같은 변경이 있을 것을 미리 알았더라면 그와 같은 확약을 하지 않았을 것으로 인정되는 경우에, 확약에 대한 구속을 면제될 수 있느냐에 관한 것이다. 우리 판례는 행정청의 확약 또는 공적인 의사표명이 그 자체에서 정한 유효기간을 경과한 이후에는 당연 실효된다고 한다. 즉, 행정청이 상대방에게 장차 어떤 처분을 하겠다고 확약 또는 공적인 의사표명을 하였다고 하더라도, 그 자체에서 상대방으로 하여금 언제까지 처분의 발령을 신청을 하도록 유효기간을 두었는데도 그 기간 내에 상대방의 신청이 없었다거나 확약 또는 공적인 의사표명이 있은 후에 사실적·법률적 상태가 변경되었다면, 그와 같은 확약 또는 공적인 의사표명은 행정청의 별다른 의사표시를 기다리지 않고 실효된다(대법원 1996. 8. 20. 선고 95누10877 판결).

마. 사안의 해결

(1) A는 대령진급예정자로 선발되어 그 사실이 공표되었고, 진급예정자 명단에

포함된 자는 취소되지 아니하는 한 궐원에 따라 선임 순으로 수시로 진급발령을 받게 되어 있다. 그러므로 A는 대령으로 진급될 것이 거의 확실한 정도로 기대할 수 있는 지위에 이르렀다고 볼 수 있으므로 대령진급예정자선발·공표행위는 확약의 성질을 가지며, 특별한 사정이 없는 한 A는 신뢰보호원칙에 근거하여 국방부장관에게 확약이행을 요구할 권리를 가진다고 할 것이다.

(2) 그러나 확약이 있더라도 사정변경이 있을 경우에는 확약에 대한 구속을 면제될 수 있다. 진급예정자 명단이 공표된 후에 '진급발령 전에 진급시킬 수 없는 사유'가 발생하였을 때에는 진급권자가 해당자를 진급예정자 명단에서 삭제하는 '명단삭제처분'을 할 수 있다(군인사법 31②). 이는 확약 후의 사정변경으로 인한 확약의 취소 또는 철회를 할 수 있는 법적 근거가 되고 있다.

3. 이 사건 처분의 적법성 여부 검토

가. A에게 진급예정자 명단삭제사유의 부존재

(1) 장교진급선발위원회에 의하여 선발되어 진급예정자로 공표된 자라 할지라도 진급발령 전에 진급시킬 수 없는 사유가 발생하였을 때에는 진급권자는 이를 진급예정자 명단에서 삭제할 수 있다(군인사법 31②). 진급시킬 수 없는 사유로는 ① 군사법원에 기소된 경우(약식명령이 청구된 경우를 제외한다), ② 중징계의 처분을 받은 경우, ③ 전역심사위원회에 회부될 경우이다(군인사법 시행령 38①).

(2) 그런데 A는 5,300,000원 상당의 금품을 수수하여 기소유예 처분을 받고, 감봉 3월의 징계처분을 받았다. 따라서 A는 형사사건으로 기소유예를 받아 기소되지 않았으며, 중징계(파면, 강등, 정직)가 아닌 경징계처분을 받았기에 결국 진급예정자 명단 삭제 사유에는 해당되지 않는다.

나. 직권취소로서의 A에 대한 이 사건 처분

(1) 직권취소를 할 수 있는지 여부

A의 금품수수행위로 인한 기소유예와 징계처분이 군인사법 시행령이 정하는 진급예정자명단 삭제사유에 해당하지는 않기 때문에 명단삭제처분을 할 수 없을지라도 A를 진급시키지 않는 진급낙천처분을 직권으로 할 수 있느냐가 문제된다. 이는 국방부장관이 명단삭제처분은 할 수 없기 때문에 A에 대한 진급을 불허하는 진급낙천처

분을 한다면, 국방부장관이 종전의 진급예정자선발 · 공표행위를 직권으로 취소하는 것에 해당되고, 실질적인 의미에서는 명단삭제처분의 효과와 동일하게 된다.

(2) 행정행위의 취소의 개념

취소란 일응 유효하게 성립한 행정행위의 효력을 그 성립에 흠(무효원인 이외의 위법 또는 부당한 흠)이 있음을 이유로, 권한 있는 기관이 원칙적으로 원래의 행위시에 소급하여 소멸시키는 원래의 행정행위와는 별개의 독립된 행정행위를 말한다.

행정행위의 취소는 행정행위의 성립 당시에 존재하였던 하자를 말하고, 철회는 행정행위가 성립된 이후에 새로이 발생한 것으로서 행정행위의 효력을 존속시킬 수 없는 사유를 말한다(대법원 2006.5.11. 선고 2003다37969 판결).

(3) 취소권자

쟁송취소는 행정청과 법원이다. 행정청은 처분청과 감독청을 말한다. 예외적이기는 하나 제3기관을 재결청으로 하는 경우가 있다(예: 공무원소청심사위원회).

직권취소는 처분청과 그 감독청이다. 감독청이 처분청의 처분을 취소할 수 있도록 규정한 예로서는 지방자치법 제169조 제1항을 들 수 있는데, 지방자치단체장의 명령·처분이 법령에 위반되거나 현저히 부당하여 공익을 해친다고 인정되면 시 · 도에 대하여는 주무부장관이, 시 · 군 및 자치구에 대하여는 시 · 도지사가 취소할 수 있다.

(4) 취소권의 근거

쟁송취소는 행정심판법 · 행정소송법 등, 쟁송을 인정한 법률에 근거하여 행하여진다. 직권취소는 특별한 법률의 근거를 요하지 않는다. 취소권의 근거는 행정행위의 근거법에 포함되었다고 할 것이다. 행정행위를 한 처분청은 그 행위에 하자가 있는 경우에는 별도의 법적 근거가 없더라도 스스로 이를 취소할 수 있고, 수익적 행정처분의 하자가 당사자의 사실은폐나 기타 사위의 방법에 의한 신청행위에 기인한 것이라면 당사자는 처분에 의한 이익이 위법하게 취득되었음을 알아 취소가능성도 예상하고 있었다 할 것이므로, 그 자신이 처분에 관한 신뢰이익을 원용할 수 없음은 물론 행정청이 이를 고려하지 아니하였다고 하여도 재량권의 남용이 되지 않는다(대법원 2006.5.25. 선고 2003두4669 판결).

(5) 취소사유

(가) 위법 · 부당한 행위

행정행위의 위법 또는 부당한 모든 경우가 원칙적으로 취소사유가 된다. 따라서 행정행위에 하자가 있을지라도 그 하자가 중대 · 명백하지 않는 경우 및 하자가 중대하기는 하나 명백하지 않는 경우에 취소의 대상이 된다.

(나) 행정청의 착오

행정청의 착오는 그것만으로는 행정행위를 위법하게 만들지는 않는다. 착오에 의하여 법령해석 · 사실인정을 잘못한 결과, 행정행위가 객관적으로 위법하게 된 경우에 그 행위가 수익적 행위에 해당된다면 상대방의 신뢰보호의 견지에서 취소가 제한된다고 할 것이다.

판례는 운전면허 취소사유에 해당하는 음주운전을 적발한 경찰관의 소속 경찰서장이 사무착오로 위반자에게 운전면허정지처분을 한 상태에서 위반자의 주소지 관할 지방경찰청장이 위반자에게 운전면허취소처분을 하였다면 선행처분에 대한 당사자의 신뢰 및 법적 안정성을 저해하는 것이므로 선행처분을 취소할 없다고 한다(대법원 2000.2.25. 선고 99두10520 판결).

(다) 사인의 부정행위

사인의 사기 등 부정수단에 의하여 행정행위가 행하여진 경우에는, 그 결과인 행정행위의 내용이 위법하지 않더라도 독립의 취소 원인이 될 수 있다. 신뢰보호를 할 필요가 없다는 것을 실질적 이유로 하는데, 행정청의 의사에 결함이 있다고도 할 수 있고 행정행위의 성립과정에 위법이 있다고도 할 수 있다.

(라) 처분의 근거법규가 위헌 · 위법한 경우

대법원과 헌법재판소는 어느 법률이 헌법재판소에서 위헌으로 결정된 경우에 당해 법률이 위헌으로 결정되기 전에 그 법률에 근거하여 행하여진 행정처분의 하자는 특별한 사정이 없으면 취소사유에 그친다고 한다. 그것은 일반적으로 법률이 헌법에 위반되는지의 여부는 헌법재판소의 위헌결정이 있기 전에는 객관적으로 명백한 것이라고는 볼 수 없기 때문에 법적안정성의 측면에서 취소사유로 본 것이다(헌재 1994.6.30. 92헌바23, 대법원 1994.10.28. 선고 92누9463 판결 등). 판례는 마찬가지로 명령 · 규칙(지방자치단제의 조례 · 규칙 포함)이 법원에서 위헌 · 위법으로 결정된 경우에, 그러한 결정이 있기 전에 당해 명령 · 규칙에 근거하여 행하여진 행정처분의 하자도 특별한 사정이 없으면 취소사유에 그친다고 한다(대법원 1995.7.11. 선고 94누4615 판결).

(6) 취소의 제한

직권취소에 있어서는 취소로 인하여 상대방이나 이해관계인이 받게 되는 불이익과 취소로 인하여 달성되는 공익을 비교형량하여 공익이 우월해야 한다. 그러나 쟁송취소에 있어서는 행정행위가 위법한 경우에는 이익형량 없이 원칙적으로 취소하여야 한다. 다만 예외적인 사정판결의 가능성이 있을 뿐이다.

(7) 취소의 절차

행정심판법 · 행정소송법이 정하는 행정쟁송절차에 의하게 된다. 수익적 행정처분의 취소와 같은 불이익처분의 경우에는 원칙적으로 상대방에 대한 의견청취(의견제출 또는 청문)절차를 거쳐야 한다(행정절차법 22). 또한 행정절차법 이외의 개별법률(도로법 85(청문), 식품위생법 64(청문))에서 다른 절차를 정하고 있는 경우에는 그러한 절차도 함께 거쳐야 한다.

(8) 취소의 효과

(가) **원칙적으로 소급효**

취소는 행정행위의 성립시의 흠을 이유로 하므로 그 효과는 원칙적으로 당해 행위를 한 때에 소급하여 발생한다. 취소되면 처음부터 그 행위가 없었던 것과 같은 효과를 발생한다. 그러나 소급효로 기성의 법률질서를 파괴하고, 상대방의 신뢰를 배반하여서는 안 된다는 점에서 보면 소급하여서는 안되는 경우도 있다. 대개는 침익적 행위의 취소의 효과는 소급적이나, 수익적 행위의 취소의 효과는 장래적이라 할 것이다.

(나) **쟁송취소**

그 성질상 과거(행위시)에 소급한다. 쟁송취소의 경우에도 흠이 사기 · 강박 · 증뢰로 유발된 경우, 부정 또는 부실신고로 유발된 경우와 같이 당사자에게 책임 있는 경우 이외에는, 당사자에게 불이익하게 소급하지 아니하고 장래에 향하여서만 행위의 효력을 상실시키는 데 그친다 할 것이다.

(다) **직권취소**

명문의 규정이 없는 한 행정청은 취소의 범위(행정행위의 전부 또는 일부취소)와 효력발생시기에 대하여 자유로이 정할 수 있다고 할 것이다. 따라서 직권취소의 경우에는 효력발생시기에 대하여 일률적으로 말할 수 없다.

다. 사안의 해결

(1) 이 사건 처분권자 및 처분의 근거

군인사법 제31조 제1항, 그 시행령 제39조에 의하면, 장교진급의 추천권자, 제청권자, 진급권자는 장교진급 선발위원회에 의하여 진급추천자로 선발된 자에 대하여 취소권을 가진다. 사안에서 국방부장관은 A를 대령진급예정자로 결정한 바 있고, 명문의 규정이 없더라도 진급낙천처분권자로서의 지위도 갖는다.

(2) 직권취소로서의 진급낙천처분의 위법성

(개) 군인사법과 그 시행령에 의하면 명단 삭제처분의 사유는 명시적으로 규정되어 있다. 반면, 진급예정자 결정 취소사유에 대하여는 명시적인 규정이 없다. 진급예정자 명단이 공표된 이후에는 특별한 사정이 없는 한 선임 순으로 진급 발령되고 있어 위 명단에 등재된 것은 사실상 진급에 준하는 것에 해당된다. 따라서 장교 진급예정자 결정은 수익적 행정행위에 해당되고, 그 명단을 삭제하는 것은 사실상 진급된 자를 강등시키는 효과를 초래하므로 그 행사를 엄격하게 제한해야 하는 필요성이 있다. 그러므로 취소사유가 존재한다 하더라도 A에 대한 법률생활의 안정, 기득의 권익보호, 신뢰보호의 원칙을 보호할 필요가 있을 때에는 직권취소가 제한된다.

(내) 그렇지만 A에 대한 대령진급예정자 결정은 하자 있는 행정처분으로서 이를 취소할 공익적 필요가 큰 반면, 이로 인하여 A가 입을 기득권 신뢰보호와 법률생활 안정의 침해 등의 불이익은 상대적으로 작다고 할 것이므로, 국방부장관이 A에 대하여 한 진급낙천처분은 재량범위 내에서 한 적법한 처분이라고 할 것이다.

(대) 다만, 국방부장관이 진급낙천처분을 하면서 A에게 사전통지를 하지 않거나 의견제출의 기회를 주지 아니하였는데, 이러한 행위가 절차상의 하자에 해당하여 위법하게 되는 것인지는 아래에서 별도로 검토한다.

> **기본구조**
>
> 국방부장관의 진급낙천처분의 적법
> 여부 [주장 ⑴의 해결]
>
> 1. 문제점
>
> 2. 대령진급자예정자선발·공표가 확
>   약에 해당하는지
>   가. 확약의 개념
>   나. 확약의 법적 성질
>   다. 확약의 요건
>   라. 효 과
>   ⑴ 확약의 이행의무
>   ⑵ 확약의 무효, 취소·변경, 철회,
>   실효
>   ⑶ 확약과 사정변경
>   마. 사안의 해결
>
> 3. 이 사건 처분의 적법성 여부 검토
>   가. A에게 진급예정자 명단삭제사유
>   의 부존재
>   나. 직권취소로서의 A에 대한 이 사
>   건 처분
>   ⑴ 직권취소를 할 수 있는지 여부
>
>   ⑵ 행정행위의 취소의 개념
>   ⑶ 취소권자
>   ⑷ 취소권의 근거
>   ⑸ 취소사유
>   ㈎ 위법·부당한 행위
>   ㈏ 행정청의 착오
>   ㈐ 사인의 부정행위
>   ㈑ 처분의 근거법규가 위헌·위법한
>   경우
>   ⑹ 취소의 제한
>   ⑺ 취소의 절차
>   ⑻ 취소의 효과
>   ㈎ 원칙적으로 소급효
>   ㈏ 쟁송취소
>   ㈐ 직권취소
>   다. 사안의 해결
>   ⑴ 이 사건 처분권자 및 처분의 근거
>   ⑵ 직권취소로서의 진급낙천처분의
>   위법성

Ⅱ. 이 사건 처분에 행정절차법상의 하자가 있는지 여부 [주장 ⑵의 해결]

1. 문제점

국방부장관은 이 사건 처분을 하는 과정에서 A에게 의견진술 기회나 소명기회 등을 전혀 부여하지 않았다. 이처럼 국방부장관이 침해적 행정처분을 하면서 A에게 행정절차법상의 사전통지를 하거나 의견제출의 기회를 주지 아니한 경우, 행정절차를 거치지 아니하여도 되는 예외사유가 아니라면 일반적으로 절차상의 흠이 있는 행위가 될 수 있다. 그러므로 국방부장관의 A에 대한 공무원 인사관계 법령에 의한 처분 사항에 대하여 행정절차법의 적용이 배제되는 범위를 검토할 필요가 있다.

2. 절차상의 흠이 있는 행정행위의 효력

가. 절차상의 흠

법령에 의하여 요구되는 사전통지·청문·이유제시 등의 행정절차를 결여한 행정행위는 절차상의 요건을 충족하지 못한 행위로서 흠을 띠게 된다. 행정절차는 그 자체가 목적이 아니며, 행정결정의 법률적합성·합목적성의 보장을 확보하고 행정절차에 관계하는 자들의 권리를 보장·실현하는 것을 가능하게 하기 위한 것이다. 이 때문에 행정절차상의 흠에 대하여 행정실체법상의 흠과 동일한 의미를 부여하기는 곤란한 점이 있다.

나. 독자적 흠으로 인정할 것인지의 여부

절차상의 흠이 있는 행정행위의 효력은 어떻게 될 것인지가 문제된다. 명문의 규정을 둔 경우에는 그에 의할 것이다. 반면, 명문이 없는 경우에는 절차상의 흠이 중대하고 명백한 때에는 당해 행위는 무효가 된다 할 것이다. 그러나 흠이 그 정도에 이르지 아니하여 취소사유에 그친 경우에는 당해 절차상의 흠이 독자적 취소사유가 되는지 문제된다. 행정행위가 실체법상으로 적법함에도 불구하고 절차상의 흠만을 이유로 당해 행위가 취소되어야 하는가에 관한 것이다.

(1) 독자적인 흠으로 인정하지 않는 견해(소극설)

절차상의 흠만을 이유로 하여 행정행위를 취소할 수 없다는 견해이다. ① 절차규정은 실체법적으로 적정한 행정결정을 확보하기 위한 수단인 점에 그 본질적 기능이 있고, ② 다시 적법한 절차를 거쳐 처분을 하여도 동일한 처분을 반복할 수밖에 없기 때문에 단지 절차상의 흠만을 이유로 행정행위를 취소하는 것은 행정경제 또는 소송경제에 반한다는 것이다. 따라서 절차상의 흠은 사후보완과 같은 치유 방법으로 해결하여야 한다고 한다.

(2) 독자적인 흠으로 인정하는 견해(적극설)

절차상의 흠만을 이유로 하여 행정행위를 취소할 수 있다는 견해이다. ① 적정한 결정은 적정한 절차에 의하여서만 행하여질 수 있고, ② 기속행위의 경우에도 다시 적법한 절차를 거쳐 처분을 하는 경우에 반드시 동일한 처분을 하게 된다고는 말할 수 없는 것이며, ③ 소극설에 따른다면 절차적 규제의 담보수단이 없어지게 된다고 한다. 우리 행정소송법 제30조 제3항은 취소소송의 판결의 구속력과 관련하여 '신청에 따른 처분이 절차의 위법을 이유로 취소되는 경우'를 규정하고 있는데, 이는 적극설의 입장을 취하는 것으로 볼 수 있다.

(3) **절충설**

기속행위의 경우에는 행정절차가 실체적인 판단에 영향을 미칠 수 없으므로 절차상의 흠을 독립된 위법사유로 보지 않고, 재량행위에 있어서는 행정청은 기본처분과 다른 처분을 할 수도 있으므로 절차상의 위법사유가 독자적인 위법사유가 된다고 한다.

(4) **판 례**

(가) 대법원은 행정청이 침해적 행정처분을 함에 있어서 당사자에게 위와 같은 사전통지를 하거나 의견제출의 기회를 주지 아니하였다면 사전통지를 하지 않거나 의견제출의 기회를 주지 아니하여도 되는 예외적인 경우에 해당하지 아니하는 한 그 처분은 위법하여 취소를 면할 수 없다(대법원 2004.5.28. 선고 2004두1254 판결)는 입장으로 적극설과 같다.

(나) 행정규칙인 훈령에 규정된 청문절차를 거치지 않은 행정처분에 대하여 처음에는 위법하다고 판시하였으며(대법원 1984.9.11. 선고 82누166 판결), 그 후에는 청문절차를 거치지 않은 행정처분이라 할지라도 위법하지 않다고 판시한 바 있다(대법원 1994.8.9. 선고 94누3414 판결). 현재는 법령이 정하는 청문절차를 거치지 않은 행정처분은 원칙적으로 적법한 절차를 거치지 아니한 위법한 처분으로 취소사유에 해당되는 것으로 본다.

다. **사안의 경우**

(1) 이 사건 처분과 행정절차위반 여부

국방부장관의 A에 대한 진급낙천처분이 행정절차법의 적용 예외사유인 '공무원 인사관계 법령에 의한 징계 기타 처분'(행정절차법 3②(9))에 해당되느냐 여부가 문제된다. 만약 이 사건 처분이 행정절차를 거치지 않아도 되는 예외사유에 해당되면, 비록 A에 대한 이 사건 처분시에 의견진술 등의 절차를 거치지 아니하였더라도 절차상의 흠은 인정될 수 없다.

(2) 판례의 입장

㈎ 하급심 판결

이 사건의 경우 앞서 본 장교진급 절차 등에 비추어 볼 때, 진급추천자는 진급예정자 명단의 선발 공표로 진급예정자로서 지위를 가지게 되고, 일단 진급예정자로서의 지위를 가지게 되면 진급예정자 명단에서 삭제되거나 진급선발이 취소되지 않는 한 진급예정자 명단 순위에 따라 진급하게 되므로, 이 사건 처분과 같이 진급선발을 취소하는 처분은 진급예정자로서 가지는 원고(A)의 이익을 침해하는 처분이라 할 것인바, 특별한 사정이 없는 한 침해적 행정처분에 관한 위와 같은 법리가 적용되어야 한다. 그런데, 행정절차법 제3조 제2항 제9호는 동법이 적용되지 않는 대상의 하나로서 '공무원 인사관계 법령에 의한 징계 기타 처분'을 정하고 있는데, 원고에 대한 이 사건 처분은 군인사법(공무원의 인사관계 법령)에 의한 '기타 처분'에 해당함은 명백하다고 할 것이다. 그렇다면, 비록 이 사건 처분이 침해적 행정처분에 해당하기는 하나, 이 사건 처분은 원고에게 따로 문서에 의한 통지, 사전통지, 의견진술 기회를 부여하지 않아도 될 예외적인 사유가 있는 경우에 해당한다고 할 것이다(서울고법 2006.11.30. 선고 2006누5191 판결).

㈏ 대법원 판결

군인사법 및 그 시행령의 관계 규정에 따르면, 원고와 같이 진급예정자 명단에 포함된 자는 진급예정자명단에서 삭제되거나 진급선발이 취소되지 않는 한 진급예정자 명단 순위에 따라 진급하게 되므로, 이 사건 처분과 같이 진급선발을 취소하는 처분은 진급예정자로서 가지는 원고의 이익을 침해하는 처분이라 할 것이고, 한편 군인사법 및 그 시행령에 이 사건 처분과 같이 진급예정자 명단에 포함된 자의 진급선발을 취소하는 처분을 함에 있어 행정절차에 준하는 절차를 거치도록 하는 규정이 없을 뿐만 아니라 위 처분이 성질상 행정절차를 거치기 곤란하거나 불필요하다고 인정되는 처분이라고 보기도 어렵다고 할 것이어서 이 사건 처분이 행정절차법의 적용이 제외되는 경우에 해당한다고 할 수 없으며, 나아가 원고가 수사과정 및 징계과정에서 자신의 비위행위에 대한 해명기회를 가졌다는 사정만으로 이 사건 처분이 행정절차법 제21조 제4항 제3호, 제22조 제4항에 따라 원고에게 사전통지를 하지 않거나 의견제출의 기회를 주지 아니하여도 되는 예외적인 경우에 해당한다고 할 수 없으므로, 국방부장관이 이 사건 처분을 함에 있어 원고에게 의견제출의 기회를 부여하지 아니한 이상, 이 사건 처분은 절차상 하자가 있어 위법하다고 할 것이다(대법원 2007.9.21. 선고 2006두20631 판결).

(3) 소 결

A와 같은 군인신분에 있는 자에게 계급의 진급은 근무연한이 연장되는 등 신분관계에 큰 영향을 미치게 되는데, 이 사건과 같이 A를 대령 진급예정자로 선발하여 공표까지 한 상태라면, 특별한 사정이 없는 한 진급이 될 것이라는 신뢰를 갖게 된다. 그런데 어떤 사유로든 진급을 거부하는 불이익처분을 하려는 경우에는 A에게 행정절차법이 정하는 의견진술 등의 기회를 충분하게 주어야 한다. 그리고 그러한 절차를 거쳤다고 하여 국방부장관이 A에 대한 이 사건 처분을 할 수 없는 사정이 발생하는 것도 아니라는 점에서, A에게 사전통지를 하지 않거나 의견제출의 기회를 주지 아니하여도 되는 예외적인 경우에 해당한다고 할 수 없다. 따라서 국방부장관이 이 사건 처분 후에 행정쟁송의 제기이전에 행정절차를 거쳐 그 흠이 치유되었다는 자료가 없으므로, 이 사건 처분은 행정절차상의 흠이 있어 위법한 것이라고 할 것이다.

(4) 위법성의 정도

국방부장관의 이 사건 처분이 행정절차를 위반하여 위법하다면 무효에 해당하는지, 취소사유에 해당하는지 문제된다. 생각건대 이 사건 처분이 내부적으로 중대한 하자가 있지만, 외부적으로는 명백한 흠이라고 할 수는 없으므로 무효라고 할 수는 없고 취소사유에 해당된다(중대명백설).

3. 사안의 해결

침익적 행정처분을 하면서 행정절차법이 정하는 사전통지를 하거나 의견제출의 기회를 주지 아니하였다면, 사전통지를 하지 않거나 의견제출의 기회를 주지 아니하여도 되는 예외적인 경우에 해당하지 아니하는 한 그 처분은 위법하여 취소를 면할 수 없다. 국방부장관의 A에 대한 진급낙천처분은 행정절차법의 적용 예외사유인 '공무원 인사관계 법령에 의한 징계 기타 처분'(행정절차법 3②(9))에 해당되지 않는다고 보아야 하며, 따라서 국방부장관은 진급낙천처분을 함에 있어서 행정절차법 소정의 절차를 거쳐야 한다.

　결국 이러한 절차를 거치지 아니한 진급낙천처분은 절차상의 하자가 있고, 이러한 절차상의 하자는 독자적인 위법성이 인정되므로 이 사건 처분은 위법하여 취소사유에 해당된다.

기본구조

이 사건 처분에 행정절차법상의 하자가 있는지 여부 [주장 (2)의 해결]

1. 문제점

2. 절차상의 흠이 있는 행정행위의 효력
　가. 절차상의 흠
　나. 독자적 흠으로 인정할 것인지의 여부
　　(1) 독자적인 흠으로 인정하지 않는 견해 (소극설)
　　(2) 독자적인 흠으로 인정하는 견해 (적극설)
　　(3) 판 례
　다. 사안의 경우
　　(1) 이 사건 처분과 행정절차위반 여부
　　(2) 판례의 입장
　　　(가) 하급심 판결
　　　(나) 대법원 판결
　　(3) 소 결
　　(4) 위법성의 정도

3. 사안의 해결

관리번호	시험과목명	제 1 문	시험관리관 확인	점 수	채점위원인
	행정법				

I. 설문(1)의 해결 – 국방부장관의 진급낙천처분의 적법성 여부

1. 문제점

(1) A는 대령진급예정자로 선발되어 그 사실이 공표되었다. 진급예정자 명단에 포함된 자는 추천권자, 진급권자 등에 의하여 취소되지 아니하는 한 결원에 따라 선임 순으로 진급발령을 받게 된다(군인사법 31①). 따라서 A에 대한 대령진급예정자선발·공표행위가 장차 대령으로 진급시키겠다는 자기구속적 약속인 확약에 해당되는지 문제된다.

(2) 진급예정자 명단이 공표된 후에 '진급발령 전에 진급시킬 수 없는 사유'가 발생하였을 때에는 '명단삭제처분'을 할 수 있다(군인사법 31②). 그런데 A는 군납업자로부터 금품을 수수한 혐의로 기소유예 처분과 감봉 3월의 징계처분을 받은 바 있는데, 이 점이 군인사법 시행령이 정하는 명단삭제처분 사유에 해당되는지를 검토할 필요가 있다. 또한 사안의 진급낙천처분이 위법한 것은 아닌지 문제된다.

2. 대령진급자예정자 선발·공표가 확약에 해당하는지

가. 확약의 의의

확약이란 행정기관이 국민에 대한 관계에 있어서 자기구속을 할 의도로써 장래에 향하여 일정한 행위 또는 불행위를 약속하는 의사표시다. 각종의 인허가에 관한 이른바 내허가·내인가, 공무원임용의 내정, 과세처분에 관한 견해표명 등은 확약의 성질을 가졌다고 볼 수 있다.

나. 법적 성질

확약이 행정행위로서의 성질을 가지는지 여부에 관하여 긍정설과 부정설이 있으나, 행정청만을 구속하고 국민은 구속하지 않으므로 행정행위와 동일할 수는 없고, 그와 유사한 성질을 가지는 것으로 보는 행정행위유사설이 다수설이다.

판례는, 어업권면허에 선행하는 우선순위결정은 행정청이 우선권자로 결정된 자의 신청이 있으면 어업권면허처분을 하겠다는 것을 약속하는 행위로서 강학상 확약에 불과하고 행정처분은 아니므로, 우선순위결정에 공정력이나 불가쟁력과 같은 효력은 인정되지 아니한다고 하여 처분성을 부정하는 판시를 한 바 있다.

다. 요건

① 확약의 내용이 되는 본행정행위를 할 수 있는 권한을 가지는 행정청이 그 권한의 범위 안에서 행하여야 한다. ② 법령에 적합하고 실현가능하여야 한다. ③ 확약의 내용인 본행정행위에 관하여 일정한 절차가 요구되는 경우에는 확약에 있어서도 그 절차가 이행되어야 한다.

라. 효과

행정청은 상대방에게 확약된 행위를 하여야 할 자기구속적인 의무를 지게 된다. 그 구속력의 근거는 신뢰보호의 원칙이라 할 것이다.

마. 사안의 경우

A는 대령진급예정자로 선발되어 그 사실이 공표되었고, 진급예정자 명단에 포함된 자는 수시로 진급발령을 받게 되어 있다. 그러므로 A는 대령으로 진급될 것이 거의 확실한 정도로 기대할 수 있는 지위에 이르렀다고 볼 수 있으므로 위 공표행위는 확약의 성질을 가지며, A는 신뢰보호원칙에 근거하여 국방부장관에게 확약이행을 요구할 권리를 가진다고 할 것이다.

그러나 확약이 있더라도 사정변경이 있을 경우에는 확약에 대한 구속이 면제될 수 있다. '진급발령 전에 진급시킬 수 없는 사유'가 발생하였을 때에는 진급권자가 '명단삭제처분'을 할 수 있다(군인사법 31②). 이는 확약 후의 사정변경으로 인한 확약의 취소 또는 철회를 할 수 있는 법적 근거가 되고 있다.

3. 이 사건 처분의 적법성 여부 검토

가. A에게 진급예정자 명단삭제사유의 부존재

진급예정자를 진급시킬 수 없는 사유로는 ① 군사법원에 기소된 경우, ② 중징계의 처분을 받은 경우, ③ 전역심사위원회에 회부될 경우이다(군인사법 시행령 38①).

그러나 A는 형사사건으로 기소유예를 받아 기소되지 않았으며, 중징계(파면, 강등, 정직)가 아닌 경징계처분을 받았기에 결국 진급예정자 명단 삭제 사유에는 해당되지 않는다.

나. 직권취소로서의 A에 대한 이 사건 처분

(1) 직권취소를 할 수 있는지 여부

- A에 대한 명단삭제처분을 할 수 없을지라도 A를 진급시키지 않는 진급낙천처분을 직권으로 할 수 있느냐가 문제된다. 이는 A에 대한 진급을 불허하는 진급낙천처분을 한다면, 국방부장관이 종전의 진급예정자선발·공표행위를 직권으로 취소하는 것에 해당되고, 실질적인 의미에서는 명단삭제처분의 효과와 동일하게 된다.

(2) 행정행위의 취소

(가) 의의 및 취소권자

- 취소란 일응 유효하게 성립한 행정행위의 효력을 그 성립에 흠이 있음을 이유로, 권한 있는 기관이 행위시로 소급하여 소멸시키는 별개의 독립된 행정행위를 말한다.

직권취소의 경우 처분청이 이를 취소할 수 있고, 특별한 근거도 요하지 아니한다.

(나) 취소사유

- 행정행위의 취소는 행정행위의 위법·부당, 행정청의 착오가 있는 경우, 사인의 부정행위에 의하여 행정행위가 행하여진 경우 등에 가능하다. 그러나 이러한 취소가능성이 있더라도 사익과의 이익형량을 통하여 공익이 우월한 경우에만 가능하다고 보아야 한다.

다. 사안의 경우

(1) 이 사건 처분권자 및 처분의 근거

- 군인사법 제31조 제1항, 그 시행령 제39조에 의하면, 진급권자는 장교진급 선발위원회에 의하여 진급추천자로 선발된 자에 대하여 취소권을 가진다. 사안에서 국방부장관은 A를 대령진급예정자로 결정한 바 있고, 규정이 없더라도 진급낙천처분권자로서의 지위도 갖는다.

(2) 직권취소로서의 진급낙천처분의 위법성

- 군인사법과 그 시행령에 의하면 진급예정자 결정 취소사유에 대하여는 명시적인 규정이 없다. 그러나 장교 진급예정자 결정은 확약에 해당되고, 그 명단을 삭제하는 것은 사실상 진급된 자를 강등시키는 효과를 초래하므로 그 행사를 엄격하게 제한해야 한다. 그러므로 취소사유가 존재한다 하더라도 A에 대한 기득의 권익, 신뢰보호의 원칙을 보호할 필요가 있을 때에는 직권취소가 제한된다.

그렇지만 A에 대한 대령진급예정자 결정은 하자 있는 행정처분으로서 이를 취소할 공익적 필요가 큰 반면, 이로 인하여 A가 입을 기득권 신뢰보호와 법률생활 안정의 침해 등의 불이익은 상대적으로 작다고 할 것이므로, 국방부장관이 A에 대하여 한 진급낙천처분은 재량범위 내에서 한 적법한 처분이라고 할 것이다.

II. 설문(2)의 해결 – 행정절차법상의 하자가 있는지 여부

1. 문제점

국방부장관은 이 사건 처분을 하는 과정에서 A에게 의견진술 기회나 소명기회 등을 전혀 부여하지 않았다. 이처럼 국방부장관이 침해적 행정처분을 하면서 A에게 행정절차법상의 사전통지를 하거나 의견제출의 기회를 주지 아니한 경우, 행정절차를 거치지 아니하여도 되는 예외사유가 아니라면 일반적으로 절차상의 흠이 있는 행위가 될 수 있다. 그러므로 국방부장관의 A에 대한 처분이 행정절차법의 적용이 배제되는 범위에 해당하는지를 검토할 필요가 있다.

2. 절차상의 흠이 있는 행정행위의 효력

가. 절차상의 흠

법령에 의하여 요구되는 사전통지·청문·이유제시 등의 행정절차를 결여한 행정행위는 절차상의 요건을 충족하지 못한 행위로서 흠을 띠게 된다. 행정절차는 그 자체가 목적이 아니며, 행정결정의 법률적합성·합목적성의 보장을 확보하고 행정절차에 관계하는 자들의 권리를 보장·실현하는 것을 가능하게 하기 위한 것이다. 이 때문에 행정절차상의 흠에 대하여 행정실체법상의 흠과 동일한 의미를 부여하기는 곤란한 점이 있다.

나. 독자적 흠으로 인정할 것인지 여부

(1) 의의 및 학설의 논의

행정행위가 실체법상으로 적법함에도 불구하고 절차상의 흠만을 이유로 당해 행위가 취소되어야 하는가에 관한 것이다. 학설은 ① 다시 적법한 절차를 거쳐 처분을 하여도 동일한 처분을 반복할 수밖에 없기 때문에 단지 절차상의 흠만을 이유로 행정행위를 취소하는 것은 행정경제 또는 소송경제에 반한다는 부정설, ② 소극설에 따르면 절차적 규제의 담보수단이 없어지며, 행정소송법상 취소소송의 판결의 구속력과 관련하여 '신청에 따른 처분이 절차의 위법을 이유로 취소되는 경우'를 규정하고 있음을 근거로 하는 긍정설, ③ 기속행위는 독립된 위법사유로 보지 않고, 재량행위는 이를 긍정하는 절충설이 있다.

(2) 판례의 태도

행정청이 침해적 행정처분을 함에 있어서 당사자에게 사전통지를 하거나 의견제출의 기회를 주지 아니하였다면 사전통지를 하지 않거나 의견제출의 기회를 주지 아니하여도 되는 예외적인 경우에 해당하지 아니하는 한 그 처분은 위법하여 취소를 면할 수 없다는 입장으로 적극설과 같다.

(3) 소결

현행 행정소송법이 절차의 위법을 이유로 한 취소판결을 인정하고 있으므로 부정설은 옳지 않고, 절차를 중시하는 행정으로 권익을 보호한다는 측면에서 긍정설이 타당하다.

3. 사안의 해결

가. 이 사건 처분과 행정절차위반 여부

국방부장관의 진급낙천처분이 행정절차법의 적용 예외사유인 '공무원 인사관계 법령에 의한 징계 기타 처분'(행정절차법 3②(9))에 해당되느냐 여부가 문제된다. 만약 이 사건 처분이 행정절차를 거치지 않아도 되는 예외사유에 해당되면, 비록 A에 대한 이 사건 처분시에 의견진술 등의 절차를 거치지 아니하였더라도 절차상의 흠은 인정할 수 없다.

나. 사안의 해결

군인사법 및 그 시행령에는 진급선발을 취소하는 처분을 함에 있어 행정절차에 준하는 절차를 거치도록 하는 규정이 없을 뿐만 아니라, 위 처분이 성질상 행정절차를 거치기 곤란하다고 인정되는 처분이라고 보기도 어렵다. 결국 A에 대한 진급낙천처분은 '공무원 인사관계 법령에 의한 징계 기타 처분'에 해당되지 않는다고 보아야 하며, 따라서 국방부장관은 진급낙천처분을 함에 있어서 행정절차법 소정의 절차를 거쳐야 한다.

이러한 절차를 거치지 아니한 진급낙천처분은 절차상의 하자가 있고, 이러한 절차상의 하자는 독자적인 위법성이 인정되므로 이 사건 처분은 위법하게 된다. 이 사건 처분이 내부적으로 중대한 하자가 있지만, 외부적으로는 명백한 흠이라고 할 수는 없으므로 무효라고 할 수는 없고 취소사유에 해당된다(중대명백설).

[18] 정보공개청구

> 한국방송공사(KBS) 소속 프로듀서(PD)인 A는 '추적 60분' 프로그램의 선임 프로듀서인 B로부터 S 대학교 X 교수의 논문조작 사건의 진실 여부를 밝히는 프로그램(이하 '이 사건 프로그램'이라고 한다)의 제작 지시를 받았다. A는 미국 소재 대학의 어느 교수가 국내 X 교수의 출원 특허를 도용하고 있다는 의혹에 관한 S 대학교 조사위원회 발표 내용의 진위에 관한 기획 프로그램을 제작하기 위하여 국내외 특허 및 생명공학 전문가들에 대한 인터뷰 및 촬영을 기초로 60분 분량의 방송용 가편집본 테이프를 제작하였다.
>
> 그러나 내용의 공정성·객관성에 관하여 문제가 제기되는 등 이 사건 프로그램의 방송 여부를 둘러싼 논란이 계속되자, 한국방송공사는 TV제작본부 교양다큐팀장 회의를 거쳐 시사정보팀장 명의로 '추적 60분' 홈페이지를 통하여, 위 테이프에 담긴 내용으로는 방송할 수 없으며 향후 필요하다면 별도의 방송을 검토할 생각이라는 입장을 표명하였다.
>
> 그러자 A는 위 방송용 가편집본 테이프를 가지고 잠적하였는데, 그 기간 중에 외부에서 거리의 시민, 미국 특허청 담당 변호사, S 대학교 조사위원, 변리사, 미국 현지 특허 전문변호사, 국내 법대·의대교수 등의 인터뷰 내용(이하 '이 사건 정보'라고 한다)이 포함된 더빙 및 자막 처리를 하여 제작한 위 방송용 가편집본 테이프를 B에게 제출하였고, 현재 한국방송공사가 이를 보관하고 있다.

원고는 한국방송공사에게 방송용 편집원본 테이프 1개의 공개를 청구하였으나, 한국방송공사는 정보공개를 청구한 날부터 20일이 경과한 2006. 12. 11.까지 공개여부 결정을 하지 아니하였다. 원고는 한국방송공사를 피고로 하여 이 사건 정보가 포함된 방송용 편집원본 테이프의 공개를 청구하는 소송을 제기하려고 하는데, 승소할 수 있겠는가. (50점)

> **처분당시의 법령**

「공공기관의 정보공개에 관한 법률」

제5조(정보공개청구권자)
① 모든 국민은 정보의 공개를 청구할 권리를 가진다.

제9조(비공개대상정보)
① 공공기관이 보유·관리하는 정보는 공개대상이 된다. 다만, 다음 각호의 1에 해당하는 정보에 대하여는 이를 공개하지 아니할 수 있다.
7. 법인·단체 또는 개인(이하 "법인등"이라 한다)의 경영·영업상 비밀에 관한 사항으로서 공개될 경우 법인등의 정당한 이익을 현저히 해할 우려가 있다고 인정되는 정보. 다만, 다음에 열거한 정보를 제외한다.
   가. 사업활동에 의하여 발생하는 위해로부터 사람의 생명·신체 또는 건강을 보호하기 위하여 공개할 필요가 있는 정보
   나. 위법·부당한 사업활동으로부터 국민의 재산 또는 생활을 보호하기 위하여 공개할 필요가 있는 정보

「공공기관의정보공개에관한법률 시행령」

제2조 (공공기관의 범위)
공공기관의정보공개에관한법률(이하 "법"이라 한다) 제2조제3호에서 "그 밖에 대통령령이 정하는 기관"이라 함은 다음 각호의 기관을 말한다.
4. 특별법에 의하여 설립된 특수법인

> **주요쟁점**

- ✦ 정보공개제도
- ✦ 알 권리
- ✦ 표현의 자유
- ✦ 정보공개청구권의 주체
- ✦ 정보공개의무
- ✦ 공공기관
- ✦ 비공개대상정보
- ✦ 공개대상정보
- ✦ 정보공개결정에 대한 불복절차

Ⅰ. 쟁점정리

원고는 한국방송공사에게 이 사건 정보의 공개를 청구하였으나, 한국방송공사는 정보공개청구 접수를 받은 날로부터 20일 이내에 공개여부 결정을 하지 아니하여, 정보공개를 청구한 날부터 20일이 경과한 2006. 12. 11. 비공개의 결정을 한 것으로 간주되었다. 이처럼 간주된 비공개 결정이 '이 사건 처분'에 해당된다.

원고가 이 사건 정보가 포함된 편집원본 테이프의 정보공개청구권자로서 ① 원고적격이 있는지, ② 정보공개를 청구한 한국방송공사가 정보공개의무가 있는 공공기관인지, ③ 이 사건 정보가 포함된 방송용 편집원본 테이프가 공개대상정보에 해당하는지 아니면 비공개대상정보인지 여부, ④ 공개청구에 대한 가부간의 결정이 없는 경우의 법적 효력과 불복절차가 문제된다.

Ⅱ. 원고의 정보공개청구권 존재여부

1. 정보공개청구권의 개념

정보공개제도는 국민이 각종 행정기관이 보유한 정보에 접근하여 그것을 이용할 수 있게 하기 위하여 국민에게 행정기관이 보유한 정보에 대한 공개를 청구할 수 있는 권리를 보장하고, 행정기관에 대하여 정보공개의무를 지게 하는 제도를 말한다. 이와 같은 제도에 의하여 국민 각자가 행정기관에 대하여 보유하고 있는 정보를 알려 줄 것을 요구할 수 있는 권리를 정보공개청구권이라 한다.

2. 정보공개제도의 필요성 및 문제점

정보공개는 국민의 알 권리의 충족을 위하여 필요하며, 국민은 국정에 관한 광범한 정보를 가짐으로써 올바른 정치적 의사를 형성하며, 선거권을 행사하고, 여론의 형성을 통하여 국정과정에 참여할 수 있게 된다. 그리고 정보공개는 국민의 권리・이익을 보호하고 국민에게 봉사하는 행정을 실현하기 위하여서도 필수적이다. 반면, 정보공개로 인하여 국가기밀이나 개인정보가 침해될 우려가 커지고, 경쟁상대가 되는 기업의 비밀을 탐지하기 위한 목적으로 악용될 소지가 있는 등의 문제점도 있다.

3. 정보공개청구권의 법적 근거

가. 헌법적 근거

　대법원과 헌법재판소는 헌법 제21조의 표현의 자유에서 그 법적 근거를 찾으면서 당해 규정에 의하여 직접 정보공개청구를 할 수 있다고 한다. 국민의 알 권리, 특히 국가정보에의 접근의 권리는 우리 헌법상 기본적으로 표현의 자유와 관련하여 인정되는 것으로 그 권리의 내용에는 일반 국민 누구나 국가에 대하여 보유·관리하고 있는 정보의 공개를 청구할 수 있는 이른바 일반적인 정보공개청구권이 포함되고, 이 청구권은 공공기관의 정보공개에 관한 법률(1996. 12. 31. 법률 제5242호)이 1998. 1. 1. 시행되기 전에는 사무관리규정(1991. 6. 19. 대통령령 제13390호로 제정되어 1997. 10. 21. 대통령령 제15498호로 개정되기 전의 것) 제33조 제2항과 행정정보공개운영지침(1994. 3. 2. 국무총리 훈령 제288호)에서 구체화되어 있었다. 한편 대법원은 행정정보공개운영지침은 공개대상에서 제외되는 정보의 범위를 규정하고 있으나, 국민의 자유와 권리는 법률로써만 제한할 수 있으므로, 이는 법률에 의하지 아니하고 국민의 기본권을 제한한 것이 되어 대외적으로 구속력이 없다(대법원 1999.9.21. 선고 97누5114 판결)고 보았다.

나. 법률적 근거

　국민의 알 권리를 보장하고 국정에 대한 국민의 참여와 국정운영의 투명성을 확보하기 위한 '공공기관의 정보공개에 관한 법률'이 있다. 정보의 공개는 다른 법률에 특별한 규정이 있는 경우를 제외하고는 이 법이 정하는 바에 의한다(공공기관의 정보공개에 관한 법 4①)고 하여, 이 법이 공공기관이 보유 · 관리하는 정보공개에 관한 일반법임을 명시하고 있다. 그리고 공공기관의 컴퓨터 · 폐쇄회로 텔레비전 등 정보의 처리 또는 송 · 수신 기능을 가진 장치에 의하여 처리되는 개인정보의 보호와 그 취급에 관한 '공공기관의 개인정보보호에 관한 법률'과 교육관련기관이 보유 · 관리하는 정보의 공개의무와 공개에 필요한 기본적인 사항을 정하여 국민의 알권리를 보장하는 '교육관련기관의 정보공개에 관한 특례법' 등이 있다.

4. 소결

가. 원고의 정보공개청구권의 근거

방송법은 종합편성 또는 보도전문편성을 행하는 방송사업자는 대통령령이 정하는 바에 의하여 시청자가 요구하는 방송사업에 관한 정보를 공개하도록 하고 있다(방송법 90⑤). 그러나 한국방송공사는 위 규정이 적용되지 않고 '공공기관의 정보공개에 관한 법률'의 적용을 받는 방송사업자에 해당되므로(방송법 시행령 65①), 방송법에는 정보공개에 관한 직접적인 규정이 없다. 따라서 원고의 정보공개청구권의 근거는 공공기관의 정보공개에 관한 법률이라고 할 수 있다.

나. 정보공개청구권의 주체

모든 국민은 정보의 공개를 청구할 권리를 가진다(공공기관의 정보공개에 관한 법률 6①). 여기에서 '국민'은 원고와 같은 자연인은 물론 법인, 권리능력 없는 사단·재단도 포함되고, 법인, 권리능력 없는 사단·재단 등의 경우에는 설립목적을 불문한다. 다만 지방자치단체는 국민에 대응하는 정보공개의무자로 상정하고 있으므로, 지방자치단체는 공공기관의 정보공개에 관한 법률 제5조에서 정한 정보공개청구권자인 '국민'에 해당되지 아니한다(서울행법 2005.10.12. 선고 2005구합10484 판결)는 판결도 있다. 정보공개청구의 목적에는 특별한 제한이 없다. 그러므로 오로지 상대방을 괴롭힐 목적으로 정보공개를 구하고 있다는 등의 특별한 사정이 없는 한 정보공개의 청구가 신의칙에 반하거나 권리남용에 해당한다고 볼 수 없다(대법원 2006.8.24. 선고 2004두2783 판결).

다. 법률상 이익의 존재

정보공개청구권은 법률상 보호되는 구체적인 권리이므로, 청구인이 공공기관에 대하여 정보공개를 청구하였다가 거부처분을 받은 것 자체가 법률상 이익의 침해에 해당한다(대법원 2003.12.12. 선고 2003두8050 판결).

원고는 한국방송공사에게 방송용 편집원본 테이프 1개의 공개를 청구하였으나, 한국방송공사는 정보공개를 청구한 날부터 20일이 경과하기까지 공개여부 결정을 하지 아니하였다. 이처럼 부작위 상태인 때에는 비공개의 결정, 즉 거부처분이 있는 것으로 본다(공공기관의 정보공개에 관한 법률 11⑤). 그러므로 원고는 한국방송공사로부터 거부처분을 받아 법률상 이익을 침해받은 것이므로 원고적격이 인정된다.

Ⅲ. 한국방송공사가 정보공개의무가 있는 공공기관인지 여부

1. 한국방송공사의 법적 지위

한국방송공사(KBS)는 방송법이라는 특별법에 의하여 설립 운영되는 공법인이다. 공공기관의 정보공개에 관한 법률 시행령 제2조 제4호의 '특별법에 의하여 설립된 특수법인'으로서 정보공개의무가 있는 공공기관의 정보공개에 관한 법률 제2조 제3호의 '공공기관'에 해당하는지 여부가 문제된다.

2. 정보공개의무가 있는 공공기관의 범위

공공기관이 보유·관리하는 정보는 공개대상이 된다(공공기관의 정보공개에 관한 법률 9①). 정보를 공개할 의무를 가진 공공기관은 국가·지방자치단체, 정부투자기관관리기본법(2007. 1. 19. 폐지되어 '공공기관의 운영에 관한 법률'로 대체) 제2조의 규정에 의한 정부투자기관 기타 대통령령이 정하는 기관을 말한다(공공기관의 정보공개에 관한 법률 2(3)). 여기에서 '대통령령으로 정하는 기관'은 ① 각급 학교(초·중등교육법 및 고등교육법 기타 다른 법률에 의한), ② 공공기관(공공기관의 운영에 관한 법률에 의하여 설립된), ③ 특수법인, ④ 지방공기업법에 따른 지방공사 및 지방공단이다(동법 시행령 2).

3. '특별법에 의하여 설립된 특수법인'의 해당 여부에 관한 판단기준

어느 법인이 공공기관의 정보공개에 관한 법률 제2조 제3호, 같은 법 시행령 제2조 제4호에 따라 정보를 공개할 의무가 있는 '특별법에 의하여 설립된 특수법인'에 해당하는지 여부는, 국민의 알 권리를 보장하고 국정에 대한 국민의 참여와 국정 운영의 투명성을 확보하고자 하는 위 법의 입법 목적을 염두에 두고, 해당 법인에게 부여된 업무가 국가행정업무이거나 이에 해당하지 않더라도 그 업무 수행으로써 추구하는 이익이 해당 법인 내부의 이익에 그치지 않고 공동체 전체의 이익에 해당하는 공익적 성격을 갖는지 여부를 중심으로 개별적으로 판단하되, 해당 법인의 설립 근거가 되는 법률이 법인의 조직구성과 활동에 대한 행정적 관리·감독 등에서 민법이나 상법 등에 의하여 설립된 일반 법인과 달리 규율한 취지, 국가나 지방자치단체의 해당 법인에 대한 재정적 지원·보조의 유무와 그 정도, 해당 법인의 공공적 업무와 관련하여 국가기관·지방자치단체 등 다른 공공기관에 대한 정보공개청구와는 별도로 해당 법인에 대하여 직접 정보공개청구를 구할 필요성이 있는지 여부 등을 종합적으로 고려하여야 한다(대법원 2010.4.29. 선고 2008두5643 판결).

4. 소결

한국방송공사는 공정하고 건전한 방송문화를 정착시키고 국내외 방송을 효율적으로 실시하기 위하여 국가기간방송으로서 설립되었으며(방송법 43①), 한국방송공사는 법인으로 하며(방송법 43②), 자본금은 3천억원으로 하고 그 전액을 정부가 출자한다(방송법 43⑤).

공공기관의 정보공개에 관한 법률 시행령 제2조 제4호 소정의 "특별법에 의하여 설립된 특수법인"은 일반적으로 법인 설립의 근거가 되는 민법 및 상법 이외의 다른 법률에 의하여 설립·운영되는 법인을 의미한다고 할 것이다. 따라서 한국방송공사는 방송법이라는 특별법에 의하여 설립·운영되는 특수법인이므로, 공공기관의 정보공개에 관한 법률 시행령 제2조 제4호 소정의 정보공개의무가 있는 공공기관에 해당한다고 할 것이다.

Ⅳ. 정보공개청구에 대한 결정의 법적 효력과 불복절차

1. 공공기관의 공개여부의 결정

공공기관은 청구를 받은 날로부터 10일 이내에 공개여부를 결정하여야 한다. 다만 부득이한 사정이 있는 때에는 10일의 범위 안에서 연장할 수 있다. 이 경우에는 청구인에게 연장이유를 지체 없이 통지하여야 한다. 공개대상정보의 전부 또는 일부가 제3자와 관련이 있다고 인정되는 때에는, 공공기관은 그 사실을 지체 없이 관련 제3자에게 통지하여야 하며, 필요한 경우에는 그에 대한 의견을 청취할 수 있다(공공기관의 정보공개에 관한 법률 11①②③).

공공기관은 공개청구한 정보가 비공개정보에 해당하는 부분과 공개가 가능한 부분이 혼합하여 있는 경우에, 공개청구의 취지에 어긋나지 아니하는 범위 안에서 두 부분을 분리할 수 있는 때에는, 비공개부분을 제외하고 공개하여야 한다(공공기관의 정보공개에 관한 법률 14).

2. 공개여부를 결정하지 아니한 때

정보공개를 청구한 날부터 20일 이내에 공공기관이 공개 여부를 결정하지 아니한 때에는 비공개의 결정이 있는 것으로 본다(공공기관의 정보공개에 관한 법률 11⑤). 그러므로 청구인의 정당한 정보공개청구에 대하여 20일 이내에 공개여부를 결정하지 않은 경우에는 부작위에 해당되지만, 공공기관의 정보공개에 관한 법률은 '비공개결정'즉 거부처분을 한 것으로 본다. 사안의 경우가 이에 해당되므로, 원고로서는 거부처분에 대한 불복절차를 고려하여야 한다.

3. 불복절차

가. 이의신청

청구인은 그가 원하는 때에는 행정심판을 제기하기 전에 공공기관으로부터 비공개결정 또는 부분공개결정을 받은 날이나, 당해 청구에 대하여 20일 이내에 명시적 결정이 없어서 비공개의 결정이 있는 것으로 보는 날로부터 30일 이내에 당해 공공기관에 문서로 이의신청을 할 수 있다(공공기관의 정보공개에 관한 법률 18①).

나. 행정심판

청구인은 정보공개와 관련한 공공기관의 결정에 대하여 불복이 있는 때에는 행정심판법이 정하는 바에 따라 행정심판을 청구할 수 있다. 이 경우 국가기관 및 지방자치단체 외의 공공기관의 결정에 대한 감독행정기관은 관계 중앙행정기관의 장 또는 지방지치단체의 장으로 한다(공공기관의 정보공개에 관한 법률 19①). 청구인은 제18조의 규정에 의한 이의신청절차를 거치지 아니하고 행정심판을 청구할 수 있다(공공기관의 정보공개에 관한 법률 19②).

다. 행정소송

청구인이 정보공개와 관련한 공공기관의 결정에 대하여 불복이 있는 때에는 행정소송법이 정하는 바에 따라 행정소송을 제기할 수 있다(공공기관의 정보공개에 관한 법률 20①). 청구인은 청구가 명시적으로 거부된 경우에는 거부처분의 취소소송을 제기하면 되겠고, 불충분하게 공개가 행해진 경우에는 불충분한 공개결정의 취소 또는 변경을 청구할 수 있다. 사안의 경우와 같이 청구에 대한 가부간의 응답이 없는 경우에는 부작위위법확인소송이 아니라 거부처분의 취소를 청구하여야 한다.

라. 공공기관의 정보공개결정에 대한 제3자의 불복절차

공개대상이 된 정보의 전부 또는 일부가 제3자와 관련이 있다고 인정되는 때에는 공개청구된 사실을 제3자에게 지체없이 통지하여야 하며, 필요한 경우에는 그 의견을 청취하여야 한다(공공기관의 정보공개에 관한 법률 11③). 공개청구된 사실을 통지받은 제3자는 3일 이내에 당해 공공기관에 자신과 관련된 정보를 공개하지 아니할 것을 요청할 수 있으며, 비공개요청을 받은 공공기관이 당해 제3자의 요청에도 불구하고 공개결정을 하는 때에는 공개결정이유와 공개실시일을 명시하여 지체없이 문서로 통지하여야 하며, 통지를 받은 제3자는 이의신청을 하거나 행정심판 또는 행정소송을 제기할 수 있다(공공기관의 정보공개에 관한 법률 21).

V. 방송용 편집원본 테이프가 비공개대상정보인지 여부

1. 정보공개의 원칙

공공기관이 보유·관리하는 정보에 대한 국민의 공개청구 및 공공기관의 공개의무에 관하여 필요한 사항을 정함으로써 국민의 알 권리를 보장하고 국정에 대한 국민의 참여와 국정운영의 투명성을 확보함을 목적으로 공공기관이 보유·관리하는 모든 정보는 원칙적 공개대상이다. 공공기관이 보유·관리하는 정보는 이 법이 정하는 바에 따라 공개하여야 한다(공공기관의 정보공개에 관한 법률 3). 정보공개가 원칙이고, 비공개는 예외라는 것이다.

2. 공개대상정보

공개대상정보는 공공기관이 직무상 작성 또는 취득하여 관리하고 있는 문서(전자문서 포함)·도면·사진·필름·테이프·슬라이드 및 그밖에 이에 준하는 매체 등에 기록된 사항을 말한다(공공기관의 정보공개에 관한 법률 2(1)). 널리 공문서의 성격을 갖는 모든 기록물을 공개의 대상으로 하고 있다.

3. 비공개대상정보

가. 개 념

비공개대상정보는 공공기관이 공개를 거부할 수 있는 정보를 말한다. 비공개정보는 비밀정보를 의미하지 않는다. 비밀정보는 공개가 금지되는 정보이지만, 비공개대상정보는 공개가 금지되는 정보는 아니며, 행정기관이 공개하지 않을 수 있는 정보를 말한다. 비공개대상정보라고 하여 자동적으로 공개가 거부될 수 있는 것은 아니다. 비공개정보를 지나치게 확대할 경우에는 정보공개법은 오히려 정보비공개를 법적으로 제도화하여 주는 비밀보호법으로 전락할 우려도 있다.

나. 종류와 내용

공공기관이 보유·관리하는 정보는 공개대상이 되지만, 일정한 정보에 대하여는 이를 공개하지 아니할 수 있다(공공기관의 정보공개에 관한 법률 9①). 특히 제7호에서 "법인, 단체 또는 개인의 경영·영업상 비밀에 관한 사항으로서 공개될 경우 법인 등의 정당한 이익을 현저히 해할 우려가 있다고 인정되는 정보, 다만, ㉮ 사업활동에 의하여 발생하는 위해로부터 사람의 생명, 신체 또는 건강을 보호하기 위하여 공개할 필요가 있는 정보, ㉯ 위법·부당한 사업활동으로부터 국민의 재산 또는 생활을 보호하기 위하여 공개할 필요가 있는 정보는 제외한다"고 하여 비공개대상을 규정하고 있다.

다. 공개대상정보로 전환

공공기관은 비공개대상정보라도 기간의 경과 등으로 인하여 비공개의 필요성이 없어진 경우에는 당해 정보를 공개대상으로 하여야 한다(공공기관의 정보공개에 관한 법률 9②). 공공기관은 제1항 각 호의 범위 안에서 당해 공공기관의 업무의 성격을 고려하여 비공개대상정보의 범위에 관한 세부기준을 수립하고 이를 공개하여야 한다(공공기관의 정보공개에 관한 법률 9③).

라. 사안의 경우

사안의 경우 이 사건 정보가 정보공개법 제9조 제1항 제7호에 해당되느냐 여부가 문제된다. 원칙적으로 모든 정보는 공개되어야 하나, 이 사건 정보가 예외적 비공개대상이 된다면 한국방송공사의 비공개결정은 위법하지 않게 될 것이다.

4. 이 사건 정보가 비공개대상정보에 해당하는지 여부

가. 제7호의 비공개대상정보 해당 여부에 관한 판단의 기준

제9조 제1항 제7호 소정의 '법인 등의 경영 · 영업상 비밀'은 '타인에게 알려지지 아니함이 유리한 사업활동에 관한 일체의 정보' 또는 '사업활동에 관한 일체의 비밀사항'을 의미한다. 그러므로 그 공개 여부는 공개를 거부할 만한 정당한 이익이 있는지 여부에 따라 결정되어야 한다. 그 정당한 이익이 있는지 여부는 정보공개법의 입법 취지에 비추어 이를 엄격하게 판단하여야 할 뿐만 아니라, 국민에 의한 감시의 필요성이 크고 이를 감수하여야 하는 면이 강한 공익법인에 대하여는 보다 소극적으로 판단하여야 한다(대법원 2008.10.23. 선고 2007두1798 판결).

나. 하급심의 판결

방송사업자인 한국방송공사의 입장에서는 이 사건 정보가 그 구성원의 취재활동 등을 통하여 보유 · 관리하는 취재물로서 경쟁관계에 있는 다른 언론매체에 대한 관계는 물론, 일반 국민 내지 시청자에 대한 관계에서도 재산적 가치를 갖는 정보에 해당되고, 그 정보가 공개될 경우 한국방송공사의 경영상 · 영업상 이익을 현저하게 침해하게 되므로 정보공개법 제9조 제1항 단서 제7호 소정의 비공개대상정보에 해당한다고 주장하였다. 그렇지만 이 사건 정보가 한국방송공사의 경영 · 영업상 비밀에 관한 사항이라거나 공개될 경우 한국방송공사의 정당한 이익을 현저히 해할 우려가 있다고는 보기 어렵다(서울고법 2008.7.2. 선고 2007누27013 판결)는 이유로 부정적인 견해를 밝혔다.

다. 대법원의 입장

방송사의 취재활동을 통하여 확보한 결과물이나 그 과정에 관한 정보 또는 방송프로그램의 기획 · 편성 · 제작 등에 관한 정보는 경쟁관계에 있는 다른 방송사와의 관계나 시청자와의 관계, 방송프로그램의 객관성 · 형평성 · 중립성이 보호되어야 한다는 당위성 측면에서 볼 때 '타인에게 알려지지 아니함이 유리한 사업활동에 관한 일체의 정보'에 해당한다고 볼 수 있다.

따라서 방송프로그램의 기획 · 편성 · 제작 등에 관한 정보로서 한국방송공사가 공개하지 아니한 것은, 사업활동에 의하여 발생하는 위해로부터 사람의 생명 · 신체 또는 건강을 보호하기 위하여 공개할 필요가 있는 정보나 위법 · 부당한 사업활동으로부터 국민의 재산 또는 생활을 보호하기 위하여 공개할 필요가 있는 정보를 제외하고는, 정보공개법 제9조 제1항 제7호에 정한 '법인 등의 경영·영업상 비밀에 관한 사항'에 해당할 뿐만 아니라 그 공개를 거부할 만한 정당한 이익도 있다고 보아야 한다(대법원 2010.12.23. 선고 2008두13101 판결).

라. 소 결

원고가 공개를 청구하는 테이프는 방송을 위하여 제작된 것이기는 하지만, 그 제작과정의 공정성 등에 대하여 방송국 내부에서도 논란이 있고, 공개로 인한 사회적 파장도 무시할 수 없다. 그러므로 이 사건 테이프는 한국방송공사의 취재활동으로 확보한 결과물로 방송을 위한 완성되지 아니한 내용의 정보가 포함된 것에 해당되므로, '법인 등의 경영·영업상 비밀에 관한 사항'으로 비공개대상정보로 보는 것이 타당하다.

Ⅵ. 결 론

(1) 모든 국민은 정보의 공개를 청구할 권리를 가지므로, 원고는 정보공개청구권자인 국민에 해당된다. 원고는 한국방송공사에 대하여 정보공개를 청구하였다가 거부처분을 받아 법률상 이익을 침해받았으므로 원고적격도 인정된다.

(2) 한국방송공사는 정부가 자본금 3천억원을 출자하여 설립한 법인으로, 공공기관의 정보공개에 관한 법률 시행령 제2조 제4호 소정의 "특별법에 의하여 설립된 특수법인"으로 정보공개의무가 있는 공공기관에 해당된다.

(3) 정보공개청구된 이 사건 테이프는 방송프로그램의 기획·편성·제작 등에 관한 정보에 해당된다. 그러므로 방송의 독립성과 책임성을 보장하기 위하여 '법인 등의 경영·영업상 비밀에 관한 사항'을 포함하고 있는 비공개대상정보라고 할 수 있다.

(4) 원고는 한국방송공사의 비공개결정에 대하여 한국방송공사에게 이의신청을 하거나, 행정심판 또는 행정소송을 제기할 수 있다. 제소기간의 산정은 한국방송공사의 처분통지가 없었으므로, 정보공개청구일로부터 20일이 경과한 날에 거부처분이 있었음을 안날로 보아야 할 것이다. 사안에서 제3자가 관련되어 있다는 사정은 엿보이지 아니하다. 그러나 이 사건 테이프는 비공개대상정보이므로 원고의 청구는 기각될 것으로 보인다.

기본구조

I. 쟁점정리

II. 원고의 정보공개청구권 존재여부

1. 정보공개청구권의 개념

2. 정보공개제도의 필요성 및 문제점

3. 정보공개청구권의 법적 근거
   가. 헌법적 근거
   나. 법률적 근거

4. 소결
   가. 원고의 정보공개청구권의 근거
   나. 정보공개청구권의 주체
   다. 법률상 이익의 존재

III. 한국방송공사가 정보공개의무가 있는 공공기관인지 여부

1. 한국방송공사의 법적 지위

2. 정보공개의무가 있는 공공기관의 범위

3. '특별법에 의하여 설립된 특수법인'의 해당 여부에 관한 판단기준

4. 소결

IV. 정보공개청구에 대한 결정의 법적 효력과 불복절차

1. 공공기관의 공개여부의 결정

2. 공개여부를 결정하지 아니한 때

3. 불복절차
   가. 이의신청
   나. 행정심판
   다. 행정소송
   라. 공공기관의 정보공개결정에 대한 제3자의 불복절차

V. 방송용 편집원본 테이프가 비공개대상정보인지 여부

1. 정보공개의 원칙

2. 공개대상정보

3. 비공개대상정보
   가. 개념
   나. 종류와 내용
   다. 공개대상정보로 전환

4. 이 사건 정보가 비공개대상정보에 해당하는지 여부
   가. 제7호의 비공개대상정보 해당 여부에 관한 판단의 기준
   나. 하급심의 판결
   다. 대법원의 입장
   라. 소결

VI. 결론

| 관리번호 | 시험과목명 행정법 | 제1문 | 시험관리관 확인 | 점 수 | 채점위원인 |

I. 쟁점의 정리

(1) 원고는 한국방송공사에게 이 사건 정보의 공개를 청구하였으나, 한국방송공사는 정보공개청구 접수를 받은 날로부터 20일 이내에 공개여부 결정을 하지 아니하여, 비공개의 결정을 한 것으로 간주되었다. 이처럼 간주된 비공개 결정이 '이 사건 처분'에 해당된다.

(2) 원고가 정보공개청구권자로서 원고적격이 있는지, 한국방송공사가 정보공개의무가 있는 공공기관 인지, 이 사건 정보가 포함된 방송용 편집원본 테이프가 공개대상정보에 해당하는지 여부 및 공개청구에 대한 가부간의 결정이 없는 경우의 법적 효력과 쟁송방법이 문제된다.

II. 원고의 공개청구권 존재여부

1. 정보공개청구권의 개념

정보공개제도는 국민에게 행정기관이 보유한 정보에 대한 공개를 청구할 수 있는 권리를 보장하고, 행정기관에 대하여 정보공개의무를 지게 하는 제도를 말한다. 이와 같은 제도에 의하여 국민 각자가 행정기관에 대하여 보유하고 있는 정보를 알려 줄 것을 요구할 수 있는 권리를 정보공개청구권이라 한다.

2. 정보공개청구권의 법적 근거

가. 헌법적 근거

대법원과 헌법재판소는 헌법 제21조의 표현의 자유에서 그 법적 근거를 찾으면서 당해 규정에 의하여 직접 공개청구를 할 수 있다고 한다. 이는 우리 헌법상 표현의 자유와 관련하여 인정되는 것으로 그 권리의 내용에는 국민 누구나 국가에 대하여 정보의 공개를 청구할 수 있는 이른바 일반적인 정보공개청구권이 포함된다고 본다.

나. 법률상의 근거

국민의 알 권리를 보장하고 국정에 대한 국민의 참여와 국정운영의 투명성을 확보하기 위한 '공공기관의 정보공개에 관한 법률'이 있다.

3. 소결

한국방송공사는 방송법의 규정이 적용되지 않고 '공공기관의 정보공개에 관한 법률'의 적용을 받는 방송사업자에 해당되므로(방송법 시행령 65①), 방송법에는 정보공개에 관한 직접적인 규정이 없다. 따라서 원고의 정보공개청구권의 근거는 공공기관의 정보공개에 관한 법률이라고 할 수 있다. 동법 제6조 제1항에 의해서 모든 국민은 정보의 공개를 청구할 권리를 가진다.

정보공개청구권은 법률상 보호되는 구체적인 권리이므로, 청구인이 공공기관에 대하여 정보공개를 청구하였다가 거부처분을 받은 것 자체가 법률상 이익의 침해에 해당한다. 따라서 원고의 원고적격도 인정된다.

III. 한국방송공사가 정보공개의무가 있는 공공기관인지 여부

한국방송공사(KBS)는 방송법이라는 특별법에 의하여 설립 운영되는 공법인이다. 공공기관의 정보공개에 관한 법률 시행령 제2조 제4호의 '특별법에 의하여 설립된 특수법인'으로서 동법 제2조 제3호의 '공공기관'에 해당하는지 여부가 문제된다. '특별법에 의하여 설립된 특수법인'은 일반적으로 민법 이외의 다른 법률에 의하여 설립·운영되는 법인을 의미한다고 할 것이다. 따라서 한국방송공사는 방송법이라는 특별법에 의하여 설립·운영되는 특수법인이므로, 정보공개의무가 있는 공공기관에 해당한다고 할 것이다.

IV. 정보공개청구에 대한 결정의 법적 효력과 불복절차

1. 공공기관의 공개여부 결정 시한

공공기관은 청구를 받은 날로부터 10일 이내에 공개여부를 결정하여야 한다. 다만 부득이한 사정이 있는 때에는 10일의 범위 안에서 연장할 수 있다. 이 경우에는 청구인에게 연장이유를 지체 없이 통지하여야 한다. 공개대상정보의 전부 또는 일부가 제3자와 관련이 있다고 인정되는 때에는, 공공기관은 그 사실을 지체 없이 관련 제3자에게 통지하여야 하며, 필요한 경우에는 그에 대한 의견을 청취할 수 있다(공공기관의 정보공개에 관한 법률 11①②③).

2. 공개여부를 결정하지 아니한 때

정보공개를 청구한 날부터 20일 이내에 공공기관이 공개 여부를 결정하지 아니한 때에는 비공개의 결정이 있는 것으로 본다(공공기관의 정보공개에 관한 법률 11⑤). 그러므로 청구인의 정당한 정보공개청구에 대하여 20일 이내에 공개여부를 결정하지 않은 경우에는 부작위에 해당되지만, 공공기관의 정보공개에 관한 법률은 '비공개결정' 즉 거부처분을 한 것으로 본다. 사안의 경우가 이에 해당되므로, 원고로서는 거부처분에 대한 불복절차를 고려하여야 한다.

3. 불복절차

가. 이의신청

청구인은 그가 원하는 때에는 행정심판을 제기하기 전에 공공기관으로부터 비공개결정 또는 부분공개결정을 받은 날이나, 당해 청구에 대하여 20일 이내에 명시적 결정이 없어서 비공개의 결정이 있는 것으로 보는 날로부터 30일 이내에 당해 공공기관에 문서로 이의신청을 할 수 있다(공공기관의 정보공개에 관한 법률 18①).

나. 행정심판 및 행정소송의 제기

청구인은 제18조의 규정에 의한 이의신청절차를 거치지 아니하고 행정심판을 청구 할 수 있다(동법 19②). 청구인이 정보공개와 관련한 공공기관의 결정에 대하여 불복이 있는 때에는 행정소송법이 정하는 바에 따라 행정소송을 제기할 수도 있다(동법 20①).

V. 이 사건 방송용 편집원본 테이프가 비공개대상 정보인지 여부

1. 정보공개의 원칙

공공기관이 보유·관리하는 정보는 이 법이 정하는 바에 따라 공개하여야 한다(동법 3). 국민의 알 권리를 보장하고 국정에 대한 국민의 참여와 국정운영의 투명성을 확보하기 위하여 정보공개가 원칙이고, 비공개는 예외라는 것이다.

2. 비공개대상 정보

가. 개념

비공개대상정보는 비밀과 달리 공개가 금지되는 정보는 아니며, 행정기관이 공개하지 않을 수 있는 정보를 말한다. 비공개대상정보라고 하여 자동적으로 공개가 거부될 수 있는 것은 아니다.

나. 종류와 내용

공공기관이 보유·관리하는 정보는 공개대상이 되지만, 일정한 정보에 대하여는 이를 공개하지 아니할 수 있다(동법 9①). 특히 제7호에서 "법인, 단체 또는 개인의 경영·영업상 비밀에 관한 사항으로서 공개될 경우 법인 등의 정당한 이익을 현저히 해할 우려가 있다고 인정되는 정보, 다만, ㉮ 사업활동에 의하여 발생하는 위해로부터 사람의 생명, 신체 또는 건강을 보호하기 위하여 공개할 필요가 있는 정보, ㉯ 위법·부당한 사업활동으로부터 국민의 재산 또는 생활을 보호하기 위하여 공개할 필요가 있는 정보는 제외한다."고 하여 비공개대상을 규정하고 있다.

다. 사안의 경우

사안의 경우 이 사건 정보가 정보공개법 제9조 제1항 제7호에 해당되느냐 여부가 문제된다. 원칙적으로 모든 정보는 공개되어야 하나, 이 사건 정보가 예외적 비공개대상이 된다면 한국방송공사의 비공개결정은 위법하지 않게 될 것이다.

4. 이 사건 정보가 비공개 대상인지 여부

가. 판단의 기준

대법원은 이에 대하여, 정보의 공개 여부는 공개를 거부할 만한 정당한 이익이 있는지 여부에 따라 결정되어야 한다고 하면서, 국민에 의한 감시의 필요성이 크고 이를 감수하여야 하는 면이 강한 공익법인에 대하여는 보다 소극적으로 판단하여야 한다.

나. 판례의 태도

방송사의 취재활동을 통하여 확보한 결과물이나 그 과정에 관한 정보는 경쟁관계에 있는 다른 방송사와의 관계나 방송프로그램의 객관성·형평성이 보호되어야 한다는 당위성 측면에서 볼 때 '타인에게 알려지지 아니함이 유리한 사업활동에 관한 일체의 정보'에 해당한다고 볼 수 있다고 하였다. 따라서 위 정보는 정보공개법 제9조 제1항 제7호에 해당할 뿐만 아니라 그 공개를 거부할 만한 정당한 이익도 있다고 보아야 한다고 판시하였다.

다. 소결

원고가 공개를 청구하는 테이프는 방송을 위하여 제작된 것이기는 하지만, 그 제작과정의 공정성 등에 대하여 방송국 내부에서도 논란이 있고, 공개로 인한 사회적 파장도 무시할 수 없다. 그러므로 이 사건 테이프는 한국방송공사의 취재활동으로 확보한 결과물로 방송을 위한 완성되지 아니한 내용의 정보가 포함된 것에 해당되므로, '법인 등의 경영·영업상 비밀에 관한 사항'으로 비공개대상정보로 보는 것이 타당하다.

Ⅵ. 사안의 해결

(1) 모든 국민은 정보의 공개를 청구할 권리를 가진다. 원고는 한국방송공사에 대하여 정보공개를 청구하였다가 거부처분을 받아 법률상 이익을 침해받았으므로 원고적격도 인정된다. 또한 한국방송공사는 정부가 자본금을 출자하여 설립한 법인으로 정보공개의무가 있는 공공기관에 해당된다.

(2) 정보공개청구된 이 사건 테이프는 방송프로그램의 기획·편성·제작 등에 관한 정보에 해당된다. 그러므로 '법인 등의 경영·영업상 비밀에 관한 사항'을 포함하고 있는 비공개대상정보라고 할 수 있다.

(3) 원고는 한국방송공사의 비공개결정에 대하여 한국방송공사에게 이의신청을 하거나, 행정심판 또는 행정소송을 제기할 수 있다. 그러나 이 사건 테이프는 비공개대상정보이므로 원고의 청구는 기각될 것으로 보인다.

[19] 즉시강제와 인신구제청구

> 서울특별시 동대문구청장은 관할 보건소장에게 제2군 감염병에 해당하는 유행성이하선염에 감염된 A와 제1군 감염병에 해당하는 장티푸스에 걸려 있는 B에 대하여 격리치료의 필요성을 인정하여 A와 B를 강제적으로 서울시립병원에 강제로 입원케 하여 치료를 시작하였다. 동대문구청장은 A와 B가 입원조치에 강력하게 반대하면서 집에서 치료할 수 있도록 퇴원시켜 달라는 요청을 거절한 바 있다.
>
> 그 후 A와 B는 2010. 10. 17. 치료결과 완전히 회복되어 더 이상 입원할 필요가 없어 퇴원을 요청하였음에도 특별한 이유없이 퇴원을 불허하여 2010. 12. 17. 까지 입원하고 있다.

(1) 서울특별시 동대문구청장의 A와 B에 대한 강제입원조치는 적법한가. (15점)

(2) A와 B를 가장 신속하게 퇴원하게 할 수 있는 가장 유효·적절한 행정상 구제수단을 설명하시오. (15점)

(3) A와 B가 서울특별시 동대문구청장에게 위법한 수용에 대한 손해배상청구를 하는 경우 승소할 수 있겠는가. (20점)

참고법령

「감염병의 예방 및 관리에 관한 법률」

제42조(감염병에 관한 강제처분)
① 보건복지부장관, 시·도지사 또는 시장·군수·구청장은 해당 공무원으로 하여금 다음 각 호의 어느 하나에 해당하는 감염병환자등이 있다고 인정되는 주거시설, 선박·항공기·열차 등 운송수단 또는 그 밖의 장소에 들어가 필요한 조사나 진찰을 하게 할 수 있으며, 그 진찰 결과 감염병환자등으로 인정될 때에는 동행하여 치료받게 하거나 입원시킬 수 있다.
1. 제1군감염병

2. 제2군감염병 중 디프테리아, 홍역 및 폴리오
3. 제3군감염병 중 결핵, 성홍열 및 수막구균성수막염
4. 제4군감염병 중 보건복지부장관이 정하는 감염병
5. 세계보건기구 감시대상 감염병
6. 생물테러감염병

주요쟁점

- ✦ 강제입원조치
- ✦ 즉시강제의 한계
- ✦ 인신보호구제청구
- ✦ 국가배상법 제2조
- ✦ 공무원이 직무를 집행하면서 행한 행위
- ✦ 위법한 격리수용
- ✦ 수용자와 피수용자

Ⅰ. A, B에 대한 강제입원조치의 적법성 여부 [설문 (1)의 해결]

1. 문제점

격리수용에 해당하는 강제입원은 전염속도가 빠르고 국민건강에 미치는 위해 정도가 너무 커서 즉시 방역대책을 수립하여야 하는 제1군감염병 또는 제2군감염병 등이 발생하였을 때, 진찰 결과 감염병환자등으로 인정될 때에는 동행하여 치료받게 하거나 강제로 입원시키는 것을 말한다. 사안에서 동대문구청장은 A, B를 강제입원 대상자로 판단하고 강제수단인 격리치료 수단을 선택하여 시립병원에 입원 치료를 받게 하였다. 동대문구청장의 격리수용행위가 적법하려면 먼저 강제입원의 근거법률이 정하는 요건을 충족하여야 한다. 이와 함께 행정상 즉시강제의 일반적인 요건도 살펴볼 필요가 있다.

2. 강제입원조치의 법적 근거와 성질

가. 법률상 근거

보건복지부장관, 시·도지사 또는 시장·군수·구청장은 해당 공무원으로 하여금 '제1군감염병, 제2군감염병 중 디프테리아, 홍역 및 폴리오' 등의 어느 하나에 해당하는 감염병환자등이 있다고 인정되는 주거시설, 선박·항공기·열차 등

운송수단 또는 그 밖의 장소에 들어가 필요한 조사나 진찰을 하게 할 수 있으며, 그 진찰 결과 감염병환자등으로 인정될 때에는 동행하여 치료받게 하거나 입원시킬 수 있다(감염병의 예방 및 관리에 관한 법률 42①).

나. 이론적 근거

강제입원은 행정상 즉시강제 수단 중의 하나에 해당된다. 행정상 즉시강제란 목전에 급박한 행정상의 장해를 제거할 필요가 있는 경우에, 미리 의무를 명할 시간적 여유가 없을 때, 또는 성질상 의무를 명하여 가지고는 목적달성이 곤란한 때에 즉시 국민의 신체 또는 재산에 실력을 가하여, 행정상의 필요한 상태를 실현하는 작용을 말한다.

즉시강제는 과거 독일의 경찰법분야에서 법률의 근거가 없는 경우에도 경찰상의 긴급사태에 처하여 경찰강제만이 유일한 처리방법일 때에는 강제수단을 쓸 수 있었던 경찰긴급권이론에 바탕을 두고 있다. 물론 오늘날 즉시강제는 법치주의의 요청인 예측가능성과 법적안정성을 부정하는 침해행정의 전형이기 때문에 엄격한 실정법상의 근거를 요하고 있다.

다. 강제입원의 법적 성질

강제입원은 감염병의 예방 및 관리에 관한 법률이 정하는 바에 따른 행정상 즉시강제수단으로서의 대인적 강제처분에 해당된다. 또한 강제입원은 위 법률에서 규정하는 감염병에 걸린 자는 격리수용을 하여야 하는 기속행위 내지 기속재량행위로서의 성격을 갖는다. 따라서 동대문구청장은 A, B가 위 법률이 정하는 감염병에 해당하면 반드시 격리수용에 해당하는 입원절차를 밟아야 한다.

3. 강제입원조치의 법률상 · 일반적 요건

가. 법률상 요건

동대문구청장이 A, B를 입원케 하여 치료를 하기 위해서는 '감염병의 예방 및 관리에 관한 법률' 제42조가 정하는 요건을 충족하여야 한다. 위 법률에 의하면 강제입원조치와 같은 강제처분을 할 수 있기 위해서는 제1군감염병 전부, 제2군감염병 중 디프테리아, 홍역 및 폴리오에 국한된다.

나. 일반적 요건

(1) 즉시강제의 한계

강제입원 역시 행정상 즉시강제에 해당하므로, 즉시강제의 일반적인 요건을 구비하여야 한다. 즉시강제의 요건은 한편으로 즉시강제의 한계로서의 성격도 갖는다고 할 수 있다. 그러므로 ① 행정위반상태로 인한 위해가 이미 발생하고 있거나, 단순한 발생의 개연성만이 아니고 사회통념에 비추어 위험발생이 확실하여야 한다(급박성). ② 다른 위해방지조치를 행할 시간적 여유가 없거나 다른 조치로는 행정목적을 달성할 수 없는 경우이어야 한다(보충성). ③ 위해방지수단은 행정목적달성에 적합하고 유용한 수단을 선택하여야 한다. 또한 여러 적합한 수단 중에서도 최소한의 침해를 가져오는 수단을 선택하여야 하고, 침해의 정도는 공익상의 필요의 정도와 상당한 비례가 유지되어야 한다(비례성). ④ 소극적으로 사회공공의 질서를 유지하기 위하여 필요한 범위 내에 그쳐야 하며, 적극적인 행정목적달성을 위하여 발동되어서는 아니된다(소극성). ⑤ 행정상 즉시강제가 행정처분에 해당하는 경우에는 행정절차법이 정한 의견청취절차를 거쳐야 할 것이다(행정절차법 21 · 22). 그러나 행정절차법이 예외사유로 규정한 공공의 안전 또는 복리를 위하여 긴급히 처분을 할 필요가 있는 경우가 거의 대부분일 것이다(행정절차준수).

(2) 절차법적 한계 (영장주의)

즉시강제의 절차법적 한계와 관련하여 강제로 입원하도록 할 때 영장이 필요한지 여부에 관하여 다툼이 있지만, 권력억제와 기본권보장을 목적으로 하는 영장주의는 행정상 즉시강제권의 발동에도 동일하게 적용되어야 하나, 다만 행정강제의 특질을 무시할 수는 없는 것이므로, 행정상 즉시강제 중에서 행정목적달성에 불가피하다고 인정할 만한 합리적인 이유가 있는 특수한 경우에 한하여, 영장주의의 적용을 받지 아니하는 강제조치를 인정할 수밖에 없다(절충설). 판례도 같은 입장이다(대법원 1997.6.13. 선고 96다56115 판결).

4. 사안의 해결

A는 제2군감염병에 해당하는 유행성이하선염에, B는 제1군감염병에 해당하는 장티푸스에 걸려 있다. '감염병의 예방 및 관리에 관한 법률' 제42조 제1항에 의하면, A는 강제입원시킬 수 있는 강제처분의 대상이 되는 질병에 해당하지 아니한다.

반면, B는 제1군감염병에 해당하는 장티푸스이므로 위 법률상 제1군감염병은 그 종류에 상관이 없이 입원시킬 수 있는 대상으로 규정하고 있다.

따라서 동대문구청장의 A에 대한 격리수용은 입원 당시부터 위법하고, B에 대한 격리수용은 위 법률이 규정하는 감염병에 걸린 자에 대한 것이고, 이러한 즉시강제의 한계에 해당하는 사정도 입원 당시에는 보이지 아니한다. 따라서 B에 대한 강제입원조치 자체는 적법하다고 보인다.

기본구조

A, B에 대한 강제입원조치의 적법성 여부 [설문 ⑴의 해결]

1. 문제점
2. 강제입원조치의 법적 근거와 성질
   가. 법률상 근거
   나. 이론적 근거
   다. 강제입원의 법적 성질
3. 강제입원조치의 법률상·일반적 요건
   가. 법률상 요건
   나. 일반적 요건
   ⑴ 즉시강제의 한계
   ⑵ 절차법적 한계(영장주의)
4. 사안의 해결

Ⅱ. 위법한 격리수용 해제를 위한 행정상 구제수단 [설문 ⑵의 해결]

1. 문제점

A, B에 대한 치료결과 완전히 회복되어 더 이상 입원상태에 있을 필요가 없음에도 퇴원을 불허하고 있다면, 이러한 위법한 수용상태를 가장 신속하게 해제시킬 수 있는 행정상 구제수단이 무엇인지를 살펴볼 필요가 있다.

격리수용이 위법하게 개시되거나, 적법하게 수용된 후 그 사유가 소멸되었음에도 불구하고 계속 수용되어 있는 경우에, 그 수용의 해제를 위한 행정상 구제제도로 행정심판·행정소송·국가배상청구 및 인신보호법에 의한 구제청구를 들 수 있다. 그러나 쟁송방법을 통한 구제수단은 오랜 시간이 걸리고 위법한 신체구금에 대한 즉각적인 구제수단으로서의 한계를 가질 수밖에 없다. 따라서 사안과 같이 위법한 수용해제를 위한 가장 신속하고 효율적인 구제방법은 인신보호법에 의한 구제청구라 할 수 있다.

2. 인신보호구제청구의 요건

가. 위법한 행정처분에 의하여 수용되고 있을 것

A는 격리수용의 대상자가 아님에도 격리수용된 것은 위법한 행정처분에 의한 수용에 해당된다. B는 적법하게 격리수용이 개시되었으나 그 후 치료를 받아 2010. 10. 17. 완쾌가 되었음에도 퇴원이 불허되어 계속 수용을 당하고 있다.

'감염병의 예방 및 관리에 관한 법률 시행규칙' 제23조는 입원치료의 방법 및 절차 등에 관한 [별표 2]는 "입원치료 대상자의 입원치료 기간은 감염병환자등으로 밝혀진 시점부터 증상 및 감염력이 소멸된 시점까지로 한다."로 규정하고 있다.

그런데 B는 현재 치료가 종결되어 전염병의 증상 및 전염력이 소멸된 상태라 할 수 있다. 따라서 동대문구청장은 B가 완쾌된 시점인 2010. 10. 17.부터 같은 해 12. 17.까지 2개월간 위법한 수용상태를 지속하고 있다.

나. 피수용자가 수용자의 수용시설에 있을 것

(1) 피수용자 A와 B는 수용자의 수용시설인 서울시립병원에 현재까지 격리되어 있다.

(2) 입원시설의 장 및 시설에 종사하는 의료인은 치료를 통하여 입원 해제가 가능한 자를 입원 해제하고, 그 내용을 관할 보건소장에게 지체 없이 신고해야 하며, 관할 보건소장은 지체 없이 입원 해제 여부를 확인하여야 한다(감염병의 예방 및 관리에 관한 법률 시행규칙 제23조 [별표 2]).

(3) 수용자인 서울시립병원은 입원해제가 가능한 자에 해당되는 A와 B를 지체 없이 입원해제하고 그 내용을 관할 보건소장에게 신고하여야 한다는 위 시행규칙 제23조를 위반하였다.

다. 인신구제청구의 보충성 문제

(1) 수용의 근거법률에 구제절차가 있는 경우에는 상당한 기간 내에 그 법률에 따른 구제받을 수 없음이 명백해야 인신구제청구를 할 수 있다(인신보호법 3, 단서).

(2) 그런데 이 사안에서 강제입원의 근거법률인 감염병의 예방 및 관리에 관한

법률에는 수용을 해제하는 구제절차를 찾아 볼 수 없다. 다만, 그 시행규칙 제23조 [별표 2]에서는 입원해제가 가능한 자에 대한 입원해제 의무규정을 두고 있을 뿐이다. 따라서 인신보호구제청구의 보충성은 문제되지 아니한다.

3. 인신보호구제청구의 절차

가. 구제청구권자

피수용자, 그 법정대리인 · 후견인 · 배우자 · 직계혈족 · 형제자매 · 동거인 · 고용주가 구제청구자가 된다(인신보호법 3). 구제청구권자는 수용시설의 주소, 거소 또는 현재지를 관할하는 지방법원 또는 지원에 인신구제청구를 하여야 한다(인신구제법 4).

나. 청구사건의 심리

법원은 구제청구에 대하여 이를 각하하는 경우를 제외하고 지체 없이 수용의 적법 여부 및 수용을 계속할 필요성 등에 대하여 심리를 개시하여야 한다(인신구제법 8①). 수용자는 수용사유에 대한 답변서를 제출할 의무와 피수용자를 법정에 출석시킬 의무를 진다.

다. 수용의 임시해제

법원은 수용을 계속하는 경우 발생할 것으로 예상되는 신체의 위해 등을 예방하기 위하여 긴급한 필요가 있다고 인정하는 때에는, 직권 또는 구제청구자의 신청에 따라 피수용자의 수용을 임시로 해제할 것을 결정할 수 있다(인신구제법 9①). 임시해제의 사유는 수용을 계속할 경우 신체의 위해 등이 발생할 가능성과 긴급성이다.

라. 종국결정

법원은 구제청구사건을 심리한 결과 그 청구가 이유가 있다고 인정되는 때에는 결정으로 피수용자의 수용을 즉시 해제할 것을 명하여야 한다(인신구제법 13①). 구제청구가 이유 없다고 인정하는 때에는 이를 기각하여야 한다(인신구제법 13②).

4. 사안의 해결

A, B는 스스로 또는 그 법정대리인이나 배우자 등을 통하여 수용시설을 관할

하는 법원에 인신구제청구를 할 수 있다. 법원은 이 청구에 대하여 지체없이 수용의 적법여부 및 수용을 계속할 필요성 등에 대하여 심리하게 될 것이고, A와 B가 계속 수용상태에 있을 필요가 없음을 확인하면 수용을 즉시 해제할 것을 결정하게 될 것이다. 긴급한 필요가 있다고 인정하는 때에는 피수용자인 A, B의 수용을 임시로 해제할 것을 결정할 수 있다.

> **기본구조**
>
> 위법한 격리수용 해제를 위한 행정상 구제수단 [설문 (2)의 해결]
>
> 1. 문제점
>
> 2. 인신보호구제청구의 요건
>   가. 위법한 행정처분에 의하여 수용되고 있을 것
>   나. 피수용자가 수용자의 수용시설에 있을 것
>
>   다. 인신구제청구의 보충성 문제
>
> 3. 인신보호구제청구의 절차
>   가. 구제청구권자
>   나. 청구사건의 심리
>   다. 수용의 임시해제
>   라. 종국결정
>
> 4. 사안의 해결

Ⅳ. 위법한 격리수용에 대한 손해배상청구 [설문 (3)의 해결]

1. 문제점

사안에서 A는 처음부터 강제입원의 대상자가 아니었음에도 동대문구청장의 격리치료를 위한 '강제입원시부터' 위법한 수용상태로 있게 되어 재산상, 정신적 손해를 입게 되었다. 반면, B는 법률상 격리치료를 받아야 하는 감염병에 해당되어 강제입원 자체는 적법하였지만, 완치 후에도 퇴원을 불허함으로 위법한 수용을 당하게 되어 '완치 후부터' 재산상, 정신적 손해를 입게 되었다.

이처럼 공무원의 직무상 불법행위로 국민이 손해를 받은 때에는 법률이 정하는 바에 따라 손해배상을 청구할 수 있다(헌법 29①, 국가배상법 2①). 따라서 A, B에 대한 동대문구청장의 위법한 수용이 국가배상법 제2조의 요건을 충족하는지 여부를 검토해 볼 필요가 있다.

2. 국가배상책임의 요건

가. 국가배상법의 규정

공무원 또는 공무를 위탁받은 사인이 직무를 집행하면서 고의 또는 과실로 법령을 위반하여 타인에게 손해를 입히는 것이다(국가배상법 2① 본문).

나. 공무원이 직무를 집행하면서 행한 행위

(1) 공무원 또는 공무를 위탁받은 사인

국가공무원법 및 지방공무원법 등에 의하여 공무원의 신분을 가진 자는 물론 공무원의 신분을 갖지 않더라도 널리 공무를 위탁받아 이에 종사하는 자를 말한다. 2009. 10. 21. 국가배상법 개정으로 '공무를 위탁받은 사인'을 공무원에 포함시켰다. 판례는 통장, 지방자치단체에 근무하는 청원경찰, 교통할아버지, 조세원천징수의무자, 선장, 별정우체국장을 공무원으로 인정한 바 있다. 그러나 의용소방대원은 공무원이 아니라고 하였다(대법원 1978.7.11. 선고 78다584 판결).

사안에서 동대문구청장은 법률에 의하여 공무원의 신분을 가진 자로서 당연히 공무원에 해당한다.

(2) 직 무

공무원의 직무에는 권력작용과 비권력작용을 의미하고 사경제적 작용은 제외된다(통설). 국가배상법이 정한 손해배상청구의 요건인 '공무원의 직무'에는 국가나 지방자치단체의 권력적 작용뿐만 아니라 비권력적 작용도 포함되지만 단순한 사경제의 주체로서 하는 작용은 포함되지 않는다(대법원 2004.4.9. 선고 2002다10691 판결).

사안에서 공무원이면서 행정관청의 지위에 있는 동대문구청장이 A, B를 감염병환자의 치료와 감염의 예방을 위하여 강제로 입원시킨 행위는 비권력적 작용에 해당한다.

(3) 직무집행행위

직무를 집행하면서란 직무수행 자체는 물론 직무수행의 수단으로 행하여진 행위라고 인정되거나, 직무와 밀접하게 관련된 행위라고 인정되는 경우를 말한다. 직무행위인지의 여부의 판단기준은 객관적으로 직무행위의 외형을 갖추고 있는지의 여부에 따른다는 외형표준설이 통설이다.

판례도 국가배상법 제2조 제1항의 '직무를 집행함에 당하여'라 함은 직접공무원의 직무집행행위이거나 그와 밀접한 관련이 있는 행위를 포함하고, 이를 판단함에 있어서는 행위자체의 외관을 객관적으로 관찰하여 공무원의 직무행위로 보여질 때에는 비록 그것이 실질적으로 직무행위가 아니거나 또는 행위자로서는 주관적으로 공무집행의 의사가 없었다고 하더라도 그 행위는 공무원이 '직무를 집행함에 당하여'한 것으로 보아야 한다(대법원 2005.1.14. 선고 2004다26805 판결)고 하여 동일한 입장이다.

사안에서 동대문구청장이 A, B를 격리수용을 위하여 강제로 입원시킨 행위와 치료완료 후에 퇴원을 거부한 행위는 직무집행으로서의 외형을 갖고 있다.

다. 고의·과실로 인한 행위

(1) 고의 · 과실의 의의

공무원의 고의 · 과실은 당해 공무원의 주관적 책임요건이며, 공무원의 주관적 인식 유무를 기준으로 판단하게 된다. 그리하여 '고의'란 공무원이 직무를 집행하면서 자기의 행위에 의하여 위법한 결과가 발생한다는 것을 인식하고 직무를 행하는 것이며, '과실'은 공무원이 그 직무를 수행함에 있어 당해직무를 담당하는 평균인이 보통 갖추어야 할 주의의무를 게을리 한 것을 말한다(대법원 1987.9.22. 선고 87다카1164 판결).

(2) 가해공무원의 특정 여부

공무원의 과실을 입증하기 위하여서는 보통의 경우 가해 공무원을 특정할 필요가 있다. 그러나 과실을 추상적 과실로 보는 경우 가해공무원의 특정 자체는 국가책임의 성립요건은 아니다. 손해의 발생상황으로 보아 그것이 공무원의 지위에 있는 누군가의 행위로 생긴 것이 인정 되면, 예컨대 사무가 다수 공무원을 거쳐 처리되었거나, 공무원의 집단에 의하여 폭행을 당한 경우와 같이 불법행위자를 특정할 수 없는 경우에도 국가책임은 성립한다. 판례는 전투경찰들의 과도한 방법으로 시위진압을 한 잘못으로 시위참가자가 사망한 사건에서 가해 공무원의 특정을 요구하지 않고 직무집행상의 과실을 인정하였다(대법원 1995.11.10. 선고 95다23897 판결).

사안의 경우 A, B가 입원해 있는 입원시설의 장 및 시설에 종사하는 의료인은 치료를 통하여 입원 해제가 가능한 자를 입원 해제하고, 그 내용을 관할 보건소장에게 지체 없이 신고해야 하며, 관할 보건소장은 지체 없이 입원 해제 여부를 확인하여야 한다(감염병의 예방 및 관리에 관한 법률 시행규칙 제23조 [별표 2]). 따라서 입원 대상자가 아닌 A를 입원시키고, 치료가 완료된 B를 계속적으로 수용상태에 있게 한 공무원을 특정할 수는 없어도 공무원의 고의 또는 과실을 인정할 수 있다.

라. 법령을 위반한 행위

(1) 법령의 범위

국가배상책임이 성립하기 위하여서는 공무원의 직무행위가 당해 직무를 집행하면서 공무원이 준수하여야 할 법령을 위반한 위법성이 있어야 한다. 여기에서 법령의 범위에 대하여, ① 성문법과 불문법을 포함한 모든 법규를 의미한다고 보는 협의설, ② 성문법과 불문법을 포함한 모든 법규뿐만 아니라 인권존중, 사회질서나 공서양속도 포함하여 당해 직무행위가 객관적으로 정당성을 결한 경우를 말한다는 광의설이 있다. 생각컨대, 두 견해의 차이는 결국 불문법으로 인정되지 않는 사회질서나 공서양속에 위반되는 경우에 생기는데, 협의설이 타당하다고 생각한다. 판례는 엄격한 의미의 법령 위반뿐 아니라 인권존중, 권력남용금지, 신의성실과 같이 공무원으로서 마땅히 지켜야 할 준칙이나 규범을 지키지 아니하고 위반한 경우를 포함하여 널리 그 행위가 객관적인 정당성을 결여하고 있음을 뜻하는 것이므로, 경찰관이 범죄수사를 함에 있어 경찰관으로서 의당 지켜야 할 법규상 또는 조리상의 한계를 위반하였다면 이는 법령을 위반한 경우에 해당한다(대법원 2008.6.12. 선고 2007다64365 판결)고 하여 협의설보다 넓게 보고 있다.

사안에서 동대문구청장은 감염병의 예방 및 관리에 관한 법률과 그 시행규칙에 위반하여 입원 해제가 가능한 A, B를 입원 해제하지 않은 것은 위 법령을 위반한 것에 해당된다.

(2) 위법성의 입증책임

가해행위가 위법하다는 입증책임은 민사상 불법행위 성립요건의 입증책임의 경우와 마찬가지로 피해자인 A, B에게 있다.

마. 타인에게 손해를 가하였을 것

여기서 '타인'이란 국가 또는 지방자치단체와 당해 가해공무원을 제외한 모든 자를 말하며, 자연인 · 법인을 가리지 아니한다. 가해공무원이 국가공무원인 경우에는 지방자치단체도, 지방공무원인 경우에는 국가도 타인에 포함된다. 공무원은 가해자의 입장에 설 수 있음은 물론 다른 공무의 불법행위로 손해를 받은 때에는 피해자의 입장에 설 수도 있다. 손해는 재산적 손해와 그 이외의 손해(생명 · 신체 · 정신적 손해), 적극적 손해와 소극적 손해를 가리지 아니한다. 공무원의 직무행위와 손해의 발생 사이에는 상당인과관계가 있어야 한다.

사안에서 A, B가 타인에 해당하며, A는 입원 당시부터, B는 치료가 종결된 후부터 입원 해제될 때까지 재산상, 정신적 손해가 발생하였다고 할 것이다.

3. 국가배상책임의 효과 (손해배상)

국가배상책임자는 가해공무원이 소속하는 국가나 지방자치단체이다(국가배상법 2①). 헌법은 배상주체를 '국가 또는 공공단체'로 하고 있으나, 국가배상법은 '국가나 지방자치단체'로 한정하고 있다. 따라서 지방자치단체 이외의 공공단체(공공조합 · 영조물법인)의 배상책임에 대하여는 민법에 맡겼다.

사안의 경우 동대문구청장이 A, B에 대한 입원을 결정하고 입원 해제사유가 발생한 후에도 위법한 수용상태를 지속하고 있으므로 지방자치단체인 동대문구청장이 배상책임자가 된다. 물론 동대문구청장이 입원을 해제하는 결정을 내리지 않는 원인은 보조기관인 보건소장의 입원 해제를 요청하지 아니한 공무원의 과실행위에 기인하였다고 할 수 있지만, 최종적으로 손해배상책임의 주체가 됨에는 의문이 없다.

4. 사안의 해결

따라서 A, B는 동대문구청장이 수용의 적법성 및 수용을 계속할 필요성을 제시하지 못하면, 현재의 수용상태는 공무원의 고의 또는 과실로 인한 것이라 할 수 있다. 따라서 A, B는 위법수용으로 퇴원할 수 없음으로 인하여 재산상, 정신적 손해를 입었다고 할 것이므로, 동대문구청장을 상대로 한 국가배상청구의 요건은 충족하였다고 볼 것이다. 그러므로 A, B의 국가배상청구는 특별한 사정이 없는 한 인용되어 승소할 수 있을 것이다.

> **기본구조**

위법한 격리수용에 대한 손해배상청구 [설문 (3)의 해결]

1. 문제점

2. 국가배상책임의 요건
  가. 국가배상법의 규정
  나. 공무원이 직무를 집행하면서 행한 행위
    (1) 공무원 또는 공무를 위탁받은 사인
    (2) 직무
    (3) 직무집행행위
  다. 고의·과실로 인한 행위
    (1) 고의·과실의 의의
    (2) 가해공무원의 특정 여부
  라. 법령을 위반한 행위
    (1) 법령의 범위
    (2) 위법성의 입증책임
  마. 타인에게 손해를 가하였을 것

3. 국가배상책임의 효과(손해배상)

4. 사안의 해결

I. 설문(1)의 해결 – 강제입원조치의 적법성 여부

1. 문제점

사안에서 동대문구청장은 A, B를 강제입원 대상자로 판단하고 강제수단인 격리치료 수단을 선택하여 시립병원에 입원치료를 받게 하였다. 동대문구청장의 격리수용행위가 적법하려면 먼저 강제입원의 근거법률이 정하는 요건을 충족하여야 한다. 이와 함께 행정상 즉시강제의 일반적인 요건도 살펴볼 필요가 있다.

2. 강제입원조치의 법적 근거와 성질

가. 법률상 근거

'제1군감염병, 제2군감염병 중 디프테리아, 홍역 및 폴리오' 등에 해당하는 감염병환자가 있다고 인정되는 주거시설 또는 그 밖의 장소에서 필요한 조사나 진찰을 하게 할 수 있으며, 그 진찰 결과 감염병환자 등으로 인정될 때에는 동행하여 치료받게 하거나 입원시킬 수 있다(감염병의 예방 및 관리에 관한 법률 42①).

나. 이론상의 근거

강제입원은 행정상 즉시강제 수단 중의 하나에 해당된다. 행정상 즉시강제란 목전에 급박한 행정상의 장해를 제거할 필요가 있는 경우에, 미리 의무를 명할 시간적 여유가 없을 때, 또는 성질상 의무를 명하여 가지고는 목적달성이 곤란한 때에 즉시 국민의 신체 또는 재산에 실력을 가하여, 행정상의 필요한 상태를 실현하는 작용을 말한다.

3. 즉시강제로서 강제입원조치의 요건

가. 즉시강제의 한계

즉시강제의 요건은 한편으로 즉시강제의 한계로서의 성격도 갖는다고 할 수 있다. 그러므로 ① 행정위반상태로 인한 위해가 이미 발생하였거나, 위험발생이 확실하여야 한다(급박성). ② 다른 위해방지조치를 행할 여유가 없거나 다른 조치로는 행정목적을 달성할 수 없는 경우이어야 한다(보충성). ③ 행정목적달성에 적합한 수단을 선택하여야 한다. 또한 여러 수단 중에서도 최소한의 침해를 가져오는 수단을 선택하고, 침해의 정도는 공익상의 필요의 정도와 상당한 비례가 유지되어야 한다(비례성). ④ 소극적으로 사회공공의 질서를 유지하기 위하여 필요한 범위 내에 그쳐야 하며, 적극적인 행정목적달성을 위하여 발동되어서는 아니된다(소극성).

나. 절차법적 한계 (영장주의)

　　즉시강제의 절차법적 한계와 관련하여 영장이 필요한지 여부에 관하여 다툼이 있다. 영장주의는 행정상 즉시강제권의 발동에도 동일하게 적용되어야 하나, 다만 행정강제의 특질을 무시할 수는 없는 것이므로, 행정목적달성에 불가피하다고 인정할 만한 합리적인 이유가 있는 특수한 경우에 한하여, 영장주의의 적용을 받지 아니하는 강제조치를 인정할 수밖에 없다 (절충설). 판례도 같은 입장이다.

4. 사안의 해결

　　A는 제2군 감염병에 해당하는 유행성이하선염에 걸려 있다. 근거법규에 의하면 A는 강제입원시킬 수 있는 강제처분의 대상이 되는 질병에 해당하지 아니한다. 반면, B는 제1군감염병에 해당하는 장티푸스이므로 그 종류에 상관이 없이 입원시킬 수 있는 대상자이다.

　　따라서 동대문구청장의 A에 대한 격리수용은 입원 당시부터 위법하고, B에 대한 격리수용은 위 법률이 규정하는 감염병에 걸린 자에 대한 것이고, 이러한 즉시강제의 한계에 해당하는 사정도 입원 당시에는 보이지 아니한다. 따라서 B에 대한 강제입원조치 자체는 적법하다고 보인다.

II. 설문(2)의 해결 — 위법한 격리수용 해제를 위한 행정상 구제수단

1. 문제점

　　애초부터 위법한 A에 대한 입원조치와, B의 회복으로 더 이상 입원상태에 있을 필요가 없음에도 퇴원을 불허하고 있다면, 이러한 위법한 수용상태를 가장 신속하게 해제시킬 수 있는 행정상 구제수단이 무엇인지를 살펴볼 필요가 있다.

　　행정상 구제제도로 행정심판·행정소송·국가배상청구 및 인신보호법에 의한 구제청구를 들 수 있다. 그러나 행정쟁송은 오랜 시간이 걸리고 위법한 신체구금에 대한 즉각적인 구제수단으로서의 한계를 가질 수밖에 없다. 따라서 가장 신속하고 효율적인 구제방법은 인신보호법에 의한 구제청구라 할 수 있다.

2. 인신보호구제청구의 요건 및 절차

가. 위법한 행정처분에 의하여 수용되고 있을 것

　　A는 격리수용의 대상자가 아님에도 격리수용 되어 있다. B는 적법하게 격리수용이 개시되었으나 그 후 완쾌가 되었음에도 퇴원이 불허되어 계속 수용을 당하고 있다.

나. 피수용자가 수용자의 수용시설에 있을 것

　　피수용자 A와 B는 수용시설인 서울시립병원에 현재까지 격리되어 있어 요건을 충족한다.

다. 인신구제청구의 보충성 문제

수용의 근거법률에 구제절차가 있는 경우에는 상당한 기간 내에 그 법률에 따른 구제받을 수 없음이 명백해야 인신구제청구를 할 수 있다(인신보호법 3, 단서).

그런데 이 사안에서 강제입원의 근거법률인 감염병의 예방 및 관리에 관한 법률에는 수용을 해제하는 구제절차를 찾아 볼 수 없다. 따라서 보충성은 문제되지 아니한다.

라. 구제청구의 절차

피수용자·배우자 등이 구제청구자가 된다(인신보호법 3). 법원은 동법 제6항에 따라 지체없이 심리를 개시하여야 하고, 그 청구가 이유 있다고 인정되면 수용을 직시 해제할 것을 명한다.

3. 사안의 해결

A, B는 스스로 또는 배우자 등을 통하여 수용시설을 관할하는 법원에 인신구제청구를 할 수 있다. 법원은 이 청구에 대하여 지체없이 수용의 적법여부 및 수용을 계속할 필요성 등에 대하여 심리하게 될 것이고, A와 B가 계속 수용상태에 있을 필요가 없음을 확인하면 수용을 즉시 해제할 것을 결정하게 될 것이다. 긴급한 필요가 있다고 인정하는 때에는 피수용자인 A, B의 수용을 임시로 해제할 것을 결정할 수 있다(인신구제법 9①).

III. 설문(3)의 해결 – 위법한 격리수용에 대한 손해배상청구

1. 문제점

공무원의 직무상 불법행위로 국민이 손해를 받은 때에는 법률이 정하는 바에 따라 손해배상을 청구할 수 있다(헌법 29①, 국가배상법 2①). 따라서 A, B에 대한 동대문구청장의 위법한 수용이 국가배상법 제2조의 요건을 충족하는지 여부를 검토해 볼 필요가 있다.

2. 국가배상책임의 요건

가. 국가배상법의 규정

공무원 또는 공무를 위탁받은 사인이 직무를 집행하면서 고의 또는 과실로 법령을 위반하여 타인에게 손해를 입히면 그 손해를 배상하여야 한다(국가배상법 2① 본문).

나. 공무원이 직무를 집행하면서 행한 행위

① 공무원의 신분을 가지는 자뿐 아니라 공무를 위탁받은 자도 포함한다. ② '직무'는 권력작용 및 비권력작용을 의미하고 사경제적 작용은 제외된다. ③ '직무집행행위'란 객관적으로 직무행위의 외형을 갖추고 있는지를 판단하여 직무와 밀접히 관련된 행위도 포함한다.

사안에서 동대문구청장은 공무원에 해당하며, A·B를 강제로 입원시킨 행위는 비권력적인 작용에 해당한다. 그리고 이러한 조치는 외형상 직무집행으로서의 모습을 가지고 있다.

다. 고의·과실로 인한 행위

이러한 고의·과실은 공무원의 주관적 인식 유무를 기준으로 하게 된다. 또한 원칙적으로 이를 판단함에 있어 가해 공무원이 특정되어야 할 것이지만, 다수설과 판례는 위의 개념을 추상적 과실로 보아 행위자를 특정할 수 없는 경우에도 국가책임의 성립을 긍정한다.

사안의 경우 퇴원조치를 하지 아니한 공무원을 특정할 수는 없다. 그러나 입원시설의 의료인은 입원 해제가 가능한 자를 입원 해제하고, 그 내용을 관할 보건소장에게 지체 없이 신고해야 하며, 관할 보건소장은 지체 없이 입원 해제 여부를 확인하여야 한다(감염병의 예방 및 관리에 관한 법률 시행규칙 23 [별표 2]). 따라서 고의 또는 과실을 인정할 수 있다.

라. 법령을 위반한 행위

여기서의 '법령'의 개념에 대하여 견해대립이 있다. 판례는 엄격한 의미의 법령 위반뿐 아니라 권력남용금지, 신의성실과 같이 공무원으로서 마땅히 지켜야 할 준칙이나 규범을 지키지 아니하고 위반한 경우를 포함한다고 하여 넓게 파악하고 있다.

사안에서 동대문구청장은 감염병의 예방 및 관리에 관한 법률과 그 시행규칙에 위반하여 입원 해제가 가능한 A, B를 입원 해제하지 않은 것은 위 법령을 위반한 것에 해당된다.

마. 타인에게 손해를 가하였을 것

여기에서 '타인'이란 국가나 지방자치단체, 가해 공무원을 제외한 모든 자를 의미한다. '손해'는 적극적·소극적 손해를 모두 포함하며 재산적 손해에 한하지 아니한다.

사안에서 A는 입원 당시부터, B는 치료가 종결된 후부터 입원 해제될 때까지 재산상, 정신적 손해가 발생하였다고 할 것이다.

3. 사안의 해결

따라서 A, B는 동대문구청장이 수용의 적법성 및 수용을 계속할 필요성을 제시하지 못하면, 현재의 수용상태는 공무원의 고의 또는 과실로 인한 것이라 할 수 있다. 따라서 A, B는 위법수용으로 퇴원할 수 없음으로 인하여 재산상, 정신적 손해를 입었다고 할 것이므로, 동대문구청장을 상대로 한 국가배상청구의 요건은 충족하였다고 볼 것이다. 그러므로 A, B의 국가배상청구는 특별한 사정이 없는 한 인용되어 승소할 수 있을 것이다.

[20] 통고처분과 그 불복방법

서울특별시 동대문경찰서장은 2009. 12. 10. 택시운전자인 A가 서울 동대문구 회기동에서 김포공항까지 가려는 승객 2인에 대하여 승차거부를 하였다는 이유로 돈 30,000원의 범칙금통고처분을 하고, 2009. 12. 15.부터 10일간의 운전면허정지처분을 한 바 있다. 이에 A는 승차거부행위는 인정하면서 그에 대한 범칙금이 법령이 정하는 금액보다 과다하다는 이유로 동대문경찰서장을 상대로 돈 30,000원의 범칙금통고처분을 취소하라는 소를 서울행정법원에 제기하였다.

(1) 동대문경찰서장이 A에 대하여 한 범칙금통고처분은 적법한가. (30점)

(2) A가 동대문경찰서장의 통고처분의 취소를 구하는 소는 적법한가. (20점)

참고법령

「도로교통법」

제50조 (특정 운전자의 준수사항)
⑥ 사업용승용자동차의 운전자는 합승행위 또는 승차거부를 하거나 신고한 요금을 초과하는 요금을 받아서는 아니된다.

제162조(통칙)
① 이 장에서 "범칙행위"라 함은 제156조 각 호 또는 제157조 각 호의 죄에 해당하는 위반행위를 말하며, 그 구체적인 범위는 대통령령으로 정한다.

제163조(통고처분)
① 경찰서장 또는 제주특별자치도지사(제주특별자치도지사의 경우에는 제6조제1항·제2항, 제61조제2항의 규정에 따라 준용되는 제15조제3항, 제39조제5항·제60조·제62조, 제64조부터 제66조까지, 제73조제2항제2호·제3호 및 제95조제1항의 위반행위를 제외한다)는 범칙자로 인정되는 사람에 대하여는 이유를 명시한 범칙금납부통고서로 범칙금을 납부할 것을 통고할 수 있다.

「도로교통법 시행령 제93조 (범칙행위의 범위와 범칙금액)」
법 제162조에 따른 범칙행위의 구체적인 범위와 범칙금액은 [별표 7] 및 별표 8과 같다.

범칙행위	해당 법조문 (도로교통법)	차량종류별 범칙금액	
59. 최저속도위반	제17조 제3항	○승용자동차등	2만원
60. 일반도로 안전거리미확보	제19조 제1항	○이륜자동차등	1만원
61. 삭 제			
62. 등화점등·조작불이행(안개, 강우 또는 강설 때는 제외한다)	제37조 제1호, 제3호		
63. 삭 제			
64. 불법부착장치차 운전	제49조 제1항 제4호		
65. 택시의 합승(장기 주·정차하여 승객을 유치하는 경우에 한한다)·승차거부·부당요금 징수행위	제50조 제6항		
66. 고속도로·자동차전용도로 운전자 특별준수사항 위반	제67조 제2항		

「자동차관리법 제3조(자동차의 종류)」
① 자동차는 자동차의 크기·구조, 원동기의 종류, 총배기량 또는 정격출력 등 국토해양부령으로 정하는 구분기준에 따라 승용자동차, 승합자동차, 화물자동차, 특수자동차 및 이륜자동차로 구분한다.
② 제1항에 따른 자동차의 종류는 국토해양부령으로 정하는 바에 따라 세분할 수 있다.

주요쟁점

- ✦ 범칙금
- ✦ 승차거부행위
- ✦ 법규명령 형식의 행정규칙
- ✦ 확정판결에 준하는 효력
- ✦ 즉결심판
- ✦ 도로교통법
- ✦ 항고소송의 대상

Ⅰ. 범칙금통고처분의 적법성 여부 [설문 (1)의 해결]

1. 문제점

사업용승용자동차의 운전자는 합승행위 또는 승차거부를 하거나 신고한 요금을 초과하는 요금을 받아서는 아니된다(도로교통법 50⑥). 사안에서 A는 사업용승용자동차인 택시의 운전자로서 승차거부행위를 하였다. 도로교통법 시행령 제93조 [별표 7]에 의하면 승차거부행위에 대한 범칙금은 2만원에 해당된다. 그런데 동대문경찰서장은 A의 승차거부라는 범칙행위에 대하여 2만원이 아닌 3만원을 부과하는 통고처분을 하였다.

동대문경찰서장의 범칙금통고처분 근거는 대통령령인 시행령에 규정되어 있다는 점에서 형식적으로는 법규명령으로 제정되어 있지만, 내용적으로는 행정기관 내부의 사무처리기준이라는 행정규칙의 성격을 갖고 있다. 범칙금부과처분의 위법성을 판단함에 있어서 이와 같이 '법규명령의 형식을 취하는 행정규칙'이 그 형식과 같이 법규명령에 해당하는지, 그 실질적인 내용과 같이 행정규칙에 해당하는지를 검토하고 그에 따른 처분의 위법성을 검토하여야 한다.

2. 법규명령 형식의 행정규칙의 법적 성질

가. 학 설

(1) 형식적 기준설 (법규명령설)

종래에는 법규를 개인의 자유와 재산에 관한 사항을 정한 규범으로 보았지만, 오늘날은 법규는 그 내용이 어떠한 것이든 국민과 국가를 다 같이 구속할 수 있는 일반적 구속력을 가진 규범으로 본다. 따라서 법규명령 가운데는 행정조직 내부에서만 효력을 가지는 것이 있는 반면에, 재량준칙과 같은 훈령적인 사항이라도 그것이 일단 법규명령으로 정해지게 되면, 실질적 의미의 법률로서의 성질을 가지게 된다고 한다. 이 견해에서 대외적 구속력을 갖는다는 의미는 처분을 함에 있어서 당해 대통령령이나 부령이 정한 행정처분기준에 따라야 하며, 법원도 그 처분의 적법 여부를 그 처분기준에 따라 판단하여야 한다는 것이다.

(2) 실질적 기준설 (행정규칙설)

처분기준의 실질적 내용이 행정조직내부에서만 효력을 갖는 것일 때에는, 비록 법규명령의 형식을 취하더라도 국민에 대한 구속력을 갖지 못하고 행정규칙으로서의 성질을 갖는다고 한다. 국민에 대하여 구속력을 갖지 못한다는 것은, 그 규칙의 내용과 성질이 행정청 내의 사무처리준칙을 규정한 것이기 때문에 행정조직 내부에서 행정기관을 구속함에 그치고, 대외적으로 국민이나 법원을 구속하는 것이 아니라는 것이다. 그러므로 당해 처분이 그 규칙에 위배될지라도 위법의 문제는 생기지 아니하고, 그 처분의 적법 여부는 관계 법령의 규정 및 취지에 적합한지의 여부에 따라 판단하게 된다.

(3) 수권여부기준설

법령의 수권을 받아 제정된 대통령령 · 총리령 · 부령은 법규명령이고, 법령의 수권이 없이 제정된 대통령령 · 총리령 · 부령은 행정규칙이라는 견해이다. 법규명령을 법령의 수권에 근거하여 제정되는 명령으로 이해하면서 행정사무처리기준 등과 같은 행정내부적인 사항(행정규칙사항)일지라도 법령의 위임을 받아 제정되었다면 법규명령으로, 법령의 위임이 없이 제정되었다면 행정규칙으로 본다.

(4) 소 결

대통령령이나 총리령 · 부령은 모두 헌법에서 인정한 법규범이며, 법률 또는 상위명령에서 위임한 사항이나 집행을 위하여 필요한 사항을 정하는 법규명령에 해당된다. 따라서 법규명령은 법률이나 마찬가지로 그 내용이 개인의 자유와 재산에 관한 사항을 정한 것인지의 여부와 관계없이 대국민적(일반적) 구속력을 가질 수 있다는 점에서, 법규의 형식을 취하는 행정규칙 역시 법규명령으로 보아야 할 것이다.

나. 판 례

(1) 대통령령과 부령의 구별

판례는 법규의 형식이 대통령령인 경우에는 법규명령으로 보고, 법규의 형식이 부령인 경우에는 행정규칙으로 본다. 그러나 부령 형식의 행정규칙의 내용도 워낙 다양하여 위와 같은 판례의 분류 기준대로 해석되는 것은 아니다.

(2) 법규명령으로 본 판례

대통령령인 주택건설촉진법 시행령으로 정하여진 행정처분기준에 대하여 법규명령이라고 판시하였다. 주택건설촉진법 시행령 제10조의3 제1항 [별표 I]은 주택건설촉진법 제7조 제2항의 위임규정에 터잡은 규정형식상 대통령령이므로 그 성질이 부령인 시행규칙이나 또는 지방자치단체의 규칙과 같이 통상적으로 행정조직 내부에 있어서의 행정명령에 지나지 않는 것이 아니라 대외적으로 국민이나 법원을 구속하는 힘이 있는 법규명령에 해당한다고 보았다(대법원 1997.12.26. 선고 97누15418 판결).

최근 판결에서는, 구 청소년보호법(1999. 2. 5. 법률 제5817호로 개정되기 전의 것) 제49조 제1항, 제2항에 따른 같은법시행령(1999. 6. 30. 대통령령 제16461호로 개정되기 전의 것) 제40조 [별표 6]의 위반행위의종별에따른과징금처분기준은 법규명령이기는 하나 사안에 따라 적정한 과징금의 액수를 정하여야 할 것이므로 그 수액은 정액이 아니라 최고한도액이다(대법원 2001.3.9. 선고 99두5207 판결)라고 하여 재량권 행사의 여지를 인정하고 있다.

(3) 행정규칙으로 본 판례

(가) 규정형식상 부령인 시행규칙으로 정해진 제재적 처분의 기준은 그 규정의 성질과 내용이 행정청 내의 사무처리기준에 불과하므로 행정규칙의 성질을 가지며, 대외적으로 국민이나 법원을 구속하는 것은 아니라고 한다. 따라서 처분의 적법여부 역시 당해 시행규칙을 기준으로 판단하지 않고, 그 시행규칙의 상위법령 규정에 적합한 것인지 여부를 기준으로 한다.

(나) 부령인 행정규칙을 기본적으로 행정규칙으로 보면서도 평등원칙을 매개규범으로 하여 간접적으로 법규적 효력을 인정한 판례도 있다. 식품위생법시행규칙 제53조에 따른 별표 15의 행정처분기준은 행정기관 내부의 사무처리준칙을 규정한 것에 불과하기는 하지만 규칙 제53조 단서의 식품 등의 수급정책 및 국민보건에 중대한 영향을 미치는 특별한 사유가 없는 한 행정청은 당해 위반사항에 대하여 위 처분기준에 따라 행정처분을 함이 보통이라 할 것이므로, 행정청이 이러한 처분기준을 따르지 아니하고 특정한 개인에 대하여만 위 처분기준을 과도하게 초과하는 처분을 한 경우에는 재량권의 한계를 일탈하였다고 볼 만한 여지가 충분하다(대법원 1993.6.29. 선고 93누5635 판결).

(다) 부령인 시행규칙 형식으로 정하여져 있을지라도 그로 인한 처분이 개인에게 수익적 처분인 특허나, 침해적 처분인 운전면허정지와 같은 처분기준은 법규명령의 성질을 갖는다고 한다. 구 여객자동차운수사업법 시행규칙(2000. 8. 23. 건설

교통부령 제259호로 개정되기 전의 것) 제31조 제2항 제1호, 제2호, 제6호는 구 여객자동차 운수사업법(2000. 1. 28. 법률 제6240호로 개정되기 전의 것) 제11조 제4항의 위임에 따라 시외버스운송사업의 사업계획변경에 관한 절차, 인가기준 등을 구체적으로 규정한 것으로서, 대외적인 구속력이 있는 법규명령이라고 할 것이고, 그것을 행정청 내부의 사무처리준칙을 규정한 행정규칙에 불과하다고 할 수는 없다(대법원 2006.6.27. 선고 2003두4355 판결).

다. 소 결

(1) 형식적 기준설 (법규명령설)

대통령령이나 총리령 및 부령은 모두 헌법에서 인정한 법규범이며, 법률이나 상위명령에서 위임한 사항이나 집행을 위하여 필요한 사항을 정하는 법규명령이다. 따라서 법규명령은 법률과 같이 그 내용이 개인의 자유와 재산에 관한 사항을 정한 것인지의 여부와 관계없이 대 국민적 구속력을 가질 수 있다는 점에서, 법규의 형식을 취하는 행정규칙 역시 법규명령으로 보아야 할 것이다.

(2) 판례에 대한 비판

판례는 대통령령인 경우와 부령인 경우를 달리 보고 있다. 그러나 대통령령이나 부령 모두 헌법에 근거를 두고 있으며, 다 같이 법률에서 위임된 사항이나 집행을 위하여 필요한 사항을 정하는 법규명령이라는 점에서 양자를 구별하여야 할 합리적인 근거가 없다. 대통령령의 경우에는 국무회의의 심의를 거쳐 대통령이 발하고, 부령의 경우에는 국무회의의 심의를 거치지 않고 행정각부의 장관이 발하나, 그것은 양자를 질적으로 구별할 근거가 될 수 없다.

3. 사안의 해결

가. 학설에 따른 결론

법규명령설과 수권행위기준설은 A에 대한 이 사건 처분기준은 외형상 법규명령 형식(도로교통법 시행령)을 갖고 있으며, 그 처분기준은 상위법령의 수권에 의하여 제정된 것이므로 모두 법규명령에 해당된다고 할 수 있다. 반면, 처분기준의 실질적인 내용을 기준으로 판단하는 실질적 기준설에서는 행정규칙이라고 한다. 따라서 동대문경찰서장이 A에 대한 승차거부행위에 대한 처분기준인 2만원을 부과하지 않고 3만원을 부과한 행위는 법규명령에 위반한 위법한 처분에 해당된다.

나. 판례에 따른 결론

판례는 법규의 형식이 시행령인 경우에는 법규명령으로 보기 때문에 이 사건 범칙금부과 통고처분기준은 시행령에 규정되어 있어 법규명령에 해당된다. 따라서 위 처분기준은 처분을 하는 동대문경찰서장뿐만 아니라 대외적으로도 구속력이 있어 법원도 구속하게 된다. 따라서 동대문경찰서장은 A에 대하여 범칙금부과처분을 함에 있어 위 [별표 7]처분기준에 따라 2만원의 범칙금을 부과하여야 함에도 이를 위반한 것은 위법한 처분이라 하겠다.

다. 범칙금 액수의 법적 성격

도로교통법 시행령 제93조 [별표 7] 범칙금 액수는 그 금액을 초과하여 부과할 수 없다는 상한으로서의 성격을 가진다고 할 것이다. 판례는 과징금부과처분기준이 정하는 과징금 액수는 정액이 아니라 그 금액을 초과할 수 없다는 최고한도액으로서의 의미를 가진다고 한 바 있는데, 이 사건의 범칙금에 대하여서도 같이 해석할 수 있다.

기본구조

범칙금통고처분의 적법성 여부 [설문 (1)의 해결]

1. 문제점
2. 법규명령 형식의 행정규칙의 법적 성질
   가. 학 설
   (1) 형식적 기준설(법규명령설)
   (2) 실질적 기준설(행정규칙설)
   (3) 수권여부기준설
   (4) 소 결
   나. 판 례
   (1) 대통령령과 부령의 구별
   (2) 법규명령으로 본 판례
   (3) 행정규칙으로 본 판례
   다. 소 결
   (1) 형식적 기준설(법규명령설)
   (2) 판례비판
3. 사안의 해결
   가. 학설에 따른 결론
   나. 판례에 따른 결론
   다. 범칙금 액수의 법적 성격

Ⅱ. 통고처분의 취소를 구하는 행정소송의 적법 여부 [설문 (2)의 해결]

1. 문제점

A가 택시운전자로서 승차거부행위를 한 것은 도로교통법 제162조 제1항이 정하는 '범칙행위'에 해당된다. 범칙행위의 구체적인 범위와 범칙금액은 도로교통법 시행령 제93조 [별표 7]이 특정되어 있다. 범칙자로 인정되는 사람에 대하여는 이유를 명시한 범칙금납부통고서로 범칙금을 납부할 것을 통고할 수 있다(도로교통법 163①). 사안의 경우 A는 범칙금을 통고받고 그에 불복하여 범칙금부과처분의 취소를 구하는 행정소송을 제기하였는데, 과연 A의 소는 적법한 것인지 통고처분 제도와 관련하여 살펴보기로 한다.

2. 통고처분

가. 개 념

일정한 위법행위의 범법자에게 범칙금이라는 금액을 납부하도록 하고, 범칙자가 그 범칙금을 납부하면 처벌이 종료되는 과형절차를 통고처분이라고 한다. 통고처분은 현행법상 조세범(조세범처벌절차법)·관세범(관세법)·출입국관리사범(출입국관리법)·교통사범(도로교통법) 등에 대하여 인정된다.

이러한 통고처분이 적법절차원칙이나 재판청구권 등을 침해하는 것은 아닌지 문제된다. 그러나 헌법재판소는 이에 대하여, 통고처분에 따르지 않고자 하는 당사자에게는 정식재판의 절차가 보장되어 있으며 형벌의 비범죄화 정신에 접근하는 제도임을 이유로, 통고처분 제도의 근거규정인 도로교통법 제118조(현재 163①) 본문이 적법절차원칙이나 사법권을 법원에 둔 권력분립원칙에 위배된다거나 재판청구권을 침해하는 것이라 할 수 없다(헌재 2003.10.30. 2002헌마275)고 하였다.

나. 취 지

통고처분은 법규위반자의 입장에서는 범칙금만 납부하면 형사소추를 면할 수 있기 때문에 간편하고 신속하게 형사절차로부터 해방될 수 있고, 검찰 및 법원의 과중한 업무 부담을 줄일 수 있다. 따라서 빈번하게 발생하는 위법행위의 범법자에게는 범칙금을 납부하도록 하여 심리적 불안과 시간과 비용의 소모를 방지하게 하고, 행정청에게는 전문성을 가진 행정공무원에 의한 행정목적을 기술적·효율적으로 달성하는데 기여한다.

다. 효과

범칙금의 통고를 받고 납부기간 내에 그 범칙금을 납부한 경우 범칙금의 납부에 확정판결에 준하는 효력이 인정된다. 범칙금의 납부에 따라 확정판결에 준하는 효력이 인정되는 범위는, 범칙금 통고의 이유에 기재된 당해 범칙행위 자체 및 그 범칙행위와 동일성이 인정되는 범칙행위에 한정된다(대법원 2011.4.28. 선고 2009도12249 판결). 범칙금의 통고를 받고 납부기간 내에 그 범칙금을 납부한 경우 범칙금의 납부에 확정판결에 준하는 효력이 인정됨에 따라 다시 벌 받지 아니하게 되는 행위사실은 '범칙금 통고의 이유에 기재된 당해 범칙행위 자체 및 그 범칙행위와 동일성이 인정되는 범칙행위'에 한정된다고 해석하는 것이 판례의 입장이다. 그러므로 범칙행위와 같은 때, 같은 곳에서 이루어진 행위라 하더라도 '범칙행위와 별개의 형사범죄행위'에 대하여는 범칙금의 납부로 인한 불처벌의 효력이 미치지 아니한다(대법원 2007.4.12. 선고 2006도4322 판결).

3. 통고처분의 법적 성질

가. 학설

통고처분의 법적 성질에 관하여 견해가 대립한다. ① 상대방의 임의적 협력을 요건으로 하며 과벌절차의 하나로서 그 법정기간이 지나면 당연히 효력을 상실함을 이유로 독자적 행위가 아니라고 보는 견해와, ② 통고처분은 행정기관에 의한 금전부과행위이며 납부한 범칙금의 근거가 되므로, 법정기간 내에 납부하지 않는 것을 해제조건으로 하는 행정행위로 보는 견해가 있다.

나. 판례

판례는 경찰서장의 통고처분은 행정소송의 대상이 되는 행정처분이 아니므로 그 처분의 취소를 구하는 소송은 부적법하고, 통고처분을 받은 자가 그 처분에 대하여 이의가 있는 경우에는 통고처분에 따른 범칙금의 납부를 이행하지 아니함으로써 경찰서장의 즉결심판청구에 의하여 법원의 심판을 받을 수 있게 될 뿐이라고 하여 통고처분을 행정소송법상 처분으로 파악하지 않는다.

다. 소결

통고처분에 이의가 있으면 형사재판절차에서 그 위법·부당을 다툴 수 있으므로 경찰서장의 통고처분은 행정소송의 대상이 되는 행정처분이 아니라고 할 것이다.

4. 사안의 해결

가. 통고처분에 대한 불복방법

범칙금통고처분에 대하여 불복이 있을 때는 즉결심판절차에서 그 당부를 다투어 가릴 수 있는 것이므로, 그 권리구제를 위하여 보다 직접적인 다른 쟁송수단이 인정되는 경우에는 항고소송을 제기할 소의 이익이 없다.

경찰서장은 납부기간 이내에 범칙금을 납부하지 아니한 사람에 대하여 지체 없이 즉결심판을 청구하여야 한다(도로교통법 165①). 통고처분에 대하여 이의가 있으면 통고내용을 이행하지 않음으로써 고발되어 형사재판절차에서 통고처분의 위법·부당함을 얼마든지 다툴 수 있다(헌재 1998.5.28. 96헌바4). 그러므로 도로교통법이 규정하는 경찰서장의 통고처분은 행정소송의 대상이 되는 행정처분이 아니므로 그 처분의 취소를 구하는 소송은 부적법하고, 도로교통법상의 통고처분을 받은 자가 그 처분에 대하여 이의가 있는 경우에는 통고처분에 따른 범칙금의 납부를 이행하지 아니함으로써 경찰서장의 즉결심판청구에 의하여 법원의 심판을 받을 수 있게 될 뿐이다(대법원 1995.6.29. 선고 95누4674 판결). 따라서 A의 통고처분의 취소를 구하는 소는 부적법하여 각하된다.

나. 즉결심판에서 범칙금액의 조정

A가 범칙금 액수에 불복하여 범칙금을 납부하지 않으면 경찰서장은 즉결심판을 청구하게 될 것이므로, A는 바로 그 형사재판절차에서 범칙금액수가 처분기준보다 과다하여 위법하다는 주장을 할 수 있다. 그러면 법원에서 A에 대한 범칙금을 감액하게 될 것이다.

기본구조

통고처분의 취소를 구하는 행정소송의 적법 여부 [설문 (2)의 해결]

1. 문제점

2. 통고처분
   가. 개념
   나. 취지
   다. 효과

3. 통고처분의 법적 성질
   가. 학설
   나. 판례

4. 사안의 해결
   가. 통고처분에 대한 불복방법
   나. 즉결심판에서 범칙금액의 조정

I. 설문(1)의 해결 – 범칙금통고처분의 적법성 여부

1. 문제점

A는 택시 운전자로서 승차거부행위를 하였는데, 도로교통법 시행령 제93조 [별표 7]에 의하면 승차거부행위에 대한 범칙금은 2만원에 해당된다. 그런데 동대문경찰서장은 A의 승차거부라는 범칙행위에 대하여 법령과 달리 3만원을 부과하는 통고처분을 하였다.

범칙금 통고처분의 근거는 대통령령인 시행령에 규정되어 있다는 점에서 형식적으로는 법규명령으로 제정되어 있지만, 내용적으로는 행정기관 내부의 사무처리기준이라는 행정규칙의 성격을 갖고 있다. 범칙금부과처분의 위법성을 판단함에 있어서 이와 같이 '법규명령의 형식을 취하는 행정규칙'의 법적성질을 규명하고, 그에 따른 처분의 위법성을 검토하여야 한다.

2. 법규명령 형식의 행정규칙의 법적 성질

가. 학설

(1) 형식적 기준설 (법규명령설)

오늘날은 법규는 그 내용이 어떠한 것이든 일반적 구속력을 가진 규범으로 본다. 따라서 재량준칙과 같은 훈령적인 사항이라도 그것이 일단 법규명령으로 정해지게 되면, 실질적 의미의 법률로서의 성질을 가지게 된다고 한다. 행정청은 처분을 함에 있어서 그 기준에 따라야 하며, 법원도 그 처분의 적법여부를 그 처분기준에 따라 판단하여야 한다는 것이다.

(2) 실질적 기준설 (행정규칙설)

처분기준의 실질적 내용이 행정조직내부에서만 효력을 갖는 것일 때에는, 비록 법규명령의 형식을 취하더라도 국민에 대한 구속력을 갖지 못하고 행정규칙으로서의 성질을 갖는다고 한다. 그러므로 당해 처분이 그 규정에 위배될지라도 위법의 문제는 생기지 아니하고, 그 처분의 적법 여부는 관계 법령의 규정 및 취지에 적합한지의 여부에 따라 판단하게 된다.

(3) 수권여부기준설

법규명령을 법령의 수권에 근거하여 제정되는 명령으로 이해하면서 행정사무처리기준 등과 같은 행정내부적인 사항(행정규칙사항)일지라도 법령의 위임을 받아 제정되었다면 법규명령으로, 법령의 위임이 없이 제정되었다면 행정규칙으로 본다.

나. 판례의 태도

판례는 법규의 형식이 대통령령인 경우에는 법규명령으로 보고, 법규의 형식이 부령인 경우에는 행정규칙으로 본다. 그러나 부령 형식의 행정규칙의 내용도 워낙 다양하여 위와 같은 판례의 분류 기준대로 해석되는 것은 아니다.

우선 대통령령으로 정해진 경우에는 법규명령으로 파악하고 있으나, 최근 (구)청소년보호법의 과징금처분기준은 법규명령이긴 하나 그 수액은 최고한도액이라고 하여 재량권행사의 여지를 인정하고 있다.

그리고 부령의 형식인 경우에도 평등원칙을 매개로 하여 간접적으로 법규적 효력을 인정하고 있으며, 부령의 형식이라고 하여도 제재적 처분기준을 정한 것 이외의 경우에 법규적 효력을 인정하는 경우도 있다.

다. 소결

(1) 대통령령이나 총리령 및 부령은 모두 헌법에서 인정한 법규범이며, 법률이나 상위명령에서 위임한 사항이나 집행을 위하여 필요한 사항을 정하는 법규명령이다. 따라서 법규명령은 법률과 같이 그 내용이 개인의 자유와 재산에 관한 사항을 정한 것인지 여부와 관계없이 대국민적 구속력을 가질 수 있다는 점에서, 법규의 형식을 취하는 행정규칙 역시 법규명령으로 보아야 할 것이다.

(2) 판례는 대통령령인 경우와 부령인 경우를 달리 보고 있다. 그러나 대통령령이나 부령 모두 헌법에 근거를 두고 있으며, 다 같이 법률에서 위임된 사항이나 집행을 위하여 필요한 사항을 정하는 법규명령이라는 점에서 양자를 구별하여야 할 합리적인 근거가 없다. 대통령령의 경우에는 국무회의의 심의를 거쳐 대통령이 발하고, 부령의 경우에는 국무회의의 심의를 거치지 않고 행정각부의 장관이 발하나, 그것은 양자를 질적으로 구별할 근거가 될 수 없다.

3. 사안의 해결

가. 학설에 의한 결론

(1) 법규명령설과 수권행위기준설

위 견해에 의하면 A에 대한 이 사건 처분기준은 외형상 법규명령 형식을 갖고 있으며, 그 처분기준은 상위법령의 수권에 의하여 제정된 것이므로 법규명령에 해당된다. 따라서 동대문경찰서장이 A에 대한 승차거부행위에 대한 시행령상의 처분기준인 2만원을 부과하지 않고 3만원을 부과한 행위는 법규명령에 위반한 위법한 처분에 해당된다.

(2) 행정규칙설

그러나 행정규칙설에 의하면 위 규정은 대외적 구속력이 없으므로, 이를 어긴 것 자체로 범칙금의 부과행위가 곧바로 위법하게 되는 것은 아니다.

결국 그 처분의 위법성여부는 근거법령의 해석 및 재량권행사의 일탈 및 남용이 있는지 여부에 따라서 결정되게 된다.

나. 판례에 의한 결론

이 사건 범칙금부과 통고처분기준은 시행령에 규정되어 있어 법규명령에 해당된다. 따라서 동대문경찰서장은 A에 대하여 범칙금부과처분을 함에 있어 위 [별표 7]처분기준에 따라 2만원의 범칙금을 부과하여야 함에도 이를 위반한 것은 위법한 처분이라 하겠다.

II. 설문(2)의 해결 – 통고처분의 취소를 구하는 행정소송의 적법여부

1. 문제점

A의 승차거부행위는 도로교통법 제162조 제1항이 정하는 '범칙행위'에 해당된다. 범칙자로 인정되는 사람에 대하여는 이유를 명시한 범칙금납부통고서로 범칙금을 납부할 것을 통고할 수 있다(도로교통법 163①). 사안의 경우 A는 범칙금을 통고받고 그에 불복하여 범칙금부과처분의 취소를 구하는 행정소송을 제기하였는데, 과연 A의 소는 적법한 것인지 통고처분 제도와 관련하여 살펴보기로 한다.

2. 통고처분

가. 의의

일정한 위법행위의 범법자에게 범칙금이라는 금액을 납부하도록 하고, 범칙자가 그 범칙금을 납부하면 처벌이 종료되는 과형절차를 통고처분이라고 한다. 통고처분은 현행법상 조세범(조세범처벌절차법)·관세범(관세법)·출입국관리사범(출입국관리법)·교통사범(도로교통법) 등에 대하여 인정된다.

나. 취지

통고처분은 법규위반자의 입장에서는 범칙금만 납부하면 형사소추를 면할 수 있기 때문에 간편하고 신속하게 형사절차로부터 해방될 수 있고, 검찰 및 법원의 과중한 업무 부담을 줄일 수 있다. 따라서 빈번하게 발생하는 위법행위의 범법자에게는 범칙금을 납부하도록 하여 심리적 불안과 시간과 비용의 소모를 방지하게 하고, 행정청에게는 전문성을 가진 행정공무원에 의한 행정목적을 기술적·효율적으로 달성하는데 기여한다.

다. 효과

범칙금의 통고를 받고 납부기간 내에 그 범칙금을 납부한 경우 범칙금의 납부에 확정판결에 준하는 효력이 인정된다. 범칙금의 납부에 따라 확정판결에 준하는 효력이 인정되는 범위는, 범칙금 통고의 이유에 기재된 당해 범칙행위 자체 및 그 범칙행위와 동일성이 인정되는 범칙행위에 한정된다.

따라서 범칙금의 통고를 받고 납부기간 내에 그 범칙금을 납부한 경우 범칙금의 납부에 확정판결에 준하는 효력이 인정됨에 따라 다시 벌 받지 아니하게 되는 행위사실은 '범칙금 통고의 이유에 기재된 당해 범칙행위 자체 및 그 범칙행위와 동일성이 인정되는 범칙행위'에 한정된다고 해석하는 것이 판례의 입장이다. 그러므로 범칙행위와 같은 때, 같은 곳에서 이루어진 행위라 하더라도 '범칙행위와 별개의 형사범죄행위'에 대하여는 범칙금의 납부로 인한 불처벌의 효력이 미치지 아니한다.

3. 통고처분의 법적 성질

통고처분이 행정행위에 해당하는지 논의가 있다. 행정소송법상 처분개념에 해당하여야만 통고처분에 대하여 항고소송을 제기할 수 있기 때문이다.

가. 학설

① 상대방의 임의적 협력을 요건으로 하며 과벌절차의 하나로서 그 법정기간이 지나면 당연히 효력을 상실함을 이유로 독자적 행위가 아니라고 보는 견해와, ② 통고처분은 행정기관에 의한 금전부과행위이며 납부한 범칙금의 근거가 되므로, 법정기간 내에 납부하지 않는 것을 해제조건으로 하는 행정행위로 보는 견해가 있다.

나. 판례

판례는 경찰서장의 통고처분은 행정소송의 대상이 되는 행정처분이 아니므로 그 처분의 취소를 구하는 소송은 부적법하고, 통고처분을 받은 자가 그 처분에 대하여 이의가 있는 경우에는 통고처분에 따른 범칙금의 납부를 이행하지 아니함으로써 경찰서장의 즉결심판청구에 의하여 법원의 심판을 받을 수 있게 될 뿐이라고 하여 통고처분을 행정소송법상 처분으로 인정하지 않는다.

다. 소결

통고처분에 이의가 있으면 형사재판절차에서 그 위법·부당을 다툴 수 있으므로 경찰서장의 통고처분은 행정소송의 대상이 되는 행정처분이 아니라고 할 것이다.

4. 사안의 해결

경찰서장은 납부기간 이내에 범칙금을 납부하지 아니한 사람에 대하여 지체 없이 즉결심판을 청구하여야 한다(도로교통법 165①). 통고처분에 대하여 이의가 있으면 통고내용을 이행하지 않음으로써 고발되어 형사재판절차에서 통고처분의 위법·부당함을 얼마든지 다툴 수 있으므로, 경찰서장의 통고처분은 행정소송의 대상이 되는 행정처분이 아니다. 따라서 그 처분의 취소를 구하는 소송은 부적법하므로 A의 통고처분의 취소를 구하는 소는 각하된다.

[21] 과태료 부과처분의 이의제도

> A는 서울특별시 종로구 명륜동에 소재한 건축물의 소유자이다. 건축법은 건축물의 소유자나 관리자가 건축물을 철거하려면 철거를 하기 전에 특별자치도지사 또는 시장·군수·구청장에게 신고하도록 규정하고 있다. 그런데 A는 건물철거시에는 행정관청에 신고를 해야 한다는 것을 알면서도, 낡은 건물을 소유자가 철거하는 것은 괜찮을 것으로 가볍게 생각한 나머지 신고를 하지 않고 건축물을 철거하였다.
>
> 서울특별시 종로구청장은 2011. 8. 3. A에게 건축법에 위반하여 건축물을 철거하였다는 이유로 법정절차를 거쳐 과태료 20만원을 부과하였다.

(1) 서울특별시 종로구청장이 A에게 과태료 20만원을 부과한 것은 그 부과요건에 적합한 것인가. (15점)

(2) A는 종로구청장의 과태료 부과에 불복하여 곧바로 과태료 부과처분의 취소를 구하는 행정소송을 제기하였는데, 승소할 수 있겠는가. 20점)

(3) 종로구청장은 A가 과태료를 납부하지 않을 때 취할 수 있는 법률상 수단은 무엇인가. (15점)

참고법령

「건축법」

제36조(건축물의 철거 등의 신고)
① 건축물의 소유자나 관리자는 건축물을 철거하려면 철거를 하기 전에 특별자치도지사 또는 시장·군수·구청장에게 신고하여야 한다.

제113조(과태료)
② 다음 각 호의 어느 하나에 해당하는 자에게는 30만원 이하의 과태료를 부과한다.
  3. 제36조제1항에 따른 신고를 하지 아니한 자
③ 제1항 및 제2항에 따른 과태료는 대통령령으로 정하는 바에 따라 국토해양부장관, 시·도지사 또는 시장·군수·구청장이 부과·징수한다. 〈개정 2009.2.6〉

주요쟁점

- 과태료
- 질서위반행위
- 질서위반행위의 성립요건
- 과태료 부과처분의 불복방법
- 과태료 납부의 실효성 확보수단
- 과태료 감경제도
- 가산금 · 중가산금
- 체납처분
- 관허사업의 제한
- 고액 · 상습체납자
- 신용정보의 제공
- 감치제도

Ⅰ. 과태료 부과처분의 적법성 여부 [설문 (1)의 해결]

1. 문제점

A는 건축물의 소유자로서 건축물을 철거하려면 철거를 하기 전에 서울특별시 종로구청장에게 신고하여야 하는 건축법 제36조 제1항을 위반하였다. 그로 인하여 종로구청장은 A에게 위 법률상의 의무위반에 대한 제재로서 과태료 20만원을 부과하였다. 종로구청장의 과태료 부과처분이 적법하기 위해서는 과태료 부과 근거 법률인 건축법과 질서위반행위규제법이 정하는 요건과 절차를 준수하였어야 하므로, 이 점을 살펴볼 필요가 있다.

2. 질서위반행위의 의의

가. 행정벌의 일종으로서의 행정질서벌

행정법상의 의무위반행위에 대하여 일반통치권에 근거하여 일반 사인에게 제재로서 과하는 처벌을 행정벌이라고 한다. 행정벌은 ① 형법에 형명(사형, 징역, 금고, 자격상실, 자격정지, 벌금, 구류, 과료, 몰수)이 있는 벌칙(형법 41)이 과하여지는 행정형벌과 ② 형법에 없는 과태료가 과하여지는 행정질서벌로 구분된다. 행정질서벌은 질서위반행위를 한 자연인 또는 법인(법인이 아닌 사단 또는 재단으로서 대표자 또는 관리인이 있는 것을 포함한다)에게 부과된다(질서위반행위규제법 2(2)).

나. 질서위반행위의 개념

질서위반행위란 법률(지방자치단체의 조례를 포함한다)상의 의무를 위반하여 과태료에 처하는 행위를 말한다(질서위반행위규제법 2(1)).14) 여기서 '법률'이란 질서위반행위를 규정한 형식적 의미의 법률과 조례를 포함한다. 그리고 '법률상의 의무'란 행정목적의 달성에 장해를 미칠 위험성이 있는 행위 또는 행정목적을 직접 침해하는 행위라도 그 침해의 정도가 비교적 경미하여 과태료의 처벌로써 충분히 제재목적을 달성할 수 있는 행위로 규정하고 있는 의무규정을 말한다.

다. 질서위반행위법정주의

법률에 따르지 아니하고는 어떤 행위도 질서위반행위로 과태료를 부과하지 아니한다(동법 6). 이를 질서위반행위법정주의라고 한다. 여기서 '법률'은 행위시의 법률을 말한다. 질서위반행위규제법은 시적 적용범위에 관하여 질서위반행위의 성립과 과태료 처분은 행위시의 법률에 따른다(동법 3①)고 하여 소급입법에 의한 처벌을 금지하고 있다.

3. 질서위반행위의 성립요건과 부과절차

가. 고의 또는 과실의 존재

(1) 종래의 학설과 판례의 태도

종래의 다수설은 과태료는 행정상의 질서를 확보하기 위하는데 목적이 있으므로 객관적인 행정법규 위반사실만 있으면 과태료를 과할 수 있고, 행위자의 주관적 요건인 고의 또는 과실은 필요하지 않다고 하였다.

판례도 다수설과 동일하다.15) 행정법규 위반에 대하여 가하는 제재조치는 행정목적의 달성을 위하여 행정법규 위반이라는 객관적 사실에 착안하여 가하는 제재이므로 위반자의 의무 해태를 탓할 수 없는 정당한 사유가 있는 등의 특별한 사

---

14) 다만, 다음 각 목의 어느 하나에 해당하는 행위를 제외한다(질서위반행위규제법 2(1) 단서).
　가. 대통령령으로 정하는 사법(私法)상·소송법상 의무를 위반하여 과태료를 부과하는 행위
　나. 대통령령으로 정하는 법률에 따른 징계사유에 해당하여 과태료를 부과하는 행위
15) **과태료와 같은 행정질서벌을 부과하기 위하여는 위반자의 고의·과실을 요하는지 여부(소극)**
　과태료와 같은 행정질서벌은 행정질서유지를 위한 의무의 위반이라는 객관적 사실에 대하여 과하는 제재이므로 반드시 현실적인 행위자가 아니라도 법령상 책임자로 규정된 자에게 부과되고 원칙적으로 위반자의 고의·과실을 요하지 아니하나, 위반자가 그 의무를 알지 못하는 것이 무리가 아니었다고 할 수 있어 그것을 정당시할 수 있는 사정이 있을 때 또는 그 의무의 이행을 그 당사자에게 기대하는 것이 무리라고 하는 사정이 있을 때 등 그 의무 해태를 탓할 수 없는 정당한 사유가 있는 때에는 이를 부과할 수 없다(대법원 2000. 5. 26. 선고 98두5972 판결【과태료등부과처분취소】).

정이 없는 한 위반자에게 고의나 과실이 없다고 하더라도 부과될 수 있다(대법원 2003.9.2. 선고 2002두5177 판결)고 보았다.

(2) 질서위반행위규제법의 규정

개별 법령에서 통일되지 못하고 있던 과태료의 부과·징수 절차를 일원화하며, 국민의 권익을 보호하기 위하여 2007년 질서위반행위규제법이 제정되었다.

질서위반행위규제법은 종래의 논의를 입법에 의하여 해결하였다. 위 법에 의하면 고의 또는 과실이 없는 질서위반행위는 과태료를 부과하지 아니한다(동법 7). 행정청이 행위자의 고의·과실을 입증하는 것은 행정기관의 업무부담의 과중을 초래한다는 지적도 있었지만, 행위자의 권익보호를 강화하기 위하여 규정하였다.

나. 위법성의 착오

(1) 종래의 통설은 행정질서벌에는 형법 총칙이 적용되지 않는다는 이유로 위법성의 인식을 요하지 않는다고 하였다. 법원 역시 법률의 부지 또는 착오가 있더라도 과태료 사건에서는 처벌을 면할 수 없다고 하였다.

(2) 그러나 자신의 행위가 적법하다고 믿은 데에 대하여 정당한 이유가 있었다고 수긍될 수 있는 경우까지 행위자를 처벌하는 것은 책임주의원칙에 비추어 보아도 의문이다. 그러므로 자신의 행위가 위법하지 아니한 것으로 오인하고 행한 질서위반행위는 그 오인에 정당한 이유가 있는 때에 한하여 과태료를 부과하지 아니한다(동법 8)고 하여 위법성의 착오를 명시하였다.

(3) 판례는 질서위반행위규제법 제정 이전부터 '정당한 사유'라는 개념을 사용하여 위법성의 인식이 존재하지 않음이 명백하게 입증되는 사안에서는 그 책임을 묻지 않음으로써, 사실상 위법성의 인식을 요구하고 있는 것과 같은 결론을 내리고 있었다.

다. 책임조각사유

(1) 책임연령

14세 미만자는 정신적·육체적 성장상태로 보아 형사책임을 지울 수 없다는 형사 정책적인 측면과 과태료와 벌금이 재산적 제재라는 점에서 차이가 없는 점을 고려하여, 형법 제9조와 같이 14세 미만자에 대하여는 과태료를 부과하지 않도록 하였다. 14세가 되지 아니한 자의 질서위반행위는 과태료를 부과하지 아니한다. 다만, 다른 법률에 특별한 규정이 있는 경우에는 그러하지 아니하다(동법 9). 여기서 '다른 법률에 특별한 규정이 있는 경우'로는, 예컨대 관세법은 이 법에 의한 벌칙에 위반되는 행위를 한 자에 대하여는 형법 제9조 등의 규정을 적용하지 아니한다(관세법 278①)고 규정하고 있다. 따라서 14세 미만자가 관세법상의 벌칙에 위반되는 행위를 한 경우에는 과태료를 부과할 수 있다.

(2) 심신장애

㈎ 심신장애로 인하여 행위의 옳고 그름을 판단할 능력이 없거나 그 판단에 따른 행위를 할 능력이 없는 자의 질서위반행위는 과태료를 부과하지 아니한다(동법 10①). 여기서 ① 심신장애로 행위의 옳고 그름을 판단할 능력이란 사물의 변별능력을 말하고, ② 그 판단에 따른 행위를 할 능력이 없는 자란 심신장애로 행위의 옳고 그름에 따라 적법한 행위를 할 수 없는 이른바 적법행위능력이 결여된 상태를 말한다.

㈏ 심신장애로 인하여 제1항에 따른 능력이 미약한 자의 질서위반행위는 과태료를 감경한다(동법 10②). 심신미약자에 대하여 형법에서는 형을 감경하고, 질서위반행위규제법에서는 과태료를 감경하는 필요적 감경사유로 하였다.

㈐ 그러나 스스로 심신장애 상태를 일으켜 질서위반행위를 한 자에 대하여는 제1항 및 제2항을 적용하지 아니한다(동법 10③). 원인에 있어서 자유로운 행위는 책임조각이나 감경을 인정하지 않고 책임능력자의 행위와 동일하게 취급한다.

라. 다수인의 질서위반행위 가담

(1) 단일정범 개념의 도입

2인 이상이 질서위반행위에 가담한 때에는 각자가 질서위반행위를 한 것으로 본다(동법 12①). 여기에서 ① 2인 이상이 질서위반행위에 가담한 때란 2인 이상이 질서위반행위에 가담하여 질서위반행위를 규정한 의무규정을 침해한 경우를 말한다. 다만, 법인의 대표자와 종업원의 관계일 경우에는 질서위반행위규제법 제11조가 적용된다.16) 그리고 ② '각자가 질서위반행위를 한 것으로 본다'는 것은 수인

---

16) 질서위반행위규제법 제11조(법인의 처리 등) ① 법인의 대표자, 법인 또는 개인의 대리인·사용인 및 그 밖의 종업원이 업무에 관하여 법인 또는 그 개인에게 부과된 법률상의 의무를 위반한 때에는 법인 또는 그 개인에게 과태료를 부과한다. ② 제7조부터 제10조까지의 규정

이 질서위반행위를 하여 그 행위의 가담 정도에 차이가 있을지라도 모든 행위자를 정범으로 처벌한다는 것이다.

(2) 신분자와 비신분자가 가담한 경우

㈎ 신분에 의하여 성립하는 질서위반행위에 신분이 없는 자가 가담한 때에는 신분이 없는 자에 대하여서도 질서위반행위가 성립한다(동법 12②). 여기서 신분에 의하여 성립하는 질서위반행위란 진정신분범을 말한다. 신분이 없는 자가 진정신분범과 함께 질서위반행위를 (가담)하였을 때에는 그 자 역시 질서위반행위가 성립된다는 것이다.

㈏ 신분에 의하여 과태료를 감경 또는 가중하거나 과태료를 부과하지 아니하는 때에는 그 신분의 효과는 신분이 없는 자에게는 미치지 아니한다(동법 12③). 여기에서 신분에 의하여 과태료를 감경 또는 가중하거나 과태료를 부과하지 아니하는 때의 신분은 부진정신분범을 말한다. 비신분자는 신분의 효과를 받지 않는다는 것은 통상의 과태료에 처하게 된다는 것이다. 신분 없는 자가 신분 있는 자의 질서위반행위에 가담하였을 때는 신분의 효과가 미치지 않는 개별책임을 부담한다.

마. 수개의 위반행위의 처리

(1) 상상적 경합

하나의 행위가 2 이상의 질서위반행위에 해당하는 경우에는 각 질서위반행위에 대하여 정한 과태료 중 가장 중한 과태료를 부과한다(동법 13①). 상상적 경합에 있어서는 수개의 구성요건에 해당하므로 본질적으로 수개의 질서위반행위가 성립된다. 그러나 행위 자체가 하나이기 때문에 하나의 처벌을 받게 된다. 상상적 경합의 경우에 가장 중한 죄에 정한 형으로 처벌하는 형법(제40조)과 같이, 질서위반행위규제법에서도 가장 중한 과태료를 부과한다.

(2) 실체적 경합

제1항의 경우를 제외하고 2 이상의 질서위반행위가 경합하는 경우에는 각 질서위반행위에 대하여 정한 과태료를 각각 부과한다. 다만, 다른 법령(지방자치단체의 조례를 포함한다)에 특별한 규정이 있는 경우에는 그 법령으로 정하는 바에 따

은 「도로교통법」 제56조 제1항에 따른 고용주등을 같은 법 제160조 제3항에 따라 과태료를 부과하는 경우에는 적용하지 아니한다.

른다(동법 13②). 여기에서 2 이상의 질서위반행위가 경합하는 경우는 수개의 행위가 수개의 질서위반행위에 해당되는 경우로써 실체적 경합범을 말한다.

바. 사전통지 · 의견제출

행정청이 질서위반행위에 대하여 과태료를 부과하고자 하는 때에는 미리 당사자(제11조 제2항에 따른 고용주 등을 포함한다)에게 대통령령으로 정하는 사항을 통지하고, 10일 이상의 기간을 정하여 의견을 제출할 기회를 주어야 한다. 이 경우 지정된 기일까지 의견 제출이 없는 경우에는 의견이 없는 것으로 본다(동법 16①). 당사자는 의견 제출기한이내에 대통령령으로 정하는 방법에 따라 행정청에 의견을 진술하거나 필요한 자료를 제출할 수 있다(동법 16②). 행정청은 제2항에 따라 당사자가 제출한 의견에 상당한 이유가 있는 경우에는 과태료를 부과하지 아니하거나 통지한 내용을 변경할 수 있다(동법 16③).

사. 과태료의 부과방식과 제척기간

행정청은 제16조의 의견 제출 절차를 마친 후에 서면으로 과태료를 부과하여야 한다(동법 17①). 제1항에 따른 서면에는 질서위반행위, 과태료금액, 그 밖에 대통령령으로 정하는 사항을 명시하여야 한다(동법 17②). 행정청은 질서위반행위가 종료된 날(다수인이 질서위반행위에 가담한 경우에는 최종행위가 종료된 날을 말한다)부터 5년이 경과한 경우에는 해당 질서위반행위에 대하여 과태료를 부과할 수 없다(동법 19①).

4. 사안의 해결

(1) 건물소유주 A는 건축물 철거시에는 행정관청에 철거사실을 신고해야 하는 점을 알면서도 신고 없이 철거를 한 것은 건축법상의 질서위반행위에 대한 고의를 인정할 수 있다.

(2) 다만 A가 그의 낡은 건축물을 재산권의 행사로서 행정청에 신고하지 않고 철거하는 것은 괜찮을 것이라는 인식을 하였을지라도, 이는 위법성의 착오로 인정받을 수 있는 '정당한 이유'에 해당되지 않는다.

(3) 그리고 A는 책임조각사유에 해당되지 아니하고, A가 질서위반행위를 하는

데 있어 타인이 관여한 바도 없으며, 질서위반행위 역시 단일하다.

(4) 종로구청장이 과태료 부과처분을 하면서 사전통지·의견제출 등의 법정절차를 거쳤기에 처분절차상의 하자도 존재하지 아니한다.

(5) 20만원의 과태료 액수 역시 건축법이 정하는 범위에 해당되기 때문에 결국 종로구청장의 A에 대한 과태료 부과처분은 적법하다 할 것이다.

기본구조

과태료 부과처분의 적법성 여부 [설문 ⑴의 해결]

1. 문제점

2. 질서위반행위의 의의
   가. 개 념
   나. 질서위반행위법정주의

3. 질서위반행위의 성립요건과 부과절차
   가. 고의 또는 과실의 존재
     ⑴ 종래의 학설과 판례의 태도
     ⑵ 질서위반행위규제법의 규정
   나. 위법성의 착오

   다. 책임조각사유
     ⑴ 책임연령
     ⑵ 심신장애
   라. 다수인의 질서위반행위 가담
     ⑴ 단일정범 개념의 도입
     ⑵ 신분자와 비신분자가 가담한 경우
   마. 수개의 위반행위의 처리
     ⑴ 상상적 경합
     ⑵ 실체적 경합
   바. 사전통지·의견제출
   사. 과태료의 부과방식과 제척기간

4. 사안의 해결

Ⅲ. 과태료 부과처분취소청구의 승소가능성 여부 [설문 ⑵의 해결]

1. 문제점

종로구청장이 건축법을 위반한 A에게 과태료를 부과한 것은 '구체적인 사실에 관한 법집행으로서의 공권력의 행사'이므로 행정소송법과 행정심판법이 말하는 처분에 해당된다. 사안에서 A는 과태료 부과처분에 불복하여 그 처분의 취소를 구하는 행정소송을 제기하였다. 그런데 과태료 부과가 처분에 해당되지만, 그에 대한 불복방법은 일반처분과 같이 행정소송이나 행정심판을 제기하는 것이 아니라, 질서위반행위규제법이 정하는 별도의 절차를 거치도록 정하고 있다. 따라서 사안에서 A의 과태료 부과처분취소청구의 적법성 여부는 과태료 부과처분의 적법한 불복방법이 무엇인가에 관한 문제이기도 하다.

2. 과태료 부과처분의 불복방법

가. 이의제기 및 효력상실

행정청의 과태료 부과에 불복하는 당사자는 과태료 부과 통지를 받은 날부터 60일 이내에 해당 행정청에 서면으로 이의제기를 할 수 있다(동법 20①). 제1항에 따른 이의제기가 있는 경우에는 행정청의 과태료 부과처분은 그 효력을 상실한다(동법 20②). 당사자는 행정청으로부터 제21조 제3항에 따른 통지를 받기 전까지는 행정청에 대하여 서면으로 이의제기를 철회할 수 있다(동법 20③).

나. 법원에 통보

과태료 부과에 따른 이의제기를 받은 행정청은 이의제기를 받은 날부터 14일 이내에 이에 대한 의견 및 증빙서류를 첨부하여 관할법원에 통보하여야 한다. 다만, 다음 각 호(1. 당사자가 이의제기를 철회할 경우, 2. 당사자의 이의제기에 이유가 있어 과태료를 부과할 필요가 없는 것으로 인정되는 경우)의 어느 하나에 해당하는 경우에는 그러하지 아니하다(동법 21①).

행정청은 사실상 또는 법률상 같은 원인으로 말미암아 다수인에게 과태료를 부과할 필요가 있는 경우에는 다수인 가운데 1인에 대한 관할권이 있는 법원에 제1항에 따른 이의제기 사실을 통보할 수 있다(동법 21②). 행정청이 제1항 및 제2항에 따라 관할 법원에 통보를 하거나 통보하지 아니하는 경우에는 그 사실을 즉시 당사자에게 통지하여야 한다(동법 21③).

3. 과태료의 재판

가. 관할법원

과태료 사건은 다른 법령에 특별한 규정이 있는 경우를 제외하고는 당사자의 주소지의 지방법원 또는 그 지원의 관할로 한다(동법 25).

나. 심문·증거조사 등

법원은 심문기일을 열어 당사자의 진술을 들어야 하며(동법 31①), 법원은 검사의 의견을 구하여야 하고, 검사는 심문에 참여하여 의견을 진술하거나 서면으로 의견을 제출하여야 한다(동법 31②). 법원은 행정청의 참여가 필요하다고 인정하는 때에는 행정청으로 하여금 심문기일에 출석하여 의견을 진술하게 할 수 있다(동법 32①). 법원은 직권으로 사실의 탐지와 필요하다고 인정하는 증거의 조사를 하여야 한다(동법 33①).

다. 약식재판과 이의신청

법원은 상당하다고 인정하는 때에는 제31조 제1항에 따른 심문 없이 과태료 재판을 할 수 있다(동법 44). 당사자와 검사는 제44조에 따른 약식재판의 고지를 받은 날부터 7일 이내에 이의신청을 할 수 있다(동법 45①).[17] 검사는 필요한 경우에는 제1항에 따른 이의신청 여부에 대하여 행정청의 의견을 청취할 수 있다(동법 45②). 제1항의 기간은 불변기간으로 한다(동법 45③). 당사자와 검사가 책임질 수 없는 사유로 제1항의 기간을 지킬 수 없었던 경우에는 그 사유가 없어진 날부터 14일 이내에 이의신청을 할 수 있다. 다만, 그 사유가 없어질 당시 외국에 있던 당사자에 대하여는 그 기간을 30일로 한다(동법 45④). 법원이 이의신청이 적법하다고 인정하는 때에는 약식재판은 그 효력을 잃는다(동법 50①). 제1항의 경우 법원은 제31조 제1항에 따른 심문을 거쳐 다시 재판하여야 한다(동법 50②).

라. 과태료 결정과 고지

(1) 과태료 결정

과태료 재판은 이유를 붙인 결정으로써 한다(동법 36①). 결정서의 원본에는 판사가 서명날인하여야 한다. 다만, 제20조 제1항에 따른 이의제기서 또는 조서에 재판에 관한 사항을 기재하고 판사가 이에 서명날인함으로써 원본에 갈음할 수 있다(동법 36②).

(2) 결정의 고지

결정은 당사자와 검사에게 고지함으로써 효력이 생긴다(동법 37①). 결정의 고

---

17) 형사재판에서의 약식명령에 대한 정식재판청구와 같다.

지는 법원이 적당하다고 인정하는 방법으로 한다. 다만, 공시송달을 하는 경우에는
「민사소송법」에 따라야 한다(동법 37②).

4. 과태료 재판에 대한 불복과 집행

가. 항 고

당사자와 검사는 과태료 재판에 대하여 즉시항고를 할 수 있다. 이 경우 항고는 집행정지의 효력이 있다(동법 38①). 검사는 필요한 경우에는 제1항에 따른 즉시항고 여부에 대한 행정청의 의견을 청취할 수 있다(동법 38②). 항고법원의 과태료 재판에는 이유를 적어야 한다(동법 39). 「민사소송법」의 항고에 관한 규정은 특별한 규정이 있는 경우를 제외하고는 이 법에 따른 항고에 준용한다(동법 40).

나. 과태료 재판의 집행

(1) 원 칙

과태료 재판은 검사의 명령으로써 집행한다. 이 경우 그 명령은 집행력 있는 집행권원과 동일한 효력이 있다(동법 42①). 과태료 재판의 집행절차는 「민사집행법」에 따르거나 국세 또는 지방세 체납처분의 예에 따른다. 다만, 「민사집행법」에 따를 경우에는 집행을 하기 전에 과태료 재판의 송달은 하지 아니 한다(동법 42②).①

(2) 상속재산 등에 대한 집행

과태료는 당사자가 과태료 부과처분에 대하여 이의를 제기하지 아니한 채 제20조 제1항에 따른 기한이 종료한 후 사망한 경우에는 그 상속재산에 대하여 집행할 수 있다(동법 24의2①). 법인에 대한 과태료는 법인이 과태료 부과처분에 대하여 이의를 제기하지 아니한 채 제20조 제1항에 따른 기한이 종료한 후 합병에 의하여 소멸한 경우에는 합병 후 존속한 법인 또는 합병에 의하여 설립된 법인에 대하여 집행할 수 있다(동법 24의2②).

과태료 재판의 집행에 대하여는 제24조 및 제24조의2를 준용한다. 이 경우 제24조의2 제1항 및 제2항 중 "과태료 부과처분에 대하여 이의를 제기하지 아니한 채 제20조제1항에 따른 기한이 종료한 후"는 "과태료 재판이 확정된 후"로 본다(동법 42③). 검사는 과태료 재판을 집행한 경우 그 결과를 해당 행정청에 통보하여야 한다(동법 42④).

5. 사안의 해결

(1) A는 종로구청장의 20만원 과태료 부과에 불복하려면 과태료 부과 통지를 받은 날부터 60일 이내에 종로구청장에게 서면으로 이의제기를 하여야 한다. A의 이의제기로 종로구청장의 과태료 부과처분은 그 효력을 상실하게 된다.

(2) 행정청은 이의제기를 받은 날부터 14일 이내에 이에 대한 의견 및 증빙서류를 첨부하여 관할법원에 통보하여야 하고(동법 21①), 법원은 심문기일을 열어 당사자의 진술을 듣고(동법 31①), 검사의 의견을 구하여야 하는 등의 절차를 거쳐서(동법 31②), 결정으로써 과태료재판을 하게 된다(동법 36①). 이처럼 행정상 제재수단의 하나인 과태료 부과처분은 건축법 및 질서위반행위규제법에 정한 준사법적 절차에 의하도록 규정되어 있다.

(3) 그런데 A가 종로구청장에게 이의신청을 하지 않고 제소한 과태료 부과처분의 취소 소송은 행정소송의 대상이 되지 아니하기 때문에 부적법하여 각하판결을 받게 된다.[18),19)]

---

18) **구 건축법상 과태료처분이 행정소송의 대상이 되는 행정처분인지 여부(소극)** 구 건축법(1991.5.31. 법률 제4381호로 전문 개정되기 전의 것) 제56조의2 제1, 4, 5항 등에 의하면, 부과된 과태료처분에 대하여 불복이 있는 자는 그 처분이 있음을 안 날로부터 30일 이내에 당해 부과권자에게 이의를 제기할 수 있고, 이러한 이의가 제기된 때에는 부과권자는 지체 없이 관할법원에 그 사실을 통보하여야 하며, 그 통보를 받은 관할법원은 비송사건절차법에 의하여 과태료의 재판을 하도록 규정되어 있어서, 건축법에 의하여 부과된 과태료처분의 당부는 최종적으로 비송사건절차법에 의한 절차에 의하여만 판단되어야 한다고 보아야 하므로, 그 과태료처분은 행정소송의 대상이 되는 행정처분이라고 볼 수 없다(대법원 1995.7.28. 선고 95누2623 판결 【계고처분등취소】).

19) 행정심판법 제3조 제1항은 "행정청의 처분에 대하여 다른 법률에 특별한 규정이 있는 경우를 제외하고는 행정심판을 제기할 수 있다"고 규정하고 있다. 그러므로 과태료 부과처분에 대하여는 질서위반행위규제법이 정하는 바에 따라야 하는 "다른 법률에 특별한 규정이 있는 경우"에 해당되므로, 행정심판을 제기하여 처분의 위법·부당을 다툴 수도 없다.

기본구조

과태료 부과처분취소청구의 승소가능
성 여부 [설문 (2)의 해결]

1. 문제점

2. 과태료 부과처분의 불복방법
가. 이의제기 및 효력상실
나. 법원에 통보

3. 과태료의 재판
가. 관할법원
나. 심문·증거조사 등

다. 약식재판과 이의신청
라. 과태료 결정과 고지
 (1) 과태료 결정
 (2) 결정의 고지

4. 과태료 재판에 대한 불복과 집행
가. 항고
나. 과태료 재판의 집행

5. 사안의 해결

Ⅲ. 과태료납부의 실효성을 확보하기 위한 제도 [설문 (3)의 해결]

1. 문제점

종로구청장이 A에게 부과한 과태료 납부를 강제할 수 있는 법률상 수단이 무엇인가에 관한 문제이다. 행정청이 질서위반행위자에 대하여 과태료를 부과하지만, 그 납부실적은 실제로 저조한 것이 현실이었다. 형벌에 해당하는 벌금을 미납할 경우에는 노역장유치라는 불이익을 가할 수 있지만, 과태료를 납부하지 않는 자에 대하여는 종전에는 마땅한 강제수단이 없었다. 그러므로 종로구청장이 질서위반행위규제법이 정하는 바에 따른 과태료납부의 실효성 확보수단이 무엇인지를 검토할 필요가 있다.

2. 과태료 납부의 실효성 확보수단

가. 성실납부자에 대한 과태료 감경제도

행정청은 당사자가 질서위반행위규제법 제16조에 따른 의견 제출 기한 이내에 과태료를 자진하여 납부하고자 하는 경우에는 대통령령으로 정하는 바에 따라 과태료를 감경할 수 있다(동법 18①). 당사자가 제1항에 따라 감경된 과태료를 납부한 경우에는 해당 질서위반행위에 대한 과태료 부과 및 징수절차는 종료한다(동법 18②). 감경할 수 있는 금액은 부과될 과태료의 100분의 20의 범위 이내로 한다(동법 시행령 제5조). 행정청은 100분의 20의 범위 이내에서 감경범위를 정하여 자진납부자에게 감경이라는 인센티브를 제공할 수 있다. 당사자가 의견제출 기한 이내에 과태료를 자진하여 납부하여야만 감경의 혜택을 받을 수 있다. 의견제출의 권리를 포기한 보상으로 주어지는 것이 감경제도라고 볼 수 있으므로, 과태료의 자진납부로 감경을 받고자 하는 자는 의견제출의 기회를 가질 수 없다.

나. 자료제공의 요청

행정청은 과태료의 부과·징수를 위하여 필요한 때에는 관계 행정기관, 지방자치단체, 그 밖에 대통령령으로 정하는 공공기관(이하 "공공기관등"이라 한다)의 장에게 그 필요성을 소명하여 자료 또는 정보의 제공을 요청할 수 있으며, 그 요청을 받은 공공기관등의 장은 특별한 사정이 없는 한 이에 응하여야 한다(동법 23).

다. 가산금 징수 및 체납처분

(1) 가산금제도 도입

종래에는 개별 법률에서 세금·과징금·부담금 등에 가산금 제도를 두었으나, 과태료에 대하여는 가산금을 부과하는 경우가 없었다. 그 때문에 과태료의 징수율이 저조하고 고지서 재발급 등의 행정비용이 추가되는 문제점이 있어, 과태료의 실효성 제고를 위하여 가산금 제도를 도입하였다. 행정청은 당사자가 납부기한까지 과태료를 납부하지 아니한 때에는 납부기한을 경과한 날부터 체납된 과태료에 대하여 100분의 5에 상당하는 가산금을 징수한다(동법 24①). 가산금의 납부기한은 질서위반행위규제법에 명시적으로 규정하지 않았다. 반면, 도로교통법시행령은 과태료는 과태료 납부고지서를 받은 날부터 60일 이내에 납부하여야 한다고 규정하고 있다(동법 시행령 88⑤,①).

(2) 중가산금

체납된 과태료를 납부하지 아니한 때에는 납부기한이 경과한 날부터 매 1개월이 경과할 때마다 체납된 과태료의 1천분의 12에 상당하는 가산금(이하 이 조에서 "중가산금"이라 한다)을 제1항에 따른 가산금에 가산하여 징수한다. 이 경우 중가산금을 가산하여 징수하는 기간은 60개월을 초과하지 못한다(동법 24②). 그러므로 중가산금은 체납된 과태료를 납부하지 아니하여 납부기한이 경과한 날부터 1개월이 경과할 때마다 일정비율로 부과되는 금전적 제재를 말한다.

(3) 체납처분

행정청은 당사자가 제20조 제1항에 따른 기한 이내에 이의를 제기하지 아니하고 제1항에 따른 가산금을 납부하지 아니한 때에는 국세 또는 지방세 체납처분의 예에 따라 징수한다(동법 24③). 중앙행정기관이 과태료를 부과하였으나 이를 체납하고 가산금을 납부하지 아니한 경우에는 국세체납처분의 예에 의하여 징수한다. 지방자치단체가 위임사무 또는 자치사무에 대하여 과태료를 부과한 경우에는 지방세체납처분의 예에 의한다. 행정청의 과태료 결손처분에 관하여는 「국세징수법」제86조를 준용한다(동법 24④). 결손처분 이후 소멸시효기간이 경과하면 과태료 채무가 소멸한다.

라. 고액·상습 체납방지를 위한 보완수단

(1) 관허사업의 제한

관허사업의 제한에서 말하는 '관허사업'이란 행정청의 허가·인가·면허·등록 및 갱신을 요하는 사업을 말한다(동법 52①). 병역법 제76조 제2항은 특허·허가·인가·면허·등록 또는 지정등에 의한 사업을 '관허업'이라고 구체적으로 정의하고 있다. 판례 역시 널리 허가·인가·면허 등을 얻어 경영하는 사업 모두가 관허사업에 포함된다고 한다(대법원 1976.4.27. 선고 74누284 판결).

관허사업의 제한이란 행정법상 의무를 위반한 사람에 대하여 행정기관이 허가·인가·면허 등록 및 갱신 등을 하지 아니하거나(소극적인 제한) 기존 사업을 취소 또는 정지하는 것(적극적인 제한)을 말한다. 여기에서 '취소'라는 용어는 사실은 철회를 의미한다. 과태료 체납을 이유로 모든 관허사업을 제한하는 것은 국민의 생업활동을 지나치게 제약할 가능성이 크다. 이와 같은 점을 고려하여 질서위반행위규제법에서는 일반적 관허사업의 제한 방법을 택하지 않고, 과태료 체납과 직접 관련이 있는 관허사업을 제한하는 방법을 채택하였다.

(가) 고액·상습체납자

해당 사업과 관련된 질서위반행위로 부과 받은 과태료를 3회 이상 체납하고, 체납발생일부터 각 1년이 경과하였으며, 체납금액의 합계가 500만 원 이상인 체납자

중 대통령령으로 정하는 횟수와 금액 이상을 체납한 자이어야 한다(동법 52①(1)).

(a) 질서위반행위로 부과 받은 과태료를 3회 이상 체납하여야 한다. 과태료 체납 횟수는 과태료 부과고지서 1통을 1회로 보아 계산한다(동법 시행령 11②).

과태료 체납 횟수가 3회 이상이라는 것은 3개의 과태료를 체납하고 있는 것을 말한다. 1개의 과태료를 부과 받은 뒤 과태료를 납부하지 않아 해당 과태료의 독촉 고지서를 수회 받은 경우에는 1회에 해당된다. 어느 시점을 기준으로 체납횟수를 계산하느냐 문제되는데, 관허사업의 제한을 요구하는 시점으로 하여야 할 것이다. 판례 역시 비록 어느 시점에 3회 이상의 체납상태가 일시적으로 존재하였더라도, 그 중 일부를 납부하여 사업제한 요구시점에 3회 이상의 체납상태가 소멸되면 관허사업제한을 요구할 수는 없다고 한다(대법원 1982.10.12. 선고 82누160 판결). 여기서 체납이란 과태료 부과고지서를 받고도 지정된 납부기한까지 납부하지 아니하는 것을 말한다. 체납은 관허사업의 제한을 요구하는 시점까지 계속되어야 하고, 과거에 체납하였으나 관허사업의 제한을 요구하는 시점까지 납부하였으면 체납상태가 해소된 것이다.

(b) 체납발생일로부터 각 1년이 경과하여야 한다. 부과 받은 3개 이상의 과태료의 납부기한이 모두 1년이 경과하여야 한다.

(c) 체납금액의 합계가 500만 원 이상이어야 한다.

(나) **천재지변이나 그 밖의 재난 등 특별한 사유의 부존재**

고액·상습체납의 요건에 해당할지라도 천재지변이나 그 밖의 중대한 재난 등 대통령령으로 정하는 특별한 사유 없이 과태료를 체납한 자는 관허사업의 제한의 대상에서 제외된다(동법 52①(1)).

(2) 신용정보의 제공

행정청은 과태료 징수 또는 공익목적을 위하여 필요한 경우 「국세징수법」 제7조의2를 준용하여 「신용정보의 이용 및 보호에 관한 법률」 제2조에 따른 신용정보회사 또는 같은 법 제25조에 따른 신용정보집중기관의 요청에 따라 체납 또는 결손처분자료를 제공할 수 있다(동법 53①). 행정청은 당사자에게 과태료를 납부하지 아니할 경우에는 체납 또는 결손처분자료를 제1항의 신용정보회사 또는 신용정보집중기관에게 제공할 수 있음을 미리 알려야 한다(동법 53②). 행정청은 제1항에 따라 체납 또는 결손처분자료를 제공한 경우에는 대통령령으로 정하는 바에 따라 해당 체납자에게 그 제공사실을 통보하여야 한다(동법 53③).

　신용정보제공제도를 도입하였다고 하여 새로운 제재수단을 마련한 것이라고는 볼 수 없고, 과태료 체납 관련정보가 신용정보라는 점을 확인한 것이라 하겠다.

(3) 감치제도

　(개) 감치제도는 과태료 납부능력이 있음에도 고의적으로 과태료를 체납하는 고액·상습체납자를 법원의 재판을 통해 과태료 납부시까지 일정기간 동안 구금함으로써 과태료 납부를 간접강제하는 제도이다. 감치는 과태료 납부를 강제시키기 위한 일종의 민사적 제재로서 과태료 체납자에 대한 형벌 등의 형사제재는 아니다.

　(내) 감치의 요건으로서는 과태료를 3회 이상 체납하고 있고, 체납발생일부터 각 1년이 경과하였으며, 체납금액의 합계가 1천만 원 이상인 체납자 중 대통령령으로 정하는 횟수와 금액 이상을 체납한 경우이다(동법 54①(1)). 대통령령으로 정하는 횟수는 3회를 말하며, 금액은 1천만원을 말한다(동법시행령 13①). 따라서 감치를 하기 위해서는 3개 이상의 과태료를 체납하고 있고, 각각의 과태료는 체납발생일로부터 모두 1년이 경과하였으며, 체납액의 합계가 1천만 원 이상인 경우에 해당되어야 한다.

　(대) 감치기간은 30일의 범위에서 법원이 결정한다. 체납자가 감치되어도 과태료 납부의무는 소멸되지 않는다. 벌금형에 대한 환형유치로 벌금의 납부의무가 소멸된 것과 차이가 있다. 감치기간에 따라 과태료를 감액시켜 주는 것이 마땅할 것이다.

(4) 자동차 관련 과태료 체납자에 대한 자동차 등록번호판의 영치

(개) 자동차 등록번호판의 영치

　행정청은 「자동차관리법」 제2조 제1호에 따른 자동차의 운행·관리 등에 관한 질서위반행위 중 대통령령으로 정하는 질서위반행위로 부과받은 과태료(이하 "자동차 관련 과태료"라 한다)를 납부하지 아니한 자에 대하여 체납된 자동차 관련 과태료와 관계된 그 소유의 자동차의 등록번호판을 영치할 수 있다(동법 55①). 자동차 등록업무를 담당하는 주무관청이 아닌 행정청이 제1항에 따라 등록번호판을 영치한 경우에는 지체 없이 주무관청에 등록번호판을 영치한 사실을 통지하여야 한다(동법 55②). 자동차 관련 과태료를 납부하지 아니한 자가 체납된 자동차 관련 과태료를 납부한 경우 행정청은 영치한 자동차 등록번호판을 즉시 내주어야 한다(동법 55③).

(나) 자동차 관련 과태료 납부증명서의 제출

자동차 관련 과태료와 관계된 자동차가 그 자동차 관련 과태료의 체납으로 인하여 압류등록된 경우 그 자동차에 대하여 소유권 이전등록을 하려는 자는 압류등록의 원인이 된 자동차 관련 과태료(제24조에 따른 가산금 및 중가산금을 포함한다)를 납부한 증명서를 제출하여야 한다. 다만, 「전자정부법」 제36조 제1항에 따른 행정정보의 공동이용을 통하여 납부사실을 확인할 수 있는 경우에는 그러하지 아니하다.

3. 사안의 해결

(1) 질서위반행위를 규제하려면 그 위반행위에 대한 제재로서 과하는 과태료 납부에 대한 실효성 있는 제도가 필요하다. 그 때문에 질서위반행위규제법에서는 과태료 납부의 실효성을 확보하기 위하여 여러 가지 제도를 두고 있다.

(2) 성실한 납부자에 대하여 부과될 과태료의 100분의 20의 범위 이내에서 과태료를 감경해 주는 제도가 있으며(동법 18①, 동법 시행령 5). 과태료 납부기한까지 납부하지 않는 자에 대한 제재수단으로 체납된 과태료에 대하여 100분의 5에 상당하는 가산금을 징수하며(동법 24①). 납부기한이 경과한 날부터 매 1개월이 경과할 때마다 체납된 과태료의 1천분의 12에 상당하는 가산금(중가산금)을 가산하여 징수하며(동법 24②), 이의를 제기하지 아니하고 가산금을 납부하지 아니한 때에는 국세 또는 지방세 체납처분의 예에 따라 징수한다(동법 24③).

(3) 그리고 고액의 과태료를 상습적으로 체납한 자에 대한 제재수단으로는 관허사업을 제한하고(동법 52①), 신용정보기관에 고액·상습 체납자료를 제공하여 금융기관의 신용정보에 반영하도록 하고(동법 53①), 납부능력이 있음에도 체납한 자에 대하여 30일 범위에서 감치할 수 있으며(동법 54①(1)), 자동차 관련 과태료와 관계된 그 소유의 자동차의 등록번호판을 영치(동법 55①)할 수 있는 강력한 수단을 도입하고 있다.

기본구조

과태료납부의 실효성을 확보하기 위한 제도 [설문 ⑶의 해결]

1. 문제점

2. 과태료 납부의 실효성 확보수단
   가. 성실납부자에 대한 과태료 감경제도
   나. 가산금 징수 및 체납처분
      ⑴ 가산금제도 도입
      ⑵ 중가산금
      ⑶ 체납처분
   다. 고액·상습 체납방지를 위한 보완수단
      ⑴ 관허사업의 제한
         ㈎ 고액·상습체납자
         ㈏ 천재지변이나 그 밖의 재난 등 특별한 사유의 부존재
      ⑵ 신용정보의 제공
      ⑶ 감치제도

3. 사안의 해결

I. 설문(1)의 해결 – 과태료 부과처분의 적법성 여부

1. 문제점

A는 건축물을 철거하려면 철거를 하기 전에 서울특별시 종로구청장에게 신고하여야 하는 건축법 제36조 제1항을 위반하였다. 종로구청장의 과태료 부과처분이 적법하기 위해서는 과태료 부과법률인 건축법과 질서위반행위규제법이 정하는 요건과 절차를 준수하였는지를 검토한다.

2. 질서위반행위의 의의

가. 행정벌의 일종으로서의 행정질서벌

행정법상의 의무위반행위에 대하여 일반통치권에 근거하여 일반 사인에게 제재로서 과하는 처벌을 행정벌이라고 한다. 행정벌은 ① 형법에 형명이 있는 벌칙(형법 41)이 과하여지는 행정형벌과 ② 형법에 없는 과태료가 과하여지는 행정질서벌로 구분된다.

나. 질서위반행위의 개념 및 질서위반행위법정주의

(1) 질서위반행위란 법률상의 의무를 위반하여 과태료에 처하는 행위를 말한다(질서위반행위규제법 2(1)). 여기서 '법률상의 의무'란 그 침해의 정도가 비교적 경미하여 과태료의 처벌로써 충분히 제재목적을 달성할 수 있는 행위로 규정하고 있는 의무규정을 말한다.

(2) 또한 법률에 따르지 아니하고는 어떤 행위도 질서위반행위로 과태료를 부과하지 아니한다(동법 6). 이를 질서위반행위법정주의라고 한다.

다. 질서위반행위의 성립요건

(1) 고의 또는 과실의 존재

종래의 다수설과 판례는 행정법규 위반사실만 있으면 고의나 과실의 존재는 문제되지 않는다고 하였다. 그러나 2007년 제정된 질서위반행위규제법은 제7조에서 고의나 과실이 있어야 처벌할 수 있다는 것을 명문화 하였다.

(2) 위법성과 책임능력이 있을 것

종래 위법성의 인식을 요하지 않는다고 보았으나, 동법 제8조에서 위법성의 착오를 명시하고 있다. 또한 책임조각사유도 규정하고 있어서, 이에 해당하지 아니하여야 한다.

라. 과태료의 부과절차

행정청이 과태료를 부과하고자 하는 때에는 미리 당사자에게 통지하고, 의견을 제출할 기회를 주어야 한다(동법 16①). 행정청은 당사자가 제출한 의견에 상당한 이유가 있는 경우에는 과태료를 부과하지 아니하거나 통지한 내용을 변경할 수 있다(동법 16③).

4. 사안의 해결

(1) 건물소유주 A는 행정관청에 철거사실을 신고해야 하는 점을 알면서도 신고 없이 철거를 하였으므로 질서위반행위에 대한 고의를 인정할 수 있다. 또한 A가 재산권의 행사로서 신고하지 않아도 괜찮을 것이라는 인식을 하였을지라도, 이는 위법성의 착오로 인정받을 수 있는 '정당한 이유'에 해당되지 않는다. 그리고 A는 책임조각사유에 해당되지도 않는다.

(2) 종로구청장이 과태료 부과처분을 하면서 사전통지·의견제출 등의 법정절차를 거쳤기에 처분절차상의 하자도 존재하지 아니한다. 20만원의 과태료 액수 역시 건축법이 정하는 범위에 해당되기 때문에 결국 종로구청장의 A에 대한 과태료 부과처분은 적법하다 할 것이다.

II. 설문(2)의 해결 - A의 승소가능성 여부

1. 문제점

A에게 과태료를 부과한 것은 '구체적인 사실에 관한 법집행으로서의 공권력의 행사'이므로 처분에 해당된다. 사안에서 A는 과태료 부과처분에 불복하여 그 처분의 취소를 구하는 행정소송을 제기하였다. 그런데 과태료 부과에 대한 불복방법은 질서위반행위규제법이 정하는 별도의 절차를 거치도록 정하고 있다. 따라서 사안에서 A의 과태료 부과처분취소청구의 소의 적법성 여부는 과태료 부과처분의 적법한 불복방법에 해당하느냐 여부에 관한 문제이기도 하다.

2. 과태료 부과처분의 불복방법

가. 이의제기 및 효력상실

과태료 부과에 불복하는 당사자는 60일 이내에 해당 행정청에 서면으로 이의제기를 할 수 있다(동법 20①). 이러한 이의제기가 있는 경우에는 행정청의 과태료 부과처분은 그 효력을 상실한다(동법 20②).

나. 법원에 대한 통보

과태료 부과에 따른 이의제기를 받은 행정청은 이의제기를 받은 날부터 14일 이내에 이에 대한 의견 및 증빙서류를 첨부하여 관할법원에 통보하여야 한다(동법 21①).

3. 과태료의 재판

가. 심문·증거조사 등

법원은 심문기일을 열어 당사자의 진술을 들어야 하며(동법 31①), 법원은 검사의 의견을 구하여야 하고, 검사는 심문에 참여하여 의견을 진술하거나 서면으로 의견을 제출하여야 한다(동법 31②). 법원은 행정청의 참여가 필요하다고 인정하는 때에는 행정청으로 하여금 심문기일에 출석하여 의견을 진술하게 할 수 있다(동법 32①). 법원은 직권으로 사실의 탐지와 필요하다고 인정하는 증거의 조사를 하여야 한다(동법 33①).

나. 약식재판과 이의신청

법원은 상당하다고 인정하는 때에는 심문 없이 과태료 재판을 할 수 있다(동법 44). 당사자와 검사는 제44조에 따른 약식재판의 고지를 받은 날부터 7일 이내에 이의신청을 할 수 있다(동법 45①). 법원이 이의신청이 적법하다고 인정하는 때에는 약식재판은 그 효력을 잃고(동법 50①), 법원은 심문을 거쳐 다시 재판하여야 한다(동법 50②).

다. 과태료 결정과 고지

(1) 과태료 결정

과태료 재판은 이유를 붙인 결정으로서 한다(동법 36①). 결정서의 원본에는 판사가 서명날인하여야 한다.

(2) 결정의 고지

결정은 당사자와 검사에게 고지함으로써 효력이 생긴다(동법 37①). 결정의 고지는 법원이 적당하다고 인정하는 방법으로 한다. 다만, 공시송달을 하는 경우에는 「민사소송법」에 따라야 한다(동법 37②).

4. 과태료 재판에 대한 불복

당사자와 검사는 과태료 재판에 대하여 즉시항고를 할 수 있다. 이 경우 항고는 집행정지의 효력이 있다(동법 38①). 검사는 필요한 경우에는 제1항에 따른 즉시항고 여부에 대한 행정청의 의견을 청취할 수 있다(동법 38②).

5. 사안의 해결

(1) A는 과태료 부과에 불복하려면 종로구청장에게 서면으로 이의제기를 하여야 한다. A의 이의제기로 종로구청장의 과태료 부과처분은 그 효력을 상실하게 된다. 이처럼 행정상 제재수단의 하나인 과태료 부과처분은 건축법 및 질서위반행위규제법에 정한 준사법적 절차에 의하도록 규정되어 있다.

(2) 그런데 A가 종로구청장에게 이의신청을 하지 않고 제소한 과태료 부과처분의 취소 소송은 행정소송의 대상이 되지 아니하기 때문에 부적법하여 각하판결을 받게 된다.

III. 설문(3)의 해결 — 과태료납부의 실효성을 확보하기 위한 제도

1. 문제점

질서위반행위자에 대하여 과태료를 부과하지만, 그 납부실적은 저조한 것이 현실이다. 이는 과태료를 납부하지 않는 자에 대하여 마땅한 강제수단이 없었기 때문이다. 그러므로 신설된 질서위반행위규제법이 정하는 바에 따른 실효성 확보수단이 무엇인지를 검토할 필요가 있다.

2. 과태료 납부의 실효성 확보수단

가. 성실납부자에 대한 과태료 감경제도

행정청은 당사자가 의견 제출 기한 이내에 과태료를 자진하여 납부하고자 하는 경우에는 과태료를 감경할 수 있다(동법 18①). 감경할 수 있는 금액은 부과될 과태료의 100분의 20의 범위 이내로 한다(동법시행령 제5조). 따라서 과태료의 자진납부로 감경을 받고자 하는 자는 의견제출의 기회를 가질 수 없다.

나. 자료제공의 요청

과태료의 징수를 위하여 관계 행정기관, 지방자치단체의 장에게 자료 또는 정보의 제공을 요청할 수 있으며, 요청을 받은 기관은 특별한 사정이 없는 한 이에 응하여야 한다(동법 23).

다. 가산금 징수 및 체납처분

종래 과태료에 대하여는 개별 법률에도 가산금 제도가 없었다. 따라서 동법 제24조에서 가산금을 규정하고 있으며, 중가산금에 대한 규정도 두고 있다.

또한 행정청은 당사자가 기한 이내에 이의를 제기하지 아니하고 가산금을 납부하지 아니한 때에는 국세 또는 지방세 체납처분의 예에 따라 징수한다(동법 24③).

라. 고액·상습 체납자를 위한 보완수단

(1) 관허사업의 제한

관허사업의 제한이란 행정법상 의무를 위반한 사람에 대하여 행정기관이 허가·인가·갱신 등을 하지 아니하거나(소극적인 제한) 기존 사업을 취소 또는 정지하는 것(적극적인 제한)을 말한다. 질서위반행위규제법에서는 과태료 체납과 직접 관련이 있는 관허사업을 제한하는 규정을 두고 있다.

(2) 감치제도

고의적으로 과태료를 체납하는 고액·상습체납자를 법원의 재판을 통해 과태료 납부시까지 일정기간 동안 구금함으로써 과태료 납부를 간접강제하는 제도이다(동법 54①(1)).

3. 결 어

질서위반행위를 규제하려면 그 위반행위에 대한 제재로서 과하는 과태료 납부에 대한 실효성있는 제도가 필요하다. 그 때문에 질서위반행위규제법에서는 과태료 납부의 실효성을 확보하기 위하여 앞에서 언급한 여러 가지 제도를 두고 있다.

[22] 군인 등의 국가배상특례

> 서울특별시 종로경찰서 소속 경찰관 A, B, C는 폭력사건 발생신고를 받고 C가 운전하는 경찰차량을 타고 사건현장으로 출동하게 되었다. 그런데 C가 한눈을 팔면서 부주의하게 운전을 하였던 관계로 앞서 가던 차량을 미처 발견하지 못하고 추돌하여 운전석 옆에 동승해 있던 A가 그 자리에서 사망하게 되었고, A는 순직으로 처리되었다.

(1) A의 유족들은 국가를 상대로 국가배상청구를 할 수 있는가. (10점)

(2) A의 유족들은 C를 상대로 민법상 손해배상청구를 할 수 있는가. (25점)

(3) 국가가 A의 유족들에 대하여 「국가유공자등 예우 및 지원에 관한 법률」에 의하여 보상을 한 경우, 국가는 C에게 국가배상법상의 구상권을 행사할 수 있는가. (15점)

참고법령

「국가배상법」

제2조 (배상책임)

① 국가나 지방자치단체는 공무원 또는 공무를 위탁받은 사인(이하 "공무원"이라 한다)이 직무를 집행하면서 고의 또는 과실로 법령을 위반하여 타인에게 손해를 입히거나, 「자동차손해배상 보장법」에 따라 손해배상의 책임이 있을 때에는 이 법에 따라 그 손해를 배상하여야 한다. 다만, 군인·군무원·경찰공무원 또는 향토예비군대원이 전투·훈련 등 직무 집행과 관련하여 전사(戰死)·순직하거나 공상(公傷)을 입은 경우에 본인이나 그 유족이 다른 법령에 따라 재해보상금·유족연금·상이연금 등의 보상을 지급받을 수 있을 때에는 이 법 및 「민법」에 따른 손해배상을 청구할 수 없다.

② 제1항 본문의 경우에 공무원에게 고의 또는 중대한 과실이 있으면 국가나 지방자치단체는 그 공무원에게 구상(求償)할 수 있다.

「국가유공자 등 예우 및 지원에 관한 법률」

제4조(적용 대상 국가유공자)

> ① 다음 각 호의 어느 하나에 해당하는 국가유공자와 그 유족 등(다른 법률에서 이 법에 규정된 예우 등을 받도록 규정된 자를 포함한다)은 이 법에 따른 예우를 받는다.
> 5. 순직군경(殉職軍警): 다음 각 목의 어느 하나에 해당하는 자
> 가. 군인이나 경찰·소방 공무원으로서 교육훈련 또는 직무수행 중 사망한 자(공무상의 질병으로 사망한 자를 포함한다)
>
> **제12조(보상금)**
> ① 다음 각 호의 어느 하나에 해당하는 자에게는 보상금을 지급한다. 다만, 이 법 또는 다른 법률에 따라 보상금지급대상에서 제외되는 자는 그러하지 아니하다.
> 2. 전몰군경, 순직군경, 4·19혁명사망자 및 특별공로순직자의 유족과 제1호에 해당하는 자가 사망한 경우 그 유족 중 선순위자(先順位者) 1명

주요쟁점

- ✦ 국가배상법 제2조 제1항 단서
- ✦ 군인 등에 대한 보상특례
- ✦ 전사·순직, 공상
- ✦ 국가배상책임의 법적 성질
- ✦ 가해공무원에 대한 선택적 청구
- ✦ 구상권 행사
- ✦ 공무원의 고의·중과실

Ⅰ. 국가배상법상 경찰관의 보상특례 적용 여부 [설문 (1)의 해결]

1. 문제점

공무원의 직무집행 중의 고의나 과실로 법령을 위반하여 타인에게 손해를 가하여 국가배상을 하는 경우에, 손해를 입은 타인은 가해공무원을 제외한 모든 자를 말하므로 사안에서 가해공무원의 동료경찰관인 A 역시도 타인에 해당된다. 따라서 A의 유족들은 국가를 상대로 배상청구를 할 수 있다. 그런데 국가배상법은 군인이나 경찰관 등 위험업무에 종사하는 공무원에 대하여는 국가배상청구를 제한하는 보상특례 규정을 두고 있다. 그러므로 사망한 A가 보상특례 규정의 적용을 받게 되는지 여부를 검토할 필요가 있다.

2. 군인 등에 대한 보상특례

가. 의 의

군인 · 군무원 · 경찰공무원 기타 법률이 정하는 자가 전투 · 훈련 등 직무집행과 관련하여 받은 손해에 대하여는 법률이 정하는 보상 외에 국가 또는 공공단체에 공무원의 직무상 불법행위로 인한 배상은 청구할 수 없다(헌법 29②). 이 헌법규정에 근거하여 국가배상법도 동일한 규정을 두고 있다. 군인 · 군무원 · 경찰공무원 또는 향토예비군대원이 전투 · 훈련 등 직무 집행과 관련하여 전사 · 순직하거나 공상을 입은 경우에 본인이나 그 유족이 다른 법령에 따라 재해보상금 · 유족연금 · 상이연금 등의 보상을 지급받을 수 있을 때에는 이 법 및 「민법」에 따른 손해배상을 청구할 수 없다(국가배상법 2① 단서). 이를 '군인 등의 이중배상(배제)금지의 원칙'이라고 한다.

나. 연 혁

군인 등에 대한 보상특례 규정은 헌법의 근거 없이 1967년 국가배상법에 최초로 규정되었다. 대법원은 1971년 '국가배상법 제2조 제1항 단행은 헌법 제26조에서 보장된 국민의 기본권인 손해배상청구권을 헌법 제32조 제2항의 질서유지 또는 공공복리를 위하여 제한할 필요성이 없이 제한한 것이고, 또 헌법 제9조의 평등의 원칙에 반하여 군인 또는 군속인 피해자에 대하여서만 그 권리를 부인함으로써 그 권리 자체의 본질적 내용을 침해하였으며, 기본권 제한의 범주를 넘어 권리 자체를 박탈하는 규정이므로, 이는 헌법 제26조, 제8조, 제9조 및 제32조 제2항에 위반한다 할 것이다'(대법원 1971.6.22. 선고 70다1010 판결)라는 위헌판결을 하였다. 그 후 1972년 유신헌법에 위 규정을 신설하여 위헌시비를 차단한 가운데 오늘에 이르고 있다.

다. 입법취지

이 같은 특례는 위험성이 높은 직무종사자에게 사회보장적 위험부담으로서의 보상제도를 별도로 마련하고, 그것과 경합되는 이중배상청구를 배제하려는 취지이다. 판례는 '군인 등의 동일한 피해에 대하여 국가 등의 보상과 배상이 모두 이루어짐으로 인하여 발생할 수 있는 과다한 재정지출과 피해군인 등 사이의 불균형을 방지하고, 또한 가해자인 군인 등 피해자인 군인 등의 직무상 잘못을 따지는 쟁송이 가져올 폐해를 예방하려는 것'(대법원 2001.2.15. 선고 96다42420 판결)이라고 밝히고 있다.[20]

라. 문제점

군인 등의 보상특례는 국가가 지급하는 재해보상금 등 보상금에 의하여 실질적으로 국가배상을 받게 된다는 것을 전제로 하고 있는데, 보상금이 손해배상액에 미치지 못할 때에는 균형상 문제가 있다. 현재 「국가유공자 등 예우 및 지원에 관한 법률」에 의한 재해보상금 · 유족연금 · 상이연금 등은 그 액수에 있어서 국가배상액에 훨씬 못 미치고 있다. 이는 국가에 봉직하다 특별한 희생을 입은 사람들에 대한 배려를 등한시하는 태도라 하지 않을 수 없다. 따라서 헌법 제29조 제2항은 장차 폐지되어야 할 것이다.

마. 적용요건

(1) 피해자가 군인 · 군무원 · 경찰공무원 또는 향토예비군대원이어야 한다.

헌법은 '군인 · 군무원 · 경찰공무원 기타 법률이 정하는 자'인데, 국가배상법은 '향토예비군대원'을 추가하고 있다. 헌법재판소는 향토예비군대원을 국가배상법에 추가한 것은 합헌이라고 한 바 있다(헌재 1996.06.13. 94헌바20). 판례는 교도소 경비교도대원과 공익근무요원은 군인에 해당되지 않는다고 하였지만, 전투경찰순경은 경찰공무원에 해당한다고 하였다(헌재 1996.6.13. 94 헌마118).

(2) 전투, 훈련 등 직무집행과 관련하여 전사 · 순직하거나 공상을 입었어야 한다.

종전 국가배상법 제2조 제1항 단서 중 '전투 · 훈련 기타 직무집행과 관련하거나 국방 또는 치안유지의 목적상 사용하는 시설 및 자동차 · 함선 · 항공기 기타

---

20) 일반국민이 직무집행 중인 군인과의 공동불법행위로 직무집행 중인 다른 군인에게 공상을 입혀 그 피해자에게 공동의 불법행위로 인한 손해를 배상한 다음 공동불법행위자인 군인의 부담부분에 관한 구상권 행사와 관련한 사건(헌재 1994.12.29, 93헌바21, 국가배상법 제2조 제1항 단서 위헌소원)에서 법무부장관은 다음과 같은 의견을 제시한 바 있다. 군인 등이 전사한 경우보다 후방에서 안전사고로 사망한 경우 더 많은 배상을 받게 되는 모순을 방지하기 위하여 구 국가배상법 (1967.3.3. 법률 제1899호) 제2조 제1항 단서를 제정하였지만 대법원에 의하여 위헌으로 선고되자 이 법 제2조 제1항 단서에 대한 헌법적 근거를 마련하기 위하여 헌법 제29조 제2항이 제정되었는바, 그 입법목적은 군인·경찰관 등에 대하여 이중배상을 금지하지 아니하면 ① 군인·경찰관 등이 국가배상청구소송과 관련하여 법정에 출석·증언할 경우 군사기밀 내지 수사기밀이 누설될 위험이 있어서 군인·경찰관 등의 고유업무에 지장을 초래할 우려가 있고, ② 전우·동료끼리 원·피고가 되어 소송을 하거나, 업무수행 중 사상한 경우 손해배상청구권이 인정되는 자와 그렇지 아니한 자가 있게 되어 군인·경찰관 등의 사기와 단합에 나쁜 영향을 미칠 우려가 있고, ③ 지휘관은 업무 중 손해배상책임의 발생 여부를 항상 염두에 두게 되어 업무수행의 부담을 가중시키므로, 이와 같은 부작용을 방지하여 원활한 업무수행을 도모하기 위한 것이다.

운반기구 안에서 전사'로 광범위하게 규정하였던 내용을 2005년에 '전투· 훈련 등 직무집행과 관련하여 전사'한 경우로 그 범위를 제한하는 내용으로 개정하였다.

오늘날 경제여건이 향상된 현실을 감안하여 군인 등에 대한 특례규정을 제한적으로 해석하여 가능하면 국가배상을 받을 수 있도록 배려할 필요가 있다. 판례 역시 이와 같은 취지에서 경찰관이 숙직실에서 연탄가스로 순직한 사건에서, 경찰서지서의 숙직실은 국가배상법 제2조 제1항 단서에서 말하는 전투·훈련에 관련된 시설이라고 볼 수 없으므로, 위 숙직실에서 순직한 경찰공무원의 유족들은 국가배상법 제2조 제1항 본문에 의하여 국가배상법 및 민법의 규정에 의한 손해배상을 청구할 권리가 있다(대법원 1979.1.30. 선고 77다2389 판결)고 해석하여 유족들의 국가배상청구를 인용하였다.

(3) 본인이나 그 유족이 다른 법령에 따라 재해보상금·유족연금·상이연금 등의 보상을 지급받을 수 있어야 한다.

「국가유공자등 예우 및 지원에 관한 법률」 및 「군인연금법」의 보상규정은 국가배상법 제2조 제1항 단서 소정의 '다른 법령의 규정'에 해당한다(대법원 1993.5.14. 92다33145). 따라서 위 법률에 의하여 유족연금 등을 수령하는 경우에는 국가배상청구를 할 수 없다. 다른 법령에 따라 재해보상금 등 보상을 받을 수 있음을 전제로 하므로, 그것을 받을 수 없을 때에는 국가배상법과 민법에 의한 배상청구를 할 수 있다.

3. 사안의 해결

가. 사망한 A의 법적 지위 (순직 경찰관)

사안의 A는 경찰공무원으로서 강도사건 발생신고를 받고 현장으로 출동하는 직무집행 중에 동료 경찰관 C의 과실로 야기된 교통사고로 사망하게 되었다. 따라서 직무수행 중 사망한 A는 「국가유공자등 예우 및 지원에 관한 법률」 제4조 제1항이 정하는 바에 따른 순직경찰관에 해당되어 순직처리가 되었다. 그러므로 A 는 국가배상법 제2조 제1항 단서의 군인 등의 보상특례 규정의 적용대상자이다.

나. 국가배상청구의 부적법 각하

A의 유족들은 「국가유공자등 예우 및 지원에 관한 법률」 제12조에서 정하는 보상금을 지급받을 수 있으므로, 국가배상법 제2조 제1항 단서 '다른 법령에 따라

보상금을 지급'받을 수 있는 경우에 해당된다. 따라서 대한민국은 A의 유족들에 대한 국가배상책임이 면제된다. 그러므로 A의 유족들은「국가유공자등 예우 및 지원에 관한 법률」에 따른 보상을 청구할 수 있을 뿐이며, 만약 대한민국을 상대로 국가배상청구를 한다면 이는 부적법한 소에 해당되어 각하될 것이다.

기본구조

국가배상법상 경찰관의 보상특례 적용 여부 [설문 (1)의 해결]

1. 문제점

2. 군인 등에 대한 보상특례
 가. 의 의
 나. 연 혁
 다. 입법취지
 라. 문제점
 마. 적용요건
  (1) 피해자가 군인·군무원·경찰공무원 또는 향토예비군대원이어야 한다.
  (2) 전투, 훈련 등 직무집행과 관련하여 전사·순직하거나 공상을 입었어야 한다.
  (3) 본인이나 그 유족이 다른 법령에 따라 재해보상금·유족연금·상이연금 등의 보상을 지급받을 수 있어야 한다.

3. 사안의 해결
 가. 사망한 A의 법적 지위(순직 경찰관)
 나. 국가배상청구의 부적법 각하

Ⅲ. A 유족들의 가해공무원 C를 상대로 한 손해배상청구권 여부 [설문 (2)의 해결]

1. 문제점

불법행위를 한 공무원은 고의나 중대한 과실이 있으면 국가나 지방자치단체에 구상책임을 지게 된다(국가배상법 2②). 공무원이 고의나 중대한 과실로 불법행위를 하였으면 국가 등에 대한 구상책임 외에 피해자에 대하여서도 직접 손해배상책임을 부담하는지 문제된다. 만약 피해자에 대하여서도 직접 손해배상책임을 진다면, 사안에서 A의 유족들은 국가배상법에 의한 국가배상청구를 하지 않고 교통사고를 낸 C를 상대로 민법상 손해배상청구를 할 수 있게 된다.

2. 국가배상책임의 법적 성질

가. 대위책임설

원래 가해공무원이 부담하여야 할 배상책임을 국가 등이 갈음하여 지는 대위책임이며, 국가 등의 자기책임은 아니라고 한다. 이 견해는 국가기관인 공무원은 국가의 대리인이며, 따라서 수권에 위반하여 행한 대리인의 행위가 수권자의 행위로 될 수 없는 것과 마찬가지로, 공무원의 위법행위는 국가의 행위로 될 수 없으므로 국가가 직접 책임을 질 수 없다는 데 근거를 둔다.

나. 자기책임설

국가 등의 자기책임이며, 가해공무원이 져야 할 배상책임을 국가 등이 갈음하여지는 대위책임은 아니라고 한다. 이 견해는 국가 등은 그의 기관의 지위에 있는 공무원을 통하여 행위를 하는 것이기 때문에, 그의 기관인 공무원의 행위의 효과는 적법한 경우는 물론, 위법한 경우에도 국가 등에게 귀속되는 것이므로 국가 등이 직접 책임을 져야 한다는 데 근거를 둔다.

자기책임설은 그 내용에 따라 ① 공무원의 직무상 불법행위는 기관의 불법행위가 되므로 국가는 행정기관인 공무원의 불법행위에 대하여 직접 자기책임을 진다는 '기관이론에 입각한 자기책임설', ② 위법하게 행사될 위험성이 있는 행정권을 공무원에게 수권한 국가는 그러한 행정권이 잘못 행사되어 초래된 손해에 대하여도 책임을 져야 한다는 '위험책임설적 자기책임설'로 나누어 진다.

다. 중간설 (절충설)

고의·중과실에 의한 행위는 국가 등의 기관행위로 볼 수 없으므로 대위책임이지만, 경과실에 의한 행위는 기관행위로 볼 수 있으므로 자기책임이라고 한다. 국가배상법 제2조 제2항이 고의 또는 중과실의 경우에만 공무원에 대한 구상권을 인정하고, 경과실의 경우에는 인정하지 않고 있음을 논거로 한다.

라. 판 례

판례는 절충설의 입장이다. ① 공무원의 경과실로 인하여 타인에게 손해를 입한 경우에는 그 직무수행상 통상 예기할 수 있는 흠에 불과하므로, 이러한 공무원의 행위는 여전히 국가 등의 기관의 행위로 볼 수 있으므로 자기책임에 해당되고, ② 공무원의 고의·중과실에 의한 행위는 기관행위로서의 품격을 상실하여 국가 등에게 그 책임을 귀속시킬 수 없으므로 공무원 개인에게 불법행위로 인한 손해배상책임을 부담시키되, 다만 피해자인 국민을 보호하기 위하여 국가 등이 공무원 개인과 중첩적으로 배상책임을 부담하는 대위책임으로 보는 입장을 취하고 있다.

마. 소 결

국가배상법이 과실책임주의를 채택하여 '공무원이... 고의 또는 과실로 '타인에게 손해를 가한 경우에 국가 등이 배상하도록 한 점(국가배상법 2① 본문), 국가 등이 배상한 경우에 공무원에 대한 구상권을 행사하도록 한 점(다만, 자기책임의 경우에도 구상권행사는 가능하다 할 것이나, 구상권행사는 대위책임을 더 강하게 뒷받침한다.), 연혁적으로 볼 때 국가배상책임제도는 대위책임에서 자기책임으로 발전하여 가는 것이 일반적 추세인 데, 국가배상법이 일거에 자기책임제도를 인정하였다고는 볼 수 없다는 점에서 대위책임설이 타당하다고 본다.

3. 피해자의 가해공무원에 대한 선택적 청구 여부

가. 실정법상 근거 유무

가해공무원이 직접 피해자에게 손해배상책임을 지는가에 관하여 국가배상청구권을 규정한 헌법 제29조와 국가배상법 제2조에는 가해공무원에 대한 선택적 청구를 할 수 있다는 명문의 규정은 없다. 따라서 이 문제는 학설과 판례에 따라 해결해야 할 사항에 속한다.

나. 학 설

(1) 선택적 청구를 부정하는 견해

대위책임설의 입장에서 공무원은 직접 피해자에게 배상책임을 부담하지 않는다고 한다(종래의 통설). 이 견해는 헌법 제29조 제1항 단서의 '이 경우 공무원 자신의 책임은 면제되지 아니한다'는 뜻은 국가 등의 구상에 응하는 책임이라 한다.

⑵ 선택적 청구를 긍정하는 견해

자기책임설의 입장에서 공무원은 피해자에게 직접 책임을 진다고 한다. 이 견해는 헌법 제29조 제1항 단서의 뜻을 피해자의 청구에 직접 응하는 책임의 뜻으로 본다.

⑶ 경과실에 의한 행위의 경우에는 선택적 청구를 부정하고, 고의·중과실에 의한 행위의 경우에는 선택적 청구를 긍정하는 견해

중간설(절충설)의 입장에서 공무원의 경과실로 인한 행위는 국가 자신의 행위로 보아 선택적 청구를 부정한다. 반면, 공무원의 고의·중과실로 인한 행위의 경우에는 국가 자신의 행위로 볼 수 없고 공무원 개인의 행위로 보아야 할 것이나 국가배상법이 피해자인 국민을 보호하기 위하여 국가에게 배상책임을 인정하였으나, 공무원 자신의 행위로서의 품격을 잃는 것은 아니므로 공무원 개인에게도 선택적으로 청구 할 수 있다고 한다. 이 견해는 헌법 제29조 제1항 단서의 뜻을 공무원이 피해자의 청구에 응하는 책임의 뜻으로 본다.

다. 판 례

판례의 입장은 변천을 거듭하여 왔다. 종전에는 선택적 청구를 긍정하는 견해를 취하였다가, 그 판례를 변경하여 부정하는 입장을 취하였고, 1996년 전원합의체 판결을 통하여 고의·중과실로 인한 행위의 경우에는 선택적 청구를 긍정하는 견해를 취하였다.

⑴ 선택적 청구를 긍정한 판례

공무원의 직무상 불법행위로 손해를 받은 국민은 공무원 자신에 대하여도 직접 그의 불법행위를 이유로 민사상의 손해배상을 청구할 수 있다고 하여 국가와 공무원에 대한 선택적 청구를 인정하였다. 즉, 공무원의 직무상 불법행위로 손해를 받은 국민이 국가 또는 공공단체에 배상을 청구하는 경우 국가 또는 공공단체에 대하여 그의 불법행위를 이유로 손해배상을 구함은 국가배상법이 정한바에 따른다 하여도 이 역시 민사상의 손해배상 책임을 특별법인 국가배상법이 정한데 불과하며, 헌법 제26조 단서는 국가 또는 공공단체가 불법행위로 인한 손해배상책임을 지는 경우 공무원 자신의 책임은 면제되지 아니한다고 규정하여, 공무원의 직무상 불법행위로 손해를 받은 국민이 공무원 자신에게 대하여도 직접 그의 불법행위를 이유로 손해배상을 청구할 수 있음을 규정하여 국가배상법의 공무원 자신의 책임에

관한 규정여하를 기다릴 것 없이 공무원 자신이 불법행위를 이유로 민사상의 손해배상책임을 져야할 법리임에도 불구하고, 원 판결이 피고 1시는 공공단체로서 불법행위로 인한 손해배상 책임이 있어도 직무를 행함에 당하여 불법행위를 한 피고 2, 3에게 대하여는 민사상의 손해배상을 청구할 수 있다는 취의의 판단을 하였음은 위 헌법 제26조 단서 규정을 오해한 위법이 있다 할 것이다(대법원 1972.10.10. 선고 69다701 판결).

(2) 선택적 청구를 부정한 판례

공무원의 직무상 불법행위로 인하여 손해를 받은 사람은 국가 또는 공공단체를 상대로 손해배상을 청구할 수 있고, 이 경우에 공무원에게 고의 또는 중대한 과실이 있는 때에는 국가 또는 공공단체는 그 공무원에게 구상할 수 있을 뿐, 피해자가 공무원 개인을 상대로 손해배상을 청구할 수 없다(대법원 1994.4.12. 선고 93다11807 판결).

(3) 선택적 청구를 긍정하는 판례 (대법원 1996.2.15. 선고 95다38677 전원합의체판결).

(가) 다수의견

공무원이 직무수행 중 불법행위로 타인에게 손해를 입힌 경우에 국가 등이 국가배상책임을 부담하는 외에 공무원 개인도 고의 또는 중과실이 있는 경우에는 불법행위로 인한 손해배상책임을 진다고 할 것이지만, 공무원에게 경과실뿐인 경우에는 공무원 개인은 손해배상책임을 부담하지 아니한다고 해석하는 것이 헌법 제29조 제1항 본문과 단서 및 국가배상법 제2조의 입법취지에 조화되는 올바른 해석이다.

(나) 별개의견

공무원의 직무상 경과실로 인한 불법행위의 경우에도 공무원 개인의 피해자에 대한 손해배상책임은 면제되지 아니한다고 해석하는 것이, 우리 헌법의 관계 규정의 연혁에 비추어 그 명문에 충실한 것일 뿐만 아니라 헌법의 기본권보장 정신과 법치주의의 이념에도 부응하는 해석이다.

(다) 반대의견

공무원이 직무상 불법행위를 한 경우에 국가 또는 공공단체만이 피해자에 대하여 국가배상법에 의한 손해배상책임을 부담할 뿐, 공무원 개인은 고의 또는 중과실이 있는 경우에도 피해자에 대하여 손해배상책임을 부담하지 않는 것으로 보아야 한다.

라. 소 결

생각건대 피해자의 구제와 공무수행상의 능률의 조화라는 관점에서 보아 선택적 청구를 부정하는 입장이 타당하다고 본다. 만약 공무원 개인의 외부적 책임을 인정할 경우에는 손해배상의 두려움 때문에 공무원의 직무수행의 의욕은 현저히 떨어지며, 급한 결정이 요구되는 시점에 필연적으로 업무지체를 초래하게 된다. 또한 공무원에 대한 선택적 청구권을 인정하는 경우 피해자의 권리구제에 유리한 것 같지만, 지불능력이 없는 공무원을 상대로 승소판결을 받더라도 개인의 권리구제에 얼마나 도움이 될지 의문스럽다.

4. 사안의 해결

가. 선택적 청구의 긍정

사안에서 C가 한눈을 팔면서 운전을 하였던 것은 운전자로서 준수하여야 할 주의의무를 소홀히 한 것으로 중대한 과실이라고 할 수 있다. 그 결과 선행 차량을 추돌하여 동승한 동료 경찰관 A를 사망하게 하게 하였으므로, 중간설과 판례에 의하면 피해자인 A의 유족들은 중과실을 범한 가해공무원 C를 직접 상대로 민법상 불법행위로 인한 손해배상청구를 할 수 있다. 만약 C에게 변제자력이 충분하다면 A의 유족들은 국가배상청구를 하는 것보다 많은 배상을 받을 수 있는 가능성이 크다.

나. 「다른 법률」에서 보상받지 못한 부분의 청구 문제

가해공무원을 상대로 직접 손해배상청구를 할 수 있다고 할 때, 군인 등의 보상특례가 인정되는 사안에서 국가배상법이 아닌 '다른 법률'에서 정한 보상금이 민법상의 배상금에 미치지 못하는 금액을 가해공무원을 상대로 추가로 청구할 수 있는지 문제된다. 가해공무원도 피해자의 직접 청구의 대상이 되기 때문에 피해자가 배상받지 못한 금액에 대하여 책임이 있다고 보는 견해가 있을 수 있다. 그리고 국가배상법이 군인 등의 보상특례 규정을 둔 규정을 실효화시키는 결과를 초래할 수 있어 부정하는 견해도 있을 수 있다. 생각건대 군인 등의 보상특례 규정은 국가의 재정적인 부담뿐만 아니라 가해공무원의 근무의욕 저하를 방지하기 위한 목적도 있다 할 것이므로 부정하는 것이 타당하다. 그러므로 이 경우 피해자는 처음부터 가해공무원을 상대로 손해배상청구를 하여야 할 것이다.

> **기본구조**
>
> A 유족들의 가해공무원 C를 상대로 한 손해배상청구권 여부 [설문 (2)의 해결]
>
> 1. 문제점
>
> 2. 국가배상책임의 법적 성질
>   가. 대위책임설
>   나. 자기책임설
>   다. 중간설(절충설)
>   라. 판 례
>   마. 소 결
>
> 3. 피해자의 가해공무원에 대한 선택적 청구 여부
>   가. 실정법상 근거 유무
>   나. 학 설
>   (1) 선택적 청구를 부정하는 견해
>   (2) 선택적 청구를 긍정하는 견해
>   (3) 경과실에 의한 행위의 경우에는 선택적 청구를 부정하고, 고의 중과실에 의한 행위의 경우에는 선택적 청구를 긍정하는 견해
>   다. 판 례
>   (1) 선택적 청구를 긍정한 판례
>   (2) 선택적 청구를 부정한 판례
>   (3) 선택적 청구를 긍정하는 판례(대법원 1996.2.15. 95다38677 전원합의체판결 손해배상(자)).
>   ㈎ 다수의견
>   ㈏ 별개의견
>   ㈐ 반대의견
>   라. 소 결
>
> 4. 사안의 해결
>   가. 선택적 청구의 긍정
>   나. 「다른 법률」에서 보상받지 못한 부분의 청구 문제

Ⅲ. 국가의 C에 대한 구상권행사 가능 여부 [설문 (3)의 해결]

1. 문제점

가해공무원에게 고의나 중대한 과실이 있으면 국가나 지방자치단체는 그 공무원에게 구상할 수 있다(국가배상법 2②). 사안에서 A의 유족들은 군인 등의 특례규정에 따라 국가배상법이 정하는 배상은 받을 수 없고, 「국가유공자등 예우 및 지원에 관한 법률」이 정하는 보상을 받게 된다. 이 경우 국가의 구상권이 국가배상법에 의한 배상이 이루어진 경우에만 인정되는 것인지, 아니면 보상특례에 따른 다른 법률에서 정하는 보상이 이루어진 때에도 인정되는지 문제된다.

2. 구상권의 법적 성격

가. 일종의 부당이득반환청구권으로 보는 견해

대위책임설에 의하면 본래 공무원이 부담할 책임을 국가가 갈음하여 지는 것이므로 본래의 책임자인 공무원에게 구상하는 것은 당연하며, 그 성질은 부당이득반환청구권에 유사한 것이다.

나. 채무불이행책임으로 보는 견해

자기책임설에 의하면 공무원은 국가에 대하여 직무상 의무위반에 대하여 책임을 져야 할 지위에 있으므로, 공무원이 구상권의 행사를 당하는 것은 당연하다고 할 것이며, 그 관계는 채무 불이행과 유사한 관계라 하겠다.

다. 소 결

공무원이 고의나 중대한 과실로 직무를 집행하는 것은 공무원의 행위로서의 품격을 잃은 것이므로, 그로 인한 손해를 직접 피해자에게 배상해야 할 의무가 있다. 그런데 피해자가 국가를 상대로 배상책임을 청구한 우연한 사실 때문에 가해공무원은 그 배상액만큼을 부당이득하였다고 할 수 있기 때문에 내부적으로 구상책임을 지는 것으로 보아야 한다. 다만, 경과실의 경우에는 구상을 할 수 없는데, 그것은 공무원에게 가혹함은 물론 집무 의욕의 저하와 사무정체를 방지하기 위한 정책적 견지에서이다.

3. 구상권 행사의 요건

가. 공무원의 고의 또는 중과실의 존재

공무원의 직무상의 위법행위로 인하여 국가 또는 지방자치단체의 손해배상책임이 인정된 경우 그 위법행위가 고의 또는 중대한 과실에 기한 경우에는 국가 또는 지방자치단체는 당해 공무원에 대하여 구상할 수 있다 할 것이나, 이 경우 공무원의 중과실이라 함은 공무원에게 통상 요구되는 정도의 상당한 주의를 하지 않더라도 약간의 주의를 한다면 손쉽게 위법, 유해한 결과를 예견할 수 있는 경우임에도 만연히 이를 간과함과 같은 거의 고의에 가까운 현저한 주의를 결여한 상태를 의미한다(대법원 2003.2.11. 선고 2002다65929 판결).

나. 국가나 지방자치단체가 배상금 지급

가해공무원이 소속한 국가나 지방자치단체가 피해자에게 배상금을 지급하였어야 한다. 즉, 행정기관의 장은 소속공무원의 가해행위 또는 영조물의 설치·관리의 하자로 인하여 국가 또는 지방자치단체가 배상금을 지급한 때에는 구상권 행사를 위한 조치를 할 수 있다(국가배상법 시행령 25①). 여기서 배상금은 국가배상청구에 대한 배상으로서의 금액을 말한다.

다. 배상범위

국가 등이 피해자에게 지급한 배상금과 법률에 의해 정해지는 이자가 구상권의 대상이 된다. 국가 등은 당해 공무원의 직무내용, 당해 불법행위의 상황, 손해발생에 대한 당해 공무원의 기여정도, 당해 공무원의 평소 근무태도, 불법행위의 예방이나 손실분산에 관한 국가 또는 지방자치단체의 배려의 정도 등 제반사정을 참작하여 손해의 공평한 분담이라는 견지에서 신의칙상 상당하다고 인정되는 한도 내에서만 당해 공무원에 대하여 구상권을 행사할 수 있다고 봄이 상당하다(대법원 1991.5.10. 선고 91다6764 판결).

피고들이 경사 및 순경으로서 군인들과 함께 대간첩작전을 수행중 수차례에 걸친 간첩신고를 받고도 출동을 하지 않아 간첩과 승강이를 하던 민간인이 간첩이 쏜 탄환에 맞아 사망함으로써 국가가 사망자의 유족에게 금 3,258,111원을 손해로 배상한 경우에, 국가가 피고들에게 구상할 수 있는 금액은 위 금원중 1/10이 상당하다고 본 판례도 있다(대법원 1978.4.11. 선고 78다377 판결).

4. 국가배상법상 구상권을 행사하기 위한 배상금 지급의 근거법률

국가는 A의 유족들에게 국가배상법이 정하는 배상을 하지 아니하고, 「국가유공자등 예우 및 지원에 관한 법률」상의 보상금을 지급하였다. 따라서 가해공무원 C의 중과실로 국가는 보상금을 지급하는 의무를 지게 되었으므로, 그 금액에 대한 구상권 행사를 할 수 있을지 문제되는 것이다. 생각건대 국가배상법이 정한 구상권 행사는 국가배상법상의 배상금을 지급하였을 때 발생하는 것으로 보아야 할 것이다. 국가가 군인 등의 보상특례를 두어 국가배상법이 아닌 다른 법률에 따라 보상을 한 경우에는, 그 다른 법률에 구상권 행사에 관한 별도의 규정이 있을 때에는 그에 따라야 할 것이다. 사안에서 A의 유족들이 순직경찰관의 유족에게 보상금의 지급을 정하는 「국가유공자등 예우 및 지원에 관한 법률」에는 가해공무원에 대한 구상권 행사의 규정이 없으므로, 국가는 이 경우에 C에게 구상권을 행사할 수 없다고 보아야 한다.

5. 사안의 해결

국가가 경찰관 C에게 구상권을 행사하기 위해서는 국가배상법이 정하는 배상금을 피해자에게 지급한 경우에 가능하고, 국가배상법이 아닌 다른 법률에 의한 보상을 한 경우에는 구상권을 행사할 수 없다고 할 것이다.

기본구조

국가의 C에 대한 구상권행사 가능 여부 [설문 (3)의 해결]

1. 문제점

2. 구상권의 법적 성격
   가. 일종의 부당이득반환청구권으로 보는 견해
   나. 채무불이행책임으로 보는 견해
   다. 소결

3. 구상권 행사의 요건
   가. 공무원의 고의 또는 중과실의 존재
   나. 국가나 지방자치단체가 배상금 지급
   다. 배상범위

4. 국가배상법상 구상권을 행사하기 위한 배상금 지급의 근거법률

5. 사안의 해결

제1문

I. 설문(1)의 해결 - 국가배상법상 경찰관의 보상특례 적용여부

1. 문제점

국가배상을 청구하는 손해를 입은 타인은 가해공무원을 제외한 모든 자를 말한다. 그러므로 사안에서 가해공무원의 동료경찰관인 C 역시 타인에 해당된다. 그런데 국가배상법은 군인이나 경찰관 등의 공무원에 대하여는 국가배상청구를 제한하는 보상특례 규정을 두고 있다. 그러므로 사망한 C가 보상특례 규정의 적용을 받게 되는지 여부를 검토할 필요가 있다.

2. 군인 등에 대한 보상특례

군인·군무원·경찰공무원 기타 법률이 정하는 자가 전투·훈련 등 직무집행과 관련하여 받은 손해에 대하여는 법률이 정하는 보상 외에 국가 또는 공공단체에 공무원의 직무상 불법행위로 인한 배상은 청구할 수 없다(헌법 29②). 이 헌법규정에 근거하여 국가배상법도 동일한 규정을 두고 있다(국가배상법 2① 단서).

3. 입법연혁과 문제점

이는 위험성이 높은 직무종사자에게 사회보장적 위험부담으로서의 보상제도를 별도로 마련하고, 그것과 경합되는 이중배상청구를 배제하려는 취지이다. 대법원은 1971년 위 조항에 대하여 위헌판결을 하였으나, 1972년 헌법에 위 규정을 신설하여 위헌시비를 차단한 가운데 오늘에 이르고 있다. 위 보상특례는 국가가 지급하는 재해보상금 등 보상금에 의하여 실질적으로 국가배상을 받게 된다는 것을 전제로 하고 있는데, 보상금이 손해배상액에 미치지 못할 때에는 균형상 문제가 있다.

4. 적용요건

- 위 특례규정이 적용되기 위해서는, ① 피해자가 군인·군무원·경찰공무원 등이어야 하며, ② 전투·훈련 등 직무집행과 관련하여 순직하거나 공상을 입은 경우, ③ 다른 법령에 따라 재해보상금·유족연금·상이연금 등의 보상을 지급받을 수 있어야 한다.

5. 사안의 해결

A는 경찰공무원으로 직무집행 중에 경찰관 C의 과실로 야기된 교통사고로 사망하였다. 따라서 A는 국가유공자등 예우 및 지원에 관한 법률 제4조 제1항에 의하여 순직처리가 되었다. 결국 A는 국가배상법상 보상특례 규정의 적용대상자로서, A의 유족들은 현행법상 국가배상을 청구할 수 없다.

II. 설문(2)의 해결 – 가해공무원 C를 상대로 한 손해배상청구권 여부

1. 문제점

불법행위를 한 공무원은 고의나 중대한 과실이 있으면 구상책임을 지게 된다(국가배상법 2②). 이 경우 가해자인 공무원이 피해자에 대하여도 직접 손해배상책임을 지는지 여부가 문제된다. 이는 국가배상책임의 법적 성질과 관련된 문제로서, 이를 검토한 후 그 가능성을 검토한다.

2. 국가배상책임의 법적 성질

가. 학설의 태도

(1) 대위책임설

가해공무원이 부담하여야 할 배상책임을 국가 등이 갈음하여 지는 대위책임이며, 국가 등의 자기책임은 아니라고 한다. 이 견해는 공무원의 위법행위는 국가의 행위로 될 수 없으므로 국가가 직접 책임을 질 수 없다는 데 근거를 둔다.

(2) 자기책임설

국가 등은 그의 기관의 지위에 있는 공무원을 통하여 행위를 하는 것이기 때문에, 그의 기관인 공무원의 행위의 효과는 적법한 경우는 물론, 위법한 경우에도 국가 등에게 귀속되는 것이므로 국가 등이 직접 책임을 져야 한다는 데 근거를 둔다.

(3) 중간설(절충설)

고의·중과실에 의한 행위는 국가 등의 기관행위로 볼 수 없으므로 대위책임이지만, 경과실에 의한 행위는 기관행위로 볼 수 있으므로 자기책임이라고 한다.

나. 판례의 태도

판례는 절충설의 입장이다. ① 공무원의 경과실로 인하여 타인에게 손해를 입힌 경우에는 그 직무수행상 통상 예기할 수 있는 흠에 불과하고, 여전히 국가 등의 기관의 행위로 볼 수 있으므로 자기책임에 해당한다고 보면서, ② 공무원의 고의·중과실에 의한 행위는 기관행위로서의 품격을 상실하여 국가 등에게 그 책임을 귀속시킬 수 없으므로 공무원 개인에게 불법행위로 인한 손해배상책임을 부담시키되, 다만 피해자인 국민을 보호하기 위하여 국가 등이 공무원 개인과 중첩적으로 배상책임을 부담하는 대위책임으로 보는 입장을 취하고 있다.

다. 소결

국가배상법이 과실책임주의를 채택하여 '고의 또는 과실로' 타인에게 손해를 가한 경우에 국가 등이 배상하도록 한 점(국가배상법 2① 본문), 국가 등이 배상한 경우에 공무원에 대한 구상권을 행사하도록 한 점, 연혁적으로 볼 때 국가배상책임제도는 대위책임에서 자기책임으로 발전하여 가는 것이 일반적 추세인데 국가배상법이 일거에 자기책임제도를 인정하였다고는 볼 수 없다는 점에서 대위책임설이 타당하다고 본다.

3. 피해자의 가해공무원에 대한 선택적 청구 가능성

가. 실정법상 근거 여부
- 국가배상청구권을 규정한 헌법 제29조와 국가배상법 제2조에는 가해공무원에 대한 선택적 청구를 할 수 있다는 명문의 규정은 없다.

나. 학설의 태도

(1) 부정설

대위책임설의 입장에서 공무원은 직접 피해자에게 배상책임을 부담하지 않는다고 한다. 이 견해는 헌법 제29조 제1항 단서의 '이 경우 공무원 자신의 책임은 면제되지 아니한다' 는 뜻은 국가 등의 구상에 응하는 책임이라 한다.

(2) 긍정설

자기책임설의 입장에서 공무원은 피해자에게 직접 책임을 진다고 한다. 이 견해는 헌법 제29조 제1항 단서의 뜻을 피해자의 청구에 직접 응하는 책임의 뜻으로 본다.

(3) 절충설

중간설(절충설)의 입장에서 공무원의 경과실로 인한 행위는 국가 자신의 행위로 보아 선택적 청구를 부정한다. 반면, 공무원의 고의·중과실로 인한 행위의 경우에는 국가배상법이 피해자인 국민을 보호하기 위하여 국가에게 배상책임을 인정하였으나, 공무원 자신의 행위로서의 품격을 잃는 것은 아니므로 공무원 개인에게도 선택적으로 청구 할 수 있다고 한다.

다. 판례의 태도
공무원에게 고의 또는 중과실이 있는 경우에는 불법행위로 인한 손해배상책임을 진다고 할 것이지만, 공무원에게 경과실뿐인 경우에는 공무원 개인은 손해배상책임을 부담하지 아니한다고 해석하는 것이 헌법 제29조 제1항 본문과 단서 및 국가배상법 제2조의 입법취지에 조화되는 올바른 해석이라고 판시하고 있다.

라. 소결
피해자의 구제와 공무수행상의 능률의 조화라는 관점에서 보아 선택적 청구를 부정하는 입장이 타당하다고 본다. 만약 공무원 개인의 외부적 책임을 인정할 경우에는 공무원의 직무수행의 의욕이 떨어지며, 급한 결정이 요구되는 시점에 업무지체를 초래하게 된다. 또한 선택적 청구권을 인정하는 경우 지불능력이 없는 공무원을 상대로 개인의 권리구제에 얼마나 도움이 될지 의문스럽다.

4. 사안의 해결
사안에서 C의 교통사고는 주의의무를 소홀이 한 것으로 중대한 과실로 보아야 한다. 판례의 입장에 의한다면 피해자인 A의 유족들은 가해공무원인 C를 상대로 직접 민법상 손해배상청구가 가능할 것이다. 다만 이런 청구가능성은 C에게 변제자력이 충분한 경우에 그 실익이 있게 될 것이다. 이 경우 국가배상청구보다 많은 배상을 받을 가능성이 있기 때문이다.

III. 설문(3)의 해결 – 국가의 구상권행사 가능여부

1. 문제점

가해공무원에게 고의나 중대한 과실이 있으면 국가는 그 공무원에게 구상할 수 있다(국가배상법 2②). 그러나 A의 유족들은 특례규정에 따라 국가배상법이 정하는 배상은 받을 수 없고, '국가유공자등 예우 및 지원에 관한 법률'이 정하는 보상을 받게 된다. 이 경우 국가의 구상권이 국가배상법에 의한 배상이 이루어진 경우에만 인정되는 것인지, 아니면 보상특례에 따른 다른 법률에서 정하는 보상이 이루어진 때에도 인정되는지 문제된다.

2. 구상권의 법적 성격

구상권의 법적 성격에 대하여 ① 대위책임설에 근거하여 일종의 부당이득반환청구권으로 보는 견해와, ② 자기책임설에 근거하여 채무불이행책임으로 보는 견해가 있다.

공무원이 고의나 중대한 과실로 직무를 집행하는 것은 공무원의 행위로서의 품격을 잃은 것이므로, 그로 인한 손해를 직접 피해자에게 배상해야 할 의무가 있다. 그런데 피해자가 국가를 상대로 배상책임을 청구하였기 때문에 가해공무원은 그 배상액만큼을 부당이득하였다고 할 것이다. 다만, 경과실의 경우에는 구상을 할 수 없는 데, 그것은 공무원에게 가혹함은 물론 집무의욕의 저하와 사무정체를 방지하기 위한 정책적 이유 때문이다.

3. 구상권 행사의 요건

국가가 공무원에게 구상을 하기 위해서는, ① 공무원의 고의·중과실이 존재하며, ② 국가나 지방자치단체가 피해자에게 배상금을 지급한 경우여야 한다. ③ 또한 구상권의 행사가 가능하더라도 손해의 공평한 분담이라는 견지에서 신의칙상 상당하다고 인정되는 한도 내에서만 구상권을 행사가능하다는 것이 판례의 태도이다.

4. 국가배상법상 구상권을 행사하기 위한 배상금 지급의 근거법률

가해공무원 C의 중과실로 국가는 보상금을 지급하는 의무를 지게 되었으므로, 그 금액에 대한 구상권 행사를 할 수 있을지 문제된다. 생각건대 국가배상법이 정한 구상권 행사는 국가배상법상의 배상금을 지급하였을 때 발생하는 것으로 보아야 할 것이다. 국가가 국가배상법이 아닌 다른 법률에 따라 보상을 한 경우에는, 그 다른 법률에 구상권 행사에 관한 별도의 규정이 있는 경우에만 그에 따라야 할 것이다.

5. 사안의 해결

A의 유족들이 보상금의 지급을 청구하는 '국가유공자등 예우 및 지원에 관한 법률'에는 구상권 행사의 규정이 없으므로, 국가는 C에게 구상권을 행사할 수 없다.

[23] 기능적 하자로 인한 손해배상

> 국가는 1997년경 공군비행장(공군기지)을 설치하여 공군의 F16 전투기 비행훈련장으로 사용하고 있으며, A는 1991년경부터 위 공군기지 활주로 북쪽 끝으로부터 약 4.5㎞ 떨어진 곳의 양돈장에 모돈 약 100두, 육성돈 약 900두를 사육하면서 양돈업에 종사하여 왔다.
>
> 그런데 위 공군기지에서는 수개의 비행대대가 편성되어 매일 수십 회에 걸쳐 비행훈련을 하는데, 전투기가 정상이륙할 때에는 A의 양돈장 상공을 1,800 내지 2,000m의 고도로 비행하고 전술이륙할 때에는 이보다 낮은 고도로 비행하고 있다. 이로 인하여 양돈장의 순간최대소음도가 항공기 이륙시에는 76 내지 96dB, 착륙시에는 74 내지 84dB, 선회시에는 73 내지 83dB에 이르렀고, 항공기 소음평가 추정치는 75WECPNL에 이르렀다.
>
> 위 공군기지에는 소음방치벽과 방음정비고가 설치되어 있으나 지역 및 거리특성상 위 양돈장에는 방음효과가 없는 것으로 나타났다. A가 사육중인 모돈은 순간최대소음도 84 내지 96dB 정도의 소음 스트레스를 받을 경우 20~30% 정도 유산을 일으킬 가능성이 있는데, 실제로 공군기지에서 군항공기가 이착륙할 때에 발생하는 허용치를 넘는 소음 때문에 모돈 19두의 유산이 있었다. A가 피해를 당한 해의 축산물 생산비 조사결과에 따르면 모돈 1두당 연간수익은 815,000원이다.

(1) A는 전투기 이착륙으로 인한 소음 때문에 입은 손해에 대하여 국가배상청구를 할 수 있는가. (35점)

(2) A가 공항공해로 인한 피해를 구제받기 위한 권리구제 수단을 설명하시오. (15점)

> **주요쟁점**
> ✦ 설치·관리의 하자
> ✦ 사회적·기능적 하자(공용관련하자)
> ✦ 소음공해
> ✦ 수인한도
> ✦ 불가항력
> ✦ 예견가능성
> ✦ 예산부족
> ✦ 위험에의 접근이론
> ✦ 유지청구
> ✦ 환경분쟁조정법

Ⅰ. 영조물책임이 성립하는지 여부 [설문 (1)의 해결]

1. 문제점

도로·하천, 그 밖의 공공의 영조물의 설치나 관리에 하자가 있기 때문에 타인에게 손해를 발생하게 하였을 때에는 국가나 지방자치단체는 그 손해를 배상하여야 한다(국가배상법 5①). 이 규정에 의한 국가 등의 배상책임은 민법 제758조 공작물책임과 유사하다.

공군비행장과 전투기가 국가배상법 제5조 공공의 영조물에 해당하는지, 전투기의 이착륙으로 인한 소음발생이 공군비행장의 설치·관리의 하자에 해당되는지 여부에 따라, A가 입은 손해에 대하여 국가배상청구를 할 수 있는지 여부가 결정된다. 특히 사안의 경우 군용비행장에서 발생하는 소음 때문에 손해가 발생한 경우에도 영조물의 설치 또는 관리에 하자가 있다고 할 수 있는지 문제된다. 전투기의 이착륙 때 발생하는 소음은 군용비행장과 전투기의 아주 정상적인 상태를 말해주는 것이기 때문에, 종래 영조물의 하자를 '통상 갖추어야 할 안전성을 결여한 것'으로 보는 관점과는 달리 접근하여 검토할 필요가 있다.

2. 영조물책임의 성립요건

가. 공공의 영조물일 것

영조물이란 공적목적을 달성하기 위한 인적·물적 종합체를 말하는 것이 보통이나, 국가배상법 제5조의 영조물은 학문적 의미에서의 공물, 즉 행정주체가 직접 공적 목적을 달성하기 위하여 제공한 유체물을 말한다. 여기의 유체물에는 관용차와 같은 개개의 유체물 뿐만 아니라 도로·하천·항만·상하수도·관공서청사·국공립학교 교사와 같이 물건의 집합체인 유체적 설비도 포함된다. 그리고 공작물에 한하지 아니하므로 자동차 · 항공기(전투기) · 경찰견 · 경찰마 등 동산도 포함된다. 따라서 사안의 군용비행장과 전투기는 공공의 영조물에 해당된다. 하급심 판결은, 김포공항은 국토해양부장관의 지휘 · 감독을 받는 한국공항공사에 의하여 관리 · 운영되어 온 영조물이라고 하였다(서울고법 2003.8.22. 선고 2002나31140 판결).

나. 설치나 관리에 하자가 있을 것

(1) 설치 · 관리의 하자개념

(가) 전통적인 개념

일반적으로 하자란 그 물건이 본래 갖추어야 할 성질 또는 설비를 결여한 것을 말한다. 과실은 인간의 행위에 관한 문제인데, 하자는 사물의 상태에 관한 개념이다. 영조물의 '설치의 하자'란 당해 공물이 성립 당초부터 설계의 불비, 불량재료의 사용 등 설계 · 건조가 불완전 하는 등 원시적으로 안전성을 결여하고 있는 것을 말하고, '관리의 하자'란 그 후의 유지 · 수선이나 보존이 불완전하여 후발적으로 안전성이 결여된 것을 말한다.

(나) 사회적 · 기능적 하자(공용관련하자)

(ㄱ) 하자개념의 확대 · 변용

영조물이 그 용도에 따라 통상 갖추어야 할 안전성을 갖추지 못한 상태를 하자로 이해하는 종전의 개념으로는, 교통공해를 야기하는 도로나 공항에 어떤 하자가 있다고 설명하기가 어렵다. 도로나 공항 자체는 흠이 없기 때문이다. '공항소음'이란 공항에 이륙 · 착륙하는 항공기로부터 발생하는 소음을 말한다(공항소음 방지 및 소음대책지역 지원에 관한 법률 2(1)). 공항이나 도로소음을 야기한다는 것 자체가 공항이나 도로의 기능이 정상적으로 작동되고, 그 시설 자체가 정상적으로 기능하고 있음을 반증하기 때문이다. 따라서 공항이나 도로의 소음 등으로 인한 손해를 구제하기 위한 이론으로 고안된 개념이 '사회적 · 기능적 하자' 또는 '공용관련하자'이다.

(ㄴ) 특 징

사회적 · 기능적 하자를 구성하는 특징으로는, ① 영조물 자체에는 물적 결함이 존재하지 않는다는 점, ② 영조물의 공용목적과 합치하는 점, ③ 계속적으로 발생하는 환경피해라는 점, ④ 공용에 수반하는 손해의 불가피한 성격을 가진다는 점을 들 수 있다.

(ㄷ) 내 용

공항의 소음공해에 대하여 최초로 국가배상법 제5조 적용여부가 쟁점이 되었던 사건은 일본의 대판공항소음공해소송으로 영조물책임을 인정한 바 있다.[21] 즉, 영조물의 설치 또는 관리의 하자란 영조물이 갖추어야 하는 안전성을 결여한 상태를 말하는 것이지만, 여기에서 말하는 안전성의 결여, 즉 타인에 위해를 미칠 위험성 있는 상태란 다만 당해 영조물을 구성하는 물적 시설 자체에 존재하는 물리적, 외형적인 결함 내지 불비에 의하여 일반적으로 위와 같은 위해를 발생시키는 위험성이 있는 경우뿐만 아니라, 그 영조물이 공용목적에 따라 이용되는 것과 관련하여 위해를 발생시킬 위험성이 있는 경우도 포함되고, 또한 그 위해는 영조물의 이용자에 대하여서 뿐만 아니라 이용자 이외의 제3자에 대한 것도 포함하는 것으로 해석해야 한다고 판시하여, 사회적·기능적 하자 개념을 도입하였다.

우리 판례 역시 도로의 하자를 판단함에 있어 '당해 영조물을 구성하는 물적 시설 그 자체에 있는 물리적·외형적 흠결이나 불비로 인하여 그 이용자에게 위해를 끼칠 위험성이 있는 경우'뿐만 아니라, '그 영조물이 공공의 목적에 이용됨에 있어 그 이용 상태 및 정도가 일정한 한도를 초과하여 제3자에게 사회통념상 참을 수 없는 피해를 입히는 경우'(대법원 2004.3.12. 선고 2002다14242 판결) 까지를 하자로 판단하여 사회적·기능적 하자개념을 수용하고 있다.

(2) 학 설

설치·관리의 하자는 영조물이 통상 갖추어야 할 안전성을 결여한 경우를 말한다. 여기서 안전성의 결여상태를 판단함에 있어 관리책임자인 공무원의 귀책사유를 아울러 고려할 것인지의 여부를 둘러싸고 견해가 대립된다.

---

[21] 최고재판소 1981. 12. 16. 민집 35권 10호, 1369면; 대판국제공항의 주변주민들이 항공기에 의한 소음, 배기가스, 매연, 진동 등에 의하여 환경이 침해받았음을 이유로 항공기의 야간 이착륙금지와 손해배상을 청구한 사건이다. 상고심판결은 공항의 공용유지청구에 대하여 이른바 통상의 민사상의 청구로서는 주장할 수 없다(찬성 9명, 반대 4명)고 하면서, 과거의 손해배상청구에 관하여는 일부 원고에 대하여는 파기환송 하였지만, 나머지 원고에 대하여는 인용하였다. 장래의 손해배상청구에 대하여는 이를 기각하는 취지의 판결을 하였다.

(가) 객관설

설치 · 관리의 하자는 영조물이 통상적으로 갖추어야 할 안전성을 결여한 것으로 이해하며, 안전성을 결여하였는지의 여부는 물적 상태에 초점을 두어 객관적으로 파악한다. 따라서 관리자의 작위나 부작위 의무위반으로 발생된 것인지는 전혀 문제가 되지 않는다고 한다. 이 견해는 ① 통상 갖추어야 할 안전성의 결여, 즉 영조물의 물적 안전성의 결여, ② 무과실책임, ③ 재정적 이유는 면책사유가 되지 않는다는 이른바 3 원칙에 따라 관리자인 국가 등의 배상책임을 인정한다.

(나) 절충설

영조물에 물적 결함이 있는 경우는 물론, 그와는 별도로 영조물관리자의 안전관리의무의 위반이 있는 때에도 독립된 관리의 하자로 이해하려는 견해이다. 객관설은 영조물에 물적 결함이 없는 경우에는 아무리 관리행위에 소홀함이 있어 사고가 발생하였더라도 그러한 피해는 국가배상을 물을 수 없는데 반하여, 절충설은 이 경우에도 관리자의 관리의무위반이 있으면 그 책임을 물을 수 있어 피해자 구제에 도움이 된다.

(다) 주관설 (의무위반설)

국가배상법 제5조가 전적인 결과책임을 정한 것이 아니고 설치 · 관리의 흠에 따르는 책임이라고 한다면, 영조물에 물적 결함이 있어 피해가 발생한 경우에도 그러한 물적 결함의 발생에 대하여 아무런 귀책사유가 없었다면 관리자에게 책임을 지울 수는 없다는 견해이다. 이 견해는 통상 갖추어야 할 안전성의 결여를 설치 · 관리의 하자의 기준으로 삼고 있지만 안전성의 구비여부를 판단함에 있어서는, 관리자가 손해의 발생을 예측하고(예측가능성) 손해를 회피할 수 있었음(회피가능성)에도 불구하고 공물의 안전확보의무에 위반하여 물적 결함이 생긴 경우에 한하여 안전성이 결여되었다고 본다.

(라) 위법 · 무과실책임설

국가배상법 제5조의 책임을 행위책임으로 보고, 이를 위법 · 무과실책임으로 파악하는 견해이다.[22] 이 견해는 행정주체가 형체적 요소를 갖춘 일정한 물건을

---

22) 국가배상법 제5조는 교통안전의무를 성문화한 독일민법의 영향을 받은 민법 제758조의 공작물 책임에 관한 규정에 상응하는 규정이다. 자신의 토지나 그의 지배영역에 공적인 교통을 허용하거나 자신의 물건을 일반의 교통에 노출시킨 사람은 교통에 참여한 다른 사람의 위험

공용개시를 통하여 일반의 사용에 제공한 경우 타인에게 위험이 발생하지 않도록 안전조치를 취하여야 할 법적의무를 부담하며, 제5조의 책임은 이러한 법적의무를 위반한 위법한 행위에 의하여 발생한 손해에 대한 국가의 책임이라고 한다. 따라서 설치・관리의 하자란 관리주체의 안전의무위반을 의미한다. 그리고 안전조치의무는 관리주체가 외부법 관계에서 개인에게 지는 책임이기 때문에 공무원은 권리의무의 주체로 나타날 수 없으며, 따라서 공무원의 고의・과실은 전혀 작용할 수 없기에 관리주체의 책임은 무과실책임이라고 한다.

(3) 판 례

국가배상법 시행 초기의 판례는 대체로 객관설의 입장에서 해석하였다. 영조물 설치의 하자라 함은 영조물의 축조에 불완전한 점이 있어 이 때문에 영조물 자체가 통상 갖추어야 할 안전성을 갖추지 못한 상태에 있음을 말한다 할 것이고, 영조물 설치의 하자 유무는 객관적 견지에서 본 안전성의 문제이고, 재정사정이나 사용목적에 의한 사정은, 안전성을 요구하는 데 대한 정도문제로서의 참작사유에는 해당할지언정, 안전성을 결정지을 절대적 요건에는 해당하지 아니한다고 보았다(대법원 1967.2.21. 선고 66다1723 판결).

그 후 영조물책임에 관한 소송이 증가하면서 영조물 관리자의 안전확보의무 내지 손해방지의무위반을 요구하는 주관설 내지 절충설의 입장도 보이고 있다. 도로 등 영조물의 하자가 객관적으로 발생한 것만으로 국가 등의 배상책임을 인정할 수 없고, 공물관리자가 그러한 하자의 발생을 예견할 수 있었는지 또는 하자가 발생하여 그것을 제거할 시간적인 여유가 존재하였는가 하는 제반 여건을 고려하여 공물의 하자 여부를 판단하여야 한다(대법원 2000.2.25. 선고 99다54004 판결; 대법원 1992.9.14. 선고 92다3243 판결)고 판시하고 있다.

(4) 소 결

객관설이 전통적으로 일반적인 견해이며, 종래의 판례의 주류적 태도이다. 그러나 오늘날은 주관설을 취하는 학설과 판례도 많아지고 있지만, 객관설이 타당하다고 생각한다. 그것은 국가배상법 제5조에서 '설치나 관리에 하자'라고만 표현되어

을 방지하기 위하여 필요하고도 기대 가능한 조치를 취하여야 할 교통안전의 의무를 지고 있는데, 이러한 법적 의무를 위반하여 타인의 생명・재산을 침해하여 손해를 발생시킨 경우에는 이에 대한 책임을 져야 한다. 이와 같은 교통안전의무가 국가배상법 제5조의 책임근거라고 한다.

있고, 제2조에서와 같이 '고의 또는 과실'이라는 표현이 없는데도, 제5조의 책임을 과실책임에 가깝게 새기는 것은 타당한 해석이라고 보기 어려우며, 가해자인 국가의 입장만을 중시하고 피해자인 국민의 입장은 가볍게 보는 것이라고 하겠다.

(5) 하자의 입증책임

원고(피해자)가 입증하여야 한다. 그러나 영조물의 설치·관리의 하자로 인한 국가 등의 배상책임의 경우에도 일응의 추정이론을 도입하여 영조물에 의하여 손해가 발생한 것이 입증되면 설치관리의 하자는 추정된다고 할 것이다.[23] 판례 역시 같은 입장이다. 고속도로의 보존상의 하자의 존재에 관한 입증책임은 피해자에게 있으나, 일단 그 하자있음이 인정되는 이상 고속도로의 점유관리자는 그 하자가 불가항력에 의한 것이거나 손해의 방지에 필요한 주의를 해태하지 아니하였다는 점을 주장·입증하여야 비로소 그 책임을 면할 수가 있다(대법원 1988.11.8. 선고 86다775 판결)고 한다.

다. 위법성 (수인한도)

위법성을 결정하는 기준은 수인한도가 된다. 수인한도는 사회생활에 있어 타인에게 손해나 불편을 끼치는 경우에 어느 정도까지는 이를 서로 인용하지 않으면 안 되고, 그것이 인용해야 할 일정한 범위·한도를 넘어설 때에만 위법성을 띠게 된다. 수인한도의 기준을 정함에 있어서는 일반적으로 침해되는 권리나 이익의 성질과 침해의 정도뿐만 아니라, 침해행위가 갖는 공공성의 내용과 정도, 그 지역 환경의 특수성, 공법적인 규제에 의하여 확보하려고 하는 환경기준, 침해를 방지 또는 경감시키거나 손해를 회피할 방안의 유무 및 그 난이정도 등 여러 사정을 종합적으로 고려하여 구체적인 사정에 따라 개별적으로 결정하여야 한다.

판례는, 원심은 설령 피고(대한민국)가 김포공항을 설치·관리함에 있어 항공법령에 따른 항공기 소음 기준 및 소음대책을 준수하려는 노력을 경주하였다고 하

---

[23] 만일 객관적으로 보아 시간적·장소적으로 영조물의 기능상 결함으로 인한 손해발생의 예견가능성과 회피 가능성이 없는 경우 즉 그 영조물의 결함이 영조물의 설치·관리자의 관리행위가 미칠 수 없는 상황 아래에 있는 경우임이 입증되는 경우라면 영조물의 설치·관리상의 하자를 인정할 수 없다. (중략)가변차로에 설치 된 두 개의 신호등에서 서로 모순되는 신호가 들어오는 오작동이 발생하였고 그 고장이 현재의 기술수준상 부득이한 것이라고 가정하더라도 그와 같은 사정만으로 손해발생의 예견가능성이나 회피가능성이 없어 영조물의 하자를 인정할 수 없는 경우라고 단정할 수 없다(대법원 2001.7.27. 선고 2000다56822 판결).

더라도, 김포공항이 항공기운항이라는 공공의 목적에 이용됨에 있어 그와 관련하여 배출하는 소음 등의 침해가 인근 주민인 선정자들에게 통상의 수인한도를 넘는 피해를 발생하게 하였다면 김포공항의 설치·관리상에 하자가 있다고 보아야 할 것이라고 전제한 다음, 그 판시와 같은 여러사정을 종합적으로 고려하면 이 사건 김포공항 주변지역의 소음과 관련하여서는 항공법 시행규칙 제271조상의 공항소음피해예상지역(제3종 구역)으로 분류되는 지역 중 85WECPNL 이상의 소음이 발생하는 경우에는 사회생활상 통상의 수인한도를 넘는 것으로서 위법성을 띠는 것으로 봄이 상당하다고 할 것인데, 이 사건 선정자들의 거주지역이 이에 해당하므로 김포공항을 설치·관리하는 국가는 이에 대하여 손해를 배상할 책임이 있다고 판단하였다. 김포공항과 그 주변지역이 국내의 다른 민간공항이나 군용공항과 구별되는 특성을 기록에 비추어 살펴보면 원심이 구체적 사건인 김포공항 주변지역에 설정한 수인한도의 기준을 그 판시와 같이 정하고 이에 기하여 김포공항을 설치·관리하는 국가의 손해배상책임을 인정한 판단은 위 법리에 따른 것으로서 수긍이 가고, 거기에 상고이유에서 주장하는 바와 같이 영조물 설치·관리상의 하자에 관한 법리오해, 소음피해로 인한 수인한도에 관한 법리오해 등의 위법이 있다고 할 수 없다(대법원 2005.1.27. 선고 2003다49566 판결)고 하였다.

라. 타인에게 손해를 발생하게 하였을 것

설치·관리의 하자로 타인에게 손해가 발생하여야 한다. A는 소음으로 인하여 모든의 유산으로 인한 재산상 손해와 함께 수면방해나 TV 시청장해 등의 정신적 고통을 겪었을 것이 예상된다. 하자와 손해 간에는 상당인과관계가 있어야 하며, 그 입증은 피해자가 하여야 한다. 하자가 손해의 발생 또는 확대와 상당 인과관계가 있는 한 자연현상 또는 제3자나 피해자의 행위가 그 손해의 원인으로서 가세되었더라도 국가 등의 배상책임은 성립한다.

공무원도 영조물의 하자로 손해를 입은 때에는 여기의 '타인'에 해당된다. 국가배상법은 공무원 중에서 군인·군무원·경찰공무원·향토예비군대원에 대하여는 특례를 인정하고 있다(동법 2①단서·5①후단).[24]

---

24) 경찰관이 숙직실에서 잠자다 연탄가스중독으로 숨졌을 경우에는, 전투·훈련 에 관련된 시설에서의 순직이 아니므로 공무원년금법에 의한 순직연금 이외에도 국가를 상대로 민법상 손해배상청구를 할 수 있다(대법원 1979.1.30. 선고 77다2938 판결).

마. 영조물책임의 감면사유

영조물책임에 있어서는 다음과 같은 사유가 책임의 면책사유 또는 감면사유로 문제된다.

(1) 불가항력

불가항력이라 함은 천재지변과 같이 인간의 능력으로는 예견할 수 없거나, 예견할 수 있어도 회피할 수 없는 외부의 힘에 의하여 손해가 발생한 경우를 말한다. 국가배상법 제5조에 는 특별한 규정이 없지만, 불가항력이 면책사유가 되는 점에 대해서는 판례(대법원 2003.10.23. 선고 2001다48057 판결)와 학설이 일치하고 있다. 물론 이 경우에도 영조물이 통상적으로 요구되는 물적 안전성은 갖추고 있어야 한다는 것이 통설이다. 불가항력은 하자와 별개로 존재하는 것은 아니다.

판례는 전화취급소에서 전화를 걸던 중, 낙뢰가 전화선을 강타하여 송수전기가 파괴됨과 동시에 그 수화기에 귀를 대고 있던 사람이 고막천공 등의 상해를 입은 경우에, 국가가 값이 비싸다는 이유로 구미각국에서 사용하고 있는 완전한 보안기를 사용하지 않고, 값이 싼 불완전한 보안기를 사용했기 때문에 위 낙뢰사고가 발생한 것이라면, 그것을 국가가 책임질 수 없는 불가항력에 의한 사고라고는 할 수 없다고 한다(대법원 1980.12.23. 선고 80다1705 판결).

(2) 예견가능성

홍수 등의 위험발생의 예견가능성은 영조물 관리주체의 결과회피조치의 전제로서 요구된다. 여기서 말하는 예견가능성이란 통상적으로 위험을 예측하는 것이 가능하다는 것을 말한다. 여기서 예상되는 위험의 개념은 공공의 영조물 그 자체의 구조와 성질 등의 위험과, 이것을 이용하는 자 또는 이에 접근하는 자 등과의 사이에 있어 관리자측이 예견하고 회피해야 하는 의무의 범위를 구분하는 것이다. 이것은 넓은 의미의 예견가능성의 내용 중의 하나라 할 수 있다.

(3) 결과회피조치의 가능성

위험발생의 예견가능성이 있으면 그 다음으로 결과회피조치의 가능성이 문제된다. 회피가능성이 없으면 영조물 관리책임을 인정하기 어렵기 때문에 회피가능성의 존재는 관리자의 책임을 인정하기 위한 하나의 요건이라고 할 수 있다. 회피가능성은 오로지 기술적 견지에서 손해의 발생이 회피가능 하였다는 것을 의미하는 경우와 기타 사정(예컨대, 손해회피조치를 위한 비용)을 고려하여 회피가능하다는 것을 의미하는 경우가 있다.

⑷ 예산부족

영조물의 안전성 확보를 위한 예산부족으로 설치·관리의 하자가 발생한 경우에 면책사유가 될 수 있는지가 문제된다. 도로나 하천을 안전한 상태로 유지·관리하는 데에는 막대한 예산이 소요된다. 재정지출이 일반적으로 예상되는 위험과 비교하여 객관적으로 사회통념상 기대가능성이 없을 정도로 과다하고, 현실적으로 생긴 손해와 관련지어 보더라도 그러한 재정지출을 요구하는 것이 가혹하다고 판단되는 경우에는 면책사유는 되지 못하여도 참작사유는 될 수 있다. 판례는 예산부족은 절대적인 면책사유는 되지 않는다고 보고 있다(대법원 1967.2.21. 선고 66다723 판결).

⑸ 영조물의 하자와 면책사유의 경합

영조물의 설치·관리의 하자와 천재라고도 할 수 있는 불가항력적인 자연력이 경합하여 사고가 발생했다고 여겨지는 경우 국가의 배상책임이 인정될 것인가 (손해배상책임의 성립여부), 또한 책임이 인정되면 그 책임의 범위를 일정한도로 제한하여야 하는 것인지(손해배상책임의 범위 또는 손해배상액결정의 문제) 문제된다.

그 손해가 통상 예측할 수 없는 불가능한 자연력에 의하여 발생하고 당해 영조물의 설치·관리하자가 부정되거나 혹은 하자가 인정되었다 하여도, 손해와의 인과관계가 부정되는 등 대개 설치·관리라는 사람의 행위영역 외의 사건으로 평가될 수 있는 경우에는 불가항력으로 면책을 인정하는 것이 일반적이다.

판례는 불가항력과 영조물의 하자가 손해의 발생에 있어서 경합된 경우에는 영조물의 설치 또는 관리상의 하자가 손해발생의 공동원인의 하나가 된 이상 그 손해는 영조물의 설치 또는 관리상 하자에 의하여 발생한 것이라고 보나, 그 손해의 범위는 영조물의 하자로 인하여 손해가 확대된 한도 내에서 책임을 진다고 본다.

바. 국가배상법 제2조와의 관계

⑴ 양자의 경합문제

국가배상법 제2조의 책임은 조문상 '고의 또는 과실'을 요하는 과실책임이며, 제5조의 책임은 단지 '하자'라고만 되어 있어 무과실책임이라고 해석하였다. 그러나 제2조의 과실의 요건이 판례상 객관화되고 있는 반면, 제5조의 하자를 주관적 요소를 포함시켜 구성하므로 양자의 책임성질이 유사하게 되었다. 한편, 국가배상법 제2조의 공무원의 '직무행위'는 공권력작용 이외에 비권력적 작용인 관리작용도 포함하고 있어 영조물의 설치·관리를 규율하는 국가배상법 제5조와 공통적인 면도 있을 뿐만 아니라 양자가 경합되는 사례도 있다.

(2) 국가배상법 제2조와 제5조의 경합의 처리

물적인 하자는 없는데 영조물의 관리행위의 하자(관리자의 관리의무위반)로 인하여 손해를 입은 경우에 제2조와 제5조 중 어느 규정에 의하여 배상을 청구할 것인가 문제된다. ① 객관설은 제5조 책임을 영조물의 물적 흠에 의한 책임인 상태책임으로 보고 제2조 책임을 행위책임으로 보기 때문에, 영조물의 물적 하자로 인한 손해배상의 문제는 제5조가 적용될 문제라고 한다. 그런데 물적 결함이 없다면 책임이 없게 된다. 그리고 영조물 관리자의 관리의무위반으로 인한 손해배상은 제2조가 적용될 문제로 본다. ② 주관설은 제5조 책임의 근거를 제2조의 책임과 같이 영조물 관리자의 관리행위에 있어서 관리의무위반에 있다고 보기 때문에, 양자의 경우에 모두 제5조가 적용된다고 보게 될 것이다. ③ 절충설은 제5조의 영조물의 설치·관리의 하자라는 것은 영조물 자체의 객관적 하자뿐만 아니라 관리자의 관리의무 위반도 포함된다고 보기 때문에, 양자의 경우에 모두 제5조의 적용을 받게 된다고 보게 될 것이다. 최근 주관설 내지 절충설의 입장에 선 판례에 따르면 제5조의 적용을 받게 된다.

3. 사안의 해결

가. 영조물의 하자의 존재

국가가 설치하여 사용 중인 공군비행장(공군기지)과 전투기는 모두 영조물에 해당된다. 공군비행장과 전투기 자체는 하자 없이 설계되어 정상적으로 기능하고 있기 때문에 설치상의 하자는 없어 보인다. 전투기에서 발생하는 소음을 공군비행장의 관리상의 하자로 인정하여 A가 입은 손해를 배상할 의무가 있는지 문제된다. 도로에서의 자동차 소음과 같이 공항에서의 항공기 소음으로 인하여 피해가 발생한 경우 이를 사회적·기능적 하자(공용관련하자)로 보아 국가배상법 제5조를 적용하게 된다. 이는 결국 비행장의 소음을 영조물의 '관리'의 하자로 인정하는 것이 된다. 이 사건 공군기지에는 소음방지벽과 방음정비고가 설치되어 있지만, A의 양돈장의 손해발생을 방지할 만한 방음효과는 없어 하자를 인정하는데 어려움이 없다.

나. 손해의 발생

A가 사육중인 모돈은 순간최대소음도 84 내지 96데시빌(dB) 정도의 소음 스트레스를 받을 경우 20~30% 정도 유산을 일으킬 가능성이 있다. 이 사건 공군비행장에서 전투기가 이륙시에는 76 내지 96dB, 착륙시에는 74 내지 84dB, 선회시에는 73 내지 83dB에 이르렀고, 항공기 소음평가 추정치는 75WECPNL에 이르렀다. 그러므로 수인한도를 넘는 소음 때문에 A가 모돈 19두의 유산이 있었다. 그런데 모돈 1두당 연간수익은 815,000원이므로, A는 국가의 영조물의 관리하자로 인하여 15,485,000원(=19두 × 815,000원)의 손해를 입었다. A는 국가(대한민국)을 상대로 위 손해에 대한 국가배상을 청구할 수 있다. 국가의 영조물책임을 감면하거나 감경할 만한 면책사유는 보이지 아니한다.

다. 위험에의 접근이론 적용문제

A가 공항소음으로 인한 위해상태를 이용하기 위하여 이주하였다는 등의 특별히 비난할 만한 사유가 있을 때는 그 위험을 용인한 것이므로 보아 손해배상액을 감면하는 등 불이익을 주어야 한다는 위험에의 접근이론 또는 선주성이론이 있다. 그러나 설문상 A의 양돈장이 공군비행장 설치 전부터 존재하여 왔다고 보인다. 만약, A가 뒤늦게 양돈장을 군용공항 주변에 설치하여 소음피해를 입었다면, 배상액의 산정에 있어서 형평의 원칙상 과실상계에 준하여 위자료의 감액 사유가 될 수 있다.

> **기본구조**

영조물책임이 성립하는지 여부 [설문
(1)의 해결]

1. 문제점

2. 영조물책임의 성립요건
　가. 공공의 영조물일 것
　나. 설치나 관리에 하자가 있을 것
　　(1) 설치·관리의 하자개념
　　　(가) 전통적인 개념
　　　(나) 사회적·기능적 하자(공용관련
　　　　　하자)
　　　　㉠ 하자개념의 확대·변용
　　　　㉡ 특 징
　　　　㉢ 내 용
　　(2) 학 설
　　　(가) 객관설
　　　(나) 절충설
　　　(다) 주관설(의무위반설)
　　　(라) 위법·무과실책임설
　　(3) 판 례
　　(4) 소 결
　　(5) 하자의 입증책임
　다. 위법성(수인한도)
　라. 타인에게 손해를 발생하게 하였
　　　을 것
　마. 영조물책임의 감면사유
　　(1) 불가항력
　　(2) 예견가능성
　　(3) 결과회피조치의 가능성
　　(4) 예산부족
　　(5) 영조물의 하자와 면책사유의 경
　　　　합
　바. 국가배상법 제2조와의 관계
　　(1) 양자의 경합문제
　　(2) 국가배상법 제2조와 제5조의 경
　　　　합의 처리

3. 사안의 해결
　가. 영조물의 하자의 존재
　나. 손해의 발생
　다. 위험에의 접근이론 적용문제

Ⅱ. 공항공해로 인한 소음피해를 구제받기 위한 권리구제 수단 [설문 (2)의 해결]

1. 권리구제 수단의 개괄

　　공항소음으로 인한 환경피해의 구제수단으로는 사법적으로는 피해에 대한 손해배상청구와 계속되는 환경침해의 방지를 구하는 유지청구가 있다. 그리고 공법적으로는 환경오염을 야기하는 사업자와 피해를 보는 이웃주민 및 당해 사업을 허가한 행정청 간의 분쟁이 있을 수 있다. 이 때 이웃주민은 사업자에 대한 허가의 취소를 행정청을 상대로 구하는 항고소송을 제기할 수 있다. 그리고 국가배상법 제5조 영조물책임을 물을 수 있다. 또한 환경분쟁조정법에 의한 준사법적 분쟁해결기구인 중앙환경분쟁조정위원회에 분쟁조정신청을 할 수도 있다.

2. 사법적 구제수단

가. 손해배상청구

손해배상은 민법 제750조의 일반불법행위 제758조의 공작물책임 및 제760조의 공동불법행위책임 등에 의하여 청구할 수 있다. 사안처럼 공항공해로 불법행위가 성립하기 위하여는 민법 제750조에 규정되어 있는 불법행위의 성립요건, 즉 주관적 성립요건으로서 고의 또는 과실 및 객관적 성립요건으로서의 위법성, 위법행위와 손해 사이의 인과관계가 존재하여야 한다.

반면, 민법 제750조의 불법행위책임이 과실책임이지만, 환경정책기본법은 환경오염의 피해에 대하여 무과실책임을 인정하고 있다. 사업장 등에서 발생되는 환경오염으로 인하여 피해가 발생한 때에는 당해 사업자는 그 피해를 배상하여야 한다(환경정책기본법 31①). 여기서 '사업자'는 개인적인 사업활동에 종사하는 자를 말하고, 국가나 지방자치단체는 해당되지 않는다고 할 것이므로(환경정책기본법 5), 사안의 경우에서 군용비행장을 설치·관리하는 국가는 환경정책기본법이 정하는 무과실책임을 지는 것은 아니다.

나. 유지청구

유지청구는 민법 제205조, 제206조, 제214조 등의 물권적 청구권 및 제217조의 상린관계 규정에 의하여 청구할 수 있다. 판례도 도로에서 발생하는 소음피해를 막기 위한 유지청구를 인정하고 있다. 유지청구의 구체적 내용으로는 방제시설의 설치, 시설의 개선, 조업방법의 변경 등의 청구 외에 극단적인 경우에는 조업활동의 일부 또는 전부의 금지를 구하는 것을 들 수 있다. 공항공해로 인한 유지청구의 내용으로는 공해를 야기하는 공항에 대한 특정 시간대에 전투기의 이착륙을 금지시키는 것을 고려할 수 있다.

고속도로로부터 발생하는 소음이 피해 주민들 주택을 기준으로 일정 한도를 초과하여 유입되지 않도록 하라는 취지의 유지청구는 소음발생원을 특정하여 일정한 종류의 생활방해를 일정 한도 이상 미치게 하는 것을 금지하는 것으로 청구가 특정되지 않은 것이라고 할 수 없고, 이러한 내용의 판결이 확정될 경우 민사집행법 제261조 제1항에 따라 간접강제의 방법으로 집행을 할 수 있으므로, 이러한 청구가 내용이 특정되지 않거나 강제집행이 불가능하여 부적법하다고 볼 수는 없다(대법원 2007.6.15. 선고 2004다37904,37911 판결). 그러나 유지청구가 허용될지라도 실제로 유지청구가 인용되기 위해서는 소음으로 인한 피해와 전투기의 이착륙이라는 국방의 요청 등 여러 요소를 형량하여 검토될 수 있을 것이다.

3. 공법적 수단

가. 항고소송에 의한 구제

헌법 제35조가 국민의 기본권으로 보장한 환경권 및 소음규제에 관하여 규정한 소음진동규제법을 기초로 행정청이 소음규제권을 발동하지 아니한 경우에, 그 소음피해자는 소음규제권의 발동을 청구할 수 있다. 그 같은 소음규제권의 발동청구에도 행정청이 부작위 상태를 유지한다거나 거부처분을 한 경우에는, 그 거부처분취소소송이나 부작위위법확인소송을 제기할 수 있다. 이처럼 환경소송에서 제3자의 원고적격이 널리 인정되고 있다. 사안에서 A는 공항소음으로 직접적인 재산상 피해를 입고 있는 당사자이기 때문에 직접적인 원고적격이 인정되지만, 현실적으로 행정청을 상대로 항고소송을 제기할 여지는 많지 않다.

나. 환경분쟁조정법에 의한 구제

소송구조가 갖는 한계를 극복하기 위하여 환경분쟁에 관한 한 행정규제 기타 행정기관의 제3자적 역할, 예컨대 조정제도 기타 유사제도가 그 보완수단으로 중요한 의미를 갖게 된다. 환경분쟁조정법에 의한 조정제도는 당사자간의 합의가 공정하게, 또한 현실에 부응하는 합리적 범위 내에서 이루어질 수 있도록 독립성 · 전문성 · 공정성을 구비한 행정기관의 제3자적 역할을 기대하는 제도라 할 수 있다.

이 법에 따라 재정을 행한 경우에 재정문서의 정본이 당사자에게 송달된 날부터 60일 이내에 당사자 쌍방 또는 일방으로부터 그 재정의 대상인 환경피해를 원인으로 하는 소송이 제기되지 아니하거나 그 소송이 철회된 때에는 해당 재정문서는 재판상 화해와 동일한 효력이 있다(환경분쟁조정법 42).

다. 국가배상법에 의한 구제

설문 (1)에서 살펴본 바와 같이, 국가배상법 제5조 영조물책임의 법리에 따라 손해배상을 청구할 수 있다. 그러나 우리 법원에서는 국가배상청구 사건을 사법상 청구사건으로 보아 통상의 민사소송사건으로 다루고 있다.

4. 사안의 해결

A가 모돈의 유산피해를 배상받기 위해서는 민법상 불법행위 법리에 의하여 대한민국을 상대로 손해배상청구를 하는 것이 현재의 실무이다. 다만, 환경분쟁조정법에 의한 분쟁조정신청을 하는 것이 유리할 수도 있다. 소음으로 인한 피해액을 구체적으로 직접 입증하지 않아도 되는 점과 저렴한 비용과 신속한 구제에 도움이 되는 장점이 있다. 그리고 A로서는 과거의 손해를 배상받을 뿐만 아니라 장차 계속되는 소음피해를 방지하기 위하여 유지청구를 할 수 있는데, 그 청구의 인용은 쉽지 않을 것으로 보인다.

기본구조

공항공해로 인한 소음피해를 구제받기 위한 권리구제 수단 [설문 (2)의 해결]

1. 권리구제 수단의 개괄

2. 사법적 구제수단
   가. 손해배상청구
   나. 유지청구

3. 공법적 수단
   가. 항고소송에 의한 구제
   나. 환경분쟁조정법에 의한 구제
   다. 국가배상법에 의한 구제

4. 사안의 해결

관리번호	사 례 형 (제1문)	시험관리관 확 인	점 수	채점위원인

I. 설문(1)의 해결 - 영조물책임의 성립여부

1. 문제점

영조물의 설치나 관리상의 하자로 타인에게 손해를 발생하게 하였을 때에는 국가는 그 손해를 배상하여야 한다(국가배상법 5①). A는 전투기 이착륙으로 인한 소음에 기하여 손해를 입었다고 주장하는바, 위 조항에 기하여 국가배상청구를 할 수 있는지 여부가 문제된다.

특히 사안의 경우 군용비행장에서 발생하는 소음 때문에 손해가 발생한 경우에도 영조물의 설치 또는 관리에 하자가 있다고 할 수 있는지 문제된다. 이러한 소음은 비행장의 아주 정상적인 상태를 말해주는 것이기 때문에, 종래 영조물의 하자를 '통상 갖추어야 할 안전성을 결여한 것'으로 보는 관점과는 달리 접근하여 검토할 필요가 있다.

2. 영조물책임의 성립요건

가. 공공의 영조물일 것

영조물이란 공적목적을 달성하기 위한 인적·물적 종합체를 말하는 것이 보통이나, 국가배상법 제5조의 영조물은 학문적 의미에서의 공물, 즉 행정주체가 직접 공적 목적을 달성하기 위하여 제공한 유체물을 말한다. 개개의 유체물 뿐만 아니라 도로·항만·관공서청사와 같이 물건의 집합체인 유체적 설비도 포함된다. 그리고 공작물에 한하지 아니하므로 항공기 등 동산도 포함된다. 따라서 사안의 군용비행장과 전투기는 공공의 영조물에 해당된다.

나. 설치나 관리에 하자가 있을 것

(1) 사회적·기능적 하자의 문제

㈎ 의의 및 인정여부

영조물이 그 용도에 따라 통상 갖추어야 할 안전성을 갖추지 못한 상태를 하자로 이해하는 종전의 개념으로는, 교통공해를 야기하는 도로나 공항에 어떤 하자가 있다고 설명하기가 어렵다. 그 자체는 흠이 없고, 소음발생 자체가 영조물의 기능이 정상적으로 작동하고 있음을 반증하기 때문이다. 따라서 공항이나 도로의 소음 등으로 인한 손해를 구제하기 위한 이론으로 고안된 개념이 '사회적·기능적 하자' 개념이다.

판례도 도로의 하자를 판단함에 있어, '그 영조물이 공공의 목적에 이용됨에 있어 그 이용 상태 및 정도가 일정한 한도를 초과하여 제3자에게 사회통념상 참을 수 없는 피해를 입히는 경우'까지를 하자로 판단하여 사회적·기능적 하자개념을 수용하고 있다.

(내) 특징

사회적·기능적 하자를 구성하는 특징으로는, ① 영조물 자체에는 물적 결함이 존재하지 않는다는 점, ② 영조물의 공용목적과 합치하는 점, ③ 계속적으로 발생하는 환경피해라는 점, ④ 공용에 수반하는 손해의 불가피한 성격을 가진다는 점을 들 수 있다.

(2) 사안의 경우

사안의 비행장 자체는 그 공적목적의 수행에 있어서 어떠한 하자도 없다. 그러나 사회적·기능적 하자의 관점에서 보면 '하자'의 개념이 확대되며, 비행장이 정상적으로 운영되고 있더라도 제3자에게 사회통념상 참을 수 없는 피해를 입히는 경우 그 하자가 인정된다.

또한 국가배상법 제5조의 설치·관리상 하자에 있어 공무원의 귀책사유를 포함할 것인지에 대하여 견해대립이 있으나, 사안의 경우 공무원의 귀책사유가 아닌 공항 자체의 하자가 문제되는 것으로서 논의의 실익은 크지 않다.

다. 하자의 입증책임

원고(피해자)가 입증하여야 한다고 할 것이다. 그러나 영조물의 설치·관리의 하자로 인한 배상책임의 경우에도 일응의 추정이론을 도입하여 영조물에 의하여 손해가 발생한 것이 입증되면 설치·관리의 하자는 추정된다고 할 것이다. 판례도 고속도로의 보존상의 하자의 존재에 관한 입증책임은 피해자에게 있으나, 일단 그 하자있음이 인정되는 이상 고속도로의 점유관리자는 그 하자가 불가항력에 의한 것이거나 손해의 방지에 필요한 주의를 해태하지 아니하였다는 점을 주장·입증하여야 비로소 그 책임을 면할 수가 있다고 한다.

라. 위법성

(1) 판단기준

위법성을 결정하는 기준은 수인한도가 된다. 수인한도는 사회생활에 있어 타인에게 손해나 불편을 끼치는 경우에, 그것이 인용해야 할 일정한 범위·한도를 넘어설 때에만 위법성을 띠게 된다. 수인한도의 기준을 정함에 있어서는 일반적으로 침해되는 권리나 이익의 성질과 침해의 정도뿐만 아니라, 침해행위가 갖는 공공성의 내용과 정도, 그 지역 환경의 특수성, 침해를 방지 또는 경감시키거나 손해를 회피할 방안의 유무 및 그 난이정도 등 여러 사정을 종합적으로 고려하여 구체적인 사정에 따라 개별적으로 결정하여야 한다.

(2) 사안의 경우

공항을 설치·관리함에 있어 항공법령에 따른 소음대책을 준수하려는 노력을 경주하였다고 하더라도, 그와 관련하여 배출하는 소음이 인근 주민들에게 통상의 수인한도를 넘는 피해를 발생하게 하였다면 김포공항의 설치·관리상에 하자가 있다고 보아야 할 것이다.

사안의 경우 허용치를 넘는 소음이 발생하였고, 모돈의 유산이라는 손해도 발생하였다. 이는 사회생활상 통상의 수인한도를 넘는 것으로서 위법성을 띠는 것으로 봄이 상당하다.

마. 타인에게 손해를 발생하게 하였을 것

설치·관리의 하자로 타인에게 손해가 발생하여야 한다. A는 소음으로 인하여 모돈의 유산으로 인한 재산상 손해와 함께 수면방해나 TV 시청장해 등의 정신적 고통을 겪었을 것이 예상된다. 또한 이러한 공항의 하자와 손해 간에는 상당인과관계가 존재한다.

3. 영조물책임의 감면사유

영조물책임에 있어서는 ① 천재지변과 같은 불가항력의 사유, ② 예산부족 등의 사유가 영조물책임의 면책 또는 감면사유로 문제된다. 또한 영조물의 하자와 면책사유가 경합하여 사고가 발생하였다고 인정하는 경우, 설치·관리상의 하자가 손해발생의 원인이 된 이상 책임이 인정되지만, 그 손해의 범위는 영조물의 하자로 인한 한도 내에서 책임을 진다는 것이 판례의 태도이다. 사안의 경우 국가의 책임을 감면할 만한 특별한 사정은 보이지 아니한다.

4. 사안의 해결

가. 영조물의 하자의 존재

국가가 설치하여 사용 중인 공군비행장(공군기지)과 전투기는 모두 영조물에 해당된다. 이 자체는 하자 없이 정상적으로 기능하고 있기 때문에 설치상의 하자는 없다. 다만 전투기에서 발생하는 소음을 비행장의 관리상의 하자로 인정하여 A가 입은 손해를 배상할 의무가 있는지 문제된다. 공항에서의 항공기 소음으로 인하여 피해가 발생한 경우 이를 사회적·기능적 하자로 보아 국가배상법 제5조를 적용하게 된다. 이는 결국 비행장의 소음을 영조물의 '관리'의 하자로 인정하는 것이 된다. 설문상 소음방지벽과 방음정비고가 설치되어 있지만, 양돈장의 손해발생을 방지할 만한 방음효과는 없어 하자를 인정하는데 어려움이 없다.

나. 손해의 발생

A가 사육중인 모돈은 84 내지 96데시빌(dB) 정도의 소음 스트레스를 받을 경우 유산을 일으킬 가능성이 있다. 이 사건 공군비행장에서 전투기의 이·착륙 및 선회시에 이에 달하는 소음이 발생했고, 항공기 소음평가 추정치는 75WECPNL에 이르렀다. 결국 수인한도를 넘는 소음 때문에 A가 사육하는 모돈 19두의 유산이 있었고, A는 15,485,000원(=19두 × 815,000원)의 손해를 입었다. A는 국가(대한민국)을 상대로 위 손해에 대한 국가배상을 청구할 수 있다. 국가의 영조물책임을 감면하거나 감경할 만한 면책사유는 보이지 아니한다.

II. 설문(2)의 해결 - 공항공해로 인한 소음피해를 구제받기 위한 권리구제 수단

1. 문제점

공항소음으로 인한 환경피해의 구제수단으로는 ① 사법적으로는 피해에 대한 손해배상청구와 계속되는 환경침해의 방지를 구하는 유지청구가 있다. ② 공법적으로는 사업자에 대한 허가의 취소를 행정청을 상대로 구하는 항고소송을 제기할 수 있다. 그리고 국가배상법 제5조 영조물책임을 물을 수 있다. 또한 환경분쟁조정법에 의한 준사법적 분쟁해결기구인 중앙환경분쟁조정위원회에 분쟁조정신청을 할 수도 있다.

2. 사법적 구제수단

가. 손해배상청구

손해배상은 민법 제750조 이하의 불법행위책임 규정에 의하여 청구할 수 있다.

공항공해로 불법행위책임을 청구하기 위해서는, 민법 제750조에 규정되어 있는 불법행위의 성립요건을 입증하여 그 손해를 배상받을 수 있을 것이다.

나. 유지청구

유지청구는 민법 제214조 등의 물권적 청구권 및 제217조의 상린관계 규정에 의하여 청구할 수 있다. 판례도 도로에서 발생하는 소음피해를 막기 위한 유지청구를 인정하고 있다.

공항공해로 인한 유지청구의 내용으로는 특정 시간대에 전투기의 이착륙을 금지시키는 것을 고려할 수 있다. 그러나 유지청구가 허용될지라도 실제로 인용되기 위해서는 소음으로 인한 피해와 전투기의 이착륙이라는 국방의 요청 등 여러 요소를 형량하여 검토될 수 있을 것이다.

3. 공법적 수단

가. 항고소송에 의한 구제

헌법 제35조가 기본권으로 보장한 환경권 및 이를 구체화 한 소음진동규제법을 기초로 행정청이 소음규제권을 발동하지 아니한 경우에, 그 소음피해자는 소음규제권의 발동을 청구할 수 있고, 행정청이 부작위 상태를 유지한다거나 거부처분을 한 경우에는, 그 거부처분취소소송이나 부작위위법확인소송을 제기할 수 있다. 사안에서 A는 공항소음으로 직접적인 재산상 피해를 입고 있는 당사자이기 때문에 직접적인 원고적격이 인정되지만, 현실적으로 행정청을 상대로 항고소송을 제기할 여지는 많지 않다.

나. 환경분쟁조정법에 의한 구제

소송구조가 갖는 한계를 극복하기 위하여 환경분쟁에 관한 행정기관의 조정제도 기타 유사제도가 그 보완수단으로 중요한 의미를 갖게 된다. 환경분쟁조정법에서 이러한 절차를 규정하고 있고, 그 결과는 재판상 화해와 동일한 효력이 있다(환경분쟁조정법 42).

다. 국가배상법에 의한 구제

위의 설문에서 살펴본 바와 같이 국가배상법 제5조 영조물책임의 법리에 따라 손해배상을 청구할 수 있다. 그러나 우리 법원에서는 국가배상청구 사건을 사법상 청구사건으로 보아 통상의 민사소송사건으로 다루고 있다.

[24] 행정상 손실보상청구

A 등은 국가에서 공익사업으로 시행한 부산신항만개발사업의 시행일인 1997. 10. 31. 이전에 적법한 절차에 의하여 신고를 마친 후 신고어업인 나잠어업에 종사하여 왔다. 그런데 국가에서 위 공공사업을 시행함으로 인하여 당해 공공사업시행지구 인근에서 어업을 하여 왔던 A 등은 큰 피해를 입게 되었다. 그럼에도 국가는 A 등이 입은 피해에 대한 보상을 하거나 그들의 동의를 얻지 아니한 채 위 개발사업에 착수하여 완공하게 되었다. 그런데 관련 법령에는 A 등의 피해회복을 위한 직접적인 보상규정은 존재하지 않고 있다.

(1) A 등은 국가가 시행한 공익사업으로 입은 손해의 배상을 청구할 수 있는가. (40점)

(2) A 등이 국가의 공익사업으로 입은 손해를 전보받기 위한 손해배상청구의 법적 성질을 설명하시오. (10점)

참고법령

『수산업법 [법률 제8260호 2007.01.19. 일부개정]』

제37조(어촌계등의 어장관리)
① 어촌계가 가지고 있는 어업권은 제38조의 어장관리규약이 정하는 바에 따라 당해 어촌계의 계원이 이를 행사한다. 다만, 마을어업권의 경우에는 계원이 아닌 자도 다음 각 호의 요건을 갖춘 때에는 마을어업권을 행사할 수 있다.
1. 당해 어촌계의 관할구역에 주소가 있을 것
2. 마을어업권의 행사에 대한 어촌계총회의 의결이 있을 것
3. 제44조의 규정에 의한 어업의 신고를 마쳤을 것
② 지구별조합이 가지고 있는 어업권은 대통령령이 정하는 경우를 제외하고는 제38조의 어장관리규약이 정하는 바에 따라 그 어장에 인접한 지역을 업무구역으로 하는 어촌계의 업무구역안에 주소를 가진 당해 지구별조합의 조합원이 이를 행사한다.
③ 삭제〈1999.4.15〉
④ 제1항 및 제2항의 규정에 의한 어업권의 행사방법·행사의 우선순위, 어촌계별·

어촌계원별·조합원별 시설량, 구역의 조정 기타 어장관리에 관하여 필요한 사항은 해양수산부령으로 정한다.

제81조(보상)
① 다음 각 호의 1에 해당하는 사유로 인한 처분에 의하여 손실을 입은 자는 그 처분을 행한 행정관청에 대하여 보상을 청구할 수 있다.
1. 제34조제1항제1호 내지 제5호와 제35조제8호(제34조제1항제1호 내지 제5호에 해당하는 경우에 한한다)의 규정에 해당되는 사유로 인하여 면허·허가 또는 신고한 어업에 대한 처분을 받았거나 당해 사유로 인하여 제14조의 규정에 의한 어업면허의 유효기간의 연장이 허가되지 아니한 때. 다만, 제34조제1항제1호 내지 제3호(제45조제1항 및 제2항의 규정에 의하여 준용되는 경우를 말한다)의 규정에 해당하는 사유로 인하여 허가 또는 신고한 어업이 제한되는 경우를 제외한다.

『**공익사업을 위한 토지 등의 취득 및 보상에 관한 법률 [법률 제7835호 2005.12.30. 일부개정]**』

제61조(사업시행자 보상)
공익사업에 필요한 토지등의 취득 또는 사용으로 인하여 토지소유자 또는 관계인이 입은 손실은 사업시행자가 이를 보상하여야 한다.

주요쟁점

- 적법한 공권력행사
- 특별한 희생
- 공공필요
- 재산권의 수용·사용·제한
- 공용침해
- 보상규정 흠결시의 권리구제
- 손실보상청구권의 법적 성질

Ⅰ. 손실보상청구권이 성립하는지 여부 [설문 (1)의 해결]

1. 문제점

공공필요에 의한 공익사업으로 사인이 특별한 희생을 입어 손해가 발생하였으면 그 사업시행자는 손해를 보상하여야 한다. 그런데 사안에서 A 등은 행정상 손실보상청구권의 성립요건을 구비하였는지 여부를 살펴보아야 하고, 관련 법령에 보상규정이 흠결되어 있을 때 어떻게 권리구제를 하여야 할 것인지도 검토할 필요가 있다.

2. 행정상 손실보상의 의의

행정상손실보상이란 적법한 공권력행사로 사유재산에 가하여진 특별한 희생에 대하여 사유재산의 보장과 공평부담의 견지에서 행정주체가 이를 조정하기 위하여 행하는 조절적인 재산적 보상을 말한다.

(1) 적법행위로 인한 손실의 보상

토지수용 · 징발 등과 같이 행정법규가 상대방에게 손실을 발생시킬 권한을 행정기관에 부여한 경우에, 그 권한이 적법하게 행사된 결과 생긴 손실, 즉 법규가 처음부터 예측한 손실의 보상이다. 이 점에서 공무원의 위법한 직무집행행위 또는 국가나 공공단체의 공공의 영조물의 설치 · 관리의 하자로 인하여 개인에게 재산상의 손해를 가한 경우에 국가나 공공단체가 그 손해를 배상하는 국가배상제도와 구별된다(국가배상법 2,5).

(2) 공권력행사로 인한 손실의 보상

공권력행사로 인한 손실의 보상은 공법적 성질을 가진다. 구체적으로는 공권력행사로서의 법적행위에 의한 경우에만 대상이 되므로, 비권력적 행정작용이나 통상적인 사실행위는 손실보상에서 제외된다. 그러므로 사법상계약에 의한 반대급부, 예컨대 공공용지의 협의에 의한 취득으로 인한 임의매수대가(공익사업을 위한 토지 등의 취득 및 보상에 관한 법률 17)등과 구별된다. 그러나 헌법재판소는 협의취득이 법형식상으로는 당사자의 의사에 바탕을 둔 사법상 매매계약의 형태를 취하고 있을지라도, 그 배후에는 토지수용법에 의한 강제취득방법이 사실상의 후속조치로 남아 있어 토지 등의 소유자로서는 협의에 불응하면 바로 수용을 당하게 된다는 심리적 강박감으로 인하여 실제로는 그 의사에 반하여 협의에 응하는 경우가 많기 때문에, 이 법은 형식상은 사법의 형태를 취하고 있으나 실질적으로는 토지수용법과 비슷한 공법적 기능을 수행하고 있는 것이다. 따라서 이 법에 의한 협의취득은 그 법적 성격이 사법상의 매매계약이라 할지라도 그 실질적, 기능적 측면을 보면 공용수용과 별로 다를 바가 없다고 보아야 할 것이라고 한다(헌재 1994.02.24. 92헌가15).

⑶ 특별한 희생에 대한 조절적 보상

공공의 수요에 충당하기 위하여 특정개인이 입은 재산상의 특별한 희생을 국민전체의 부담으로 전가시켜서 공적 부담을 모든 국민 간에 고르게 조절하여 주는 보상이다. 일반적인 부담 또는 재산권 그 자체에 내재하는 사회적 제약에 대하여는 보상의 문제가 생기지 않는다.

⑷ 재산권 침해에 대한 보상

손실보상은 재산권의 수용·사용 또는 제한(공용침해)에 대한 보상이다. 여기서 재산권이란 경제적 가치가 있는 공·사법상의 모든 권리를 포함하는 것으로 보는 것이 일반적 견해이다(헌재 1995.7.21. 93헌가14). 이 점에서 적법하게 강제된 전시 인력동원에 대하여 재산권침해에 준하여 주어지는 대상(代償)과 구별된다.

최근에는 예방접종의 부작용으로 인한 사망 또는 상해의 경우와 같이 공익상 적법하게 국민의 재산권 이외의 생명 또는 신체에 대한 침해가 가해질 수 있게 되었다. 그러한 경우에 보상이 필요한데도 종전의 손실보상 법리로는 보상을 할 수 없기 때문에, 생명 또는 신체에 대한 적법한 침해로 인한 손실도 손실보상의 대상으로 보아야 한다는 견해도 제기되고 있다.

헌법재판소 역시 국가유공자예우 등에 관한 법률에 따라 국가가 국가유공자에게 지급할 보상수급권은 생명 또는 신체의 손상이라는 특별한 희생에 대한 국가보상적 내지 국가 보훈적 성격을 띠는 한편, 그 성질상 경제적·재산적 가치가 있는 공법상의 권리라 할 것이므로, 보상금수급권은 헌법조항들에 의하여 보호받는 재산권의 하나로 보아야 할 것(헌재 1995.07.21. 93헌가14)이라고 하여, 생명·신체의 손상에 대한 특별한 희생을 손실보상의 법리로 해석하고 있다. 전통적인 입장에서 손실보상은 토지나 건물의 수용보상 등과 관련된 것이었으나, 오늘날은 공무원연금법상의 연금수급권(헌재 1995.7.21. 94헌바27), 국가유공자의 보상수급권(헌재 1995.07.21. 93헌가14), 의료보험법상의 보험급여(헌재 2003.12.18. 2002헌바1) 등의 권리행사의 '제한'에 대하여도 손실보상의 법리에 따라 보호를 하고 있어 손실보상 개념이 확장되고 있음을 볼 수 있다.

3. 행정상 손실보상의 근거

가. 이론적 근거

⑴ 프랑스에서는 1789년의 인권선언 제13조에 근거를 둔 공적부담 앞의 평등이

라는 평등부담설도 있었다.

(2) 그러나 사유재산제를 인정하고 있는 경우에도 공공필요를 위하여 재산권 그 자체에 내재하는 사회적 · 자연적 제약을 넘어서 사유재산에 대하여 특별한 희생을 강요하지 않으면 안 되는 경우가 있다. 그러나 사유재산제를 전제로 하는 이상, 그와 같은 특별한 희생에 대하여 전체국민의 부담으로 전가하여 전체적인 공평부담의 견지에서 조절적 보상을 행하는 것이 당연하다. 헌법 제11조의 평등원칙은 공적부담에 대한 평등도 그 내용으로 하기 때문이다. 그리하여 특별한 희생에 대한 보상을 통하여, 비로소 ① 공적부담 앞의 평등이란 이상을 실현(사회정의의 실현)할 수 있으며, ② 공익과 사익의 조절을 도모할 수 있고, 법률생활의 안정을 기할 수 있다. 따라서 특별희생설이 통설 · 판례이다.

나. 실정법적 근거

손실보상에 관한 실정법적 근거로는, 공공필요에 의한 재산권의 수용 · 사용 또는 제한 및 그에 대한 보상은 법률로써 하되, 정당한 보상을 지급하여야 한다는 헌법 제23조 제3항이 있다. 그런데 국가배상의 경우와는 달리 이 헌법규정에 근거하여 보상의 기준과 방법 등에 관하여 정한 일반법은 없고, 각 개별법(토지 등의 취득 및 보상 제6장, 국토의 계획 및 이용 96, 건축 81③, 하천 76· 77, 도로 92· 93 등)에서 이를 정하고 있다.

다. 보상규정 흠결시의 권리구제

공공필요에 의한 재산권의 수용 · 사용 또는 제한이 행하여졌는데, 당해 법률에서 그에 대한 손실보상에 관하여 정하지 아니한 경우에 공용침해를 당한 국민은 헌법 제23조 제3항을 근거로 하여 보상을 청구할 수 있는지 여부에 대하여 견해가 대립된다.

(1) 학 설

(가) 입법지침설 (방침규정설)

손실보상에 관한 헌법규정은 입법지침에 지나지 않으므로 재산권을 침해당한 자에 대한 보상여부는 입법자가 자유로이 정할 수 있으며, 입법자가 보상불요로 판단하여 보상규정을 두지 않았으면 보상을 청구할 수 없다고 한다. 이러한 견해는 헌법이 규정하고 있는 재산권보장의 원칙에 맞지 아니하며, 따라서 오늘날 이러한 견해를 취하는 자는 없다.

(나) 입법자에 대한 직접효력설 (위헌무효설)

헌법규정은 재산권을 침해당한 국민에게 직접 그 규정에 근거한 손실보상청구권을 부여한 것은 아니나, 입법자(국회, 긴급명령을 발하는 대통령)에 대하여는 국민의 재산권을 침해하는 입법을 할 때에는 반드시 보상에 관한 규정도 두도록 구속하는 효력을 가진다고 한다. 따라서 법률이 재산권침해를 규정하면서 보상에 관하여 규정하지 않으면 그 법률은 위헌무효이며, 그 법률에 근거한 재산권 침해행위는 불법행위가 되고, 손실보상은 청구할 수 없으나, 손해배상은 청구할 수 있다고 한다.

현재 다수설의 견해이지만, 국가배상법 제2조의 공무원의 직무상 불법행위에 대한 배상청구권은 고의·과실을 전제로 하고 있는 반면, 공무원이 법률에 따라 개인의 재산권에 대하여 불이익처분을 한 후에, 당해 법률이 위헌으로 판정되어 무효가 되는 경우에는 비록 직무행위의 위법성을 인정할 수가 있으나, 공무원의 고의나 과실을 인정하기 어렵기 때문에 국가배상청구권이 성립하기가 어렵다는 비판을 받는다.

(다) 국민에 대한 직접효력설

손실보상에 관하여 규정한 헌법규정은 국민에 대하여 직접 효력을 가지므로, 재산권을 침해당한 국민은 직접 손실보상청구권을 행사할 수 있다고 한다. 이 견해는 헌법 제23조 제3항은 입법권이 정당한 보상의 범위 내에서 구체적인 보상의 기준과 방법만을 정하도록 한 것이라고 해석한다. 그러므로 재산권을 침해당한 자는 직접 헌법규정을 근거로 하여 민사소송(또는 공법상 당사자 소송)으로 보상청구를 할 수 있다고 한다.

(라) 유추적용설 (간접효력규정설)

법률이 재산권침해를 규정하면서 보상에 관하여 규정하지 않으면 그 법률은 위헌위법이 된다. 따라서 헌법 제23조 제3항을 직접 적용하여 보상을 청구할 수는 없으나, 헌법 제23조 제1항(재산권보장) 및 제11조(평등원칙)에 근거하여 헌법 제23조 제3항 및 관계규정을 유추적용하여 손실보상을 청구할 수 있다고 한다. 이 견해는 그 의미가 명백하지는 않으나, 독일 판례상 인정된 수용유사침해의 법리를 도입하여 문제를 해결하려고 한다. 이 견해는 적법한 재산권에 대한 공용침해가 보상된다면, 위법한 공용침해에 대하여는 당연히 보상하여야 한다는 형평관념을 논거로 한다.

(2) 판 례

㈎ 판례 중에는 어떤 법률이 재산권침해를 규정하면서 보상에 관하여서는 명문의 규정을 두지 아니한 경우에, 유사한 재산권침해를 규정하면서 보상에 관하여 규정한 관계법률의 보상규정을 '유추적용'하여 보상청구를 인정한 것이 있다. 제외지(堤外地)는 하천구역에 속하는 토지로서 법률의 규정에 의하여 당연히 그 소유권이 국가에 귀속된다고 할 것인데, 하천법에는 제외지의 소유자에 대하여 그 손실을 보상한다는 직접적인 보상규정이 없으나, 하천법 제74조의 공용부담 등으로 인한 손실보상에 관한 규정은 보상사유를 예시적으로 정하고 있다고 볼 것이므로 동 규정을 유추적용하여 관리청은 그 손실을 보상하여야 한다고 보았다(대법원 1987.7.21. 선고 84누126 판결).

㈏ 이러한 판례는 마치 유추적용설이 주장하는 유추적용으로 혼동할 우려가 있으나, 이들 판례에서의 유추적용은 일반적인 법의 해석원리에 따른 유추적용으로서 유추적용설에서 주장하는 유추적용과는 차원이 다른 것이다. 유추적용설에서는 재산권 침해규정을 두면서 보상규정을 두지 아니한 경우에, 일반적으로 헌법 제23조 제3항의 규정을 유추적용하여 공법상 당사자소송으로 보상을 청구할 수 있다는 것이고, 판례가 인정하고 있는 유추적용은 재산권 침해규정을 두면서 보상규정을 두지 아니한 경우에 한정된 것이 아니고, 일반적인 법의 해석원리에 따라 재산권침해를 규정하면서 보상에 관한 규정을 두지 아니한 경우에 개별적으로 검토하여 유사한 재산권 침해규정을 두면서 보상규정을 둔 관계법률의 규정을 유추적용 한다는 것이다.

(3) 소 결

㈎ 입법지침설은 사유재산제를 보장한 우리헌법의 원칙에서 보아 받아들일 수 없다. 국민에 대한 직접 효력설은 헌법이 '정당한 보상을 지급하여야 한다'라는 문구에만 역점을 두고, '보상은 법률로써 하되'라는 문구는 보상의 구체적 내용이나 방법만을 법률로 정하도록 하는 의미밖에 없는 것으로 해석하려는 것은 찬성하기 어렵다. 유추적용설은 적법한 공행정작용에 대한 손실보상제도를 국가배상제도가 적용되어야 할 위법한 공행정작용의 영역에 무리하게 확대 적용함으로써 양 제도로 이원화 되어 있는 현행 국가보상제도의 체계적인 발전을 저해할 우려가 있다. 따라서 유추적용설은 독일에서와 같은 판례법이나 관습법으로서의 희생보상청구권의 법리의 발전이 없는 우리나라에서는 인정하기가 어렵다고 하겠다.

㈏ 결국 헌법규정에 대하여 어떠한 효력을 갖게 할 것인가는 헌법정책의 문제라 할 것이다. 따라서 헌법은 '입법자에 대한 직접효력설'을 취한 것이라고 하겠다. 따라서 보상에 관한 규정을 두지 아니한 경우에는 손실보상은 청구할 수 없다고 할 것이다.

판례도 제7차 개정헌법(유신헌법)에 의하여 보상을 법률로 정하도록 개정한 이후에는 일관되게 이 같은 입장을 취하고 있으며(대법원 1976.10.12. 76다1443), 헌법재판소도 도시계획법 제21조(개발제한구역의 지정)에 대한 헌법소원사건에서 '개발제한구역의 지정에 따라 생기게 되는 가혹한 부담의 유무와 정도 및 이에 따른 구체적인 보상의 기준과 방법은 헌법재판소가 일률적으로 확정할 수 없고 개개의 토지에 대하여 구체적이고 객관적인 사정을 종합하여 입법자가 판단할 사항이다'고 판시하여(헌재 1998.12.24. 89헌마214, 90헌바16, 97헌바78), 입법이 선행되어야 보상을 청구할 수 있음을 분명히 하였다.

㈐ 따라서 재산권에 대한 '특별한 희생'에 해당하는 제한을 가하면서, 보상에 관한 규정을 두지 않은 경우에는 손실보상은 청구할 수 없고, ① 재산권의 제한을 당한 자는 당해 법률에 근거한 재산권 침해행위의 취소를 구하는 취소소송을 제기하고, ② 그 취소소송에서 당해 법률에 대한 위헌심판제청을 신청하여 헌법재판소에서 위헌결정이 된 경우에는, 침해행위의 취소판결에 의하여 재산권 자체의 회복을 기하도록 하고, ③ 침해행위의 존속기간 중의 손해배상청구를 인정하되, 과실을 완화하여 모든 경우에 배상이 가능하도록 하여야 할 것이다.

4. 행정상 손실보상의 원인

가. 공공필요

공공필요의 뜻에 대하여는 특정 공익사업을 위한 필요(좁은 의미), 공공복리를 위한 필요(넓은 의미)또는 널리 공공목적을 위한 필요(가장 넓은 의미)로 이해하는 견해가 있다. 결국 공용침해를 필요로 하는 공익과 침해되는 사익을 형량하여 '공공필요'에의 해당여부를 결정하여야 할 것이다. 공익사업을 위한 토지 등의 취득 및 보상에 관한 법률은 수용의 전제가 되는 사업이 공익사업이기만 하면 행정주체는 물론 사인도 토지를 수용할 수 있도록 하고 있다. 그것은 공익사업의 수행은 행정주체만이 독점하는 것이 아니기 때문이다.

나. 재산권의 수용·사용 또는 제한 (공용침해)

재산권의 공용수용 · 공용사용 · 공용제한을 공용침해라고 한다.

(1) 공용수용

공용수용이라 함은 공익사업을 위하여 타인의 특정한 재산권을 법률의 힘에 의하여 강제적으로 취득함을 말한다. 공용징수라고도 한다(민법 187). 공용수용은 특정한 재산권을 공익사업을 위하여 취득하는 것으로 공익사업을 위한 토지 등의 취득 및 보상에 관한 법률 제4조와 각 개별 법률에 열거되어 있다.

(2) 공용사용

공용사용이란 특정한 공익사업을 위하여 그 사업자가 타인의 소유에 속하는 토지 기타의 재산권에 대하여 공법상의 사용권을 취득하고, 상대방인 소유자 기타의 권리자가 공익사업을 위한 사용을 수인할 공법상 의무를 부담하는 경우를 말한다. 사용제한이라고도 한다. 측량 · 실지조사 · 공사 등을 위하여 일시 타인의 토지에 출입하여 사용하는 경우와 비상재해의 경우에 그 방지 또는 구호를 위하여 응급적 부담으로 토지 또는 기타의 물건을 사용하는 경우가 있다.

(3) 공용제한

공용제한은 전통적인 의미에서 특정한 공익사업의 수요를 충족시키기 위하여 특정한 재산권에 가하여지는 공법상의 제한으로 이해되어 왔다. 예컨대 특정한 도로사업을 위하여 그 접도구역에서의 일정한 행위가 제한되는 것과 같이 공용제한의 원인인 사업 및 사업주체가 특정되어 있다. 그러나 오늘날에는 공용제한이 특정한 공익사업을 위한 것이라기보다는 국토의 합리적인 이용을 직접적이고 본래적인 목적으로 하는 제도로 발전하고 있다. 제한을 받는 재산권의 특정성도 희박하여 전 국토 또는 지역 전체를 그 대상으로 예정하고 있다. 그러므로 이와 같은 관점에서 새롭게 공용제한을 정의하면, 특정한 공익사업 기타의 복리행정상의 목적을 위하여, 또는 물건의 효용을 보존하기 위하여 재산권에 가하여지는 공법상의 제한이라고 할 수 있다. 이와 같은 개념의 정의는 경계이론에 입각한 견해라고 할 수 있다. 경계이론에 의하면 공공필요를 위한 재산권의 제한은 널리 공용제한이라 본다.

다. 특별한 희생

공익사업을 충당하기 위하여 특정개인이 입은 재산상의 희생을 특별한 희생이라고 할 수 있는데, 구체적인 경우에 어떤 손해가 특별한 희생에 해당하는지, 재산권에 내재하는 사회적 제약에 해당하는지 명확하지 않은 경우가 많다. 그 구별의 기준에 관한 견해가 대립된다.

(1) 형식적 표준설

재산권에 대한 침해행위가 일반적인 것인지, 개별적인 것인지를 표준으로 하여 특정인 또는 한정된 범위의 사람에 대한 침해만을 '특별한 희생'으로 보는 견해이다.

(2) 실질적 표준설

재산권을 침해하는 실질적 내용에 따라 공용수용의 개념을 규정하려고 하는 이론으로, 침해가 재산권의 본질을 침해하는 강도의 것인가의 여부를 표준으로 하는 견해이다. 실질적 표준설에서는 ① 재산권을 보호할 만한 가치 있는 것과 그렇지 않는 것으로 구분하여, 전자에 대한 침해만이 보상을 요한다는 '보호가치설', ② 재산권의 본체인 배타적 지배성을 침해하지 아니하는 범위 안의 침해는 사회적 제약이지만, 재산권의 본질적 내용을 침해하는 것은 그 침해에 대한 수인을 기대할 수 없기 때문에 특별한 희생이라는 '수인한도설', ③ 사적효용의 원리를 존중하여 재산권의 기능에 적합한 이용을 확보하기 위하여 행하여지는 침해는 사회적 제약이고, 사적효용의 원리를 본질적으로 침해하는 것은 특별한 희생이라는 '사적 효용설', ④ 재산권에 대한 침해가 종래부터 인정되어 온 이용목적이나 기능에 위배되는 경우에는 특별한 희생이고, 종래부터의 이용목적이나 재산권의 기능에 적합한 이용을 확보하기 위한 침해는 사회적 제약이라는 '목적위배설', ⑤ 토지는 그 위치·성질·경관 등으로 인하여 일정한 이용을 제한받게 되며, 그러한 제약은 사회적 제약이지만, 당해 재산권이 처한 지정학적 상황을 경제적 관찰방법으로 고찰하여 조리상 인정되는 당해 재산권의 효용이 거부되거나 본질적으로 제약당하는 경우에는 특별한 희생이라는 '상황적(지역적) 구속설', ⑥ 독일의 연방행정재판소가 취하는 견해로 침해의 중대성과 범위를 기준으로 하여 침해의 중대성과 범위에 비추어 사인이 수인할 수 없는 제한에 대하여서만 보상이 주어져야 한다는 '중대설'이 있다.

(3) 절충설 (복수기준설)

형식적 표준설과 실질적 표준설이 각각 일면적 타당성만을 갖는다는 전제 아래서 형식적 표준과 실질적 표준을 아울러 기준으로 하는 견해이며, 우리나라의 통설적 견해이다.

(4) 소 결

㈎ 생각건대 통설인 절충설이 타당하다. 공권력작용이 국민전체에 대하여 일반적으로 발동되고, 그 결과 모든 자에게 균등하게 손실이 생긴 경우에는 공평부담의 원칙에 의한 보상이 행하여질 이유가 없다. 따라서 특정인 또는 특정범위의 사람에 대하여 생긴 손실(형식적 표준)에 대하여서만 보상의 문제가 생기는 바, 이러한 손실도 모두 보상의 대상이 되는 것이 아니고, 재산권의 실질적·본질적 제한에 대한 손실(실질적 표준)만이 보상의 대상이 된다. 그리고 실질적·본질적 제한의 유무는 위의 실질설이 주장하는 '목적위배', '기능에 적합한 이용', '상황적(지역적) 구속성'등의 기준을 종합적으로 고려하여 판단하여야 할 것이다. 이러한 추상적 기준의 실제적용에 있어서 어려운 점이 많다. 예컨대 국토의 계획 및 이용에 관한 법률에 의하여 지정된 개발제한구역(greenbelt) 안에서의 토지이용의 제한으로 인한 손실은 보상의 대상이 되는 특별한 희생에 해당하는가 하는 것 등이다.

㈏ 헌법재판소는 개발제한구역에 관하여 규정한 구 도시계획법 제21조가 헌법에 합치되지 아니한다는 헌법불합치결정에서 상당히 구체화된 기준을 제시하였다. 즉 ① 개발제한구역의 지정 후 토지를 종래의 목적으로 사용할 수 있는 원칙적인 경우에는, 지정당시의 지목과 토지현황에 의한 이용방법에 따라 사용할 수 있는 한, 재산권에 내재하는 사회적 제약을 비례의 원칙에 합치하게 합헌적으로 구체화한 것이라고 할 것이나, ② 구역지정 후 토지를 종래의 목적으로도 사용할 수 없거나 또는 토지를 전혀 이용할 수 있는 방법이 없는 예외적인 경우에는, 아무런 보상 없이 이를 감수하도록 하고 있는 한 재산권을 침해하고 평등권을 침해하여 헌법 제23조와 제11조에 위반된다고 하였다(헌재 1998.12.24. 89헌마214, 90헌바16, 97 헌바78).

5. 사안의 해결

A 등은 국가의 부산신항만개발사업이라는 공공필요로 시행하였던 공익사업으로 생업으로 종사하여 왔던 재산권에 해당하는 어업을 계속할 수 없는 피해를 입게 되었다. 따라서 A 등이 국가의 공익사업으로 인하여 받게 된 손해는 특별한 사정이 없는 한 적법한 공권력의 행사로 가하여진 재산상의 특별한 희생으로서 손실보상의 대상이 된다고 볼 수 있다. 따라서 A 등은 법령에 손실보상에 관한 명문의 규정은 없을지라도 ① 헌법 제23조 제3항의 공공필요에 의한 재산권의 수용·사용 또는 제한 및 그에 관한 보상은 법률로써 하되 정당한 보상을 지급하여야 한다는

규정과, ② 구 공공용지의 취득 및 손실보상에 관한 특례법(2002. 2. 4. 법률 제6656호 공익사업을 위한 토지 등의 취득 및 보상에 관한 법률 부칙 제2조로 폐지) 제3조 제1항의 공공사업을 위한 토지 등의 취득 또는 사용으로 인하여 토지 등의 소유자가 입은 손실은 사업시행자가 이를 보상하여야 한다는 규정 및 ③ 구 수산업법(2007. 4. 11. 법률 제8377호로 전문 개정되기 전의 것, 이하 '구 수산업법'이라 한다) 제81조 제1항 제1호는 일정한 사유로 인하여 면허 · 허가 또는 신고한 어업에 대한 처분을 받았거나 어업면허의 유효기간 연장이 허가되지 아니함으로써 손실을 입은 자는 그 처분을 행한 행정관청에 대하여 보상을 청구할 수 있다고 규정 및 신고어업자의 손실보상액 산정에 관한 수산업법 시행령 제62조의 규정을 유추적용하여 손실보상을 청구할 권리가 있다고 할 것이다.

기본구조

손실보상청구권이 성립하는지 여부
[설문 (1)의 해결]

1. 문제점

2. 행정상 손실보상의 의의
   (1) 적법행위로 인한 손실의 보상
   (2) 공권력행사로 인한 손실의 보상
   (3) 「특별한 희생」에 대한 조절적 보상
   (4) 재산권 침해에 대한 보상

3. 행정상 손실보상의 근거
   가. 이론적 근거
   나. 실정법적 근거
   다. 보상규정 흠결시의 권리구제
      (1) 학설
         (가) 입법지침설(방침규정설)
         (나) 입법자에 대한 직접효력설(위헌무효설)

   (다) 국민에 대한 직접효력설
   (라) 유추적용설(간접효력규정설)
   (2) 판 례
   (3) 소 결

4. 행정상 손실보상의 원인
   가. 공공필요
   나. 재산권의 수용 · 사용 또는 제한 (공용침해)
      (1) 공용수용
      (2) 공용사용
      (3) 공용제한
   다. 특별한 희생
      (1) 형식적 표준설
      (2) 실질적 표준설
      (3) 절충설(복수기준설)
      (4) 소 결

5. 사안의 해결

Ⅱ. 행정상 손실보상청구권의 법적 성질 [설문 (2)의 해결]

1. 문제점

A 등이 국가의 공익사업의 시행으로 입게 된 손해를 전보받기 위하여 행사하게 되는 손실보상청구권을 공권으로 이해하면 그에 관한 소송은 행정소송에 의하게 될 것이다. 반면에 사권으로 보면 사법상의 채권채무관계로 인한 민사소송 절차를 거쳐야 할 것이다. 따라서 이에 관한 법적 성질을 고찰할 필요와 실익이 있다.

2. 손실보상청구권의 법적 성질

가. 학 설

(1) 공권설

손실보상은 그 원인행위인 권력작용(토지수용 · 징발 등)과 일체성의 관계에 있으므로 손실보상의무의 이행관계는 공법관계라고 한다. 통설이다. 손실보상청구권을 공권으로 볼 때에는 그에 관한 소송을 행정소송인 당사자소송에 의하게 된다 (행정소송법 3(2)).

(2) 사권설

손실보상의 원인행위가 비록 공법적인 것이라 할지라도, 이에 대한 손실보상은 당사자의 의사 또는 직접 법률의 규정에 의거한 사법상의 채권채무이기 때문에 사권으로 보아 민사소송에 의하게 된다.

나. 판 례

(1) 구 수산업법 제81조의 손실보상청구권의 법적 성질 및 그 행사 방법 (민사소송)

종전의 판례는 손실보상의 원인이 공법상 법률관계에서 비롯된 것일지라도 손실의 내용이 사인에게 초래된 사권이기 때문에 손실보상은 민사소송에 의하여야 한다는 입장이었다.

어업면허에 대한 처분 등이 행정처분에 해당된다 하여도 이로 인한 손실은 사법상의 권리인 어업권에 대한 손실을 본질적 내용으로 하고 있는 것으로서 그 보상청구권은 공법상의 권리가 아니라 사법상의 권리이고, 따라서 수산업법 제81조 제1항 제1호 소정의 요건에 해당한다고 하여 보상을 청구하려는 자는 행정관청이 그 보상청구를 거부하거나 보상금액을 결정한 경우라도 이에 대한 행정소송을 제기할 것이 아니라 면허어업에 대한 처분을 한 행정관청(또는 그 처분을 요청한 행정관청)이 속한 권리 주체인 지방자치단체(또는 국가)를 상대로 민사소송으로 직접 손실보상금지급청구를 하여야 한다고 보았다(대법원 1998.2.27. 선고 97다46450 판결, 대법원 2000.5.26. 선고 99다37382 판결).

(2) 하천법상 손실보상청구권의 법적 성질과 쟁송절차 (행정소송)

하천법상 손실보상청구권은 종전에는 민사소송의 대상으로 보았으나, 행정소송법상당사자소송이라고 판례를 변경하였다. 즉, 법률 제3782호 하천법 중 개정법률(이하 '개정 하천법'이라 한다) 부칙 제2조 제1항, '법률 제3782호 하천법 중 개정법률 부칙 제2조의 규정에 의한 보상청구권의 소멸시효가 만료된 하천구역 편입토지 보상에 관한 특별조치법'제2조)규정들에 의한 손실보상청구권은 모두 종전의 하천법 규정 자체에 의하여 하천구역으로 편입되어 국유로 되었으나 그에 대한 보상규정이 없었거나 보상청구권이 시효로 소멸되어 보상을 받지 못한 토지들에 대하여, 국가가 반성적 고려와 국민의 권리구제 차원에서 그 손실을 보상하기 위하여 규정한 것으로서, 그 법적 성질은 하천법 본칙(본칙)이 원래부터 규정하고 있던 하천구역에의 편입에 의한 손실보상청구권과 하등 다를 바가 없는 것이어서 공법상의 권리임이 분명하므로 그에 관한 쟁송도 행정소송절차에 의하여야 한다(대법원 2006.5.18. 선고 2004다6207 전원합의체판결).

(3) 행정청이 공익사업을 시행하는 경우의 손실보상금증감소송 (행정소송)

도시계획법 제23조 등에 의하여 건설부장관이나 시장·군수 등의 행정청이 토지를 수용 또는 사용할 수 있는 공익사업을 시행하는 경우에도 손실보상금의 증감에 관한 행정소송은 행정청이 속하는 권리의무의 주체인 국가나 지방공공단체를 상대로 제기하여야 하고 그 기관에 불과한 행정청을 상대로 제기할 수 없다(대법원 1993.5.25. 선고 92누15772 판결).

다. 소 결

행정상의 손실보상은 그에 상응하는 민사상의 손해배상제도가 있으나, 행정상의 손실보상은 권력작용의 원인 또는 결과로서 밀접하게 관련되어 있는 것으로 공법에 특유한 제도이며, 따라서 손실보상청구권은 공권이고 그에 관한 소송은 당사자소송이라 할 것이다.

3. 사안의 해결

A 등은 신고어업에 종사하여 오던 중에 국가의 공공사업 시행으로 피해를 입게 되어 취득한 손실보상청구권은 공권이므로 행정소송에 의하여야 하는 것이 논리적이기는 하지만, 사안에서는 판례에 따라 민사소송절차에 따른 손해배상청구를 하여 인용되었다.

기본구조

행정상 손실보상청구권의 법적 성질
[설문 (2)의 해결]

1. 문제점

2. 손실보상청구권의 법적 성질
    가. 학 설
        (1) 공권설
        (2) 사권설
    나. 판 례
        (1) 구 수산업법 제81조의 손실보상청구권의 법적 성질 및 그 행사방법(민사소송)
        (2) 하천법상 손실보상청구권의 법적 성질과 쟁송절차(행정소송)
        (3) 행정청이 공익사업을 시행하는 경우의 손실보상금증감소송(행정소송)
    다. 소 결

3. 사안의 해결

제 1 문

I. 설문(1)의 해결 - 손실보상청구권 성립 여부

1. 쟁 점

① 국가의 공공필요에 의한 공익사업으로 사인이 특별한 희생을 입어 손해가 발생하였으면 그 손해를 보상하여야 한다. ② 그런데 사안에서 A 등은 행정상 손실보상청구권의 성립요건을 구비하였는지 여부를 살펴보아야 하고, 관련 법령에 보상규정이 흠결되어 있을 때 어떻게 권리구제를 하여야 할 것인지도 검토할 필요가 있다.

2. 행정상 손실보상

가. 의의

행정상 손실보상이란 적법한 공권력행사로 사유재산에 가하여진 특별한 희생에 대하여 사유재산의 보장과 공평부담의 견지에서 행정주체가 이를 조정하기 위하여 행하는 조절적인 재산적 보상을 말한다.

나. 특징

이러한 손실보상은 ① 국가배상과 달리 행정기관이 그 권한을 적법하게 행사한 결과로서 발생하는 손해이며, ② 공권력행사로서의 법적행위에 의한 경우에만 대상이 되므로, 비권력적 행정작용이나 통상적인 사실행위는 손실보상에서 제외된다. ③ 또한 원칙적으로 손실보상의 대상은 재산권의 수용·사용·제한에 대한 것이나, 손실보상의 개념이 확장되어 생명 또는 신체에 대한 적법한 침해로 인한 손실도 손실보상의 대상으로 보아야 한다는 견해도 제기되고 있다. ④ 마지막으로 손실보상은 공공의 수요에 충당하기 위하여 특정개인이 입은 재산상의 특별한 희생을 국민전체의 부담으로 전가시켜서 공적 부담을 모든 국민 간에 고르게 조절하여주는 보상이다.

3. 행정상 손실보상의 근거

손실보상에 관한 실정법적 근거는, 공공필요에 의한 재산권의 수용·사용 또는 제한 및 그에 대한 보상은 법률로써 하되, 정당한 보상을 지급하여야 한다(헌법 23③)는 헌법규정이 있다. 그런데 국가배상의 경우와는 달리 이 헌법규정에 근거하여 보상의 기준과 방법 등에 관하여 정한 일반법은 없고, 공익사업을 위한 토지등의 취득 및 보상에 관한 법률 제6장 등과 같은 개별법에서 이를 정하고 있는 것을 볼 수 있다.

4. 보상규정 흠결시의 권리구제

가. 문제점

공공필요에 의한 재산권의 수용·사용 또는 제한이 행하여졌는데, 당해 법률에서 그에 대한 손실보상에 관하여 정하지 아니한 경우에 공용침해를 당한 국민은 헌법 제23조 제3항을 근거로 하여 보상을 청구할 수 있는지 여부에 대하여 견해가 대립된다.

나. 학설

(개) 위헌무효설

법률이 재산권침해를 규정하면서 보상에 관하여 규정하지 않으면 그 법률은 위헌무효이며, 그 법률에 근거한 재산권 침해행위는 불법행위가 되고, 손실보상은 청구할 수 없으나, 손해배상은 청구할 수 있다고 한다.

(내) 국민에 대한 직접효력설

이 견해는 헌법 제23조 제3항은 입법권이 정당한 보상의 범위 내에서 구체적인 보상의 기준과 방법만을 정하도록 한 것이라고 해석한다. 그러므로 재산권을 침해당한 자는 직접 헌법규정을 근거로 하여 보상청구를 할 수 있다고 한다.

(대) 유추적용설

법률이 재산권침해를 규정하면서 보상에 관하여 규정하지 않으면 그 법률은 위헌위법이 된다. 따라서 헌법 규정을 직접 적용하여 보상을 청구할 수는 없으나, 헌법 제23조 제1항 및 제11조에 근거하여 헌법 제23조 제3항 및 관계규정을 유추적용하여 손실보상을 청구할 수 있다고 한다.

다. 판례

판례 중에는 법률이 재산권침해를 규정하면서 보상에 관하여서는 명문의 규정을 두지 아니한 경우에, 유사한 재산권침해를 규정하면서 보상에 관하여 규정한 관계법률의 보상규정을 유추적용하여 보상청구를 인정한 것이 있다.

라. 검토

헌법규정에 대하여 어떠한 효력을 갖게 할 것인가는 헌법정책의 문제라 할 것이다. 따라서 헌법은 '입법자에 대한 직접효력설'을 취한 것으로 볼 수 있다. 따라서 보상에 관한 규정을 두지 아니한 경우에는 손실보상은 청구할 수 없다고 할 것이다. 다만 이하에서는 판례의 입장에 따라서 살펴보기로 한다.

4. 행정상 손실보상의 원인

가. 공공필요

이를 판단함에 있어서는 공용침해를 필요로 하는 공익과 침해되는 사익을 형량하여 '공공필요'에의 해당여부를 결정하여야 할 것이다.

나. 공용침해

재산권의 공용수용·공용사용·공용제한을 공용침해라고 한다.

다. 특별한 희생

(1) 학설의 대립

공익사업을 충당하기 위하여 특정개인이 입은 재산상의 희생을 특별한 희생이라고 할 수 있는데, 구체적인 경우에 어떤 손해가 특별한 희생에 해당하는지, 재산권에 내재하는 사회적 제약에 해당하는지 명확하지 않은 경우가 많다.

학설은 이에 대하여, ① 재산권에 대한 침해행위가 일반적인 것인지 또는 개별적인 것인지를 표준으로 하는 형식적 표준설, ② 침해가 재산권의 본질을 침해하는 강도의 것인지를 실질적으로 판단하는 실질적 표준설, ③ 양자를 모두 고려하는 절충설이 있다.

(2) 소결

통설인 절충설이 타당하다. 특정인 또는 특정범위의 사람에 대하여 생긴 손실(형식적 표준)에 대하여서만 보상의 문제가 생기며, 또한 이러한 손실도 모두 보상의 대상이 되는 것이 아니고, 재산권의 본질적 제한에 대한 손실(실질적 표준)만이 보상의 대상이 된다.

5. 사안의 해결

(1) A 등은 국가의 부산신항만개발사업이라는 공공필요로 시행하였던 공익사업으로 생업으로 종사하여 왔던 어업을 계속할 수 없는 피해를 입게 되었다. 따라서 A 등이 받게 된 손해는 적법한 공권력의 행사로 가하여진 특별한 희생으로서 손실보상의 대상이 된다.

(2) 따라서 A 등은 법령에 손실보상에 관한 명문의 규정은 없을지라도 ① 헌법 제23조 제3항의 규정과, ② 구 공공용지의 취득 및 손실보상에 관한 특례법 제3조 제1항의 규정 및 ③ 구 수산업법 제81조 제1항 제1호 및 신고어업자의 손실보상액 산정에 관한 수산업법 시행령 제62조의 규정을 유추적용하여 손실보상을 청구할 권리가 있다고 할 것이다.

II. 설문(2)의 해결 - 행정상 손실보상청구권의 법적 성질

1. 쟁 점

A 등이 국가의 공익사업의 시행으로 입게 된 손해를 전보받기 위하여 행사하게 되는 손실보상청구권을 공권으로 이해하면 그에 관한 소송은 행정소송에 의하게 될 것이다. 반면에 사권으로 보면 사법상의 채권채무관계로 인한 민사소송 절차를 거쳐야 할 것이다. 따라서 이에 관한 법적 성질을 고찰할 필요와 실익이 있다.

2. 손실보상청구권의 법적 성질

가. 학설

(1) 공권설

손실보상은 그 원인행위인 권력작용과 일체성의 관계에 있으므로 손실보상의무의 이행관계는 공법관계라고 한다. 손실보상청구권을 공권으로 볼 때에는 그에 관한 소송을 행정소송인 당사자소송에 의하게 된다(행정소송법 3(2)).

(2) 사권설

손실보상의 원인행위가 비록 공법적인 것이라 할지라도, 이에 대한 손실보상은 당사자의 의사 또는 직접 법률의 규정에 의거한 사법상의 채권채무이기 때문에 사권으로 보아 민사소송에 의하게 된다는 견해이다.

나. 판례의 태도

판례는 손실보상의 원인이 공법상 법률관계에서 비롯된 것일지라도 손실의 내용이 사인에게 초래된 사권이기 때문에 손실보상은 민사소송에 의하여야 한다는 입장이었다. 다만 하천법상 손실보상청구권은 종전에는 민사소송의 대상으로 보았으나, 행정소송법상 당사자소송이라고 판례를 변경한 바 있다.

다. 소결

행정상의 손실보상은 그에 상응하는 민사상의 손해배상제도가 있으나, 행정상의 손실보상은 권력작용의 원인 또는 결과로서 밀접하게 관련되어 있는 것으로 공법에 특유한 제도이며, 따라서 손실보상청구권은 공권이고 그에 관한 소송은 당사자소송이라 할 것이다.

3. 사안의 해결

A 등은 신고어업에 종사하여 오던 중에 국가의 공공사업 시행으로 피해를 입게 되어 취득한 손실보상청구권은 공권이므로 행정소송에 의하여야 한다. 다만 판례의 입장에 따르면 민사소송 절차에 따른 손해배상청구를 하여야 할 것이다.

[25] 행정심판과 취소소송

> A는 경기도지사로부터 체육시설의 설치·이용에 관한 법률에 의하여 등록체육시설인 골프장 사업계획승인을 받았다. 경기도지사는 A가 법정기간 내에 시설설치공사에 착수하지 아니하자 위 사업계획 승인 취소를 위한 청문을 실시하였다. 그 때 A는 공사를 착수하지 못한 사정을 소명하였고, 이에 경기도지사는 사업계획 승인 취소를 유보하니 그 때까지 공사에 착수하라는 통보를 하였다. 그 후 A가 착공계획서를 제출하자 경기도지사는 이를 수리한다는 통보를 하였다. 그러자 A의 골프장사업부지 인근 마을 주민들이 위 수리처분의 취소와 A에 대한 사업계획승인처분의 무효확인을 구하는 행정심판을 경기도지사에게 제기하였다.

(1) 주민들이 제기한 행정심판은 적법한 제기요건을 충족하였는가. (25점)

(2) 행정심판위원회에서는 주민들의 위 심판청구를 심리한 후 경기도지사의 A에 대한 수리처분을 취소하고, 사업계획승인처분의 무효확인청구는 기각하는 일부 인용재결을 하였다. 행정심판위원회의 일부인용 재결의 적법성 여부와 그에 대한 불복절차를 설명하시오. (25점)

참고법령

「체육시설의 설치·이용에 관한 법률」

제10조(체육시설업의 구분·종류)
① 체육시설업은 다음과 같이 구분한다.
1. 등록 체육시설업 : 골프장업, 스키장업, 자동차 경주장업

제12조(사업계획의 승인)
제10조 제1항 제1호에 따른 등록 체육시설업을 하려는 자는 제11조에 따른 시설을 설치하기 전에 대통령령으로 정하는 바에 따라 체육시설업의 종류별로 사업계획서를 작성하여 특별시장·광역시장·도지사 또는 특별자치도지사(이하 "시·도지사"라 한다)의 승인을 받아야 한다. 그 사업계획을 변경(대통령령으로 정하는 경미한 사항에 관한 사업계획의 변경은 제외한다)하려는 경우에도 또한 같다.

> **제16조(등록 체육시설업의 시설 설치 기간)**
> ① 제12조에 따라 등록 체육시설업에 대한 사업계획의 승인을 받은 자(이하 "사업계획의 승인을 받은 자"라 한다)는 그 사업계획의 승인을 받은 날부터 6년 이내에 그 사업시설 설치 공사를 착수·준공하여야 한다. 다만, 천재지변이나 소송의 진행 등 대통령령으로 정하는 사유로 말미암아 설치 공사의 착수·준공을 할 수 없으면 그러하지 아니하다.
>
> **제31조(사업계획 승인의 취소)**
> 시·도지사는 사업계획의 승인을 받은 자가 제19조 제1항 또는 제2항에 따른 체육시설업의 등록 전에 다음 각 호의 어느 하나에 해당하면 그 체육시설업에 대한 사업계획의 승인을 취소할 수 있다.
> 2. 제16조 제1항에 따른 기간에 사업시설의 설치 공사를 착수·준공하지 아니한 경우

주요쟁점

- ✦ 행정심판의 제기요건
- ✦ 청구인적격
- ✦ 행정심판의 재결
- ✦ 원처분주의
- ✦ 재결 자체에 고유한 위법이 있는 재결
- ✦ 행정소송법상 원고적격
- ✦ 취소소송의 기능과 목적

Ⅰ. 행정심판의 제기요건 충족 여부 [설문 (1)의 해결]

1. 문제점

행정심판이 적법하려면 청구인적격이 있는 자가, 심판청구의 대상이 되는 처분이나 부작위를 대상으로, 심판청구기간 내에, 심판청구서에 의하여, 피청구인인 처분청이나 행정심판위원회에 제기하여야 한다. 사안에서는 처분의 직접 상대방이 아닌 주민들이 A에 대한 경기도지사의 행위의 취소와 무효확인을 구할 수 있는 청구인적격이 인정되는지 여부와 취소와 무효확인을 구하는 행위가 과연 심판청구의 대상이 되는 처분에 해당하는지 문제된다.

2. 행정심판의 개념

행정심판은 위법 또는 부당한 행정처분이나 부작위로 침해된 권리 또는 이익을 침해당한 자가, 원칙적으로 처분청의 직근 상급행정청에 대하여, 그 취소·변경이나 무효 등 확인 또는 일정한 처분을 구하는 쟁송절차를 말한다(행정심판법 3).

3. 행정심판 청구인적격

⑴ 행정심판청구는 ① 취소심판청구의 경우 취소·변경이나, ② 무효등확인심판청구의 경우 무효·부존재 등의 확인 또는 ③ 의무이행심판청구의 경우 일정한 처분을 구하는 법률상 이익이 있는 자가 제기할 수 있다(행정심판법 13). 법률상 이익을 침해당하였으면 처분 또는 부작위의 직접 상대방이거나 제3자이거나를 묻지 아니하며, 자연인(외국인 포함)·법인·법인격 없는 단체(사단·재단)를 불문하고 심판청구를 할 수 있다(행정심판법 14).

⑵ 그러므로 복효적 행정행위에 있어서 제3자, 즉 처분의 직접 상대방이 아닌 제3자도 원고적격을 갖는 경우가 있다. ① 경쟁관계에 있는 영업자 사이에 특정인에게 주어지는 수익적 행위가 상대방에게 법률상 불이익을 초래하는 경우에 그 상대방이 자기의 법률상 이익의 침해를 이유로 다투는 경업자소송, ② 동종업종 또는 유사한 업종에 종사하는 자의 인·허가 등의 신청에 대하여 일부 업자에 대하여만 인·허가 등의 수익적 처분을 하는 경우에 인·허가 등을 받지 못한 자가 상대방에게 행한 처분의 취소를 구하는 경원자소송, ③ 특정인에 대하여 어떤 시설의 설치를 허가하는 수익적 처분이 인근주민에게는 불이익이 되는 경우에 당해 시설의 인근주민이 다투는 인인소송 등이 있다.

4. 행정심판청구의 대상

모든 위법 또는 부당한 처분이나 부작위가 심판청구의 대상이 된다(개괄주의). 부당한 처분이나 부작위도 대상이 되는 점에서, 위법한 처분이나 부작위만을 대상으로 하는 행정소송보다 대상이 넓다. 여기서 '처분'은 행정청이 행하는 구체적 사실에 관한 법집행으로서의 공권력의 행사 또는 그 거부와 그 밖에 이에 준하는 행정작용을 말한다(행정심판법 2(1)). 그리고 '부작위'는 행정청이 당사자의 신청에 대하여상당한 기간 내에 일정한 처분을 하여야 할 법률상의 의무가 있음에도 불구하고, 이를 하지 아니하는 것을 말한다(행정심판법 2(2)).

5. 사안의 해결

가. 청구인적격의 인정

사안에서 인근 주민들은 복효적 행정행위, 특히 제3자효를 수반하는 행정행위의 상대방의 지위에 있다. 그러므로 인근 주민들은 A에 대한 골프장 사업계획승인으로 장차 야기될 환경상의 위해를 방지하기 위한 당해 근거법규 및 관계법규가 공익뿐만 아니라 인근주민에게 개인적 이익도 보호하고 있다고 해석할 수 있으므로, 인인소송에서 원고적격이 인정되는 바와 같이 청구인적격도 인정된다.

나. 행정심판청구의 대상 부정

사안에서 주민들은 사업계획서 수리처분의 취소와 사업계획승인처분의 무효확인을 구하였다. 사업계획의 승인을 얻은 A는 법령에 규정된 기한 내에 사업시설의 착공계획서를 제출하고 그 수리 여부에 상관없이 설치공사에 착수하면 된다. 따라서 착공계획서가 수리되어야만 비로소 공사에 착수할 수 있다거나, 그 밖에 착공계획서 제출 및 수리로 인하여 원고에게 어떠한 권리를 설정하거나 의무를 부담케 하는 법률효과가 발생하는 것이 아니므로, 시·도지사가 원고의 착공계획서를 수리하고 이를 통보한 행위는 원고의 착공계획서 제출사실을 확인하는 행정행위에 불과하다. 그러므로 이를 항고소송이나 행정심판의 대상이 되는 행정처분으로 볼 수 없다.

다. 부적법한 행정심판 - 각하재결

사안에서 주민들이 제기한 행정심판은 행정처분이 아닌 확인행위에 불과한 수리행위에 대한 것이므로 부적법한 심판청구에 해당된다. 따라서 경기도지사의 처분에 대한 행정심판의 심리·재결기관인 중앙행정심판위원회는 각하재결을 하여야 한다. 그러므로 심판청구기간 내에 심판청구서에 의하여 피청구인인 처분청이나 행정심판위원회에 제기하였는지에 관한 다른 행정심판의 요건은 살펴 볼 필요가 없다.

> **기본구조**
>
> 행정심판의 제기요건 충족 여부 [설문 (1)의 해결]
> 1. 문제점
> 2. 행정심판의 개념
> 3. 행정심판 청구인적격
> 4. 행정심판청구의 대상
> 5. 사안의 해결
>   가. 청구인적격의 인정
>   나. 행정심판청구의 대상 부정
>   다. 부적법한 행정심판 - 각하재결

Ⅱ. 일부인용 재결의 위법성과 불복절차 [설문 (2)의 해결]

1. 문제점

주민들이 제기한 사업계획서 수리처분의 취소심판청구는 심판청구의 대상이 될 수 없는 것이었다. 그럼에도 행정심판위원회는 각하재결을 하여야 하지 않고 본안판단에 들어가 이를 취소한다는 인용재결을 하였다. A는 이로 인하여 법률상 이익이 침해되었는데, 그 재결의 취소를 구하는 행정소송을 제기함에 있어서 원처분을 다투는 것이 아니라 재결의 위법성을 다투어야 하는 것인지의 문제가 제기된다.

2. 재결의 의의와 종류

가. 재결의 개념

재결이란 행정심판의 청구에 대하여 제6조에 따른 행정심판위원회가 행하는 판단을 말한다(행정심판법 2(3)). 행정청의 처분에 대하여 행정심판의 재결을 거쳐 취소소송을 제기하는 경우에, 원처분의 위법은 원처분 취소소송에서만 주장할 수 있으며, 재결취소소송에서는 원처분의 위법은 주장할 수 없고, 재결 자체의 고유한 위법만을 주장할 수 있는 제도를 원처분주의라고 한다. 반면, 재결주의란 원처분에 대하여서는 소송을 제기 할 수 없고, 재결에 대하서만 소송을 제기할 수 있도록 하되, 재결 자체의 위법뿐만 아니라 원처분의 위법도 재결취소소송에서 주장할 수 있게 하는 제도를 말한다.

나. 행정소송법의 입장 (원처분주의)

행정소송법 제19조 단서, 제38조는 원처분과 아울러 재결에 대하여도 취소소송이나 무효확인소송 등 항고소송을 제기할 수 있도록 하고 있다. 다만, 재결에 대한 소송에서는 원처분의 위법을 이유로 할 수 없고, '재결자체에 고유한 위법'이 있음을 이유로 하는 경우에 한하도록 하여 원칙적으로 원처분주의를 택하고 있다. 예외적으로 개별 법률이 재결주의를 택하고 있는 경우가 있다.

다. 재결의 종류

(1) 각하재결

행정심판제기요건이 결여되어 부적법한 것인 경우에 본안심리를 거절하는 재결이다(행정심판법 43①). 심판제기요건이 결여된 경우는, 예컨대 ① 행정심판의 청구인적격이 없는 자가 청구한 경우, ② 행정심판제기기간이 경과된 후에 제기한 경우, ③ 행정심판청구의 대상이 아닌 행위에 대하여 제기된 경우, 예컨대 대통령의 처분 또는 부작위에 대하여는 다른 법률에 특별한 규정이 있는 경우를 제외하고는 행정심판의 대상이 되지 아니한다. ④ 행정심판청구가 부적법하여 행정심판법 제32조에 의하여 보정을 명하였음에도 보정기간 내에 보정하지 아니한 경우, ⑤ 이미 재결의 대상이 되었던 동일한 처분이나 부작위에 대하여 다시 행정심판을 제기한 경우, ⑥ 행정심판의 대상이 된 처분이나 부작위가 심판청구의 계속 중 기간의 경과, 처분의 집행 그 밖의 사유로 효력이 소멸한 경우, 다만, 처분이 소멸한 뒤에도 그 처분의 취소로 인하여 회복되는 이익이 있는 경우에는 행정심판의 이익이 있으므로(행정심판법 13①) 본안심리를 하여야 한다.

(2) 기각재결

본안심리의 결과 행정심판청구가 이유 없다고 인정하여 원처분을 시인하는 재결이다. 행정심판위원회는 심판청구가 이유 없다고 인정할 때에는 사정재결을 하는 경우를 제외하고는 원칙적으로 그 심판청구를 기각하여야 한다(행정심판법 43②).

취소심판이나 의무이행심판의 절차에 있어서 행정심판위원회는 다투어지고 있는 처분 또는 부작위가 위법 또는 부당하다고 인정되면 인용재결을 하는 것이 원칙이지만, 예외적으로 심판청구가 '이유 있다고 인정되는 경우'에도 이를 인용하는 것이 '공공복리에 크게 위반된다고 인정하면' 그 심판청구를 기각하는 재결을 할 수 있는데(행정심판법 44①), 이를 사정재결이라 한다. 무효등확인심판의 경우에는 유지시킬 수 있는 처분이나 효력이 처음부터 없으므로 성질상 사정재결을 할 수 없다(행정심판법 44③).

(3) 인용재결

인용재결은 본안심리의 결과 심판청구가 이유 있고, 원처분이나 부작위가 위법 또는 부당하다고 인정하여 청구인의 청구의 취지를 받아들이는 재결이다. 인용재결에는 행정심판의 종류에 대응하여 취소·변경재결(행정심판법 43③), 무효등확인재결 및 의무이행재결이 있다. 취소재결에는 ① 처분취소재결, ② 처분변경재결, ③ 처분변경명령재결이 있다. 이 중에서 앞의 두 가지는 형성재결의 성질을 가진 것인데 반하여, 뒤의 것은 이행재결의 성질을 가진다고 할 것이다.

행정심판위원회는 무효등확인심판의 청구가 이유 있다고 인정할 때에는, 재결로써 처분의 효력유무 또는 존재여부를 확인한다(행정심판법 43④). 따라서 무효등확인재결에는 처분무효확인재결·처분실효확인재결·처분유효확인재결·처분존재확인재결·처분부존재확인재결이 있다. 그리고 행정심판위원회는 의무이행심판의 청구가 이유 있다고 인정한 때에는 재결로써 지체 없이 신청에 따른 처분을 하거나 처분을 할 것을 피청구인에게 명한다(행정심판법 43⑤). 따라서 의무이행재결에는 처분재결과 처분명령재결이 있다. 이 경우의 처분재결은 형성적 성질을 가지는 이행재결이다.

3. 재결 자체에 고유한 위법이 있는 재결

행정심판의 재결에 대하여 그 재결 자체에 고유한 위법이 있음을 이유로 하는 경우에는 항고소송을 제기하여 그 취소를 구할 수 있다. 여기서 재결 자체에 고유한 위법이란 '원처분에는 없고 재결에만 있는' 재결청의 권한 또는 구성의 위법, 재결의 절차나 형식의 위법, 내용의 위법 등을 뜻하고, 그 중 내용의 위법에는 위법·부당하게 인용재결을 한 경우가 해당한다(대법원 1997.9.12. 선고 96누14661 판결).

가. 재결의 주체에 관한 위법

권한이 없는 행정심판위원회에 의한 재결의 경우 또는 행정심판위원회 구성원에 결격사유가 있는 경우를 말한다.

나. 재결의 절차에 관한 위법

행정심판법상 심판절차를 준수하지 않고 재결이 이루어진 경우를 말한다.

다. 재결의 형식에 관한 위법

서면에 의하지 아니한 재결, 재결서에 주요 기재사항이 누락되었거나, 재결서에 기명날인이 없는 경우를 말한다.

라. 재결의 내용에 관한 위법

행정심판청구가 적법함에도 실체 심리를 하지 아니한 채 각하하거나, 부당하게 사정재결을 하여 기각한 경우 또는 제3자의 행정심판청구에서 위법·부당하게 인용재결을 한 경우를 말한다. 행정처분의 상대방이 아닌 제3자가 행정심판청구기간을 도과한 후에 제기한 행정심판에 대하여 원처분을 취소하는 내용의 재결을 한 것이 이에 해당된다(대법원 1997.9.12. 선고 96누14661 판결).

4. A의 행정소송법상 원고적격

가. 행정소송법 제12조의 원고적격

취소소송은 처분 등의 취소를 구할 법률상 이익이 있는 자가 제기할 수 있게 하고, 그 처분 등의 취소로 인하여 회복되는 법률상 이익이 있는 자는 그 처분 등의 효과가 기간의 경과, 처분 등의 집행, 그 밖의 사유로 인하여 소멸된 뒤에도 제기할 수 있다(행정소송법 12). 이는 바로 취소소송의 소익에 관한 규정이다.

나. 취소소송의 기능과 목적에 관한 견해

(개) 학 설

1) 권리향수회복설

현재 개인의 권리향수를 방해하고 있는 위법한 행정처분의 효력을 배제하여 권리향수를 회복시키는 데 있다고 한다. 이 견해에서 소의 대상은 국민의 구체적 권리를 직접 침해하는 처분이 아니면 안된다. 제3자에 대한 처분에 대하여서는 그 제3자에 대한 특별한 권리를 가진 자를 제외하고는 원고적격은 인정되지 않는다.

2) 법률상 이익구제설

취소소송은 법률이 개인을 위하여 보호하고 있는 이익을 침해한 위법한 처분에 대하여 개인이 이를 방위하기 위한 수단이라고 보는 견해이다. 따라서 소익은 실정법의 취지·목적을 기준으로 정하게 되며, ① 처분이 개인의 이익보호를 고려한 강행법규에 위반하여 관계인에게 불이익을 미치고 있는 경우에는 설령 그 이익이 권리라고는 말할 수 없는 경우에도 취소소송의 제기가 가능하다고 본다. ② 주된 권리의 회복은 불가능하더라도 이에 부수하는 종된 권리나 이익의 회복이 처분의 취소에 의하여 가능한 경우에는 그것이 법률이 보호하고 있는 이익이기만 하면 역시 소익을 인정하게 된다. 우리나라의 통설이다.

3) 보호가치이익구제설

취소소송을 법의 해석적용을 통하여 개인의 실생활상의 이익에 관한 개별적·구체적 분쟁을 해결하는 절차로 보는 견해이다. 따라서 처분의 위법을 다투는 자가 그 효력을 부인함에 대하여 실질적 이익을 가지는 한 그것이 법률이 보호하는 이익이건 사실상의 이익이건 소송법상으로 보호할 가치가 있는 이익이면 널리 취소소송의 소익요건을 충족시키는 것으로 본다.

4) 적법성보장설

취소소송을 개인의 이익보호만을 위한 수단으로 보는 것을 의문시하여 취소소송의 특징을 오히려 행정처분의 적법성 유지기능에서 구한다. 그리하여 소송법상의 개별적·구체적인 문제, 즉 소익의 문제 이외에 소송지휘의 방식, 화해·인낙의 가부, 기판력의 범위 등을 해결함에 있어서도 처분의 적법성유지, 즉 객관소송이념을 지도이념으로 채택할 것을 요청한다.

(나) 판 례

행정소송에서 소송의 원고는 행정처분에 의하여 직접 권리를 침해당한 자임을 보통으로 하나 직접 권리의 침해를 받은 자가 아닐지라도 소송을 제기할 법률상의 이익을 가진자는 그 행정처분의 효력을 다툴 수 있다(대법원 1974.4.9. 선고 73누173 판결). 법률상 이익구제설의 입장과 같다.

(다) 소 결

통설·판례는 법률상 이익구제설을 취하고 있다. 현행 행정소송법 역시 이를 받아들여 취소소송은 법률상 이익이 있는 자가 제기할 수 있다고 규정하고 있다(행정소송법 12·35·36).

5. 기타의 제소요건

행정소송을 제기하기 위해서는 대상적격과 원고적격을 구비하는 것 이외에도,

① 적법한 피고를 대상으로, ② 소의 이익을 갖추며, ③ 제소기간을 준수하여, ④ 관할법원에 소를 제기하여야 한다. ⑤ 행정심판을 먼저 거쳐야 하는 경우 이를 준수하여야 하나, 사안에서는 행정심판을 거친 것으로서 문제되지 아니한다.

6. 사안의 해결

행정심판위원회는 행정심판의 대상이 되지 아니하여 부적법 각하하여야 함에도 그 심판청구를 인용하여 수리처분을 취소하는 형성재결을 하였으므로, 이는 재결 자체에 고유한 하자가 있는 경우에 해당된다. 주민들이 복효적 행정행위의 취소를 구하는 행정심판의 인용재결로 인하여 골프장사업계획승인이 취소되는 법률상이익을 침해받게 된 A는 그 인용재결의 취소를 구하는 행정소송을 제기할 수 있다. 행정심판위원회의 인용재결은 원처분과 내용을 달리하는 것이고, 그 인용재결의 취소를 구하는 것은 원처분에는 없는 재결에 고유한 하자를 주장하는 셈이어서 당연히 항고소송의 대상이 된다.

기본구조

일부인용 재결의 위법성과 불복절차
[설문 (2)의 해결]

1. 문제점

2. 재결의 의의와 종류
   가. 재결의 개념
   나. 행정소송법의 입장(원처분주의)
   다. 재결의 종류
      (1) 각하재결
      (2) 기각재결
      (3) 인용재결

3. 재결 자체에 고유한 위법이 있는 재결
   가. 재결의 주체에 관한 위법
   나. 재결의 절차에 관한 위법
   다. 재결의 형식에 관한 위법
   라. 재결의 내용에 관한 위법

4. A의 행정소송법상 원고적격
   가. 행정소송법 제12조의 원고적격
   나. 취소소송의 기능과 목적에 관한 견해
      (1) 학설
      (2) 판례
      (3) 소결

5. 기타의 제소요건

6. 사안의 해결

제1문

I. 설문(1)의 해결 - 행정심판의 제기요건 충족여부

1. 문제점

행정심판이 적법하려면 청구인적격이 있는 자가, 심판청구의 대상이 되는 처분이나 부작위를 대상으로, 심판청구기간 내에, 심판청구서에 의하여, 피청구인인 처분청이나 행정심판위원회에 제기하여야 한다.

사안에서는 처분의 직접 상대방이 아닌 주민들이 A에 대한 경기도지사의 행위의 취소와 무효확인을 구할 수 있는 청구인적격이 인정되는지 여부와 취소와 무효확인을 구하는 행위가 과연 심판청구의 대상이 되는 처분에 해당하는지 문제된다.

2. 행정심판의 개념

행정심판은 위법 또는 부당한 행정처분이나 부작위로 침해된 권리 또는 이익을 침해당한 자가, 원칙적으로 처분청의 직근 상급행정청에 대하여, 그 취소·변경이나 무효 등 확인 또는 일정한 처분을 구하는 쟁송절차를 말한다(행정심판법 3).

3. 행정심판의 청구인 적격

가. 행정심판법의 규정

행정심판청구는 ① 취소심판청구의 경우 취소·변경이나, ② 무효등확인심판청구의 경우 무효·부존재 등의 확인 또는 ③ 의무이행심판청구의 경우 일정한 처분을 구하는 법률상 이익이 있는 자가 제기할 수 있다(행정심판법 13).

나. 처분의 직접 상대방이 아닌 제3자의 경우

복효적 행정행위에 있어서 제3자, 즉 처분의 직접 상대방이 아닌 제3자도 원고적격을 갖는 경우가 있다. ① 경쟁관계에 있는 영업자 사이에 특정인에게 주어지는 수익적 행위가 상대방에게 법률상 불이익을 초래하는 경우에 그 상대방이 자기의 법률상 이익의 침해를 이유로 다투는 경업자소송, ② 인·허가 등의 신청에 대하여 일부 업자에 대하여만 인·허가 등의 수익적 처분을 하는 경우에 인·허가 등을 받지 못한 자가 상대방에게 행한 처분의 취소를 구하는 경원자소송, ③ 특정인에 대하여 어떤 시설의 설치를 허가하는 수익적 처분이 인근주민에게는 불이익이 되는 경우에 당해 시설의 인근주민이 다투는 인인소송 등이 있다.

4. 행정심판청구의 대상

모든 위법 또는 부당한 처분이나 부작위가 심판청구의 대상이 된다(개괄주의). 부당한 처분이나 부작위도 대상이 되는 점에서, 위법한 처분이나 부작위만을 대상으로 하는 행정소송보다 대상이 넓다. 여기서 '처분'은 행정청이 행하는 구체적 사실에 관한 법집행으로서의 공권력의 행사 또는 그 거부와 그 밖에 이에 준하는 행정작용을 말한다(행정심판법 2(1)). 그리고 '부작위'는 행정청이 당사자의 신청에 대하여상당한 기간 내에 일정한 처분을 하여야 할 법률상의 의무가 있음에도 불구하고, 이를 하지 아니하는 것을 말한다(행정심판법 2(2)).

5. 사안의 해결

가. 청구인적격의 인정여부

사안에서 인근 주민들은 복효적 행정행위, 특히 제3자효를 수반하는 행정행위의 상대방의 지위에 있다. 그러므로 인근 주민들은 A에 대한 골프장 사업계획승인으로 장차 야기될 환경상의 위해를 방지하기 위한 당해 근거법규 및 관계법규가 공익뿐만 아니라 인근주민에게 개인적 이익도 보호하고 있다고 해석할 수 있으므로, 인인소송에서 원고적격이 인정되는 바와 같이 청구인적격도 인정된다.

나. 대상적격의 인정여부

사안에서 주민들은 사업계획서 수리처분의 취소와 사업계획승인처분의 무효확인을 구하였다. 사업계획의 승인을 얻은 A는 법령에 규정된 기한 내에 사업시설의 착공계획서를 제출하고 그 수리 여부에 상관없이 설치공사에 착수하면 된다.

따라서 착공계획서가 수리되어야만 비로소 공사에 착수할 수 있다거나, 그 밖에 착공계획서 제출 및 수리로 인하여 원고에게 어떠한 권리를 설정하거나 의무를 부담케 하는 법률효과가 발생하는 것이 아니므로, 시·도지사가 원고의 착공계획서를 수리하고 이를 통보한 행위는 원고의 착공계획서 제출사실을 확인하는 행정행위에 불과하다. 그러므로 이를 항고소송이나 행정심판의 대상이 되는 행정처분으로 볼 수 없다.

다. 부적법한 행정심판의 제기로 인한 각하재결

사안에서 주민들이 제기한 행정심판은 행정처분이 아닌 확인행위에 불과한 수리행위에 대한 것이므로 부적법한 심판청구에 해당된다. 따라서 경기도지사의 처분에 대한 행정심판의 심리·재결기관인 중앙행정심판위원회는 각하재결을 하여야 한다. 그러므로 심판청구기간 내에 심판청구서에 의하여 피청구인인 처분청이나 행정심판위원회에 제기하였는지에 관한 다른 행정심판의 요건은 살펴 볼 필요가 없다.

II. 설문(2)의 해결 - 일부인용 재결의 위법성과 불복절차

1. 문제점

행정심판위원회는 본안 판단에 들어가 그 처분을 취소한다는 인용재결을 하였다. A는 이로 인하여 법률상 이익이 침해되었는데, 그 재결의 취소를 구하는 행정소송을 제기함에 있어서 그 대상이 원처분인지, 아니면 재결의 위법성을 다투어야 하는 것인지가 문제된다.

2. 일부인용 재결의 위법성

사안에서 주민들의 취소심판청구는 '처분'을 대상으로 제기한 것이 아니어서, 대상적격을 구비하지 못한 청구이다. 따라서 행정심판위원회는 청구에 대하여 판단하지 못하고, 청구요건의 흠결로 인한 각하재결을 하여야 한다. 그러나 행정심판위원회는 본안 판단에 들어가 인용재결을 한 위법이 있다.

3. 행정소송의 대상

가. 재결에 불복하여 취소소송을 제기하는 경우의 문제

(1) 원처분주의

행정소송법 제19조 단서, 제38조는 원처분과 아울러 재결에 대하여도 취소소송이나 무효확인소송 등 항고소송을 제기할 수 있도록 하고 있다. 다만, 재결에 대한 소송에서는 원처분의 위법을 이유로 할 수 없고, 재결자체에 고유한 위법이 있음을 이유로 하는 경우에 한하도록 하여 원칙적으로 원처분주의를 택하고 있다. 예외적으로 개별 법률이 재결주의를 택하고 있는 경우가 있다.

(2) 재결에 대한 소송이 가능한 경우

행정심판의 재결에 대하여 그 재결 자체에 고유한 위법이 있음을 이유로 하는 경우에는 항고소송을 제기하여 그 취소를 구할 수 있다. 여기서 '재결 자체에 고유한 위법'이란 원처분에는 없고 재결에만 있는 재결청의 권한 또는 구성의 위법, 재결의 절차나 형식의 위법, 내용의 위법 등을 뜻하고, 그 중 내용의 위법에는 위법·부당하게 인용재결을 한 경우가 해당한다.

나. 사안의 경우

인용재결을 하면 아니되는 사안에서 인용재결을 한 것이, 재결에 내용상 위법이 있는지가 문제된다. 내용의 위법이란 행정심판청구가 적법함에도 실체 심리를 하지 아니한 채 각하하거나, 부당하게 사정재결을 하여 기각한 경우 또는 제3자의 행정심판청구에서 위법·부당하게 인용재결을 한 경우를 말한다.

사안의 경우 행정심판위원회의 인용재결자체가 위법하므로, 행정소송법상 원처분주의의 예외로써 재결을 대상으로 취소소송을 제기할 수 있는 경우에 해당한다.

4. A의 행정소송법상 원고적격

가. 행정소송법의 규정

취소소송은 처분 등의 취소를 구할 법률상이익이 있는 자가 제기할 수 있게 하고, 그 처분 등의 취소로 인하여 회복되는 법률상 이익이 있는 자는 그 처분 등의 효과가 기간의 경과, 처분 등의 집행, 그 밖의 사유로 인하여 소멸된 뒤에도 제기할 수 있다(행정소송법 12).

나. '법률상 이익'의 의미

(1) 학설의 태도

학설은, ① 권리가 침해된 자만이 항고소송을 제기할 수 있다는 권리항수회복설, ② 원고적격의 판단을 실정법의 취지·목적을 기준으로 정하는 법률상 이익구제설, ③ 법률상 이익을 소송법상으로 보호할 가치가 있는 이익으로 파악하여 그 범위를 넓히는 보호가치이익구제설, ④ 취소소송의 특징을 행정처분의 적법성 유지기능에서 찾는 적법성 보장설 등이 있다.

(2) 판례

행정소송에서 원고는 행정처분에 의하여 직접 권리를 침해당한 자임을 보통으로 하지만, 직접 권리의 침해를 받은 자가 아닐지라도 소송을 제기할 법률상의 이익을 가진 자는 그 행정처분의 효력을 다툴 수 있다는 법률상 이익구제설의 입장을 취하고 있다.

(3) 검토 및 사안의 경우

행정소송법은 법률상 이익구제설의 입장에서 취소소송은 법률상 이익이 있는 자가 제기할 수 있다고 규정하고 있다. 따라서 통설과 판례의 태도인 법률상 이익구제설이 타당하다.

5. 기타의 제소요건

행정소송을 제기하기 위해서는 대상적격과 원고적격을 구비하는 것 이외에도, ① 적법한 피고를 대상으로, ② 소의 이익을 갖추며, ③ 제소기간을 준수하여, ④ 관할법원에 소를 제기하여야 한다. ⑤ 행정심판을 먼저 거쳐야 하는 경우 이를 준수하여야 하나, 사안에서는 행정심판을 거친 것으로서 문제되지 아니한다.

6. 사안의 해결

행정심판위원회는 부적법 각하하여야 함에도, 수리처분을 취소하는 형성재결을 하였다. 따라서 이는 재결에 고유한 하자가 있는 경우에 해당된다. 행정심판의 인용재결로 인하여 비로소 권리이익을 침해받게 되는 A는 기타의 소송여건을 모두 구비한 후, 재결 고유의 하자를 주장하여 그 인용재결의 취소를 구하는 행정소송을 제기할 수 있다.

[26] 인·허가의제 효과가 수반하는 건축신고의 처분성

> A는 2006. 3. 7. 용인시 소재 이 사건 토지를 경매절차에서 취득한 후 B구청장에게 연면적 합계 100㎡ 이하인 건축물을 신축하려는 건축신고를 하였다. 그런데 A가 건축신고를 한 이 사건 토지의 전소유자였던 C는 1991. 7.경 이 사건 토지와 인접한 토지상에 건축되는 다세대주택의 건축허가를 위하여 이 사건 토지를 진입도로로 사용할 것을 승낙하였고, 그 후 이 사건 토지는 2009. 3. 6.까지 약 17년 7개월 동안 아스팔트 및 콘크리트 포장이 된 상태로 다세대주택의 거주자들이 공로에 이르는 유일한 통행로로 사용되어 왔다. B구청장은 A의 건축신고 내용대로 이 사건 토지상에 건물을 신축하면 다세대주택의 거주자 등 인근주민들이 공로에 이르는 유일한 통행로가 막히게 됨을 이유로 건축신고의 수리를 거부하였다. A의 건축신고는 건축법 제14조 제2항, 제11조 제5항 제3호에 의하여 국토의 계획 및 이용에 관한 법률 제56조 제1항 제1호에 따른 개발행위허가를 받은 것으로 의제되게 되어 있다.

(1) 건축신고수리거부행위가 항고소송의 대상인 행정처분에 해당하는가. (20점)

(2) B구청장이 인·허가의제 효과가 발생하는 A의 건축신고를 수리거부한 행위는 적법한가. (20점)

(3) A는 B구청장이 건축신고수리거부처분을 하면서 행정절차법이 정하는 사전통지나 의견제출절차를 거치지 않았기 때문에 그 처분은 위법하다고 주장한다. A의 주장은 타당한가. (10점)

참고법령

「건축법」

제11조(건축허가)

① 건축물을 건축하거나 대수선하려는 자는 특별자치도지사 또는 시장·군수·구청장의 허가를 받아야 한다. 다만, 21층 이상의 건축물 등 대통령령으로 정하는 용도 및 규모의 건축물을 특별시나 광역시에 건축하려면 특별시장이나 광역시장의 허가를 받아야 한다.

② 시장·군수는 제1항에 따라 다음 각 호의 어느 하나에 해당하는 건축물의 건축을 허가하려면 미리 건축계획서와 국토해양부령으로 정하는 건축물의 용도, 규모 및 형태가 표시된 기본설계도서를 첨부하여 도지사의 승인을 받아야 한다.

1. 제1항 단서에 해당하는 건축물
2. 자연환경이나 수질을 보호하기 위하여 도지사가 지정·공고한 구역에 건축하는 3층 이상 또는 연면적의 합계가 1천제곱미터 이상인 건축물로서 위락시설과 숙박시설 등 대통령령으로 정하는 용도에 해당하는 건축물
3. 주거환경이나 교육환경 등 주변 환경을 보호하기 위하여 필요하다고 인정하여 도지사가 지정·공고한 구역에 건축하는 위락시설 및 숙박시설에 해당하는 건축물

③ 제1항에 따라 허가를 받으려는 자는 허가신청서에 국토해양부령으로 정하는 설계도서를 첨부하여 허가권자에게 제출하여야 한다.

④ 허가권자는 위락시설이나 숙박시설에 해당하는 건축물의 건축을 허가하는 경우 해당 대지에 건축하려는 건축물의 용도·규모 또는 형태가 주거환경이나 교육환경 등 주변 환경을 고려할 때 부적합하다고 인정하면 이 법이나 다른 법률에도 불구하고 건축위원회의 심의를 거쳐 건축허가를 하지 아니할 수 있다.

⑤ 제1항에 따른 건축허가를 받으면 다음 각 호의 허가 등을 받거나 신고를 한 것으로 보며, 공장건축물의 경우에는 「산업집적활성화 및 공장설립에 관한 법률」 제13조의2와 제14조에 따라 관련 법률의 인·허가등이나 허가등을 받은 것으로 본다.

3. 「국토의 계획 및 이용에 관한 법률」 제56조에 따른 개발행위허가

제14조(건축신고)

① 제11조에 해당하는 허가 대상 건축물이라 하더라도 다음 각 호의 어느 하나에 해당하는 경우에는 미리 특별자치도지사 또는 시장·군수·구청장에게 국토해양부령으로 정하는 바에 따라 신고를 하면 건축허가를 받은 것으로 본다.

1. 바닥면적의 합계가 85제곱미터 이내의 증축·개축 또는 재축
2. 「국토의 계획 및 이용에 관한 법률」에 따른 관리지역, 농림지역 또는 자연환경보전지역에서 연면적이 200제곱미터 미만이고 3층 미만인 건축물의 건축. 다만, 제2종 지구단위계획구역에서의 건축은 제외한다.
3. 연면적이 200제곱미터 미만이고 3층 미만인 건축물의 대수선
4. 주요구조부의 해체가 없는 등 대통령령으로 정하는 대수선

5. 그 밖에 소규모 건축물로서 대통령령으로 정하는 건축물의 건축
② 제1항에 따른 건축신고에 관하여는 제11조 제5항을 준용한다.

『행정절차법』

제21조 (처분의 사전통지)

① 행정청은 당사자에게 의무를 과하거나 권익을 제한하는 처분을 하는 경우에는 미리 다음 각호의 사항을 당사자등에게 통지하여야 한다.
1. 처분의 제목
2. 당사자의 성명 또는 명칭과 주소
3. 처분하고자 하는 원인이 되는 사실과 처분의 내용 및 법적 근거
4. 제3호에 대하여 의견을 제출할 수 있다는 뜻과 의견을 제출하지 아니하는 경우의 처리방법
5. 의견제출기관의 명칭과 주소
6. 의견제출기한
7. 기타 필요한 사항

④ 다음 각호의 1에 해당하는 경우에는 제1항의 규정에 의한 통지를 아니할 수 있다.
1. 공공의 안전 또는 복리를 위하여 긴급히 처분을 할 필요가 있는 경우
2. 법령등에서 요구된 자격이 없거나 없어지게 되면 반드시 일정한 처분을 하여야 하는 경우에 그 자격이 없거나 없어지게 된 사실이 법원의 재판등에 의하여 객관적으로 증명된 때
3. 당해 처분의 성질상 의견청취가 현저히 곤란하거나 명백히 불필요하다고 인정될 만한 상당한 이유가 있는 경우

주요쟁점

- 항고소송의 대상
- 건축법상 건축신고
- 행정처분의 구성요소
- 건축신고 수리거부행위의 처분성
- 인·허가의제, 집중효
- 수리를 요하지 아니하는 신고
- 개발행위허가가 의제되는 건축신고
- 행정절차법의 사전통지·의견제출절차
- 거부처분의 사전통지 대상여부

Ⅰ. 건축신고수리거부행위가 행정처분인지 여부 [설문 (1)의 해결]

1. 문제점

건축신고 수리거부행위가 항고소송의 대상인 행정처분에 해당하느냐 여부는 행정소송법 제2조 제1항 제1호 처분개념을 기초로 검토해야 한다. 건축신고의 거부행위를 종전의 판례는 처분이 아니라고 하였지만, 최근에는 그 처분성을 인정하는 것으로 판례를 변경한 바 있다. 특히 사안에서 건축신고의 법적성질을 규명하고, 그 성질에 따라 신고에 대응하는 수리 또는 수리의 거부가 처분성을 가지는지가 달라지므로 이를 먼저 검토한다.

2. 건축법상 건축신고의 의의

건축물을 건축하거나 대수선하려는 자는 특별자치도지사 또는 시장·군수·구청장의 허가를 받아야 한다(건축법 11①). 그러나 건축법 제11조에 해당하는 허가대상 건축물이라 하더라도 일정 규모 이내의 건축물에 대하여는 미리 특별자치도지사 또는 시장 · 군수 · 구청장에게 신고하면 건축허가를 받은 것으로 본다(건축법 14①). 이처럼 건축신고는 건축법 제11조 건축허가 대상 건축물이 아닌 상대적으로 규모가 작은 건축을 함에 있어서 건축법 소정의 사실을 행정청에 통지하는 공법행위를 말한다.

3. 건축법상 건축신고의 종류 및 성격

건축신고는 건축법상 두 종류로 나눌 수 있다. 건축법 제14조 제1항의 건축신고 대상 건축물에 관하여는 원칙적으로 건축 또는 대수선을 하고자 하는 자가 적법한 요건을 갖춘 신고를 하면 행정청의 수리 등 별도의 조처를 기다릴 필요 없이 건축행위를 할 수 있는 건축신고가 있다. 이러한 건축신고는 자기완결적 신고에 해당되어 적법한 신고가 있으면 신고의무를 이행한 것이 된다.

반면, 건축법 제11조 제5항(인 · 허가의제조항)에서는 제1항에 따른 건축허가를 받으면 인 · 허가의제사항에서 정한 허가 등을 받거나 신고를 한 것으로 보는 건축신고가 있다. 후자의 신고를 집중효가 발생하는 건축신고라고도 한다.

4. 항고소송의 대상적격

가. 행정소송법상 처분의 개념

　항고소송의 대표적인 소송유형인 취소소송은 '처분 등'과 '재결'을 그 대상으로 한다(행정소송법 19). 여기서 '처분 등'이라 함은 행정청이 행하는 구체적 사실에 관한 법집행으로서의 공권력의 행사 또는 그 거부와 그 밖에 이에 준하는 행정작용 및 행정심판에 대한 재결을 말한다(행정소송법 2①(1)). 그러므로 행정청의 어떤 행위가 항고소송의 대상이 될 수 있는지의 문제는 추상적·일반적으로 결정할 수 없고, 구체적인 경우 행정처분은 행정청이 공권력의 주체로서 행하는 구체적 사실에 관한 법집행으로서 국민의 권리의무에 직접적으로 영향을 미치는 행위라는 점을 염두에 두고, 관련 법령의 내용과 취지, 그 행위의 주체·내용·형식·절차, 그 행위와 상대방 등 이해관계인이 입는 불이익과의 실질적 견련성, 그리고 법치행정의 원리와 당해 행위에 관련한 행정청 및 이해관계인의 태도 등을 참작하여 개별적으로 결정하여야 한다(대법원 2010.11.18. 선고 2008두167 판결).

나. 행정처분 개념의 검토

(1) 처분과 행정행위와의 관계

　행정소송법상의 처분개념을 강학상 행정행위와 동일한 것으로 보는 실체법적 개념설은 공정력이 인정되는 행정행위에 대하여서만 처분성을 인정한다. 반면 행정행위뿐만 아니라 권력적 사실행위, 비권력적 행위도 처분개념에 포함시켜 취소소송의 대상을 확대하여야 한다는 쟁송법적 개념설이 있다(다수설).

　행정소송법은 쟁송법적 개념설을 채택하고 있다. 행정처분은 행정청이 공권력의 주체로서 행하는 구체적 사실에 관한 법집행으로서 국민의 권리의무에 직접적으로 영향을 미치는 행위라 할 수 있다(대법원 2007.10.11. 선고 2007두1316 판결). 판례의 입장을 실체법적 개념설로 보는 견해와 쟁송법적 개념설로 보는 견해가 있다.

(2) 처분개념의 구성요소

(가) 행정청

　행정청은 국가나 지방자치단체의 행정에 관한 의사를 결정하고 자신의 이름으로 표시할 수 있는 권한을 가진 행정기관을 말한다. 행정청에는 법령에 의하여 행정권한의 위임 또는 위탁을 받은 행정기관, 공공단체 및 그 기관 또는 사인이 포함된다(행정소송법 2②). 여기서 '사인'은 도시재개발법상의 재개발조합과 같은 공무수탁사인을 말한다.

⑷ 구체적 사실에 관한 법집행으로서의 행정작용

국민에 대하여 권리설정 또는 의무의 부담을 명하며, 기타 법률상의 효과를 발생하게 하는 행위를 말한다. 따라서 일반적·추상적 규범인 행정입법은 원칙상 처분이 아니지만, 처분적 법규명령은 처분의 일종으로 볼 수 있다.

㈐ 공권력의 행사

공권력의 행사란 행정청이 우월한 공권력의 주체로서 일방적으로 행하는 권력적 행위를 말한다. 그러므로 국유림대부나 국고수표발행행위와 같은 사법행위는 처분에 해당되지 아니한다. 그러나 단수처분, 교도소재소자의 이송조치와 같은 권력적 사실행위를 처분으로 인정하기도 한다(판례).

㈑ 공권력 행사의 거부

행정청의 거부처분은 국민의 공권력 행사의 신청에 대하여 처분의 발령을 거부하는 행위를 말한다. 거부행위가 행정처분이 되려면, 행정청의 행위를 요구할 법규상 또는 조리상의 신청권이 국민에게 있어야 하고, 이러한 신청권의 근거 없이 한 국민의 신청을 행정청이 받아들이지 아니한 경우에는 그 거부로 인하여 신청인의 권리나 법적 이익에 어떤 영향을 주는 것이 아니므로 이를 행정처분이라 할 수 없다(대법원 1984.10.23. 선고 84누227 판결, 2005.4.15. 선고 2004두11626 판결 등).

㈒ 그 밖에 이에 준하는 행정작용

행정청이 행하는 구체적 사실에 관한 법집행으로서의 공권력의 행사 또는 그 거부에 준하는 행정작용으로서 항고소송에 의한 권리구제의 기회를 줄 필요성이 있는 행정작용을 말한다. 행정청의 행위가 비권력적 행정작용이지만 실질적으로 국민의 권익에 일방적인 영향을 미치는 작용은 처분에 해당된다. 쟁송법적 처분개념설에서는 권력적 사실행위, 행정내부행위, 행정지도, 행정조사 등을 이에 준하는 작용으로 본다.

5. 수리를 요하지 않는 신고에 대한 거부행위의 처분성 인정여부

가. 건축신고의 수리거부가 처분개념에 해당하는지 여부

A가 B구청장에게 건축법이 인정하는 신청권에 의하여 건축허가 대상이 아닌 건축신고 사항에 해당하는 연면적 합계 100㎡ 이하인 건축물을 신축하려는 건축신고를 하였다. 그런데 B구청장은 A의 건축신고 내용대로 건물을 신축하면 인근주민들이 공로에 이르는 유일한 통행로가 막히게 된다는 이유로 건축신고의 수리를 거부하는 행위를 하였다. 따라서 구청장(행정청)의 거부행위는 행정청이 국민(A)의 토지이용(구체적 사실)이라는 재산권행사의 권리를 제한하는 법적효과를 발생시키는 건축신고의 수리를 거부(공권력 행사의 거부)하는 것을 요소로 하는 행위에 해당하므로 항고소송의 대상이 되는 처분의 구성요소를 충족하고 있다.

나. 건축신고 수리거부행위의 처분성 여부

사인의 공법행위인 신고는 수리를 요하지 아니하는 건축신고와 수리를 요하는 건축신고로 분류할 수 있다. 수리를 요하는 건축신고를 행정청이 거부하는 경우에는 그 거부행위의 취소를 구할 수 있다. 반면 수리를 요하지 아니하는 건축신고는 적법한 요건을 갖춘 신고만 하면 행정청의 수리를 기다릴 필요 없이 건축을 할 수 있기 때문에 그 수리거부행위가 항고소송의 대상이 될 수 있을 것인지 문제된다.

(1) **처분성 부정 (종전의 판례입장)**

건축법상 신고사항에 관하여는 건축을 하고자 하는 자가 적법한 요건을 갖춘 신고만 하면 건축을 할 수 있고, 행정청의 수리처분 등 별단의 조처를 기다릴 필요가 없다(대법원 1995.3.14. 선고 94누9962 판결). 건축을 하는 자에게 신고의무를 부과한 것은 신고를 받은 행정청이 그 신고를 심사하여 수리 여부를 결정할 수 있는 규정을 찾아 볼 수 없는 점에 비추어 행정청으로 하여금 건축에 관한 행정상의 참고자료를 얻도록 하기 위한 취지에서이고, 따라서 그와 같은 건축을 하고자 하는 자는 적법한 요건을 갖춘 신고만 하면 행정청의 수리처분이라는 별단의 조처를 기다리거나 또한 행정청의 허가처분을 받음이 없이 당연히 건축을 할 수 있다(대법원 1967.9.19. 67누71).

따라서 건축신고의 거부행위는 원고의 구체적인 권리의무에 직접 변동을 초래하는 것을 내용으로 하는 행정처분이라고 볼 수 없다고 하여, 건축신고인이 건축신고반려처분의 취소를 구하거나 인근주민이 제기한 건축신고 수리의 취소를 구하는 소를 각하하여 왔다.

(2) 처분성 인정 (판례의 변경)

㈎ 종전 판례의 문제점

　건축신고에 대한 처분성을 부정한 종전의 판례는 비록 건축신고가 신고만으로 건축을 할 수 있다고 하지만, 그 신고를 반려하거나 거부한 행정청은 불법건축이라는 이유로 건축법이 정하는 각종 불이익을 가할 수 있다. 행정청은 건축신고로써 건축허가가 의제되는 건축물의 경우에도 그 신고 없이 건축이 개시될 경우 건축주 등에 대하여 공사 중지·철거·사용금지 등의 시정명령을 할 수 있고(건축법 69①), 그 시정명령을 받고 이행하지 않은 건축물에 대하여는 당해 건축물을 사용하여 행할 다른 법령에 의한 영업 기타 행위의 허가를 하지 않도록 요청할 수 있으며(건축법 69②), 그 요청을 받은 자는 특별한 이유가 없는 한 이에 응하여야 하고(건축법 69③), 나아가 행정청은 그 시정명령의 이행을 하지 아니한 건축주 등에 대하여는 이행강제금을 부과할 수 있으며(건축법 69조의2 ①(1)), 또한 건축신고를 하지 않은 자는 200만 원 이하의 벌금에 처해질 수 있다(건축법 80(1), 9). 이와 같이 건축주 등은 신고제하에서도 건축신고가 반려될 경우 당해 건축물의 건축을 개시하면 시정명령, 이행강제금, 벌금의 대상이 되거나 당해 건축물을 사용하여 행할 행위의 허가가 거부될 우려가 있어 불안정한 지위에 놓이게 된다.

㈏ 처분성 인정의 필요성

　행정청의 건축신고 거부행위가 있었음에도 건축신고인이 적법한 신고를 하였으므로 건축을 할 수 있다고 믿고 건축에 착수할 수 있다. 그런데 행정청은 불법건축행위라는 이유로 공사중지명령이나 원상복구명령·철거집행처분 등과 같은 불이익을 가할 수 있고, 건축신고인은 그러한 불이익의 취소를 구하는 소송을 제기하게 될 것이다. 그렇다면 행정청의 건축신고 거부행위가 적법하였는지 여부를 판단할 수밖에 없게 된다. 따라서 사전에 건축신고와 관련된 시점에서 그 수리거부행위의 위법성 여부를 다툴 수 있게 하는 것이 필요하다.

㈐ 처분성을 인정한 전원합의체 판결

　최근 대법원 전원합의체 판결은 건축신고의 반려행위 또는 수리거부행위가 항고소송의 대상이 되는 처분이라고 종전의 판례를 변경한 바 있다. 판례는 건축신고

반려행위가 이루어진 단계에서 당사자로 하여금 반려행위의 적법성을 다투어 그 법적 불안을 해소한 다음 건축행위에 나아가도록 함으로써 장차 있을지도 모르는 위험에서 미리 벗어날 수 있도록 길을 열어 주고, 위법한 건축물의 양산과 그 철거를 둘러싼 분쟁을 조기에 근본적으로 해결할 수 있게 하는 것이 법치행정의 원리에 부합한다고 전제하면서, 건축신고 반려행위는 항고소송의 대상이 된다고 보는 것이 옳다고 하였다(대법원 2010.11.18. 선고 2008두167 전원합의체판결).

(3) 소 결

A는 B구청장의 건축신고 반려행위 또는 수리거부행위는 항고소송의 대상이 되는 행정처분에 해당된다.

6. 사안의 해결

건축신고 반려행위 또는 수리거부행위가 이루어진 단계에서 당사자로 하여금 그 행위의 적법성을 다투어 법적 불안을 해소한 다음 건축행위에 나아가도록 하는 것이 장차 건축행정청과 건축주와의 위법한 건축물 시비를 조기에 근본적으로 해결할 수 있기 때문에 건축신고 반려행위 또는 거부행위는 항고소송의 대상이 되는 처분이라고 할 수 있다. 따라서 A는 건축신고 반려행위 또는 수리거부행위의 취소를 구하는 행정심판 또는 행정소송을 제기할 수 있다.

> **기본구조**
>
> 건축신고수리거부행위가 행정처분인지 여부 [설문 (1)의 해결]
>
> 1. 건축법상 건축신고의 의의
>
> 2. 건축법상 건축신고의 의의
>
> 3. 건축법상 건축신고의 종류 및 성격
>
> 4. 항고소송의 대상적격
> 가. 행정소송법상 처분의 개념
> 나. 행정처분 개념의 검토
>   (1) 처분과 행정행위와의 관계
>   (2) 처분개념의 구성요소
>   (㈎) 행정청
>   (㈏) 구체적 사실에 관한 법집행으로서의 행정작용
>   (㈐) 공권력의 행사
>   (㈑) 공권력 행사의 거부
>   (㈒) 그 밖에 이에 준하는 행정작용
>
> 5. 수리를 요하지 않는 신고에 대한 거부행위의 처분성 인정여부
> 가. 건축신고의 수리거부가 처분개념에 해당하는지 여부
> 나. 건축신고 수리거부행위의 처분성 여부
>   (1) 처분성 부정(종전의 판례입장)
>   (2) 처분성 인정(판례의 변경)
>   (㈎) 종전 판례의 문제점
>   (㈏) 처분성 인정의 필요성
>   (㈐) 처분성을 인정한 전원합의체 판결
>   (3) 소 결
>
> 6. 사안의 해결

Ⅱ. 인·허가의제 효과가 발생하는 건축신고수리거부처분의 적법성 여부 [설문 (2)의 해결]

1. 문제점

건축신고로 개발행위허가를 받은 것으로 의제되는 효과가 발생하는 인·허가 의제조항이 준용되는 경우에 그 건축신고는 행정청의 수리를 요하는 신고에 해당되는지 여부가 문제된다. 수리를 요하는 신고에 해당된다면, 행정청은 건축신고에 관한 실체적 요건에 관한 심사를 할 수 있고, 그 결과 요건에 해당하지 않으면 수리를 거부할 수 있게 되어 사안에서의 처분은 적법한 것이 될 수 있다.

2. 인·허가의제 효과가 발생하는 건축신고

가. 인·허가의제제도의 개념

인·허가의제 제도는 하나의 목적사업을 위하여 여러 법률에서 정하고 있는 인·허가를 받아야 할 경우에, 주된 인·허가를 받으면 다른 법률에서 정하고 있는 관련 인·허가를 받은 것으로 보도록 하는 것을 말한다. 반면, 집중효는 행정계획이 청문 등 일련의 절차를 거쳐서 확정되면 당해 행정계획의 수행에 필요한 다른 행정청의 인·허가 등의 행위를 받은 것으로 의제되어 그 다른 행위로서도 법적 구속력을 갖는 효과를 말한다. 양 제도가 동일한 것인지에 관하여 다툼이 있지만, 두 제도의 본질이 절차간소화와 사업의 신속한 진행을 위한 것이며, 법령에 근거하여 행정관청의 권한이 통합된다는 점에서 볼 때 양자 간에 본질적인 차이가 있다고 보기는 어렵다.

나. 건축법상 인·허가의제제도 규정

1982. 4. 3. 개정된 건축법 제5조 '건축물의 건축허가를 받거나 건축신고를 한 때에는 건축법상의 공사용 가설건축물의 축조신고, 도로법상의 도로의 점용허가, 하수도법상의 배수시설의 설치신고, 오물청소법령에 의한 오수정화시설과 분뇨정화조의 설치신고 등을 받거나 한 것으로 본다'는 내용이 인·허가의제제도에 관한 최초의 규정이다. 1991. 5. 31. 개정된 건축법 건축신고에 관한 제9조를 신설하여 건축허가에 관한 인·허가의제제도 규정을 준용하도록 하였다. 현행 건축법 역시 건축허가를 받으면 건축법상의 공사용 가설건축물의 축조신고와 공작물의 축조신고 및 「국토의 계획 및 이용에 관한 법률」 제56조에 따른 개발행위허가 등 15개 법률이 정하는 행위의 허가 또는 신고를 한 것으로 의제하고 있다(건축법 11⑤). 이 규정은 건축신고의 경우에도 그대로 준용되고 있다(건축법 14②).

다. 인·허가의제제도 취지

건축법에서 인·허가의제 제도를 둔 취지는, 인·허가의제사항과 관련하여 건축허가 또는 건축신고의 관할 행정청으로 그 창구를 단일화하고 절차를 간소화하며 비용과 시간을 절감함으로써 국민의 권익을 보호하려는 것이라는 것이 대법원 전원합의체 판결의 다수의견이다(대법원 2011.1.20. 선고 2010두14954 전원합의체판결).

3. 인·허가의제가 발생하는 건축신고의 법적 성질

건축신고로 발생하는 인·허가의제의 효력이 통상의 건축신고의 효력발생시기와 마찬가지로 건축신고서가 행정청에 도달함으로써 바로 발생하는지, 건축신고가 건축허가와 같이 수리되어야 발생하는지 관하여 명문의 규정이 없어 다툼이 있다.

가. 학 설

(1) 수리를 요하지 아니하는 신고라는 견해

인·허가의제가 발생하는지 여부를 묻지 않고 모든 건축신고는 수리를 요하지 아니하는 신고라고 하면서, 적법한 건축신고가 있으면 신고로서의 효력이 발생한다고 한다. 건축허가의 경우에는 미리 의제대상인 인·허가관청과의 협의를 거쳐 의제대상 인·허가의 실체적 요건을 갖추었는지 여부를 검토하여 이에 적합한 경우에 한하여 건축허가를 하는데 반하여, 건축신고의 경우에는 건축법에 의한 절차적 요건에만 적합하면 다른 실체적 요건을 이유로 하여 접수를 거부하거나 신고서를 반려하지 못하므로 의제대상 인·허가의 요건을 갖추었는지 여부를 검토할 방도가 없다. 따라서 건축신고가 있기만 하면 의제대상 인·허가의 요건을 갖추고 있지 아니한 경우에도 인·허가의제 효과가 발생하게 된다고 한다.

(2) 수리를 요하는 신고라는 견해

건축신고만으로 건축허가와 같이 많은 행정처분들이 의제되는 것은, 광범위한 효과를 수반하는 건축신고에 허가요건심사가 면제되고 신고의무를 다한 것만으로 건축을 할 수 있다고 해석할 수는 없다. 그렇다고 인·허가의제가 발생하는 모든 건축신고를 일괄적으로 수리를 요하는 신고로 볼 수는 없다 할 것이므로, 집중효가 발생하는 건축법 제11조 제5항의 각 사유의 성격을 구별하여 수리를 요하는 신고사항인지 여부를 판단하여야 한다는 견해이다.

따라서 사안의 경우와 같은 제3호 "개발행위허가", 제4호 "시행자의 지정과 실시계획의 인가", 제5호 "산지전용허가와 산지전용신고", 제7호 "농지전용허가·신고 및 협의" 등은 그 자체가 재량행위이고 협의과정에서 그에 관한 허가 등이 가능하다는 의견이 있는 경우에만 건축신고의 수리도 가능할 것이므로 수리를 요하는 건축신고로 보아야 할 것이다. 또한 제6호 "사도개설허가", 제8호 "도로의 점용허가", 제9호 "비관리청 공사시행 허가와 도로의 연결허가", 제10호 "하천점용 등의 허가",

제5항 후단의 "공장건축물의 허가나 승인"에 대하여는 협의절차에서 그 허가가 가능하다는 의견이 있는 경우라야 건축신고에 따른 건축 등의 행위를 함에 지장이 없어지고, 그러한 협의절차가 이루어지는 이상 협의보다 앞선 건축신고의 도달만으로 위 허가 등을 받은 것으로 보는 것은 불합리하므로, 그러한 사항이 포함된 건축신고의 경우에는 수리를 요하는 신고로 보는 것이 타당할 것이다.[25]

나. 판 례

(1) 수리를 요하지 아니하는 신고라는 판결

하급심 판결 중에는 수리를 요하지 않는 신고로 보는 판결이 있다. 피고인이 토지형질변경허가를 받지 아니하고 토지의 형질을 변경하였다는 사실로 기소된 사안에서 "건축법이 1999. 2. 8. 법률 제5895호로 개정되면서 절차의 간소화를 통한 행정규제 완화를 위하여 이전과 달리 건축신고의 경우에는 건축허가에 관하여 규정된 '의제규정에 해당하는 사항에 대한 다른 관련 행정기관의 장과 협의하여야 한다'는 규정을 준용규정에서 삭제하게 되었으며, … 피고인이 위 건물의 신축을 위하여 건축신고를 한 이상 관계관청의 허가 없이도 이에 따르는 토지의 형질변경을 할 수 있다고 할 것이므로, 허가를 받지 아니하고 토지의 형질변경을 하였다고 하여 피고인의 행위가 위법하다고 할 수는 없다"(제주지법 2005.2.9. 선고 2005노340 판결)고 한다.

인·허가의제가 발생하는 건축법상 건축신고를 수리를 요하지 않는 신고로 보는 주된 근거는 건축법이 1992. 2. 8. 법률 제5895호로 개정하면서 건축신고의 경우에는 건축허가에 규정된 관계행정기관의 장과의 협의 절차규정이 준용규정에서 삭제되어 건축신고시에는 인·허가의제가 발생하더라도 협의절차를 거칠 필요가 없게 되었다고 하는데 있다.

(2) 수리를 요하는 신고라는 판결

건축신고로 인하여 인·허가의제가 발생하는 경우에는 그 건축신고는 행정청

---

25) 건축법 제11조 제5항 중 제1호 "공사용 가설건축물의 축조신고", 제2호 "공작물의 축조신고", 제11호 "배수설비의 설치신고", 제12호 "개인하수처리시설의 설치신고", 제13호 "수도사업자가 지방자치단체인 경우 그 지방자치단체가 정한 조례에 따른 상수도 공급신청"의 경우에는 건축신고가 건축법상의 요건에 적합할 경우 그 신고나 신청 등에 관한 협의절차를 거쳐야 하는 사항은 아니라 할 것이므로, 이러한 항목에 대한 집중효가 발생하는 건축신고에 대하여는 수리를 요하지 않는 신고로 보아야 할 것이다.

의 수리를 요하는 신고로 보는 것이 타당하고, 그 신고를 거부하는 행위는 항고소송의 대상이 되는 처분이라고 보는 하급심 판결이 있다(서울행법 2009.4.9. 선고 2009구합1693 판결). 건축허가에 집중효를 인정하는 취지는 인·허가의제를 준용하고 있는 건축신고의 경우 담당 행정기관은 의제대상 인·허가에 관하여 실질적인 심사를 하여 인·허가를 하기로 결정한 후에서야 건축신고를 수리할 수 있다고 보아야 할 것이고, 자기완결적인 공법행위인 수리를 요하지 않는 건축신고로써 곧바로 행정청의 재량행위인 각종 인·허가를 받은 것으로 간주한다는 점은 부당하므로 집중효가 수반되지 아니하는 건축신고의 경우와는 달리 집중효가 발생하는 건축신고의 경우에는 그 건축신고는 행정청의 수리를 요하는 신고에 해당하고, 따라서 행정청이 위 신고를 수리한 행위나 신고를 반려한 행위는 항고소송의 대상이 되는 처분에 해당한다고 보아야 한다는 것이다(대구고법 2008.1.18. 선고 2007누1157 판결).

다. 소 결

인·허가의제가 발생하는 건축법상의 건축신고를 수리를 요하는 신고로 볼 것인지 여부에 관하여 위와 같은 다툼이 있었지만, 최근 대법원 전원합의체 판결(대법원 2011.1.20. 선고 2010두14954 전원합의체판결)의 다수의견은 수리를 요하는 신고라고 판시한 바 있다. 그러나 이 대법원 판결은 '개발행위허가'가 의제되는 건축신고에 관한 것이므로, 인·허가의제가 발생하는 모든 사항이 수리를 요하는 신고라고 할 수는 없다 하겠다.

(1) 다수의견

건축법에서 인·허가의제 제도를 둔 취지는, 인·허가의제사항과 관련하여 건축허가 또는 건축신고의 관할 행정청으로 그 창구를 단일화하고 절차를 간소화하며 비용과 시간을 절감함으로써 국민의 권익을 보호하려는 것이지, 인·허가의제사항 관련 법률에 따른 각각의 인·허가 요건에 관한 일체의 심사를 배제하려는 것으로 보기는 어렵다. 왜냐하면, 건축법과 인·허가의제사항 관련 법률은 각기 고유한 목적이 있고, 건축신고와 인·허가의제사항도 각각 별개의 제도적 취지가 있으며 그 요건 또한 달리하기 때문이다. 나아가 인·허가의제사항 관련 법률에 규정된 요건 중 상당수는 공익에 관한 것으로서 행정청의 전문적이고 종합적인 심사가 요구되는데, 만약 건축신고만으로 인·허가의제사항에 관한 일체의 요건 심사가 배제된다고 한다면, 중대한 공익상의 침해나 이해관계인의 피해를 야기하고 관련 법률에서 인·허가 제도를 통하여 사인의 행위를 사전에 감독하고자 하는 규율체계 전반을 무너뜨릴 우려가 있다. 또한 무엇보다도 건축신고를 하려는 자는 인·허가의제사항 관련 법령에서 제출하도록 의무화하고 있는 신청서와 구비서류를 제출하여야 하는데, 이는 건축신고를 수리하는 행정청으로 하여금 인·허가의제사항 관련 법률에 규정된 요건에 관하여도 심사를 하도록 하기 위한 것으로 볼 수밖에 없다. 따라서 인·허가의제 효과를 수반하는 건축신고는 일반적인 건축신고와는 달리, 특별한 사정이 없는 한 행정청이 그 실체적 요건에 관한 심사를 한 후 수리하여야 하는 이른바 '수리를 요하는 신고'로 보는 것이 옳다.

(2) 반대의견

다수의견과 같은 해석론을 택할 경우 헌법상 기본권 중 하나인 국민의 자유권 보장에 문제는 없는지, 구체적으로 어떠한 경우에 수리가 있어야만 적법한 신고가 되는지 여부에 관한 예측 가능성 등이 충분히 담보될 수 있는지, 형사처벌의 대상이 불필요하게 확대됨에 따른 죄형법정주의 등의 훼손 가능성은 없는지, 국민의 자유와 권리를 제한하거나 의무를 부과하려고 하는 때에는 법률에 의하여야 한다는 법치행정의 원칙에 비추어 그 원칙이 손상되는 문제는 없는지, 신고제의 본질과 취지에 어긋나는 해석론을 통하여 여러 개별법에 산재한 각종 신고 제도에 관한 행정법 이론 구성에 난맥상을 초래할 우려는 없는지의 측면 등에서 심도 있는 검토가 필요한 문제로 보인다. 그런데 다수의견의 입장을 따르기에는 그와 관련하여 해소하기 어려운 여러 근본적인 의문이 제기된다. 여러 기본적인 법원칙의 근간 및 신고제의 본질과 취지를 훼손하지 아니하는 한도 내에서 건축법 제14조 제2항에 의하여 인·허가가 의제되는 건축신고의 범위 등을 합리적인 내용으로 개정하는 입법적 해결책을 통하여 현행 건축법에 규정된 건축신고 제도의 문제점 및 부작용을 해소하는 것은 별론으로 하더라도, '건축법상 신고사항에 관하여 건축을 하고자 하는 자가 적법한 요건을 갖춘 신고만 하면 건축을 할 수 있고, 행정청의 수리 등 별단의 조처를 기다릴 필요는 없다'는 대법원의 종래 견해를 인·허가가 의제되는 건축신고의 경우에도 그대로 유지하는 편이 보다 합리적인 선택이라고 여겨진다.

3. 사안의 해결

가. 개발행위허가가 의제되는 건축신고

A의 건축신고는 건축법 제14조 제2항, 제11조 제5항 제3호에 의하여 국토계획법 제56조에 따른 개발행위허가를 받은 것으로 의제된다. 그런데 국토계획법 제58조 제1항 제4호는 개발행위허가의 기준으로 주변 지역의 토지이용실태 또는 토지이용계획, 건축물의 높이, 토지의 경사도, 수목의 상태, 물의 배수, 하천·호소·습지의 배수 등 주변 환경이나 경관과 조화를 이룰 것을 규정하고 있다.

나. A의 건축신고의 법적성질

판례의 견해에 따르면 A의 건축신고는 인·허가의제 효과를 수반하는 것이고, 이는 일반적인 건축신고와는 달리, 행정청이 그 실체적 요건에 관한 심사를 한 후 수리하여야 하는 이른바 '수리를 요하는 신고'로 보아야 한다. 그러므로 국토계획법상의 개발행위허가로 의제되는 건축신고가 위와 같은 기준을 갖추지 못한 경우 B구청장은 이를 이유로 그 수리를 거부할 수 있다.

다. A의 이 사건 토지의 취득경위와 개발행위허가 기준의 미충족

A는 2006. 3. 7. 용인시 소재 이 사건 토지를 경매절차에서 취득하였다. A가 건축신고 내용대로 이 사건 토지상에 건물을 신축하면 다세대주택의 거주자 등 인근주민들이 공로에 이르는 유일한 통행로가 막히게 된다. A는 경매로 이 사건 토지를 취득할 당시 토지의 위치, 현황과 부근 토지의 상황 등을 알 수 있었기에 장차 건축을 하려는 경우에 야기될 수 있는 법률상 문제점도 검토하였을 것이다.

그런데 A의 건축신고 대상 건축물의 건축은 이 사건 토지를 통행로로 사용하는 주변 지역의 토지 이용실태 등과 조화를 이룬다고 보기 어렵다. 따라서 국토계획법 제58조 제1항 제4호에서 정한 개발행위허가의 기준을 갖추었다고 할 수 없다. 따라서 B구청장이 이를 이유로 A에 대하여 한 이 사건 건축신고 수리거부처분은 적법하다.

> **기본구조**
>
> 인·허가의제 효과가 발생하는 건축신고수리거부처분의 적법성 여부 [설문 ⑵의 해결]
>
> 1. 문제점
>
> 2. 인·허가의제 효과가 발생하는 건축신고
>   가. 인·허가의제제도의 개념
>   나. 건축법상 인·허가의제제도 규정
>   다. 인·허가의제제도 취지
>
> 3. 인·허가의제가 발생하는 건축신고의 법적 성질
>   가. 학 설
>   ⑴ 수리를 요하지 아니하는 신고라는 견해
>   ⑵ 수리를 요하는 신고라는 견해
>   나. 판 례
>   ⑴ 수리를 요하지 아니하는 신고라는 판결
>   ⑵ 수리를 요하는 신고라는 판결
>   다. 소 결
>   ⑴ 다수의견
>   ⑵ 반대의견
>
> 4. 사안의 해결
>   가. 개발행위허가가 의제되는 건축신고
>   나. A의 건축신고의 법적성질
>   다. A의 이 사건 토지의 취득경위와 개발행위허가 기준의 미충족

Ⅲ. 거부처분이 행정절차법상 사전통지등의 대상이 되는지 여부 [설문 ⑶의 해결]

1. 문제점

행정청은 당사자에게 의무를 과하거나 권익을 제한하는 처분을 하는 경우에는 미리 일정 사항을 당사자등에게 통지하여야 한다(행정절차법 21①). A는 B구청장이 건축신고수리거부처분을 함에 있어서 위와 같은 행정절차법이 정하는 사전통지나 의견제출절차를 거쳤어야 하는데, 이를 결여하였기 때문에 절차상의 하자가 있다고 주장한다. 그러므로 사안에서 A의 절차상 하자의 주장에 대한 당부는 건축신고수리거부처분이 행정절차법이 정하는 요건에 해당하느냐 여부가 문제된다.

2. 사전통지 · 의견제출절차의 대상이 되는 처분

당사자에게 의무를 과하거나 권익을 제한하는 처분을 하는 경우와 법률상 청문이나 공청회를 실시하는 경우와 같이 의견제출이 면제되는 경우가 아닌 때에는 의견제출절차가 인정된다. 여기서 '당사자'는 행정청의 처분에 대하여 직접 그 상대가 되는 당사자와 행정청이 직권 또는 신청에 의하여 행정절차에 참여하게 한 이해관계인을 말한다(행정절차법 2(4)). '의무를 부과하는 처분'은 작위 · 부작위 · 급부 · 수인의무를 부과하는 내용의 처분을 말한다. 그리고 '권익을 제한하는 처분'은 수익적 행정행위를 취소(철회)하거나 영업정지와 같이 권리를 제한하는 내용의 처분을 말한다. 그런데 신청에 대한 거부처분이 사전통지 및 의견제출절차의 대상이 되는 것인지에 관하여 견해가 대립된다. 종래의 견해는 주로 신청에 대하여서 검토하고 있지만, 신고에 있어서도 마찬가지다(대법원 2000.11.14. 선고 99두5870 판결).

가. 학 설

(1) 적극설

신청에 대한 거부처분은 당사자의 권익을 제한하는 처분에 해당되며, 신청을 하는 당사자는 그 신청에 따라 긍정적인 처분이 있을 것을 기대하며, 거부처분을 기대하지는 않는 것이므로, 당사자의 기대를 어긋나게 하는 불리한 처분을 하는 경우에는 사전통지 및 의견제출의 기회가 주어져야 한다고 본다.

(2) 부정설

신청의 결과에 따라 아직 당사자에게 권익이 부여되지 아니하였으므로 직접 당사자의 권익을 제한하는 처분에 해당하지 않으며, 신청에 대한 거부처분은 불이익처분을 받는 상대방의 신청에 의한 것이므로 성질상 이미 의견진술의 기회를 준 것으로 볼 수 있으므로 의견진술의 기회를 줄 필요가 없다.

나. 판 례

판례는 소극적인 입장이라고 할 수 있다. 신청에 따른 처분이 이루어지지 아니한 경우에는 아직 당사자에게 권익이 부과되지 아니하였으므로, 특별한 사정이 없는 한 신청에 대한 거부처분이라고 하더라도 직접 당사자의 권익을 제한하는 것은 아니어서 신청에 대한 거부처분을 여기에서 말하는 '당사자의 권익을 제한하는 처분'에 해당한다고 할 수 없는 것이어서 처분의 사전통지대상이 된다고 할 수 없다(대법원 2003.11.28. 선고 2003두674 판결).

다. 소 결

　행정청이 당사자에게 '새로운' 의무를 과하거나 '기존의' 권익을 제한하는 처분을 하는 경우에 사전통지와 의견진술의 기회를 주어야 할 것이다. 그러나 거부처분은 의무를 부과하거나 권익을 제한하는 처분으로 볼 수 없고, 거부처분의 전제가 되는 신청을 통하여 의견제출의 기회를 준 것으로 볼 수 있으므로 부정설이 타당하다.

　⑴ 여기서 당사자는 처분의 상대방으로 일방에게는 이익이 되고 제3자에게는 권익을 침해하는 복효적(이중효과적) 행정행위에서의 제3자는 포함되지 않는다. 판례 역시 행정청이 구 식품위생법상의 영업자지위승계신고 수리처분을 하는 경우, 종전의 영업자를 처분의 직접 상대방으로 인정하고, 수리처분시 종전의 영업자에게 행정절차법 소정의 행정절차를 실시하여야 한다고 한다. 구 식품위생법(2002. 1. 26. 법률 제6627호로 개정되기 전의 것) 제25조 제2항, 제3항의 각 규정에 의하면, 지방세법에 의한 압류재산 매각절차에 따라 영업시설의 전부를 인수함으로써 그 영업자의 지위를 승계한 자가 관계 행정청에 이를 신고하여 행정청이 이를 수리하는 경우에는 종전의 영업자에 대한 영업허가 등은 그 효력을 잃는다 할 것인데, 위 규정들을 종합하면 위 행정청이 구 식품위생법 규정에 의하여 영업자지위승계신고를 수리하는 처분은 종전의 영업자의 권익을 제한하는 처분이라 할 것이고 따라서 종전의 영업자는 그 처분에 대하여 직접 그 상대가 되는 자에 해당한다고 봄이 상당하므로, 행정청으로서는 위 신고를 수리하는 처분을 함에 있어서 행정절차법 규정 소정의 당사자에 해당하는 종전의 영업자에 대하여 위 규정 소정의 행정절차를 실시하고 처분을 하여야 한다고 본다(대법원 2003.2.14. 선고 2001두7015 판결).

　반면, 처분의 직접 상대방이 아닌 일반인에게는 이러한 행정절차를 거칠 필요가 없다고 한다. 행정절차법 제2조 제4호가 행정절차법의 당사자를 행정청의 처분에 대하여 직접 그 상대가 되는 당사자로 규정하고, 도로법 제25조 제3항이 도로구역을 결정하거나 변경할 경우 이를 고시에 의하도록 하면서, 그 도면을 일반인이 열람할 수 있도록 한 점 등을 종합하여 보면, 도로구역을 변경한 이 사건 처분은 행정절차법 제21조 제1항의 사전통지나 제22조 제3항의 의견청취의 대상이 되는 처분은 아니라고 할 것이다(대법원 2008.6.12. 선고 2007두1767 판결).

　⑵ 당사자의 신청이나 신고가 권익을 부여해 줄 것을 요청하는 의사표시에 해

당되는 경우 그 신청이나 신고를 거부하는 처분은 권익을 제한하는 처분이라고 할 수 없기 때문에 사전통지 등의 대상은 아니라고 할 것이다. 판례 중에는 행정청이 과실로 당사자에게 권익을 부여하는 처분을 하였다가 이를 취소하는 처분시에는 사전통지 등의 절차를 거쳐야 한다는 사례도 있다. 행정청이 온천지구임을 간과하여 지하수개발·이용신고를 수리하였다가 행정절차법상의 사전통지를 하거나 의견제출의 기회를 주지 아니한 채 그 신고수리처분을 취소하고 원상복구명령의 처분을 한 경우, 행정지도방식에 의한 사전고지나 그에 따른 당사자의 자진 폐공의 약속 등의 사유만으로는 사전통지 등을 하지 않아도 되는 행정절차법 소정의 예외의 경우에 해당한다고 볼 수 없다는 이유로 그 처분은 위법하다고 한다(대법원 2000.11.14. 선고 99두5870 판결).

3. 사안의 해결

B구청장이 A에게 한 건축신고수리거부처분은 당사자에게 새로운 의무를 부과하는 것도 아니고, A의 신고는 존재하지 않던 권익의 부여를 요청하는 의사표시이며, 이미 존재하는 권익을 제한하는 것도 아니므로 행정절차법상의 사전통지와 의견제출절차를 거쳐야 할 대상처분이라고 볼 수 없다. 따라서 B구청장이 A에 대한 처분시에 행정절차법이 정하는 절차를 거치지 않았다고 할지라도 절차상의 하자라고는 할 수 없다. 따라서 A의 이 사건 건축신고수리거부처분에 절차상의 하자가 있다는 주장은 타당하지 않다.

기본구조

거부처분이 행정절차법상 사전통지등의 대상이 되는지 여부 [설문 (3)의 해결]

1. 문제점

2. 사전통지·의견제출절차의 대상이 되는 처분
   가. 학 설
   　(1) 적극설
   　(2) 부정설
   나. 판 례
   다. 소 결

3. 사안의 해결

사례형 (제1문)

I. 설문(1)의 해결 - 건축신고수리거부행위가 행정처분인지 여부

1. 문제점

건축신고 수리거부행위가 항고소송의 대상인 행정처분에 해당하느냐 여부는 행정소송법 제2조 제1항 제1호에서 규정하는 처분개념을 기초로 검토해야 한다. 특히 사안의 신고의 법적성격과 관련하여 그에 따른 수리행위가 처분에 해당되는지도 문제되므로 이를 먼저 검토한다.

2. 건축법상 건축신고의 종류 및 성격

건축법 제14조 제1항의 건축신고 대상 건축물에 관하여는 원칙적으로 적법한 요건을 갖춘 신고를 하면 행정청의 수리 등 별도의 조처를 기다릴 필요 없이 건축행위를 할 수 있는 건축신고가 있다. 이러한 건축신고는 자기완결적 신고에 해당되어 적법한 신고만 있으면 신고의무를 이행한 것이 된다. 반면, 건축법 제11조 제5항(인·허가의제조항)에서는 제1항에 따른 건축허가를 받으면 인·허가의제사항에서 정한 허가등을 받거나 신고를 한 것으로 보는 건축신고가 있다. 이 신고를 집중효가 발생하는 건축신고라고도 한다.

3. 항고소송의 대상적격

가. 행정소송법상 처분의 개념

항고소송의 대표적인 소송유형인 취소소송은 '처분등'과 '재결'을 그 대상으로 한다(행정소송법 19). "처분등"이라 함은 행정청이 행하는 구체적 사실에 관한 법집행으로서의 공권력의 행사 또는 그 거부와 그 밖에 이에 준하는 행정작용 및 행정심판에 대한 재결을 말한다(행정소송법 2①(1)).

나. 처분개념의 검토

행정소송법상의 처분개념과 강학상 행정행위 개념과의 관계가 문제된다. 이를 동일한 것으로 보는 실체법적 개념설이 있으나, 행정소송법상의 규정에 의하여 취소소송의 대상을 확대하여야 한다는 쟁송법적 개념설이 타당하다.

다. 거부처분의 처분성 문제

행정청의 거부처분은 국민의 공권력 행사의 신청에 대하여 처분의 발령을 거부하는 행위를 말한다. 거부행위가 행정처분이 되려면, 행정청의 행위를 요구할 법규상 또는 조리상의 신청권이 국민에게 있어야 하고, 이러한 신청권의 근거 없이 한 국민의 신청을 행정청이 받아들이지 아니한 경우에는, 이를 행정처분이라 할 수 없다는 것이 판례의 태도이다.

4. 수리를 요하지 않는 신고에 대한 거부행위의 처분성 인정여부

가. 논의의 실익

사인의 공법행위인 신고 중 수리를 요하지 아니하는 건축신고는 수리를 요하는 신고의 경우와 달리, 적법한 요건을 갖춘 신고만 하면 행정청의 수리를 기다릴 필요 없이 건축을 할 수 있기 때문에 그 수리거부행위가 항고소송의 대상이 될 수 있을 것인지 문제된다.

나. 종전의 판례의 태도 및 문제점

판례는 적법한 신고만 하면 당연히 건축을 할 수 있음을 근거로, 그 거부행위는 행정처분이 아니며, 그 반려처분의 취소를 구하는 경우 이를 각하하여 왔다.

그러나 신고만으로 건축이 가능하다고 하지만, 신고를 반려한 행정청은 불법건축이라는 이유로 건축법상 불이익을 가할 수 있으며(건축법 69, 시정명령 및 이행강제금 등), 건축물을 사용하여 행할 행위의 허가가 거부될 우려가 있는 불안정한 지위에 놓이게 되는 문제점이 있다.

다. 판례의 변경

최근 대법원 전원합의체 판결은 건축신고의 반려행위 또는 수리거부행위가 항고소송의 대상이 되는 처분이라고 종전의 판례를 변경하였다. 판례는 건축신고 반려행위가 이루어진 단계에서 반려행위의 적법성을 다투어 그 법적 불안을 해소한 다음 건축행위에 나아가도록 함으로써 장차 있을지도 모르는 위험에서 벗어나며, 위법한 건축물을 둘러싼 분쟁을 조기에 해결할 수 있게 하는 것이 법치행정의 원리에 부합한다고 전제하면서, 건축신고 반려행위는 항고소송의 대상이 된다고 하였다

4. 사안의 해결

건축신고 반려행위가 이루어진 단계에서 당사자로 하여금 이를 다투어 법적 불안을 해소한 다음 건축행위에 나아가도록 하는 것이 장차 발생할 분쟁을 근본적으로 해결할 수 있기 때문에 건축신고 반려행위 또는 거부행위는 항고소송의 대상이 되는 처분이라고 할 수 있다.

따라서 A는 건축신고 반려행위 또는 수리거부행위의 취소를 구하는 행정심판 또는 행정소송을 제기할 수 있다.

II. 설문(2)의 해결 - 건축신고 수리거부처분의 적법성 여부

1. 문제점

건축신고로 개발행위허가를 받은 것으로 의제되는 효과가 발생하는 인·허가의제조항이 준용되는 경우에 그 건축신고는 행정청의 수리를 요하는 신고에 해당되는지 여부가 문제된다.

2. 인·허가의제 효과가 발생하는 건축신고

인·허가의제 제도는 하나의 목적사업을 위하여 여러 법률에서 정하고 있는 인·허가를 받아야 할 경우에, 주된 인·허가를 받으면 다른 법률에서 정하고 있는 관련 인·허가를 받은 것으로 보도록 하는 것을 말한다.

건축법에서는 건축허가를 받으면 건축법상의 공사용 가설건축물의 축조신고와 공작물의 축조신고 및 '국토의 계획 및 이용에 관한 법률' 제56조에 따른 개발행위허가 등의 법률이 정하는 행위의 허가 또는 신고를 한 것으로 의제하고 있다(건축법 11⑤). 이 규정은 건축신고의 경우에도 그대로 준용되고 있다(건축법 14②).

3. 인·허가의제가 발생하는 건축신고의 법적 성질

가. 학설

통상의 건축신고와 같이 신고로 인하여 바로 효력이 발생하는지, 건축허가와 같이 수리되어야 인·허가의제의 효력이 발생하는지에 관하여 명문의 규정이 없어 다툼이 있다.

학설은 ① 건축신고는 건축법에 의한 절차적 요건에만 적합하면 다른 요건을 이유로 신고를 반려하지 못하므로 의제대상 인·허가의 요건을 갖추었는지 여부를 검토할 방법이 없음을 이유로 수리를 요하지 않는 신고로 보는 견해와, ② 건축신고만으로 건축허가와 같이 많은 행정처분들이 의제되는 것은, 광범위한 효과를 수반하는 건축신고에 허가요건심사가 면제되고 신고의무를 다한 것만으로 건축을 할 수 있다고 해석할 수는 없다는 이유로 수리를 요하는 신고라는 견해가 대립된다.

나. 판례의 태도

판례도 이에 대하여 입장을 달리하는 하급심 판결이 존재하여 왔다. 최근 대법원 전원합의체 판결에서 다수의견은 인·허가의제사항 관련 법률에 따른 각각의 인·허가 요건에 관한 일체의 심사를 배제하려는 것으로 보기는 어렵다는 것을 근거로, 이를 수리를 요하는 신고라고 판시한 바 있다.

다. 검토

인·허가의제사항 관련 법률에 규정된 요건 중 상당수는 공익에 관한 것으로서 행정청의 전문적이고 종합적인 심사가 요구되는데, 이러한 일체의 요건 심사가 배제된다고 한다면, 관련 법률에서 인·허가를 통하여 사인의 행위를 감독하고자 하는 규율체계를 무너뜨릴 우려가 있다. 따라서 일반적인 건축신고와는 달리, 행정청이 그 실체적 요건에 관한 심사를 한 후 수리하여야 하는 이른바 '수리를 요하는 신고'로 보는 것이 옳다.

4. 사안의 해결

A의 건축신고는 건축법 제14조 제2항, 제11조 제5항 제3호에 의하여 국토계획법 제56조에 따른 개발행위허가를 받은 것으로 의제된다. 이는 인·허가의제 효과를 수반하는 것으로서, 행정청이 그 실체적 요건에 관한 심사를 한 후 수리하여야 하는 '수리를 요하는 신고'이다. 그러

므로 A의 건축신고가 위와 같은 기준을 갖추지 못한 경우 B구청장은 이를 이유로 그 수리를 거부할 수 있다. A의 건축신고 대상 건축물의 건축은 이 사건 토지를 통행로로 사용하는 주변 지역의 토지 이용실태 등과 조화를 이룬다고 보기 어렵고, 국토계획법 제58조 제1항 제4호에서 정한 개발행위허가의 기준을 갖추었다고 할 수 없다. 따라서 B구청장이 이를 이유로 A에 대하여 한 이 사건 건축신고 수리거부처분은 적법하다.

III. 설문(3)의 해결 - 거부처분이 사전통지 등의 대상이 되는지 여부

1. 문제점

당사자에게 의무를 과하거나 권익을 제한하는 처분을 하는 경우에는 미리 일정 사항을 당사자등에게 통지하여야 한다(행정절차법 21①). A의 절차상 하자의 주장에 대한 당부는 건축신고 수리거부처분이 행정절차법의 적용범위에 해당하느냐 여부가 문제된다.

2. 사전통지 · 의견제출절차의 대상이 되는 처분

'의무를 부과하는 처분'은 작위 · 부작위 · 급부 · 수인의무를 부과하는 내용의 처분을 말한다. 그리고 '권익을 제한하는 처분'은 수익적 행정행위를 취소하거나 권리를 제한하는 내용의 처분을 말한다.

3. 신청(신고)에 대한 거부처분의 경우 적용여부

가. 학설 및 판례의 태도

(1) 학설은 ① 신청에 대한 거부처분은 당사자의 권익을 제한하는 처분에 해당하기 때문에 당사자의 기대를 어긋나게 하는 불리한 처분을 하는 경우에는 사전통지 및 의견제출의 기회가 주어져야 한다는 긍정설, ② 신청의 결과에 따라 아직 당사자에게 권익이 부여되지 아니하였으므로 직접 당사자의 권익을 제한하는 처분에 해당하지 않음을 근거로 하는 부정설이 주장된다.
(2) 판례는 신청에 대한 거부처분을 '당사자의 권익을 제한하는 처분'에 해당한다고 할 수 없는 것이어서 처분의 사전통지대상이 된다고 할 수 없다고 하여 부정적인 태도이다.

나. 검토

거부처분은 의무를 부과하거나 권익을 제한하는 처분으로 볼 수 없고, 거부처분의 전제가 되는 신청을 통하여 이미 의견제출의 기회를 준 것으로 볼 수 있으므로 부정설이 타당하다.

4. 사안의 해결

B구청장이 A에게 한 거부처분은 A에게 새로운 의무를 부과하는 것도 아니고, 이미 존재하는 권익을 제한하는 것도 아니므로 행정절차법상의 절차를 거쳐야 할 처분이 아니다. 따라서 B구청장이 행정절차법의 절차를 거치지 않았다고 할지라도 절차상의 하자라고는 할 수 없다.

[27] 집행정지제도

A는 관계법령상 대중음식점 영업을 하기 위해서는 허가를 받아야 함에도 허가를 받지 아니하고 5명의 종업원으로 48평 정도의 업소에 투명한 유리칸막이로 4면이 모두 차단된 4평 규모의 방 3개, 원탁테이블 8개와 모니터, 앰프, 음향기기에 의한 반주시설인 이른바 가라오케를 설치하고 주류와 안주를 판매하면서 손님들이 노래도 부르게 하는 방식으로 1개월이 넘도록 영업을 하였다.

그리고 A는 위 업소에서 귀가한 이후에 종업원들로 하여금 업소의 뒷문을 열어 놓고 있다가, 그 뒷문을 통하여 들어온 4명의 손님 이외에 상당수의 손님들에게 술과 안주를 판매하여 서울특별시장이 고시한 영업제한시간인 24:00을 초과하여 2시간을 추가로 영업을 하도록 하였다.

B구청장은 A가 영업허가를 받지 아니한 상태에서 1개월 영업을 하고, 지정된 영업시간 중 2시간을 초과하여 시간외 영업을 하고, 3개의 밀실과 가라오케를 설치하여 식품위생법을 위반하였다고 하였다는 이유로, A에 대하여 시설개수명령과 함께 식품위생법 시행규칙 제53조 행정처분기준 [별표 15]에 따른 처분기준에 의하면 1월의 영업정지에 해당함에도, 2개월 15일간의 위 대중음식점업의 영업정지를 명하는 처분을 하였다.

(1) 식품위생법 시행규칙 제53조 행정처분기준 [별표 15]의 법적 성질과 효력을 설명하시오. (20점)

(2) B구청장이 A에 대하여만 [별표 15] 행정처분기준을 초과하는 처분을 한 경우 그 처분은 적법한가. (20점)

(3) A가 영업정지처분취소청구의 소를 제기한 후 그 처분에 따른 영업정지를 당하지 않고 계속적으로 영업을 할 수 있는 법적 수단은 무엇인가. (10점)

> **참고법령**

「식품위생법 [법률 제4432호 1991.12.14. 일부개정]」

제22조 (영업의 허가등)

① 제21조의 규정에 의한 영업중 대통령령이 정하는 영업을 하고자 하는 자는 대통령령이 정하는 바에 따라 영업의 종류별·영업소별로 보건사회부장관·서울특별시장·직할시장 또는 도지사의 허가를 받아야 한다. 대통령령이 정하는 중요한 사항을 변경하고자 하는 때에도 또한 같다.

③ 보건사회부장관·서울특별시장·직할시장 또는 도지사는 제1항 및 제2항의 규정에 의한 영업허가 또는 품목제조허가를 하는 때에는 필요한 조건을 붙일 수 있다.

제58조(허가의 취소등)

① 보건사회부장관, 시·도지사, 시장·군수 또는 구청장은 영업자가 다음 각호의 1에 해당하는 때에는 대통령령이 정하는 바에 따라 영업허가의 전부 또는 일부를 취소하거나 6월이내의 기간을 정하여 영업을 정지하거나, 영업소의 폐쇄(제22조제5항의 규정에 의하여 신고한 영업에 한한다. 이하 이 조에서 같다)를 명할 수 있다. 〈개정 1988.12.31, 1991.12.14〉

1. 제4조 내지 제6조, 제7조제4항, 제8조, 제9조제4항, 제10조제2항, 제11조, 제15조, 제19조제1항, 제22조제1항 후단·제2항·제4항 및 제5항 후단, 제26조제3항, 제27조제3항, 제28조제1항·제3항 및 제4항, 제29조, 제31조 또는 제34조의 규정에 위반한 때
2. 제22조제3항의 규정에 의한 조건에 위반한 때
3. 제24조제1항제1호·제5호 또는 제6호의 1에 해당하게 된 때
4. 제30조의 규정에 의한 영업의 제한에 위반한 때
5. 제55조제1항, 제56조제1항 및 제3항 또는 제57조제1항의 규정에 의한 명령에 위반한 때
6. 기타 이 법 또는 이 법에 의한 명령에 위반한 때

② 보건사회부장관, 시·도지사, 시장·군수 또는 구청장은 영업자가 제1항의 규정에 의한 영업의 정지명령에 위반하여 계속 영업행위를 하는 때에는 그 영업의 허가를 취소하거나 영업소의 폐쇄를 명할 수 있다.

③ 보건사회부장관, 시·도지사, 시장·군수 또는 구청장은 영업자가 정당한 사유없이 계속하여 6월이상 휴업하는 때에는 그 영업의 허가를 취소하거나 영업소의 폐쇄를 명할 수 있다.

④ 제1항 및 제2항의 규정에 의한 행정처분의 세부적인 기준은 그 위반행위의 유형과 위반의 정도등을 참작하여 보건사회부령으로 정한다.

「식품위생법 시행규칙」

제53조(행정처분의 기준)
법 제55조 내지 제59조의 규정에 의한 행정처분의 기준은 별표15와 같다. 다만, 식품 등의 수급정책 및 국민보건에 중대한 영향을 미치는 특별한 사유가 있다고 보건사회부장관 또는 시·도지사가 인정하는 때에는 이 처분기준에 의하지 아니할 수 있다.

행정처분기준 (제53조 관련)

[별표 15]

위반 사항	근거 법령	행정처분기준		
		1차 위반	2차 위반	3차 위반
라. 법 제22조 제3항의 규정에 의한 허가조건을 위반한 때	법 제53조	영업정지 1월	영업정지 2월	영업정지 3월
기타 가 내지 카를 제외한 허가 또는 신고사항 중 (1) 시설기준에 위반된 때		시설개수명령	영업정지15일	영업정지 1월

주요쟁점

- 식품위생법 시행규칙상의 행정처분기준
- 제재처분기준의 법적 성질과 효력
- 기속행위와 재량행위의 사법심사
- 재량권의 한계
- 재량하자
- 평등의 원칙
- 행정의 자기구속의 법리
- 비례의 원칙
- 무효와 취소의 구별기준
- 집행부정지의 원칙
- 공정력
- 임시구제로서의 집행정지

Ⅰ. 식품위생법 시행규칙 제53조 행정처분기준 [별표 15]의 법적 성질과 효력 [설문 (1)의 해결]

1. 문제점

B구청장의 영업정지처분 당시의 법률이었던 식품위생법 제22조 제3항은 영업허가시에 영업조건을 부가할 수 있으며, 제58조 제1항은 부가한 영업조건을 위반할 때에는 영업허가를 취소하는 등의 제재처분을 할 수 있도록 규정되어 있다. 그리고 그 구체적인 처분기준은 법규명령인 부령형식의 식품위생법 시행규칙 제53조 [별표 15]에서 정하고 있다. 이와 같이 법규의 형식을 취하는 행정규칙이 그 형식과 같이 법규명령에 해당하는지, 그 실질적인 내용과 같이 행정규칙에 해당하는지 여부에 관하여 견해가 대립한다.

2. 제재처분기준의 법적 성질

가. 학 설

(1) 형식적 기준설 (법규명령설)

과거에는, 법규는 개인의 자유와 재산에 관한 사항을 정한 규범으로 보았으나, 오늘날은 법규는 그 내용이 어떠한 것이든 국민과 국가를 다 같이 구속할 수 있는 일반적 구속력을 가진 규범으로 본다. 법규명령 가운데는 행정조직 내부에서만 효력을 가지는 것(직제 등)이 있는 반면에, 훈령적인 사항(재량준칙 등)이더라도 그것이 일단 법규명령으로 정해지게 되면, 그것은 실질적 의미의 법률로서의 성질을 가지게 된다고 한다. 이 견해에서 국민과 국가를 다 같이 구속할 수 있는 대외적 구속력을 갖는다는 의미는, 처분을 함에 있어서 당해 대통령령이나 부령이 정한 행정처분기준에 따라야 하며, 법원도 그 처분의 적법여부를 그 처분기준에 따라 판단하여야 한다는 것이다.

(2) 실질적 기준설 (행정규칙설)

그 실질적 내용이 행정사무처리기준과 같이 행정조직내부에서만 효력을 갖는 것일 때에는, 비록 그것이 법규명령의 형식을 취하더라도 국민일반에 대한 구속력을 갖지 못하고 행정규칙으로서의 성질을 갖는다고 한다. 국민일반에 대하여 구속력을 갖지 못한다는 것은, 그 규칙의 내용과 성질이 행정청 내의 사무처리준칙을 규정한 것이기 때문에 행정조직내부에서 행정기관이나 직원을 구속함에 그치고, 대외적으로 국민이나 법원을 구속하는 것이 아니라는 것이다. 그러므로 당해 처분이 그 규칙에 위배될지라도 위법의 문제는 생기지 아니하고, 그 처분의 적법 여부는 관계 법령의 규정 및 취지에 적합한지의 여부에 따라 판단하게 된다.

⑶ 수권여부기준설

법령의 수권을 받아 제정된 대통령령·총리령·부령은 법규명령이고, 법령의 수권이 없이 제정된 대통령령·총리령·부령은 행정규칙이라는 견해이다. 법규명령을 법령의 수권에 근거하여 제정되는 명령으로 이해하면서 행정사무처리기준 등과 같은 행정내부적인 사항(행정규칙사항)일지라도 법령의 위임을 받아 제정되었다면 법규명령으로, 법령의 위임이 없이 제정되었다면 행정규칙으로 본다.

⑷ 소 결

대통령령이나 총리령·부령은 모두 헌법에서 인정한 법규범이며, 법률 또는 상위명령에서 위임한 사항이나 집행을 위하여 필요한 사항을 정하는 법규명령에 해당된다. 따라서 법규명령은 법률이나 마찬가지로 그 내용이 개인의 자유와 재산에 관한 사항을 정한 것인지의 여부와 관계없이 대국민적 일반적구속력을 가질 수 있다는 점에서 법규의 형식을 취하는 행정규칙은 법규로 보아야 할 것이다.

나. 판 례

⑴ 원 칙 - 대통령령과 부령의 구별

종래에는 행정규칙적인 내용이 법규의 형식을 취하고 있는 경우 모두 행정규칙으로 보았지만, 오늘날 판례는 법규의 형식이 대통령령인 경우에는 법규로 보고, 법규의 형식이 부령인 경우에는 행정규칙으로 본다. 그러나 부령 형식의 행정규칙의 내용도 워낙 다양하여 위와 같은 판례의 분류 기준대로 해석되는 것은 아니다.

⑵ 법규명령으로 본 판례

대통령령인 주택건설촉진법 시행령으로 정하여진 행정처분기준에 대하여 법규명령이라고 판시하였다. 주택건설촉진법 시행령 제10조의3 제1항 [별표 I]은 주택건설촉진법 제7조 제2항의 위임규정에 터잡은 규정형식상 대통령령이므로 그 성질이 부령인 시행규칙이나 또는 지방자치단체의 규칙과 같이 통상적으로 행정조직 내부에 있어서의 행정명령에 지나지 않는 것이 아니라 대외적으로 국민이나 법원을 구속하는 힘이 있는 법규명령에 해당한다고 보았다(대법원 1997.12.26. 선고 97누 15418 판결).

최근 판결에서는, 구 청소년보호법(1999. 2. 5. 법률 제5817호로 개정되기 전의 것) 제49조 제1항, 제2항에 따른 같은법시행령(1999. 6. 30. 대통령령 제16461호로 개정되기 전의 것) 제40조 [별표 6]의 위반행위의종별에따른과징금처분기준은 법규명령이기는 하나 사안에 따라 적정한 과징금의 액수를 정하여야 할 것이므로 그 수액은 정액이 아니라 최고한도액이다(대법원 2001.3.9. 선고 99두5207 판결)라고 하여 재량권 행사의 여지를 인정하고 있다.

(3) 행정규칙으로 본 판례

㈎ 규정형식상 부령인 시행규칙으로 정해진 제재적 처분의 기준은 그 규정의 성질과 내용이 행정청 내의 사무처리기준에 불과하므로 행정규칙의 성질을 가지며, 대외적으로 국민이나 법원을 구속하는 것은 아니라고 한다. 따라서 처분의 적법여부 역시 당해 시행규칙을 기준으로 판단하지 않고, 그 시행규칙의 상위법령 규정에 적합한 것인지 여부를 기준으로 한다.

㈏ 제재적 행정처분의 기준이 부령 형식으로 되어 있어 행정규칙으로 보면서도 법원은 당해 제재처분기준도 존중하여야 한다는 입장이다.

㈐ 부령인 행정규칙을 기본적으로 행정규칙으로 보면서도 평등원칙을 매개규범으로 하여 간접적으로 법규적 효력을 인정한 판례도 있다. 이 사건 처분에 관한 대법원 판례가 여기에 해당된다. 식품위생법시행규칙 제53조에 따른 별표 15의 행정처분기준은 행정기관 내부의 사무처리준칙을 규정한 것에 불과하기는 하지만 규칙 제53조 단서의 식품 등의 수급정책 및 국민보건에 중대한 영향을 미치는 특별한 사유가 없는 한 행정청은 당해 위반사항에 대하여 위 처분기준에 따라 행정처분을 함이 보통이라 할 것이므로, 행정청이 이러한 처분기준을 따르지 아니하고 특정한 개인에 대하여만 위 처분기준을 과도하게 초과하는 처분을 한 경우에는 재량권의 한계를 일탈하였다고 볼 만한 여지가 충분하다(대법원 1993.6.29. 선고 93누5635 판결).

㈑ 부령인 시행규칙 형식으로 정하여져 있을지라도 그로 인한 처분이 개인에게 수익적 처분인 특허나, 침해적 처분인 운전면허정지와 같은 처분기준은 법규명령의 성질을 갖는다고 한다. 구 여객자동차운수사업법 시행규칙(2000. 8. 23. 건설교통부령 제259호로 개정되기 전의 것) 제31조 제2항 제1호, 제2호, 제6호는 구 여

객자동차 운수사업법(2000. 1. 28. 법률 제6240호로 개정되기 전의 것) 제11조 제4항의 위임에 따라 시외버스운송사업의 사업계획변경에 관한 절차, 인가기준 등을 구체적으로 규정한 것으로서, 대외적인 구속력이 있는 법규명령이라고 할 것이고, 그것을 행정청 내부의 사무처리준칙을 규정한 행정규칙에 불과하다고 할 수는 없다(대법원 2006.6.27. 선고 2003두4355 판결).

(4) 소 결

판례는 대통령령(시행령)인 경우와 부령(시행규칙)인 경우를 달리 보고 있다. 그러나 대통령령이나 부령 모두 헌법에 근거를 두고 있으며, 다 같이 법률에서 위임된 사항이나 집행을 위하여 필요한 사항을 정하는 법규명령이라는 점에서 양자를 구별하여야 할 합리적인 근거가 없다. 대통령령의 경우에는 국무회의의 심의를 거쳐 대통령이 발하고, 부령의 경우에는 국무회의의 심의를 거치지 않고 행정각부의 장관이 발하나, 그것은 양자를 질적으로 구별할 근거가 될 수 없다.

3. 행정규칙인 제재처분기준의 법적 효력

사안에서 B구청장이 처분기준으로 삼은 [별표 15]가 행정규칙이라고 할지라도, 행정규칙의 본래의 효력인 행정기관 구성원을 구속하는 내부적인 효력만을 가지는지에 관하여 살펴볼 필요가 있다.

가. 대내적 효력

행정규칙은 법규가 아니라고 한 전통적 견해는 행정규칙이 행정조직내부 또는 특별권력관계내부에서 일정한 법적 구속력을 갖는 점은 인정하여, 특별권력관계의 복종자가 행정규칙에 위반하면 징계사유가 된다고 하였다. 행정규칙을 법규의 일종으로 보는 견해는 이러한 대내적 효력도 하나의 법적효력으로 본다.

판례 역시 서울특별시 철거민 등에 대한 국민주택 특별공급규칙은 '주택공급에 관한 규칙' 제19조 제1항 제3호 (다)목에서 규정하고 있는 '도시계획사업으로 철거되는 주택의 소유자'에 해당하는지 여부를 판단하기 위한 서울특별시 내부의 사무처리준칙에 해당하는 것으로서 위 규정의 해석·적용과 관련하여 대외적으로 국민이나 법원을 기속하는 효력이 있는 것으로 볼 수 없다고 한다(대법원 2007. 11. 29. 선고 2006두8495 판결).

나. 대외적 효력

(1) 통설적 견해

　　행정규칙의 직접적인 수명자는 국민이 아니고 원칙적으로 하급행정기관이다. 그러나 재량준칙이나 법령해석규칙 등과 같이 하급행정기관의 국민에 대한 행정사무의 처리에 있어서 재량권행사나 법령해석의 기준을 정하고 있기 때문에 하급행정기관을 통하여 행정조직 밖에 있는 국민에게도 강한 사실상의 영향력을 미치게 된다. 그런데 이러한 국민에 대한 사실상의 영향력은 어디까지나 사실상의 효력이며 법적인 효력은 아니다. 그 때문에 행정규칙이 대외적인 법적 효력을 가지는지가 문제된다. 일반적 견해는 행정규칙은 행정조직내부에서만 구속력을 가지며, 행정기관은 국민에 대한 관계에서는 행정규칙을 준수할 법적의무를 지지 아니한 것으로 본다.

(2) 간접적으로 법적인 대외적 효력을 인정하는 견해

　　(가) 행정규칙은 대외적 효력은 갖지 않지만, 재량준칙이나 법령해석규칙과 같이 행정기관을 통하여 일반국민에게 적용될 것이 예정되어 있는 행정규칙은 그것이 정립되고 적용되게 되면 행정관행이 성립하게 된다. 이렇게 행정관행이 성립되면 앞으로 다른 신청자들에 대하여도 당해 행정규칙대로 행정작용이 행하여질 것으로 예상되게 된다(이른바 예기관행). 그런데 특별한 이유 없이 어느 특정한 상대방 국민에게만 행정관행을 적용하지 아니하면 헌법상의 평등원칙에 위반되게 되고, 결국 위법하게 된다. 따라서 행정기관은 국민에 대한 관계에서 당해 행정규칙에 따라야 할 자기구속을 당하게 된다. 이는 행정규칙이 직접적으로 대외적 효력을 갖기 때문이 아니고 헌법상의 평등원칙을 매개로 하여 간접적으로 대외적 효력을 갖는 것을 의미한다. 이 경우 평등원칙은 행정규칙을 대외적 효력을 갖는 법규로 전환시키는 전환규범으로서의 기능을 담당한다. 이와 같이 행정규칙이 간접적으로 대외적 효력을 갖게 되는 근거로 평등원칙 외에 신뢰보호의 원칙을 들기도 한다. 우리 헌법재판소의 결정례와 일부 대법원판례의 입장도 같다.

　　(나) 행정규칙은 일반적으로 행정조직 내부에서만 효력을 가지는 것이나, 행정규칙이 법령의 규정에 의하여 행정관청에 법령의 구체적 내용을 보충할 권한을 부여한 경우나 재량권행사의 준칙인 규칙이 그 정한 바에 따라 되풀이 시행되어 행정관행이 이룩되게 되면, 평등의 원칙이나 신뢰보호의 원칙에 따라 행정기관은 그 상대방에 대한 관계에서 그 규칙에 따라야 할 자기구속을 당하게 되는 경우에는

대외적인 구속력을 가지게 되는바, 이러한 경우에는 헌법소원의 대상이 될 수도 있다.(헌재 2001.5.31. 99헌마413).

㈐ 식품위생법시행규칙 제53조에서 별표 15로 식품위생법 제58조에 따른 행정처분의 기준을 정하였다고 하더라도, 이는 형식은 부령으로 되어 있으나 그 성질은 행정기관 내부의 사무처리준칙을 정한 것에 불과한 것으로서, 보건사회부장관이 관계행정기관 및 직원에 대하여 그 직무권한행사의 지침을 정하여 주기 위하여 발한 행정명령의 성질을 가지는 것이지 식품위생법 제58조 제1항의 규정에 의하여 보장된 재량권을 기속하는 것이라고 할 수는 없고, 대외적으로 국민이나 법원을 기속하는 힘이 있는 것은 아니다. 대중음식점 경영자인 원고의 종업원들이 서울특별시 고시에 의한 영업마감시간인 24:00를 30분 지나도록 단골손님 등 약 20여명의 고객을 상대로 영업을 함으로써 영업시간을 위반하고, 그 중 일부의 요구를 받아들여 유흥접객업소에서만 허용되는 유흥종사자인 기타연주자 1명을 불러 주었는데, 위 업소는 약 21억여 원의 시설비를 들인 아파트단지 부근의 음식점으로서 약 15명 정도의 종업원을 두고 주로 경양식을 조리, 판매해 왔으며 유흥접객부 등 유흥종사자는 고용하지 않았고, 한편 서울특별시장으로부터 피고에게 단속강화지침이 시달되기 이전에는 이 사건과 같은 위반사안에 대하여 영업정지처분 대신 과징금을 부과해 왔다면, 위와 같은 1차의 위반사실에 대하여 바로 2개월의 영업정지를 명한 처분은 위 처분을 받게 된 경위, 위반정도, 위 처분으로 원고가 입게 될 손해 등을 고려하면 너무 가혹하여 재량권의 범위를 일탈한 위법이 있다 할 것이다(대법원 1991.5.14. 선고 90누9780 판결).

(3) 직접적으로 법적인 대외적 효력을 갖는다는 견해

㈎ 행정규칙이 직접적으로 대외적 효력을 갖는다는 견해도 있다. 이 견해는 행정의 자기구속은 행정관행에 의하여 비로소 생기는 것이 아니고, 행정규칙으로 표현된 행정의 의사행위에 의하여 이미 나타난 것으로 보아야 한다고 한다. 따라서 행정권은 그 권한의 범위 안에서는 자주적인 법형성을 의한 법규의사 내지 독립적인 규율권이 생성된다고 한다. 그리하여 행정규칙의 대외적 효력을 뒷받침하기 위하여 헌법상의 평등원칙에 근거한 자기구속의 구조는 불필요하다고 한다.

㈏ 행정규칙에 대하여 직접적인 대외적 효력을 인정하는 경우 법규명령과 행정규칙의 차이는 무엇인가라는 의문이 생긴다. 이 견해는 법규명령은 행정기관이

법률 또는 그 위임에 의한 상위 법규명령에 의한 직접적인 수권에 의하여 제정하는 규범인데, 행정규칙은 행정기관이 독자적인 권한에 의하여 권한의 범위 안에서 제정하는 규범으로 이해한다.

(4) 소 결

행정규칙의 대외적 효력을 인정하는 것은 권력분립의 원리 및 법률유보의 원리에 저촉된다고 본다. 또한 우리 행정현실에 비추어 행정기관의 통제 없는 행정규칙으로의 도피를 초래하여, 행정권이 남용될 위험성도 크다고 할 것이다. 따라서 행정규칙은 원칙적으로는 법적인 대외적 효력은 갖지 못하고 행정조직내부에서의 법적인 대내적 효력만 갖는다고 할 것이고, 예외적으로 재량준칙 등 행정권의 재량이 인정되는 영역에서 평등원칙을 매개로 하여 간접적으로만 대외적 효력을 갖는다고 보는 것이 타당할 것이다. 따라서 이 사건 행정처분기준 역시 행정조직내부에서만 구속력을 가지며, 다만 특정한 국민에게만 위 처분기준에 반하는 행위를 하면 평등원칙에 위반되게 되는 문제가 발생한다. 그러므로 행정처분기준은 헌법상의 평등원칙을 매개로 하여 간접적으로 대외적 효력을 갖는다고 이해할 수 있는 측면이 있다.

4. 사안의 해결

가. 학설에 따른 결론

(1) 형식적 기준설(법규명령설)에 의하면, 법규는 그 내용이 어떠한 것이든 국민과 국가를 구속할 수 있는 일반적 구속력을 가진 규범으로 보기 때문에, 일단 처분기준이 법규명령으로 정해지면 실질적 의미의 법률로서의 성질을 가지게 된다면서 행정처분기준 [별표 15] 역시 법규명령으로 이해한다.

(2) 실질적 기준설(행정규칙설)은 행정사무처리기준이 법규명령의 형식을 취하더라도 국민일반에 대한 구속력을 갖지 못하고 행정규칙으로서의 성질을 갖는다고 하기 때문에 [별표 15]를 행정규칙으로 본다.

(3) 수권여부기준설은 법령의 수권을 받아 제정된 대통령령·총리령·부령은 법규명령이고, 법령의 수권이 없이 제정된 것은 행정규칙이라고 하기 때문에 [별표 15]는 식품위생법 제53조 제4항 '행정처분의 세부적인 기준은 그 위반행위의 유형과 위반의 정도 등을 참작하여 보건사회부령으로 정한다.'는 법률의 수권에 의하여

제정된 것이기 때문에 법규명령으로 볼 수 있다.

나. 판례에 따른 결론

판례는 행정처분기준이 대통령령으로 규정된 경우에는 법규명령으로 보고, 부령으로 규정된 행정규칙으로 보기 때문에, 식품위생법 시행규칙 제53조 행정처분기준 [별표 15]는 부령으로 규정되어 있어 행정기관 내부의 사무처리준칙을 정하고 있는 행정규칙이라고 할 수 있다(판례).

다. 간접적·대외적 효력을 갖는 행정규칙

행정규칙은 원칙적으로 행정조직내부의 공무원을 구속하는 구속력을 갖는 것이기에 대외적 효력은 갖지 않는다. 그러나 재량준칙이나 법령해석규칙과 같은 행정규칙에 의하여 일정한 처분이 반복되는 관행이 성립되면, 장차 유사한 사안에서는 동일한 처분이 행하여질 것으로 예상하게 되는 예기관행이 생길 수 있다. 이 경우에 특정한 국민에게만 성립된 관행을 적용하지 아니하면 평등의 원칙에 위반되어 위법한 처분이 될 수 있다. 그러므로 평등의 원칙은 행정규칙을 대외적 효력을 갖는 법규로 전환시키는 전환규범으로서의 기능을 담당하게 된다. 이 경우에는 행정규칙이 간접적으로 대외적 효력을 갖게 되는 모습으로 나타나게 된다.

> **기본구조**
>
> 식품위생법 시행규칙 제53조 행정처분기준 [별표 15]의 법적 성질과 효력 [설문 (1)의 해결]
>
> 1. 문제점
>
> 2. 제재처분기준의 법적 성질
> 가. 학 설
>   (1) 형식적 기준설(법규명령설)
>   (2) 실질적 기준설(행정규칙설)
>   (3) 수권여부기준설
>   (4) 소 결
> 나. 판 례
>   (1) 원 칙 - 대통령령과 부령의 구별
>   (2) 법규명령으로 본 판례
>   (3) 행정규칙으로 본 판례
>   (4) 소 결
>
> 3. 행정규칙인 제재처분기준의 법적 효력
> 가. 대내적 효력
> 나. 대외적 효력
>   (1) 통설적 견해
>   (2) 간접적으로 법적인 대외적 효력을 인정하는 견해
>   (3) 직접적으로 법적인 대외적 효력을 갖는다는 견해
>   (4) 소 결
>
> 4. 사안의 해결
> 가. 학설에 따른 결론
> 나. 판례에 따른 결론
> 다. 간접적·대외적 효력을 갖는 행정규칙

Ⅱ. B구청장의 A에 대한 처분의 적법성 여부 [설문 (2)의 해결]

1. 문제점

사안에서 B구청장은 A에 대하여 행정처분기준이 정하는 것보다 무거운 처분을 하였다. 이 처분의 적법성 여부는 구청장이 행정처분기준으로 삼은 [별표 15]를 법규명령이 정한 기속규정으로 보면, 그 규정 위반 자체로서 위법한 처분이 된다. 반면, 위 [별표 15]를 행정청 내부에서 준수하여야 할 처분기준에 불과하다는 행정규칙으로 보면, 대외적인 국민과의 관계에서는 식품위생법 제58조 제1항이 정하는 범위에서 처분을 하면 된다.

그러므로 사안에서 B구청장이 행한 A에 대한 처분의 적법·타당성 여부를 판단하기 위해서는 행정처분기준 [별표 15]가 법규명령으로 기속행위의 성격을 갖는 것인지, 행정규칙으로 본래의 수권규정인 식품위생법 제58조 제1항이 정하는 재

량의 범위에서 처분을 하면 되는 재량행위로서 재량의 한계를 준수하여야 하는지 여부를 살펴 볼 필요가 있다.

2. B구청장의 처분이 기속행위인지, 재량행위인지 여부

가. 학 설

① 법규명령설은 행정처분기준 [별표 15]를 법규명령으로 보기 때문에, 이 처분기준은 기속규정이라고 할 수 있다. 따라서 구청장이 행한 A에 대한 처분은 기속행위라 할 수 있고, 기속규정을 위반하여 더 무거운 처분을 하였으므로 위법하게 된다.

② 반면 행정규칙설은 행정사무처리기준이 법규명령의 형식일지라도 그 내용을 중심으로 판단하여 행정규칙으로 이해하기 때문에 구청장은 그 기준에 위반한 처분이라도 그 자체로서 위법한 것이 아니라, 수권규정인 식품위생법 제58조 제1항을 기준으로 위반여부를 판단하게 된다. 그런데, 보건사회부장관, 시·도지사, 시장·군수 또는 구청장은 영업자가 법정사유에 해당하는 때에는 영업허가의 전부 또는 일부를 취소하거나 6월 이내의 기간을 정하여 영업을 정지하거나, 영업소 폐쇄명령을 할 수 있다고 한다(식품위생법 58①). 따라서 B 구청장은 A에 대하여 영업정지 등을 명할 수 있는 재량권을 갖게 되는데, 그 처분의 적법성 여부는 결국 재량하자의 유무에 달려있게 된다.

나. 판 례

규정형식상 부령인 시행규칙 또는 지방자치단체의 규칙으로 정한 행정처분의 기준은 행정처분 등에 관한 사무처리기준과 처분절차 등 행정청 내의 사무처리준칙을 규정한 것에 불과하므로, 행정조직 내부에 있어서의 행정명령의 성격을 지닐 뿐 대외적으로 국민이나 법원을 구속하는 힘이 없고, 그 처분이 위 규칙에 위배되는 것이라 하더라도 위법의 문제는 생기지 아니하고, 또 위 규칙에서 정한 기준에 적합하다 하여 바로 그 처분이 적법한 것이라고도 할 수 없으며, 그 처분의 적법 여부는 위 규칙에 적합한지의 여부에 따라 판단할 것이 아니고 관계 법령의 규정 및 그 취지에 적합한 것인지 여부에 따라 개별적·구체적으로 판단하여야 한다(대법원 1995.10.17. 선고 94누14148 판결)고 본다.

다. 소 결

(1) 사안에서 부령형식의 시행규칙인 행정처분기준 [별표 15]는 행정청 내의 사무처리준칙을 규정한 것이므로, B구청장의 A에 대한 처분의 적법 여부는 위 기준에 적합한지의 여부에 따라 판단하지 않고, 관계 법령의 규정 및 그 취지에 적합한 것인지 여부에 따라 개별적·구체적으로 판단하여야 한다. 식품위생법 시행규칙 제53조 단서는 '식품등의 수급정책 및 국민보건에 중대한 영향을 미치는 특별한 사유가 있다고 보건사회부장관 또는 시·도지사가 인정하는 때에는 이 처분기준에 의하지 아니할 수 있다'고 명시하고 있다. 그런데 수권규정인 식품위생법 제58조 제1항은 구청장에게 재량을 부여하는 재량규정이며, 따라서 구청장의 처분에 대한 적법성 여부는 재량행위에 대한 사법심사의 기준에 의하게 된다.

(2) 판례는 행정행위를 기속행위와 재량행위로 구분하는 경우 양자에 대한 사법심사에 관하여, 전자의 경우 그 법규에 대한 원칙적인 기속성으로 인하여 법원이 사실인정과 관련 법규의 해석·적용을 통하여 일정한 결론을 도출한 후 그 결론에 비추어 행정청이 한 판단의 적법 여부를 독자의 입장에서 판정하는 방식에 의하게 되나, 후자의 경우 행정청의 재량에 기한 공익판단의 여지를 감안하여 법원은 독자의 결론을 도출함이 없이 당해 행위에 재량권의 일탈·남용이 있는지 여부만을 심사하게 되고, 이러한 재량권의 일탈·남용 여부에 대한 심사는 사실오인, 비례·평등의 원칙 위배 등을 그 판단 대상으로 한다(대법원 2005.7.14. 선고 2004두6181 판결). 따라서 사안에서 구청장의 A에 대한 영업정지처분에 재량권의 일탈·남용 여부가 있었는지를 심사하여야 한다.

3. B구청장의 재량권의 한계와 재량하자 여부

가. 법률의 규정

행정청의 재량에 속하는 처분이라도 재량권의 한계를 넘거나 그 남용이 있는 때에는 법원은 이를 취소할 수 있다(행정소송법 27).

나. 재량권의 한계

법에 의하여 허용된 재량권의 범위를 외적한계라 하고, 법의 목적 및 헌법원칙과 조리상의 원칙 등에 의한 재량권행사의 제한을 재량권의 내적 한계라고 한다.

판례역시 행정청의 재량권은 복지행정의 확대 등 행정행위의 복잡 다기화에 따라 그 영역이 날로 넓어지는 추세에 있고 한편 국민의 권익을 아울러 보장하여야 하는 행정목적과 행정행위의 특성에 따라 재량권을 부여한 내재적 목적에 반하여 명백히 다른 목적을 위하여 행정처분을 하는 것과 같은 재량권의 남용이나, 재량권의 행사가 그 법적 한계를 벗어나는 경우와 같은 재량권의 일탈은 그 재량권이 기속재량이거나 자유재량이거나를 막론하고 사법심사의 대상이 된다고 한다(대법원 1984.1.31. 선고 83누451 판결). 이 같은 재량권의 한계는 재량하자를 그 내용으로 하고 있으며, 양자는 동일한 개념으로 사용되기도 한다.

다. B구청장의 재량권 행사의 하자

B구청장은 A에 대한 이 사건 처분을 함에 있어 행정처분기준을 초과하는 내용의 불리한 처분을 하였다. 구청장이 동일한 처분기준을 적용함에 있어 A에 대하여서만 특별히 불리한 처분을 할 만한 특별한 사정이 없다면 헌법상 평등의 원칙 위반의 문제가 제기되며, A의 위반행위와 그 제재처분이 가혹하여 처분을 통하여 달성하려는 공익과 A가 입게 되는 불이익이 크다고 인정될 경우에는 비례의 원칙 위반 여부도 문제된다.

(1) 평등의 원칙위반

(가) 평등의 원칙의 개념

행정행위를 함에 있어서 특별한 합리적인 사유가 없는 한 상대방인 국민을 공평하게 처우하여야 한다는 것이다. 평등원칙은 헌법원칙이기 때문에 그에 위반된 행정작용은 위헌·위법이 된다.

(나) 행정의 자기구속의 법리

행정의 자기구속은 행정청이 상대방에 대하여 동종사안에 있어서 제3자에게 행한 행정과 동일한 결정을 하도록 스스로 구속당하는 것을 말한다. 행정의 자기구속의 법리는 이 사건 처분근거와 같은 행정규칙에서 중요한 의미를 갖는다. 행정규칙은 법규가 아니며, 대외적 구속력을 갖지 않기 때문에 처분이 행정규칙에 위반하여도 위법하지 않다고 한다. 그러나 이는 원칙적으로 그렇다는 것이고, 실제로는 행정청은 평등원칙에 의하여 동종사안에 대하여는 당해 행정규칙이 정하는 바에 따라 차별 없이 동일하게 처분을 하여야 할 자기구속을 당하게 된다. 따라서 평등원칙은 행정조직 내부규범인 행정규칙을 국가와 국민 간의 관계를 규율하는 법규로 전환시키는 전환규범으로서의 기능을 한다.

판례 역시 행정규칙이 법령의 규정에 의하여 행정관청에 법령의 구체적 내용을 보충할 권한을 부여하였거나, 또는 재량권 행사의 준칙인 규칙이 그 정한 바에 따라 되풀이 시행되어 행정관행이 이룩되게 되면, 평등의 원칙이나 신뢰보호의 원칙에 따라 행정기관은 그 상대방에 대한 관계에서 그 규칙에 따라야 할 자기구속을 당하게 되는 경우에는 대외적인 구속력을 가지게 된다고 한다(헌재 1990.9.3. 90헌마13).

(다) 사안의 해결

행정처분기준은 행정기관 내부의 사무처리준칙을 규정한 것에 불과하지만, 식품위생법 시행규칙 제53조 단서는 '식품등의 수급정책 및 국민보건에 중대한 영향을 미치는 특별한 사유가 있다고 보건사회부장관 또는 시·도지사가 인정하는 때에는 이 처분기준에 의하지 아니할 수 있다'고 한다. 따라서 특별한 사유가 없는 한 행정청은 당해 위반사항에 대하여 위 처분기준에 따라 행정처분을 함이 보통이라 할 것이다. 그러므로 행정청이 처분기준을 따르지 아니하고 특정한 개인(A)에 대하여만 위 처분기준을 과도하게 초과하는 처분을 한 경우에는 합리적인 이유 없는 차별에 해당하여 평등의 원칙을 위반한 것으로 재량권의 한계를 일탈하였다고 볼 만한 여지가 충분하다.

(2) 비례의 원칙위반

(가) 비례의 원칙의 개념

비례의 원칙은 경미한 공익목적 달성을 위하여 과도한 수단이 동원되는 것을 금지하는 원칙이다. 과잉조치금지의 원칙이라고도 한다.

(나) 비례의 원칙의 내용

(a) 적합성의 원칙

행정작용에 의한 권리 자유의 침해는 행정이 추구하는 공익목적의 달성에 법적으로나 사실상으로나 적합하고 유용한 수단을 선택하여야 한다는 것이다.

(b) 필요성의 원칙

행정목적 달성을 위한 여러 적합한 수단 중에서도 공익상의 필요에 따라 개인에게 권리침해가 가장 작게 이루어지는 수단만이 선택 · 행사되어야 한다는 원칙을 말한다. 최소침해의 원칙이라고도 한다.

(c) 협의의 비례의 원칙(상당성의 원칙)

행정목적 달성을 위한 그 침해의 정도는 공익상의 필요의 정도와 상당한 비례가 유지되어야 한다는 원칙을 말한다. 상당성의 원칙이라고도 한다. 이 원칙은 적합성의 원칙과 필요성의 원칙의 충족이 있는 경우라도, 침해되는 개인의 이익을 상회하는 공익상의 목적달성이 필요한 경우에 한하여 당해 수단의 적법성을 인정한다는 것이다.

(d) 3 원칙의 상호관계

이들 3원칙은 넓은 의미의 비례원칙의 단계구조를 이룬다. 위 원칙 중 어느 하나의 원칙에 대한 위반이 있으면, 비례의 원칙에 대한 위반으로서 위법하게 된다.

㈐ **사안의 해결**

B구청장의 A에 대한 처분은 처분기준이 정하는 바에 따라 시설개수명령과 영업정지 1개월이 적합함에도 특별한 사정이 없이 2월 15일의 영업정지처분을 한 것은 비례의 원칙을 위반한 것에 해당된다. 좀 더 구체적으로 보면, 무허가영업행위와 시간외영업 행위를 규제하려는 공익목적의 달성을 위하여 영업정지 등의 수단을 선택한 처분은 적합성의 원칙에 부합된다. 그러나 공익상 필요에 의하여 처분을 할지라도 개인에게 권리침해가 가장 작은 수단을 선택하여야 함에도 처분기준에도 규정되지 않은 장기간의 영업정지처분을 한 것은 필요성의 원칙을 위반한 것이라고 할 수 있다. 또한 A의 침해행위와 제재행위는 상당한 비례가 유지되어야 하는데, 침해행위보다 더 가혹한 제재행위를 가함으로써 협의의 비례의 원칙에도 반하게 되었다고 할 수 있다.

판례 역시 행정청이 수익적 행정처분을 취소하거나 중지시키는 경우에는 이미 부여된 국민의 기득권을 침해하는 것이 되므로, 비록 취소 등의 사유가 있더라도 취소권 등의 행사는 기득권의 침해를 정당화할 만한 중대한 공익상 필요 또는 제3자의 이익보호의 필요가 있는 때에 한하여 상대방이 받는 불이익과 비교교량하여 결정하여야 하고, 그 처분으로 인하여 공익상 필요보다 상대방이 받게 되는 불이익 등이 막대한 경우에는 재량권의 한계를 일탈한 것으로서 그 자체가 위법임을 면치 못한다고 한다(대법원 1993.6.29. 선고 93누5635 판결).

⑶ 소 결

따라서 A가 영업허가 이전 1개월 이상 무허가 영업을 하였고, 영업시간위반이 2시간 이상이라 하더라도 위 행정처분기준에 의하면 1월의 영업정지사유에 해당하는데도 2월 15일의 영업정지처분을 한 것은 재량권의 일탈 또는 남용에 해당한다.

라. 위법성의 정도 (무효와 취소의 구별기준)

⑴ 학 설

㈎ 중대명백설

흠의 내부적 성질이 중대하고, 외부적 성질이 명백한 것은 무효이고, 그 이외의 경우는 취소할 수 있음에 그친다는 학설이다. 흠이 중대하고 명백한 경우에는 통상의 행정소송절차에 의하여 권한을 가진 행정청이나 법원의 취소를 기다릴 것 없이, 법원은 민사사건 등의 전제(선결문제)로 그 무효를 인정할 수 있다.

흠의 중대성은 행정행위가 중요한 법률요건을 위반하여 흠이 내용적으로 중대하다는 것을 말한다고 한다. 흠의 명백성에서 무엇이 명백한지가 문제된다. 그것은 흠이라는 것이 명백하다는 것과, 흠이 있다는 것이 명백하다는 이중적인 의미를 갖는다. 그리고 흠의 명백성은 누구에 대하여 명백한지가 문제된다. 처분요건의 존재를 긍정한 처분청의 인정에 중대한 오인이 있었다는 것이, 행정행위성립 당시로부터, 객관적으로, 관계인(특히 처분청)의 지・부지와 관계없이 누구에 대하여서도 외관상 일견하여 명백하다는 것이다. 이 견해가 전통적 통설이며, '외관상 일견명백설'이라고도 한다. 그러나 문제는 중대・명백의 개념이 대단히 추상적이고 막연하여 그 구체적인 의미와 내용을 파악하기가 어렵다. 그러므로 국민의 권리구제의 확대를 위한 측면에서 명백성요건을 완화할 필요가 있다.

㈏ 조사의무위반설(객관적 명백설)

중대명백설의 입장에 서면서 명백성의 요건을 완화하여 무효사유를 더 넓히는 견해이다. ① 행정청의 판단이 각별한 조사를 하지 않더라도 누구라도 명백한 오인이 있다고 인정할 수 있는 경우와 ② 행정청이 구체적인 경우에 그 직무의 성실한 수행으로서 당연히 요구되는 정도의 조사에 의하여 판명될 수 있는 사실관계에서 명백한 오인이 있었다고 인정할 수 있는 경우에는 명백성이 인정되어 무효라는 견해이다. 그러나 무엇을 '직무의 성실한 수행으로서 당연히 요구되는 정도의 조사'로 볼 것인지가 명확하지 아니하다는 비판을 받는다.

(다) **명백성보충요건설**

무효로 되기 위하여서는 흠의 중대성은 항상 그 요건으로 하되, 명백성은 일률적으로 요구할 것이 아니고 구체적 사안에 있어서의 이익형량에 따라 보충적 가중요건으로 하는 것이 타당하다고 보는 견해이다. 이 견해는 명백성은 ① 그 개념 자체가 명확하지 아니하여 일률적인 요건으로 삼는 것은 적당하지 아니하며, ② 이해관계를 가진 제3자가 있는 경우에는 명백성이 요구된다고 할 것이나 직접상대방의 이해에만 관계되는 경우에는 굳이 명백성을 요구할 것이 아니기 때문이라고 한다. 대법원 전원합의체 판결의 반대의견은 이 견해의 입장에 서 있다(대법원 1995.7.11. 선고 94누4615 전원합의체판결).

(라) **중대설**

중대한 흠만 있으면 무효로 되며, 명백성은 요구되지 아니한다는 견해가 있다. 이 견해는 통설이 무효라고 하는 중대하고 명백한 흠이 있는 행정행위는 부존재라고 한다. 이 견해는 무효사유를 넓혀 국민의 권리구제에 이바지하려는 것인데, 침해적 행위의 경우는 유리할 것이나, 수익적 행위 내지 복효적 행위는 오히려 불리하게 된다.

(마) **구체적 가치형량설 (다원설)**

다양한 행정행위 내지 행정과정의 흠의 효과를 그 성질이 중대명백하다고 하는 단일의 일반적 기준만에 의하여 결정하는 것은 무리라고 하여 개개의 구체적인 경우마다 여러 구체적 이익상황을 고려하여 구분하여야 한다고 한다. 이 견해는 국민의 권리구제의 요청과 행정의 법적 안정성의 요청을 개별적 사안마다 실현할 수 있다는 점에서 이상적인 견해이지만, 무효사유와 취소사유 구분의 객관적 기준이 될 수 없다는 점이 문제이다.

(2) **판 례**

(가) **대법원**

대법원 판례의 주류적 태도는 중대명백설을 취하고 있다(대법원 1995.7.11. 선고 94누4615 전원합의체판결). 명백성보충요건설은 전원합의체판결의 소수의견으로 주장된 것은 앞서 본 바 있다. 그러나 처분 상대방의 권익을 구제하고 위법한 결과를 시정할 필요가 훨씬 더 큰 경우라면, 그 하자가 명백하지 않더라도 그와 같이 중

대한 하자를 가진 행정처분은 당연무효라고 보아야 한다는 예외를 인정하고 있다.

(내) 헌법재판소

헌법재판소는 원칙적으로 중대명백성을 취하고 있지만, 예외적으로 법적 안정성의 요구에 비하여 권리구제의 필요성이 큰 경우에는 무효를 인정한다. 즉, 행정처분의 집행이 이미 종료되었고 그것이 번복될 경우 법적 안정성을 크게 해치게 되는 경우에는 후에 행정처분의 근거가 된 법규가 헌법재판소에서 위헌으로 선고된다고 하더라도 그 행정처분이 당연무효가 되지는 않음이 원칙이라고 할 것이나, 행정처분자체의 효력이 쟁송기간 경과 후에도 존속 중인 경우, 특히 그 처분이 위헌법률에 근거하여 내려진 것이고 그 행정처분의 목적달성을 위하여서는 후행 행정처분이 필요한데 후행 행정처분은 아직 이루어지지 않은 경우와 같이 그 행정처분을 무효로 하더라도 법적 안정성을 크게 해치지 않는 반면에 그 하자가 중대하여 그 구제가 필요한 경우에 대하여서는 그 예외를 인정하여 이를 당연무효사유로 보아서 쟁송기간 경과 후에라도 무효확인을 구할 수 있는 것이라고 봐야 할 것이라고 한다(헌재 1994.6.30. 92헌바23).

(3) 소 결

중대명백설이 타당하다. 그것은 개인의 권리구제와 국법질서의 안정의 요청을 합리적으로 조정하기 위하여서는, 흠이 중대할 뿐만 아니라 명백한 경우에 한하여 행정쟁송절차를 거치지 아니하고 무효로 인정할 수 있다고 할 것이기 때문이다.

무효와 취소를 구별함에는 흠 자체의 성질인 흠의 중대·명백성을 일반적인 기준으로 하되, 그 행정행위와 관계되는 구체적인 이익상황, 예컨대 부담적 행정행위에서는 주로 공익, 수익적 행정행위에서는 주로 상대방 등의 신뢰보호·법적안정성도 고려하여야 하며, 더 나아가서 흠의 효과를 개별화하도록 노력하여야 할 필요가 있다.

(4) 사안의 해결

통설·판례인 중대명백설에 의할 경우 B구청장이 A에 대한 처분은 평등의 원칙과 비례의 원칙에 위반하여 그 하자가 내부적으로 중대하기는 하지만, 식품위생법 시행규칙 제53조 단서에서도 식품등의 수급정책 및 국민보건에 중대한 영향을 미치는 특별한 사유가 있을 때는 그 처분기준에 의하지 아니할 수 있다고 하고 있기 때문에 외부적으로까지 명백하다고 볼 수 없기 때문에 무효사유라고 할 수 없고, 취소사유에 그친다고 할 것이다. 따라서 A는 B 구청장을 피고로 하여 영업정지 등의 취소를 구하는 소를 행정법원에 제기할 수 있으며, 특별한 사정이 없는 한 승소할 수 있을 것으로 보인다.

```
┌─────────── 기본구조 ───────────┐

B 구청장의 A에 대한 처분의 적법성
여부 [설문 (2)의 해결]

1. 문제점

2. B 구청장의 처분이 기속행위인지,
   재량행위인지 여부
   가. 학 설
   나. 판 례
   다. 소 결

3. B 구청장의 재량권의 한계와 재량
   하자 여부
   가. 법률의 규정
   나. 재량권의 한계
   다. B 구청장의 재량권 행사의 하자
      (1) 평등의 원칙위반
         (가) 평등의 원칙의 개념
         (나) 행정의 자기구속의 법리
         (다) 사안의 해결
      (2) 비례의 원칙위반
         (가) 비례의 원칙의 개념
         (나) 비례의 원칙의 내용
            ⓐ 적합성의 원칙
            ⓑ 필요성의 원칙
            ⓒ 협의의 비례의 원칙(상당성의 원칙)
            ⓓ 3 원칙의 상호관계
         (다) 사안의 해결
      (3) 소 결
   라. 위법성의 정도(무효와 취소의 구별기준)
      (1) 학 설
         (가) 중대명백설
         (나) 조사의무위반설(객관적 명백설)
         (다) 명백성보충요건설
         (라) 중대설
         (마) 구체적 가치형량설 (다원설)
      (2) 판 례
         (가) 대법원
         (나) 헌법재판소
      (3) 소 결
      (4) 사안의 해결
```

Ⅲ. A가 계속적으로 영업을 할 수 있는 법적수단 [설문 (3)의 해결]

1. 문제점

비록 B구청장의 처분이 위법·부당할지라도 그 처분이 절대무효가 아닌 한 권한있는 기관에 의하여 취소되기까지는 일응 구속력이 있는 것으로 통용되는 공정력을 가진다. 그러므로 A가 영업정지처분취소의 소를 제기한 후에 본안판결이 있기 전에 처분의 집행을 정지시킬 수 있는 법적 수단을 도모할 필요가 있는데, 바로 이러한 제도가 행정상 가구제제도에 해당하는 집행정지신청이 있다.

2. 집행부정지의 원칙

가. 의 의

행정소송법은 취소소송의 제기는 처분 등의 효력이나 그 집행 또는 절차의 속행에 영향을 주지 아니한다(동 23①)는 집행부정지의 원칙을 채택하고 있다.

나. 공정력과의 관계

행정행위가 행하여지면 그 실체법상의 적법·위법 또는 당부당을 가릴 것 없이, 절대무효인 경우를 제외하고는, 행정기관의 판단을 우선 시켜, 권한 있는 기관에 의하여 취소되기까지는, 상대방 및 제3자(특히 다른 행정청·법원)에 대하여 일응 구속력이 있는 것으로 통용되는 힘을 갖게 되는데, 이 힘을 공정력이라고 한다. 공정력 중에서 사인(상대방 및 이해관계인)에 대한 통용력만을 공정력이라 하고, 다른 국가기관에 대한 통용력은 이와 구별하여 구성요건적 효력이라고 구별하기도 한다.

공정력은 행정행위 그 자체에 내재하는 특수성이나 우월성에서가 아니고 오히려 행정행위의 상대방이나 제3자의 신뢰보호, 행정법관계의 안정성 또는 행정의 원활한 운영이라고 하는 이른바 외재적인 특수성인 정책적 이유에서 그 필요성을 찾는다(행정정책설). 행정소송의 제기에 대하여 집행부정지의 원칙을 채택하는 것 역시 정책적인 결정이지만, 집행이 정지되는 그 배경에는 공정력이라는 행정행위가 갖는 특질이 있기 때문이다.

3. 임시구제로서의 집행정지

가. 의 의

(1) 집행정지의 개념과 필요성

취소소송이 제기된 경우에 처분 등이나 그 집행 또는 절차의 속행으로 인하여 발생하는 회복하기 어려운 손해를 예방하기 위하여 긴급한 필요가 있다고 인정할 때에는 법원은 직권 또는 당사자의 신청에 의하여 처분의 집행정지결정을 할 수 있다(행정소송법 23②). A는 행정심판법이 정하는 집행정지신청도 할 수 있지만(행정심판법 30), A가 이미 행정소송을 제기하였으므로 행정소송법을 중심으로 살펴본다. 소송의 결과 승소하더라도 그 때는 벌써 회복이 곤란하게 된 경우가 있을 수 있기 때문에, 본안 판결이 있기까지 응급적이고 잠정적인 권익구제수단으로서 가구제제도가 필요하다.

(2) 법적 성질

집행정지는 본안판결이 확정될 때까지 임시의 지위를 정하는 잠정적 처분이므로, 본안소송과는 달리 잠정성·긴급성 및 본안소송에의 부종성이라는 세 가지 특성을 가진다.

(3) 내 용

집행정지에 의한 가구제는 그 범위가 한정된다. 행정소송법에 의한 집행정지는 처분 등의 효력이나 그 집행 또는 절차의 속행의 정지라고 하는 소극적 형성을 내용으로 하며, 오직 침해적 행정활동에 대한 보전처분으로서의 기능을 가진다.

나. 집행정지의 요건

(1) 행정소송법 제23조에 의한 집행정지의 요건의 적극적 요건은 법원이 집행정지결정을 하기 위하여 적극적으로 존재할 것이 요구되는 요건을 말한다. 구체적으로는 ① 정지대상인 처분 등이 존재하여야 하고, ② 본안소송이 계속중이라야 하며, ③ 회복하기 어려운 손해발생의 우려가 있어야 하고, ④ 긴급한 필요가 있어야 한다.

(2) 소극적 요건은 집행정지결정을 하기 위하여 존재하여서는 아니되는 요건을 말하며 공공복리에 중대한 영향을 미칠 우려가 없어야 한다. 그리고 본안청구가 이유 없음이 명백하지 아니할 것이 집행정지의 요건이 될 것인지 문제된다. 이는 집

행정지의 요건이 아니라는 것이 다수설이지만, 판례는 행정처분의 효력정지나 집행
정지를 구하는 신청사건에 있어서는 행정처분 자체의 적법 여부는 궁극적으로 본
안재판에서 심리를 거쳐 판단할 성질의 것이므로 원칙적으로 판단할 것이 아니고,
그 행정처분의 효력이나 집행을 정지할 것인가에 관한 행정소송법 제23조 제2항
소정의 요건의 존부만이 판단의 대상이 된다고 할 것이지만, 나아가 집행정지는 행
정처분의 집행부정지원칙의 예외로서 인정되는 것이고, 또 본안에서 원고가 승소할
수 있는 가능성을 전제로 한 권리보호수단이라는 점에 비추어 보면, 집행정지사건
자체에 의하여도 신청인의 본안청구가 적법한 것이어야 한다는 것을 집행정지의
요건에 포함시켜야 한다고 판시한다(대법원 1999.11.26. 선고 99부3 결정).

다만, 개정 행정심판법은 집행정지의 적극적 요건인 '회복하기 어려운 손해발
생의 우려'를 '중대한 손해가 생기는 것을 예방할 필요성'으로 그 요건을 완화하는
내용으로 개정한 바 있다(행정심판법 30②). 향후 행정소송법의 개정에서도 동일하
게 개정될 것으로 예상된다.

다. 집행정지의 절차

당사자의 신청 또는 직권에 의하되 결정의 재판에 의한다(행정소송법 23② 본
문). 신청인은 그 신청의 이유에 대하여 소명하여야 한다(행정소송법 23④). 이 경
우 신청인이 소명하여야 할 사항은 집행정지의 적극적 요건에 관한 것이고, 공공복
리에의 중대한 영향 및 본안청구의 이유 없음이라는 소극적 요건은 그 성질상 피
신청인인 행정청이 소명하여야 할 것이다.

라. 집행정지결정의 대상

집행정지의 대상은 처분의 효력, 그 집행 또는 그 절차의 속행이다(행정소송법
23①).

마. 집행정지의 효력

집행정지결정은 그 내용에 따라 처분의 효력, 집행 또는 절차의 속행의 전부
나 일부를 정지시키는 효력을 발생한다.

(1) 형성력

처분등의 효력정지는 공정력을 바탕으로 한 당해 처분 등의 구속력을 일응 정

지시킴으로써 당해 처분 등이 없었던 것과 같은 상태를 실현시키는 것이므로 그 범위 안에서 형성력(소극적 형성력)을 가지는 것이라고 할 수 있다.

(2) 대인적 효력

집행정지결정의 효력이 당사자, 즉 신청인과 피신청인에 미친다는 것은 당연한 일이나, 판결의 효력에 준하여 관계 행정청 및 제3자에 대하여도 효력이 미친다.

(3) 시간적 효력

집행정지결정의 효력은 결정 주문에서 정한 시기까지 존속하며, 그 시기의 도래와 동시에 효력이 당연히 소멸한다(대법원 2007.11.30. 선고 2006무14 결정). 따라서 일정기간 동안 영업을 정지할 것을 명한 행정청의 영업정지처분에 대하여 법원이 집행정지결정을 하면서 주문에서 당해 법원에 계속중인 본안소송의 판결선고시까지 처분의 효력을 정지한다고 선언하였을 경우에는 처분에서 정한 영업정지기간의 진행은 그 때까지 저지되는 것이고 본안소송의 판결선고에 의하여 당해 정지결정의 효력은 소멸하고 이와 동시에 당초의 영업정지처분의 효력이 당연히 부활되어 처분에서 정하였던 정지기간(정지결정 당시 이미 일부 진행되었다면 나머지 기간)은 이 때부터 다시 진행한다(대법원 1999.2.23. 선고 98두14471 판결).

바. 집행정지결정에 대한 불복

집행정지결정 또는 기각결정에 대하여는 즉시항고를 할 수 있다. 집행정지결정에 대한 즉시항고에는 결정의 집행을 정지하는 효력이 없다(행정소송법 23⑤). 복효적 행정행위에 있어서는 집행정지결정에 대한 즉시 항고는 집행정지결정으로 불이익을 받은 자의 대항수단이 된다.

사. 집행정지결정의 취소

집행정지의 결정이 확정된 후 집행정지가 공공복리에 중대한 영향을 미치거나 그 정지사유가 없어진 때에는 당사자의 신청 또는 직권에 의하여 결정으로써 집행정지의 결정을 취소할 수 있다(행정소송법 24①).

아. 취소판결의 선고와 행정처분의 집행정지와의 관계

행정처분의 취소판결이 선고되더라도 상소 등으로 그것이 확정되기 전에는 행정처분의 효력이 정지되지 아니한다. 그러나 처분의 적법 여부에 대한 심리를 한 후

처분이 위법 하다고 하여 취소판결을 하는 경우에는 당해 처분의 집행정지요건에 대한 입증도 행하여졌다고 할 것이다. 따라서 취소판결을 하면서 행정처분의 효력을 유지시키는 것은 취소판결의 성질에 반한다고 할 것이다. 비록 우리 행정소송법은 집행부정지의 원칙을 채택하고 있으나, 취소판결이 선고된 경우에는 그것의 확정 전이라도 집행정지결정이 있는 것으로 보도록 행정소송법을 개정하여야 할 것이다.

4. 사안의 해결

A는 영업정지처분취소청구의 소를 제기하였을지라도 그 처분의 집행을 정지시키기 위하여는 집행정지신청을 하여야 한다. 사안에서 A는 집행정지신청의 요건을 구비하고 있으며, 특히 B구청장의 처분은 평등의 원칙 및 비례의 원칙에 반하는 재량권의 일탈·남용에 해당하는 위법한 처분으로 취소승소판결을 받을 가능성이 크기 때문에 집행정지신청의 인용결정을 받을 수 있을 것이다.

기본구조

A가 계속적으로 영업을 할 수 있는 법적수단 [설문 (3)의 해결]

1. 문제점

2. 집행부정지의 원칙
   가. 의 의
   나. 공정력과의 관계

3. 임시구제로서의 집행정지
   가. 의 의
     (1) 집행정지의 개념과 필요성
     (2) 법적 성질
     (3) 내 용
   나. 집행정지의 요건
   다. 집행정지의 절차
   라. 집행정지결정의 대상
   마. 집행정지의 효력
     (1) 형성력
     (2) 대인적 효력
     (3) 시간적 효력
   바. 집행정지결정에 대한 불복
   사. 집행정지결정의 취소
   아. 취소판결의 선고와 행정처분의 집행정지와의 관계

4. 사안의 해결

[28] 취소소송 판결의 효력, 간접강제

A건설회사는 부산광역시 해운대구청장에게 부산 해운대구에 있는 토지 위에 지상에 지하 4층, 지상 17층 규모의 공동주택 및 근린생활시설을 건축하는 내용의 주택건설사업계획승인신청을 하였다. 해운대구청장은 이 사건 토지는 새천년 언덕조성사업 시행구간으로 보존되어야 할 지역으로서 공원지역으로서의 용도지역 변경을 추진 중에 있고, 도시설계구역으로 지정되어 도시설계용역 중에 있어 이후 공고·시행되는 도시설계에 적합하게 사업계획을 수립하여야 하므로, 그 승인을 유보한다는 사유로, 주택건설사업계획승인신청을 반려하였다. A건설회사는 해운대구청장을 상대로 '종전 거부처분'의 취소를 구하는 소송을 제기하여 승소판결을 받았고, 해운대구청장이 항소하였으나, 종전 거부처분은 그 재량을 남용한 것으로서 위법하다는 이유로 항소가 기각되어 그 판결은 확정되었다.

그런데 해운대구청장은 종전 거부처분에 대한 취소소송이 항소심에 계속중일 때 도시계획상 필요하다고 인정되는 지역에 대하여 지방도시계획위원회의 심의를 거쳐 당해 지방자치단체의 조례가 정하는 바에 따라 그 허가를 제한할 수 있도록 한 구 도시계획법(2000. 1. 28. 법률 제6243호로 전문 개정되어 2000. 7. 1.부터 시행된 것) 제46조, 제49조 등의 관련 규정에 의하여, 이 사건 토지를 포함한 부산 해운대구 중동 지역을 개발행위허가제한구역으로 결정·고시하였다.

해운대구청장은 판결확정 이후, A의 새로운 승인신청에 대하여, ① 이 사건 토지가 개발행위허가제한구역으로 결정·고시되었으며, ② 이 사건 사업승인신청서에 건축법 시행규칙 제6조 소정 서류 등이 미비되었다는 사유를 들어 다시 주택건설사업계획승인신청을 반려하였다. 그런데 그 당시 도시계획법시행령(2000. 7. 1. 대통령령 제16891호로 전문 개정되어 같은 날부터 시행된 것) 부칙과 부산광역시 도시계획조례 부칙은, 위 시행령과 조례 시행 당시 개발행위허가를 신청중인 경우에는 당해 개발행위에 관하여는 종전의 규정을 적용한다는 경과규정을 두고 있었다.

⑴ A건설회사가 '종전 거부처분'의 취소를 구하는 소송에서 승소한 판결의 효력을 설명하시오. (30점)

(2) 해운대구청장이 취소소송 계속 중에 도시계획법령이 개정되었다는 이유로 '새 거부처분'을 한 것은 취소판결의 기속력에 저촉되는가. (10점)

(3) A건설회사가 해운대구청장의 '새 거부처분'에 대하여 취할 수 있는 법적 수단은 무엇인가. (10점)

참고법령

「도시계획법 [법률 제6243호 2000.01.28. 전문개정, 2002. 2. 4. 법률 제6655호로 폐지]」

제46조(개발행위의 허가)

① 도시계획구역안에서 도시계획사업에 의하지 아니하고 다음 각호의 1에 해당하는 행위로서 대통령령이 정하는 행위(이하 "개발행위"라 한다)를 하고자 하는 자는 특별시장·광역시장·시장 또는 군수의 허가(이하 "개발행위허가"라 한다)를 받아야 한다. 다만, 제2호 및 제3호의 개발행위중 산림안에서의 임도의 설치와 사방사업에 관하여는 각각 산림법 및 사방사업법의 규정에 의한다.
1. 건축물의 건축 또는 공작물의 설치
2. 토지의 형질변경(경작을 위한 토지의 형질변경을 제외한다)
3. 토석채취
4. 토지분할(건축법 제49조의 규정에 의한 건축물이 있는 대지를 제외한다)
5. 녹지지역안에서 물건을 1월 이상 쌓아놓는 행위

제49조(개발행위허가의 기준)

① 특별시장·광역시장·시장 또는 군수는 개발행위허가의 신청내용이 다음 각호의 기준에 적합한 경우에 한하여 개발행위허가를 하여야 한다.
1. 도시계획의 내용에 배치되지 아니할 것
2. 도시계획사업의 시행에 지장이 없을 것
② 특별시장·광역시장·시장 또는 군수는 다음 각호의 1에 해당되는 지역으로서 도시계획상 특히 필요하다고 인정되는 지역에 대하여는 1회에 한하여 3년 이내의 기간 동안 제85조의 규정에 의한 지방도시계획위원회의 심의를 거쳐 당해 지방자치단체의 조례가 정하는 바에 따라 개발행위허가를 제한할 수 있다.
1. 녹지지역으로서 수목이 집단적으로 생육되고 있거나 조수류 등이 집단적으로 서식하고 있는 지역 또는 우량농지 등으로 보전할 필요가 있는 지역
2. 개발행위로 인하여 주변의 환경·경관·미관 등이 크게 오염되거나 손상될 우려가 있는 지역
3. 도시계획구역에 새로이 편입되어 도시계획을 입안중인 지역으로서 당해 도시계획

> 이 결정될 경우 개발행위허가의 기준이 크게 달라질 것으로 예상되는 지역
> ③ 특별시장·광역시장·시장 또는 군수는 제2항의 규정에 의하여 개발행위허가를 제한하고자 하는 때에는 제한지역·제한사유·제한대상행위 및 제한기간을 미리 고시하여야 한다.
> ④ 특별시장·광역시장·시장 또는 군수는 개발행위허가를 하고자 하는 때에는 당해 개발행위가 도시계획사업의 시행에 지장을 주는지의 여부에 관하여 당해 지역에서 시행되는 도시계획사업의 시행자의 의견을 들어야 한다.
> ⑤ 개발행위허가의 기준·절차 등에 관하여 필요한 세부사항은 대통령령이 정하는 범위 안에서 당해 지방자치단체의 조례로 정한다.

주요쟁점

- ✦ 행정소송판결
- ✦ 형 성 력
- ✦ 기속력
- ✦ 반복 금지효
- ✦ 재처분의무
- ✦ 원상회복의무
- ✦ 기판력
- ✦ 간접강제

I. 취소판결의 행정소송법상의 효력 검토 [설문 (1)의 해설]

1. 취소판결의 효력의 의의

행정소송법은 처분등을 취소하는 확정판결이 있으면 그 사건에 관하여 당사자인 행정청과 그 밖의 관계행정청을 기속하는 기속력과 제3자에 대하여서도 효력이 있는 대세효 내지 제3자효를 규정하고 있다. 그러나 판결의 효력인 형성력·확정력(기판력)에 대한 명문의 규정은 없지만, 그러한 효력도 당연히 인정된다 할 것이다. 형성력과 기속력은 인용판결에 인정되는 효력이고, 확정력은 인용판결뿐만 아니라 기각판결에도 인정되는 효력이다.

2. 형 성 력

가. 의 의

계쟁처분의 취소판결이 확정된 때에는 처분청의 취소를 기다릴 것 없이 당해

처분은 당연히 효력을 상실하여, 처음부터 처분이 없었던 것과 같은 상태로 되는 효과를 형성력이라 한다. 명문의 규정은 없으나 행정소송법 제29조 제1항에 의하여 이런 효력을 인정할 수 있다.

나. 형성력의 내용

(1) 형성효

행정처분을 취소한다는 확정판결이 있으면 그 취소판결의 형성력에 의하여 당해 행정처분의 취소나 취소통지 등의 별도의 절차를 요하지 아니하고 당연히 취소의 효과가 발생한다. 이처럼 취소판결로 계쟁처분의 효력이 상실되는 효력을 형성효라고 한다. 그러므로 별도로 취소의 절차를 취할 필요는 없다.

(2) 취소의 소급효

취소판결이 확정되면 그 효력은 처분시에 소급하여 소멸한다. 소급효에 관한 명문의 규정은 없지만, 계쟁처분에 의하여 형성된 위법상태를 배제하여 원상을 회복한다는 취소소송 제도의 본질상 인정되는 효력이다. 취소판결 후에 취소된 처분을 대상으로 하는 처분은 당연무효에 해당된다.

(3) 제 3 자효 (대세적 효력)

(가) 의 의

처분 등을 취소하는 확정판결은 제3자에 대하여도 효력이 있다(행정소송법 29①). 이 경우에 소외의 제3자에게 형성력이 미치는 결과로 생기는 불합리를 시정하도록 제3자의 소송참가(행정소송법 16) 및 제3자의 재심의 소(행정소송법 31)를 인정하고 있다. 제3자효에 관한 규정은 집행정지 결정이나 그 취소결정에 준용되며(행정소송법 29②), 또한 무효확인소송에도 준용된다(행정소송법 38①).

(나) 인정취지

제3자효는 당해 처분으로 형성된 법률관계를 확정판결대로 관철하기 위하여 인정되고 있다. 그 결과 당해 처분의 취소판결을 받은 승소자의 이익도 보호될 수 있다. 제3자효가 인정되지 않는다면 승소자는 새로운 소송을 해야 하는 경우가 발생할 수 있다.

(다) 제3자의 범위 (형성력의 주관적 범위)

취소판결의 형성력이 제3자에게 미친다고 할 때, 그 제3자의 범위를 어떻게 볼 것인가에 관한 논의가 형성력의 주관적 범위에 관한 것이다.

(a) 상대적 형성력설

소송에 참가하여 재판상 청문권을 행사할 기회를 갖지 않은 제3자에게까지 형성력을 미치는 것은 재판을 받을 권리를 침해하는 것이므로, 소송에 참가한 제3자에게만 형성력이 미친다는 견해이다. 그러므로 제3자의 소송참가와 제3자효와는 상호의존 관계에 있다고 한다.

(b) 절대적 형성력설

행정법관계의 획일적 규율의 요청, 법률상태 변동의 명확화의 요청 등에서 보아 소송에 참가하지 아니한 일반 제3자에게도 형성력이 미친다고 한다. 우리의 일반적인 견해이다.

(c) 소 결

취소판결의 형성의 제3자효는 내용적으로 두 가지 측면에서 문제가 제기된다. 그 하나는 제3자가 취소판결 효력을 부인할 수 있는지 문제와, 다른 하나는 제3자가 적극적으로 취소판결의 효력을 원용하고 향수할 수 있는가의 문제이다. 취소판결의 효력을 제3자가 부인할 수 없는 것은 명백하다. 그러나 제3자가 취소판결의 효력을 적극적으로 원용하여 향수할 수 있는가는 어려운 문제이다. 이 문제는 특정 처분이나 처분법령에 있어서 그 적용대상이 되는 특정인 또는 일부의 자가 그 취소소송을 제기하여 취소판결을 받은 경우, 소송을 제기하거나 소송에 참가하지 아니한 제3자가 당해 처분이나 처분법령의 적용 또는 구속으로부터 벗어날 수 있는지가 문제로 나타난다.

3. 기속력

가. 의 의

기속력은 행정청에 대하여 처분이 위법이라는 판결의 내용을 존중하여, 그 사건에 대하여 판결의 취지에 따라 행동할 의무를 지우는 효력을 말한다. 구속력이라고도 한다. 행정소송법은, 처분 등을 취소하는 확정판결은 그 사건에 관하여 당사자인 행정청과 그 밖의 관계 행정청을 기속한다(행정소송법 30①)고 규정하고 있다.

나. 법적 성질

(1) 기판력설

기속력은 판결 자체의 효력인 기판력과 별개의 효력이 아니고 기판력의 효력 범위에 포함된다고 한다.

(2) 특수효력설

기속력은 판결 자체의 효력은 아니고, 취소판결의 효과를 실질적으로 보장하기 위하여 행정소송법이 특별히 부여한 효력이라고 한다.

(3) 판 례

명확하지는 않지만 특수효력설을 취하는 것으로 보인다. 판례는 '관계 행정기관 또는 그 소속기관을 기속하는 것은 행정소송법 절차에 의거한 확정판결에 한하고 민사소송법에 의한 판결은 이러한 기속력이 없다고 한다'고 판시하였다(대법원 1957.7.26. 선고 4290행상23 판결). 그러나 '확정된 행정처분 취소판결은 기판력에 의하여 피고 행정청은 그 판단내용에 구속되어 이후 동일 당사자에 대한 관계에 있어 동일사항을 처리함에는 그 판단에 저촉되는 행정행위는 할 수 없다'(대법원 1960.9.26. 선고 4291행상146 판결)고 하여 기속력과 기판력의 용어를 혼용하고 있다.

(4) 소 결

기속력은 승소한 취소판결에 부여되는 효력으로 모든 본안판결에 인정되는 효력인 기판력과 차이가 있다. 기속력은 취소판결의 효과를 실질적으로 보장하기 위하여 처분청이나 다른 행정청이 판결의 취지에 따라 행동하도록 하는 행정소송법상 인정되는 특수한 효력이라는 특수효력설이 타당하다.

다. 내 용

(1) 소극적 효력 (반복 금지효)

(가) 개 념

취소소송에서 인용판결이 확정되면 행정청(피고 행정청은 물론 모든 관계행정청)은 동일 사실관계 아래서 동일 당사자에 대하여 사실심 변론종결 이전의 사유를 내세워 다시 확정판결에 저촉되는 동일한 내용의 처분을 반복하여서는 아니 된다. 그럼에도 다시 동일한 처분을 하면 그 처분은 그 하자가 중대하고도 명백한 것이어서 당연무효라 할 것이다.

(나) 반복 금지효의 내용

반복 금지효는 청구를 인용하는 판결인 취소판결에만 인정되며, 청구기각 판결에는 인정되지 아니한다. 행정소송법은 '처분 등을 취소하는 확정판결'이라고 하여 기속력이 수반되는 판결의 범위를 인용판결로 명시하였다(행정소송법 30①). 따라서 청구기각 판결이 있더라도 행정청이 당해 처분을 직권으로 취하는 것은 기속력과는 관계가 없다.

다만, 취소판결의 사유가 행정행위의 절차나 형식상의 흠인 경우에는 그 확정판결의 기속력은 취소사유로 된 절차나 형식의 위법에 한하여 미친다 할 것이므로, 행정청은 적법한 절차나 형식을 갖추어 다시 동일 내용의 처분을 하는 것은 가능하다 할 것이다.

(2) 적극적 효력

(가) 재처분의무

재처분의무는 당사자의 신청을 요하는 처분에 있어서 신청에 대한 행정청의 거부처분이 판결에 의하여 취소된 경우에 행정청이 판결의 취지에 따라 다시 처분을 할 의무를 부담하는 것을 말한다(행정소송법 38②). 행정소송법은 재처분의무를 신청에 따른 처분(인용처분)이 절차상의 위법을 이유로 취소된 경우에도 준용하고 있다(행정소송법 30③). 재처분의무는 간접강제제도에 의하여 뒷받침되고 있다. 부작위법확인소송에도 준용되고 있다(행정소송법 38②).

(a) 거부처분의 취소판결에 따른 재처분의무

판결에 의하여 취소 또는 변경되는 처분의 당사자의 신청을 거부하는 것을 내용으로 하는 경우에는 그 처분을 행한 행정청은 판결의 취지에 따라 다시 이전의 신청에 대한 처분을 하여야 한다(행정소송법 30②). 그러므로 거부처분이 실체법상의 위법을 이유로 취소된 경우, 예컨대 신청인이 법정결격사유에 해당된다고 본 행정청의 판단을 법원이 불인정한 경우에는 행정청은 판결의 취지에 따라 처분을 다시 하여야 한다. 행정청은 원칙적으로 신청을 인용하는 처분을 하게 될 것이다.

그러나 예외적으로는 판결의 취지가 인용하라는 것이 아닌 경우도 있을 수 있다. 특히 신청한 처분이 재량행위인 경우에는 취소된 거부처분과 다른 이유를 들어 또 다시 거부처분을 할 수는 있다고 할 것이다. 그리고 거부처분이 절차상의 위법을 이유로 취소된 경우, 예컨대 거부처분을 함에 있어서 그 처분이유를 제시하지 않았을 때에는, 그 판결의 취지에 따라 처분을 다시 하여야 한다.

(b) 인용처분의 절차상 위법을 이유로 한 취소판결에 따른 재처분의무

당사자의 신청에 따른 인용처분이 절차상 위법을 이유로 취소된 경우에 행정청은 재처분의무가 있다(행정소송법 30③). 이 규정은 내용적으로 보면 복효적 행정행위에 의하여 권익을 침해받았다고 주장하는 제3자가 제기한 취소소송에서, 당해 처분이 절차상의 위법을 이유로 판결에 의하여 취소된 경우에 행정청의 재처분의무를 규정한 것이다. 여기에서의 절차는 좁은 의미의 절차인 상급기관의 승인, 다른 기관의 동의·의결등과 같은 절차도 해당되고, 처분을 하기 위한 주체적 요건(예: 합의체기관의 구성, 정당한 권한의 보유)과 형식은 물론 재량권 행사절차까지도 포함한다.

(나) **원상회복의무 (결과제거의무)**

취소판결이 확정되면 행정청은 결과적으로 위법이 되는 처분에 의하여 초래된 상태를 제거하여 원상을 회복할 의무를 진다. ① 취소소송의 대상이 된 처분에 이어 후행처분이 행하여진 경우에는, 선행 처분의 취소판결의 기속력에 의하여 후행처분을 취소하여 원상으로 회복할 의무를 진다고 할 것이다. 예컨대 과세처분이 취소되면 세무서장은 그것을 전제로 한 압류처분을 취소하여야 할 것이다. ② 좁은 의미의 원상회복의무는 취소된 행정처분에 의하여 변동된 법률관계 또는 사실관계를 원상으로 회복할 의무를 진다고 할 것이다. 예컨대 농지매수처분이 판결에 의하여 취소되면 국가는 소유권이전등기말소의무가 있다.

라. 범 위

(1) 주관적 범위

기속력은 당사자인 행정청뿐만 아니라 그 밖의 관계행정청에도 미친다. 여기에서 관계행정청은 취소된 처분 등을 기초로 하여 그와 관련되는 처분이나 부수되는 행위를 할 수 있는 행정청을 총칭하는 것이다.

(2) 객관적 범위

기속력은 판결주문 및 그 전제가 된 요건사실의 인정과 판단에만 미치고, 판결의 결론과 직접 관계없는 방론이나 간접사실의 판단에는 미치지 아니한다.

⑶ 시간적 범위

기속력은 처분당시를 기준으로 하여 그 당시까지 존재하였던 이유에 한하고 그 이후에 생긴 이유에는 미치지 아니한다. 거부처분 취소의 확정판결을 받은 행정청이 거부처분 후에 법령이 개정·시행된 경우, 새로운 사유를 내세워 다시 거부처분을 한 경우에도 재처분에 해당하는지 문제된다. 판례는 행정처분의 적법 여부는 그 행정처분이 행하여 진 때의 법령과 사실을 기준으로 하여 판단하는 것이므로, 거부처분 후에 법령이 개정·시행된 경우에는 개정된 법령 및 허가기준을 새로운 사유로 들어 다시 이전의 신청에 대한 거부처분을 할 수 있으며, 그러한 처분도 행정소송법 제30조 제2항에 규정된 재처분에 해당된다(대법원 1998.1.7. 선고 97두22 판결 간접강제).

마. 기속력위반의 효과

처분행정청이 그 행정소송의 사실심 변론종결 이전의 사유를 내세워 다시 확정판결에 저촉되는 행정처분을 하면, 이는 확정판결의 기속력에 저촉되어 허용될 수 없다. 만약 행정청의 그와 같은 처분은 그 하자가 명백하고 중대한 경우에 해당되어 당연무효에 해당된다.

4. 기판력

가. 의의

판결의 확정력은 형식적 확정력과 실질적 확정력으로 나눈다. 형식적 확정력은 소송의 심급을 마쳤거나 상소기간의 경과로 더 이상 그 처분의 당부를 다툴 수단이 없는 상태를 말한다. 그리고 실질적 확정력은 그 내용에 관하여 법원이 더 이상 이를 변경하거나 그와 다른 판결을 행할 수 없는 효력을 말한다. 취소소송의 판결은 심급을 마쳤거나 상소기간의 경과로 형식적 확정력이 발생함은 물론, 취소소송도 재판인 이상 명문규정은 없으나, 그 본질에서 소송법상의 효력으로서 실질적 확정력, 즉 기판력이 발생함은 당연하다.

나. 인정취지

기판력은 일단 종국판결이 내려지면 그 후 다른 소송절차에서 이미 판결된 사항을 다시 다투거나, 그와 모순된 판결을 하지 못하도록 하여 분쟁의 일회적 해결과 이미 형성된 법적 안정성을 유지하고자 하는 목적에서 인정된 효력이다.

다. 법적 근거

행정소송법에 기판력에 관한 명문의 규정은 없다. 다만, 행정소송에 특별한 규정이 없는 사항은 민사소송법을 준용한다는 행정소송법 제8조 제2항에 따라 민사소송법 제216조(기판력의 객관적 범위), 제218(기판력의 주관적 범위)조에 따라 기판력이 인정된다.

라. 범 위

(1) 주관적 범위

기판력이 미치는 주관적 범위에 대하여는 원칙적으로 당사자 및 당사자와 동일시할 수 있는 그 승계인에게만 미치고, 제3자에게는 미치지 않는 것이 원칙이다. 제3자는 형성력이 문제된다. 다만 취소소송의 피고는 권리주체가 아닌 처분청이므로 행정청을 피고로 하는 취소소송에 있어서의 판결의 확정력은 당해 처분의 효력이 귀속하는 국가 또는 공공단체에 미친다고 볼 것이다.

(2) 객관적 범위

소송물에 관한 판단은 판결주문에 표시되기 때문에 판결주문에 대하여서만 기판력이 생기고(민사소송법 216①) 판결이유에 대하여서는 생기지 않는다. 따라서 취소소송 판결의 기판력은 행정행위의 위법성의 판단에 관하여 생기며, 그 전제가 되는 위법원인의 판단에 관하여는 생기지 않게 된다. 예컨대 사업인정이 위법하다는 이유로 토지수용위원회의 재결을 취소한 판결이 확정되어도, 사업인정의 위법여부는 다른 소송에서 판단할 수 있다. 취소소송은 하나의 행정처분을 전제로서 그 위법성(소송물)을 다투는 불복소송이므로 구체적으로 어느 점이 위법한가는 공격방법에 지나지 않으며, 소송물에는 영향을 미치지 않는다.

(3) 시간적 범위

기판력은 사실심 변론종결시를 표준으로 하여 발생한다. 당사자는 사실심의 변론종결시까지 사실자료를 제출할 수 있고 종국판결도 그 때가지 제출한 자료를 기초로 한 결과이기 때문에, 이 시점에서 기판력이 생긴다.

마. 기판력의 주장

확정판결의 존재 여부는 당사자의 주장이 없더라도 법원이 이를 직권으로 조사하여 판단하지 않으면 안 된다(행송 8②, 민사소송 216). 당사자가 확정판결의 존재를 사실심 변론종결시까지 주장하지 아니하였더라도 상고심에서 새로이 이를 주장, 입증할 수 있다(대법원 1989.10.10. 선고 89누1308 판결).

바. 기판력과 국가배상청구소송

취소소송의 국가배상소송에 대한 기판력의 문제는 취소소송 판결에 의해 인정된 처분의 위법성에 대한 기판력이 국가배상소송에서 가해행위의 위법성 판단에 영향을 미치는가이다.

(1) 기판력긍정설

동일한 행위의 위법이 문제되는 경우 국가배상법상의 위법과 취소소송의 위법이 동일하다면 취소소송판결의 기판력은 국가배상소송에 미친다고 한다.

(2) 기판력부정설

국가배상법상의 위법과 취소소송의 위법이 동일하지 않다면 취소소송판결의 기판력이 국가배상소송에 미치지 않는다고 보아야 한다.

(3) 제한적 긍정설

청구인용판결의 기판력은 국가배상소송에 미치지만, 기각판결의 기판력은 국가배상소송에 미치지 않는다고 보는 견해이다.

(4) 소 결

생각건대 위법의 개념을 국가배상법과 취소소송에 따라 다양화하는 것은 혼란을 가져올 우려가 있을 뿐 아니라, 분쟁의 일회적 해결 및 법질서의 일체성에도 반하므로, 취소소송판결의 기판력은 국가배상소송에 미친다고 보아야 한다.

5. 사안의 해결

A건설회사는 해운대구청장의 종전 거부처분의 취소를 구하는 소송에서 승소판결을 받았으므로, 행정소송법이 정하는 취소소송 판결의 효력이 모두 인정된다. 따라서 A건설회사가 받은 종전처분의 취소판결이 확정되었으므로 당해 처분은 처분시에 소급하여 당연히 효력을 상실하게 되며(형성력), 그 효력의 범위는 처분청은 물론 제3자에게도 미치게 된다(대세적 효력).

그리고 해운대구청장은 취소소송 판결에 따라 사실심 변론종결 이전의 사유를 내세워 다시 위 판결에 저촉되는 동일한 내용의 처분을 반복하여서는 아니 되며(반복금지효), A건설회사의 사업승인신청을 허가하는 처분을 할 의무가 있다(재처분의무). 아울러 종전 거부처분의 취소판결이 확정되었기에 기판력도 발생하여 이제 더 이상 그 처분의 적법성을 다투거나 다른 사건에서 위 판결의 내용과 다른 판결을 할 수 없게 된다.

> 기본구조

취소판결의 행정소송법상의 효력 검토 [설문 (1)의 해설]

1. 취소판결의 효력의 의의

2. 형성력
   가. 의의
   나. 형성력의 내용
     (1) 형성효
     (2) 취소의 소급효
     (3) 제3자효 (대세적 효력)
       ㈎ 의의
       ㈏ 인정취지
       ㈐ 제3자의 범위(형성력의 주관적 범위)
         ⓐ 상대적 형성력설
         ⓑ 절대적 형성력설
         ⓒ 소결

3. 기속력
   가. 의의
   나. 법적 성질
     (1) 기판력설
     (2) 특수효력설
     (3) 판례
     (4) 소결
   다. 내용
     (1) 소극적 효력(반복 금지효)
       ㈎ 개념
       ㈏ 반복 금지효의 내용
     (2) 적극적 효력
       ㈎ 재처분의무
         ⓐ 거부처분의 취소판결에 따른 재처분의무
         ⓑ 인용처분의 절차상 위법을 이유로 한 취소판결에 따른 재처분의무
       ㈏ 원상회복의무(결과제거의무)
   라. 범위
     (1) 주관적 범위
     (2) 객관적 범위
     (3) 시간적 범위
   마. 기속력위반의 효과

4. 기판력
   가. 의의
   나. 인정취지
   다. 법적 근거
   라. 범위
     (1) 주관적 범위
     (2) 객관적 범위
     (3) 시간적 범위
   마. 기판력의 주장
   바. 기판력과 국가배상청구소송
     (1) 기판력긍정설
     (2) 기판력부정설
     (3) 제한적 긍정설
     (4) 소결

5. 사안의 해결

Ⅱ. '새 거부처분'이 취소판결의 기속력에 저촉되는지 여부 [설문 (2)의 해결]

1. 문제점

A건설회사의 사업승인신청에 대한 '종전 거부처분'의 취소를 명하는 판결이 있었으므로, 해운대구청장은 구 도시계획법 제46조에 따라 A의 사업승인신청을 허가하여야 할 재처분의무가 있다. 그런데 해운대구청장은 '종전 거부처분'의 취소소송 계속 중에 도시계획법령이 개정되었다는 이유로 다시 A건설회사에 대하여 '새 거부처분'을 하였다. 과연 이 '새 거부처분'이 재처분의무에 부합하는 것인지 여부를 취소판결의 기속력과 관련하여 검토할 필요가 있다.

2. 취소판결의 기속력

가. 의 의

기속력은 행정청에 대하여 처분이 위법이라는 판결의 내용을 존중하여, 그 사건에 대하여 판결의 취지에 따라 행동할 의무를 지우는 효력을 말한다. 구속력이라고도 한다. 행정소송법은 처분 등을 취소하는 확정판결은 그 사건에 관하여 당사자인 행정청과 그 밖의 관계 행정청을 기속한다(행정소송법 30①)고 규정하고 있다.

나. 내 용

(1) 소극적 효력 (반복 금지효)

취소소송에서 인용판결이 확정되면 행정청(피고 행정청은 물론 모든 관계행정청)은 동일 사실관계 아래서 동일 당사자에 대하여 사실심 변론종결 이전의 사유를 내세워 다시 확정판결에 저촉되는 동일한 내용의 처분을 반복하여서는 아니 된다.

반복금지효는 청구를 인용하는 판결인 취소판결에만 인정되며, 청구기각 판결에는 인정되지 아니한다. 행정소송법은 '처분 등을 취소하는 확정판결'이라고 하여 기속력이 수반되는 판결의 범위를 인용판결로 한정하고 있다(행정소송법 30①).

(2) 적극적 효력 (재처분의무)

재처분의무는 당사자의 신청을 요하는 처분에 있어서 신청에 대한 행정청의 거부처분이 판결에 의하여 취소된 경우에 행정청이 판결의 취지에 따라 다시 처분을 할 의무를 부담하는 것을 말한다(행정소송법 38②). 그러므로 거부처분이 실체법상의 위법을 이유로 취소된 경우에는 행정청은「판결의 취지에 따라」처분을 다시 하여야 한다. 행정청은 원칙적으로 신청을 인용하는 처분을 하게 될 것이다. 이때 확정판결의 당사자인 처분 행정청은 그 행정소송의 사실심 변론종결 이후 발생한 새로운 사유를 내세워 다시 이전의 신청에 대한 거부처분을 할 수 있고, 그러한 처분도 위 조항에 규정된 재처분에 해당된다. 그러나 예외적으로는 판결의 취지가 인용하라는 것이 아닌 경우도 있을 수 있다.

당사자의 신청에 따른 인용처분이 절차상 위법을 이유로 취소된 경우에도 행정청은 재처분의무가 있다(행정소송법 30③). 여기에서의 절차는 좁은 의미의 절차인 상급기관의 승인, 다른 기관의 동의·의결등과 같은 절차도 해당되고, 처분을 하기 위한 주체적 요건(예: 합의체기관의 구성, 정당한 권한의 보유)과 형식은 물론 재량권 행사절차까지도 포함한다.

다. 기속력의 효력범위

기속력은 당사자인 행정청뿐만 아니라 그 밖의 관계행정청에도 미친다. 그리고 기속력은 판결주문 및 그 전제가 된 요건사실의 인정과 판단에만 미치고, 판결의 결론과 직접 관계없는 방론이나 간접사실의 판단에는 미치지 아니한다.

라. 종전 처분 이후 법령 등이 변경된 경우의 재처분의무

기속력은 처분당시를 기준으로 하여 그 당시까지 존재하였던 이유에 한하고 그 이후에 생긴 이유에는 미치지 아니한다. 따라서 종전의 거부처분 후 법령이나 사실관계에 변경이 있는 경우 처분청은 다시 거부처분을 할 수 있다. 판례도 행정처분의 적법 여부는 그 행정처분이 행하여 진 때의 법령과 사실을 기준으로 하여 판단하는 것이므로, 거부처분 후에 법령이 개정·시행된 경우에는 개정된 법령 및 허가기준을 새로운 사유로 들어 다시 이전의 신청에 대한 거부처분을 할 수 있으며, 그러한 처분도 재처분에 해당된다고 한다.

3. 사안의 해결

가. 재처분의무의 발생

행정청의 거부처분을 취소하는 판결이 확정된 경우에는 그 처분을 행한 행정청이 판결의 취지에 따라 이전의 신청에 대하여 재처분할 의무가 있다. 그러므로 해운대구청장은 A 건설회사에 대한 사업승인신청에 대한 '종전 거부처분'이 위법하다는 이유로 취소판결이 확정되었으므로, 그 판결의 효력인 기속력에 따라 반복금지효와 재처분의무가 있다.

나. 재처분의 적법여부

해운대구청장은 '종전 거부처분'의 취소소송 계속 중에 도시계획법령이 개정되었다는 이유로 취소판결이 확정된 후에 A 건설회사에 대하여 '새 거부처분'을 하였다. 따라서 이 '새 거부처분'이 재처분에 해당하느냐가 문제된다. 그런데 개정된 도시계획법령에 그 시행 당시 이미 개발행위허가를 신청중인 경우에는 종전 규정에 따른다는 경과규정을 두고 있다. 그러므로 해운대구청장은 A건설회사의 사업승인신청에 대하여 종전 규정에 따른다는 경과규정대로 재처분(사업승인허가처분)을 하여야 할 의무가 있다. 그럼에도 불구하고 개정 법령을 적용하여 새로운 거부처분을 한 것은 확정된 종전 거부처분 취소판결의 기속력에 저촉되어 당연무효에 해당된다.

기본구조

'새 거부처분'이 취소판결의 기속력에 저촉되는지 여부 [설문 (2)의 해결]

1. 문제점

2. 취소판결의 기속력
   가. 의 의
   나. 내 용
   (1) 소극적 효력(반복 금지효)
   (2) 적극적 효력(재처분의무)
   다. 기속력의 효력범위
   라. 종전 처분 이후 법령 등이 변경된 경우의 재처분의무

3. 사안의 해결
   가. 재처분의무의 발생
   나. 재처분의 적법여부

Ⅲ. 행정청의 재처분의무 위반에 대한 법적 수단 [설문 (3)의 해결]

1. 문제점

해운대구청장은 취소판결확정 후에 새로운 거부처분을 하였으나, 이는 개정법령에 반하는 처분으로 취소판결의 기속력에 반하여 당연무효에 해당된다. 따라서 '새 거부처분'은 재처분의무를 한 것으로 볼 수 없어 결국 재처분의무를 해태한 것이라고 할 수 있으므로, 이를 해결할 행정소송법상의 제도를 검토할 필요가 있다.

2. 간접강제의 일반론

가. 의 의

민사소송에서의 확정판결은 강제집행을 할 수 있는 집행력이 있다. 현행 행정소송법은 일반 이행소송 또는 의무이행소송을 인정하지 않기 때문에 행정소송에서는 강제집행의 문제가 생길 여지가 없다. 행정청이 제30조 제2항의 규정에 의한 처분을 하지 아니하는 때에는 제1심 수소법원은 당사자의 신청에 의하여 결정으로써 상당한 기간을 정하고 행정청이 그 기간 내에 이행하지 아니하는 때에는 그 지연기간에 따라 일정한 배상을 할 것을 명하거나 즉시 손해배상을 할 것을 명할 수 있다(동법 34①). 이처럼 취소판결의 실효성을 확보하기 위한 수단으로 인정되는 배상명령제도를 간접강제라고 한다.

나. 인정취지

거부처분취소판결의 경우에 행정청이 그 판결의 취지에 따른 처분을 하여야 할 의무는, 비대체적인 의무이므로 이를 강제하기 위하여 간접강제를 인정한 것이다.

다. 적용요건

(1) 거부처분취소판결 등이 확정되었을 것

거부처분취소판결이나 부작위위법확인판결이 확정되거나 신청에 따른 처분이 절차의 위법을 이유로 취소가 확정되어야 한다.

(2) 행정청이 아무런 처분을 하지 않았을 것

거부처분취소판결 등이 확정되었음에도 행정청이 아무런 처분을 하지 않았어야 한다. 재처분을 하였더라도 그것이 종전 거부처분에 대한 취소의 확정판결의 기속력에 반하여 당연무효라면, 이는 아무런 재처분을 하지 아니한 때와 마찬가지라 할 것이다(판례).

라. 절 차

거부처분취소판결 등이 확정된 경우 행정청이 판결의 취지에 따라 다시 이전의 신청에 대한 처분을 하지 아니한 때에는 당사자가 제1심 수소법원에 신청하여야 한다. 수소법원은 신청이 이유있을 때에는 결정으로써 상당한 기간을 정하고 행정청이 그 기간 내에 이행하지 아니한 때에는 그 지연기간에 따라 일정한 배상을 할 것을 명하거나 즉시 손해배상을 할 것을 명할 수 있다(행정소송법 34①).[26] 행정소송법은 제33조를 준용하여 배상명령의 효력이 피고 행정청이 소속하는 국가 또는 공공단체에도 미치게 하여 집행이 용이하도록 하였으며, 또한 민사집행법 제262조를 준용하여 행정청을 심문하도록 하였다(행정소송법 34②).

마. 간접강제결정에 기한 배상금의 법적 성격

간접강제결정이 내려지면 소정의 배상금지급을 명하게 되는데, 이 배상금은 확정판결의 취지에 따른 재처분의 지연에 대한 제재나 손해배상이 아니고 재처분의 이행에 관한 심리적 강제수단에 불과한 것으로 보아야 한다. 따라서 간접강제결정에서 정한 의무이행기한이 경과한 후에라도 확정판결의 취지에 따른 재처분이 행하여지면 배상금을 추심함으로써 심리적 강제를 꾀한다는 당초의 목적이 소멸하여 처분상대방이 더 이상 배상금을 추심하는 것이 허용되지 않는다(대법원 2010.12.23. 선고 2009다37725 판결).

3. 사안의 해결

A건설회사는 종전 거부처분에 대한 취소판결이 확정된 후에도 해운대구청장이 그 신청을 인용하는 내용의 재처분을 하지 않는 점에 대한 불복방법으로 간접강제신청을 할 수 있다. 이 때 수소법원은 확정된 취소판결이 명하는 바에 따른 의

---

[26] [간접강제신청 신청취지] 피신청인은 이 사건 결정의 고지를 받은 날로부터 30일 이내에 신청인들에 대하여 이 법원 0000구합000 정보공개거부처분취소 청구사건의 확정판결의 취지에 따른 처분을 하지 않을 때에는, 신청인들에게 위 기간이 만료된 다음날부터 이행완료시까지 1일 금 10,000,000원의 비율에 의한 금원을 지급하라.

무이행을 행정청에게 명하는 결정을 한다는 점에서 그 범위에서는 의무이행판결과 같은 기능을 하는 셈이 된다. 법원이 명하는 기간 내에도 행정청이 재처분을 하지 않을 경우에는 소정의 배상금을 지급할 의무를 진다.

기본구조

행정청의 재처분의무 위반에 대한 법적 수단 [설문 (3)의 해결]

1. 문제점

2. 간접강제의 일반론
 가. 의 의
 나. 인정취지
 다. 적용요건
  (1) 거부처분취소판결 등이 확정되었을 것
  (2) 행정청이 아무런 처분을 하지 않았을 것
 라. 절 차
 마. 간접강제결정에 기한 배상금의 법적 성격

3. 사안의 해결

관리번호	시험과목명	제1문	시험관리관 확인	점 수	채점위원인
	행정법				

I. 설문(1)의 해결 - 행정소송법상 취소판결의 효력

1. 논점의 정리

행정소송법은 처분등을 취소하는 확정판결이 있으면 그 사건에 관하여 당사자인 행정청과 그 밖의 관계 행정청을 기속하는 기속력과 제3자에 대하여서도 효력이 있는 대세효 내지 제3자효를 인정하고 있다. 그러나 판결의 효력인 형성력·확정력(기판력)에 대한 명문의 규정은 없지만, 그러한 효력도 당연히 인정되고 있다.

2. 형성력

가. 의의

계쟁처분의 취소판결이 확정된 때에는 당해 처분은 당연히 효력을 상실하여, 처음부터 처분이 없었던 것과 같은 상태로 되는 효과를 형성력이라 한다. 명문의 규정은 없으나 행정소송법 제29조 제1항에 의하여 이런 효력을 인정할 수 있다.

나. 형성력의 내용

(1) 형성효 및 소급효

① 취소판결이 있으면 그 취소판결의 형성력에 의하여 당해 행정처분의 취소나 취소통지 등의 별도의 절차를 요하지 아니하고 당연히 취소의 효과가 발생하는 효력을 형성효라고 한다. 그리고, ② 취소판결이 확정되면 그 효력은 처분시에 소급하여 소멸한다.

(2) 제3자효 (대세적 효력)

㈎ 의의 및 인정취지

처분 등을 취소하는 확정판결은 제3자에 대하여도 효력이 있다(행정소송법 29①). 이 경우에 소외의 제3자에게 형성력이 미치는 결과로 생기는 불합리를 시정하도록 제3자의 소송참가(행정소송법 16) 및 제3자의 재심의 소(행정소송법 31)를 인정하고 있다.

제3자효는 당해 처분으로 형성된 법률관계를 확정판결대로 관철하기 위하여 인정되고 있으며, 그 결과 당해 처분의 취소판결을 받은 승소자의 이익도 보호될 수 있다.

㈏ 주관적 범위

취소판결의 형성력이 제3자에게 미친다고 할 때, 그 제3자의 범위가 어디까지 미치는 것인지 문제된다. 학설은 ① 소송에 참가하지 않은 자에게 형성력을 미치는 것은 재판을 받을 권리의 침해라는 것을 이유로 소송에 참가한 제3자에게만 형성력이 미친다는 상대적 형성력설, ② 행정법관계의 획일적 규율의 요청에서 보아 소송에 참가하지 아니한 일반 제3자에게도 형성력이 미친다는 절대적 형성력설이 있다.

취소판결의 효력을 제3자가 부인할 수 없는 것은 명백하다. 그러나 제3자가 취소판결의 효력을 적극적으로 원용하여 향수할 수 있는지 여부에서 문제되고 있다.

3. 기속력

가. 의의 및 법적 성질

기속력은 행정청에 대하여 그 사건에 대하여 판결의 취지에 따라 행동할 의무를 지우는 효력을 말한다. 행정소송법은 '처분 등을 취소하는 확정판결은 그 사건에 관하여 당사자인 행정청과 그 밖의 관계 행정청을 기속한다'(행정소송법 30①)고 규정하고 있다.

기속력의 법적 성질에 대해서는, ① 기판력과 동일하게 보는 견해와, ② 취소판결의 효과를 실질적으로 보장하기 위해 행정소송법이 특별히 부여한 효력이라고 보는 특수효력설이 있다. 판례는 기속력과 기판력의 용어를 혼용하고 있다.

기속력은 승소한 취소판결에 부여되는 효력으로 모든 본안판결에 인정되는 효력인 기판력과 차이가 있다. 따라서 특수효력설이 타당하다.

나. 기속력의 내용

(1) 소극적 효력 (반복금지효)

여 사실심 변론종결 이전의 사유를 내세워 다시 확정판결에 저촉되는 동일한 내용의 처분을 반복하여서는 아니 된다. 반복 금지효는 청구를 인용하는 판결인 취소판결에만 인정된다. 행정소송법은 '처분 등을 취소하는 확정판결'이라고 하여 기속력이 수반되는 판결의 범위를 인용판결로 명시하였다(행정소송법 30①).

(2) 적극적 효력

(가) 재처분의무

재처분의무는 신청에 대한 행정청의 거부처분이 판결에 의하여 취소된 경우에 행정청이 판결의 취지에 따라 다시 처분을 할 의무를 부담하는 것을 말한다(행정소송법 38②).

재처분의무의 유형으로는 ① 거부처분이 취소된 경우 행정청이 판결의 취지에 따라 다시 신청에 대한 처분을 해야 하는 경우(행정소송법 30②), ② 인용처분의 절차상 위법이 있는 경우의 재처분의무(행정소송법 30③)로 나눌 수 있다.

(나) 원상회복의무

취소판결이 확정되면 행정청은 결과적으로 위법이 되는 처분에 의하여 초래된 상태를 제거하여 원상을 회복할 의무를 진다.

다. 기속력의 범위 및 위반의 효과

기속력은, ① 당사자인 행정청뿐만 아니라 그 밖의 관계행정청에도 미치며, ② 판결주문 및 그 전제가 된 요건사실의 인정과 판단에 미친다. ③ 또한 기속력은 처분당시를 기준으로 하여 그 당시까지 존재하였던 이유에 한한다.
　　　행정청이 기속력에 반하게 되는 처분을 하면, 이는 확정판결의 기속력에 저촉되며, 그 처분은 그 하자가 명백하고 중대한 경우에 해당되어 당연무효가 된다.

4. 기판력
　　기판력이란 확정판결에 대하여 법원이 더 이상 이를 변경하거나 그와 다른 판결을 행할 수 없는 상태를 말한다. 행정소송법에 이에 관한 명문의 규정은 없으나, 행정소송법 제8조 제2항에 따라서 민사소송법상 기판력에 관한 규정(민사소송법 216, 218)이 적용된다.

5. 사안의 해결
　　A 건설회사는 거부처분의 취소를 구하는 소송에서 승소판결을 받았으므로, 행정소송법이 정하는 취소소송 판결의 효력이 모두 인정된다. 따라서 A 건설회사가 받은 종전처분의 취소판결이 확정되었으므로 당해 처분은 처분시에 소급하여 당연히 효력을 상실하게 되며(형성력), 그 효력의 범위는 처분청은 물론 제3자에게도 미치게 된다(대세적 효력).
　　해운대구청장은 사실심 변론종결 이전의 사유를 내세워 다시 위 판결에 저촉되는 동일한 내용의 처분을 반복하여서는 아니 되며(반복금지효), A 건설회사의 사업승인신청을 허가하는 처분을 할 의무가 있다(재처분의무). 아울러 종전 거부처분의 취소판결이 확정되었기에 기판력도 발생한다.

II. 설문(2)의 해결 - 새로운 거부처분이 취소판결의 기속력에 저촉되는지 여부

1. 문제점
　　해운대구청장은 구 도시계획법 제46조에 따라 A의 사업승인신청을 허가하여야 할 재처분의무가 있다. 해운대구청장은 '종전 거부처분'의 취소소송 계속 중에 도시계획법령이 개정되었다는 이유로 다시 A 건설회사에 대하여 '새 거부처분'을 하였는데, 이 '새 거부처분'이 재처분의무에 부합하는 것인지 여부를 취소판결의 기속력과 관련하여 검토할 필요가 있다.

2. 기속력의 내용 및 시적범위의 문제
　　기속력은 앞의 설문에서 살펴본 바와 같이 ① 반복금지효와, ② 적극적 효력으로서 재처분의무를 행정청에게 부과한다.
　　그러나 이러한 기속력의 효력은 처분당시를 기준으로 하여 그 당시까지 존재하였던 이유에 한하고 그 이후에 생긴 이유에는 미치지 아니한다. 따라서 종전의 거부처분 후 법령이나 사실관계에 변경이 있는 경우 처분청은 다시 거부처분을 할 수 있다. 판례도 거부처분 후에 법령이 개정·시행된 경우에는 개정된 법령 및 허가기준을 새로운 사유로 들어 다시 이전의 신청에 대한 거부처분을 할 수 있으며, 그러한 처분도 재처분에 해당된다고 한다.

3. 사안의 해결

해운대구청장은 A에 대한 사업승인신청에 대한 거부처분이 위법하다는 이유로 취소판결이 확정되었으므로, 기속력에 따라 반복금지효와 재처분의무가 있다. 그러나 해운대구청장은 종전의 거부처분의 소송계속 중 법령의 개정을 이유로 동일한 거부처분을 하였다. 그런데 개정된 도시계획법령에는 시행 당시 이미 허가를 신청중인 경우에는 종전 규정에 의한다는 경과규정이 있다. 따라서 해운대구청장은 A의 신청에 대하여 경과규정에 따라 사업승인을 하였어야 함에도 다시 거부처분을 하였고, 이는 기속력에 저촉되어 당연무효에 해당한다.

III. 설문(3)의 해결 - 행정청의 재처분의무 위반에 대한 법적 제재

1. 문제점

행정소송법은 행정청이 취소판결이 확정된 후에 재처분의무를 하지 아니하는 때에는 재처분의무의 실효성을 확보하기 위하여 간접강제제도를 규정하고 있다(제34조). 사안에서 A 건설회사가 재처분의무 불이행에 대하여 간접강제인 손해배상을 청구할 수 있는지를 검토한다.

2. 간접강제의 일반론

가. 의의 및 취지

행정청이 재처분을 하지 아니하는 때에는 법원은 당사자의 신청에 의하여 상당한 기간을 정하고 그 기간 내에 이행하지 아니하는 때에는 일정한 배상을 할 것을 명하거나 즉시 손해배상을 할 것을 명할 수 있다(동법 34①). 행정청이 그 판결의 취지에 따른 처분을 하여야 할 의무는 비대체적인 의무이므로 이를 강제하기 위하여 간접강제를 인정한 것이다.

나. 적용요건

① 거부처분취소판결 등이 확정되고, ② 판결이 확정되었음에도 행정청이 아무런 처분을 하지 아니하여야 한다. 재처분이 있으나 기속력 위반으로 당연무효인 경우도 마찬가지이다.

다. 배상금의 법적 성격

판례는 이를 단순한 심리적 강제수단으로 보아, 재처분이 행하여지면 처분의 상대방이 더 이상 배상금을 추심하는 것이 허용되지 아니한다고 판시하고 있다.

3. 사안의 해결

A는 해운대구청장이 재처분을 하지 않는 경우, 간접강제신청을 할 수 있다. 법원이 명하는 기간 내에도 해운대구청장이 재처분을 하지 않는 경우에는 소정의 배상금지급 의무를 진다.

[29] 지방자치단체장 처분의 직권취소와 이의소송

전국공무원노동조합은 국회에 계류중에 있던 '공무원 노동조합 설립 및 운영에 관한 법률(안)'에 노동3권 중 단체행동권이 포함되어 있지 않다는 이유로 총파업을 예고하였다. 울산광역시장은 관할 구·군 부단체장들과 불법집단행동 가담자의 신속한 징계처리 등을 내용으로 하는 전국공무원노동조합 파업 대비 대책회의를 개최하고, 위 파업을 주동한 공무원은 공직에서 배제하고, 가담한 공무원에 대해서도 전원 엄중 문책하는 한편 형사처벌도 병행해 나갈 것이라는 정부 담화문을 각급 관공서와 인구밀집지역에 게시하였다. 전국공무원노동조합은 예정대로 총파업을 강행하였는데, 그 당시 울산광역시 북구청에 근무하는 7급 공무원 소외 1, 2, 3, 9급 공무원 소외 4, 5, 6은 위 파업에 참가하였다.

울산광역시장은 전국공무원노동조합의 총파업에 참여하여 복귀명령에 응하지 아니한 직원(중징계 대상)에 대하여 직위해제 조치하고, 조속한 시일 내에 징계의결을 요구하라고 관할 구·군에 지시하였다. 그러나 울산광역시 북구청장이 이에 불응하자 울산광역시장은 기한을 정하여 징계의결요구를 할 것을 촉구하였으나, 북구청장은 징계의결요구를 하지 않았다. 울산광역시장은 다시 북구청장에게 조속한 징계처리 이행을 촉구하였음에도 불응하자, 그를 직무유기죄로 고발하였다.

한편, 울산광역시 북구청장은 전공노의 위 파업에 참가한 공무원인 7급 공무원 소외 1, 2, 3을 6급 공무원으로, 9급 공무원 5, 6을 8급 공무원(이하 승진임용발령을 받은 공무원을 '이 사건 공무원들'이라 한다)으로 각 승진임용발령하였다(이하 '승진처분'이라 한다). 이에 울산광역시장은 3회에 걸쳐서 북구청장에게 위 승진처분의 취소를 명령하였으나, 북구청장은 그 지시를 따르지 아니하였다.

(1) 울산광역시장이 이 사건 공무원들에 대한 승진처분의 효력을 소멸시킬 수 있는 지방자치법상의 제도를 설명하시오. (30점)

(2) 울산광역시장이 이 사건 공무원들에 대한 승진처분을 취소하였다면, 울산광역시 북구청장이 이에 불복할 수 있는 지방자치법상의 제도는 무엇인가. (15점)

(3) 이 사건 공무원들이 울산광역시장의 승진처분취소에 대하여 불복할 수 있는 쟁송수단을 설명하시오. (15점)

참고법령

『지방자치법』

제169조(위법·부당한 명령·처분의 시정)
① 지방자치단체의 사무에 관한 그 장의 명령이나 처분이 법령에 위반되거나 현저히 부당하여 공익을 해친다고 인정되면 시·도에 대하여는 주무부장관이, 시·군 및 자치구에 대하여는 시·도지사가 기간을 정하여 서면으로 시정할 것을 명하고, 그 기간에 이행하지 아니하면 이를 취소하거나 정지할 수 있다. 이 경우 자치사무에 관한 명령이나 처분에 대하여는 법령을 위반하는 것에 한한다.
② 지방자치단체의 장은 제1항에 따른 자치사무에 관한 명령이나 처분의 취소 또는 정지에 대하여 이의가 있으면 그 취소처분 또는 정지처분을 통보받은 날부터 15일 이내에 대법원에 소를 제기할 수 있다.

주요쟁점

- 지방자치사무에 대한 관여방법
- 재의요구명령
- 제소지시 및 직접제소
- 시정명령
- 취소·정지권
- 공무원의 불이익 처분에 대한 구제 제도
- 소 청

I. 울산광역시장이 승진처분의 효력을 소멸시킬 수 있는 법적 수단 [설문 (1)의 해결]

1. 문제점

울산광역시 북구청장은 전국공무원노동조합(이하 '전공노'라 한다)의 총파업에 참여하여 복귀명령에 응하지 아니한 이 사건 공무원들에 대하여 직위해제를 하고 조속한 시일 내에 징계의결을 요구하라는 울산광역시장의 거듭된 지시에 불응하고, 오히려 징계대상 공무원들에게 승진처분을 하였다. 이처럼 하급지방자치단체가 자치사무를 처리함에 있어 법령에 위반되거나 현저히 부당하여 공익을 해친다고 인정되면 시·도에 대하여는 주무부장관이, 시·군 및 자치구에 대하여는 시·도지사가 기간을 정하여 서면으로 시정할 것을 명하고, 그 기간에 이행하지 아니하면 이를 취소하거나 정지할 수 있다. 이 경우 자치사무에 관한 명령이나 처분에 대하여는 법령을 위반하는 것에 한한다(지방자치법 169①). 따라서 사안에서는 울산광역시장이 북구청장에 대하여 시정명령권과 취소·정지권을 행사할 수 있는 요건에 해당되느냐 여부가 문제된다.

2. 지방자치사무에 대한 관여방법

가. 현행법상 자치사무의 관여의 형태

현행법상 관여의 형태는 ① 관여의 주체에 따라 입법기관에 의한 관여, 사법기관에 의한 관여 및 행정기관에 의한 관여로, ② 관여의 내용에 따라 공무원 인사에 대한 관여, 조례·규칙의 제정에 대한 관여, 지방의회의 권한행사에 대한 관여, 장의 명령·처분에 대한 지도·감독, 지방행정의 감사 및 지방자치단체간의 분쟁조정 등으로, ③ 관여의 방법에 따라 법률 또는 행정입법에 의한 입법적 관여, 행정심판 및 행정소송에 의한 사법적 관여, 그리고 행정적 관여로 나눌 수 있다. 여기서는 행정기관에 의한 관여를 중심으로 살펴보기로 한다.

나. 행정적 관여방법

중앙행정기관의 장과 지방자치단체의 장이 사무를 처리함에 있어서 의견을 달리하는 경우, 이를 협의·조정하기 위하여 국무총리소속하에 협의조정기구를 둘 수 있다(지방자치법 168①). 행정각부장관 기타 중앙행정기관은 그 소관사무와 관련된 지방자치단체의 사무(고유사무·위임사무)에 관하여 서울특별시·광역시와 도에 대하여 지도·감독권을 가지며, 상급지방자치단체의 장(시·도지사, 교육 등에 대하여는 시·도교육감)은 국가기관의 지위에서 그 구역 내의 시·군·자치구에 대하여 지도·감독권을 가진다(지방자치법 166 내지 167).

행정안전부장관은 자치단체의 자치사무에 대한 일반적인 감독권을 가지며(정부조직법 29①, 지방자치법 171), 교육과학기술부장관은 교육·학예에 관한 집행기관인 교육감에 대한 감독권을 가진다(지방교육자치에 관한 법률 28④). 또한 자치단체의 회계검사와 직무감찰에 관하여는 감사원이 그 권한을 가진다(감사원법 22·24).

다. 자치사무에 대한 사전적 관여수단

지방자치법은 사전적 관여에 관하여 비권력적 · 일반적 관여에 관한 규정만을 두고 있으며, 권력적 관여에 대하여서는 보고 징수와 감사에 대하여서만 일반적 규정을 두고, 지방자치법과 그 밖의 개별 법률에서 몇 가지 특정사항에 대한 개별적인 관여에 대하여서 규정하고 있다(지방재정법 11②). 구체적으로는 ① 감독기관의 서류 · 장부 · 회계감사(지방자치법 171), 감사원의 회계감사(감사원법 22), 직무감찰(감사원법 24①)과, ② 감독기관은 자치단체의 자치사무에 관하여 보고를 받을 수 있으며(보고징수권, 지방자치법 171), ③ 중앙행정기관의 장 또는 시 · 도지사는 자치단체의 사무에 관하여 조언 또는 권고하거나 지도할 수 있으며, 이를 위하여 필요한 때에는 자치단체에 대하여 자료의 제출을 요구할 수 있다(지방자치법 166①). ④ 국가 또는 시 · 도는 자치단체가 사무를 처리함에 있어서 필요하다고 인정할 경우, 재정 또는 기술지원을 할 수 있다(지방자치법 166②). 또한 ⑤ 지방자치단체의 지방채기채(地方債起債) 승인(지방재정법 11①), 자치구가 아닌 구와 읍 · 면 · 동을 폐지 · 설치 · 나누거나 합칠 때 행정안전부장관의 승인(지방자치법 4조의2①), 지방자치단체조합 설립승인(지방자치법 159) 등이 그 예이다.

라. 자치사무에 대한 사후적 관여수단

(1) 재의요구명령 · 제소지시 및 직접제소 (지방의회에 대한 감독)

㈎ 지방의회의 의결이 법령에 위반되거나 공익을 현저히 해친다고 판단되면 시·도에 대하여는 주무부장관이, 시·군 및 자치구에 대하여는 시·도지사가 재의를 요구하게 할 수 있고, 재의요구를 받은 지방자치단체의 장은 의결사항을 이송받은 날부터 20일 이내에 지방의회에 이유를 붙여 재의를 요구하여야 한다(지방자치법 172①).

㈏ 자치단체의 장은 재의결된 사항이 '법령에 위반된다고 판단되는 때'에는 재의결된 날로부터 20일 이내에 대법원에 소를 제기할 수 있다(지방자치법 172③ 전단).

㈐ 감독관청은 재의결된 사항이 '법령에 위반된다고 판단됨에도' 당해 자치단체의 장이 제소하지 아니하는 때에는 당해 자치단체의 장에게 제소를 지시하거나 직접 제소할 수 있다(지방자치법 172④). 제소지시는 당해 자치단체의 장의 제소기간인 20일을 경과한 날로부터 7일 이내에 하여야 하고, 당해 자치단체의 장은 제소지시를 받은 날로부터 7일 이내에 제소하여야 한다(지방자치법 172⑤).

㈐ 지방의회의 의결이 법령에 위반된다고 판단되어 주무부장관이나 시·도지사로부터 재의요구지시를 받은 지방자치단체의 장이 재의를 요구하지 아니하는 경우(법령에 위반되는 지방의회의 의결사항이 조례안인 경우로서 재의요구지시를 받기 전에 그 조례안을 공포한 경우를 포함한다)에는 주무부장관이나 시·도지사는 20일이 지난날부터 7일 이내에 대법원에 직접 제소할 수 있다(지방자치법 172⑦). 이 직접제소는 위법한 조례에 대한 국가기관의 실효적인 통제제도로써 지방의회 및 지방자치단체장에 대한 감독권의 성격을 갖는다.

⑵ 징계처분 등의 요구

감사원은 자치단체의 회계를 감사하며(감사원법 21), 자치단체의 사무와 그 소속 지방공무원의 직무를 감찰하여(감사원법 24), 지방공무원의 징계처분 또는 문책 등을 요구하고(감사원법 32 내지 34), 변상책임유무를 판정하며(감사원법 31), 청구 또는 직권에 의하여 징계처분요구 등에 대한 재심의를 행한다(감사원법 36 내지 40).

3. 울산광역시장이 울산광역시 북구청장의 승진처분에 대한 감독수단

가. 지방자치법의 규정

자치단체의 사무에 관한 그 장의 명령이나 처분이 법령에 위반되거나 현저히 부당하여 공익을 해친다고 인정되면, 시·도에 대하여는 주무부장관이 시·군 및 자치구에 대하여는 시·도지사가 기간을 정하여 서면으로 시정할 것을 명할 수 있다. 이 경우 자치사무에 관한 명령이나 처분에 대하여는 법령을 위반하는 것에 한한다(지방자치법 169①). 감독관청의 시정명령에 대하여 관련 자치단체가 정하여진 기간 내에 이행하지 아니할 때에는 그 시정명령의 대상인 명령이나 처분을 취소하거나 정지할 수 있다(지방자치법 169① 후단).

나. 시정명령

⑴ 시정명령의 개념

자치단체의 사무에 관한 지방자치단체장의 명령이나 처분이 법령에 위반되거나 현저히 부당하여 공익을 해친다고 인정되면, 그 감독청이 그 시정을 명령하는 것을 시정명령이라고 하고, 그러한 시정을 명령할 수 있는 감독청의 권한을 시정명령권이라고 한다.

(2) 법적 성질

시정명령에 대하여 이의가 있으면 대법원에 소를 제기할 수 있다고 지방자치법 제169조 제2항이 규정하고 있기 때문에, 감독청의 시정명령은 행정소송법상 처분에 해당된다.

(3) 대 상

시정명령은 지방자치단체의 사무인 자치사무와 단체위임사무를 대상으로 한다. 기관위임사무도 포함된다는 견해도 있지만, 기관위임사무는 지방자치법 제167조 및 행정권한의 위임 및 위탁에 관한 규정 제6조에 의해 국가기관의 일반적인 지휘감독을 받으므로, 명문의 규정이 없더라도 감독기관은 기관위임사무가 위법하거나 부당한 경우에는 시정명령을 발하고 이를 취소 또는 정지할 수 있다고 해석된다.

다. 취소 · 정지권

(1) 개 념

감독청의 시정명령을 자치단체가 정하여진 기간 내에 이행하지 아니할 때에는 그 시정명령의 대상인 명령이나 처분을 취소하거나 정지할 수 있다(지방자치법 169① 후단). 이처럼 감독청이 지방자치단체장의 명령이나 처분을 취소· 정지시킬 수 있는 권한을 취소 · 정지권이라고 한다.

(2) 법적 성격

명문의 규정이 없는 경우에 감독청이 일반적인 감독권에 근거하여 직권취소를 할 수 있느냐 여부에 관한 적극설 · 소극설이 있다. 그러나 지방자치법에는 감독청의 취소 · 정지권을 명문으로 인정하고 있기 때문에, 이는 위법하고 부당한 행정행위를 행위시로 소급하여 그 효력을 소멸시키는 직권취소에 해당된다.

(3) 요 건

(개) 취소 · 정지 사유

자치단체의 사무에 관한 그 지방자치단체장의 명령이나 처분이 법령에 위반되거나 현저히 부당하여 공익을 해친다고 인정되어야 한다. 지방자치단체장의 명령이나 처분이 위법할 뿐만 아니라 부당하여 공익을 해치는 결과가 초래되어야 한다.

(나) 취소 · 정지권자

위법 · 부당한 명령이나 처분을 한 지방자치단체장이 시장·도지사인 경우에는 주무부장관이, 시장· 군수 및 자치구청장에 대하여는 시·도지사가 기간을 정하여 서면으로 시정할 것을 명할 수 있다. 취소 · 정지권을 행사하기 위해서는 반드시 시정명령을 하여야 할 것이다.

(다) 취소 · 정지의 범위

지방자치단체장의 자치사무에 관한 명령이나 처분에 대하여는 법령을 위반하는 것에 한한다(지방자치법 169①). 지방자치의 자율성을 보장하기 위하여 자치사무에 대하여는 법령위반으로 한정하였다.

(라) '법령위반'의 의미

울산 북구청 승진처분취소 사건에 관한 대법원 판결(대법원 2007.3.22. 선고 2005추62 전원합의체판결)에서 '법령위반'에 '재량권의 일탈·남용'이 포함되는지 여부에 관한 다툼이 있었다.

(a) 다수의견

지방자치법 제169조 제1항 전문 및 후문에서 규정하고 있는 지방자치단체의 사무에 관한 그 장의 명령이나 처분이 법령에 위반되는 경우라 함은 명령이나 처분이 현저히 부당하여 공익을 해하는 경우, 즉 합목적성을 현저히 결하는 경우와 대비되는 개념으로, 시·군·구의 장의 사무의 집행이 명시적인 법령의 규정을 구체적으로 위반한 경우뿐만 아니라 그러한 사무의 집행이 재량권을 일탈·남용하여 위법하게 되는 경우를 포함한다고 할 것이므로, 시·군·구의 장의 자치사무의 일종인 당해 지방자치단체 소속 공무원에 대한 승진처분이 재량권을 일탈·남용하여 위법하게 된 경우 시·도지사는 지방자치법 제169조 제1항 후문에 따라 그에 대한 시정명령이나 취소 또는 정지를 할 수 있다.

(b) 반대의견

일반적으로 '법령위반'의 개념에 '재량권의 일탈·남용'도 포함된다고 보고 있기는 하나, 지방자치법 제157조 제1항에서 정한 취소권의 행사요건은 위임사무에 관하여는 '법령에 위반되거나 현저히 부당하여 공익을 해한다고 인정될 때', 자치사무에 관하여는 '법령에 위반하는 때'라고 규정되어 있어, 여기에서의 '법령위반'이라는 문구는 '현저히 부당하여 공익을 해한다고 인정될 때'와 대비적으로 쓰이고 있고,

재량권의 한계 위반 여부를 판단할 때에 통상적으로는 '현저히 부당하여 공익을 해하는' 경우를 바로 '재량권이 일탈·남용된 경우'로 보는 견해가 일반적이므로, 위 법조항에서 '현저히 부당하여 공익을 해하는 경우'와 대비되어 규정된 '법령에 위반하는 때'의 개념 속에는 일반적인 '법령위반'의 개념과는 다르게 '재량권의 일탈·남용'은 포함되지 않는 것으로 해석하여야 한다.

⑷ 효 과

감독청이 지방자치단체장의 명령이나 처분을 취소하면 행위시에 소급하여 효력이 소멸된다고 보아야 한다. 그리고 취소를 하는 것이 아니라 정지를 하면 장래에 향하여 그 효력을 소멸시키는 경우로 보아 철회와 같은 효과가 발생한다고 볼 수 있다.

4. 사안의 해결

가. 울산광역시 북구청장의 법령에 위반한 승진처분

이 사건 공무원들이 전공노 파업행위에 참가한 행위는 지방공무원법 제58조의 집단행위금지의무 위반, 제49조의 복종의무 위반, 제50조의 직장이탈금지의무 위반 등의 사유에 해당된다. 그러므로 북구청장은 지방공무원법 제69조, 지방공무원 징계 및 소청규정 제2조에 의하여 이 사건 공무원들에 대하여 징계의결을 요구하여야 함에도 이를 이행하지 않은 채 오히려 징계의결요구 대상자들을 승진임용 발령하였다. 이는 북구청장이 지방공무원법과 징계법령을 위반한 위법한 행위에 해당된다.

나. 울산광역시장의 북구청장에 대한 승진처분의 시정명령

울산광역시장은 북구청장의 전공노의 파업에 참가한 공무원인 7급 공무원 소외 1, 2, 3을 6급 공무원으로, 9급 공무원 5, 6을 8급 공무원으로 각 승진임용발령을 하자, 3회에 걸쳐 이 사건 공무원들에 대한 승진처분을 취소할 것을 지시하여 시정명령을 하였으나, 북구청장은 이에 불응하였다.

다. 울산광역시장의 승진처분의 취소

울산광역시장은 북구청장의 승진처분은 승진임용에 관한 구청장의 재량권의 범위를 일탈하였고, 관계 법령을 위반하여 징계대상 공무원에 대하여 징계의결 요구를 하지 않음으로써 지방공무원임용령 제34조의 승진임용 제한요건이 발생되지 않게 하여 승진임용한 것은 위법을 기초로 한 무효행위에 해당한다는 이유로 지방자치법 제169조 제1항에 의하여 이 사건 승진처분을 취소하였다.

대법원의 다수의견은 상급 지방자치단체장이 하급 지방자치단체장에게 기간을 정하여 그 시정을 명하였음에도 이를 이행하지 아니하자 지방자치법 제169조 제1항에 따라 위 승진처분을 취소한 것은 적법하고, 그 취소권 행사에 재량권 일탈·남용의 위법이 있다고 할 수 없다고 하였다(대법원 2007.3.22. 선고 2005추62 전원합의체판결).

기본구조

울산광역시장이 승진처분의 효력을 소멸시킬 수 있는 법적 수단 [설문 (1)의 해결]

1. 문제점

2. 지방자치사무에 대한 관여방법
  가. 현행법상 자치사무의 관여의 형태
  나. 행정적 관여방법
  다. 자치사무에 대한 사전적 관여수단
  라. 자치사무에 대한 사후적 관여수단
    (1) 재의요구명령·제소지시 및 직접제소(지방의회에 대한 감독)
    (2) 징계처분 등의 요구

3. 울산광역시장이 울산광역시 북구청장의 승진처분에 대한 감독수단
  가. 지방자치법의 규정
  나. 시정명령
    (1) 시정명령의 개념
    (2) 법적 성질
    (3) 대상
  다. 취소·정지권
    (1) 개념
    (2) 법적 성격
    (3) 요건
      (개) 취소·정지 사유
      (내) 취소·정지권자
      (대) 취소·정지의 범위
      (래) '법령위반'의 의미
        ⓐ 다수의견
        ⓑ 반대의견
    (4) 효과

4. 사안의 해결
  가. 울산광역시 북구청장의 법령에 위반한 승진처분
  나. 울산광역시장의 북구청장에 대한 승진처분의 시정명령
  다. 울산광역시장의 승진처분의 취소

Ⅱ. 울산광역시장의 승진처분직권취소처분에 대한 불복수단 [설문 (2)의 해결]

1. 문제점

울산광역시장은 북구청장의 승진처분이 승진임용에 관한 재량권을 일탈·남용하여 이루어진 위법한 처분이라는 이유로 직권으로 취소하기에 이르렀다. 원처분청인 북구청장은 울산광역시장의 직권취소처분에 대하여 법률상 이익이 침해된 처분의 직접 상대방에 해당되는지, 아니면 법률상 이익이 침해된 제3자의 지위에서 원고적격이 인정될 수 있는지 문제된다. 그러나 지방자치법에서는 상급 지방자치단체장의 처분에 이의가 있을 때에는 대법원에 그 처분의 취소를 구할 수 있는 제소권을 인정하고 있기 때문에 처분의 직접 상대방의 지위에 있다고 할 수 있다.

2. 울산광역시 북구청장의 직권취소처분의 취소소송

가. 지방자치법의 규정

지방자치단체의 장은 자치사무에 관한 명령이나 처분의 취소 또는 정지에 대하여 이의가 있으면 그 취소처분 또는 정지처분을 통보받은 날부터 15일 이내에 대법원에 소(訴)를 제기할 수 있다(지방자치법 169②).

나. 제소요건

(1) 당사자

원고는 당해 자치사무의 취소·정지를 당하게 된 지방자치단체장이 되고, 피고는 자치사무를 취소·정지처분을 한 감독청이 된다. 여기서 지방자치단체장은 자치권을 침해당한 처분의 직접 상대방에 해당되기 때문에 원고적격이 인정된다고 보아야 한다.

(2) 관할법원·제소기간

취소·정지처분을 통보받은 날부터 15일 이내에 대법원에 소를 제기할 수 있다. 처분사실을 통보받은 날부터 15일이라는 단기간에 제소여부를 결정하게 하고, 대법원에서 단심제로 분쟁을 종결시키는 특징을 갖고 있다.

(3) 소송의 법적 성질

지방자치단체장이 감독청을 피고로 하여 제기하는 소송이므로, 행정기관이 다른 행정기관을 상대로 제소한다는 점에서 기관소송의 성격을 갖는다고 볼 수도 있다. 그러나 감독청의 취소·정지권의 행사는 처분성을 갖고 있기 때문에, 그 처분의 취소를 구하는 소송이라는 점에서 항고소송의 특수한 형태로 보는 것이 타당하다.

(4) 소송의 대상

지방자치법 제169조 제2항의 감독청의 직권취소처분에 대한 취소청구소송의 대상은 자치사무에 관한 감독청의 명령·처분이다. 그러므로 자치사무가 아닌 단체위임사무나 기관위임사무에 대한 감독청의 명령이나 처분은 제소의 대상이 아니다. 그런데 감독청의 시정명령이 소송의 대상이 되느냐 여부가 문제된다. 명문의 규정이 없는 경우에도 지방자치단체의 자치권 침해에 근거하여 시정명령에 대하여 항고소송을 제기하는 것으로 해석하여야 한다는 견해도 있다. 생각건대 시정명령이 행정지도와 같은 처분성을 갖지 않은 내부적 행위에 그칠 경우에는 처분성도 인정할 수 없어 소송의 대상이 된다고 할 수 없을 것이다. 따라서 시정명령에 대하여 하급지방자치단체장이 불응하게 될 때 행사되는 감독청의 취소·정지권이 소송의 대상이 된다고 하겠다.

다. 제소의 사유

지방자치단체의 장은 자치사무에 관한 명령이나 처분의 취소 또는 정지에 대하여 이의가 있으면 대법원에 소(訴)를 제기할 수 있는데(지방자치법 169②), 감독청이 자치사무에 관하여 시정명령을 하거나 처분의 취소·정지권을 행사하기 위해서는 그 명령이나 처분이 법령에 위반된 것에 한한다(지방자치법 169① 단서). 그러므로 지방자치단체장의 제소사유는 '자치사무에 관한 명령이나 처분이 법령에 위반된다고 판단하여 내린 취소·정지처분에 대한 이의'라고 할 수 있다. 여기서 말하는 '법령'은 헌법·법률·명령·조례·규칙 등 일체의 성문법규뿐만 아니라 관습법 외에 행정법의 일반원칙까지도 포함하는 개념이라고 할 수 있다.

3. 사안의 해결

가. 자치사무로서의 북구청장의 이 사건 공무원들에 대한 승진처분

지방자치법 제9조 제2항 제1호 마목 '소속 공무원의 인사·후생복지 및 교육'을

지방자치단체사무의 예시로 규정하고 있고, 지방공무원법은 '지방자치단체의 장(특별시·광역시·도 또는 특별자치도의 교육감을 포함한다)은 이 법에서 정하는 바에 따라 그 소속 공무원의 임명 · 휴직 · 면직과 징계를 하는 권한(이하 "임용권"이라 한다)을 가진다'(지방공무원법 6①)고 규정하고 있는 점을 고려하면, 북구청장이 이 사건 공무원들에 대한 승진처분은 자치사무로 볼 수 있다.

나. 울산광역시장의 승진처분의 직권취소처분에 대한 이의의 소

북구청장의 이 사건 공무원들에 대한 승진처분이 법령에 위반되는 처분이었느냐 여부가 쟁점이다. 그런데 북구청장이 전공노의 불법 총파업에 참가한 이 사건 공무원들에 대하여 관할 인사위원회에 징계의결의 요구를 하여야 함에도 불구하고, 상급 지방자치단체장의 여러 차례에 걸친 징계의결요구 지시를 이행하지 않고 오히려 그들을 승진임용시키기에 이른 것은, 승진임용에 관한 재량권의 범위를 현저히 일탈한 것으로서 위법한 처분이라고 할 수 있다.

다. 승진임용직권취소처분의 적법성

따라서 상급 지방자치단체장인 울산광역시장이 지방자치법 제169조 제1항에 따라 기간을 정하여 이 사건 공무원들에 대한 승진처분을 취소하도록 명령하였으나(시정명령), 북구청장이 이에 불응하므로 부득이 직권으로 승진처분을 취소한 것은 적법하다고 할 것이므로, 북구청장의 직권취소처분취소청구의 소는 이유 없어 기각될 것이다.

기본구조

울산광역시장의 승진처분직권취소처분에 대한 불복수단 [설문 (2)의 해결]

1. 문제점
2. 울산광역시 북구청장의 직권취소처분의 취소소송
   가. 지방자치법의 규정
   나. 제소요건
      (1) 당사자
      (2) 관할법원 · 제소기간
      (3) 소송의 법적 성질
      (4) 소송의 대상
   다. 제소의 사유
3. 사안의 해결
   가. 자치사무로서의 북구청장의 이 사건 공무원들에 대한 승진처분
   나. 울산광역시장의 승진처분의 직권취소처분에 대한 이의의 소
   다. 승진임용직권취소처분의 적법성

Ⅲ. 이 사건 공무원들의 승진취소처분에 대한 쟁송수단 [설문 (3)의 해결]

1. 문제점

울산광역시 북구청장이 울산광역시장의 시정명령에 따라 이 사건 공무원들에 대한 승진처분을 스스로 취소하거나, 울산광역시장의 승진취소처분에 대하여 불복하지 않는 경우를 상정할 수 있다.

울산광역시장의 직권승진취소처분으로 인하여 법률상 이익을 침해받은 이 사건 공무원들은 지방자치법에서 북구청장에게 직권취소처분에 대한 이의의 소를 인정하고 있는 것과 별도로, 지방공무원법이 정하는 바에 따라 소청심사위원회에 소청을 제기한 후에 행정소송을 제기할 수 있는지 검토할 필요가 있다.

2. 공무원의 불이익 처분에 대한 구제제도

가. 일반 공무원

징계처분 기타 그 의사에 반하는 불리한 처분이나 부작위에 대한 구제수단으로는 소청(행정심판의 일종)과 행정소송이 있다(국가공무원법 9 내지 16, 지방공무원법 13, 20의2). 행정기관소속 공무원은 행정안전부에 설치된 소청심사위원회에 제기하는 불복신청을 할 수 있다. 국회·법원·헌법재판소 및 선거관리위원회 소속 공무원의 소청에 관하여는 국회사무처·법원행정처·헌법재판소 사무처 및 중앙선거관리위원회 사무처에 각각 해당 소청심사위원회를 둔다(국가공무원법 9②).

나. 교육공무원 및 사립교원

교육공무원의 징계처분과 그 밖에 그 의사에 반하는 불리한 처분(교육공무원법 제11조의3 제4항 및 사립학교법 제53조의2 제6항에 따른 교원에 대한 재임용거부처분을 포함한다)에 대한 소청은 교육과학기술부에 설치된 교원소청심사위원회에 한다(교원지위향상을 위한 특별법 7①).

3. 소 청

가. 의 의

소청이란 징계처분과 그 밖에 그 의사에 반하는 불리한 처분이나 부작위를 받은 자가 그 처분이나 부작위에 불복이 있는 경우에 관할소청 심사위원회에 심사를 청구하는 행정심판이다. 국가공무원법 등에서 행정심판법에 의한 행정심판에 대한 특례로 소청제도를 마련한 것은 공무원의 신분을 보다 강하게 보장하려는 데 있다.

나. 소청사항 및 설치기관

징계처분·강임·휴직·면직처분 그 밖에 그 의사에 반하는 불리한 처분이나 부작위를 대상으로 한다(국가공무원법 9①, 지방공무원법 13).

소청심사위원회는 행정안전부·국회사무처·법원행정처·헌법재판소 사무처 및 중앙선거관리위원회 사무처에 두는데(국가공무원법 9①②), 행정안전부에 두는 소청심사위원회는 대통령이 임명하는 위원장 1명을 포함한 5명 이상 7명 이내의 상임위원(필요하면 약간의 비상임위원을 둘 수 있다)으로 구성되는 합의제행정관청으로 위원은 강한 신분보장을 받는다(국가공무원법 9③·10①·11).

다. 소청절차

(1) 소청의 제기

징계처분·강임·휴직·직위해제 또는 면직처분을 행할 때에는 공무원에게 처분사유설명서를 교부하여야 하는데, 이 경우에는 이를 받은 날로부터 30일 이내에, 처분사유설명서를 받지 않은 기타의 불이익처분의 경우에는 그 처분이 있은 것을 안 날로부터 30일 이내에 소청을 제기할 수 있다(국가공무원법 76①, 지방공무원법 21). 파면·해임 또는 대기발령을 받은 자에 대한 직권면직에 관한 소청사건의 경우에는 소청심사위원회는 소청을 접수한 날로부터 5일 이내에 당해 사건의 최종결정이 있을 때까지 후임자의 보충발령을 유예하는 가결정을 할 수 있다(국가공무원법 76③).

(2) 결 정

소청심사위원회는 소청사건을 심사한 후 원칙적으로 접수 후 60일 이내(가결정을 한 경우는 20일 이내)에 결정을 하여야 한다(국가공무원법 76④·⑤). 결정에는 각하·기각·취소 또는 변경·무효확인 및 의무이행결정 등이 있다. 소청심사위원회는 원징계처분에서 부과한 징계보다 무거운 징계를 부과하는 결정을 하지 못한다(국가공무원법 14⑥, 지방공무원법 19⑦).

라. 재징계의결의 요구

처분권자(대통령이 처분권자인 경우에는 처분 제청권자)는 ① 법령의 적용, 증거 및 사실 조사에 명백한 흠이 있는 경우, ② 징계위원회의 구성 또는 징계의결등, 그 밖에 절차상의 흠이 있는 경우, ③ 징계양정 및 징계부가금이 과다한 경우에 해당하는 사유로 소청심사위원회 또는 법원에서 징계처분등의 무효 또는 취소(취소명령 포함)의 결정이나 판결을 받은 경우에는 다시 징계 의결 또는 징계부가금 부과 의결(이하 "징계의결등"이라 한다)을 요구하여야 한다. 다만, '징계양정 및 징계부가금이 과다한 경우'로 무효 또는 취소(취소명령 포함)의 결정이나 판결을 받은 감봉·견책처분에 대하여는 징계의결을 요구하지 아니할 수 있다(국가공무원법 78조의3①, 지방공무원법 69의3①). 처분권자는 제1항에 따른 징계의결등을 요구하는 경우에는 소청심사위원회의 결정 또는 법원의 판결이 확정된 날부터 3개월 이내에 관할 징계위원회에 징계의결등을 요구하여야 하며, 관할 징계위원회에서는 다른 징계사건에 우선하여 징계의결등을 하여야 한다(국가공무원법 78조의3②, 지방공무원법 69의3②).

마. 소청에 대한 불복

소청심사위원회의 결정에 대하여 불복이 있더라도 소청인은 행정부 내에서는 더 이상 다툴 수 있는 수단은 없고, 행정소송으로 다투어야 한다. 확정된 소청심사위원회의 결정은 처분행정청을 기속한다(국가공무원법 15, 지방공무원법 20). 반면, 감사원으로부터 파면요구를 받아 행한 파면에 대한 소청제기로 소청심사위원회 등에서 심사결정을 한 경우에는 당해 소청심사위원회 등의 위원장은 결정결과를 감사원에 통보하여야 하는데, 감사원은 통보를 받은 날로부터 1월 이내에 소청심사위원회 등이 설치된 기관의 장을 거쳐 그 재심을 요구할 수 있다(감사원법 32⑤ · ⑥).

3. 행정소송

가. 일반공무원

(1) 소청 필요적전치주의

국가공무원법 제75조에 따른 처분(공무원에 대하여 징계처분등을 할 때나 강임·휴직·직위해제 또는 면직처분), 그 밖에 본인의 의사에 반한 불리한 처분이나 부작위에 관한 행정소송은 소청심사위원회의 심사·결정을 거치지 아니하면 제기할 수 없다(국가공무원법 75, 지방공무원법 20의2).

(2) 행정소송의 피고

소청에 불복하여 제기한 행정소송의 대상은 소청심사위원회의 결정이 아니다. 원칙적으로 공무원에게 불리한 원처분(부작위 포함)을 다투는 것이므로(다만, 소청심사위원회의 결정 자체에 고유한 위법이 있는 경우에는 위원회를 피고로 결정을 다툴 수 있다(행정소송법 19 단서)), 행정소송의 피고는 원처분청이 된다.

(3) 행정소송의 대상

원처분주의를 채택하였기 때문에 소청심사위원희의 결정이 기각결정인 경우에는 원래의 불이익처분을 대상으로 취소소송을 제기하여야 한다.

그러나 소청심사위원회가 일부취소결정(예: 감봉 6월을 3월로 감경하는 결정) 또는 적극적 변경결정(예: 파면처분을 해임처분으로 변경)을 한 경우에 행정소송의 대상은 원처분인가 또는 재결처분인가가 문제된다. 판례는 원처분주의를 취하면서 일부취소 또는 변경재결로 인하여 감경되고, 남은 원처분을 대상으로 원처분청을 피고로 하여 소송을 제기하여야 하는 것으로 보고 있다(대법원 1993.8.24. 선고 93누5673 판결).

나. 교육공무원

교육공무원과 사립학교교원의 경우는 교원지위향상을 위한 특별법 제10조 제3항은 제1항에 따른 심사위원회의 결정에 대하여 교원, 사립학교법 제2조에 따른 학교법인 또는 사립학교 경영자 등 당사자는 그 결정서를 송달받은 날부터 90일 이내에 행정소송법으로 정하는 바에 따라 소송을 제기할 수 있다고 규정하고 있다.

심사위원회의 결정에 불복하는 자는 심사위원장을 피고로 하여 원처분이 아닌 심사위원회의심사결정의 취소·변경을 구하는 항고소송(취소소송)을 제기하여야 할 것이다. 사립학교교원의 경우도 동일하다 할 것이다. 결국 사립학교와 교원과의 분쟁은 국가와 교원 간의 분쟁으로 바뀌게 된다. 사립학교 교원의 경우 행정소송으로 불복하는 외에 사립학교법인을 피고로 하여 불이익처분의 민사소송도 가능하다.

4. 사안의 해결

가. 소청 · 행정소송의 제기가능성

울산광역시장이 이 사건 공무원들에 대한 승진처분이 법령에 위반된 처분이라는 이유로 직권으로 취소처분을 하였으므로, 그로 인하여 불이익을 받은 공무원들은 지방공무원법이 정하는 불복절차에 따라 소청을 제기할 수 있다. 그리고 소청심사위원회의 결정에 대하여 불복하는 경우에는 원처분의 취소를 구하는 행정소송을 행정법원에 제기할 수 있는 원고적격이 있다. 울산광역시장의 직권취소처분의 취소를 구하는 소를 북구청장이 제기하였으므로, 이 사건 공무원들은 소청이나 행정소송을 제기하지 아니하였다. 만약 북구청장이 대법원에 이의를 하지 않았다면, 그로 인하여 법률상 이익이 침해된 이 사건 공무원들은 소청을 거쳐 행정소송을 제기할 수 있음은 물론이다.

나. 승소가능성 여부

그런데 울산광역시 북구청장의 이 사건 공무원들에 대한 승진처분은 징계위원회에 회부하여 징계여부를 결정하여야 할 사유가 있음에도 오히려 법령에 위반하여 승진처분을 하기에 이른 것이다. 그러므로 이 사건 공무원들이 울산광역시장을 피고로 한 직권취소처분취소청구의 소는 특별한 사정이 없는 한 이유없어 기각될 것으로 보인다.

기본구조

이 사건 공무원들의 승진취소처분에 대한 쟁송수단 [설문 (3)의 해결]

1. 문제점

2. 공무원의 불이익 처분에 대한 구제제도
   가. 일반 공무원
   나. 교육공무원 및 사립교원

3. 소 청
   가. 의 의
   나. 소청사항 및 설치기관
   다. 소청절차
      (1) 소청의 제기
      (2) 결 정
   라. 재징계의결의 요구
   마. 소청에 대한 불복

3. 행정소송
   가. 일반공무원
      (1) 소청 필요적전치주의
      (2) 행정소송의 피고
      (3) 행정소송의 대상
   나. 교육공무원

4. 사안의 해결
   가. 소청·행정소송의 제기가능성
   나. 승소가능성 여부

I. 설문(1)의 해결 – 울산광역시장이 북구청장의 승진처분의 효력을 소멸시킬 수 있는 수단

1. 문제점

북구청장은 이 사건 공무원들에 대하여 직위해제를 하고 조속한 시일 내에 징계의결을 요구하라는 울산광역시장의 지시에 불응하고, 오히려 징계대상 공무원들에게 승진처분을 하였다. 사안에서는 울산광역시장이 지방자치법상 시정명령권과 취소·정지권을 행사할 수 있는지 여부가 문제된다.

2. 지방자치사무에 대한 관여방법

가. 자치사무에 대한 사전적 관여수단

① 감독기관은 자치단체의 자치사무에 관하여 보고를 받을 수 있으며(지방자치법 171),
② 중앙행정기관의 장 또는 시·도지사는 자치단체의 사무에 관하여 조언 또는 권고하거나 지도할 수 있고, 자료의 제출을 요구할 수 있는 규정(지방자치법 166①) 등이 있다.

나. 자치사무에 대한 사후적 관여수단

(1) 재의요구명령·제소지시 및 직접제소

이러한 제도는 지방의회에 대한 감독을 규정한 것으로서, 지방의회의 의결이 법령에 위반되거나 공익을 해친다고 판단되면 지방자치단체의 장에게 재의를 요구하게 할 수 있으며(지방자치법 172①), 재의결된 사항이 법령에 위반되면 대법원에 소를 제기할 수 있다(지방자치법 172③ 전단). 감독청도 일정한 경우 직접 제소를 할 수 있다(지방자치법 172④,⑦).

(2) 징계처분 등의 요구

감사원은 자치단체의 회계를 감사하며(감사원법 21), 자치단체의 사무와 그 소속공무원의 직무를 감찰하여(감사원법 24), 지방공무원의 징계처분 또는 문책 등을 요구하고(감사원법 32 내지 34), 청구 또는 직권에 의하여 징계처분요구 등에 대한 재심의를 행한다.

3. 울산광역시장의 북구청장의 승진처분에 대한 감독수단

가. 지방자치법의 규정

자치단체의 사무에 관한 그 장의 명령이나 처분이 법령에 위반되거나 현저히 부당하여 공익을 해친다고 인정되면, 상급 행정청은 기간을 정하여 시정할 것을 명할 수 있다. 이 경우 자치사무에 관한 명령이나 처분에 대하여는 법령을 위반하는 것에 한한다(지방자치법 169①). 감독관청의 시정명령에 대하여 관련 자치단체가 정하여진 기간 내에 이행하지 아니할 때에는 그 시정명령의 대상인 명령이나 처분을 취소하거나 정지할 수 있다(법 169① 후단).

나. 시정명령

시정명령이란 지방자치단체장의 명령이나 처분이 법령위반 또는 공익을 현저히 해하는 경우 감독청이 그 시정을 명령하는 것으로서, 이는 행정소송법상 처분에 해당된다. 이러한 시정명령의 시정명령은 지방자치단체의 사무인 자치사무와 단체위임사무를 대상으로 한다.

다. 취소·정지권

(1) 개념 및 법적 성격

감독청의 시정명령을 이행하지 아니할 경우, 그 명령의 대상인 처분을 취소하거나 정지할 수 있는 권한이다. 이는 위법하고 부당한 행정행위의 효력을 소멸시키는 직권취소에 해당한다.

(2) 요건

(가) 취소·정지 사유 및 범위

자치단체의 사무에 관한 단체장의 처분 등이 법령에 위반되거나 부당하여 공익을 해친다고 인정되어야 한다. 또한 이러한 취소·정지권은 지방자치단체장의 자치사무에 관한 것을 대상으로 하는 경우에는 법령을 위반하는 것에 한한다(법 169①).

(나) '법령위반'의 의미

사안과 동일한 사건에 관한 대법원 판결에서 '법령위반'에 재량권의 일탈·남용이 포함되는지 여부에 관한 다툼이 있었다.

(a) 다수의견

대법원의 다수의견은, 법령에 위반되는 경우라 함은 명령이나 처분이 현저히 부당하여 공익을 해하는 경우와 대비되는 개념으로, 사무의 집행이 재량권을 일탈·남용하여 위법하게 되는 경우를 포함한다고 보았다.

(b) 반대의견

지방자치법 제157조 제1항에서, 자치사무에서의 '법령위반'이라는 문구는 위임사무에 대한 '현저히 부당하여 공익을 해한다고 인정될 때'와 대비적으로 쓰이고 있고, 일반적인 법령위반'의 개념과는 다르게 재량권의 일탈·남용'은 포함되지 않는 것으로 본다.

(다) 효과

감독청이 단체장의 명령이나 처분을 취소하면 행위시에 소급하여 효력이 소멸된다.

4. 사안의 해결

가. 북구청장의 법령 위반행위

공무원들이 파업행위에 참가한 행위는 지방공무원법 제58조의 집단행위금지의무 위반, 제49조의 복종의무 위반, 제50조의 직장이탈금지의무 위반 등의 사유에 해당된다. 북구청장은 공무원들에 대하여 징계의결을 요구하여야 함에도 오히려 대상자들을 승진임용 발령 하였다. 이는 지방공무원법과 징계법령을 위반한 위법한 행위에 해당된다.

나. 시정명령의 불이행

울산광역시장은 3회에 걸쳐 공무원들에 대한 승진처분을 취소할 것을 지시하여 시정명령을 하였으나, 북구청장은 이에 불응하였다.

다. 울산광역시장의 승진처분의 취소의 적법성

울산광역시장은 북구청장의 승진처분은 승진임용에 관한 구청장의 재량권의 범위를 일탈하였고, 공무원에 대하여 징계의결 요구를 하지 않음으로써 지방공무원임용령 제34조의 승진임용 제한요건이 발생되지 않게 하여 승진임용한 것은 위법을 기초로 한 무효행위에 해당한다는 이유로 이 사건 승진처분을 취소하였다. 이러한 취소는 요건을 구비한 것으로서 적법하다.

II. 설문(2)의 해결 – 북구청장의 울산광역시장의 승진취소처분에 대한 불복수단

1. 문제점

상급관청인 울산광역시장의 취소처분에 의하여 북구청장의 승진처분이 취소되었다. 따라서 북구청장은 이에 대하여, 지방자치법상 상급 지방자치단체장의 처분에 대하여 이의를 제기할 수 있는 수단이 무엇인지 검토하고, 그 제소요건을 살펴볼 필요가 있다.

2. 직권취소처분의 취소소송

가. 지방자치법의 규정

지방자치단체의 장은 자치사무에 관한 명령이나 처분의 취소 또는 정지에 대하여 이의가 있으면 그 처분을 통보받은 날부터 15일 이내에 소를 제기할 수 있다(지방자치법 169②).

나. 제소요건

① 원고는 당해 사무의 취소를 당한 단체장이 되고, 피고는 감독청이 된다. 단체장은 자치권을 침해당한 처분의 직접 상대방으로서 원고적격이 인정된다. ② 처분을 통지받은 날부터 15일 이내에 대법원에 소를 제기하도록 하여 신속한 해결을 도모한다. ③ 이러한 소송의 대상은 자치사무에 관한 감독청의 명령·처분으로서, 자치사무가 아닌 것은 여기에서 제외된다.

다. 제소의 사유

지방자치단체장의 제소사유는 '자치사무에 관한 명령이나 처분이 법령에 위반된다고 판단하여 내린 취소·정지처분에 대한 이의'이다.

3. 사안의 해결

우선 지방자치법 제9조 제2항 제1호 마목에 의하면 소속공무원의 인사는 지방자치단체사무의 예시로 규정되어 있다. 따라서 북구청장의 승진처분은 자치사무에 해당한다.

그러므로 북구청장은 울산시장을 상대로 승진명령의 취소가 법령에 위반됨을 이유로 제소할 수 있다. 다만 위에서 본 바와 같이 북구청장의 승진임용처분은 그 재량권의 범위를 현저히 일탈하여 위법한 것이므로 그에 대한 취소는 적법하여, 북구청장의 제소는 인용되기 어려울 것이다.

III. 설문(3)의 해결 — 공무원들의 승진취소처분에 대한 쟁송수단

1. 문제점

울산시장의 승진취소처분으로 인하여 법률상 이익을 침해받은 이 사건 공무원들은 지방자치법에서 직권취소처분에 대한 이의의 소를 인정하고 있는 것과 별도로, 지방공무원법이 정하는 바에 따라 소청심사위원회에 소청을 제기한 후에 행정소송을 제기할 수 있는지 검토할 필요가 있다.

2. 공무원의 불이익 처분에 대한 구제제도

징계처분 기타 그 의사에 반하는 불리한 처분이나 부작위에 대한 구제수단으로는 소청과 행정소송이 있다(국가공무원법 9 내지 16, 지방공무원법 13, 20의2). 교육공무원의 경우, 교육과학기술부에 설치된 교원소청심사위원회에 한다(교원지위향상을 위한 특별법 7①).

3. 소청의 제기

가. 의의

소청이란 징계처분과 그 밖에 불리한 처분이나 부작위를 받은 자가 불복이 있는 경우에 관할소청 심사위원회에 심사를 청구하는 행정심판이다(국가공무원법 9①, 지방공무원법 13).

나. 소청절차

① 불이익처분을 행할 때 설명서를 교부한 경우, 받은 날로부터 30일 이내에, 설명서를 받지 않은 처분의 경우에는 그 처분이 있음을 안 날로부터 30일 이내에 제기할 수 있다(지방공무원법 21). ② 소청심사위원회는 접수 후 60일 이내에 결정을 하여야 하며(국가공무원법 76), 원징계처분에서 부과한 징계보다 무거운 징계를 부과하는 결정을 하지 못한다(지방공무원법 19⑦). 소청심사위원회의 결정에 대해 불복하기 위해서는 행정소송에 의하여야 한다.

4. 행정소송의 제기

이러한 행정소송의 제기는 ① 소청심사위원회의 심사·결정을 거치지 아니하면 제기할 수 없는 필요적 전치주의이다(국가공무원법 75, 지방공무원법 20의2). ② 피고는 원칙적으로 원처분청이 되며, ③ 원처분주의에 따라 원래의 불이익처분을 대상으로 취소소송을 제기하여야 하며, 소청심사위원회가 원처분을 변경한 경우에도 취소소송의 대상은 감경되고 남은 원처분이 된다는 것이 판례의 태도이다.

5. 사안의 해결

이 사건 공무원들은 소청을 거쳐 취소소송을 제기할 수 있으나, 승소하기는 어려울 것이다.

[30] 위법한 조례의 통제제도

전라북도의회는 2003. 10. 30. '전라북도 학교급식 조례안'을 의결하여 전라북도교육감에게 이송하였다. 전라북도교육감은 같은 해 11. 14. 위 조례안이 '1994년 관세 및 무역에 관한 일반협정'(General Agreement on Tariffs and Trade 1994) 제3조 제1항, 제4항 등에 위반된다는 이유로 피고에게 재의를 요구하였으나, 전라북도의회는 같은 해 12. 16. 위 조례안을 원안대로 재의결하여 확정되었다.

위 조례안은 먼저 전라북도에서 생산되는 우수 농수축산물과 이를 재료로 사용하는 가공식품을 '우수농산물'이라고 정의한 다음(제3조 제2항), 전라북도의 초·중·고등학교에서 실시하는 학교급식에 우수농산물을 사용하도록 지도·지원함으로써 급식의 안정성과 질을 높여 성장기 학생의 건전한 심신의 발달을 도모함은 물론 전통 식문화에 대한 이해의 증진과 식생활 개선 및 전라북도 지역 농산물의 소비촉진과 안정된 수급조절에 이바지함을 그 목적으로 하고(제1조), 이를 위하여 교육감은 안전하고 질 높은 학교급식을 위해 우선적으로 우수농산물을 사용하도록 하되(제6조 제1항), 도지사와 교육감은 학교급식에 우수농산물을 사용하는 지원대상자에게 식재료의 일부를 현물로 지급하거나 식재료 구입비의 일부를 지원하도록 하며(제4조 제2항, 제6조 제2, 3항), 지원금을 교부받은 지원대상자는 지원금을 지원교부결정 내용에 따라 우수농산물 구입에 사용하여야 하고(제9조), 교육감은 지원대상자가 지원금을 지원목적 외에 사용한 경우 즉시 그에 상응하는 조치를 취하는 등 지도·감독의무를 이행하도록 하는 것(제11조)을 주요 내용으로 하고 있다.

(1) '전라북도 학교급식 조례안'이 '1994년 관세 및 무역에 관한 일반협정'(General Agreement on Tariffs and Trade 1994) 제3조 제1항, 제4항에 위반되는가. (25점)

(2) 전라북도 의회가 재의결한 '전라북도 학교급식 조례안'의 효력을 부인할 수 있는 쟁송수단은 무엇인가. (25점)

> ### 참고법령

「헌법」

제6조
① 헌법에 의하여 체결·공포된 조약과 일반적으로 승인된 국제법규는 국내법과 같은 효력을 가진다.

「지방자치법」

제22조 (조례)
지방자치단체는 법령의 범위 안에서 그 사무에 관하여 조례를 제정할 수 있다. 다만, 주민의 권리 제한 또는 의무 부과에 관한 사항이나 벌칙을 정할 때에는 법률의 위임이 있어야 한다.

「지방교육자치에 관한 법률」

제11조(교육위원회의 의결사항)
① 교육위원회는 당해 시·도의 교육·학예에 관한 다음 각 호의 사항을 심사·의결한다.
1. 조례안

28조 (시·도의회 등의 의결에 대한 재의와 제소)
① 교육감은 제11조제2항의 규정에 따른 교육위원회의 의결 또는 교육·학예에 관한 시·도의회의 의결이 법령에 위반되거나 공익을 현저히 저해한다고 판단될 때에는 그 의결사항을 이송받은 날부터 20일 이내에 이유를 붙여 재의를 요구할 수 있다. 교육감이 교육과학기술부장관으로부터 재의요구를 하도록 요청받은 경우에는 교육위원회 또는 시·도의회에 재의를 요구하여야 한다.
② 제1항의 규정에 따른 재의요구가 있을 때에는 재의요구를 받은 교육위원회 또는 시·도의회는 재의에 붙이고 교육위원회 재적위원 또는 시·도의회 재적의원 과반수의 출석과 교육위원회 출석위원 또는 시·도의회 출석의원 3분의 2이상의 찬성으로 전과 같은 의결을 하면 그 의결사항은 확정된다.
③ 제2항의 규정에 따라 재의결된 사항이 법령에 위반된다고 판단될 때에는 교육감은 재의결된 날부터 20일 이내에 대법원에 제소할 수 있다.
④ 교육과학기술부장관은 재의결된 사항이 법령에 위반된다고 판단됨에도 해당교육감이 소를 제기하지 않은 때에는 해당교육감에게 제소를 지시하거나 직접 제소할 수 있다.
⑤ 제4항의 규정에 따른 제소의 지시는 제3항의 기간이 경과한 날부터 7일 이내에 하고, 해당교육감은 제소 지시를 받은 날부터 7일 이내에 제소하여야 한다.

⑥ 교육과학기술부장관은 제5항의 기간이 경과한 날부터 7일 이내에 직접 제소할 수 있다.
⑦ 제3항 및 제4항의 규정에 따라 재의결된 사항을 대법원에 제소한 경우 제소를 한 교육과학기술부장관 또는 교육감은 그 의결의 집행을 정지하게 하는 집행정지결정을 신청할 수 있다.

『1994년 관세 및 무역에 관한 일반협정(General Agreement on Tariffs and Trade 1994)』

제3조 제1항
체약국은 … 산품(products)의 국내판매, 판매를 위한 제공, 구매, 수송, 분배 또는 사용에 영향을 주는 법률, 규칙 및 요건…은 국내생산을 보호하기 위하여 수입산품(imported products) 또는 국내산품(domestic products)에 대하여 적용하여서는 아니 된다는 것을 인정한다.

제3조 제4항
체약국 영역의 산품으로서 다른 체약국의 영역에 수입된 산품은 그 국내에서의 판매, 판매를 위한 제공, 구입, 수송, 분배 또는 사용에 관한 모든 법률, 규칙 및 요건에 관하여 국내 원산의 동종 산품에 부여하고 있는 대우보다 불리하지 아니한 대우를 부여하여야 한다는 것을 인정한다.

주요쟁점

- 국제조약의 법원성
- 국제법과 국내법의 효력
- 지방의회의 조례제정권의 범위와 한계
- 위법한 조례의 통제제도
- 지방자치법 제26조의 재의요구
- 지방자치법 제107조의 재의요구
- 지방자치법 제172조의 재의요구
- 조례제정의 감독기관에 보고
- 조례안재의결무효확인소송
- 조례제정 및 개폐청구권
- 교육조례의 통제제도
- 교육감의 재의요구
- 교육과학기술부장관의 제소지시·직접제소

Ⅰ. 국제조약과 조례와의 관계 [설문 (1)의 해결]

1. 문제점

GATT에 위반한 '전라북도 학교급식 조례안'의 효력은 국제조약과 국내법의 관계에 관한 문제라고 할 수 있다. 헌법에 의하여 체결·공포된 조약과 일반적으로 승인된 국제법규는 국내법과 같은 효력을 가진다(헌법 6①). 따라서 GATT와 헌법과 지방자치법 및 지방교육자치에 관한 법률 상호간의 관계가 문제된다. GATT의 국내법상 효력을 검토하고, 만약 법률과 동등한 효력을 가진다면 위 조례안은 상위법령에 해당하는 GATT에 위반한 것이 되어 법률우위의 원칙을 위반한 위법한 조례로 평가될 수 있다.

2. 국제조약과 조례와의 의의

가. 국제조약의 개념

국제조약은 그 명칭의 여하에 불문하고 국가 간의 문서에 의한 합의를 말한다. 국제법규란 우리나라가 체약국이 아닌 조약으로서 국제사회에서 일반적으로 그 규범성이 승인된 것 및 국제관습법을 말한다.

나. 조례의 개념

지방자치단체는 … 법령의 범위 안에서 자치에 관한 규정을 제정할 수 있다(헌법 117①). 이 같은 헌법의 규정에 근거한 자치입법에는 지방자치단체가 지방의회의 의결을 거쳐 제정하는 조례와 집행기관이 제정하는 규칙이 있다. 조례는 지방자치단체가 지방의회의 의결로 제정하는 법이다(지방자치법 22). 따라서 조례는 헌법에 근거한 자치입법으로 국내법에 해당된다.

3. 국제조약의 행정법의 법원성

가. 행정법의 법원으로서의 국제조약

조약과 국제법규는 원래 국제법의 법원이 된다. 그런데 이들 중에는 국내행정에 관한 사항을 정하고 있는 것(이중과세방지협정 등)이 있으며, 그것이 국내법규로서 효력이 인정되어 행정법의 법원이 된다고 할 때, 그 근거가 무엇인지가 문제된다.

조약과 국제법규가 그대로 행정법의 법원이 될 수 있는가는 각국의 실정법의 태도에 달려 있다. 오늘날 많은 나라는 이를 일반적으로 국내법으로 수용하고 있다. 우리 헌법도 헌법상 절차에 따라 체결·공포된 조약과 일반적으로 승인된 국제법규는 국내법으로 수용하고 있다(헌법 6①). 따라서 국내행정에 관한 사항을 정하고 있는 국제조약은 당연히 행정법의 법원이 된다.

나. 국제조약과 국내법의 효력

(1) 헌법은 국제조약보다 우위에 있으며, 국제조약은 그 규율사항에 따라 법률 또는 명령과 동일한 효력이 있다고 보는 국제법·국내법동위설이 통설이다. 대통령의 조약체결권은 헌법에 의하여 인정된 권한이며, 헌법 제6조 제1항은 유효하게 성립한 조약의 국내법적 효력을 인정한 것이고, 위헌인 조약까지 국내법적 효력을 인정한 것이라고는 볼 수 없기 때문에, 조약은 헌법 보다는 하위의 효력을 가진다고 할 것이다.

(2) 그리하여 헌법 제6조의 국내법은 국내법령으로 볼 것이며, 그 규율사항에 따라 법률 또는 명령과 같은 효력을 갖는다고 할 것이다. 그리고 법률 또는 명령과 내용이 충돌될 때에는 신법우선의 원칙, 특별법우선의 원칙 등에 의하여 그 효력의 우열이 정하여 질 것이다. 다만 명문으로 조약을 우선시키고 있는 경우도 있다(우편법 11). GATT는 국회의 동의를 얻어 대통령의 비준을 거쳐 시행된 조약이므로 국내법령과 동일한 효력을 가진다. 사안에서 GATT는 위 조례안보다 상위법령에 해당된다고 볼 수 있다.

4. 지방의회의 조례제정권의 범위와 한계

가. 지방의회의 조례제정권의 범위

(1) 조례는 자주법으로서 좁은 의미에서는 국가의 법령은 아니지만, 조례제정권은 국가통치권으로부터 전래된 것으로서, 헌법의 승인에서 유래된 것이기 때문에 조례도 넓은 의미에서는 국법질서에 포섭된 국가법령의 하나라 할 것이다. 그리하여 통일적인 국법질서를 유지하기 위하여 조례에 대하여서도 법률우위의 원칙이 적용되어야 하며, 따라서 헌법에 위반되어서는 아니 되고, 또한 기존의 국가의 법령에 위반되는 조례는 제정할 수 없다. 헌법 제117조 제1항이나 지방자치법 제22조 본문의 '법령의 범위 안에서'라는 것은 바로 조례에 대한 법률우위의 원칙을 말하

는 것이라고 할 것이다.

(2) 사안에서 위 조례안과 같은 교육에 관한 조례는 시·도의회에 설치된 상임위원회인 교육위원회에서 제정한다. 시·도의회에 교육·학예에 관한 의안과 청원 등을 심사·의결하기 위하여 상임위원회(이하 "교육위원회"라 한다)를 둔다(지방교육자치에 관한 법률 4). 교육위원회는 당해 시·도의 교육·학예에 관한 조례안을 심사·의결한다(지방교육자치에 관한 법률 11①).

나. 조례제정권의 한계

지방의회는 헌법 제117조 제1항과 지방자치법 제22조 본문에 근거하여 '법령의 범위 안에서' 그 사무에 관하여 조례를 제정하는데, 여기서 법령의 범위 안에서라는 의미는 '법령에 위반되지 아니하는 범위 안에서'라고 새긴다(대법원 2004.7.22. 선고 2003추51 판결). 따라서 통일적인 국법질서를 유지하기 위하여 조례에 대하여서도 법률우위의 원칙이 적용되어야 한다. 그런데 위 조례안은 상위법인 국제조약에 위반하여 법률우위의 원칙을 위반하였다. 반면 법령의 위임이 없더라도 그 권한에 속하는 사항에 대하여서는 조례를 제정할 수 있다. 조례제정에 있어서는 법규명령의 경우와는 달리 법률유보의 원칙은 적용되지 아니한다.

5. 위 조례안과 GATT와의 관계

가. 국제조약으로서의 GATT

GATT는 1994. 12. 16. 국회의 동의를 얻어 같은 달 23. 대통령의 비준을 거쳐 같은 달 30. 공포되고 1995. 1. 1. 시행된 조약인 WTO협정(조약 1265호)의 부속 협정(다자간 무역협정)이고, '정부조달에 관한 협정'(Agreement on Government Procurement, 이하 'AGP'라 한다)은 1994. 12. 16. 국회의 동의를 얻어 1997. 1. 3. 공포·시행된 조약(조약 1363호, 복수국가간 무역협정)이므로, 헌법 제6조 제1항에 의하여 국내법령과 동일한 효력을 가지므로, 지방자치단체가 제정한 조례가 GATT나 AGP에 위반되는 경우에는 그 효력이 없다고 할 것이다(대법원 2005.9.9. 선고 2004추10 판결).

나. 위 조례안이 GATT 제3조 제1항, 제4항에 위반되는지 여부

(1) GATT 제3조 제1항은 "체약국은 … 산품(products)의 국내판매, 판매를 위

한 제공, 구매, 수송, 분배 또는 사용에 영향을 주는 법률, 규칙 및 요건…은 국내생산을 보호하기 위하여 수입산품(imported products) 또는 국내산품(domestic products)에 대하여 적용하여서는 아니 된다는 것을 인정한다."고 규정하고 있다.

⑵ 그리고 GATT 제3조 제4항은 "체약국 영역의 산품으로서 다른 체약국의 영역에 수입된 산품은 그 국내에서의 판매, 판매를 위한 제공, 구입, 수송, 분배 또는 사용에 관한 모든 법률, 규칙 및 요건에 관하여 국내 원산의 동종 산품에 부여하고 있는 대우보다 불리하지 아니한 대우를 부여하여야 한다는 것을 인정한다."라고 규정하고 있다.

⑶ 따라서 위 각 규정에 의하면, 수입산품의 국내판매에 불리한 영향을 주는 법률, 규칙 및 요건 등이 국내생산을 보호하기 위하여 수입산품 또는 국내산품에 적용되어서는 아니 되고, 수입국이 법률, 규칙 및 요건에 의하여 수입산품에 대하여 국내의 동종물품에 비해 경쟁관계에 불리한 영향을 미칠 수 있는 차별적인 대우를 하여서는 안 된다고 해석된다.

⑷ 그런데 위 조례안의 각 조항은 학교급식을 위해 우수농산물, 즉 전라북도에서 생산되는 우수농산물 등을 우선적으로 사용하도록 하고 그러한 우수농산물을 사용하는 자를 선별하여 식재료나 식재료 구입비의 일부를 지원하며 지원을 받은 학교는 지원금을 반드시 우수농산물을 구입하는 데 사용하도록 하는 것을 내용으로 하고 있다. 이는 결국 국내산품의 생산보호를 위하여 수입산품을 국내산품보다 불리한 대우를 하는 것으로서 내국민대우원칙을 규정한 GATT 제3조 제1항, 제4항에 위반된다고 할 것이다(대법원 2005.9.9. 선고 2004추10 판결).

6. 사안의 해결

지방의회는 헌법 제117조 제1항과 지방자치법 제22조 본문에 근거하여 '법령의 범위 안에서' 그 사무에 관하여 조례를 제정할 권한이 있다. 그런데 위 조례안은 그 내용 중 일부가 상위법령에 해당하는 국제조약인 GATT에 위반하여 위법하다고 할 것이다. 이는 지방의회의 조례제정권의 한계를 넘어 법률우위의 원칙에도 반하는 것이다. 따라서 피고가 제정한 위 조례안은 상위법령을 위반한 것으로 그 효력이 부인되어야 할 것이다.

> **기본구조**
>
> 국제조약과 조례와의 관계 [설문 (1)
> 의 해결]
>
> 1. 문제점
>
> 2. 국제조약과 조례와의 의의
>   가. 국제조약의 개념
>   나. 조례의 개념
>
> 3. 국제조약의 행정법의 법원성
>   가. 행정법의 법원으로서의 국제조약
>   나. 국제조약과 국내법의 효력
>
> 4. 지방의회의 조례제정권의 범위와 한계
>   가. 지방의회의 조례제정권의 범위
>   나. 조례제정권의 한계
>
> 5. 위 조례안과 GATT와의 관계
>   가. 국제조약으로서의 GATT
>   나. 위 조례안이 GATT 제3조 제1항, 제4항에 위반되는지 여부
>
> 6. 사안의 해결

Ⅱ. 위법한 위 조례안의 효력을 부인할 수 있는 쟁송수단 [설문 (2)의 해결]

1. 문제점

피고가 제정한 위 조례안이 상위법령인 GATT에 위반하여 위법한 조례이지만, 지방의회의 재의결까지 거쳐 확정되었기에 유효한 조례에 해당된다. 그러므로 위법한 위 조례안의 효력을 소멸시키기 위해서는 관련 법률이 정하는 바에 따른 절차를 밟아야 할 필요가 있다. 그러한 절차를 통하여 지방의회의 조례제정권의 범위와 한계를 규명하여 상위법령에 위반한 위 조례안의 효력을 부인할 수 있게 될 것이다.

2. 위법한 조례의 통제제도

가. 조례의 종류

조례는 지방자치법 제22조에 근거하여 제정한 '일반조례'와 지방교육자치에 관한 법률 제11조에 의하여 제정한 '교육조례'가 있다.

나. 일반조례의 통제제도

(1) 지방자치단체의 장에 의한 통제

(가) 지방자치법 제26조의 재의요구

지방자치단체의 장은 이송받은 조례안에 대하여 이의가 있으면 20일 이내에 이유를 붙여 지방의회로 환부하고 재의를 요구할 수 있다(지방자치법 26③). 이 경우 재의사유는 제한이 없다.

(나) 지방자치법 제107조의 재의요구

지방자치단체의 장은 지방의회의 의결이 월권이거나 법령에 위반되거나 공익을 현저히 해친다고 인정되면 그 의결 사항을 이송받은 날부터 20일 이내에 이유를 붙여 재의를 요구할 수 있다(지방자치법 107①). 법령에 위반하여 위법하거나 공익을 현저히 해하는 부당한 조례가 그 대상이 된다. 제1항의 요구에 대하여 재의한 결과 재적의원 과반수의 출석과 출석의원 3분의 2이상의 찬성으로 전과 같은 의결을 하면 그 의결사항은 확정된다(지방자치법 107②).

(2) 감독청에 의한 통제

(가) 감독기관에 대한 보고의무

조례나 규칙을 제정하거나 개정하거나 폐지할 경우 조례는 지방의회에서 이송된 날부터 5일 이내에, 규칙은 공포예정 15일 전에 시·도지사는 행정안전부장관에게, 시장·군수 및 자치구의 구청장은 시·도지사에게 그 전문(全文)을 첨부하여 각각 보고하여야 하며, 보고를 받은 행정안전부장관은 이를 관계 중앙행정기관의 장에게 통보하여야 한다(지방자치법 28).

(나) 지방자치법 제172조의 재의요구

지방의회의 의결이 법령에 위반되거나 공익을 현저히 해친다고 판단되면 시·도에 대하여는 주무부장관이, 시·군 및 자치구에 대하여는 시·도지사가 재의를 요구하게 할 수 있고, 재의요구를 받은 지방자치단체의 장은 의결사항을 이송받은 날부터 20일 이내에 지방의회에 이유를 붙여 재의를 요구하여야 한다(지방자치법 172①). 지방의회의 의결이 위법하거나 부당하다고 판단되는 경우에 감독청이 당해 지방자치단체장에게 재의를 요구하게 하는 감독권 행사의 일환으로 인정된 것이다. 지방자치단체장 스스로 재의를 요구하는 지방자치법 제107조의 재의요구와 구별된다.

(3) 법원에 의한 통제

지방자치단체의 장은 지방의회의 의결이 월권이거나 법령에 위반되거나 공익을 현저히 해친다고 인정되면 그 의결사항을 이송받은 날부터 20일 이내에 이유를 붙여 재의를 요구할 수 있는데(지방자치법 107①), 지방자치단체의 장은 재의결된 사항이 법령에 위반된다고 인정되면 대법원에 소(訴)를 제기할 수 있다(지방자치법 107③). 또한 지방자치법 제172조에 의하여 위법한 조례안의 재의결에 대한 무효확인소송을 대법원에 제기할 수 있다. 조례안재의결무효확인소송은 조례에 대한 사전적·추상적 규범통제의 성질을 갖는다. 위법·부당한 조례의 효력을 소멸시킬 수 있는 가장 실효적인 쟁송수단이라 할 수 있다.

(4) 헌법소원

조례 자체로 인하여 직접 그리고 현재 자기의 기본권을 침해받은 자는 그 권리구제의 수단으로서 조례에 대한 헌법소원을 제기할 수 있다(헌재 1998.10.15. 96헌바77).

(5) 주민에 의한 통제 (조례제정 및 개폐청구권)

19세 이상의 주민으로서 다음 각 호의 어느 하나에 해당하는 사람(「공직선거법」 제18조에 따른 선거권이 없는 자는 제외한다. 이하 이 조 및 제16조에서 "19세 이상의 주민"이라 한다)은 시·도와 제175조에 따른 인구 50만 이상 대도시에서는 19세 이상 주민 총수의 100분의 1 이상 70분의 1 이하, 시·군 및 자치구에서는 19세 이상 주민 총수의 50분의 1 이상 20분의 1 이하의 범위에서 지방자치단체의 조례로 정하는 19세 이상의 주민 수 이상의 연서(連署)로 해당 지방자치단체의 장에게 조례를 제정하거나 개정하거나 폐지할 것을 청구할 수 있다(지방자치법 15①). 그러나 위법한 조례에 대하여 지방자치단체장 또는 그 감독청의 재의요구권 행사로 주민의 조례폐지청구권이 행사될 가능성은 크지 않다.

(6) 사전승인제도

조례는 그 자주법으로서의 성격상 그 제정에 있어 원칙적으로 감독청의 사전승인을 요하지 아니한다. 그러나 법률에서 제정 전(지방의회의 의결 전)에 주무부장관의 승인을 받도록 규정하고 있는 경우도 있다. 예컨대 도로의 관리청이나 지방자치단체는 도로의 노선을 인정·폐지 또는 변경하려면 국토해양부령으로 정하는 바에 따라 감독관청의 승인을 받도록 하고 있다(도로법 88).

다. 교육조례의 통제제도

일반조례와 달리 교육조례에 대한 고유하고 독자적인 통제제도가 존재하는 것은 아니다. 지방자치법이 인정하고 있는 지방자치단체장과 감독청의 재의요구와 대법원에 제소권이 그 내용을 이루고 있다.

(1) 교육감의 재의요구

교육감은 지방교육자치에 관한 법률 제11조 제2항의 규정에 따른 교육위원회의 의결 또는 교육·학예에 관한 시·도의회의 의결이 법령에 위반되거나 공익을 현저히 저해한다고 판단될 때에는 그 의결사항을 이송받은 날부터 20일 이내에 이유를 붙여 재의를 요구할 수 있다. 교육감이 교육과학기술부장관으로부터 재의요구를 하도록 요청받은 경우에는 교육위원회 또는 시·도의회에 재의를 요구하여야 한다(지방교육자치에 관한 법률 28①).

(2) 재의결과 확정

교육감의 재의요구가 있을 때에는 재의요구를 받은 교육위원회 또는 시·도의회는 재의에 붙이고, 교육위원회 재적위원 또는 시·도의회 재적의원 과반수의 출석과 교육위원회 출석위원 또는 시·도의회 출석의원 3분의 2이상의 찬성으로 전과 같은 의결을 하면 그 의결사항은 확정된다(지방교육자치에 관한 법률 28②).

(3) 교육감의 제소

제2항의 규정에 따라 재의결된 사항이 법령에 위반된다고 판단될 때에는 교육감은 재의결된 날부터 20일 이내에 대법원에 제소할 수 있다(지방교육자치에 관한 법률28③).

(4) 교육과학기술부장관의 제소지시·직접제소 등

교육과학기술부장관은 재의결된 사항이 법령에 위반된다고 판단됨에도 해당 교육감이 소를 제기하지 않은 때에는 해당 교육감에게 제소를 지시하거나 직접 제소할 수 있다(지방교육자치에 관한 법률 28④). 제4항의 규정에 따른 제소의 지시는 제3항의 기간이 경과한 날부터 7일 이내에 하고, 해당 교육감은 제소지시를 받은 날부터 7일 이내에 제소하여야 한다(지방교육자치에 관한 법률 28⑤). 교육과학기술부장관은 제5항의 기간이 경과한 날부터 7일 이내에 직접 제소할 수 있다(지방교육자치에 관한 법률 28⑥). 제3항 및 제4항의 규정에 따라 재의결된 사항을 대법원에 제소한 경우, 제소를 한 교육과학기술부장관 또는 교육감은 그 의결의 집행을 정지하게 하는 집행정지결정을 신청할 수 있다(지방교육자치에 관한 법률 28⑦).

3. 사안의 해결

(1) 이 사건 조례안은 국제조약인 GATT에 위반한 위법한 교육조례에 해당하므로, 전라북도교육감 또는 교육과학기술부장관은 전라북도의회를 피고로 하여 이 사건 조례안의 재의결 사항이 무효임을 확인하는 '재의결무효확인의 소'를 대법원에 제기할 수 있다.

(2) 제소기간에 관하여, ① 교육감은 재의결된 날부터 20일 이내에 대법원에 제소할 수 있으며(지방교육자치에 관한 법률 28③), ② 교육과학기술부장관은 해당 교육감에게 제소지시를 한 날로부터 7일이 경과한 날부터 7일 이내에 직접 대법원에 제소할 수 있다(지방교육자치에 관한 법률 28⑥).

(3) 일반적으로 행정소송에서의 무효확인의 소송은 제소기간의 제한이 없지만, 조례재의결무효확인의 소에 있어서는 제소기간의 제한이 있는 점이 다르다. 대법원은 이 사건 조례안의 재의결은 그 효력이 없다는 무효확인의 판결을 하게 될 것이다.

기본구조

위법한 위 조례안의 효력을 부인할 수 있는 쟁송수단 [설문 (2)의 해결]

1. 문제점

2. 위법한 조례의 통제제도
  가. 조례의 종류
  나. 일반조례의 통제제도
   (1) 지방자치단체의 장에 의한 통제
    (㉮) 지방자치법 제26조의 재의요구
    (㉯) 지방자치법 제107조의 재의요구
   (2) 감독청에 의한 통제
    (㉮) 감독기관에 대한 보고의무
    (㉯) 지방자치법 제172조의 재의요구
   (3) 법원에 의한 통제
   (4) 헌법소원
   (5) 주민에 의한 통제(조례제정 및 개폐청구권)
   (6) 사전승인제도
  다. 교육조례의 통제제도
   (1) 교육감의 재의요구
   (2) 재의결과 확정
   (3) 교육감의 제소
   (4) 교육과학기술부장관의 제소지시·직접제소 등

3. 사안의 해결

제 2 문

I. 설문(1)의 해결 - 조례가 국제조약에 위반되는지 여부

1. 문제점

사안의 조례안은 국내산품의 생산보호를 위하여 수입산품에 대하여 불리한 대우를 하는 것이므로 이를 금지하는 GATT의 규정에 위반되는 것으로 보인다. 따라서 위 조례안과 국제조약인 GATT의 효력을 살펴볼 필요가 있으며, 아울러 헌법 및 지방자치법과 지방교육자치에 관한 법률 상호간의 관계가 문제된다.

2. 국제조약과 조례의 의의

국제조약은 그 명칭의 여하에 불문하고 국가간의 문서에 의한 합의를 말한다. 조례는 지방자치단체가 지방의회의 의결로 제정하는 법이다(지방자치법 22). 이는 헌법 제117조 제1항에 근거한 자치입법으로서 국내법에 해당된다.

3. 국제조약의 법원성

가. 행정법의 법원으로서의 국제조약

조약 중에서는 국내행정에 관한 사항을 정하고 있는 것이 있다. 오늘날 많은 나라는 이를 일반적으로 국내법으로 수용하고 있는데, 우리 헌법도 제6조 제1항에서 국제법규와 조약을 수용하고 있다. 따라서 국내행정에 관한 사항을 정하고 있는 조약은 행정법의 법원이 된다.

나. 국제조약과 국내법의 효력

헌법은 국제조약보다 우위에 있으며, 조약은 그 규율사항에 따라 법률 또는 명령과 동일한 효력이 있다고 보는 국제법·국내법동위설이 통설이다. 그리하여 헌법 제6조의 국내법은 국내법령으로 볼 것이며, 그 규율사항에 따라 법률 또는 명령과 같은 효력을 갖는다고 할 것이다. GATT는 국회의 동의를 얻어 대통령의 비준을 거쳐 시행된 조약이므로 국내법령과 동일한 효력을 가진다. 사안에서 GATT는 위 조례안보다 상위법령에 해당된다고 볼 수 있다.

4. 지방의회의 조례제정권의 범위와 한계

가. 조례제정권의 범위

조례제정권은 국가통치권으로부터 전래된 것으로서, 헌법의 승인에서 유래된 것이기 때문에 조례도 넓은 의미에서는 국법질서에 포섭된 국가법령의 하나라 할 것이다. 그리하여 통일적인 국법질서를 유지하기 위하여 조례에 대하여서도 법률우위의 원칙이 적용되어야 하며, 따라서 헌법에 위반되어서는 아니 되고, 또한 기존의 국가의 법령에 위반되는 조례는 제정할 수 없다. 헌법 제117조 제1항이나 지방자치법 제22조 본문의 '법령의 범위 안에서' 라는 것은 바로 조례에 대한 법률우위의 원칙을 말하는 것이라고 할 것이다.

나. 조례제정권의 한계

지방의회는 헌법 제117조 제1항과 지방자치법 제22조 본문에 근거하여 '법령의 범위 안에서' 그 사무에 관하여 조례를 제정하는데, 여기서 법령의 범위 안에서라는 의미는 '법령에 위반되지 아니하는 범위 안에서' 라고 해석된다. 따라서 조례에 대하여서도 법률우위의 원칙이 적용되어야 한다.

반면 법령의 위임이 없더라도 그 권한에 속하는 사항에 대하여서는 조례를 제정할 수 있다. 조례제정에 있어서는 법규명령의 경우와는 달리 법률유보의 원칙은 적용되지 아니한다.

5. 사안의 조례안과 GATT와의 관계

가. 국제조약으로서의 GATT

GATT는 국회의 동의를 얻고 대통령의 비준을 거쳐 공포된 조약인 WTO 협정의 부속 협정이다. GATT는 헌법 제6조 제1항에 의하여 국내법령과 동일한 효력을 가지므로, 지방자치단체가 제정한 조례가 GATT에 위반되는 경우에는 법률우위의 원칙에 따라서 그 효력이 부인된다고 할 것이다.

나. 위 조례안이 GATT 제3조 제1항, 제4항에 위반되는지 여부

GATT 제3조 제1항과 제4항에 의하면, 수입산품의 국내판매에 불리한 영향을 주는 법률, 규칙 및 요건 등이 국내생산을 보호하기 위하여 적용되어서는 아니 되고, 수입산품에 대하여 국내의 동종물품에 비해 경쟁관계에 불리한 영향을 미칠 수 있는 차별적인 대우를 하여서는 안 된다고 해석된다.

그런데 위 조례안은 전라북도에서 생산되는 농산물 등을 우선적으로 사용하도록 하고, 식재료나 식재료 구입비의 일부를 지원하며 지원을 받은 학교는 우수농산물을 구입하는 데 사용하도록 하는 것을 내용으로 하고 있다. 이는 결국 국내산품의 생산보호를 위하여 수입산품을 국내산품보다 불리한 대우를 하는 것으로서 내국민대우원칙을 규정한 GATT 제3조 제1항, 제4항에 위반된다고 할 것이다.

6. 사안의 해결

지방의회는 헌법 제117조 제1항과 지방자치법 제22조 본문에 근거하여 '법령의 범위 안에서' 조례를 제정할 권한이 있다. 그런데 위 조례안은 그 내용 중 일부가 상위법령에 해당하는 국제조약인 GATT에 위반하여 위법하다고 할 것이다. 이는 지방의회의 조례제정권의 한계를 넘어 법률우위의 원칙에도 반하는 것이다. 따라서 피고가 제정한 위 조례안은 상위법령을 위반한 것으로 그 효력이 부인되어야 할 것이다.

II. 설문(2)의 해결 - 위법한 위 조례안의 효력을 부인할 수 있는 쟁송수단

1. 문제점

위 조례안은 GATT에 위반하여 위법한 조례이지만, 지방의회의 재의결까지 거쳐 확정되었기에 유효한 조례에 해당된다. 그러므로 위법한 조례안의 효력을 소멸시키기 위해서는 관련 법률이 정하는 바에 따른 절차를 밟아야 할 필요가 있다. 그러한 절차를 통하여 지방의회의 조례제정권의 범위와 한계를 규명하여 상위법령에 위반한 위 조례안의 효력을 부인할 수 있게 될 것이다.

2. 위법한 조례의 통제제도

가. 지방자치단체의 장에 의한 통제

(1) 지방자치법 제26조의 재의요구

지방자치단체의 장은 이송받은 조례안에 대하여 이의가 있으면 20일 이내에 이유를 붙여 지방의회로 환부하고 재의를 요구할 수 있다(지방자치법 26③). 이 경우 재의사유는 제한이 없다.

(2) 지방자치법 제107조의 재의요구

지방자치단체의 장은 지방의회의 의결이 월권이거나 법령에 위반되거나 공익을 현저히 해친다고 인정되면 그 의결 사항을 이송받은 날부터 20일 이내에 이유를 붙여 재의를 요구할 수 있다(지방자치법 107①). 제1항의 요구에 대하여 재의한 결과 재적의원 과반수의 출석과 출석의원 3분의 2이상의 찬성으로 전과 같은 의결을 하면 그 의결사항은 확정된다(지방자치법 107②).

나. 감독청에 의한 통제

(1) 감독기관에 대한 보고의무

조례나 규칙을 제정하거나 개정하거나 폐지할 경우 조례는 지방의회에서 이송된 날부터 5일 이내에, 규칙은 공포예정 15일 전에 시·도지사는 행정안전부장관에게, 시장·군수 및 자치구의 구청장은 시·도지사에게 그 전문(全文)을 첨부하여 각각 보고하여야 하며, 보고를 받은 행정안전부장관은 이를 관계 중앙행정기관의 장에게 통보하여야 한다(동법 28).

(2) 지방자치법 제172조의 재의요구

지방의회의 의결이 법령에 위반되거나 공익을 현저히 해친다고 판단되면 감독기관은 재의를 요구하게 할 수 있고, 재의요구를 받은 지방자치단체의 장은 의결사항을 이송받은 날부터 20일 이내에 지방의회에 이유를 붙여 재의를 요구하여야 한다(지방자치법 172①). 지방의회의 의결이 위법하거나 부당하다고 판단되는 경우에 감독청이 당해 지방자치단체 장에게 재의를 요구하게 하는 감독권 행사의 일환으로 인정된 것이다.

다. 법원에 의한 통제

지방자치단체의 장은 지방의회의 의결이 월권이거나 법령에 위반되거나 공익을 현저히 해친다고 인정되면 그 의결사항을 이송받은 날부터 20일 이내에 이유를 붙여 재의를 요구할 수 있는데(지방자치법 107①), 지방자치단체의 장은 재의결된 사항이 법령에 위반된다고 인정되면 대법원에 소를 제기할 수 있다(지방자치법 107③). 또한 지방자치법 제172조에 의하여 위법한 조례안의 재의결에 대한 무효확인소송을 대법원에 제기할 수 있다.

라. 헌법소원

조례 자체로 인하여 직접 그리고 현재 자기의 기본권을 침해받은 자는 그 권리구제의 수단으로서 조례에 대한 헌법소원을 제기할 수 있다.

3. 교육조례의 통제제도

일반조례와 달리 교육조례에 대한 고유하고 독자적인 통제제도가 존재하는 것은 아니다. 지방자치법이 인정하고 있는 지방자치단체장과 감독청의 재의요구와 대법원에 대한 제소권이 그 내용을 이루고 있다.

가. 교육감의 재의요구

교육감은 교육위원회의 의결 또는 교육·학예에 관한 의회의 의결이 법령에 위반되거나 공익을 현저히 저해한다고 판단될 때에는 의결사항을 이송받은 날부터 20일 이내에 이유를 붙여 재의를 요구할 수 있다. 교육감이 교육과학기술부장관으로부터 재의요구를 하도록 요청받은 경우에도 재의를 요구하여야 한다(지방교육자치에 관한 법률 28①).

나. 교육감의 제소

제2항의 규정에 따라 재의결된 사항이 법령에 위반된다고 판단될 때에는 교육감은 재의결된 날부터 20일 이내에 대법원에 제소할 수 있다(지방교육자치에 관한 법률28③).

다. 교육과학기술부장관의 제소지시·직접제소 등

교과부장관은 교육감이 소를 제기하지 않은 때에는 해당 교육감에게 제소를 지시하거나 직접 제소할 수 있다(지방교육자치에 관한 법률 28④). 교육감은 제소지시를 받은 날부터 7일 이내에 제소하여야 한다(지방교육자치에 관한 법률 28⑤). 교육과학기술부장관은 제5항의 기간이 경과한 날부터 7일 이내에 직접 제소할 수 있다(지방교육자치에 관한 법률 28⑥).

4. 사안의 해결

이 사건 조례안은 위법한 교육조례에 해당하므로, 전라북도교육감 또는 교육과학기술부장관은 전라북도의회를 피고로 하여 이 사건 조례안의 재의결 사항이 무효임을 확인하는 '재의결무효확인의 소'를 대법원에 제기할 수 있다.

일반적으로 행정소송에서의 무효확인의 소송은 제소기간의 제한이 없지만, 조례재의결무효확인의 소에 있어서는 제소기간의 제한이 있는 점이 다르다. 대법원은 이 사건 조례안의 재의결은 그 효력이 없다는 무효확인의 판결을 하게 될 것이다.

[31] 공무원의 책임과 불복제도

　경찰관 A는 순경으로 2008. 1. 21. 동대문경찰서 교통과 교통사고처리반 사무실에서 같은 경찰서 동료 경찰관인 B를 통하여 소개받은 교통사고 피의자 C로부터 사건을 잘 처리하여 준다는 명목으로 400,000원을 받았다. A는 돈을 받은 다음에 피의자 신문조서를 작성하면서 날짜를 소급하여 작성하고, 피해자 등에게 상해가 발생하지 않았다는 피의자의 진술을 그대로 수용하여 이 부분에 대한 수사를 더 이상 진척시키지 아니하여 피의자에게 특정범죄가중처벌등에관한법률위반(대인교통사고 후 도주) 혐의를 적용하지 아니하고 도로교통법위반 혐의 부분만 입건하여 사건을 처리하였다.

　그 후 A는 C로부터 돈을 받았다는 혐의로 징계에 회부되어 파면되었다. A는 경찰관으로 재직중에 경찰청장 표창을 비롯하여 7회에 걸쳐 표창을 받았고, 징계처분은 단 한 번도 받지 아니하였다. A는 파면처분에 불복하여 소송을 제기하여 서울고등법원까지 A에 대한 징계혐의 사실은 인정되지만, 파면처분이 재량권의 범위를 넘었다는 이유로 원고승소 판결을 받았고, 대법원에서도 2010. 5. 17. 상고기각 판결을 받아 그 판결은 확정되었다. 그런데 A는 2010. 7. 15. 종전 파면 처분과 동일한 사유로 징계에 회부되어 법정절차에 따라 해임통지를 받게 되었다.

(1) 경찰관 A의 근무관계의 법적 성질과 법치주의와의 관계를 설명하시오. (10점)

(2) 경찰관 A는 C의 교통사고를 잘 처리하여 준다는 명목으로 40만원을 받은 행위와 관련하여 어떤 책임을 지는가. (15점)

(3) 경찰관 A의 해임징계에 대한 불복절차를 설명하고 승소가능성도 언급하시오. (25점)

참고법령

「국가공무원법」

제78조(징계 사유)
① 공무원이 다음 각 호의 어느 하나에 해당하면 징계 의결을 요구하여야 하고 그 징계 의결의 결과에 따라 징계처분을 하여야 한다.
1. 이 법 및 이 법에 따른 명령을 위반한 경우
2. 직무상의 의무(다른 법령에서 공무원의 신분으로 인하여 부과된 의무를 포함한다)를 위반하거나 직무를 태만히 한 때
3. 직무의 내외를 불문하고 그 체면 또는 위신을 손상하는 행위를 한 때

제79조(징계의 종류)
징계는 파면·해임·강등·정직(停職)·감봉·견책(譴責)으로 구분한다.

제83조의2(징계 및 징계부가금 부과 사유의 시효)
① 징계의결등의 요구는 징계 등의 사유가 발생한 날부터 2년(금품 및 향응 수수, 공금의 횡령·유용의 경우에는 5년)이 지나면 하지 못한다. 〈개정 2010.3.22〉
② 제83조제1항 및 제2항에 따라 징계 절차를 진행하지 못하여 제1항의 기간이 지나거나 그 남은 기간이 1개월 미만인 경우에는 제1항의 기간은 제83조제3항에 따른 조사나 수사의 종료 통보를 받은 날부터 1개월이 지난 날에 끝나는 것으로 본다.
③ 징계위원회의 구성·징계의결등, 그 밖에 절차상의 흠이나 징계양정 및 징계부가금의 과다(過多)를 이유로 소청심사위원회 또는 법원에서 징계처분등의 무효 또는 취소의 결정이나 판결을 한 경우에는 제1항의 기간이 지나거나 그 남은 기간이 3개월 미만인 경우에도 그 결정 또는 판결이 확정된 날부터 3개월 이내에는 다시 징계의결등을 요구할 수 있다

「경찰공무원법」

제26조(징계위원회)
① 경무관 이상의 경찰공무원에 대한 징계의 의결은 「국가공무원법」에 의하여 국무총리 소속하에 설치된 징계위원회에서 행한다. 〈개정 2006.7.19〉
② 총경 이하의 경찰공무원에 대한 징계의 의결을 행하기 위하여 대통령령이 정하는 경찰기관 및 해양경찰관서에 경찰공무원징계위원회를 둔다. 〈개정 1996.8.8〉
③ 경찰공무원징계위원회의 구성·관할·운영 및 징계의결의 요구절차 기타 필요한 사항은 대통령령으로 정한다.

제27조(징계의 절차)
경찰공무원의 징계는 징계위원회의 의결을 거쳐 징계위원회가 설치된 소속기관의 장이 행하되, 「국가공무원법」에 의하여 국무총리 소속하에 설치된 징계위원회에서 의

결한 징계는 경찰청장 또는 해양경찰청장이 행한다. 다만, 파면·해임·강등 및 정직은 징계위원회의 의결을 거쳐 당해 경찰공무원의 임용권자가 행하되, 경무관 이상의 강등 및 정직과 경정 이상의 파면 및 해임은 경찰청장 또는 해양경찰청장의 제청으로 행정안전부장관 또는 국토해양부장관과 국무총리를 거쳐 대통령이 행하고, 총경과 경정의 강등 및 정직은 경찰청장 또는 해양경찰청장이 행한다.

주요쟁점

✦ 특별행정법관계
✦ 공무원의 징계책임
✦ 변상책임
✦ 해임처분의 불복절차
✦ 소청심사위원회
✦ 재량권 행사의 하자
✦ 비례의 원칙

I. 경찰관의 근무관계의 법적 성질과 법치주의와의 관계 [설문 (1)의 해결]

1. 쟁점의 정리

경찰관 A의 근무관계의 법적 성질과 관련하여 종래에 논의되어 온 특별권력관계를 검토하고, 법치주의와 관계에 있어서 법률유보의 원칙과 기본권 제한 및 사법심사가 인정되는지 문제된다.

2. 경찰관의 근무관계의 법적 성질

가. 행정법관계의 종류

행정법관계는 수단에 따라 권력관계와 비권력관계로 구분하고, 권력관계는 다시 목적·성립원인·권력적 기초를 표준으로 일반권력관계와 특별권력관계로 구분한다.

나. 특별권력관계의 개념

특별권력관계는 특별한 법률원인에 의하여 성립되어, 특별한 공법상의 목적을 위하여 필요한 범위 안에서 포괄적으로 일방이 타방을 지배하고, 타방이 포괄적인 지배권에 복종함을 내용으로 하는 법률관계이다. 설문에서 경찰공무원 A가 국민의 지위에서는 일반통치권에 복종하지만, 국가공무원의 지위에서는 일반사인과 다른 특별한 법률관계에 서는 것과 같다.

다. 특별권력관계의 성립과 소멸

(1) 직접 법률의 규정에 의하여 성립하는 경우

법률에 규정된 성립원인 사실이 발생하면 상대방의 동의 없이 성립하게 된다. 예컨대, 징 · 소집해당자의 입대, 전염병환자의 강제입원, 수형자의 수감 등이 그 것이다.

(2) 상대방의 동의에 의하여 성립하는 경우

동의 자체가 사회통념상 당해 관계의 목적달성에 필요한 범위 안에서 포괄적인 지배권에의 복종을 승낙한 것으로 본다. ① 상대방의 동의가 그의 완전히 자유로운 의사표시에 의하는 경우이다(임의적 동의). 국공립학교(초 · 중학교는 제외)에의 입학 및 국공립도서관의 이용 등이 그 예이다. ② 상대방의 동의가 임의의 의사에 의하는 것이 아니라, 법률에 의하여 의무 지워진 경우이다(의무적 동의). 학령아동의 초등학교취학이 그 예이다.

(3) 소멸

일반적인 사유로는 목적의 달성(예: 대학의 졸업), 탈퇴(예: 공무원의 사임), 권력주체에 의한 일방적인 해제(예: 학생의 퇴학처분 등)등이 있다.

라. 특별권력관계론의 비판

전통적인 특별권력관계론은 2차 대전 후 의회중심주의 · 법치주의 및 기본권존중주의가 확립된 철저한 입헌민주주의로 헌법구조를 취한 독일에서 비판을 받게 되었다.

(1) 특별권력관계 부정설

헌법의 의회중심주의 · 법치주의 및 기본권존중주의를 근거로 하여 모든 공권력은 법률의 근거를 요하며, 따라서 특별권력관계에서의 공권력의 행사도 법률의 근거를 요한다는 견해와 종래 특별권력관계로 다루어 온 법률관계를 개별적 · 구체적으로 검토하여 비권력관계(관리관계 또는 사법관계) · 일반권력관계로 분해 · 귀속시키는 견해가 있다.

⑵ 특별권력관계론의 수정론

⑷ 내부관계 · 외부관계수정설

행정기관 담당자의 지위에 서는 내부관계에서의 고권적 행위는 법적 성격이 부인되는 직무명령이므로 사법심사에서 배제시킬 것을 주장한다. 그리고 공무원이 인격의 주체로서의 지위를 갖는 경우에는 권리와 의무의 주체가 되므로, 그러한 지위에 관한 행위(공무원의 임명 · 면직 · 전임 · 급여등급의 결정 등)는 행정소송의 대상이 된다고 한다.

⑷ 기본관계 · 경영수행관계 구분론

특별권력관계를 기본관계와 경영수행관계로 나누어, 기본관계를 규율하는 행위는 외부적 효력을 갖기 때문에 행정소송의 대상이 될 수 있으나(예컨대 ① 공무원의 임면 · 전직, ② 군인의 입대 · 제대, ③ 국공립학교 학생의 입학허가 · 제적 · 정학, ④ 수형자의 형의 집행 등), 경영수행관계를 규율하는 행위는 단지 내부적 효력만을 갖기 때문에 행정소송의 대상이 되지 못한다고 한다(예컨대 ① 공무원에 대한 직무명령, ② 군인의 훈련 · 관리, ③ 학생에 대한 수업행위, ④ 수형자에 대한 행형 등).

⑷ 제한적 긍정설

기본권의 무제약적인 제한을 정당화하는 헌법 차원의 특별권력관계의 개념은 부정하지만, 특별한 행정목적을 위하여 행정법 차원의 특별권력관계의 개념은 인정한다. 이 견해는 제한된 범위 안에서 법치주의가 완화되어 적용될 수 있다고 한다. 즉, ① 기본권의 제한은 법률에 근거하여야 한다. ② 법률유보의 원칙이 적용된다. 다만, 본질적 사항에 관한 것을 제외하고는 법률(입법자)은 개괄조항에 의하여 특별권력관계의 주체에게 상당한 자유영역을 부여할 수 있다. ③ 특별권력관계에서도 그 구성원의 권리침해가 있는 경우에는 사법심사가 허용되나, 당해 관계의 기능수행이라는 점에서 사법심사에 의한 통제강도의 축소가 필요하다.

⑷ 소 결

종래의 특별권력관계의 개념은 법치주의 및 기본권존중주의가 확립된 헌법구조 아래서는 존립기반을 상실하였다고 볼 수 있다. 그러나 특별권력관계에 속하던 법률관계 중에는 여전히 다른 법률관계와는 달리 특수성을 인정하여야 하는 것이 있다. 예컨대 공무원의 근무관계, 군복무관계, 교도소재소관계 등이 그것이다. 거기에서는 ① 법률유보의 규제밀도가 다소 완화되어 있고, ② 관계법률은 일반인에게는 제한되지 아니하는 기본권을 제한하며, ③ 사법심사에 있어서도 거기에서 행하여지는 행위는 내부행위로서 행정처분에 해당되지 않는 것이 상대적으로 많으며, 행정처분에 해당되는 행위도 보다 넓은 재량이 인정되는 경우가 많다. 이러한 상황을 포괄적으로 설명하기 위하여 특별권력관계의 개념을 제한적으로 인정하는 제한적 긍정설이 타당하다고 할 것이다. 그리고 특별권력관계라는 용어는 종래 특별권력관계라고 보아온 관계가 모두 권력관계는 아니므로, 앞으로는 일반권력관계와 병렬적 관계임을 나타내기 위하여 특별행정법관계로 칭함이 타당하다.

3. 특별행정법관계와 법치주의

가. 법률유보의 원칙

특별행정법관계도 법률 또는 그 위임을 받은 법규명령에 근거를 두어야 하는 법률유보의 원칙이 적용된다. 특별행정법관계에서는 관계 법률은 개괄조항에 의하여 수권이 행하여지고, 포괄적인 입법위임이 행하여지며, 행정규칙에 의하여 규율되는 경우가 많아 법률유보에 의한 규제밀도가 다소 완화되어 있는 경우가 많다. 예컨대 경찰관 A에 대한 징계의 종류를 국가공무원법 제79조는 파면·해임·강등·정직·감봉·견책으로 구분하는 것이 그 예이다. 그러나 규제밀도가 무한정 완화된다면 법률유보의 원칙은 형해화될 수밖에 없다. 따라서 특별행정법관계에 있어서 법률유보의 원칙이 완화된다고 하더라도 권리침해에 대한 예측가능성이 있는 범위 안에서 행하여져야 할 것이며, 그렇지 못한 경우에는 법률유보의 요청이 충족되지 못한 것으로 보아야 할 것이다.

나. 기본권의 제한

특별행정법관계에서도 기본권의 제한은 법률에 의하여야 한다. 헌법상 특별행정법관계라 하여 법률에 의하지 아니하고 기본권을 제한할 수 없고, 일반적인 법률유보조항인 헌법 제37조 제2항에 근거하여 법률에 근거하여서만 제한할 수 있다.

다. 사법심사

소익이 인정되는 한 어떤 행위가 특별행정법관계에서의 행위라는 이유만으로 사법심사로부터 제외될 수 없다. 다만 자유재량행위인 경우에는 사법심사의 대상에서 제외되는 일이 있을 수 있다. 판례도 어떤 행위가 특별권력관계에서의 행위라는 이유만으로 사법심사에서 제외될 수 없다고 보고 널리 사법심사를 인정한다. 서울고등법원 판례는 공무원의 전보명령을 행정처분으로 보아 사법심사의 대상으로 인정한 바 있다(서울고법 1998.3.26. 선고 97구6200 판결). 그리고 지방공무원법이 정한 인사교류에 따라 지방자치단체의 장이 소속 공무원을 전출하는 경우 본인의 동의를 받지 않고 전출명령을 한 것은 위법한 처분으로 취소되어야 한다고 본다.(대법원 2008.9.25. 선고 2008두5759 판결). 헌법재판소 역시 해당 지방공무원의 동의 없이도 지방자치단체의 장 사이의 동의만으로 지방공무원에 대한 전출 및 전입명령이 가능하다고 풀이하는 것은 헌법적으로 용인되지 않는다고 한다(헌재 2002.11.28. 98헌바101).

4. 사안의 해결

경찰관 A의 근무관계는 국가에 대하여 포괄적인 근무의무를 지는 관계로 A의 동의에 의하여 성립되는 공법상 근무관계의 일종이다. 특별행정법관계에서 국가는 경찰관 A가 국가공무원법상의 의무를 위반할 경우에는 징계권을 행사할 수 있다. 그러나 특별행정법 관계에서도 법치주의의 원칙이 배제되는 것은 아니다. 따라서 A에 대한 징계권의 행사는 국가공무원법과 경찰공무원법이 정하는 바에 따라야 하는 법률유보의 원칙이 적용된다. 그리고 A에 대한 파면처분 또는 해임처분에 대하여도 그 처분의 취소를 구하는 사법심사를 청구할 수 있다.

기본구조

경찰관의 근무관계의 법적 성질과 법치주의와의 관계 [설문 (1)의 해결]

1. 쟁점의 정리

2. 경찰관의 근무관계의 법적 성질
   가. 행정법관계의 종류
   나. 특별권력관계의 개념
   다. 특별권력관계의 성립과 소멸
      (1) 직접 법률의 규정에 의하여 성립하는 경우
      (2) 상대방의 동의에 의하여 성립하는 경우
      (3) 소멸
   라. 특별권력관계론의 비판
      (1) 특별권력관계 부정설
      (2) 특별권력관계론의 수정론
         (가) 내부관계·외부관계수정설
         (나) 기본관계·경영수행관계 구분론
         (다) 제한적 긍정설
         (라) 소 결

3. 특별행정법관계와 법치주의
   가. 법률유보의 원칙
   나. 기본권의 제한
   다. 사법심사

4. 사안의 해결

II. 경찰관 A의 금품수수와 관련된 책임 [설문 (2)의 해결]

1. 문제점

경찰관 A가 직무와 관련하여 금품을 받은 행위는 국가공무원법상의 청렴의무 등의 의무위반행위이다. 따라서 A는 공무원법상의 징계책임과 함께 형사책임이 문제된다.

2. 공무원의 책임 일반론

가. 공무원의 책임 의의

국가의 기관구성원인 공무원은 주권자인 국민 전체를 위하여 직무를 성실히 수행할 의무를 진다. 공무원이 이와 같은 의무를 위반하였기 때문에 법률상 제재를 받거나 불리한 결과를 받는 지위를 공무원의 책임이라고 한다.

나. 공무원의 책임의 종류

좁은 의미로는 국가가 사용주인 입장에서 법률상 의무를 위반한 공무원에 대하여 과하는 제재로서는 징계책임과 국고에 대한 변상책임이 있다. 이를 공무원법상의 책임 또는 행정상의 책임이라고 한다. 공무원법상의 정치운동금지 · 집단행동금지 위반등에 대하여 과하여지는 벌칙도 공무원법상의 책임의 일종이라 할 수 있다.

그리고 넓은 의미에서는 공무원의 행위가 공무원으로서의 의무위반에 그치지 않고, 사회법익을 침해하였기 때문에 공무원이라는 신분으로 인하여 가중되는 형사상의 책임 및 그 행위가 위법하여 타인에게 재산상의 손해를 가하였기 때문에 지는 민사상의 책임도 있다. 더 넓은 의미에서는 헌법상 공무원의 탄핵이나 선거를 통한 책임추궁 등에 관한 헌법상 책임도 있다.

다. 공무원법상의 책임(행정상 책임)

(1) 징계책임

(가) 징계책임의 개념

공무원이 공무원관계에서 부담하는 의무를 위반한 경우에 국가가 공무원관계의 질서를 유지하기 위하여 사용주인 입장에 기하여 그 위반에 대하여 과하는 제재를 징계벌이라고 하고, 이 징계벌을 받을 지위를 징계책임이라 한다. 그리고 징계벌을 과하는 행위를 징계처분이라 한다. 경찰공무원법은 경찰공무원의 징계와 관련하여 국가공무원법을 준용하고 있다(경찰공무원법 30).

(나) 징계의 원인

① 국가공무원법 및 이 법에 의한 명령에 위반하였을 때, ② 직무상의 의무(다른 법령에서 공무원의 신분으로 인하여 부과된 의무를 포함한다)에 위반하거나 직무를 태만하였을 때, ③ 직무의 내외를 불문하고 그 체면 또는 위신을 손상하는 행위를 한 때에는 징계권자는 반드시 징계의결의 요구를 하여야 하고, 징계의결의 결과에 따라 징계처분을 행하여야 한다(국가공무원법 78①).

(다) 징계벌의 종류

국가공무원에 대한 징계는 파면 · 해임 · 강등 · 정직 · 감봉 · 견책의 6종이 있다(국가공무원법 79 · 80).

(라) 징계권자

징계는 소속기관의 장이 행하되, 국무총리소속하의 중앙징계위원회(국회 · 법원 · 헌법재판소 · 선거관리위원회에 있어서는 해당 중앙인사관장기관에 설치된 상급징계위원회를 말한다)에서 한 징계의결에 대하여는 중앙행정기관의 장이 한다. 다만, 파면과 해임은 징계위원회의 의결을 거쳐 각 임용권자 또는 임용권을 위임한 상급감독기관의 장이 한다(국가공무원법 82①).

(마) 징계의 절차

공무원의 징계는 관할 징계위원회의 의결을 거쳐서 행하여야 하는데(국가공무원법 82), 징계위원회는 제1중앙징계위원회, 제2중앙징계위원회 및 보통징계위원회로 구분된다(공무원징계령 2①). 공무원에 대한 징계는 징계의결요구권자의 요구에 의하여 징계위원회의 의결을 거쳐 징계권자가 행한다. 징계를 행할 때에는 징계권자가 징계처분사유설명서를 상대방에게 교부하여야 한다. 다만, 5급 이상 공무원에 대한 파면의 경우에는 임용제청권자가 이를 교부한다(공무원징계령 19).

사안의 경우 A는 경찰공무원이므로 경찰공무원법이 정하는 바에 의한다. 경찰공무원의 징계는 징계위원회의 의결을 거쳐 징계위원회가 설치된 소속기관의 장이 행하되, 「국가공무원법」에 의하여 국무총리 소속하에 설치된 징계위원회에서 의결한 징계는 경찰청장 또는 해양경찰청장이 행한다(경찰공무원법 27).

(바) 징계에 대한 구제

징계처분을 받은 자는 소청심사위원회에 심사를 청구할 수 있다(국가공무원법 76①). 소청심사위원회의 결정에 있어서는 불이익변경금지의 원칙이 적용된다(국가공무원법 13 · 14⑥). 소청심사위원회의 결정에 불복이 있는 자는 위법을 이유로 한 경우에는 행정소송을 제기할 수 있다.

(2) 변상책임

(가) 변상책임의 의의

공무원이 그 의무를 위반함으로써 국가에 대하여 재산상의 손해를 발생하게 한 경우에 사용자인 국가에 대하여 부담하는 책임을 변상책임이라 한다. 국가배상법에 의한 변상책임과 회계관계직원 등의 책임에 관한 법률에 의한 회계관계직원 등의 변상책임이 있다.

(나) 국가배상법상의 변상책임

공무원이 직무를 집행하면서 고의 또는 과실로 법령을 위반하여 타인에게 손해를 입힌 경우, 공무원에게 고의 또는 중대한 과실이 있으면 그 공무원에게 구상할 수 있다(국가배상법 2① · ②). 그리고 도로 · 하천 그 밖의 공공의 영조물의 설치나 관리에 하자가 있기 때문에 타인에게 발생한 손해를 국가가 배상한 경우, 공무원에게 손해의 원인에 대하여 책임이 있으면 그 자에게 구상할 수 있다(국가배상법 5① · ②). 그리고 공무원이 사경제적 직무행위를 행함에 있어 고의 또는 과실로 타인에게 손해를 가하였을 때에는 국가는 사용자로서 민법에 의한 배상책임을 지게 되고(민법 756①), 이 경우에 국가는 공무원에게 손해의 원인에 대하여 책임이 있을 때에는 그에게 구상할 수 있다(민법 756③).

(다) 회계관계직원 등의 변상책임

국유재산법 등 각종 법률에서 회계관계직원의 변상책임을 정하고 있다. 국유재산의 관리에 관한 사무를 위임받은 자가 고의 또는 중대한 과실로 인하여 그 업무에 위배한 행위를 함으로써 그 재산에 대하여 손해를 끼친 때에는 변상의 책임이 있다(국유재산법 54①). 또한 물품관리관 · 물품운용관과 그 분임자 또는 대리자는 법률이 정하는 바에 의하여 변상의 책임을 진다(군수품관리법 28①).

라. 형사책임

공무원이 의무를 위반하여 형법에 의하여 보장된 일반사회법익을 침해한 경우에 일반사회질서를 유지할 목적으로 공권력주체인 국가에 의하여 과하여지는 제재를 받을 지위를 형사책임이라 한다. 형법은 공무원의 범죄유형을 정하고 있다. 직권을 남용하는 등 직무집행행위 그 자체에 의하여 법익을 침해하는 직무범죄(형법 122 내지 128)와 뇌물을 수수하는 등 직무와 관련 있는 행위로 법익을 침해하는 준 직무범죄(형법 129 내지 133)로 나눌 수 있다. 그리고 특정범죄가중처벌 등에 관한 법률은 공무원의 일정한 형사범죄를 가중처벌 하도록 규정하고 있다(동법 2 내지 5).

마. 민사상 배상책임

공무원이 직무상 불법행위로 개인에게 재산상의 손해를 가한 경우에 공무원이 개인에게 직접 배상책임을 지느냐에 대하여는 견해가 대립된다. 국가배상법이 공무원의 직무상 불법행위로 국민에게 손해를 가한 경우에는 국가가 피해자에게 배상하게 하고, 공무원에게 고의 또는 중과실이 있는 경우에 한하여 국가가 구상할 수 있게 한 것(국가배상법 2)은 개인에 대한 공무원의 직접책임을 인정하지 않은 취지로 볼 수 있다. 그러나 판례는 공무원이 직무수행중 불법행위로 타인에게 손해를 입힌 경우에 국가 등이 국가 배상책임을 부담하는 외에 공무원 개인도 고의 또는 중과실이 있는 경우에는 불법행위로 인한 손해애상책임을 진다(대법원 1996.2.15. 선고 95다38677 판결)고 한다.

3. 사안의 해결

가. 경찰공무원법상의 징계책임

(1) 경찰관 A는 직무집행과 관련하여 돈을 받은 것은 국가공무원법상의 청렴의 의무와 품위유지의무 위반에 해당한다(국가공무원법 61①, 63). 그리고 A가 돈을 받은 후에 피의자신문조서 작성날짜를 소급하여 작성하고, 피해자 등에게 상해가 발생하지 않았다는 진술만을 기초로 더 이상 필요한 수사를 진행하지 아니하고 피의자에게 적용할 특정범죄가중처벌등에관한법률위반(대인교통사고 후 도주) 혐의를 적용하지 아니하고 도로교통법위반 혐의 부분만 입건하여 처리한 행위는 직무유기에 해당되어 성실의무에도 반하게 된다(국가공무원법 56). 따라서 A는 국가공무원법을 위반하였으므로 징계책임을 지게 된다.

(2) A에 대한 구체적인 징계절차는 경찰공무원법이 정하는 바에 따른다. 총경이하의 경찰공무원에 대한 징계의 의결을 행하기 위하여 대통령령이 정하는 경찰기관 및 해양경찰관서에 경찰공무원징계위원회를 둔다(경찰공무원법 27②). A는 순경이므로 이 규정에 의한 절차에 따라 징계책임을 지게 된다.

나. 형사책임

공무원인 A가 그 직무에 관하여 돈을 받은 것은 형법상 수뢰죄에 해당되어 형사처벌도 받게 된다(형법 129①).

> **기본구조**
>
> 경찰관 A의 금품수수와 관련된 책임
> [설문 (2)의 해결]
>
> 1. 문제점
> 2. 공무원의 책임 일반론
>   가. 공무원의 책임 의의
>   나. 공무원의 책임의 종류
>   다. 공무원법상의 책임(행정상 책임)
>   (1) 징계책임
>   (가) 징계책임의 개념
>   (나) 징계의 원인
>   (다) 징계벌의 종류
>   (라) 징계권자
>   (마) 징계의 절차
>   (바) 징계에 대한 구제
>   (2) 변상책임
>   (가) 변상책임의 의의
>   (나) 국가배상법상의 변상책임
>   (다) 회계관계직원 등의 변상책임
>   라. 형사책임
>   마. 민사상 배상책임
>
> 3. 사안의 해결
>   가. 경찰공무원법상의 징계책임
>   나. 형사책임

Ⅲ. A의 해임처분에 대한 불복절차 및 해임처분의 위법성 여부 [설문 (3)의 해결]

1. 문제점

해임처분에 대한 국가공무원법 및 행정소송법상 불복절차를 검토하고, A의 승소가능성과 관련하여서는 최초로 행한 파면처분이 대법원에서 취소된 후 다시 동일한 행위를 이유로 행하여진 해임처분의 적법성과 관련하여 재량권의 일탈·남용은 없었는지, 동일한 행위에 대하여 이중처벌하는 일사부재리 원칙에 위배되는 것은 아닌지 여부가 문제된다.

2. 공무원의 불이익 처분에 대한 불복절차

가. 필요적 행정심판전치주의

(1) 일반 공무원

징계처분 기타 그 의사에 반하는 불리한 처분이나 부작위에 대한 구제수단으로는 소청(행정심판의 일종)과 행정소송이 있다(국가공무원법 9 내지 16). 행정기관 소속 공무원은 행정안전부에 설치된 소청심사위원회에 제기하는 불복신청을 할 수 있다(국가공무원법 9①). 국회·법원·헌법재판소 및 선거관리위원회 소속 공무원의 소청에 관하여는 국회사무처·법원행정처·헌법재판소 사무처 및 중앙선거관리위원회 사무처에 각각 해당 소청심사위원회를 둔다(국가공무원법 9②).

(2) 교육공무원 및 사립교원

교육공무원의 징계처분과 그 밖에 그 의사에 반하는 불리한 처분(교육공무원법 제11조의3 제4항 및 사립학교법 제53조의2 제6항에 따른 교원에 대한 재임용거부처분을 포함한다)에 대한 소청은 교육과학기술부에 설치된 교원소청심사위원회에 한다(교원지위향상을 위한 특별법 7①).

나. 소 청

(1) 의 의

소청이란 징계처분과 그 밖에 그 의사에 반하는 불리한 처분이나 부작위를 받은 자가 그 처분이나 부작위에 불복이 있는 경우에 관할소청 심사위원회에 심사를 청구하는 행정심판이다. 국가공무원법이 행정심판법에 의한 행정심판에 대한 특례로 소청제도를 마련한 것은 공무원의 신분을 보다 강하게 보장하려는 데 있다.

(2) 소청사항

(가) 불이익처분

징계처분·강임·휴직·면직처분 그 밖에 그 의사에 반하는 불리한 처분이나 부작위를 대상으로 한다(국가공무원법 9①).

(나) 불이익처분에의 해당 여부가 다투어지는 사항

(a) 당연퇴직

퇴직은 국가공무원법 제69조 등의 효과이며, 임용권자의 처분의 효과는 아니므로 처분에 해당되지 않는다. 판례 역시 당연퇴직의 인사발령은 법률상 당연히 발생하는 퇴직사유를 공적으로 확인하여 알려주는 이른바 관념의 통지에 불과하고, 공무원의 신분을 상실시키는 새로운 형성적 행위가 아니므로, 행정소송의 대상이 되는 독립한 행정처분이라고 할 수 없다고 본다(대법원 1995.11.14. 선고 95누2036 판결).

(b) 임용기간만료통지의 처분성

4년의 기간을 정하여 조교수로 임용된 교수에게 대학교총장이 행한 임용기간 만료통지에 대한 다툼에서 제1심은 처분성을 인정하였으나(서울행법 2000.1.8. 선고 99구683 판결), 항소심은 처분성을 부인하였으며(서울고법 2000.8.31. 선고 2000누1708 판결), 대법원은 전원합의체 판결로 처분에 해당한다고 판시하였다(대법원 2004.4.22. 선고 2000두7735 판결).

(c) 복직청구

휴직중인 자 또는 직위해제당한 자의 복직청구의 경우는 임용권자에게 일정한 행정처분을 요구하는 소청이라 할 수 있다. 현행법상 소청이 일정한 행정처분의 존재를 전제로 그 취소·변경을 구하는 항고쟁송의 일종으로 본다면 허용되기 어렵다. 소청의 경우에도 '처분' 이외에 '부작위'도 포함되므로 임용권자가 위법하게 복직을 시켜주지 아니하고 방치하거나(부작위) 임용권자가 복직청구를 거부한 때에는 복직이행소청이 당연히 인정된다고 할 것이다.

(3) 소청심사기관

소청심사위원회는 행정안전부·국회사무처·법원행정처·헌법재판소 사무처 및 중앙선거관리위원회 사무처에 두는데(국가공무원법 9①②), 행정안전부에 두는 소청심사위원회는 대통령이 임명하는 위원장 1명을 포함한 5명 이상 7명 이내의 상임위원(필요하면 약간의 비상임위원을 둘 수 있다)으로 구성되는 합의제행정관청으로 위원은 강한 신분보장을 받는다(국가공무원법 9③·10①·11). 소청 심사위원회의 상임위원의 임기는 3년으로 하며, 한 번만 연임할 수 있다(국가공무원법 9②).

(4) 소청절차

(가) 소청의 제기

징계처분·강임·휴직·직위해제 또는 면직처분을 행할 때에는 공무원에게 처분사유설명서를 교부하여야 하는 바, 이 경우에는 이를 받은 날로부터 30일 이내에, 처분사유설명서를 받지 않은 기타의 불이익처분의 경우에는 그 처분이 있은 것을 안 날로부터 30일 이내에 소청을 제기할 수 있다(국가공무원법 76①). 파면·해임 또는 대기발령을 받은 자에 대한 직권면직에 관한 소청사건의 경우에는 소청심사위원회는 소청을 접수한 날로부터 5일 이내에 당해 사건의 최종결정이 있을 때까지 후임자의 보충발령을 유예하는 가결정을 할 수 있다(국가공무원법 76③).

(나) 결 정

　소청심사위원회는 소청사건을 심사한 후 원칙적으로 접수 후 60일 이내(가결정을 한 경우는 20일 이내)에 결정을 하여야 한다(국가공무원법 76④ · ⑤). 결정에는 각하 · 기각 · 취소 또는 변경 · 무효확인 및 의무이행결정 등이 있다. 소청심사위원회는 원징계처분에서 부과한 징계보다 무거운 징계를 부과하는 결정을 하지 못한다(국가공무원법 14⑥).

(5) 재징계의결의 요구

　처분권자(대통령이 처분권자인 경우에는 처분 제청권자)는 ① 법령의 적용, 증거 및 사실 조사에 명백한 흠이 있는 경우, ② 징계위원회의 구성 또는 징계의결 등, 그 밖에 절차상의 흠이 있는 경우, ③ 징계양정 및 징계부가금이 과다한 경우에 해당하는 사유로 소청심사위원회 또는 법원에서 징계처분등의 무효 또는 취소(취소명령 포함)의 결정이나 판결을 받은 경우에는 다시 징계 의결 또는 징계부가금 부과 의결(이하 "징계의결등"이라 한다)을 요구하여야 한다. 다만, '징계양정 및 징계부가금이 과다한 경우'로 무효 또는 취소(취소명령 포함)의 결정이나 판결을 받은 감봉·견책처분에 대하여는 징계의결을 요구하지 아니할 수 있다(국가공무원법 78조의3①).

　처분권자는 제1항에 따른 징계의결등을 요구하는 경우에는 소청심사위원회의 결정 또는 법원의 판결이 확정된 날부터 3개월 이내에 관할 징계위원회에 징계의결등을 요구하여야 하며, 관할 징계위원회에서는 다른 징계사건에 우선하여 징계의결등을 하여야 한다(국가공무원법 78조의3②).

(6) 소청에 대한 불복

　소청심사위원회의 결정에 대하여 불복이 있더라도 소청인은 행정부 내에서는 더 이상 다툴 수 있는 수단은 없고, 행정소송으로 다투어야 한다. 확정된 소청심사위원회의 결정은 처분행정청을 기속한다(국가공무원법 15). 반면, 감사원으로부터 파면요구를 받아 행한 파면에 대한 소청제기로 소청심사위원회 등에서 심사결정을 한 경우에는 당해 소청심사위원회 등의 위원장은 결정결과를 감사원에 통보하여야 하는데, 감사원은 통보를 받은 날로부터 1월 이내에 소청심사위원회 등이 설치된 기관의 장을 거쳐 그 재심을 요구할 수 있다(감사원법 32⑤ · ⑥).

다. 행정소송

(1) 일반공무원

(가) 소청 필요적전치주의

국가공무원법 제75조에 따른 처분(공무원에 대하여 징계처분등을 할 때나 강임·휴직·직위해제 또는 면직처분), 그 밖에 본인의 의사에 반한 불리한 처분이나 부작위에 관한 행정소송은 소청심사위원회의 심사·결정을 거치지 아니하면 제기할 수 없다(국가공무원법 75). 소청을 제기한 자가 소청심사위원회의 결정에 불복이 있는 때에는 위법하다고 생각되는 경우에 한하여 행정소송을 제기할 수 있다.

(나) 행정소송의 피고

소청에 불복하여 제기한 행정소송의 대상은 소청심사위원회의 결정이 아니다. 원칙적으로 공무원에게 불리한 원처분(부작위 포함)을 다투는 것이므로(다만, 소청심사위원회의 결정 자체에 고유한 위법이 있는 경우에는 위원회를 피고로 결정을 다툴 수 있다(행정소송법 19 단서)), 행정소송의 피고는 원처분청이 된다.

(다) 행정소송의 대상

원처분주의를 채택하였기 때문에 소청심사위원회의 결정이 기각결정인 경우에는 원래의 불이익처분을 대상으로 취소소송을 제기하여야 한다. 그러나 소청심사위원회가 일부취소결정(예: 감봉 6월을 3월로 감경하는 결정) 또는 적극적 변경결정(예: 파면처분을 해임처분으로 변경)을 한 경우에 행정소송의 대상은 원처분인가 또는 재결처분인가가 문제된다. 판례는 원처분주의를 취하면서 일부취소 또는 변경재결로 인하여 감경되고, 남은 원처분을 대상으로 원처분청을 피고로 하여 소송을 제기하여야 하는 것으로 보고 있다(대법원 1993.8.24. 선고 93누5673 판결).

(2) 교육공무원

교육공무원과 사립학교교원의 경우는 교원지위향상을 위한 특별법 제10조 제3항은 제1항에 따른 심사위원회의 결정에 대하여 교원, 사립학교법 제2조에 따른 학교법인 또는 사립학교 경영자 등 당사자는 그 결정서를 송달받은 날부터 90일 이내에 행정소송법으로 정하는 바에 따라 소송을 제기할 수 있다고 규정하고 있다.

심사위원회의 결정에 불복하는 자는 심사위원장을 피고로 하여 원처분이 아닌 심사위원회의심사결정의 취소·변경을 구하는 항고소송(취소소송)을 제기하여야 할 것이다. 사립학교교원의 경우도 동일하다 할 것이다. 결국 사립학교와 교원과의 분쟁은 국가와 교원 간의 분쟁으로 바뀌게 된다. 사립학교 교원의 경우 행정소송으로 불복하는 외에 사립학교법인을 피고로 하여 불이익처분의 민사소송도 가능하다.

라. 소결

(1) 소청·행정소송의 제기

경찰관 A는 해임이라는 징계처분을 받았으므로, 이에 불복하기 위하여서는 경찰공무원법 및 국가공무원법이 정하는 바에 따라 먼저 소청심사위원회에 그 처분의 취소를 구하는 청구를 하여야 한다. 그리고 소청심사위원회의 결정에 대하여 불복하려는 경우에는 행정소송을 제기할 수 있다.

(2) 소청결정에 대한 불복

경찰관 A에 대한 해임처분의 취소청구를 받은 소청심사위원회는 해임처분취소청구의 각하·기각·취소 또는 변경·무효확인 및 의무이행결정 등을 할 수 있다. A는 소청심사위원회에서 소청심사의 각하 또는 기각결정을 하는 경우에는 원처분의 취소를 구하는 행정소송을 제기할 수 있다. 반면 소청심사위원회에서 원처분의 일부 감경결정을 하는 경우에는 감경으로 남은 처분의 취소를 구하는 행정소송을 제기할 수 있다. A는 원처분청인 서울지방경찰청장을 피고로 하여 서울행정법원에 해임처분취소청구의 소를 제기할 수 있다(경찰공무원법 26②). 다만, 소청심사위원회의 결정 자체에 고유한 위법이 있는 경우에는 위원회를 피고로 그 결정을 다툴 수 있다(행정소송법 19 단서).

3. A의 승소가능성

가. A에 대한 해임처분의 위법성 여부

(1) 징계사유의 존재 및 이 사건 해임처분

경찰관 A가 직무집행과 관련하여 금품을 수수한 것은 공무원의 청렴의무 등을 위반하여 징계사유에 해당된다. A의 임용권자인 피고 서울지방경찰청장은 징계위원회를 거쳐 처음에는 파면처분을 하였지만, 이 처분은 재량권을 일탈·남용한 처분이라는 대법원의 판결로 취소되었다. 그리하여 피고는 다시 징계위원회의 의결을 거쳐 이 사건 해임처분을 하였다.

(2) 해임처분의 법적 성질

공무원인 피징계자에게 징계사유가 있어 징계처분을 하는 경우 어떠한 처분을 할 것인지는 징계권자의 재량에 맡겨진 것이다. 다만 징계권자가 재량권의 행사로서 한 징계처분이 사회통념상 현저하게 타당성을 잃어 징계권자에게 맡겨진 재량권을 남용한 것이라고 인정되는 경우에 한하여 그 처분을 위법한 것이라고 할 것이다(대법원 2010.2.25. 선고 2009두19144 판결). 따라서 피고가 A에 대하여 한 해임처분은 징계권자로서의 재량권을 행사한 것에 해당되므로, 재량권 행사에 하자가 있다면 그 처분은 위법하게 된다.

(3) 재량권행사의 하자여부

(가) 법률의 규정

행정청의 재량에 속하는 처분이라도 재량권의 한계를 넘거나 그 남용이 있는 때에는 법원은 이를 취소할 수 있다(행정소송법 27).

(나) 재량권 행사의 한계

법에 의하여 허용된 재량권의 범위를 외적한계라 하고, 법의 목적 및 헌법원칙과 조리상의 원칙 등에 의한 재량권행사의 제한을 재량권의 내적 한계라고 한다. 판례는 재량권 행사의 한계에 관한 구체적인 사유로 사실을 오인하였거나, 비례·평등의 원칙에 위배하는 등의 사유가 있다면 이는 재량권의 일탈·남용으로서 위법하다고 한다(대법원 2010.3.11. 선고 2008두15176 판결).

A에 대한 해임처분은 청렴의무위반에 대한 제재로서 가하여진 것이므로, A의 의무위반행위와 그 징계처분을 통하여 달성하려는 목적과 수단이 적합하고 최소침해를 가지는지 여부에 관한 비례의 원칙위반 여부가 문제된다.

(다) 비례의 원칙위반 여부

(a) 비례의 원칙의 개념

비례의 원칙은 경미한 공익목적 달성을 위하여 과도한 수단이 동원되는 것을 금지하는 원칙이다. 과잉조치금지의 원칙이라고도 한다.

(b) 비례의 원칙의 내용

(ㄱ) 적합성의 원칙

행정작용에 의한 권리 자유의 침해는 행정이 추구하는 공익목적의 달성에 법적으로나 사실상으로나 적합하고 유용한 수단을 선택하여야 한다는 것이다.

(ㄴ) **필요성의 원칙**

행정목적 달성을 위한 여러 적합한 수단 중에서도 공익상의 필요에 따라 개인에게 권리침해가 가장 작게 이루어지는 수단만이 선택·행사되어야 한다는 원칙을 말한다. 최소침해의 원칙이라고도 한다.

(ㄷ) **협의의 비례의 원칙 (상당성의 원칙)**

행정목적 달성을 위한 그 침해의 정도는 공익상의 필요의 정도와 상당한 비례가 유지되어야 한다는 원칙을 말한다. 상당성의 원칙이라고도 한다. 이 원칙은 적합성의 원칙과 필요성의 원칙의 충족이 있는 경우라도, 침해되는 개인의 이익을 상회하는 공익상의 목적달성이 필요한 경우에 한하여 당해 수단의 적법성을 인정한다는 것이다.

(ㄹ) **3 원칙의 상호관계**

이들 3원칙은 넓은 의미의 비례원칙의 단계구조를 이룬다. 위 원칙 중 어느 하나의 원칙에 대한 위반이 있으면, 비례의 원칙에 대한 위반으로서 위법하게 된다.

(라) **사안의 경우**

(a) 피고의 A에 대한 이 사건 해임처분은 공무원의 청렴의무 준수의 강제, 공정한 직무의 보호 등의 공익달성 목적에 적합하므로 적합성의 원칙에 반하지 아니한다.

(b) A가 경찰관으로서 교통사고를 공정하게 처리하여야 할 직무상 의무가 있음에도 피의자로부터 돈을 수수하여 수사를 축소하는 등의 행위를 한 점에 비추어 해임처분보다 더 경한 처분을 선택할 여지가 없으므로 최소침해의 원칙에도 반하지 아니한다.

(c) 이 사건 해임처분으로 A가 받는 불이익이 해임처분으로 달성하려는 공직사회의 질서유지와 범죄행위의 예방이라는 목적을 앞설 수 없으므로 상당성의 원칙에도 반하지 아니한다.

(d) 따라서 A가 경찰공무원으로 재직하면서 경찰청장 표창을 비롯하여 7회에 걸쳐 표창을 받았고 반면에 징계처분은 한 번도 받지 아니하였을지라도 A가 돈을 받은 경위, 그 액수, 그 후 사건을 처리한 과정 등을 함께 고려하여 보면 이 사건

해임 처분은 적절하고 재량권의 범위를 넘거나 재량권을 남용한 것이라 할 수 없다(서울고법 1997.1.24. 선고 96구23834 판결).

(4) 징계처분의 절차의 준수여부

징계권자(주체), 내용, 절차, 형식요건과 통지요건 등 법정의 절차를 거쳤다.

(5) 일사부재리 원칙 위배 여부

경찰관 A에 대한 파면처분이 대법원에서 재량권의 하자로 취소되었는데, 다시 A에 대하여 동일한 징계사유로 이 사건 해임처분을 한 것이 일사부재리원칙에 위반한 것은 아닌지 문제된다. 징계위원회의 구성·징계의결등, 그 밖에 절차상의 흠이나 징계양정 및 징계부가금의 과다를 이유로 소청심사위원회 또는 법원에서 징계처분등의 무효 또는 취소의 결정이나 판결을 한 경우에는 제1항의 기간이 지나거나 그 남은 기간이 3개월 미만인 경우에도 그 결정 또는 판결이 확정된 날부터 3개월 이내에는 다시 징계의결등을 요구할 수 있다(국가공무원법 83조의2③).

A에 대한 파면처분취소의 판결은 대법원에서 2010. 5. 17. 상고기각 판결을 받아 확정되었고, 그로부터 3개월 이내인 2010. 7. 15. 이 사건 해임처분을 하였으므로 위 처분은 적법하다.

나. 소 결

따라서 경찰관 A의 피고에 대한 이 사건 해임처분의 취소를 구하는 소송은 이유 없어 기각될 것이다.

4. 사안의 해결

해임처분을 받은 경찰관 A는 필요적 행정심판전치주의를 채택하고 있는 법률에 따라 소청심사위원회에 그 처분의 취소를 청구할 수 있으며, 소청심사위원회의 결정에 대하여도 불복하는 경우에는 행정소송을 제기할 수 있다.

그러나 A에 대한 이 사건 해임처분은 비례의 원칙에도 부합되며, 재량권의 범위를 넘거나 남용한 것이라 할 수 없다. 따라서 행정소송을 제기하더라도 승소가능성은 없다고 할 것이다.

기본구조

A의 해임처분에 대한 불복절차 및 해임처분의 위법성 여부 [설문 (3)의 해결]

1. 문제점

2. 공무원의 불이익 처분에 대한 불복절차
   가. 필요적 행정심판전치주의
      (1) 일반 공무원
      (2) 교육공무원 및 사립교원
   나. 소 청
      (1) 의 의
      (2) 소청사항
         (가) 불이익처분
         (나) 불이익처분에의 해당 여부가 다투어지는 사항
            ⓐ 당연퇴직
            ⓑ 임용기간만료통지의 처분성
            ⓒ 복직청구
      (3) 소청심사기관
      (4) 소청절차
         (가) 소청의 제기
         (나) 결 정
      (5) 재징계의결 요구
      (6) 소청에 대한 불복
   다. 행정소송
      (1) 일반공무원
         (가) 소청 필요적전치주의
         (나) 행정소송의 피고
         (다) 행정소송의 대상
      (2) 교육공무원
   라. 소 결
      (1) 소청·행정소송의 제기
      (2) 소청결정에 대한 불복

3. A의 승소가능성
   가. A에 대한 해임처분의 위법성 여부
      (1) 징계사유의 존재 및 이 사건 해임처분
      (2) 해임처분의 법적 성질
      (3) 재량권행사의 하자여부
         (가) 법률의 규정
         (나) 재량권 행사의 한계
            (다) 비례의 원칙위반 여부
               ⓐ 비례의 원칙의 개념
               ⓑ 비례의 원칙의 내용
                  ㉠ 적합성의 원칙
                  ㉡ 필요성의 원칙
                  ㉢ 협의의 비례의 원칙 (상당성의 원칙)
                  ㉣ 3 원칙의 상호관계
         (라) 사안의 경우
      (4) 징계처분의 절차의 준수여부
      (5) 일사부재리 원칙 위배 여부
   나. 소 결

4. 사안의 해결

[31] 공무원의 책임과 불복제도 627

관리번호	사 례 형 (제1문)	시험관리관 확인	점 수	채점위원인

I. 설문(1)의 해결 - 경찰관의 근무관계의 법적 성질과 법치주의와의 관계

1. 문제점

경찰관 A의 근무관계의 법적 성질과 관련하여 종래에 논의되어 온 특별권력관계를 검토하고, 법치주의와 관계에 있어서 법률유보의 원칙과 기본권 제한 및 사법심사가 인정되는지 문제된다.

2. 특별권력관계의 개념 및 수정론

(1) 특별권력관계는 특별한 법률원인에 의하여 성립되어, 공법상의 목적을 위하여 필요한 범위 안에서 포괄적으로 일방이 타방을 지배하고, 타방이 포괄적인 지배권에 복종함을 내용으로 하는 법률관계이다. 사안에서 A는 국가공무원의 지위에서 이러한 관계에 속하게 된다.

(2) 종래의 특별권력관계의 개념은 법치주의 및 기본권존중주의가 확립된 헌법구조 아래서는 존립 기반을 상실하였다고 볼 수 있다. 그러나 특별권력관계에 속하던 법률관계 중에는 여전히 다른 법률관계와는 달리 특수성을 인정하여야 하는 것이 있다. 그리고 특별권력관계라는 용어는 일반권력관계와 병렬적 관계임을 나타내기 위하여 특별행정법관계로 부르는 것이 타당하다.

3. 특별행정법관계와 법치주의

가. 법률유보의 원칙

특별행정법관계도 법률 또는 그 위임을 받은 법규명령에 근거를 두어야 하는 법률유보의 원칙이 적용된다. 다만 특별행정법관계에서는 개괄조항에 의하여 수권이 행하여지고, 포괄적인 입법위임이 행하여지며, 행정규칙에 의하여 규율되는 경우가 많아 법률유보에 의한 규제밀도가 다소 완화되어 있는 경우가 많다.

나. 기본권의 제한

특별행정법관계에서도 기본권의 제한은 법률에 의하여야 한다. 특별행정법관계라 하여 법률에 의하지 아니하고 기본권을 제한할 수 없고, 헌법 제37조 제2항에 근거하여 법률에 근거하여서만 제한할 수 있다.

다. 사법심사

어떤 행위가 특별행정법관계에서의 행위라는 이유만으로 사법심사로부터 제외될 수 없다. 판례도 어떤 행위가 특별권력관계에서의 행위라는 이유만으로 사법심사에서 제외될 수 없다고 보고 널리 사법심사를 인정한다.

II. 설문(2)의 해결 – 경찰관 A의 금품수수와 관련된 책임

1. 문제점

경찰관 A가 직무와 관련하여 금품을 받은 행위는 국가공무원법상의 청렴의무 등의 의무위반 행위에 해당된다. 이에 따른 공무원법상의 A의 책임을 검토한다.

2. 공무원의 책임 일반론

가. 의의 및 종류

국가의 기관구성원인 공무원은 국민 전체를 위하여 직무를 성실히 수행할 의무를 진다. 공무원이 이와 같은 의무를 위반하였기 때문에 불리한 결과를 받는 지위를 공무원의 책임이라고 한다. 좁은 의미로는 국가가 사용주의 입장에서 공무원에 대하여 과하는 제재로서 징계책임과 국고에 대한 변상책임이 있다. 그리고 넓은 의미에서는 형사상의 책임 및 민사상의 책임도 있다. 더 넓은 의미에서는 헌법상 공무원의 탄핵과 같은 헌법상 책임도 있다.

나. 공무원법상의 책임

(1) 징계책임

(가) 의의

공무원이 의무를 위반한 경우에 그 징계벌을 받을 지위를 징계책임이라 한다. 경찰공무원법은 징계와 관련하여 국가공무원법을 준용하고 있다(경찰공무원법 3o).

(나) 징계사유 및 징계의 종류

① 국가공무원법 및 이 법에 의한 명령에 위반하였을 때, ② 직무상의 의무에 위반하거나 직무를 태만하였을 때, ③ 직무의 체면 또는 위신을 손상하는 행위를 한 때에는 징계권자는 반드시 징계의결의 요구를 하여야 하고, 징계의결의 결과에 따라 징계처분을 행하여야 한다(국가공무원법 78①). 국가공무원에 대한 징계는 파면·해임·강등·정직·감봉·견책의 6종이 있다(국가공무원법 79·80).

(2) 변상책임

공무원이 그 의무를 위반함으로써 국가에 대하여 재산상의 손해를 발생하게 한 경우에 사용자인 국가에 대하여 부담하는 책임을 변상책임이라 한다. 국가배상법에 의한 변상책임과 회계관계직원 등의 책임에 관한 법률에 의한 회계관계직원 등의 변상책임이 있다.

3. 사안의 해결

(1) 경찰관 A가 직무집행과 관련하여 돈을 받은 것은 청렴의무와 품위유지의무 위반에 해당한다(국가공무원법 61①, 63). 그리고 A가 돈을 받은 후에 피의자신문조서 작성날짜를 소급하여 작성하고, 더 이상 필요한 수사를 진행하지 아니하고 도로교통법위반 혐의 부분만 입건하여 처

리한 행위는 직무유기에 해당되어 성실의무에도 반하게 된다(국가공무원법 56). 따라서 A는 국가공무원법을 위반하였으므로 징계책임을 지게 된다.

(2) 이와 별도로 공무원인 A가 그 직무에 관하여 돈을 받은 것은 형법상 수뢰죄에 해당되어 형사처벌도 받게 된다(형법 129①).

Ⅲ. 설문(3)의 해결 - A의 해임처분에 대한 불복절차 및 해임처분의 위법성 여부

1. 문제점

해임처분에 대한 국가공무원법 및 행정소송법상 불복절차를 검토하고, A의 승소가능성과 관련하여서는 최초로 행한 파면처분이 대법원에서 취소된 후 다시 동일한 행위를 이유로 행하여진 해임처분의 적법성과 관련하여 재량권의 일탈·남용은 없었는지, 동일한 행위에 대하여 이중처벌하는 일사부재리 원칙에 위배되는 것은 아닌지 여부가 문제된다.

2. 공무원의 불이익 처분에 대한 불복절차

가. 필요적 행정심판 전치주의

국가공무원법 제75조에 따른 처분, 그 밖에 본인의 의사에 반한 불리한 처분이나 부작위에 관한 행정소송은 소청심사위원회의 심사를 거치지 아니하면 제기할 수 없다(국가공무원법 75).

나. 소청

(1) 의의 및 소청사항

소청이란 징계처분 등 불리한 처분이나 부작위를 받은 자가 불복이 있는 경우에 심사위원회에 심사를 청구하는 행정심판이다. 국가공무원법이 행정심판에 대한 특례로 소청제도를 마련한 것은 공무원의 신분을 보다 강하게 보장하려는 데 있다.

소청의 대상은 징계처분·강임·휴직·면직처분 그 밖에 그 의사에 반하는 불리한 처분이다(국가공무원법 9①).

(2) 소청의 절차

국가공무원법 제76조 제1항에서 규정하는 소정의 기간 내에 소청을 제기할 수 있다. 소청심사위원회는 이를 심사한 후 원칙적으로 60일 이내에 결정을 하여야 한다. 또한 원징계처분에서 부과한 징계보다 무거운 징계를 부과할 수는 없다.

(3) 소청에 대한 불복

소청심사위원회의 결정에 대하여 불복이 있더라도 소청인은 행정부 내에서는 더 이상 다툴 수 있는 수단은 없고, 행정소송으로 다투어야 한다. 확정된 소청심사위원회의 결정은 처분행정청을 기속한다(국가공무원법 15).

다. 행정소송

소청을 제기한 자가 소청심사위원회의 결정에 불복이 있는 때에는 위법하다고 생각되는 경우에 한하여 행정소송을 제기할 수 있다. 행정소송법이 원처분주의를 채택하였기 때문에 위원회의 결정이 기각결정인 경우에는 원래의 불이익처분을 대상으로 취소소송을 제기하여야 한다. 그러나 소청심사위원회가 일부취소결정 또는 적극적 변경결정을 한 경우에는 감경되고 남은 원처분을 대상으로 원처분청을 피고로 하여 소송을 제기하여야 한다는 것이 판례의 태도이다.

라. 소결

경찰관 A는 우선 소청심사위원회에 그 처분의 취소를 구하는 청구를 하여야 한다. 그리고 소청심사위원회의 결정에 대하여 불복하려는 경우에는 행정소송을 제기할 수 있다.

3. A의 승소가능성

가. A에 대한 해임처분의 위법성

(1) A에 대한 파면처분은 재량권을 일탈·남용한 처분이라는 대법원의 판결로 취소되었다. 그리하여 피고는 다시 징계위원회의 의결을 거쳐 이 사건 해임처분을 하였다.

(2) 이 사건 해임처분은 징계권자의 재량권의 행사의 결과이다. 결국 해임처분의 위법성은 징계권자의 재량권행사에 하자가 있는지에 따라서 결정된다. 사안에서 문제가 되는 것은 비례의 원칙이 위반되어 과도한 조치를 취한 것인지 여부이다.

(3) 사안에서 A는 경찰관임에도 불구하고 피의자로부터 금품을 수수하고 수사를 축소하였다. 이를 방지하기 위하여 해임처분을 한 것은 적합하고 더 경한 처분을 선택할 여지가 없으므로 필요성의 원칙에도 부합한다. 그리고 A가 지금까지 징계를 받은 적이 없더라도 A가 돈을 받은 액수 등을 고려하면 상당성의 원칙에도 반하지 않는다고 할 것이다.

나. 일사부재리 원칙 위반여부

(1) A에 대한 파면처분이 대법원에서 취소되었는데, 다시 동일한 징계사유로 해임처분을 한 것이 일사부재리원칙에 위반한 것은 아닌지 문제된다. 그러나 법원에서 징계처분 취소의 판결을 한 경우에는 그 판결이 확정된 날부터 3개월 이내에는 다시 징계의결 등을 요구할 수 있다(국가공무원법 83조의2③).

(2) A에 대한 파면처분취소의 판결은 대법원에서 2010. 5. 17. 상고기각 판결을 받아 확정되었고, 그로부터 3개월 이내인 7. 15. 이 사건 해임처분을 하였으므로 위 처분은 적법하다.

4. 사안의 해결

(1) 해임처분을 받은 경찰관 A는 필요적 행정심판전치주의를 채택하고 있는 법률에 따라 소청심사위원회에 그 처분의 취소를 청구할 수 있으며, 그 결과에 대하여도 불복하는 경우에는 행정소송을 제기할 수 있다.

(2) 그러나 A에 대한 이 사건 해임처분은 비례의 원칙에도 부합되며, 재량권의 범위를 넘거나 남용한 것이라 할 수 없다. 따라서 행정소송을 제기하더라도 승소가능성은 없다고 할 것이다.

[32] 자연공물의 소멸과 시효취득

국가 소유의 이 사건 토지는 본래는 육지에 있던 논이었으나 1920년경 홍수가 나서 물에 잠긴 이후로는 해면으로 포락되어 국유하천인 행정재산이 되었다.

그 후 A는 이 사건 토지에 인접한 지역에 논을 조성할 목적으로 공유수면 매립면허를 받아 1973년 제방을 축조하는 공사를 완공하였다. 그로 인하여 제방 밖은 삽교천 혹은 구거가 되었고, 제방 안은 구거와 삽교천 사이에 반달 모양으로 된 논이 되었는데, 이 사건 토지는 위 반달 모양의 논 중 일부에 소재하고 있었다.

충청남도지사는 1974. 10. 25. A에 대하여 공유수면 매립공사에 대한 준공인가를 하였다. 그런데 이 사건 토지는 제방 축조로 인하여 새로 논이 된 토지인 것은 사실이지만, 당초 매립면허를 받은 구역 밖에 있어 준공인가내용에 포함되지 아니하였다. 국가는 준공인가 후 이 사건 토지가 자연공물이 아님을 전제로 새로 형성된 지형을 기초로 작성된 지적도에 이 사건 토지의 지목을 답 혹은 잡종지로 기재하는 한편, 토지대장에도 지목을 답으로 변경하여 주기까지 하였다. A는 매립공사로 생긴 이 사건 토지인 논을 20년이 경과하도록 경작하여 왔다. A가 이 사건 토지에 대하여 점유시효취득을 원인으로 하는 소유권이전등기를 청구한 경우에 인용되겠는가? (50점)

참고법령

「국유재산법」

제6조(국유재산의 구분과 종류)
① 국유재산은 그 용도에 따라 행정재산과 일반재산으로 구분한다.
② 행정재산의 종류는 다음 각 호와 같다.
1. 공용재산 : 국가가 직접 사무용·사업용 또는 공무원의 주거용으로 사용하거나 대통령령으로 정하는 기한까지 사용하기로 결정한 재산
2. 공공용재산 : 국가가 직접 공공용으로 사용하거나 대통령령으로 정하는 기한까지 사용하기로 결정한 재산
3. 기업용재산 : 정부기업이 직접 사무용·사업용 또는 그 기업에 종사하는 직원의 주거용으로 사용하거나 대통령령으로 정하는 기한까지 사용하기로 결정한 재산
4. 보존용재산 : 법령이나 그 밖의 필요에 따라 국가가 보존하는 재산

③ "일반재산"이란 행정재산 외의 모든 국유재산을 말한다.

제7조(국유재산의 보호)
① 누구든지 이 법 또는 다른 법률에서 정하는 절차와 방법에 따르지 아니하고는 국유재산을 사용하거나 수익하지 못한다.
② 행정재산은 「민법」 제245조에도 불구하고 시효취득(時效取得)의 대상이 되지 아니한다.

「구 공유수면매립법(1997. 4. 10. 법률 제5337호로 개정되기 전의 것)」

제26조 (원상회복)
① 매립의 면허를 받은 자는 그 면허의 효력이 소멸되었을 경우에는 매립에 관한 공사의 시행구역내의 공유수면을 원상으로 회복하여야 한다. 다만, 건설부장관은 원상회복을 할 수 없거나 원상회복의 필요가 없다고 인정되는 경우에는 그 매립의 면허를 받은 자의 신청에 의하여 그 의무를 면제할 수 있다.
② 건설부장관은 제1항단서의 규정에 의하여 의무를 면제하였을 경우에는 매립에 관한 공사의 시행구역내의 공유수면에 있는 시설 기타의 물건을 국가의 소유로 할 수 있다.
③ 전2항의 규정은 면허없이 공유수면을 매립하거나 면허실효 후 1년 이내에 제1항단서의 규정에 의한 의무면제신청을 하지 아니한 경우에 이를 준용한다.

주요쟁점

- 공물
- 공물의 법률적 특색
- 공물의 시효취득
- 공용폐지행위
- 묵시적 공용폐지
- 일반재산
- 행정재산

I. 쟁점정리

국가 소유의 이 사건 토지는 본래는 논이었으나 1920년경 홍수로 인하여 포락되어 해면으로 되어 국유하천이 되었다. A는 그로부터 50여년이 지난 1973년에 이 사건 토지가 인접해 있는 지역에 논을 조성할 목적으로 공유수면 매립면허를 받아 제방을 축조하는 공사를 완공하게 되었는데, 그 결과 조성된 논의 일부에 이 사건 토지도 소재하게 되었다. A는 1974. 10. 25. 충청남도지사로부터 공유수면 매립공사에 대한 준공인가를 받고, 그 무렵부터 이 사건 토지를 20년이 넘도록 경작하여 왔다.

A가 이 사건 토지를 점유시효취득하기 위해서는 1973년경 제방 축조로 이 사건 토지가 사실상 자연공물로서의 성질을 상실하였는지, 1974. 10. 25. 준공인가의 취지에 위 제방 축조로 인하여 새로 생성된 이 사건 토지인 논에 대하여 모두 공용폐지를 하여 그 때부터 이 사건 토지가 시효취득의 대상인 국유재산법상의 일반재산이 되었는지를 검토할 필요가 있다.

Ⅱ. 사건 토지의 공물성 소멸 여부

1. 이 사건 토지의 포락과 공물성

국가 소유의 이 사건 토지는 본래는 논이었다가 홍수로 인하여 포락되어 해면이 되었다. 여기서 '포락'이란 강물이나 냇물 또는 해수에 논밭이 개먹어 무너져 떨어짐을 일컫는 개념이다. 토지의 포락이 그 소유권의 소멸을 가져올 수는 있지만, 구체적인 사실관계를 검토하여 소유권상실이 되는 포락인지 여부를 판정하여야 하되, 소유권이 소멸되는 포락의 인정은 신중해야 한다는 것이 판례의 입장이다(대법원 1976.7.13. 선고 75다2282 판결).

사안에서 본래 논이었던 이 사건 토지가 홍수로 인하여 포락되어 해면이 되었으나, 포락 사실로 국가의 소유권이 소멸되었다고 인정할 수는 없다. 따라서 이 사건 토지는 해면이 되어 국유하천인 행정재산으로서의 자연공물 상태로 존재한다고 할 수 있다.

2. 공물의 소멸원인

가. 공물의 소멸 개념

공물이란 행정주체에 의하여 직접 행정목적에 공용되는 유체물과 무체물 및 집합물을 말한다. 공물이 공물로서의 성질을 상실하는 것을 공물의 소멸이라고 한다. 공물의 소멸사유는 공공용물·공용물 및 공적 보존물에 따라 차이가 있다.

나. 자연공물의 소멸원인

자연공물은 자연적 상태에 있어서 이미 공공용에 제공될 수 있는 실체를 보통 갖추고 있는 물건으로 하천 · 호소 · 해빈 · 해면 등을 의미한다. 자연공물의 소멸은 공물이 자연력 또는 인위적으로 그 실체가 소멸되고 사회통념상 그 실체의 회복을 기대할 수 없는 경우를 말한다. 즉, 형체적 요소가 소멸된 경우에는 공물로서의 성질을 상실하며, 공물주체에 의한 특별한 의사표시를 요건으로 하지 아니한다.

그러나 판례는 자연공물도 공용폐지가 없는 한 공물로서의 성질을 유지한다고 본다. 국유하천부지는 공공용 재산이므로 그 일부가 사실상 대지화되어 그 본래의 용도에 공여되지 않는 상태에 놓여 있더라도, 국유재산법령에 의한 용도폐지를 하지 않은 이상 당연히 잡종재산으로 된다고는 할 수 없다(대법원 1997.8.22. 선고 96다10737 판결)고 한다.

3. 소 결

A가 1973년 공유수면 매립 면허를 받아 제방을 축조하여 논을 만들게 됨에 따라 50여년 전에 포락되어 해면이라는 자연공물 상태로 있던 이 사건 토지가 성토화되어 포락 전의 상태로 회복된 것이라고 할 수 있다. 그렇다면 이 때 이 사건 토지가 해면이라는 자연공물로서의 성질을 상실하였으므로 공물의 소멸에 해당하느냐가 문제된다. 그렇지만 포락으로 소유권을 상실하는 것도 아니고, 자연공물의 형체가 변하였더라도 국유재산법상 시효취득의 대상이 일반재산(구 국유재산법상의 잡종재산)으로 바뀌는 것은 아니다. 판례는 자연공물의 성질을 상실하였을지라도 공용폐지 또는 용도폐지라는 의사표시가 있어야 시효취득의 대상이 된다고 한다.

Ⅲ. 이 사건 토지를 시효취득할 수 있는지 여부

1. 공물의 법률적 특색

공물은 직접 공적 목적에 제공된 유체물이므로, 그 목적달성에 필요한 범위 안에서 사법의 적용대상에서 제외되고 특수한 공법적 규율을 받는다. 공물은 법률상 사소유권의 대상이 되지 못하거나, 사소유권의 대상이 되더라도 매매 · 증여 등 양도가 제한되고, 저당권 · 지상권 등 사권의 설정행위가 제한되는 융통성의 제한이 있다. 그러므로 융통성이 인정되지 않은 공물은 강제집행의 대상이 되지 못한다. 물론 융통성이 인정되는 공물은 강제집행의 대상이 된다고 할 것이다. 공물에 대한 공용수용은 원칙적으로 허용되지 아니하지만, '특별히 필요한 경우'에는 공물도 공용수용의 대상이 된다(공익사업을 위한 토지 등의 취득 및 보상에 관한 법률 19②). 판례도 공물의 공용수용을 인정한다. A가 이 사건 토지에 대한 소유권을 취득하기 위하여 검토하여야 할 공물의 시효취득 문제도 있다.

2. 공물의 시효취득

사물은 원칙적으로 부동산은 20년간(소유자로 등기한자는 10년간), 동산은 10년간 소유의 의사로서 평온·공연하게 점유를 계속하면 시효로 소유권을 취득한다(민 245·246). 도로나 하천부지와 같은 공물이 시효취득의 대상이 될 수 있는가에 대하여는 부정설과 긍정설이 대립되고 있다.

가. 학 설

(1) 부정설

공용에 제공하는 공물로 결정된 이상 그 공물에 대한 사인의 사실상의 지배관계가 아무리 오래 계속되더라도, 사인이 소유권을 취득하는 것은 공물의 존재목적에 반하는 것이라고 한다. 이 견해는 묵시적 공용폐지가 있으면 공물의 지위를 상실하게 되어 그 때부터는 시효취득의 대상이 된다고 한다.

(2) 제한적 시효취득설

사법상 소유권의 대상이 될 수 없는 공유수면 등은 시효취득의 목적이 될 수 없으나, 사법상 소유권의 대상이 될 수 있는 공물은 시효취득의 목적이 될 수 있으며, 시효취득 후에도 공적 목적에 공용하여야 하는 공법상 제한을 받는다는 견해이다.

(3) 완전시효취득설

공물의 시효취득이 문제되는 것은 공물이 공적 목적에 공용되고 있지 않은 사실이 일정기간 계속되고 있는 경우일 것이며, 이런 때에는 공물의 묵시적 공용폐지가 있다고 보는 것이 타당할 것이라는 것이다.

(4) 소 결

부정설은 시효제도의 이상에서 볼 때 타당한 것이 아니다. 제한적 시효취득설은 한편으로는 시효취득을 인정하면서, 다른 한편으로는 그 물건에 대한 공법상의 제한이 여전히 존재한다고 하지만, 공물의 시효취득은 공물이 공물로서의 실체를 잃고 이미 공물로서의 관리가 행하여지지 않고 있는 경우에만 있을 수 있다고 보면, 시효취득이 인정될 수 있는 상태에서는 공물이기 때문에 받는 공법상 제한 그 자체도 소멸하였다고 볼 것이므로 타당하지 않다. 따라서 공물의 평온·공연한 점유가 계속되고 관리자도 그대로 방치한 경우에는 공물에 대한 묵시적 공용폐지가 있었던 것으로 볼 수 있으므로, 완전시효취득설이 타당하다고 할 것이다.

나. 판 례

판례는 묵시적 공용폐지에 의한 시효취득을 인정하고 있다. 판례는 묵시적 공용폐지를 아주 엄격한 요건 하에서 예외적·제한적으로 인정하는 것 같다. 아무튼 판례는 묵시적인 공용폐지를 전제로 한 공물의 시효취득을 인정하고 있기 때문에 완전 시효취득설의 입장이라고 말할 수 있다. 다만, 일부 견해는 공용폐지가 없는 한 취득시효가 될 수 없다는 논지에 주목하여 판례의 입장을 부정설로 분류하기도 한다.

다. 검 토

헌법재판소는 잡종재산(현재의 일반재산)을 시효취득대상에서 제외시킨 구 국유재산법 규정을 위헌으로 결정한 바 있다.[27] 그리하여 개정된 법에서는 '행정재산은 민법 제245조에도 불구하고 시효취득의 대상이 되지 아니한다'(국유재산법 7②, 공유재산 및 물품관리법 6②)고 하여 일반재산에 대한 시효취득을 인정하였다. 국유재산에 대한 취득시효가 완성되기 위해서는 그 국유재산이 취득시효기간 동안 계속하여 행정재산이 아닌 시효취득의 대상이 될 수 있는 일반재산이어야 한다(대법원 2010.11.25. 선고 2010다58957 판결). 따라서 실정법상 행정재산은 시효취득의 대상이 될 수 없지만, 행정재산이라도 그 기능을 상실하여 본래의 용도에 제공되지 않는 상태에 있어 관계 법령에 의하여 용도폐지가 되면 취득시효의 대상이 되는 일반재산이 된다고 하겠다.

---

[27] 국유잡종재산은 사경제적 거래의 대상으로서 사적 자치의 원칙이 지배되고 있으므로 시효제도의 적용에 있어서도 동일하게 보아야 하고, 국유잡종재산에 대한 시효취득을 부인하는 동 규정은 합리적 근거 없이 국가만을 우대하는 불평등한 규정으로서 헌법상의 평등의 원칙과 사유 재산권보장의 이념 및 과잉금지의 원칙에 반한다(헌재 1991.5.13. 89헌가97 국유재산법 제5조 제2항의 위헌심판).

3. 공용폐지행위가 있었는지 여부

가. 공용폐지에 관한 의사표시의 존재

공물의 구조가 영구확정적으로 변화·멸실하여 그 회복이 사회통념상 불가능하게 되었다고 할지라도, 그것은 공용폐지사유는 되지만 공물소멸사유에 해당되지는 않는다. 공물은 행정주체의 공용폐지행위에 해당하는 의사표시가 있을 때에 소멸한다. 공용폐지행위에 관하여 명시적 의사표시를 요한다는 규정도 있다(예: 도로법 제18조).[28] 판례는 공용폐지의 의사표시는 명시적이든 묵시적이든 상관이 없으나 적법한 의사표시가 있어야 된다고 한다(대법원 2009.12.10. 선고 2006다19528 판결). 그러나 행정재산이나 보존재산이 사실상 본래의 용도에 사용되고 있지 않다거나 행정주체가 점유를 상실하였다는 정도의 사정이나 무효인 매도행위를 가지고 묵시적 공용폐지가 있었다고 볼 수 없다고 하여 묵시적 공용폐지에 대하여 엄격하게 판단하는 입장이다(대법원 2009.12.10. 선고 2006다19528 판결).

나. 사안에서 묵시적 의사표시가 있었는지 여부

국가는 A의 공유수면 매립 준공인가 후 새로 형성된 지형을 기초로 작성된 지적도에 이 사건 토지의 지목을 답 혹은 잡종지로 기재하는 한편, 토지대장에도 지목을 답으로 변경하여 주기까지 한 바 있으며, A가 이 사건 토지를 20년이 넘도록 경작해 오는 동안 이의를 제기하지도 않았다. 이런 사정을 두고 묵시적 공용폐지가 있었다는 하급심 판결과 이를 부정하는 대법원 판결이 있다.

(1) 하급심 판결

이 사건 각 토지는 1920년경 포락으로 인하여 자연공물이 되었다가 그 후인 1973년경 위 제방 축조로 사실상 자연공물로서의 성질을 상실하였다고 할 것이다. 그리고 관할관청이 1974. 10. 25. 위와 같이 준공인가를 함으로써 묵시적으로 이 사건 각 토지에 관하여 공용폐지를 한 것으로 보인다. 왜냐하면, 관할관청은 위 준공인가로서 그 내용에 포함되어 있는 답에 대하여는 명시적으로 공용폐지를 하였다고 할 것인데, 비록 이 사건 각 토지가 위 준공인가 내용에 포함되어 있지는 않지만 위 준공인가의 취지는 위 제방 축조로 인하여 새로 생성된 답에 대하여 모두

---

28) 도로법 제18조(노선의 폐지와 변경) ① 제11조부터 제16조까지의 규정에 따라 노선을 인정한 행정청은 그가 인정한 노선의 전부 또는 일부를 폐지하거나 변경할 수 있다.

공용폐지를 하는 취지가 포함되어 있는 것으로 보아 이 사건 각 토지가 지적공부 상 사유지로 등재되어 있지 않았다면 다른 답과 함께 공용폐지를 하였을 것이 분명하기 때문이다. 나아가 피고 대한민국은 위 준공인가 후 이 사건 각 토지가 자연공물임을 전제로 하는 어떠한 조치도 취하지 않았을 뿐만 아니라, 오히려 자연공물이 아님을 전제로 새로 형성된 지형을 기초로 작성된 지적도에 이 사건 각 토지의 지목을 답 혹은 잡종지로 기재하는 한편, 토지대장에도 지목을 답으로 변경하여 주기까지 하였다(대전고법 2006.11.22. 선고 2006나6230 판결).

(2) 대법원 판결

이 사건 각 토지는 당초 매립면허를 받은 구역 밖에 있어 준공인가내용에 포함되지 아니하였으므로 원칙적으로 구 공유수면매립법(1997. 4. 10. 법률 제5337호로 개정되기 전의 것) 제26조 제3항, 제1항에 의한 원상회복의무의 대상이 된다고 할 것이어서, 제방 축조에 의하여 매립면허 대상이었던 다른 매립지 부분과 함께 유사한 형상을 가지게 되었다고 하더라도 그러한 사정만으로 원상회복의무의 대상이 되지 않아 자연공물인 바다로서의 성질을 영구·확정적으로 상실하였다고 볼 수 없고, 또한 매립면허를 받은 구역에 대한 1974. 10. 25.자 준공인가의 내용에 이 사건 각 토지에 대하여도 공용폐지를 하는 취지가 포함되었다고 볼 수도 없다. 그리고 앞서 본 법리에 비추어 볼 때에, 원심이 들고 있는 바와 같이 피고 대한민국이 이 사건 토지에 대하여 자연공물임을 전제로 하는 어떠한 조치도 취하지 아니하였다거나 새로 형성된 지형이 기재된 지적도에 이 사건 각 토지를 포함시켜 지목을 답 또는 잡종지로 기재하고 토지대장상 지목을 답으로 변경하였다고 하더라도, 그러한 사정만으로는 공용폐지에 관한 피고 대한민국의 의사가 객관적으로 추단된다고 보기에 부족하다(대법원 2009.12.10. 선고 2006다87538 판결).

(3) 소 결

대법원은 묵시적 공용폐지의 인정을 극히 제한적으로 인정하여 온 기존의 입장에 따라 판결하였다. 그러나 비록 A가 이 사건 토지 부분에 대하여 매립면허를 받지 않아 결과적으로 원상회복의무의 대상이 된다고 할지라도, 오히려 새로 형성된 지형이 기재된 지적도에 이 사건 각 토지를 포함시켜 지목을 답이나 잡종지로 기재하고, 토지대장상의 지목을 답으로 변경한 것은 적어도 묵시적으로나마 공용폐지의 의사를 추단할 수 있는 충분한 사유가 된다고 할 것이다. 그럼에도 묵시적 공용폐지에 해당된다는 원심판결을 파기한 것은 지나치게 엄격한 태도라 할 수 있다.

Ⅳ. 결 론

사안에서 A는 50여 년 전에 포락되어 해면으로 되어 자연공물 상태로 있던 이 사건 토지를 성토화시켜 20년 이상을 점유하여 시효취득을 주장하는 소유권이 전등기청구의 소를 제기하였다.

A의 제방축조 공사로 해면상태에 있던 이 사건 토지가 성토화되어 논으로 변하게 되어 자연공물로서의 성질은 소멸되었고 할 수 있다. 그러나 자연공물의 성질을 상실하였을지라도 공물성을 상실하게 되는 것은 아니므로 공용폐지 또는 용도폐지라는 의사표시가 있어야 시효취득의 대상이 될 수 있다.

사안에서 국가가 자연공물임을 전제로 한 아무런 조치를 취하지 않았으며, 지적도와 토지대장에 이 사건 토지의 지목을 답이나 잡종지로 기재하는 등의 행위를 함으로써 묵시적이나마 공용폐지를 한 것으로 엿보게 하는 사정이 있었지만, 판례의 기준에 따른다면 이러한 사정만으로는 공용폐지에 관한 국가의 의사가 객관적으로 추단된다고 보기에 부족하다고 할 수 있다.

결국 A의 청구는 공용폐지되지 않은 공물에 대한 시효취득을 주장하는 것으로서 인용되기는 어려울 것이다.

기본구조

I. 쟁점의 정리

II. 사건 토지의 공물성 소멸 여부

1. 이 사건 토지의 포락과 공물성

2. 공물의 소멸원인
   가. 공물의 소멸 개념
   나. 자연공물의 소멸원인

3. 소 결

III. 이 사건 토지를 시효취득할 수 있는지 여부

1. 공물의 법률적 특색

2. 공물의 시효취득
   가. 학 설
   (1) 부정설
   (2) 제한적 시효취득설
   (3) 완전시효취득설
   (4) 소 결
   나. 판 례
   다. 검 토

3. 공용폐지행위가 있었는지 여부
   가. 공용폐지에 관한 의사표시의 존재
   나. 사안에서 묵시적 의사표시가 있었는지 여부
   (1) 하급심 판결
   (2) 대법원 판결
   (3) 소 결

IV. 결 론

관리번호	시험과목명 행정법	제1문	시험관리관 확인	점 수	채점위원인

I. 쟁점의 정리

(1) 국가 소유의 이 사건 토지는 본래는 논이었으나 홍수로 인하여 포락되어 국유하천이 되었다. A는 이 사건 토지가 인접해 있는 지역에 공유수면 매립면허를 받았고, 그 결과 조성된 논의 일부에 이 사건 토지도 소재하게 되었다. A는 충청남도지사로부터 공유수면 매립공사에 대한 준공인가를 받고, 그 무렵부터 이 사건 토지를 20년이 넘도록 경작하여 왔다.

(2) A가 이 사건 토지를 점유시효취득하기 위해서는 1973년경 제방 축조로 이 사건 토지가 사실상 자연공물로서의 성질을 상실하였는지, 준공인가의 취지에 위 제방 축조로 인하여 새로 생성된 이 사건 토지인 논에 대하여 모두 공용폐지를 하여 그 때부터 이 사건 토지가 시효취득의 대상인 국유재산법상의 일반재산이 되었는지를 검토할 필요가 있다.

II. 사건 토지의 공물성 소멸여부

1. 토지의 포락과 공물성

사안에서 본래 논이었던 이 사건 토지가 홍수로 인하여 포락되어 해면이 되었으나, 포락 사실로 국가의 소유권이 소멸되었다고 인정할 수는 없다. 따라서 이 사건 토지는 해면이 되어 국유하천인 행정재산으로서의 자연공물 상태로 존재한다.

2. 매립으로 인하여 공물성이 소멸하는지 여부

가. 자연공물의 소멸과 공물성

(1) 자연공물은 자연적 상태에 있어서 이미 공공용에 제공될 수 있는 실체를 보통 갖추고 있는 물건으로 하천·해면 등을 의미한다. 자연공물의 소멸은 공물이 자연력 또는 인위적으로 그 실체가 소멸되고 사회통념상 그 실체의 회복을 기대할 수 없는 경우를 말한다. 즉, 공물 주체에 의한 특별한 의사표시를 요건으로 하지 아니한다.

(2) 그러나 판례는 자연공물도 공용폐지가 없는 한 공물로서의 성질을 유지한다고 본다. 국유하천부지는 공공용 재산이므로 그 일부가 대지화되어 그 본래의 용도에 공여되지 않는 상태에 놓여 있더라도, 국유재산법령에 의한 용도폐지를 하지 않은 이상 당연히 잡종재산으로 된다고는 할 수 없다고 한다.

나. 소결

(1) A가 제방을 축조하여 논을 만들게 됨에 따라 해면이라는 자연공물 상태로 있던 이 사건 토지가 해면이라는 자연공물로서의 성질을 상실하였으므로 공물의 소멸에 해당하느냐가 문제된다. 그렇지만 포락으로 소유권을 상실하는 것도 아니고, 자연공물의 형체가 변하였더라도 국유재산법상 시효취득의 대상인 일반재산으로 바뀌는 것은 아니다.

(2) 판례는 자연공물의 성질을 상실하였을지라도 공용폐지 또는 용도폐지라는 의사표시가 있어야 시효취득의 대상이 된다고 한다.

III. 이 사건 토지를 시효취득 할 수 있는지 여부

1. 공물의 시효취득

가. 문제점

원칙적으로 부동산은 20년간(소유자로 등기한자는 10년간), 동산은 10년간 소유의 의사로서 평온·공연하게 점유를 계속하면 시효로 소유권을 취득한다(민 245·246).

그러나 도로나 하천부지와 같은 공물이 시효취득의 대상이 될 수 있는가에 대하여는 견해가 대립되고 있다.

나. 학설

(1) 부정설

공용에 제공하는 공물로 결정된 이상 사인이 소유권을 취득하는 것은 공물의 존재목적에 반하는 것이라고 보는 견해이다.

(2) 제한적 시효취득설

사법상 소유권의 대상이 될 수 있는 공물은 시효취득의 목적이 될 수 있으나, 가능한 경우라 하여도 시효취득 후에도 공적 목적에 공용하여야 하는 공법상 제한을 받는다는 견해이다.

(3) 긍정설

공물의 시효취득이 문제되는 것은 공물이 공적 목적에 공용되고 있지 않은 사실이 일정기간 계속되고 있는 경우일 것이며, 이런 때에는 공물의 묵시적 공용폐지가 있다고 보는 것이 타당할 것이라는 견해이다.

다. 판례

판례는 묵시적 공용폐지에 의한 시효취득을 인정하고 있다. 그러나 판례는 묵시적 공용폐지를 아주 엄격한 요건 하에서 예외적·제한적으로 인정하는 경향이다. 판례는 묵시적인 공용폐지를 전제로 한 공물의 시효취득을 인정하고 있기 때문에 완전 시효취득설의 입장이라고 말할 수 있다. 다만, 일부 견해는 공용폐지가 없는 한 취득시효가 될 수 없다는 논지에 주목하여 판례의 입장을 부정설로 분류하기도 한다.

다. 소결

공물의 평온·공연한 점유가 계속되고 관리자도 그대로 방치한 경우에는 공물에 대한 묵시적 공용폐지가 있었던 것으로 볼 수 있으므로, 완전시효취득설이 타당하다고 할 것이다.

개정된 법에서는 '행정재산은 민법 제245조에도 불구하고 시효취득의 대상이 되지 아니한다'(국유재산법 7②, 공유재산 및 물품관리법 6②)고 하여 일반재산에 대한 시효취득을 인정하였다. 따라서 실정법상 행정재산은 시효취득의 대상이 될 수 없지만, 행정재산이라도 그 기능을 상실하여 관계 법령에 의하여 용도폐지가 되면 취득시효의 대상이 되는 일반재산이 된다고 하겠다.

2. 공용폐지행위가 있었는지 여부

가. 공용폐지행위에 관한 의사표시의 존재

판례는 공용폐지의 의사표시는 명시적이든 묵시적이든 상관이 없으나 적법한 의사표시가 있어야 된다고 한다. 그러나 행정재산이나 보존재산이 사실상 본래의 용도에 사용되고 있지 않다거나 행정주체가 점유를 상실하였다는 정도의 사정으로는 묵시적 공용폐지가 있었다고 볼 수 없다고 하여 묵시적 공용폐지에 대하여 엄격하게 판단하는 입장이다

나. 사안의 경우

국가는 A의 공유수면 매립 준공인가 후 새로 형성된 지형을 기초로 작성된 지적도에 이 사건 토지의 지목을 답 혹은 잡종지로 기재하는 한편, 토지대장에도 지목을 답으로 변경하여 주기까지 한 바 있으며, A가 이 사건 토지를 20년이 넘도록 경작해 오는 동안 이의를 제기하지도 않았다. 이런 사정을 두고 묵시적 공용폐지가 있었다는 하급심 판결과 이를 부정하는 대법원 판결이 있다.

다. 판례의 태도

(1) 하급심 판결의 태도

하급심 판결은 제방의 축조로 사실상 자연공물로서의 성질을 상실하였다고 보면서, 관할 관청이 1974. 10. 25. 위와 같이 준공인가를 함으로써 묵시적으로 이 사건 각 토지에 관하여 공용폐지를 한 것으로 보았다.

(2) 대법원의 태도

대법원은 이와 달리 제방 축조에 의하여 자연공물인 바다로서의 성질을 영구·확정적으

로 상실하였다고 볼 수 없고, 또한 매립면허를 받은 구역에 대한 준공인가의 내용에 이 사건 토지에 대하여도 공용폐지를 하는 취지가 포함되었다고 볼 수도 없다고 보았다. 새로 형성된 지형이 기재된 지적도에 이 사건 토지를 포함시켜 지목을 답 또는 잡종지로 기재하고 토지대장상 지목을 답으로 변경하였다고 하더라도, 그러한 사정만으로는 공용폐지에 관한 대한민국의 의사가 객관적으로 추단된다고 보기에 부족하다고 하였다.

라. 소결

대법원은 묵시적 공용폐지의 인정을 극히 제한적으로 인정하여 온 기존의 입장에 따라 판결하였다. 그러나 비록 A가 이 사건 토지 부분에 대하여 매립면허를 받지 않아 결과적으로 원상회복의무의 대상이 된다고 할지라도, 오히려 새로 형성된 지형이 기재된 지적도에 이 사건 각 토지를 포함시켜 지목을 답이나 잡종지로 기재하고, 토지대장상의 지목을 답으로 변경한 것은 적어도 묵시적으로나마 공용폐지의 의사를 추단할 수 있는 충분한 사유가 된다고 할 것이다.

IV. 사안의 해결

(1) A의 제방축조 공사로 해면상태에 있던 이 사건 토지가 성토화되어 논으로 변하게 되었으므로 자연공물로서의 성질은 소멸되었고 할 수 있다. 그러나 자연공물의 성질을 상실하였을지라도 공물성을 상실하게 되는 것은 아니므로 공용폐지 또는 용도폐지라는 의사표시가 있어야 시효취득의 대상이 될 수 있다.

(2) 사안에서 국가가 자연공물임을 전제로 한 아무런 조치를 취하지 않았으며, 지적도와 토지대장에 이 사건 토지의 지목을 답이나 잡종지로 기재하는 등의 행위를 함으로써 공용폐지를 한 것으로 엿보게 하는 사정이 있었지만, 판례의 견해에 의한다면 이러한 사정만으로는 공용폐지에 관한 국가의 의사가 객관적으로 추단된다고 보기에 부족하다고 할 수 있다.

(3) 결국 A의 청구는 공용폐지되지 않은 공물에 대한 시효취득을 주장하는 것으로서 인용되기는 어려울 것이다.

[33] 경찰권 발동의 한계

(1) B는 X군수와 대학교 건립을 위한 투자약정을 체결한 후, C로부터 학교부지 중에서 상가 및 택지로 조성될 일부의 땅을 분양해 주겠다는 명목으로 6억 원을 받았다. 그 후 C는 B가 대학교 설립을 위한 재원을 마련하지 못하여 학교 설립이 무산될 위기에 처하자 6억 원의 반환을 요구하였다. C는 돈을 반환받지 못하게 되자, 친구로부터 소개받은 경찰서 정보보안과 소속 경찰공무원(경사) A에게, B로부터 6억 원을 받을 수 있도록 도와 달라는 부탁을 하게 되었다. 그리하여 경찰관 A는 C의 부탁을 받고 B에게 전화를 걸어 "나는 경찰서 정보과에 근무하는 형사다. C가 집안 동생인데 돈을 언제까지 해 줄 것이냐, 빨리 안해주면 상부에 보고하여 문제를 삼겠다"라고 말하여 B가 C에게 6억 원을 반환하지 않으면 B에 대한 수사에 착수하는 등 어떠한 불이익을 줄 듯한 태도를 보여 B를 협박하였다.

경찰관 A가 B에게 전화를 걸어 C로부터 받은 돈을 반환하라고 한 행위에 관하여 경찰권 발동의 한계와 관련하여 적법한지 여부를 설명하시오.   (30점)

(2) A는 그의 친구들과 B가 운전하는 소나타승용차를 타고 인천 남부경찰서 정문 앞길을 진행하던 중 교통신호를 위반하여, 그 곳에 대기 중인 교통경찰관 X가 신호위반 범칙금납부고지서를 발부하기 위하여 정지명령을 하였으나, B는 이를 무시하고 승용차를 운전하여 도주하기 시작하였다. 경찰관 X는 순찰차로 비상등을 켜고 승용차를 추격하였는데, 위 승용차는 수차례 신호를 위반하고, 중앙선을 침범하면서 도주를 계속하였다. 그 때 그 부근에서 순찰근무 중이던 경찰관 Y가 경찰관 X로부터 지원 요청을 받고 위 승용차를 함께 추격하였다. 위 승용차는 약 3.5km 정도를 도주하다가 삼거리 부근에서 차량 정체로 정차하고 있던 선행 승용차를 들이받아 더 이상 진행할 수 없게 되자, A를 비롯한 동승자들과 B는 차에서 뛰어내려 도로 옆에 있는 약 2m 높이의 야산진입로를 뛰어올라 근처 야산 배밭으로 도주하기 시작하였다. 경찰관 Y는 A를 약 150m를 추격하였지만, Y는 정복에 각종 장비(무전기와 권총)를 지니고 있었기 때문에 A와의 거리가 점점 멀어져 추격이 힘들게 되자 "거기 서, 서지 않으면 총을 쏘겠다."고 수차례 경고하고 하늘을 향하여 공포탄 2발을 발사하였고, 그럼에도 불구하고 A가 약 25m 거리를 두고 계속 도주하자 07:45경 "서지 않으면 실탄을 쏘겠

다."고 경고한 후, A의 좌측 대퇴부를 향하여 38구경 리볼버 권총을 격발하여, A는 좌측 대퇴부에 관통상을 입고 쓰러졌다. 그 후 A는 병원으로 후송되었으나 다음날 08:40경 좌측 대퇴부 관통상, 대퇴동맥파열로 인한 저혈량성 쇼크, 무산소성 뇌손상, 범발성 혈관 내 혈액응고장애로 사망하였다.

경찰관 Y가 A를 추격하던 중 수차례에 걸쳐 경고하고 공포탄을 발사했음에도 계속 도주하자 실탄을 발사하여 사망케 한 행위는 적법한지 여부를 설명하시오.   (20점)

참고법령

「경찰공무원복무규정」

제10조(민사분쟁에의 부당개입금지)
경찰공무원은 직위 또는 직권을 이용하여 부당하게 타인의 민사분쟁에 개입하여서는 아니된다.

「경찰관직무집행법 [법률 제5153호, 1996.08.08. 일부개정]」

제11조(무기의 사용)
경찰관은 범인의 체포·도주의 방지, 자기 또는 타인의 생명·신체에 대한 방호, 공무집행에 대한 항거의 억제를 위하여 필요하다고 인정되는 상당한 이유가 있을 때에는 그 사태를 합리적으로 판단하여 필요한 한도내에서 무기를 사용할 수 있다. 다만, 형법에 규정한 정당방위와 긴급피난에 해당하는 때 또는 다음 각 호의 1에 해당하는 때를 제외하고는 사람에게 위해를 주어서는 아니 된다.
1. 사형·무기 또는 장기 3년 이상의 징역이나 금고에 해당하는 죄를 범하거나 범하였다고 의심할만한 충분한 이유가 있는 자가 경찰관의 직무집행에 대하여 항거하거나 도주하려고 할 때 또는 제3자가 그를 도주시키려고 경찰관에게 항거할 때에 이를 방지 또는 체포하기 위하여 무기를 사용하지 아니하고는 다른 수단이 없다고 인정되는 상당한 이유가 있을 때
2. 구속영장과 압수·수색영장을 집행할 때에 본인이 경찰관의 직무집행에 대하여 항거하거나 도주하려고 할 때 또는 제3자가 그를 도주시키려고 경찰관에게 항거할 때 이를 방지 또는 체포하기 위하여 무기를 사용하지 아니하고는 다른 수단이 없다고 인정되는 상당한 이유가 있을 때
3. 범인 또는 소요행위자가 무기·흉기등 위험한 물건을 소지하고 경찰관으로부터 3회이상의 투기명령 또는 투항명령을 받고도 이에 불응하면서 계속 항거하여 이를

방지 또는 체포하기 위하여 무기를 사용하지 아니하고는 다른 수단이 없다고 인정되는 상당한 이유가 있을 때
4. 대간첩작전수행에 있어 무장간첩이 경찰관의 투항명령을 받고도 이에 불응하는 경우

주요쟁점

- 평등의 원칙
- 소극목적의 원칙
- 공공의 원칙
- 사생활불가침의 원칙
- 사주소불가침의 원칙
- 민사관계불간섭의 원칙
- 책임의 원칙
- 비례의 원칙
- 국가배상책임

Ⅰ. 민사관계불간섭의 원칙을 위반하였는지 여부 [설문 (1)의 해결]

1. 문제점

경찰서 정보보안과 소속 경찰공무원(경사) A가 타인을 기망하여 돈을 편취한 혐의가 있는 범죄사실을 인지하고 수사에 착수하지 아니한 채, 사기사건의 피해자 C의 부탁을 받고 기망혐의자 B에게 전화를 하여 6억 원을 C에게 반환하도록 한 행위가 경찰관직무집행법이 정하는 경찰권 발동의 요건을 충족하는지 여부가 문제된다. 사안의 경우는 특히 경찰공공의 원칙 중에서 민사관계불간섭의 원칙에 위반하는 것이 아닌가를 검토해야 한다.

2. 경찰권의 발동과 그 한계

가. 법규상의 한계와 재량의 한계

(1) 경찰작용은 주로 권력적인 명령・강제작용으로서 국민의 권리와 자유를 침해하는 가장 전형적인 작용인 까닭에 법치행정의 원칙에 따라 반드시 법규에 근거를 두고, 법규가 허용하는 한도에서만 발동되어야 하는 법규상의 한계가 있다. 또한 경찰작용은 그 성질상 경찰기관에 의한 임기응변의 조치를 요구하기 때문에 모든 경우를 사전에 법규로 정하기 어려운 입법기술적인 한계가 있다. 그 때문에

입법자는 탄력성 있는 개괄적·다의적인 불확정개념으로 경찰권발동의 대상·조건·방법·형태 등에 대하여 규정하는데 그치고, 그 집행을 맡은 경찰기관의 재량적 판단을 허용하는 경우가 적지 아니하다.

(2) 여기서 경찰기관에 법규가 재량을 허용하고 있는 경우에도 완전한 자유재량을 인정한 것이 아니고, 일정한 합리적 한계가 인정되는 재량의 한계가 있다. 그러한 한계에 관한 원칙으로서 일반적으로 소극목적의 원칙, 공공의 원칙, 비례의 원칙, 책임의 원칙이 있다. 오늘날은 여기에 평등원칙이 추가된다. 실정법규가 경찰권 발동의 제1단계 제약이라면, 경찰법의 일반원칙 또는 재량한계는 제2단계 제약이라고 할 수 있다.

나. 법규상의 한계

(1) 경찰권의 발동은 반드시 법규의 근거를 두어야 하며, 그 법규가 정하는 범위 내에서 이루어져야 한다. 헌법은 질서유지를 위하여 국민의 자유와 권리를 제한하는 경우에는 반드시 법률에 근거하도록 하였다(헌법 37②). 여기에서의 법률은 조직법적 근거(예컨대 경찰에 관한 조직법적 근거인 정부조직법 제29조 제4항은 경찰청의 관장사무로 '치안'을 규정하고 있다) 또는 목적 조항(예컨대 경찰관직무집행법 제2조는 경찰의 목적(직무)으로 '기타 공공의 안녕과 질서유지'를 규정하고 있다)만이 아니고, 개별적인 작용법적 근거(예컨대 경찰관직무집행법 제3조 이하, 식품위생법 등은 경찰의 개별적인 작용법적 근거를 정하고 있다)를 함께 요구하는 것으로 본다.

(2) 그러나 경찰권의 발동근거가 되는 개별적인 작용법적 근거가 없을 때, 경찰권발동의 일반적·보충적 근거가 될 수 있도록 포괄적으로 수권된 일반조항적 목적규정에 해당하는 개괄조항을 둘 수 있는지 여부에 관하여 견해가 대립된다. 판례는 확립된 것은 아니지만, 다른 작용법규가 없는 경우에 경찰의 일반적인 임무규정인 경찰관직무집행법 제2조의 '기타 공공의 안녕과 질서유지'를 근거로 하여 경찰권을 발동할 수 있는 것으로 보아 개괄조항의 존재를 인정하고 있는 듯하다.

(3) 사안에서 경찰관 A가 B, C 사이의 민사상 금전채권채무 관계에 개입하여 특정인에게 채무변제를 독촉할 수 있는 작용법적 근거를 두고 있는 법규는 존재하지 아니한다. 그리고 경찰관직무집행법상의 개괄조항에 근거하여 경찰관 A가 민사상의 채권채무관계에 개입하도록 할 수도 없다.

다. 경찰법의 일반원칙 또는 재량한계

(1) 평등의 원칙

경찰권은 모든 국민에 대하여 성별 · 종교 · 사회적 신분 · 인종 등을 이유로 하는 불합리한 조건에 의한 차별대우를 할 수 없다는 원칙이다(헌법 11). 헌법상 평등의 원칙이 경찰권행사에서도 적용되어야 한다는 것이다.

(2) 소극목적의 원칙

경찰은 직접 사회공공의 안녕과 질서를 유지하기 위하여 이에 대한 위해가 되는 행위나 상태를 예방하고 제거함을 목적으로 하는 작용이다. 따라서 경찰권은 법령에 특히 명시적 규정이 없는 한 이러한 소극적 목적을 넘어 사회 공공의 복리를 증진하고, 사회경제질서를 일정한 방향으로 유도하려는 작용은 경찰작용이 아니며, 이러한 목적을 위한 경찰권의 발동은 그 한계를 일탈한 위법한 작용이라 할 수 있다. 이를 소극목적의 원칙이라고 한다.

(3) 공공의 원칙

경찰은 사회공공의 안녕의 확보와 질서의 유지를 목적으로 하는 작용이므로, 이를 위한 명령 · 강제의 권능은 개인의 활동에 대하여서는 그것이 사회 공공의 안녕과 질서에 영향을 미치는 경우에 그 범위 안에서만 발동될 수 있다. 이를 경찰공공의 원칙이라 한다. 그리하여 그 영향이 단지 그 사람의 일신 또는 일가족에 그치고, 사회공공의 질서에 관계가 없는 것에 대하여는 경찰권을 발동하여 함부로 이에 관여하는 것은 허용되지 않는다고 하는 것이 이 원칙이다. 사회공공의 질서와 관계가 없는 사항으로는 일반적으로 사생활 · 사주소 · 민사상의 법률관계를 들 수 있다.

(개) 사생활불가침의 원칙

사회공공의 질서와 직접 관계없는 개인의 생활이나 행동(사생활)에는 간섭하여서는 아니된다고 하는 원칙이다. 이 원칙에 위반하여 경찰이 함부로 사인의 사생활에 간섭하여 개인의 프라이버시를 침범하게 되면, 그 행위는 직무권한 외의 행위로서 위법이 된다. 원래 이 원칙은 국민 각자의 생활활등으로 사회의 다른 사람들에게 영향을 미치지 아니하는 것은 이를 각자의 자율에 맡긴다는 취지이다. 다만, 개인의 활동이라도 동시에 사회공공의 질서에 영향을 미치는 경우에는 그 범위 안에서 부득이 질서유지행정권이 발동된다. 예컨대 청소년통행 금지구역에의 청소년통행금지(청소년보호법 25), 정신착란 또는 주취로 인하여 자기 또는 타인의 생명·신체 또는 재산에 위해를 미칠 우려가 있는 자의 보호조치(경찰관직무집행법 4①(1))등이다.

(나) 사주소불가침의 원칙

일반사회와 직접 접촉되지 않는 가택 내의 생활활동(사람의 행위 및 물건의 상태)은 사생활의 범위에 속하며, 함부로 이러한 생활장소인 사주소를 침해하여서는 안 된다는 것이다. 원래 이 원칙은 그 행위가 만약 공공의 장소에서 행하여진다면 당연히 금지되어야 할 행동이라도 그 것이 사주소 내에서 행하여진다면, 원칙적으로 사회공공의 안녕과 질서에 영향을 미치지 아니하므로 각자의 자유에 맡기고 질서유지 행정권의 대상이 되지 않는다는 취지이다.

여기에서의 사주소라 함은 '직접 공중과 접촉되지 않은 장소'를 의미하므로 사인의 주택에 한하지 않고 공장·사무소·창고 등과 같은 비거주 건축물도 이에 포함 된다고 볼 것이다. 그러나 흥행장·여관·음식점·역·버스터미널과 같이 항상 불특정 다수인이 자유로이 출입하는 장소에 대하여는 그 공개 중에 한하여 공연의 장소(이러한 장소를 경찰상 공개된 장소라 한다)로 볼 수 있으므로, 이른바 '사주소'에 포함되지 않는다고 할 것이다(경찰관직무집행 7②).

(다) 민사관계불간섭의 원칙

개인의 재산권의 행사, 민사상의 계약, 친권의 행사 등 민사상의 법률관계는 일반적으로 당해 특정의 당사자의 이익에만 관계되고, 직접 사회공공의 질서에 영향을 미치는 것은 아니므로 분쟁이 있는 경우에도 각 당사자의 청구에 의하여 사법권에 의한 보호가 부여될 뿐이며, 경찰권이 관여할 사항은 아니라는 것이다. 따라서 경찰관이 사인간의 임대차에 관한 분쟁에 개입하거나, 민사상의 채권집행에 관여하거나, 범죄행위의 종료 후 범죄로 인하여 생긴 손해를 배상시키려고 하는 행위는 그 직무상의 행위로는 볼 수 없어 권한을 넘는 위법행위라 할 것이다. 다만, 민사상의 법률관계라 할지라도 당사자 간의 이익에만 관계되는 것이 아니고, 동시에 사회공공의 질서에 영향을 마치는 경우에는 그 한도 내에서 경찰권의 대상이 되는 경우도 있다. 예컨대 경기장 등 일정한 요금을 받고 입장시키는 장소에서 입장료를 초과한 가격으로 입장권을 전매하는 자를 단속하는 것과 같다(경범죄처벌법 1(47)).

(4) 책임의 원칙

질서유지를 위한 명령·강제는 사회공공의 질서에 대하여 장해가 발생하거나 발생할 우려가 있는 경우에만 발동될 수 있는데, 그 발동은 원칙적으로 이러한 상태의 발생에 대하여 책임이 있는 자에 대하여서만 행하여야 한다는 원칙이다.

국민 각자에게는 자기의 행위, 자기가 감독하는 자의 행위 또는 자기가 지배하는 물건의 상태 등 자기의 생활범위로부터 사회공공의 질서를 해하거나 그 장해가 될 상태를 발생시켜서는 안 된다는 책무가 과하여져 있다. 경찰책임에는 행위책임·상태책임·다수자책임 으로 나눌 수 있다.

(가) 행위책임

자기 또는 자기의 지배에 속하는 사람의 행위로 질서위반의 상태가 발생한 경우에 지는 책임을 행위책임이라고 한다. 타인의 행위를 관리하는 자는 그 권한의 범위 안에서 피관리자의 행위로부터 생기는 질서위반의 상태에 대하여 책임을 진다. 예컨대 자녀의 행위에 대하여 보호자가, 사용인의 행위에 대하여 사업주가 책임을 지는 것과 같다.

(나) 상태책임

물건의 소유자·점유자 기타 물건을 사실상 지배하고 있는 자는 그 지배의 범위 안에서 그 물건으로부터 경찰위반의 상태가 발생한 경우에 지는 책임을 말한다. 여기에서의 관리권은 그 권원의 적법 여부와는 관계가 없다. 따라서 경찰기관은 당해 물건의 소유관계와는 관계없이 당해 물건을 현실적으로 지배하고 있는 당사자에게 경찰권을 발동할 수 있게 된다.

소유권자의 상태책임은 소유물을 양도하면 종료된다. 원래는 경찰적합 상태에 있던 물건이 주변환경의 변화에 의하여 위험의 근원이 되어 공공의 안녕과 질서에 대한 위해가 되는 경우에도 상태책임을 진다. 예컨대 시의 외곽지역에 양돈업을 경영하고 있던 자가 주거지역이 확대되어 양돈업에 의한 악취·소음 등에 시달리게 된 경우이다.

(다) 다수자책임 (복합적 책임)

경찰상의 조치는 원칙적으로 행위와 물건의 상태에 대하여 경찰상의 책임을 지고 있는 사람에 대하여 발하여진다. 구체적인 경우에 여러 사람의 책임이 경합되는 경우가 있다. 예컨대 피용자의 행위에 대하여 피용자뿐만 아니라 사용자도 책임을 지는 것과 같이 다수의 행위책임자도 있을 수 있고, 붕괴위험이 있는 건물에 대하여 소유자뿐만 아니라 임차인도 책임을 지는 다수의 상태책임자도 있을 수 있다.

(라) 경찰책임의 승계

경찰상 책임자가 사망하거나 물건을 양도하면 경찰상의 책임이 상속인이나 양수인에게 승계되는지가 문제된다. ① 행위책임의 경우에는 특정인의 행위에 대한 평가와 관련되기 때문에 승계가 인정되지 아니한다고 할 것이다. ② 상태책임{행정행위에 의하여 명하여진 상태책임은 물론, 법령에서 구체화되어 있는 상태책임(예: 수질 및 수생태계 보전에 관한 법률 15②에 의한 오염물질의 방제조치의무)도 포함}은 물건의 상태와 관련되기 때문에 승계된다고 할 것이다.

(마) 경찰상 긴급사태 (제3자에 대한 경찰권발동)

경찰권은 직접적인 질서위반 책임자에게만 발동되는 것이 원칙이다. 이 원칙에 대한 예외로서 긴급한 필요가 있는 경우에는 질서위반책임이 없는 자에게도 경찰권의 발동이 인정되는 경우가 있다. 이를 종래에는 경찰긴급권이라고 하였다. 이와 같은 제3자에 대한 경찰권발동의 내용은 두 가지로 구분할 수 있는데, 자신의 이익침해에 대하여 수인하도록 의무지우는 것(예: 불이 번지는 것을 막기 위한 타인건물의 철거, 소방기본법 25②). 특정의 작위(예: 화재현장에 있는 사람에 대한 소화종사명령, 소방기본법 24①) 또는 부작위(예: 불량우유제조업자에 대한 원유 공급중단)를 부과 하는 것 등이다.

(5) 비례의 원칙

경찰권은 사회질서유지를 위하여 묵과(인용)할 수 없는 위해로서 현재 그것이 발생되어 있거나 그 발생이 확실히 예측되는 경우에만, 그리고 또한 그 제거를 위하여 필요한 최소한도에 있어서만 발동될 수 있다. 경찰권발동의 조건과 그 수단 및 정도는 질서유지의 필요의 정도와 비교하여 그 사이에 사회통념상 적당하다고 인정되는 비례가 유지되어야 하는데, 이를 경찰비례의 원칙이라고 한다. 이 원칙에는 넓은 의미에서는 적합성의 원칙, 필요성의 원칙, 상당성의 원칙이 포함된다.

3. 사안의 해결

(1) 경찰관 A가 자신의 지위를 내세우면서 타인의 민사분쟁에 개입하여 빨리 채무를 변제하지 않으면 상부에 보고하여 문제를 삼겠다고 말한 것은, 객관적으로

상대방이 공포심을 일으키기에 충분한 정도의 해악의 고지에 해당하므로 현실적으로 피해자가 공포심을 일으키지 않았다 하더라도 협박죄의 기수에 이르렀다고 보아야 한다(대법원 2007.9.28. 선고 2007도606 판결).

(2) 따라서 경찰관 A가 B, C 사이의 민사상 분쟁에 개입하여 형법상 협박죄를 범한 행위는 관련법령에 근거도 없이 행하여진 것이기 때문에, 경찰관의 정당한 권한의 행사 내지 업무상 정당행위로서 사회통념상 용인될 수 있는 행위라고 볼 수도 없다.

(3) 또한 경찰권 발동에 관한 법의 일반원칙으로서의 공공의 원칙 중 민사관계불간섭의 원칙을 위반한 것으로 위법한 행위에 해당된다. 따라서 경찰관 A는 국가공무원법상의 품위유지의무 위반으로 징계책임도 지게 된다.

기본구조

민사관계불간섭의 원칙을 위반하였는지 여부 [설문 (1)의 해결]

1. 문제점
2. 경찰권의 발동과 그 한계
  가. 법규상의 한계와 재량의 한계
  나. 법규상의 한계
  다. 경찰법의 일반원칙 또는 재량한계
   (1) 평등의 원칙
   (2) 소극목적의 원칙
   (3) 공공의 원칙
     (가) 사생활불가침의 원칙
     (나) 사주소불가침의 원칙
     (다) 민사관계불간섭의 원칙
   (4) 책임의 원칙
     (가) 행위책임
     (나) 상태책임
     (다) 다수자책임(복합적 책임)
     (라) 경찰책임의 승계
     (마) 경찰상 긴급사태(제3자에 대한 경찰권발동)
   (5) 비례의 원칙
3. 사안의 해결

Ⅱ. 경찰비례의 원칙에 위반하였는지 여부 [설문 (2)의 해결]

1. 문제점

경찰권의 발동은 사회질서유지를 위하여 묵과할 수 없는 위해 또는 위해발생의 위험을 제거하기 위하여 필요한 경우에 그 목적을 달성하기 위하여 필요한 최소한의 범위로 국한되어야 한다. 특히 경찰권의 발동에서 무기를 사용하게 될 경우에는 보다 엄격한 요건을 갖춰야 한다. 즉, 경찰관은 범인의 체포·도주의 방지, 자기 또는 타인의 생명·신체에 대한 방호, 공무집행에 대한 항거의 억제를 위하여 필요하다고 인정되는 상당한 이유가 있을 때에는 그 사태를 합리적으로 판단하여 필요한 한도내에서 무기를 사용할 수 있다(경찰관직무집행법 11①).

따라서 사안에서 경찰관 Y가 신호위반으로 야기된 도주와 정지명령 및 체포를 위한 추격과정, 운전자와 동승자들의 도주경위와 방법, 무기를 사용하게 된 과정을 종합적으로 참작하여 볼 때, 경찰관직무집행법이 정하는 무기사용의 범위와 한계를 준수하여 경찰비례의 원칙을 위반한 것은 아닌지 문제된다.

2. 경찰비례의 원칙의 내용

가. 개 념

경찰권발동의 조건과 그 수단 및 정도는 질서유지의 필요의 정도와 비교하여 그 사이에 사회통념상 적당하다고 인정되는 비례가 유지되어야 하는 것을 경찰비례의 원칙이라고 한다. 비례의 원칙은 조리상의 법원칙으로 발전되었으나, 오늘날은 실정법상의 원칙으로 되었다. 헌법 제37조 제2항의 "국민의 모든 자유와 권리는… 필요한 경우에 한하여 법률로써 제한할 수 있으며"라는 규정으로부터 이 원칙을 도출할 수 있다고 할 것이며, 경찰관직무집행법 제1조 제2항이 "이 법에 규정된 경찰관의 직권은 그 직무수행에 필요한 최소한도 내에서 행사되어야 하며, 남용하여서는 아니 된다"는 규정은 이 원칙의 직접적인 근거규정으로 볼 수 있다. 이 원칙에는 넓은 의미에서는 적합성의 원칙, 필요성의 원칙, 상당성의 원칙이 포함된다.

나. 경찰권발동의 조건

(1) 경찰권에 의한 개인의 권리·자유의 제한은 사회질서유지상 '묵과(인용)할 수 없는 위해'를 예방 또는 제거하기 위하여서만 허용된다. 사람의 사회적 활동에

있어서는 한편으로는 사회에 이익을 주는 것이 타면으로는 해악을 미치는 것도 적지 않다. 그리하여 일반적으로 사회에 대하여 다소의 위해가 되는 것이라도 그것을 제거함으로써 사회에 한층 큰 불이익을 생기게 하는 경우에는 그 위해를 묵과하는 것이 오히려 사회의 이익에 합치된다 할 것이다. 따라서 '묵과할 수 없는 위해'라 함은 사회에 대하여 주는 이익과 해악을 비교하여 사회질서유지상 인용할 수 없는 정도로 해악이 큰 경우를 말한다. 그리고 그 비교·평가는 질서유지행정기관의 주관적인 판단에 의할 것은 아니고 사회평균인의 상식적 판단인 사회통념에 의할 것이다.

(2) 경찰권은 '묵과할 수 없는 위해'가 발생되어 있는 경우(진압경찰의 경우) 또는 그 발생이 확실히 예측되는 경우(예방경찰의 경우)에만(이른바 명백하고 현존한 위험의 법칙)발동될 수 있다. 명백하고 현존하는 위해가 있을 경우에만 경찰권을 발동할 수 있다는 것은 경찰권발동의 요건, 즉 경찰상의 필요성의 유무에 관한 비례원칙의 적용이라고 할 것이다.

다. 경찰권발동의 수단 및 정도

(1) 적합성의 원칙

적합성의 원칙에 따라 경찰권이 취하는 조치 또는 수단은 의도하는 목적달성에 적합한 것이어야 한다. 이것은 목적과 수단 간을 질적인 관점에서 평가한 것이다. 수단이 적합하다는 것은 달성하려는 목적이 선택된 수단에 의하여 실현에 접근하는 경우로서 목적의 완전한 실현을 요청하는 것은 아니다. 또한 선택된 수단은 목적달성에 적합할 뿐만 아니라 사실상·법률상 가능한 것이어야 한다. 그리고 이미 취한 수단이 사후에 부적합한 것으로 판단되어도 채택 당시에 합리적인 판단에 따른 것이라면 적합성은 문제되지 아니한다.

(2) 필요성의 원칙

필요성의 원칙에 따라 경찰권이 취하는 조치 또는 수단은 의도하는 목적달성에 적합한 것 중에서도 필요하고도 최소침해의 것이어야 한다. 따라서 이 원칙은 '최소침해의 원칙' 또는 '가장 부드러운 수단의 원칙'이라고 한다. 예컨대 적합성의 면에서 보면, 양자가 모두 요건을 충족하더라도 시설개수명령으로써 목적을 달성할 수 있음에도 불구하고 영업정지를 명하는 것은 필요성의 원칙에 위배된다고 할 것이다.

⑶ 상당성의 원칙

상당성의 원칙에 따라 목적달성을 위하여 필요한 수단이라 하더라도 경찰상 규제의 필요(위해의 예방 또는 제거)와 경찰권행사의 정도(자유제한)간에는 정당한 비례가 유지되어야 한다. 이 원칙은 목적과 수단 간을 양적인 관점에서 평가한 원칙이다. 다시 말하면 경미한 위해 또는 그 위험의 제거를 위하여 중대한 자유제한을 행함은 위법이 된다. 예컨대 위에서 본 예에서 시설개수명령의 수단을 택하였다 하더라도 경찰상 규제의 필요와는 균형이 맞지 아니한 호화시설로 개수하도록 한 것은 위법이 된다. 상당성의 원칙은 협의의 비례원칙이라고도 한다. 이 원칙은 흔히 "경찰은 대포로 참새를 쏘아서는 안 된다"는 말로 비유된다.

라. 비례원칙에 대한 예외

법률은 통상적인 방법이나 수단에 의하여 목전의 급박한 사회적 위해를 제거할 수 없는 경찰긴급상태에 있어서는 비례원칙에 대한 예외로서 통상의 수인의무를 넘어 경찰권발동을 인정하는 경우가 있다(예: 무기사용).

3. 사안의 해결

⑴ 경찰관직무집행법 제11조의 규정을 보면, 경찰관은 범인의 체포, 도주의 방지, 자기 또는 타인의 생명, 신체에 대한 방호, 공무집행에 대한 항거의 억제를 위하여 상당한 이유가 있을 때에는 필요한 한도 내에서 무기를 사용할 수 있으나, 형법이 정하는 정당방위와 긴급피난에 해당할 때 또는 체포, 도주의 방지나 항거의 억제를 위하여 다른 수단이 없다고 인정되는 상당한 이유가 있는 때에 한하여 필요한 한도 내에서만 무기를 사용하여 사람에게 위해를 가할 수 있다.

⑵ 사안에서 경찰관 Y는 신호위반을 이유로 한 정지명령에 불응하고 도주하던 차량에 탑승한 동승자 A를 추격하던 중 추격이 힘들게 되자 수차례에 걸쳐 경고하고 공포탄을 발사했음에도 불구하고 계속 도주하자 실탄을 발사하여 사망케 하였다.

⑶ 그런데 경찰관 Y의 무기사용에 상당한 이유가 있었는지 여부는 결국 경찰비례의 원칙을 준수하였느냐 여부와도 관련된다. 사안에서 A는 흉기를 휴대하지 아니한 상태에서 추격중인 경찰관을 공격하거나 위협하는 등 거칠게 항거하지 않고 단지 계속하여 도주하였을 뿐이므로, 그러한 상황은 형법에 규정된 정당방위나 긴급피난의 요건에 해당한다고 보기 어렵다.

⑷ 그리고 동료 경찰관은 총기를 사용하지 않고도 함께 도주하던 다른 일행을 계속 추격하여 체포한 점에 비추어 볼 때, 경찰관이 다른 방법을 취하지 아니하고 실탄을 발사한 행위는 경찰관직무집행법 제11조에 정해진 총기 사용의 허용 범위를 벗어난 위법행위로 경찰비례의 원칙에도 위반한 것이라고 할 수 있다.

기본구조

경찰비례의 원칙에 위반하였는지 여부 [설문 ⑵의 해결]

1. 문제점

2. 경찰비례의 원칙의 내용
   가. 개 념
   나. 경찰권발동의 조건
   다. 경찰권발동의 수단 및 정도
   　⑴ 적합성의 원칙
   　⑵ 필요성의 원칙
   　⑶ 상당성의 원칙
   라. 비례원칙에 대한 예외

3. 사안의 해결

I. 설문(1)의 해결 - 민사관계불간섭의 원칙 위반여부

1. 문제점

경찰서 정보보안과 소속 경찰공무원 A가 범죄사실을 인지하고 수사에 착수하지 아니한 채, 사기사건의 피해자 C의 부탁을 받고 기망혐의자 B에게 전화를 하여 6억 원을 C에게 반환하도록 한 행위가 경찰관직무집행법이 정하는 경찰권 발동의 요건을 충족하는지 여부가 문제된다. 사안의 경우는 특히 경찰공공의 원칙 중에서 민사관계불간섭의 원칙에 위반하는 것이 아닌가를 검토해야 한다.

2. 경찰권의 발동과 그 한계

가. 법규상의 한계와 재량상의 한계

(1) 경찰작용은 국민의 권리와 자유를 침해하는 가장 전형적인 작용인 까닭에 법치행정의 원칙에 따라 반드시 법규에 근거를 두고, 법규가 허용하는 한도에서만 발동되어야 하는 법규상의 한계가 있다.

(2) 또한 경찰작용은 그 성질상 모든 경우를 사전에 법규로 정하기 어려운 한계가 있다. 그 때문에 경찰기관의 재량적 판단을 허용하는 경우가 적지 아니하다. 여기서 법규가 재량을 허용하고 있는 경우에도 완전한 재량을 인정한 것이 아니고, 일정한 합리적 한계가 필요하게 된다.

나. 개괄조항에 의한 수권 가능성

(1) 경찰권의 발동근거가 되는 개별적인 근거가 없을 때, 경찰권발동의 일반적·보충적 근거가 될 수 있도록 포괄적으로 수권된 일반조항적 목적규정에 해당하는 개괄조항을 둘 수 있는지 여부에 관하여 견해가 대립된다. 판례는 확립된 것은 아니지만, 다른 작용법규가 없는 경우에 경찰관직무집행법 제2조의 '기타 공공의 안녕과 질서유지'를 근거로 하여 경찰권을 발동할 수 있는 것으로 보아 개괄조항의 존재를 인정하고 있는 듯하다.

(2) 사안에서 경찰관 A가 B, C 사이의 민사상 금전채권채무 관계에 개입하여 특정인에게 채무변제를 독촉할 수 있는 작용법적 근거를 두고 있는 법규는 존재하지 아니한다. 그리고 경찰관직무집행법 제2조에 근거하여 A가 민사상의 채권채무관계에 개입하도록 할 수도 없다.

다. 경찰법의 일반원칙 또는 재량한계

(1) 평등의 원칙

경찰권은 모든 국민에 대하여 불합리한 조건에 의한 차별대우를 할 수 없다는 원칙이다(헌법 11). 헌법상 평등의 원칙이 경찰권행사에서도 적용되어야 한다는 것이다.

(2) 소극목적의 원칙

경찰은 직접 사회공공의 안녕과 질서를 유지하기 위하여 이에 대한 위해가 되는 행위나 상태를 예방하고 제거함을 목적으로 하는 작용이다. 따라서 경찰권은 법령에 특히 명시적 규정이 없는 한 이러한 소극적 목적을 넘어 사회 공공의 복리를 증진하고, 사회경제질서를 일정한 방향으로 유도할 수 없다.

(3) 공공의 원칙

경찰은 사회공공의 안녕의 확보와 질서의 유지를 목적으로 하는 작용이므로, 이를 위한 명령·강제의 권능은 개인의 활동에 대하여서는 그것이 사회 공공의 안녕과 질서에 영향을 미치는 경우에 그 범위 안에서만 발동될 수 있다. 이를 경찰공공의 원칙이라 한다.

(개) 사생활불가침의 원칙

개인의 생활이나 행동(사생활)에는 간섭하여서는 아니된다고 하는 원칙이다. 다만, 개인의 활동이라도 동시에 사회공공의 질서에 영향을 미치는 경우에는 그 범위 안에서 부득이 질서유지행정권이 발동된다. 예컨대 정신착란 또는 주취로 인하여 자기 또는 타인의 생명 또는 재산에 위해를 미칠 우려가 있는 자의 보호조치(경직법 4①(1)) 등이다.

(내) 사주소불가침의 원칙

일반사회와 직접 접촉되지 않는 가택 내의 생활활동은 사생활의 범위에 속하며, 함부로 이러한 생활장소인 사주소를 침해하여서는 안 된다는 것이다.

(대) 민사관계불간섭의 원칙

개인의 재산권의 행사 등 민사상의 법률관계는 일반적으로 직접 사회공공의 질서에 영향을 미치는 것은 아니므로 분쟁이 있는 경우에도 각 당사자의 청구에 의하여 사법권에 의한 보호가 부여될 뿐이며, 경찰권이 관여할 사항은 아니라는 것이다.

다만, 민사상의 법률관계라 할지라도 사회공공의 질서에 영향을 미치는 경우에는 그 한도 내에서 경찰권의 대상이 되는 경우도 있다. 예컨대 경기장 등의 장소에서 입장료를 초과한 가격으로 입장권을 전매하는 자를 단속하는 것과 같다(경범죄처벌법 1(47)).

(4) 책임의 원칙

질서유지를 위한 명령·강제는 사회공공의 질서에 대하여 장해가 발생하거나 발생할 우려가 있는 경우에만 발동될 수 있는데, 그 발동은 원칙적으로 이러한 상태의 발생에 대하여 책임이 있는 자에 대하여서만 행하여야 한다는 원칙이다.

이러한 경찰책임은 ① 질서위반의 상태를 유발한 자가 지게 되는 행위책임, ② 물건의 소유자 등이 그 지배의 범위 안에서 그 물건으로부터 경찰위반의 상태가 발생한 경우에 지게 되는 상태책임 ③ 여러 사람의 책임이 경합되는 경우인 다수자책임 으로 나눌 수 있다. ④ 또한 예외적으로 책임이 없는 제3자에게 경찰권이 발동되는 경우도 있다.

(5) 비례의 원칙

경찰권은 사회질서유지를 위하여 묵과할 수 없는 위해로서 현재 그것이 발생되어 있거나 그 발생이 확실히 예측되는 경우에만, 그리고 또한 그 제거를 위하여 필요한 최소한도에 있어서만 발동될 수 있다. 경찰권발동의 조건과 그 수단 및 정도는 질서유지의 필요의 정도와 비교하여 그 사이에 사회통념상 적당하다고 인정되는 비례가 유지되어야 하는데, 이를 경찰비례의 원칙이라고 한다.

3. 사안의 해결

경찰관 A가 자신의 지위를 내세우면서 빨리 채무를 변제하지 않으면 상부에 보고하여 문제를 삼겠다고 말한 것은, 판례에 따르면 협박죄의 기수에 해당된다. 따라서 A가 B, C 사이의 민사상 분쟁에 개입하여 형법상 협박죄를 범한 행위는 관련법령에 근거도 없이 행하여진 것이기 때문에, 경찰관의 정당한 권한의 행사로 볼 수도 없다. 또한 경찰권 발동에 관한 법의 일반원칙으로서의 공공의 원칙 중 민사관계불간섭의 원칙을 위반한 것으로 위법한 행위에 해당된다.

II. 설문(2)의 해결 - 경찰비례의 원칙에 위반했는지 여부

1. 문제점

경찰권의 발동은 필요한 경우에, 그 목적을 달성하기 위하여 필요한 최소한의 범위로 국한되어야 한다. 특히 경찰권의 발동에서 무기를 사용하게 될 경우에는 보다 엄격한 요건을 갖춰야 한다. 경찰관직무집행법 제11조 제1항은 이러한 관점에서 무기사용의 가능성을 제한하고 있다.

따라서 사안에서 경찰관 Y가 신호위반으로 야기된 도주와 정지명령 및 체포를 위한 추격과정 및 무기를 사용하게 된 과정을 종합적으로 참작하여 볼 때, 경찰관직무집행법이 정하는 무기사용의 범위와 한계를 준수하여 경찰비례의 원칙을 위반한 것은 아닌지 문제된다.

2. 경찰비례의 원칙의 내용

가. 개념

위에서 살펴본 바와 같이 경찰권의 발동은 질서유지의 필요의 정도와 비교하여 사회통념상 적당하다고 인정되는 비례가 유지되어야 한다. 이 원칙에는 넓은 의미에서는 적합성의 원칙, 필요성의 원칙, 상당성의 원칙이 포함된다.

나. 경찰권발동의 조건

(1) 경찰권에 의한 개인의 권리·자유의 제한은 사회질서유지상 '묵과할 수 없는 위해'를 예방 또는 제거하기 위하여서만 허용된다. '묵과할 수 없는 위해' 라 함은 사회에 대하여 주는 이익과 해악을 비교하여 사회질서유지상 인용할 수 없는 정도로 해악이 큰 경우를 말한다.

(2) 경찰권은 '묵과할 수 없는 위해'가 발생되어 있는 경우 또는 그 발생이 확실히 예측되는 경우에만(이른바 명백하고 현존한 위험의 법칙) 발동될 수 있다. 이는 경찰상의 필요성의 유무에 관한 비례원칙의 적용이라고 할 것이다.

3. 경찰권발동의 수단 및 정도

가. 적합성의 원칙

경찰권이 취하는 조치 또는 수단은 의도하는 목적달성에 적합한 것이어야 한다. 또한 선택된 수단은 목적달성에 적합할 뿐만 아니라 사실상·법률상 가능한 것이어야 한다. 그리고 이미 취한 수단이 사후에 부적합한 것으로 판단되어도 채택 당시에 합리적인 판단에 따른 것이라면 적합성은 문제되지 아니한다.

나. 필요성의 원칙

필요성의 원칙에 따라 경찰권이 취하는 조치 또는 수단은 의도하는 목적달성에 적합한 것 중에서도 필요하고도 최소침해의 것이어야 한다.

다. 상당성의 원칙

상당성의 원칙에 따라 목적달성을 위하여 필요한 수단이라 하더라도 경찰상 규제의 필요와 경찰권행사의 정도간에는 정당한 비례가 유지되어야 한다. 다시 말하면 경미한 위해 또는 그 위험의 제거를 위하여 중대한 자유제한을 행함은 위법이 된다. 이 원칙은 흔히 "경찰은 대포로 참새를 쏘아서는 안 된다"는 말로 비유된다

라. 비례원칙의 예외

법률은 통상적인 방법이나 수단에 의하여 목전의 급박한 사회적 위해를 제거할 수 없는 경찰긴급상태에 있어서는 비례원칙에 대한 예외로서 무기의 사용등과 같이 통상의 수인의무를 넘어 경찰권발동을 인정하는 경우가 있다.

4. 사안의 해결

경찰관직무집행법 제11조의 규정을 보면 일정한 경우 무기를 사용할 수 있으나 이는 예외적으로 필요한 한도 내에서만 무기를 사용할 수 있다는 규정으로 해석해야 할 것이다.

사안에서 경찰관 Y는 A를 추격하던 중 추격이 힘들게 되자 실탄을 발사하여 사망케 하였다. 그런데 경찰관 Y의 무기사용에 상당한 이유가 있었는지 여부는 결국 경찰비례의 원칙을 준수하였느냐 여부와도 관련된다. 사안에서 A는 흉기를 휴대하지 아니한 상태에서 경찰관을 공격하거나 위협하는 등 거칠게 항거하지 않고 단지 계속하여 도주하였을 뿐이므로 비례의 원칙상 상당성의 원칙에 반하는 것으로 판단된다.

또한 동료 경찰관은 총기를 사용하지 않고도 다른 일행을 계속 추격하여 체포한 점에 비추어 볼 때, 경찰관이 실탄을 발사한 행위는 경직법 제11조에 정해진 총기 사용의 허용 범위를 벗어난 위법행위로 경찰비례의 원칙에도 위반한 것이라고 할 수 있다.

[34] 토지수용과 손실보상

서울특별시 동대문구는 동대문근린공원을 조성할 목적으로 그 주변의 토지들을 수용대상으로 정하면서, A의 토지도 위 공원 부지로 포함하는 내용의 고시를 한 바 있다{도시계획시설(동대문근린공원) 서울특별시 고시 제2000-210호}.

그 후 동대문구는 A에게 소유하고 있는 토지를 위 공원부지로 사용할 수 있도록 매도해 줄 것을 요청하는 의사표시를 하면서 수차례 접촉하게 되었다. 그러나 동대문구는 A로부터 매수협상이 지지부진하게 되자 서울특별시지방토지수용위원회에 A의 토지를 비롯한 공원부지로 사용할 토지들에 대하여 토지수용재결신청을 하게 되었고, 그 결과 A의 토지를 수용재결하게 되었다. 수용의 개시일은 2011. 8. 1.로 정하였으며, 그 손실보상금은 10억 원으로 결정하였다. 그런데 서울특별시 동대문구는 2011. 8. 1. 서울특별시지방토지수용위원회의 원재결에 정한 토지수용보상금을 공탁함에 있어, 토지소유권이전에 필요한 일체의 서류를 반대급부로 제공할 것을 조건으로 하였다.

(1) 서울특별시 동대문구는 동대문근린공원 부지로 A의 토지를 사용하려고 하는데, A는 손실보상을 청구할 수 있는가. (25점)

(2) 동대문구는 2008. 7. 2. 공원을 조성할 목적으로 관보에 '도시계획시설(동대문근린공원) 서울특별시 고시 제2000-210호'로 게재한 고시의 법적 성질과 효과 및 실효사유를 설명하시오. (15점)

(3) 만약 동대문구가 수용재결을 거치지 않고 사업인정 후에 A와 협의를 하여 그 토지를 매수하였다면, B가 동대문구가 A로부터 매수한 토지의 진정한 소유자라고 주장하면서 소유권이전등기말소청구의 소를 제기한 경우에 동대문구는 B에게 위 토지의 소유권을 이전하여야 할 의무가 있는가. (7점)

(4) A는 서울특별시지방토지수용위원회의 재결에 불복하고자 하는데, 그 절차와 불복사유를 설명하시오. (13점)

> ### 참고법령

「헌법」

제23조
③ 공공필요에 의한 재산권의 수용·사용 또는 제한 및 그에 대한 보상은 법률로써 하되, 정당한 보상을 지급하여야 한다.

「공익사업을 위한 토지 등의 취득 및 보상에 관한 법률」

제4조(공익사업)
이 법에 의하여 토지등을 취득 또는 사용할 수 있는 사업은 다음 각호의 1에 해당하는 사업이어야 한다.
3. 국가 또는 지방자치단체가 설치하는 청사·공장·연구소·시험소·보건 또는 문화시설·공원·수목원·광장·운동장·시장·묘지·화장장·도축장 그밖의 공공용 시설에 관한 사업

제20조(사업인정)
① 사업시행자는 제19조의 규정에 따라 토지등을 수용 또는 사용하고자 하는 때에는 대통령령이 정하는 바에 따라 국토해양부장관의 사업인정을 받아야 한다.

제22조(사업인정의 고시)
① 국토해양부장관은 제20조의 규정에 의한 사업인정을 한 때에는 지체없이 그 뜻을 사업시행자, 토지소유자 및 관계인, 관계 시·도지사에게 통지하고 사업시행자의 성명 또는 명칭·사업의 종류·사업지역 및 수용 또는 사용할 토지의 세목을 관보에 고시하여야 한다.
② 제1항에 따라 사업인정의 사실을 통지받은 시·도지사(특별자치도지사를 제외한다)는 관계 시장·군수 및 구청장에게 이를 통지하여야 한다. 〈개정 2007.10.17〉
③ 사업인정은 제1항의 규정에 따라 고시한 날부터 그 효력을 발생한다.

제40조(보상금의 지급 또는 공탁)
① 사업시행자는 제38조 또는 제39조의 규정에 의한 사용의 경우를 제외하고는 수용 또는 사용의 개시일(토지수용위원회가 재결로서 결정한 수용 또는 사용을 개시하는 날을 말한다. 이하 같다)까지 관할 토지수용위원회가 재결한 보상금을 지급하여야 한다.
② 사업시행자는 다음 각호의 1에 해당하는 때에는 수용 또는 사용의 개시일까지 수용 또는 사용하고자 하는 토지등의 소재지의 공탁소에 보상금을 공탁할 수 있다.
1. 보상금을 받을 자가 그 수령을 거부하거나 보상금을 수령할 수 없는 때

> **주요쟁점**
>
> ✦ 손실보상청구권의 요건　　✦ 토지수용위원회
> ✦ 특별한 희생　　　　　　　✦ 수용재결
> ✦ 공용수용　　　　　　　　✦ 이의재결
> ✦ 사업인정　　　　　　　　✦ 이의신청
> ✦ 사업인정의 실효사유　　　✦ 보상액증감청구소송
> ✦ 협의로 인한 매수　　　　　✦ 무효확인소송

Ⅰ. 손실보상청구권이 성립하는지 여부 [설문 (1)의 해결]

1. 문제점

서울특별시 동대문구는 근린공원을 조성하기 위하여 A의 토지를 공원부지로 사용하려고 한다. 근린공원 조성사업은 「공익사업을 위한 토지 등의 취득 및 보상에 관한 법률」 제4조 제3호가 정하는 공익사업에 해당되고, 공익사업의 부지로 사용되게 되는 A의 토지에 대하여는 위 법률 제40조에서 정하는 바에 따른 보상금을 지급하여야 한다. 그러므로 A가 사업시행자를 상대로 손실보상금을 청구할 수 있는 요건을 살펴볼 필요가 있다.

2. 행정상 손실보상의 의의

행정상손실보상이란 적법한 공권력행사로 사유재산에 가하여진 특별한 희생에 대하여 사유재산의 보장과 공평부담의 견지에서 행정주체가 이를 조정하기 위하여 행하는 조절적인 재산적 보상을 말한다.

⑴ 적법행위로 인한 손실의 보상

토지수용·징발 등과 같이 행정법규가 상대방에게 손실을 발생시킬 권한을 행정기관에 부여한 경우에, 그 권한이 적법하게 행사된 결과 생긴 손실, 즉 법규가 처음부터 예측한 손실의 보상이다. 이 점에서 공무원의 위법한 직무집행행위 또는 국가나 공공단체의 공공의 영조물의 설치·관리의 하자로 인하여 개인에게 재산상의 손해를 가한 경우에 국가나 공공단체가 그 손해를 배상하는 국가배상제도와 구별된다(국가배상법 2,5).

(2) 공권력행사로 인한 손실의 보상

공권력행사로 인한 손실의 보상은 공법적 성질을 가진다. 구체적으로는 공권력행사로서의 법적행위에 의한 경우에만 대상이 되므로, 비권력적 행정작용이나 통상적인 사실행위는 손실보상에서 제외된다. 그러므로 사법상계약에 의한 반대급부, 예컨대 공공용지의 협의에 의한 취득으로 인한 임의매수대가(공익사업을 위한 토지 등의 취득 및 보상에 관한 법률 17)등과 구별된다. 그러나 헌법재판소는, 협의취득은 그 법적 성격이 사법상의 매매계약이라 할지라도 그 실질적, 기능적 측면을 보면 공용수용과 별로 다를 바가 없다고 보아야 할 것이라고 한다(헌재 1994.02.24. 92헌가15).

(3) 특별한 희생에 대한 조절적 보상

공공의 수요에 충당하기 위하여 특정개인이 입은 재산상의 특별한 희생을 국민전체의 부담으로 전가시켜서 공적 부담을 모든 국민 간에 고르게 조절하여 주는 보상이다. 일반적인 부담 또는 재산권 그 자체에 내재하는 사회적 제약에 대하여는 보상의 문제가 생기지 않는다.

(4) 재산권 침해에 대한 보상

손실보상은 재산권의 수용·사용 또는 제한(공용침해)에 대한 보상이다. 여기서 재산권이란 경제적 가치가 있는 공·사법상의 모든 권리를 포함하는 것으로 보는 것이 일반적 견해이다(헌재 1995.7.21. 93헌가14). 최근에는 예방접종의 부작용으로 인한 사망 또는 상해의 경우와 같이 공익상 적법하게 국민의 재산권 이외의 생명 또는 신체에 대한 침해가 가해질 수 있게 되었다. 그러한 경우에 보상이 필요한데도 종전의 손실보상 법리로는 보상을 할 수 없기 때문에, 생명 또는 신체에 대한 적법한 침해로 인한 손실도 손실보상의 대상으로 보아야 한다는 견해도 제기되고 있다.

헌법재판소 역시 국가유공자예우 등에 관한 법률에 따라 국가가 국가유공자에게 지급할 보상수급권은 생명 또는 신체의 손상이라는 특별한 희생에 대한 국가보상적 내지 국가 보훈적 성격을 띠는 한편, 그 성질상 경제적·재산적 가치가 있는 공법상의 권리라 할 것이므로, 보상금수급권은 헌법조항들에 의하여 보호받는 재산권의 하나로 보아야 할 것(헌재 1995.07.21. 93헌가14)이라고 하여, 생명·신체의 손상에 대한 특별한 희생을 손실보상의 법리로 해석하고 있다. 전통적인 입장에서 손실보상은 토지나 건물의 수용보상 등과 관련된 것이었으나, 오늘날은 공무원연금법상의 연금수급권(헌재 1995.7.21. 94헌바27), 국가유공자의 보상수급권(헌재 1995.07.21. 93헌가14), 의료보험법상의 보험급여(헌재 2003.12.18. 2002헌바1) 등의 권리행사의 '제한'에 대하여도 손실보상의 법리에 따라 보호를 하고 있어 손실보상 개념이 확장되고 있음을 볼 수 있다.

3. 행정상 손실보상의 근거

가. 이론적 근거

프랑스에서는 1789년의 인권선언 제13조에 근거를 둔 공적부담 앞의 평등이라는 평등부담설도 있었다. 그러나 사유재산제를 인정하고 있는 경우에도 공공필요를 위하여 재산권 그 자체에 내재하는 사회적·자연적 제약을 넘어서 사유재산에 대하여 특별한 희생을 강요하지 않으면 안 되는 경우가 있다. 그러나 사유재산제를 전제로 하는 이상, 그와 같은 특별한 희생에 대하여 전체국민의 부담으로 전가하여 전체적인 공평부담의 견지에서 조절적 보상을 행하는 것이 당연하다. 헌법 제11조의 평등원칙은 공적부담에 대한 평등도 그 내용으로 하기 때문이다. 그리하여 특별한 희생에 대한 보상을 통하여, 비로소 ① 공적부담 앞의 평등이란 이상을 실현(사회정의의 실현)할 수 있으며, ② 공익과 사익의 조절을 도모할 수 있고, 법률생활의 안정을 기할 수 있다. 따라서 특별희생설이 통설·판례이다.

나. 실정법적 근거

손실보상에 관한 실정법적 근거로는, 공공필요에 의한 재산권의 수용·사용 또는 제한 및 그에 대한 보상은 법률로써 하되, 정당한 보상을 지급하여야 한다는 헌법 제23조 제3항이 있다. 그런데 국가배상의 경우와는 달리 이 헌법규정에 근거하여 보상의 기준과 방법 등에 관하여 정한 일반법은 없고, 각 개별법(토지 등의 취득 및 보상 제6장, 국토의 계획 및 이용 96, 건축 81③, 하천 76·77, 도로 92·93 등)에서 이를 정하고 있다.

다. 보상규정 흠결시의 권리구제

공공필요에 의한 재산권의 수용·사용 또는 제한이 행하여졌는데, 당해 법률에서 그에 대한 손실보상에 관하여 정하지 아니한 경우에 공용침해를 당한 국민은 헌법 제23조 제3항을 근거로 하여 보상을 청구할 수 있는지 여부에 대하여 견해가 대립된다.

(1) 학 설

(가) **입법지침설 (방침규정설)**

손실보상에 관한 헌법규정은 입법지침에 지나지 않으므로 재산권을 침해당한 자에 대한 보상여부는 입법자가 자유로이 정할 수 있으며, 입법자가 보상불요로 판단하여 보상규정을 두지 않았으면 보상을 청구할 수 없다고 한다. 이러한 견해는 헌법이 규정하고 있는 재산권보장의 원칙에 맞지 아니하며, 따라서 오늘날 이러한 견해를 취하는 자는 없다.

(나) **입법자에 대한 직접효력설 (위헌무효설)**

헌법규정은 재산권을 침해당한 국민에게 직접 그 규정에 근거한 손실보상청구권을 부여한 것은 아니나, 입법자(국회, 긴급명령을 발하는 대통령)에 대하여는 국민의 재산권을 침해하는 입법을 할 때에는 반드시 보상에 관한 규정도 두도록 구속하는 효력을 가진다고 한다. 따라서 법률이 재산권침해를 규정하면서 보상에 관하여 규정하지 않으면 그 법률은 위헌무효이며, 그 법률에 근거한 재산권 침해행위는 불법행위가 되고, 손실보상은 청구할 수 없으나, 손해배상은 청구할 수 있다고 한다.

현재 다수설의 견해이지만, 국가배상법 제2조의 공무원의 직무상 불법행위에 대한 배상청구권은 고의·과실을 전제로 하고 있는 반면, 공무원이 법률에 따라 개인의 재산권에 대하여 불이익처분을 한 후에, 당해 법률이 위헌으로 판정되어 무효가 되는 경우에는 비록 직무행위의 위법성을 인정할 수가 있으나, 공무원의 고의나 과실을 인정하기 어렵기 때문에 국가배상청구권이 성립하기가 어렵다는 비판을 받는다.

(다) **국민에 대한 직접효력설**

손실보상에 관하여 규정한 헌법규정은 국민에 대하여 직접 효력을 가지므로, 재산권을 침해당한 국민은 직접 손실보상청구권을 행사할 수 있다고 한다. 이 견해는 헌법 제23조 제3항은 입법권이 정당한 보상의 범위 내에서 구체적인 보상의 기준과 방법만을 정하도록 한 것이라고 해석한다. 그러므로 재산권을 침해당한 자는 직접 헌법규정을 근거로 하여 민사소송(또는 공법상 당사자 소송)으로 보상청구를 할 수 있다고 한다.

㈜ 유추적용설 (간접효력규정설)

법률이 재산권침해를 규정하면서 보상에 관하여 규정하지 않으면 그 법률은 위헌위법이 된다. 따라서 헌법 제23조 제3항을 직접 적용하여 보상을 청구할 수는 없으나, 헌법 제23조 제1항(재산권보장) 및 제11조(평등원칙)에 근거하여 헌법 제23조 제3항 및 관계규정을 유추적용하여 손실보상을 청구할 수 있다고 한다. 이 견해는 그 의미가 명백하지는 않으나, 독일 판례상 인정된 수용유사침해의 법리를 도입하여 문제를 해결하려고 한다. 이 견해는 적법한 재산권에 대한 공용침해가 보상된다면, 위법한 공용침해에 대하여는 당연히 보상하여야 한다는 형평관념을 논거로 한다.

(2) 판 례

㈎ 판례 중에는 어떤 법률이 재산권침해를 규정하면서 보상에 관하여서는 명문의 규정을 두지 아니한 경우에, 유사한 재산권침해를 규정하면서 보상에 관하여 규정한 관계법률의 보상규정을 유추적용하여 보상청구를 인정한 것이 있다. 제외지(提外地)는 하천구역에 속하는 토지로서 법률의 규정에 의하여 당연히 그 소유권이 국가에 귀속된다고 할 것인데, 하천법에는 제외지의 소유자에 대하여 그 손실을 보상한다는 직접적인 보상규정이 없으나, 하천법 제74조의 공용부담 등으로 인한 손실보상에 관한 규정은 보상사유를 예시적으로 정하고 있다고 볼 것이므로 동 규정을 유추적용하여 관리청은 그 손실을 보상하여야 한다(대법원 1987.7.21. 선고 84누126 판결)고 보았다.

㈏ 이러한 판례는 마치 유추적용설이 주장하는 유추적용으로 혼동할 우려가 있으나, 이들 판례에서의 유추적용은 일반적인 법의 해석원리에 따른 유추적용으로서 유추적용설에서 주장하는 유추적용과는 차원이 다른 것이다. 유추적용설에서는 재산권 침해규정을 두면서 보상규정을 두지 아니한 경우에, 일반적으로 헌법 제23조 제3항의 규정을 유추적용하여 공법상 당사자소송으로 보상을 청구할 수 있다는 것이고, 판례가 인정하고 있는 유추적용은 재산권 침해규정을 두면서 보상규정을 두지 아니한 경우에 한정된 것이 아니고, 일반적인 법의 해석원리에 따라 재산권침해를 규정하면서 보상에 관한 규정을 두지 아니한 경우에 개별적으로 검토하여 유사한 재산권 침해규정을 두면서 보상규정을 둔 관계법률의 규정을 유추적용 한다는 것이다.

⑶ 소 결

㈎ 입법지침설은 사유재산제를 보장한 우리헌법의 원칙에서 보아 받아들일 수 없다. 국민에 대한 직접 효력설은 헌법이 '정당한 보상을 지급하여야 한다'라는 문구에만 역점을 두고, '보상은 법률로써 하되'라는 문구는 보상의 구체적 내용이나 방법만을 법률로 정하도록 하는 의미밖에 없는 것으로 해석하려는 것은 찬성하기 어렵다. 유추적용설은 적법한 공행정작용에 대한 손실보상제도를 국가배상제도가 적용되어야 할 위법한 공행정작용의 영역에 무리하게 확대 적용함으로써 양 제도로 이원화 되어 있는 현행 국가보상제도의 체계적인 발전을 저해할 우려가 있다. 따라서 유추적용설은 독일에서와 같은 판례법이나 관습법으로서의 희생보상청구권의 법리의 발전이 없는 우리나라에서는 인정하기가 어렵다고 하겠다.

㈏ 결국 헌법규정에 대하여 어떠한 효력을 갖게 할 것인가는 헌법정책의 문제라 할 것이다. 따라서 헌법은 '입법자에 대한 직접효력설'을 취한 것이라고 하겠다. 따라서 보상에 관한 규정을 두지 아니한 경우에는 손실보상은 청구할 수 없다고 할 것이다. 판례도 제7차 개정헌법(유신헌법)에 의하여 보상을 법률로 정하도록 개정한 이후에는 일관되게 이 같은 입장을 취하고 있으며(대법원 1976.10.12. 선고 76다1443 판결), 헌법재판소도 도시계획법 제21조(개발제한구역의 지정)에 대한 헌법소원사건에서, '개발제한구역의 지정에 따라 생기게 되는 가혹한 부담의 유무와 정도 및 이에 따른 구체적인 보상의 기준과 방법은 헌법재판소가 일률적으로 확정할 수 없고 개개의 토지에 대하여 구체적이고 객관적인 사정을 종합하여 입법자가 판단할 사항이다'고 판시하여(헌재 1998.12.24. 89헌마214, 90헌바16, 97헌바78), 입법이 선행되어야 보상을 청구할 수 있음을 분명히 하였다.

㈐ 따라서 재산권에 대한 특별한 희생에 해당하는 제한을 가하면서, 보상에 관한 규정을 두지 않은 경우에는 손실보상은 청구할 수 없고, ① 재산권의 제한을 당한 자는 당해법률에 근거한 재산권 침해행위의 취소를 구하는 취소소송을 제기하고, ② 그 취소소송에서 당해 법률에 대한 위헌심판제청을 신청하여 헌법재판소에서 위헌결정이 된 경우에는, 침해행위의 취소판결에 의하여 재산권 자체의 회복을 기하도록 하고, ③ 침해행위의 존속기간 중의 손해배상청구를 인정하되, 과실을 완화하여 모든 경우에 배상이 가능하도록 하여야 할 것이다.

4. 행정상 손실보상의 원인

가. 공공필요

공공필요의 뜻에 대하여는 특정 공익사업을 위한 필요(좁은 의미), 공공복리를 위한 필요(넓은 의미)또는 널리 공공목적을 위한 필요(가장 넓은 의미)로 이해하는 견해가 있다. 결국 공용침해를 필요로 하는 공익과 침해되는 사익을 형량하여 '공공필요'에의 해당여부를 결정하여야 할 것이다. 「공익사업을 위한 토지 등의 취득 및 보상에 관한 법률」은 수용의 전제가 되는 사업이 공익사업이기만 하면 행정주체는 물론 사인도 토지를 수용할 수 있도록 하고 있다. 그것은 공익사업의 수행은 행정주체만이 독점하는 것이 아니기 때문이다.

나. 재산권의 수용·사용 또는 제한(공용침해)

재산권의 공용수용·공용사용·공용제한을 공용침해라고 한다.

(1) 공용수용

공용수용이라 함은 공익사업을 위하여 타인의 특정한 재산권을 법률의 힘에 의하여 강제적으로 취득함을 말한다. 공용징수라고도 한다(민법 187). 공용수용은 특정한 재산권을 공익사업을 위하여 취득하는 것으로 공익사업을 위한 토지 등의 취득 및 보상에 관한 법률 제4조와 각 개별 법률에 열거되어 있다.

(2) 공용사용

공용사용이란 특정한 공익사업을 위하여 그 사업자가 타인의 소유에 속하는 토지 기타의 재산권에 대하여 공법상의 사용권을 취득하고, 상대방인 소유자 기타의 권리자가 공익사업을 위한 사용을 수인할 공법상 의무를 부담하는 경우를 말한다. 사용제한이라고도 한다. 측량·실지조사·공사 등을 위하여 일시 타인의 토지에 출입하여 사용하는 경우와 비상재해의 경우에 그 방지 또는 구호를 위하여 응급적 부담으로 토지 또는 기타의 물건을 사용하는 경우가 있다.

(3) 공용제한

공용제한은 전통적인 의미에서 특정한 공익사업의 수요를 충족시키기 위하여 특정한 재산권에 가하여지는 공법상의 제한으로 이해되어 왔다. 예컨대 특정한 도로사업을 위하여 그 접도구역에서의 일정한 행위가 제한되는 것과 같이 공용제한의 원인인 사업 및 사업주체가 특정되어 있다. 그러나 오늘날에는 공용제한이 특정한 공익사업을 위한 것이라기보다는 국토의 합리적인 이용을 직접적이고 본래적인 목적으로 하는 제도로 발전하고 있다. 제한을 받는 재산권의 특정성도 희박하여 전 국토 또는 지역 전체를 그 대상으로 예정하고 있다. 그러므로 이와 같은 관점에서 새롭게 공용제한을 정의하면, 특정한 공익사업 기타의 복리행정상의 목적을 위하여, 또는 물건의 효용을 보존하기 위하여 재산권에 가하여지는 공법상의 제한이라고 할 수 있다. 이와 같은 개념의 정의는 경계이론에 입각한 견해라고 할 수 있다. 경계이론에 의하면 공공필요를 위한 재산권의 제한은 널리 공용제한이라 본다.

다. 특별한 희생

공익사업을 충당하기 위하여 특정개인이 입은 재산상의 희생을 특별한 희생이라고 할 수 있는데, 구체적인 경우에 어떤 손해가 특별한 희생에 해당하는지, 재산권에 내재하는 사회적 제약에 해당하는지 명확하지 않은 경우가 많다. 그 구별의 기준에 관한 견해가 대립된다.

(1) 형식적 표준

재산권에 대한 침해행위가 일반적인 것인지, 개별적인 것인지를 표준으로 하여 특정인 또는 한정된 범위의 사람에 대한 침해만을 특별한 희생으로 보는 견해이다.

(2) 실질적 표준설

재산권을 침해하는 실질적 내용에 따라 공용수용의 개념을 규정하려고 하는 이론으로, 침해가 재산권의 본질을 침해하는 강도의 것인가의 여부를 표준으로 하는 견해이다. 실질적 표준설에서는 ① 재산권을 보호할 만한 가치 있는 것과 그렇지 않는 것으로 구분하여, 전자에 대한 침해만이 보상을 요한다는 '보호가치설', ② 재산권의 본체인 배타적 지배성을 침해하지 아니하는 범위 안의 침해는 사회적 제약이지만, 재산권의 본질적 내용을 침해하는 것은 그 침해에 대한 수인을 기대할 수 없기 때문에 특별한 희생이라는 '수인한도설', ③ 사적효용의 원리를 존중하여 재산권의 기능에 적합한 이용을 확보하기 위하여 행하여지는 침해는 사회적 제약이고, 사적효용의 원리를 본질적으로 침해하는 것은 특별한 희생이라는 '사적 효용설', ④ 재산권에 대한 침해가 종래부터 인정되어 온 이용목적이나 기능에 위배되는 경우에는 특별한 희생이고, 종래부터의 이용목적이나 재산권의 기능에 적합한 이용을 확보하기 위한 침해는 사회적 제약이라는 '목적위배설', ⑤ 토지는 그 위치 · 성질 · 경관 등으로 인하여 일정한 이용을 제한받게 되며, 그러한 제약은 사회적 제약이지만, 당해 재산권이 처한 지정학적 상황을 경제적 관찰방법으로 고찰하여 조리상 인정되는 당해 재산권의 효용이 거부되거나 본질적으로 제약당하는 경우에는 특별한 희생이라는 '상황적(지역적) 구속설', ⑥ 독일의 연방행정재판소가 취하는 견해로 침해의 중대성과 범위를 기준으로 하여 침해의 중대성과 범위에 비추어 사인이 수인할 수 없는 제한에 대하여서만 보상이 주어져야 한다는 '중대설'이 있다.

(3) **절충설 (복수기준설)**

형식적 표준설과 실질적 표준설이 각각 일면적 타당성만을 갖는다는 전제 아래서 형식적 표준과 실질적 표준을 아울러 기준으로 하는 견해이며, 우리나라의 통설적 견해이다.

(4) **소 결**

생각건대 통설인 절충설이 타당하다. 공권력작용이 국민전체에 대하여 일반적으로 발동되고, 그 결과 모든 자에게 균등하게 손실이 생긴 경우에는 공평부담의 원칙에 의한 보상이 행하여질 이유가 없다. 따라서 특정인 또는 특정범위의 사람에 대하여 생긴 손실(형식적 표준)에 대하여서만 보상의 문제가 생기는 바, 이러한 손실도 모두 보상의 대상이 되는 것이 아니고, 재산권의 실질적·본질적 제한에 대한 손실(실질적 표준)만이 보상의 대상이 된다. 그리고 실질적·본질적 제한의 유무는 위의 실질설이 주장하는 목적위배, 기능에 적합한 이용, 상황적(지역적) 구속성 등의 기준을 종합적으로 고려하여 판단하여야 할 것이다. 이러한 추상적 기준의 실제적용에 있어서 어려운 점이 많다. 예컨대 국토의 계획 및 이용에 관한 법률에 의하여 지정된 개발제한구역(greenbelt) 안에서의 토지이용의 제한으로 인한 손실은 보상의 대상이 되는 특별한 희생에 해당하는가 하는 것 등이다.

헌법재판소는 개발제한구역에 관하여 규정한 구 도시계획법 제21조가 헌법에 합치되지 아니한다는 헌법불합치결정에서 상당히 구체화된 기준을 제시하였다. 즉 ① 개발제한구역의 지정 후 토지를 종래의 목적으로 사용할 수 있는 원칙적인 경우에는, 지정당시의 지목과 토지현황에 의한 이용방법에 따라 사용할 수 있는 한, 재산권에 내재하는 사회적 제약을 비례의 원칙에 합치하게 합헌적으로 구체화한 것이라고 할 것이나, ② 구역지정 후 토지를 종래의 목적으로도 사용할 수 없거나 또는 토지를 전혀 이용할 수 있는 방법이 없는 예외적인 경우에는, 아무런 보상 없이 이를 감수하도록 하고 있는 한 재산권을 침해하고 평등권을 침해하여 헌법 제23조와

제11조에 위반된다고 하였다(헌재 1998.12.24. 89헌마214, 90헌바16, 97헌바78).

5. 사안의 해결

A는 서울특별시 동대문구의 근린공원조성 사업이라는 공공필요 때문에 재산권인 토지를 그 공원부지로 제공하지 않으면 안될 상황이다. 그 결과 A는 그 토지에 관한 재산권의 행사가 침해받는 손해를 입게 되었는데, 이는 공권력행사로 인한 특별한 희생이라고 할 수 있다. 따라서 A는 사업시행자인 서울특별시 동대문구를 상대로 헌법과 공익사업을 위한 토지 등의 취득 및 보상에 관한 법률이 정하는 바에 따른 손실보상청구권을 행사할 수 있다.

기본구조

손실보상청구권이 성립하는지 여부
[설문 (1)의 해결]

1. 문제점
2. 행정상 손실보상의 의의
   가. 개 념
   (1) 적법행위로 인한 손실의 보상
   (2) 공권력행사로 인한 손실의 보상
   (3) 「특별한 희생」에 대한 조절적 보상
   (4) 재산권 침해에 대한 보상
3. 행정상 손실보상의 근거
   가. 이론적 근거
   나. 실정법적 근거
   다. 보상규정 흠결시의 권리구제
      (1) 학 설
         (가) 입법지침설(방침규정설)
         (나) 입법자에 대한 직접효력설(위헌무효설)
         (다) 국민에 대한 직접효력설
         (라) 유추적용설(간접효력규정설)
      (2) 판 례
      (3) 소 결
4. 행정상 손실보상의 원인
   가. 공공필요
   나. 재산권의 수용·사용 또는 제한 (공용침해)
      (1) 공용수용
      (2) 공용사용
      (3) 공용제한
   다. 특별한 희생
      (1) 형식적 표준설
      (2) 실질적 표준설
      (3) 절충설(복수기준설)
      (4) 소 결
5. 사안의 해결

Ⅱ. 사업인정의 법적 성질과 효과 및 실효사유 [설문 ⑵의 해결]

1. 문제점

사업시행자가 사업인정을 받고 그 사실을 고시하였는데, 그 법적 성질이 확인행위 또는 형성행위에 해당하는지 문제되고, 사업인정의 효과와 함께 실효사유를 구체적으로 검토할 필요가 있다.

2. 사업인정의 의의

당해 사업이 「공익사업을 위한 토지 등의 취득 및 보상에 관한 법률」 제4조에 열거되어 있는 공익사업에 해당함을 인정하여(동법 2(7)), 사업시행자를 위하여 그 후의 일정한 절차를 거칠 것을 조건으로 하여 일정한 내용의 수용권을 설정하는 행위를 사업인정이라고 한다.

3. 사업인정의 신청과 고시

사업인정은 사업시행자가 신청한다(동법 20). 신청을 위한 준비행위로서 사업시행자는 공익사업의 준비를 위하여 타인이 점유하는 토지에 출입하여 측량 또는 조사할 수 있다(동법 9①). 국토해양부장관이 사업인정을 한 때에는 그 뜻을 사업시행자·토지소유자 및 관계인과 관계 시·도지사에게 통지하고, 사업시행자의 성명 또는 명칭, 사업의 종류, 사업지역 및 수용·사용할 토지의 세목을 관보에 고시한다(동법 22①). 사안에서 '도시계획시설(동대문근린공원) 서울특별시 고시 제2000-210호'로 관보에 게시한 행위가 사업인정의 고시에 해당된다.

4. 사업인정의 법적 성질

가. 학 설

사업인정의 법적성질에 대하여, ① 단순히 특정한 사업이 공용수용을 할 수 있는 공익사업에의 해당 여부를 판단·확인하는 확인행위라고 보는 확인행위설과, ② 그것은 적극적으로 기업자에게 일정한 절차를 거칠 것을 조건으로 수용권을 설정하는 형성행위라고 보는 설권적 형성행위설이 있다.

나. 판 례

공익사업을 위한 토지 등의 취득 및 보상에 관한 법률의 규정에 의한 사업인정 처분이라 함은 공익사업을 토지 등을 수용 또는 사용할 사업으로 결정하는 것으로서 단순한 확인행위가 아니라 형성행위이므로, 당해 사업이 외형상 토지 등을 수용 또는 사용할 수 있는 사업에 해당된다 하더라도 행정주체로서는 그 사업이 공용수용을 할 만한 공익성이 있는지의 여부와 공익성이 있는 경우에도 그 사업의 내용과 방법에 대하여 사업인정처분에 관련된 자들의 이익을 공익과 사익 간에서는 물론, 공익 상호간 및 사익 상호간에도 정당하게 비교 · 교량하여야 하고, 그 비교 · 교량은 비례의 원칙에 적합하도록 하여야 한다(대법원 2005.4.29. 선고 2004두14670 판결)고 하여 사업인정은 형성행위로서의 성질을 가지는 것으로 보고 있다.

다. 소 결

사업인정절차는 토지수용절차에서 가장 기본이 되는 것으로 수용대상 토지와 물건이 특정되고 수용권이 인정되게 되므로 형성행위설이 타당하다. 사업인정은 행정처분이므로 독립하여 행정심판 및 행정소송의 대상이 된다 할 것이다. 따라서 사업인정을 함에 있어 수용 또는 사용할 토지의 세목을 공시하는 절차를 누락한 경우, 이는 절차상의 위법으로서 수용재결 단계 전의 사업인정 단계에서 다툴 수 있는 취소사유에 해당된다.

5. 사업인정의 효과

가. 수용목적물의 확정과 대항력

사업인정은 고시일로부터 그 효력이 발생한다(동법 22③). 수용한 목적물의 범위가 확정되며, 수용의 목적달성을 쉽게 하기 위하여 수용권자로 하여금 그 목적물에 관한 현재 및 장래의 권리자에게 대항할 수 있는 일종의 공법상의 권리로서의 효력을 발생시킨다(대법원 1988.12.27. 선고 87누1141 판결). 사업인정 고시 후에는 토지 등의 보전을 위하여 피수용자뿐만 아니라, 누구든지 그 토지 등에 대하여 사업에 장해가 될 형질의 변경이나 토지정착물 등의 손괴 · 수거 등의 행위가 금지되고, 또한 고시 후 그 토지 등에 공작물을 신축 · 증축 · 대수선 등을 할 때에는 특별자치도지사, 시장 · 군수 또는 구청장의 허가를 받아야 한다(동법 25① · ②).

나. 사업인정의 하자승계 문제

사업인정의 고시 절차를 누락한 것을 이유로 수용재결처분의 취소를 구하거나 무효확인을 구할 수 있는지에 관한 문제가 있다. 학설로는 사업인정과 수용재결이 상호 결합하여 공익사업에 필요한 토지의 취득이라는 하나의 효과를 달성하는 것이므로 하자의 승계를 긍정하는 견해도 있다. 판례는 사업인정 단계에서 다투어야 한다는 입장으로 부정적이다. 사업인정을 함에 있어 수용 또는 사용할 토지의 세목을 공시하는 절차를 누락한 경우, 이는 절차상의 위법으로서 수용재결 단계 전의 사업인정 단계에서 다툴 수 있는 취소사유에 해당하기는 하나, 더 나아가 그 사업인정 자체를 무효로 할 중대하고 명백한 하자라고 보기는 어렵고, 따라서 이러한 위법을 들어 수용재결처분의 취소를 구하거나 무효확인을 구할 수는 없다고 한다(대법원 2009.11 26. 선고 2009두11607 판결).

6. 사업인정의 실효사유

가. 재결신청해태로 인한 실효

사업시행자가 고시일로부터 1년 이내에 재결을 신청하지 않을 때에는 그 기간 만료일의 다음 날부터 사업인정은 효력을 상실한다(동법 23). 재결신청 후 실제 수용재결까지는 상당한 시간이 소요된다.

나. 사업의 폐지·변경으로 인한 실효

사업인정의 고시 후 그 사업의 전부 또는 일부를 폐지·변경함으로써 수용의 필요가 없게 된 경우에는 시·도지사는 사업시행자의 신고 또는 직권으로 이를 고시하여야 하며, 사업인정은 그 전부 또는 일부가 고시된 내용에 따라 그 고시일로부터 효력을 상설한다(동법 24).

다. 사업의 공익성 상실 등

사업시행자가 사업인정을 받은 후 그 사업이 공용수용을 할 만한 공익성을 상실하거나 사업인정에 관련된 자들의 이익이 현저히 비례의 원칙에 어긋나게 된 경우 또는 사업시행자가 해당 공익사업을 수행할 의사나 능력을 상실하였음에도 여전히 그 사업인정에 기하여 수용권을 행사하는 것은 수용권의 공익 목적에 반하는 수용권의 남용에 해당하여 허용되지 않는다(대법원 2011.1.27. 선고 2009두1051 판결). 그 뿐만 아니라 해당 공익사업을 수행하여 공익을 실현할 의사나 능력이 없는 자에게 타인의 재산권을 공권력적·강제적으로 박탈할 수 있는 수용권을 설정하여 줄 수는 없으므로, 사업시행자에게 해당 공익사업을 수행할 의사와 능력이 있어야 한다는 것도 사업인정의 한 요건이라고 보아야 하므로 그 능력을 상실한 경우에는 사업이 실효된다고 보아야 한다.

7. 사안의 해결

토지수용을 위한 사업인정은 단순한 확인행위가 아니라 형성행위이며, 사업인정의 여부는 행정청의 재량에 속한다. 사업인정으로 수용할 목적물의 범위가 확정되며, 수용권자로 하여금 그 목적물에 관한 현재 및 장래의 권리자에게 대항할 수 있는 공법상의 권리로서의 효력을 가진다.

토지수용을 위한 사업인정은 재결신청해태와 공익사업의 폐지·변경 및 사업의 공익성을 상실하는 경우에 실효된다.

기본구조

사업인정의 법적 성질과 효과 및 실효사유 [설문 ⑵의 해결]

1. 문제점

2. 사업인정의 의의

3. 사업인정의 신청과 고시

4. 사업인정의 법적 성질
   가. 학 설
   나. 판 례
   다. 소 결

5. 사업인정의 효과
   가. 수용목적물의 확정과 대항력
   나. 사업인정의 하자승계 문제

6. 사업인정의 실효사유
   가. 재결신청해태로 인한 실효
   나. 사업의 폐지·변경으로 인한 실효
   다. 사업의 공익성 상실 등

7. 사안의 해결

Ⅲ. 사업시행자의 협의로 인한 매수와 그 법률관계 [설문 (3)의 해결]

1. 문제점

사업시행자가 해당 토지를 소유자나 관계인으로부터 취득하는 방법은 협의와 수용재결 절차가 있다. 협의에는 시간적으로 사업인정 전의 협의(동법 16)와 사업인정 후의 협의(동법 26)로 나눌 수 있다. 사안에서 동대문구는 사업인정 후에 A와 접촉하여 매수를 위한 협의를 거쳐 소유권을 취득하게 되었다. 그런데 동대문구가 A로부터 취득한 토지의 진정한 소유권자가 B라면, B에게 대항하지 못하고 반환하여야 하는지에 관하여 협의의 법적 성질을 중심으로 검토할 필요가 있다.

2. 협의의 의의

협의는 수용할 토지의 범위 · 수용시기 · 손실보상 등에 관한 사업시행자와 피수용자간의 교섭행위이다. 따라서 협의는 쌍방의 합의에 의하여 이루어진다. 사업인정을 받은 동대문구는 토지소유자와 반드시 협의절차를 거쳐야 한다. 만약 사업인정 전에 협의절차를 거쳤으나 협의가 성립되지 아니하여 사업인정을 받은 사업의 경우에는, 토지조서 및 물건조서의 내용에 변동이 없는 때에는 협의의 절차를 거치지 아니할 수 있다. 그러나 토지소유자 및 관계인이 협의를 요구하는 때에는 협의를 하여야 한다(동법 26②).

3. 협의매수에 의한 토지 취득행위의 법적 성질

협의취득은 공용수용의 절차에 의하지 아니하고 협의에 의하여 사업시행자가 취득하는 것으로서, 그 법적 성질은 사법상의 매매계약과 다를 것이 없다(헌재 2006.12.28. 2004헌마38). 동대문구는 A로부터 매수협의에 의하여 토지를 취득하였다. 그러므로 이는 동대문구가 사경제 주체로서 행하는 사법상의 취득으로서 승계취득을 한 것으로 보아야 할 것이고, 재결에 의한 취득과 같이 원시취득한 것으로 볼 수는 없다는 것이 판례이다(대법원 1996.2.13. 선고 95다3510 판결).

4. 협의의 효과

협의의 효과는 협의가 성립하면 공용수용의 절차는 이로써 종결되고, 수용의 효과가 발생한다. 사업시행자는 수용의 시기까지 보상금을 지급 또는 공탁하고(동법 40), 피수용자는 그 시기까지 토지·물건을 사업시행자에게 인도 또는 이전함으로써(동법 43) 사업시행자는 목적물에 대한 권리를 취득하고 피수용자는 그 권리를 상실한다(동법 45).

5. 사안의 해결

사안에서 사업시행자인 서울특별시 동대문구는 토지소유자 A와 협의를 거쳐 토지대금을 지급하고 그 토지에 대한 소유권이전등기를 경료하여 소유권을 취득하였다.

이 같은 협의에 의한 토지의 취득은 사법상의 매매계약에 해당되고, 토지수용위원회의 재결에 의한 것과 같은 원시적 취득이 아니라 승계취득이라는 것이 판례이다. 따라서 재결에 의한 취득이 아닌 협의에 의하여 등기부상 소유자 명의인인 A로부터 취득하였을 경우라도, 그 등기에 원인무효 등의 등기말소 사실이 존재한 경우에는 진정한 소유자 B가 협의에 의하여 취득한 부동산의 등기말소를 청구한 때에는 그 등기를 이전해줄 의무를 부담하게 되고 결과적으로 B는 승소하게 된다.

기본구조

사업시행자의 협의로 인한 매수와 그 법률관계 [설문 (3)의 해결]

1. 문제점
2. 협의의 의의
3. 협의매수에 의한 토지 취득행위의 법적 성질
4. 협의의 효과
5. 사안의 해결

Ⅳ. 지방토지수용위원회의 재결에 대한 불복 [설문 (4)의 해결]

1. 문제점

서울특별시 동대문구는 서울특별시지방토지수용위원회의 수용재결이 있은 후에 원재결에서 정한 토지수용보상금 10억 원을 공탁하게 되었다. 그 때 동대문구는 A가 공탁금을 수령함에 있어 토지소유권이전에 필요한 일체의 서류를 반대급부로 제공할 것을 조건으로 하였다. 동대문구의 A에 대한 변제공탁으로서의 조건부 공탁이 원재결대로의 보상금지급의 효력이 있는지 여부가 문제된다. A는 적법한 공탁이 없어 수용재결이 실효되었음을 이유로 지방토지수용위원회의 재결에 불복하기 위한 절차와 그 사유를 검토할 필요가 있다.

2. 토지수용위원회의 재결

가. 재결의 개념

재결은 협의의 불성립 또는 협의불능의 경우에 행하는 공용수용의 종국적인 절차이다. 재결은 수용권 자체의 행사가 아니라 사업시행자에게 부여된 수용권의 구체적인 내용을 결정하고 그 실행을 완성시키는 형성적 행정처분이다.

나. 재결신청

협의의 불성립 또는 협의불능의 경우에는 사업시행자는 사업인정의 고시가 있은 날로부터 1년 이내에 관할토지수용위원회에 재결을 신청할 수 있다. 이 기간 안에 신청하지 아니하면, 사업인정이 고시는 기간만료일의 다음 날부터 그 효력을 상실한다(동법 23 · 28). 재결신청이 있은 후에도 실무에서는 사업자가 계속적으로 수용대상 토지소유자와 원만한 협의하에 당해 토지를 매수하려는 노력을 하기 때문에 상당한 시일이 소요되고 있다.

다. 재결기관

토지등의 수용과 사용에 관한 재결을 하기 위하여 국토해양부에 중앙토지수용위원회를, 특별시 · 광역시 · 도 · 특별자치도에 지방토지수용위원회를 둔다(동법 49). 토지수용위원회는 재결이라는 형식의 행정처분을 행하는 합의제행정관청이다.

라. 재결의 효과

재결의 일반적 효과는 공용수용의 절차는 재결로써 종결되며, 일정한 조건 아래 수용의 효과를 발생시킨다. 사업시행자는 보상금의 지급 또는 공탁을 조건으로 수용의 시기에 토지에 관한 권리를 원시취득함과 아울러, 만일 피수용자가 의무를 이행하지 아니하는 경우에는 대집행 또는 대집행 신청권이 발생한다. 피수용자는 수용물건의 인도 · 이전의 의무를 지는 반면에, 손실보상청구권 및 환매권을 취득한다. 재결은 수용의 시기까지 사업시행자가 보상금을 지급하거나 공탁하지 아니하면 효력을 상실한다(동법 42).

3. 사안의 해결

가. 수용재결이 실효되었는지 여부

사업시행자인 서울특별시 동대문구는 수용재결이 있은 후에 변제공탁을 하였다.29) 수용재결에 따른 보상금 공탁의 유효 여부를 결정하는 기준은 공익사업을 위한 토지등의 취득 및 보상에 관한 법률과 공탁법이 정한 요건을 갖추었는지 여부에 의하여 결정된다.

그런데 지방토지수용위원회가 토지를 수용재결하면서 그 보상금을 10억 원으로 정하여서 사업시행자가 그 보상금을 공탁하면서 토지소유권이전에 필요한 일체의 서류를 반대급부로 제공할 것을 조건으로 하였다. 이 같은 조건부 공탁은 토지소유자인 A가 이를 수락하지 않으면 그 효력이 없으므로, 위 수용재결은 그 효력을 상실하게 된다. 사안에서 A는 그러한 조건부 공탁을 수락하였다는 자료는 없다.

나. 수용재결에 대한 불복절차

재결에 대한 불복절차로는 이의신청과 행정소송이 있다. 종래에는 이의신청을 거쳐야만 행정소송을 제기할 수 있었다. 그러나 지금은 임의전치주의를 채택하였다. 따라서 토지수용위원회의 재결에 대하여 이의신청을 거쳐 행정소송을 제기할 수도 있고, 이의신청을 거치지 않고 곧바로 행정소송을 제기할 수 있다.

---

29) 최근 공익토지법상 수용개시일에 권리를 취득하고, 공탁만으로도 소유권을 취득할 수 있도록 한 부분이 헌법 제23조 제3항의 정당보상의 원칙에 반하는지에 관련하여 헌법재판소의 결정이 있었다(헌재 2011. 10. 25. 2009헌바281).
헌법재판소는, ① 토지수용위원회의 재결에 따른 보상금 산정과 관련하여서는 합리적인 기준과 절차가 법률에 정해져 있으며, 불복이 있는 경우 사후에 소송으로 이를 다툴 수 있는 점, 그리고 수용개시일에 수용의 효과가 발생하도록 한 것은 협의 또는 재결의 때로부터 적어도 수용의 개시일까지는 사업시행자가 피수용자에게 손실보상을 하게 하려는 것인바 반드시 피수용자의 이익에 반하는 것은 아니라는 점 등을 고려할 때, 재결 시 토지수용위원회가 정한 시점에 수용의 효과를 발생케 한다고 하여 그것이 헌법 제23조 제3항의 정당보상의 원칙에 반한다고 볼 수 없다고 하였다.
② 그리고 공익사업에 있어서 사업의 신속한 진행은 공익의 달성 및 사업에 소요되는 여러 가지 제반 비용 등을 고려할 때 매우 절실히 요구되는 사항인바, 보상금을 받을 자가 그 수령을 거부하거나 수령할 수 없는 경우 공익사업의 신속하고 원활한 진행을 위하여는 보상금의 지급에 갈음할 수 있는 제도를 마련하는 것은 토지수용제도의 본질에 비추어 불가피하므로, 헌법상 정당보상의 원칙에 반한다고 보기는 어렵다고 하였다.

(1) 이의신청

중앙토지수용위원회의 재결에 대하여 이의가 있는 자는 재결서의 정본을 받은 날부터 30일 이내에 중앙토지수용위원회에 이의를 신청할 수 있다(동법 83①).30) 지방토지수용위원회의 재결에 대하여 이의가 있는 자는 같은 기간 내에 해당 지방토지수용위원회를 거쳐 중앙토지수용위원회에 이의를 신청할 수 있다(동법 83②). 여기에서 이의신청이라 함은 재결의 전부 또는 일부의 취소를 청구하거나, 손실보상액의 증액 또는 감액을 청구하는 것을 말한다. 사업시행자가 관할토지수용위원회의 수용재결에 불복하여 중앙토지수용위원회에 이의를 신청할 경우에는 자기의 예정보상금액을 미리 지급하고, 재결에 의한 보상금액과의 차액을 공탁하여야 한다(동 40④).

(2) 재결의 집행정지 신청

재결에 대한 이의신청은 사업의 진행 및 토지의 수용 또는 사용을 정지 시키지 못한다(동법 88). 그러나 행정심판법이 이에 대한 예외로서 규정하고 있는 집행정지신청을 배제하는 것은 아니므로, 중앙토지수용위원회는 직권 또는 신청에 의하여 재결의 집행정지결정을 할 수 있다.

(3) 중앙토지수용위원회의 이의재결

수용재결에 대한 이의신청이 있는 경우에 중앙토지수용위원회는 원재결이 위법 또는 부당하다고 인정할 때에는, 그 전부 또는 일부를 취소하거나 손실보상액을 변경할 수 있다(동법 84①). 이 취소나 변경으로 보상금이 증액된 때에는 사업시행자는 30일 이내에 그 증액된 보상금을 지급하여야 한다(동법 84②). 사업시행자가 당해 재결에 불복할 경우에는 증액된 보상금을 공탁한 후 행정소송을 제기할 수 있다(동법 85① 단서).

사안에서 동대문구는 적법한 공탁을 하지 않았기 때문에 서울특별시지방토지수용위원회의 수용재결은 실효되었기 때문에 중앙토지수용위원회는 A의 이의신청을 인용하여야 한다. 대개의 경우 피수용자는 수용재결의 무효를 다투면서 예비적으로 보상금의 증액도 구하는 것이 일반적이다. 그러나 사안에서는 수용재결 자체가 실효되는 경우에 해당되기 때문에 보상금액의 적정성 여부는 판단의 대상이 아니다.

---

30) ① 국가 또는 시·도가 사업시행자인 사업, ② 수용 또는 사용할 토지가 2 이상의 시·도에 걸쳐 있는 사업은 중앙토지수용위원회가 관장하므로(동법 51①), 위 사업에 대한 중앙토지수용위원회의 시심적 재결에 대한 수용재결에 대한 이의신청을 말한다.

⑷ 행정소송

지방토지수용위원회 또는 중앙토지수용위원회의 재결에 대하여 불복이 있는 사업시행자 · 토지소유자 또는 관계인은 재결서를 받은 날로부터 60일 이내에, 중앙토지수용위원회의 이의신청재결을 거친 때에는 이의신청에 대한 재결서를 받은 날로부터 30일 이내에 각각 행정소송을 제기할 수 있다(동법 85①).

여기서 행정소송은 지방토지수용위원회나 중앙토지수용위원회의 재결의 취소를 구하는 취소소송과 보상금의 증액 또는 감액만을 청구하는 보상금증감청구소송인 형식적 당사자소송의 두 가지를 말한다. 토지수용위원회의 재결은 수용재결부분과 보상재결부분으로 나눌 수 있다.

⑺ 취소소송

지방토지수용위원회나 중앙토지수용위원회의 재결에 대하여서는 위에서 본 기간 이내에 취소소송을 제기할 수 있다(동법 85①). 이의신청이나 취소소송의 제기기간이 행정심판법과 행정소송법상의 제기기간보다 단기로 규정된 것은 공공사업을 신속하게 수행하여야 할 필요성에 기인한 것으로, 행정심판법이나 행정소송법의 관련규정의 취지에 어긋나거나 헌법 제27조(재판을 받을 권리 등)에 위배된 것이라고 볼 수 없다(헌재 2002.11.28. 2002헌바38).

공익사업을 위한 토지 등의 취득 및 보상법은 원처분주의를 채택하였으므로 원재결청인 서울특별시지방토지수용위원회를 피고로 하여 재결의 취소를 구하여야 할 것이다. 다만, 재결 자체의 고유한 위법이 있는 경우에는 중앙토지수용위원회를 피고로 하여 이의재결의 취소를 구할 수 있다. 그러므로 만약 중앙토지수용위원회가 원재결청의 재결을 적법한 것으로 판단하고 A의 이의신청을 기각한다면, 중앙토지수용위원회를 피고로 제소할 수 있다.

⑻ 보상액증감청구소송

지방토지수용위원회나 중앙토지수용위원회의 재결 또는 중앙토지수용위원회의 이의신청재결 중 보상금에 대하여 불복이 있는 때에는 위에서 본 기간 이내에 보상금증감청구소송을 제기할 수 있다(동법 85①). 재결이나 이의재결에 대하여 제기하는 행정소송이 보상금의 증감에 관한 소송인 경우 당해 소송을 제기하는 자가 토지소유자 또는 관계인인 때에는 사업시행자를, 사업시행자인 때에는 토지소유자 또는 관계인을 각각 피고로 하여야 한다(동법 85②)고 규정하여, 보상금증감청구소송의 성격이 형식적 당사자소송임을 명백히 하였다.

(다) 무효확인소송

수용재결도 행정처분이므로 거기에 중대하고 명백한 흠이 있는 경우에는 재결의 무효확인소송을 제기할 수 있다. 비록 공익사업을 위한 토지 등의 취득 및 보상법에 명문규정이 없다고 하더라도 행정소송법상 당연하다. 특히 사안의 경우는 위법한 공탁으로 수용재결 자체가 실효되어 무효라고 할 수 있으므로 무효확인을 구할 수도 있다.

다. 소 결

A는 수용재결의 무효를 주장하면서 중앙토지수용위원회에 이의신청을 할 수 있다. 그 때 중앙토지수용위원회는 수용재결의 취소를 명하는 재결을 하게 될 것이다. 만약 A의 이의신청을 기각하는 경우에는 재결 자체에 고유한 위법이 있는 경우에 해당하므로 중앙토지수용위원회의 이의재결의 취소를 구하는 행정소송을 제기할 수 있다. A는 위와 같은 절차를 거치지 아니하고 수용재결이 실효하였음을 이유로 수용재결의 취소를 구하는 행정소송을 제기할 수도 있다.

서울특별시 동대문구가 수용재결이 있은 후에 한 조건부 공탁은 토지등의 취득 및 보상에 관한 법률과 공탁법이 정한 요건을 갖추지 못한 것으로 공탁을 하지 않은 것이 되어 결국 수용재결은 실효되었다. 그러므로 A의 소는 특별한 사정이 없는 한 승소하게 될 것으로 보인다.

기본구조

지방토지수용위원회의 재결에 대한 불복 [설문 (4)의 해결]

1. 문제점

2. 토지수용위원회의 재결
   가. 재결의 개념
   나. 재결신청
   다. 재결기관
   라. 재결의 효과

3. 사안의 해결
   가. 수용재결이 실효되었는지 여부
   나. 수용재결에 대한 불복절차
      (1) 이의신청
      (2) 재결의 집행정지 신청
      (3) 중앙토지수용위원회의 이의재결
      (4) 행정소송
         (가) 취소소송
         (나) 보상액증감청구소송
         (다) 무효확인소송
   다. 소 결

[35] 환매권과 공익사업의 변환

A 등은 경기도 오산시 양산동 일대 신축 아파트 입주민 자녀들을 수용하고 인근 초등학교의 과밀·과대를 해소하기 위하여 가칭 '양산초등학교'를 신설하는 것을 내용으로 하는 도시계획시설사업(이하 '이 사건 사업'이라 한다)의 시행지 내에 위치하고 있던 토지(이하 '이 사건 토지'라 한다)의 소유자들이다. 사업시행자인 경기도 화성교육청 교육장은 '양산초등학교를 설립하기 위해 A 등과 협의하여 A 등으로부터 이 사건 토지를 각 해당 보상금에 협의취득한 다음, 공공용지의 협의 취득을 원인으로 하여 경기도(소관청 교육감) 명의로 소유권이전등기를 마쳤다.

경기도는 이 사건 토지와 그 부근의 '초등학교 부지' 부분(이하 '이 사건 학교용지'라고 한다) 인근의 다른 택지에서 아파트 건설사업을 하던 B주식회사와 사이에 그 아파트 단지 내에 들어설 새 초등학교 부지와 이 사건 학교용지를 교환함으로써 이 사건 학교용지를 B주식회사에 처분하였다. 그 교환계약 당시까지도 이 사건 학교용지 주변에는 추가 지구단위계획조차 수립되어 있지 않아 중학교를 건립할 필요성이 없었으나, 향후에 추가적인 지구단위계획결정으로 부근의 인구가 늘어날 것에 대비하여 장차 이 사건 학교용지를 중학교 부지로 시설결정할 것을 전제로 교환계약이 체결되었다.

A 등은 경기도와 B주식회사를 상대로 소유권이전등기청구의 소를 제기하면서 소장 내용에 이 사건 토지를 환매한다는 의사표시를 하고, 경기도를 피공탁자로 하여 협의 당시 경기도로부터 지급받은 보상금 상당금액을 공탁을 하였다. 그 후 오산시장은 위 소송이 제기된지 1년 남짓 지난 소송 도중인 2009. 8. 19.에 이르러서야 이 사건 학교용지 부근의 주택사업 추진으로 인한 수요증가를 예상하여 이 사건 학교용지에 중학교를 건립하는 것으로 도시관리계획변경 결정을 하고 이를 고시하였다. 재판과정에서 A 등은 아래 ⑴과 같이 주장하고, B주식회사는 아래 ⑵와 같이 주장하고 있으므로, 그 주장의 당부를 설명하시오.

⑴ 원고들(A 등)은 피고 경기도가 이 사건 토지를 협의취득할 당시에 예정하였던 공익사업인 양산초등학교 건립사업은 이 사건 토지의 소유권이 피고 B주식회사에 이전되고, 당초 그 지상에 설립 예정인 양산초등학교가 아파트 단지 내 토지에 신축될 것이 확정됨으로써 사실상 폐지되었으므로, 이

사건 토지는 당초의 취득목적사업인 양산초등학교 건립사업에 더 이상 필요 없게 되었으므로 환매사유가 발생하였다고 주장한다. (35점)

⑵ 피고 B주식회사는, 이 사건 토지가 중학교 부지로 활용되기로 계획이 변경되고 이에 관한 도시관리계획이 고시되었으며, 피고 경기도 산하 화성교육청 역시 이 사건 토지에 중학교 건립계획을 작성하여 이 사건 토지에 관한 도시계획시설(학교) 결정은 계속 유지될 예정인바, 원고들에게 이 사건 토지에 관한 환매사유가 발생하더라도, 새로운 중학교 건립사업은 초등학교 건립사업과 마찬가지로 공익사업을 위한 토지 등의 취득 및 보상에 관한 법률 제4조 제4호 소정의 공익사업으로서 같은 조 제6항 소정의 공익사업의 변환에 해당함에 따라 원고들의 환매권 행사가 제한되므로, 원고들의 환매권 청구는 부당하다고 주장한다. (15점)

참고법령

「공익사업을 위한 토지 등의 취득 및 보상에 관한 법률 [법률 제10303호, 2010. 5.17, 타법개정] 」

제91조(환매권)
① 토지의 협의취득일 또는 수용의 개시일(이하 이 조에서 "취득일"이라 한다)부터 10년 이내에 당해 사업의 폐지·변경 그 밖의 사유로 인하여 취득한 토지의 전부 또는 일부가 필요없게 된 경우 취득일 당시의 토지소유자 또는 그 포괄승계인(이하 "환매권자"라 한다)은 당해 토지의 전부 또는 일부가 필요없게 된 때부터 1년 또는 그 취득일부터 10년 이내에 당해 토지에 대하여 지급받은 보상금에 상당한 금액을 사업시행자에게 지급하고 그 토지를 환매할 수 있다.
② 제1항의 규정은 취득일부터 5년 이내에 취득한 토지의 전부를 당해 사업에 이용하지 아니한 때에 이를 준용하되, 이 경우 환매권은 취득일부터 6년 이내에 이를 행사하여야 한다.
③ 제74조제1항의 규정에 따라 매수 또는 수용한 잔여지는 그 잔여지에 접한 일단의 토지가 필요없게 된 경우가 아니면 이를 환매할 수 없다.
④ 토지의 가격이 취득일 당시에 비하여 현저히 변동된 경우 사업시행자 및 환매권자는 환매금액에 대하여 서로 협의하되, 협의가 성립되지 아니한 때에는 그 금액의 증감을 법원에 청구할 수 있다.
⑤ 제1항 내지 제3항의 규정에 의한 환매권은 「부동산등기법」이 정하는 바에 의하여 공익사업에 필요한 토지의 협의취득 또는 수용의 등기가 된 때에는 이를 제3자

> 에게 대항할 수 있다.
> ⑥ 국가·지방자치단체 또는 「공공기관의 운영에 관한 법률」 제4조부터 제6조까지의 규정에 따라 지정·고시된 공공기관 중 대통령령으로 정하는 공공기관이 사업인정을 받아 공익사업에 필요한 토지를 협의취득 또는 수용한 후 당해 공익사업이 제4조제1호 내지 제5호에 규정된 다른 공익사업으로 변경된 경우 제1항 및 제2항의 규정에 의한 환매권 행사기간은 관보에 당해 공익사업의 변경을 고시한 날부터 기산한다. 이 경우 국가·지방자치단체 또는 「공공기관의 운영에 관한 법률」 제4조부터 제6조까지의 규정에 따라 지정·고시된 공공기관 중 대통령령으로 정하는 공공기관은 공익사업의 변경사실을 대통령령이 정하는 바에 따라 환매권자에게 통지하여야 한다. 〈개정 2010.4.5〉

주요쟁점

- ✦ 공익사업
- ✦ 협의취득
- ✦ 공용수용
- ✦ 재산권 보장
- ✦ 당사자소송
- ✦ 공공기관
- ✦ 사업인정

Ⅰ. 원고들이 환매권을 행사할 수 있는지 여부 [주장 (1)의 해결]

1. 문제점

피고 경기도는 도시관리계획상 초등학교 건립사업을 위하여 원고들 소유의 이 사건 토지를 학교용지로 협의취득하였다. 그런데 경기도는 위 학교용지 인근에서 아파트 건설사업을 하던 주택건설사업 시행자 B주식회사와 그 아파트 단지 내에 들어설 새 초등학교 부지와 위 학교용지를 교환하고 위 학교용지에는 중학교를 건립하는 것으로 도시관리계획을 변경하였다. 따라서 위 학교용지에 대한 협의취득의 목적이 된 당해 사업인 '초등학교 건립사업'의 폐지·변경으로 위 토지는 당해 사업에 필요 없게 되었기 때문에 원고들에게 환매사유가 발생한 것은 아닌지 검토해야 한다.

2. 환매권의 의의와 근거 · 법적 성질

가. 환매권의 개념

환매권이란 수용의 목적물인 토지가 공공사업의 폐지 · 변경 기타의 사유로 인하여 필요 없게 되거나 수용 후 오랫동안 그 공익사업에 현실적으로 이용되지 아니한 경우에 수용 당시의 토지소유자 또는 그 포괄승계인이 원칙적으로 보상금에 상당하는 금액을 지급하고, 수용의 목적물을 다시 취득할 수 있는 권리를 말한다. 환매권은 수용목적물이 공익사업에 있어서 불용으로 되거나 이용되지 않고 있다는 객관적 사실만을 근거로 하며, 사업시행자(수용자)에게 매각의 의사가 있음을 필요로 하지 아니한다는 측면에서 환매권은 형성권이라 할 수 있다.

나. 환매권의 근거

(1) 이론적 근거

㈎ 환매권의 이론적 근거는 피수용자의 감정의 존중에 있다. 피수용자는 이미 완전한 보상을 받아 재산상으로는 손실이 없으나, 수용은 피수용자의 의사에 반하여 그 권리를 박탈하는 것이므로, 그 점에 있어서 피수용자에게는 아직 감정상의 손실이 남아 있으며, 그것은 재산상의 손실보상에 의하여 보상되지 아니한다.

㈏ 환매권의 이론적 근거를 재산권의 존속보장에서 찾는 견해도 유력하다.

㈐ 판례는 토지 등의 원소유자가 사업시행자로부터 토지 등의 대가로 정당한 손실보상을 받았다고 하더라도 원래 자신의 자발적인 의사에 따라서 그 토지 등의 소유권을 상실하는 것이 아니어서 그 토지 등을 더 이상 당해 공공사업에 이용할 필요가 없게 된 때에는 원소유자의 의사에 따라 그 토지 등의 소유권을 회복시켜 주는 것이 '원소유자의 감정을 충족시키고 동시에 공평의 원칙에 부합'한다는 데에 있다고 한다(대법원 2001.5.29. 선고 2001다11567 판결). 헌법재판소 역시 토지에 대해서는 보상이 이루어지더라도 수용당한 소유자에게 감정상의 손실 등이 남아있게 되나, 건물의 경우 정당한 보상이 주어졌다면 그러한 손실이 남아있는 경우는 드물다고 한다(헌재 2005.05.26. 2004헌가10,608).

(2) 실정법상 근거

㈎ 환매권은 헌법의 재산권 보장에 근거하고 있다. 학설은 헌법상 재산권 보장규정에서 환매권이 직접 도출되는 것이 아니라, 실정법률의 근거가 있어야 한다

고 본다. 판례도 환매권은 공공의 목적을 위하여 수용 또는 협의취득된 토지의 원소유자 또는 그 포괄승계인에게 재산권보장과 관련하여 공평의 원칙상 인정하고 있는 권리로서 민법상의 환매권과는 달리 법률의 규정에 의하여서만 인정되고 있다고 한다(대법원 1993.6.29. 선고 91다43480 판결).

공익사업을 위한 토지 등의 취득 및 보상에 관한 법률 제91조 및 택지개발촉진법 제13조[31], 징발재산정리에 관한 특별조치법 제20조[32] 등에서 환매권이 인정되고 있다.

(내) 헌법재판소는 공용수용된 토지 등에 대한 환매권은 헌법상의 재산권 보장으로부터 도출되는 것으로서 헌법이 보장하는 재산권의 내용에 포함되는 권리라고 한다(헌재 1995.10.26. 95헌바22).

다. 법적 성질

환매권이 공권에 해당하는지, 사권인지에 관하여 견해의 대립이 있다. 공권으로 보면 환매권에 관한 쟁송은 행정심판이나 행정소송에 의하여야 할 것이고, 사권으로 보면 민사소송을 제기하여야 하는 점에 논의의 실익이 있다.

(1) 학 설

① 환매권의 내용은 일정한 금액을 지급하고 수용의 목적물을 다시 취득하는 것이므로 사법상의 권리로 보는 사권설과, ② 환매권은 공법적 수단에 의하여 상실

---

31) 「택지개발촉진법」 제13조 (환매권) ① 택지개발지구의 지정 해제 또는 변경, 실시계획의 승인 취소 또는 변경, 그 밖의 사유로 수용한 토지등의 전부 또는 일부가 필요 없게 되었을 때에는 수용 당시의 토지등의 소유자 또는 그 포괄승계인[이하 "환매권자"(還買權者)라 한다]은 필요 없게 된 날부터 1년 이내에 토지등의 수용 당시 받은 보상금에 대통령령으로 정한 금액을 가산하여 시행자에게 지급하고 이를 환매할 수 있다. ② 환매권자는 환매로써 제3자에게 대항할 수 있다. ③ 환매권자의 권리의 소멸에 관하여는 「공익사업을 위한 토지 등의 취득 및 보상에 관한 법률」 제92조를 준용한다.
32) 「징발재산정리에 관한 특별조치법」 제20조 (환매권) ① 이 법에 의하여 매수한 징발재산의 매수대금으로 지급한 증권의 상환이 종료되기 전 또는 그 상환이 종료된 날로부터 5년 이내에 당해 재산의 전부 또는 일부가 군사상 필요없게 된 때에는 피징발자 또는 그 상속인(이하 이 조에서 "환매권자"라 한다)은 이를 우선매수할 수 있다. 이 경우에 환매권자는 국가가 매수한 당시의 가격에 증권의 발행연도부터 환매연도까지 연 5푼의 이자를 가산한 금액을 국고에 납부하여야 한다. ② 국방부장관은 제1항의 규정에 의하여 매각할 재산이 생긴 때에는 환매권자에게 그 뜻을 통지하여야 한다. 다만, 환매권자의 주소 또는 거소를 알 수 없을 때에는 이를 2종 이상의 일간신문에 2회 이상 공고하여야 한다. ③ 환매권자는 제2항의 규정에 의한 통지를 받는 날 또는 그 최후의 공고가 끝난 날로부터 3월이 경과한 때에는 환매권을 행사하지 못한다.

된 권리를 회복하는 제도로서 공법상의 주체에 대하여 가지는 공법상의 권리라고 하는 공권설이 있다.

(2) 판 례

(가) 환매권 소송은 사권

대법원은 사권으로 본다. 환매권은 일종의 형성권으로서 그 존속기간은 제척기간으로 보아야 할 것이며, 위 환매권은 재판상이든 재판 외이든 그 기간 내에 행사하면 이로써 매매의 효력이 생기고, 위 매매는 환매권자와 국가간의 사법상의 매매라 할 것이라고 한다(대법원 1992.4.24. 선고 92다4673 판결).

헌법재판소도 같은 입장이다. 환매권의 행사는 환매권자의 일방적 의사표시만으로 성립하는 것이지, 상대방인 사업시행자 또는 기업자의 동의를 얻어야 하거나 그 의사 여하에 따라 그 효과가 좌우되는 것은 아니다. 따라서 이 사건의 경우 피청구인이 설사 청구인들의 환매권행사를 부인하는 어떤 의사표시를 하였다 하더라도 이는 환매권의 발생 여부 또는 그 행사의 가부에 관한 사법관계의 다툼을 둘러싸고 사전에 피청구인의 의견을 밝히고 그 다툼의 연장인 민사소송절차에서 상대방의 주장을 부인하는 것에 불과하므로, 그것을 가리켜 헌법소원심판의 대상이 되는 공권력의 행사라고 볼 수는 없다는 입장이다(헌재 1994.2.24. 92헌마283).

따라서 환매권에 관한 민사소송은 주로 수용목적 부동산의 반환을 구하는 소유권이전등기청구소송을 제기하고 있다.

(나) 환매가격의 증감에 관한 소송은 공법상 당사자소송

사업시행자가 환매권자를 상대로 하는 (환매가격의 증감에 관한)소송은 공법상의 당사자소송으로 사업시행자로서는 환매가격이 환매대상토지의 취득 당시 지급한 보상금 상당액보다 증액 변경될 것을 전제로 하여 환매권자에게 그 환매가격과 위 보상금 상당액의 차액의 지급을 구할 수 있다(대법원 2000.11.28. 선고 99두3416 판결).

3. 환매권의 요건

가. 환매권자

수용 당시의 토지소유자 또는 그 포괄승계인이다(공익사업을 위한 토지 등의 취득 및 보상에 관한 법률 71①). 포괄승계인은 자연인인 상속인 및 합병 후의 존속법인 또는 신설법인이다. 따라서 ① 토지의 일부가 수용되고 잔여지가 제3자에게 양도된 경우에도 환매권자는 구 소유자 또는 그 포괄승계인이며, 잔여지를 양수한 제3자는 아니다. ② 환매권은 제3자에게 양도될 수 없다. 그리고 환매권은 부동산등기법이 정하는 바에 의하여 수용의 등기가 되었을 때에는 제3자에게 대항할 수 있다(동법 91⑤). 사안에서 원고들은 수용 당시의 토지소유자이므로 환매권자에 해당된다.

나. 환매권의 행사요건

(1) 법률의 규정과 내용

수용의 개시일(협의취득의 경우는 협의취득일)로 부터 10년 이내에 공익사업의 폐지·변경 기타의 사유로 인하여 수용한 토지의 전부 또는 일부가 필요 없게 된 경우, 또는 수용일로부터 5년 이내에 수용한 토지의 전부를 당해 사업에 이용하지 아니한 때이다(동법 91① · ②). 여기에서 ① '당해 사업'이란 토지의 협의취득 또는 수용의 목적이 된 구체적인 특정의 공익사업으로서 공익사업을 위한 토지 등의 취득 및 보상에 관한 법률 제20조 제1항에 의한 사업인정을 받을 때 구체적으로 특정된 공익사업을 말하고, ② 당해 사업의 '폐지·변경'이란 당해 사업을 아예 그만두거나 다른 사업으로 바꾸는 것을 말하고, ③ 취득한 토지의 전부 또는 일부가 '필요 없게 된 때'란 사업시행자가 취득한 토지의 전부 또는 일부가 그 취득 목적 사업을 위하여 사용할 필요 자체가 없어진 경우를 말하며, 수용 당시부터 이미 필요가 없는 경우(원래 불용)와 수용 후에 필요가 없게 된 경우(사후 불용)가 있다. 협의취득 또는 수용된 토지가 필요 없게 되었는지 여부는 사업시행자의 주관적인 의사를 표준으로 할 것이 아니라 당해 사업의 목적과 내용, 협의취득의 경위와 범위, 당해 토지와 사업의 관계, 용도 등 제반 사정에 비추어 객관적·합리적으로 판단하여야 한다(대법원 2010.9.30. 선고 2010다30782 판결). 환매권 행사 요건이 서로 그 내용을 달리하고 있으므로, 어느 한쪽의 요건에 해당되면 행사할 수 있다(대법원 1995.2.10. 선고 94다31310 판결).

(2) 사안의 경우

① 당초 도시계획사업의 실시계획인가를 받을 때 구체적으로 특정된 공익사업은 '초등학교' 건립사업이었고, 이에 따라 화성교육청도 '양산초등학교'로 학교명까지 특정하여 학교시설사업 시행계획을 고시한 점, ② 피고 경기도가 원고들과 사이에 이 사건 토지를 취득하기 위하여 협의하는 과정에서 원고들에게 이 사건 토지

취득의 목적이 초등학교 건립사업이라고 고지하였고, 원고들 역시 그러한 전제하에 협의취득에 응한 것으로 보이는 점, ③ 피고 경기도가 이 사건 토지 인근에서 아파트 건설사업을 하면서 그 단지 내 초등학교 신설이 필요했던 피고 B주식회사와 사이에 초등학교가 들어설 아파트 단지 내 부지와 이 사건 토지를 교환함으로써 결국 이 사건 토지를 제3자에게 매각·처분한 것이므로, 피고 경기도가 그러한 처분행위 자체로서 당초 사업이 폐지되었음을 스스로 인정하는 결과가 된 점, ④ 더구나 이 사건 토지는 현재 피고 B주식회사의 소유이므로, 피고 경기도의 계획대로 이 사건 토지상에 중학교를 설립하기 위해서는 피고 B주식회사로부터 이 사건 토지의 소유권을 이전받아야만 할 것인데, 피고 경기도와 피고 B주식회사 사이의 부지교환협약서의 기재에 의하더라도 피고 B주식회사로 하여금 이 사건 토지를 기부채납할 의무를 부과하는 내용은 전혀 없어, 결국 이 사건 토지를 중학교 부지로서 재확보할 수 있을지 여부는 전적으로 사기업인 피고 B주식회사에게 달려있는 것으로 보이는 점 등에 비추어 보면, 이 사건 토지에 대한 협의취득의 목적이 된 공익사업은 '양산초등학교 건립사업'으로 특정되고, 결국 피고들 사이의 위 교환계약에 따라 이 사건 토지의 소유권이 피고 회사에 이전됨으로써 위 공익사업은 폐지되었다고 봄이 상당하다(서울고법 2010.3.18. 선고 2009나64286 판결).

(3) 환매권의 성립시기

위의 요건에 관하여 환매권의 성립요건으로 보는 견해(요건성립시설)와 환매권은 수용시 또는 임의매수시에 성립하고, 위 요건은 행사요건으로 보는 견해(수용시설)가 있다. 그러나 환매권은 수용의 효과로서 수용의 시기에 법률상 당연히 성립·취득된다고 할 것이며, 따라서 위의 요건은 이미 성립·취득된 환매권을 현실적으로 행사하기 위하여 필요한 요건이라 할 것이다.

다. 환매의 목적물

토지소유권이다(동법 91①). 따라서 토지에 대한 소유권 이외의 권리(용익물권 등) 및 토지 이외의 물건(토지의 정착물·토석·입목 등) 등은 환매의 대상이 되지 아니한다. 수용한 토지의 일부만이 당해 공익사업에 불필요하게 된 경우에는 그 불필요하게 된 부분의 토지에 대하여 환매권을 행사할 수 있다.

토지의 경우에는 공익사업이 폐지·변경되더라도 기본적으로 형상의 변경이 없는 반면, 건물은 그 경우 통상 철거되거나 그렇지 않더라도 형상의 변경이 있게 되며, 토지에 대해서는 보상이 이루어지더라도 수용당한 소유자에게 감정상의 손실 등이 남아있게 되나, 건물의 경우 정당한 보상이 주어졌다면 그러한 손실이 남아있는 경우는 드물다. 따라서 입법자가 건물에 대한 환매권을 부인한 것은 헌법적 한계 내에 있는 입법재량권의 행사이므로 재산권을 침해하는 것이라 볼 수 없다(헌재 2005.05.26. 2004헌가10).

라. 환매금액

(1) 보상금에 상당한 금액

환매금액은 원칙적으로 토지에 대하여 지급받은 보상금에 상당한 금액이다(동법 91①). 보상금에 상당한 금액이므로 법정이자를 가산한 금액은 아니다. 다만, 토지의 가격이 취득일 당시에 비하여 현저히 변동된 경우 사업시행자 및 환매권자는 환매금액에 대하여 먼저 서로 협의하되, 협의가 성립되지 아니한 때에는 그 금액의 증감을 법원에 청구할 수 있다(동법 91④).

사안에서와 같이 원고들에게 환매권이 인정되더라도 이 사건 토지의 가격이 상당히 상승하여 환매대상 토지의 가격이 취득일 당시에 비하여 현저히 변동될 수 있다. 그러나 공익사업을 위한 토지 등의 취득 및 보상에 관한 법률 제91조 제4항에 의하여 당사자 간에 금액에 대한 협의가 성립되었거나, 사업시행자가 환매권자를 상대로 하는 공법상의 당사자소송에서 법원의 확정판결에 의하여 그 금액이 결정되지 않는 한 그 가격이 현저히 등귀된 경우나 하락한 경우이거나를 묻지 않고, 환매권을 행사하기 위하여서는 수령한 보상금 상당의 금액을 미리 지급하여야 하고 또한 이로써 족한 것이며, 민사소송절차에서 법원이 환매대금액을 증감할 수는 없다(대법원 1992.6.23. 선고 92다7832 판결).

(2) 환매대금의 선이행의무

환매를 하기 위하여서는 토지에 대하여 지급받은 보상금에 상당하는 금액을 사업시행자에게 지급하고, 환매(매수)한다는 의사표시를 하여야 한다(동법 91①). 환매권의 경우 환매대금의 선이행을 명문으로 규정하고 있으므로 환매대금 상당을 지급하거나 공탁하지 아니한 경우는 환매로 인한 소유권이전등기청구는 물론 환매대금의 지급과 상환으로 소유권이전등기를 구할 수 없다(대법원 1993.9.14. 선고 92다56810, 56827 판결). 환매권의 행사는 당사자 사이의 협의를 전제로 하는 것이 아니므로 환매권자의 환매권행사만으로 사업시행자의 의사와 관계없이 환매가 성립되어 협의취득 또는 수용의 효력을 상실시키기 때문에, 사업시행자에게 환매대금의 지급을 확실하게 보장할 필요가 있는 것이다. 따라서 환매대금의 선이행의무를 규정한 이 사건 법률조항이 사업시행자와 환매권자를 합리적 이유 없이 자의적으로 차별하는 것으로 볼 수 없으므로 평등원칙에 반한다고 할 수 없다(헌재 2006.11.30. 2005헌가20).

사안에서 원고들은 경기도를 피공탁자로 하여 협의 당시 경기도로부터 지급받은 보상금 상당금액을 변제공탁을 하여 선이행의무를 이행하였다.

4. 환매의 절차 · 존속기간 및 효과

가. 통지 · 공고

사업시행자의 통지나 공고에 의하여, 또는 통지나 공고를 기다릴 것 없이 환매권자가 자발적으로 할 수 있다. 환매할 토지가 생겼을 때에는 사업시행자는 지체없이 이를 환매권자에게 통지하여야 한다(동법 92①). 사업시행자는 환매할 토지기 생겼을 때에는 환매권자에게 통지할 의무를 진다. 사업시행자가 위 규정에 의한 통지나 공고를 하여야 할 의무가 있는 데도 불구하고 이러한 의무에 위배한 채 원소유자 등에게 통지나 공고를 하지 아니하여 원소유자 등으로 하여금 환매권 행사기간이 도과되도록 하여 이로 인하여 법률에 의하여 인정되는 환매권행사가 불가능하게 되어 환매권 그 자체를 상실하게 하는 손해를 가한 때에는 원소유자 등에 대하여 불법행위를 구성한다고 할 것이다(대법원 2000. 11.14. 선고 99다45864 판결 소유권이전등기).

나. 환매권의 존속기간

(1) 사업시행자의 통지가 있은 때

사업시행자의 통지나 공고가 있었을 경우에는 그 통지를 받은 날 또는 공고를 한 날로부터 6월이 경과함으로써 환매권이 소멸된다(동법 92②).

(2) 사업시행자의 통지가 없는 때

사업시행자의 통지나 공고가 없는 경우에는 ① 당해 토지의 전부 또는 일부가 필요 없게 된 때부터 1년 또는 그 취득일부터 10년 이내, ② 사업에 이용하지 아니하고 5년이 된 때에는 수용일로부터 6년을 경과함으로써 소멸된다(동법 91① · ②). 이 기간은 제척기간이다. 다만, ① · ② 어느 경우에 있어서나 사업시행자는 통지 또는 공고를 함으로써 그 기간을 6월로 단축할 수 있다.

(3) 사안의 경우

사안에서 피고 경기도는 원고들에게 이 사건 토지에 대한 환매권 행사를 위하여 통지를 하거나 공고를 한 사실이 없다. 취득일로부터 10년 이내에 그 토지가 필요 없게 된 경우에는 그때로부터 1년 이내에 환매권을 행사할 수 있으며, 또 필요 없게 된 때로부터 1년이 경과하였더라도 취득일로부터 10년이 경과되지 아니하였다면 환매권자는 적법하게 환매권을 행사할 수 있다(대법원 1987.4.14. 선고 86다324,86다카1579 판결).

그러므로 이 사건 토지가 피고 경기도의 양산초등학교 건립사업에 필요 없게 된 때로부터 1년이 도과하였다 하더라도, 피고 경기도가 원고들로부터 이 사건 토지의 소유권을 협의에 의하여 취득한 날부터 기산하여 10년 이내임이 명백하다면 적법한 환매권 행사기간을 준수하였다고 볼 수 있다.

다. 효 과

환매는 사업시행자의 동의를 요하지 않고, 환매권자의 의사표시(일정한 금액의 지급과 함께)만으로 성립하는 형성권이다. 환매권의 행사로 소유권의 변동이 일어나는 것은 아니고 소유권이전등기청구권이 발생한다. 사안에서 원고들은 환매권 행사로 발생한 소유권이전등기청구권에 의하여 환매목적물인 이 사건 토지에 대한 소유권이전등기를 청구하는 소송을 제기하였다. 환매권 행사로 발생한 소유권이전등기청구권은 환매권 행사기간과는 별도로 환매권을 행사한 때로부터 일반채권과 같이 민법 제162조에서 정한 10년의 소멸시효기간이 진행된다.

5. 사안의 해결

(1) 원고들은 초등학교 건립사업을 위한 공익사업의 폐지·변경으로 환매사유가 발생하였다고 주장한다. 피고 경기도는 이 사건 사업으로 오산시 양산동 일대 신축 아파트 입주민 자녀들을 수용하고 인근 화산초등학교의 과밀·과대를 해소하기 위하여 양산초등학교를 신설하기 위한 부지로 원고들의 이 사건 토지를 협의취득하였다.

(2) 그런데 피고 경기도는 이 사건 학교용지 인근의 다른 택지에서 아파트 건설사업을 하던 피고 B주식회사와 사이에 그 아파트 단지 내에 들어설 새 초등학교 부지와 이 사건 학교용지를 교환함으로써 이 사건 학교용지를 피고 B주식회사에 처분하여 결국 원고들 소유의 이 사건 토지는 당초의 공익사업부지로 사용되지 않게 되었다. 그 후 오산시장은 이 사건 소송 도중인 2009. 8. 19.에 이르러서야 이

사건 학교용지 부근의 주택사업 추진으로 인한 수요증가를 예상하여 이 사건 학교용지에 중학교를 건립하는 것으로 도시관리계획변경 결정을 하고 이를 고시하였다. '중학교의 건립'은 원고들로부터 이 사건 토지를 협의취득 당시는 물론 초등학교 건립사업에 관한 실시계획 인가나 학교시설사업의 시행계획 작성 당시에도 전혀 예정되어 있지 않았다.

(3) 따라서 이 사건 토지를 비롯한 이 사건 학교용지에 대한 협의취득의 목적이 된 당해 사업은 '양산초등학교 건립사업'이고, '중학교 건립사업'은 당초의 협의취득 목적과는 동일성이 유지되지 않는 별개의 사업으로 보아야 한다. 피고 경기도가 이 사건 학교용지를 피고 B주식회사에 처분하고 이 사건 학교용지에 중학교를 건립하는 것으로 도시관리계획을 변경함으로써 이 사건 협의취득의 목적이 된 당해 사업인 '양산초등학교 건립사업'은 폐지·변경되었고 이 사건 토지는 더 이상 위 당해 사업에 필요 없게 되었다. 따라서 이 사건 토지에 대하여 환매사유가 발생하였다는 원고들의 주장은 타당하다.

기본구조

원고들이 환매권을 행사할 수 있는지 여부 [주장 (1)의 해결]

1. 문제점

2. 환매권의 의의와 근거·법적 성질
  가. 환매권의 개념
  나. 환매권의 근거
    (1) 이론적 근거
    (2) 실정법상 근거
  다. 법적 성질
    (1) 학설
    (2) 판례
      (가) 환매권 소송은 사권
      (나) 환매가격의 증감에 관한 소송은 공법상 당사자소송

3. 환매권의 요건

가. 환매권자
나. 환매권의 행사요건
  (1) 법률의 규정과 내용
  (2) 사안의 경우
  (3) 환매권의 성립시기
다. 환매의 목적물
라. 환매금액
  (1) 보상금에 상당한 금액
  (2) 환매대금의 선이행의무

4. 환매의 절차·존속기간 및 효과
  가. 통지·공고
  나. 환매권의 존속기간
    (1) 사업시행자의 통지가 있은 때
    (2) 사업시행자의 통지가 없는 때
    (3) 사안의 경우
  다. 효과

5. 사안의 해결

Ⅱ. 공익사업의 변환에 해당하는지 여부 [주장 (2)의 해결]

1. 문제점

피고들은, 원고들로부터 이 사건 토지를 협의취득하여 사용하고자 하였던 공익사업이 당초에는 초등학교의 건립사업이었지만, 현재는 피고 경기도가 이 사건 토지에 중학교를 건립할 계획을 가지고 있기 때문에, 당초의 취득목적사업인 학교건립사업이 동일성을 유지하면서 계속되고 있다고 한다. 따라서 원고들 소유였던 이 사건 토지가 초등학교 건립사업에서 중학교 건립사업으로 변경된 것이 공익사업을 위한 토지 등의 취득 및 보상에 관한 법률 제4조 제4호 소정(학교)의 공익사업으로서 같은 법 제91조 제6항 소정의 공익사업의 변환에 해당하는지를 검토할 필요가 있다.

2. 공익사업의 변환

가. 개 념

공익사업을 위하여 토지를 협의취득 또는 수용한 후에 그 공익사업이 다른 공익사업으로 변경된 경우에 환매 절차 후 다시 협의취득 또는 수용절차를 거치지 않고 다른 공익사업에 그 토지를 이용하도록 하는 제도를 말한다. 「공익사업을 위한 토지 등의 취득 및 보상에 관한 법률」 제91조 제6항은 공익성이 강한 공익사업으로 변경된 경우에 한하여 예외적으로 공익사업의 변환을 인정하고 있다.

나. 인정취지

당초 예정한 공익사업에 제공되지 않게 된 토지는 원칙적으로 환매의 대상이 된다고 할 것이나, 환매를 하고 다시 수용하는 번거로움을 없애는 무용한 절차의 반복을 피하기 위하여 공익사업의 변환을 인정한다. 즉, 당초의 공익사업이 공익성의 정도가 높은 다른 공익사업으로 변경되고, 그 다른 공익사업을 위하여 토지를 계속 이용할 필요가 있을 경우에는 환매권의 행사를 인정한 다음 다시 협의취득이나 수용 등의 방법으로 그 토지를 취득하는 번거로운 절차를 되풀이하지 않게 하기 위하여 이른바 '공익사업의 변환'을 인정함으로써 환매권의 행사를 제한하려는 것이다(대법원 1992.4.28. 선고 91다29927 판결).

다. 성립요건

(1) 주 체

국가 · 지방자치단체 또는 「공공기관의 운영에 관한 법률」 제4조부터 제6조까지의 규정에 따라 지정 · 고시된 공공기관 중 대통령령으로 정하는 공공기관이어야 한다. 공익사업변경 전·후의 사업주체가 다른 경우 공익사업변환을 인정할 것인가 문제된다. ① 공익사업변환과정에서 해당토지가격이 상승하여 토지의 시세차익이 발생한 경우 변경 후 사업주체는 변경 전 사업주체로부터 해당 토지를 협의취득하게 될 것이므로, 폐지된 공익사업의 시행자는 시세차익을 얻게 되는 불합리한 점이 있기 때문에 사업시행자가 다른 경우에는 허용하지 않아야 한다는 견해와, ② 법률에서 사업시행자가 동일할 것을 요건으로 규정하고 있지 않고, 수용에서 중요한 것은 사업의 공익성이지 그 주체가 아니라는 이유로 긍정하는 견해가 있다. ③ 판례는 공익사업의 변환이 국가 · 지방자치단체 또는 정부투자기관 등 기업자(또는 사업시행자)가 동일한 경우에만 허용되는 것으로 해석되지는 않는다고 한다(대법원 1994.1.25. 선고 93다11760 판결).

(2) 대상사업

사업인정을 받은 공익사업이 「공익사업을 위한 토지 등의 취득 및 보상에 관한 법률」 제4조 제1호 내지 제5호에 규정된 다른 공익사업으로 변경된 경우여야 한다(동법 91⑥).

(3) 사업인정 후의 협의취득 또는 수용한 토지

사업인정을 받아 공익사업에 필요한 토지를 '협의취득 또는 수용'한 경우에 한하여 공익사업의 변환이 인정되고(동법 91⑥), 사업인정 전의 협의취득에 의한 경우에는 규정이 없기 때문에 공익사업의 변환이 허용되지 않는다고 할 것이다.

(4) 변경된 사업의 사업인정

새로운 공익사업에 관해서도 「공익사업을 위한 토지 등의 취득 및 보상에 관한 법률」 제20조 제1항의 규정에 의해 사업인정을 받거나 또는 위 규정에 따른 사업인정을 받은 것으로 의제하는 다른 법률의 규정에 의해 사업인정을 받은 것으로 볼 수 있는 경우에만 공익사업의 변환에 의한 환매권 행사의 제한을 인정할 수 있다(대법원 1997.11.11. 선고 97다36835 판결). 그런데 사안에서는 국가나 지방자치단체가 학교시설사업을 시행하려면 학교시설사업 촉진법이 정하는 바에 따라야 하는데, 오산시장은 원고들이 이 사건 소를 제기한 때로부터 1년 남짓 지난 이 사건 소송 도중인 2009. 8. 19. 국토계획법 제30조에 의하여 이 사건 학교용지에 설치될 시설을 '초등학교'에서 '중학교'로 변경하는 내용 등이 포함된 도시관리계획을 결정하고 이를 고시하였을 뿐 중학교 건립사업에 관하여 「공익사업을 위한 토지 등의 취득 및 보상에 관한 법률」에 따른 사업인정을 받지 않았다.

(5) 변경된 사업시행자의 토지소유

사업시행자가 협의취득하거나 수용한 당해 토지를 제3자에게 처분해 버린 경우에는 어차피 변경된 사업시행자는 그 사업의 시행을 위하여 제3자로부터 토지를 재취득해야 하는 절차를 새로 거쳐야 하는 관계로 위와 같은 공익사업의 변환을 인정할 필요성도 없게 되므로, 공익사업의 변환을 인정하기 위해서는 적어도 변경된 사업의 사업시행자가 당해 토지를 소유하고 있어야 한다. 나아가 공익사업을 위해 협의취득하거나 수용한 토지가 제3자에게 처분된 경우에는 특별한 사정이 없는 한 그 토지는 당해 공익사업에는 필요 없게 된 것이라고 보아야 하고, 변경된 공익사업에 관해서도 마찬가지이므로, 그 토지가 변경된 사업의 사업시행자 아닌 제3자에게 처분된 경우에는 공익사업의 변환을 인정할 여지도 없다(대법원 2010.9.30. 선고 2010다30782 판결).

사안에서 이 사건 토지를 포함한 이 사건 학교용지는 중학교 건립사업의 시행자와 무관한 피고 B주식회사에 처분되었다. 피고 경기도가 이를 용이하게 재취득할 수 있는 방법도 없고, 피고 경기도가 주택건설사업 시행자를 통해 이 사건 학교용지를 재취득할 수 있다고 하더라도 이 사건 학교용지는 원소유자들에게 환원됨으로써 그 주택건설사업 시행자와의 매매계약을 체결하게 될 당사자도 피고 회사가 아닌 원소유자들이 되어야 함이 옳으므로, 이 사건 토지에 관하여 공익사업의 변환을 인정할 여지는 없다.

라. 효 과

공익사업에 변환된 토지의 환매권 행사기간은 관보에 당해 공익사업의 변경을 고시한 날부터 기산한다(동법 91⑥). 이는 새로 변경된 공익사업을 기준으로 다시 환매권 행사의 요건을 갖추지 못하는 한 환매권을 행사할 수 없고, 환매권 행사 요건을 갖추어 제1항 및 제2항에 정한 환매권을 행사할 수 있는 경우에 그 환매권 행사기간은 당해 공익사업의 변경을 관보에 고시한 날로부터 기산한다는 의미로 해석해야 한다(대법원 2010.9.30. 선고 2010다30782 판결). 공익사업의 변환은 공익사업의 변경고시일로부터 새로운 환매기간이 기산되므로 환매권 행사기간이 연장되는 결과가 된다.

마. 위헌성 여부

공익사업의 변환제도는 결과적으로 토지소유자 등에게 보장된 환매권이라는 재산권을 공허하게 만드는 제도라는 점에서 그 위헌성이 논의되어야 한다는 견해도 있지만, 헌법재판소는 이를 합헌으로 본다.

3. 사안의 해결

피고 경기도는 공익사업의 변환을 주장하는 '중학교 건립사업'에 대하여 「공익사업을 위한 토지 등의 취득 및 보상에 관한 법률」에 따른 사업인정을 받은 바 없다. 그리고 이 사건 토지를 포함한 이 사건 학교용지는 중학교 건립사업의 시행자와 무관한 피고 B주식회사에 처분되어 현재 변경된 사업시행자가 소유하고 있지도 않다. 따라서 피고 B주식회사가 공익사업의 변환 주장은 이유가 없어 타당하지 않다고 할 것이다.

기본구조

공익사업의 변환에 해당하는지 여부
[주장 (2)의 해결]

1. 문제점

2. 공익사업의 변환
 가. 개 념
 나. 인정취지
 다. 성립요건
  (1) 주 체
  (2) 대상사업
  (3) 사업인정 후의 협의취득 또는 수용한 토지
  (4) 변경된 사업의 사업인정
  (5) 변경된 사업시행자의 토지소유
 라. 효 과
 마. 위헌성 여부

3. 사안의 해결

I. 주장(1)의 해결 - 환매권 행사요건 해당여부

1. 문제점

경기도는 도시관리계획상 초등학교 건립을 위하여 이 사건 토지를 학교용지로 협의취득하였다. 그런데 경기도는 위 학교용지에는 중학교를 건립하는 것으로 도시관리계획을 변경하였다.

따라서 위 학교용지에 대한 협의취득의 목적이 된 당해 사업인 '초등학교 건립사업'의 폐지·변경으로 위 토지는 당해 사업에 필요 없게 되었기 때문에 원고들에게 환매사유가 발생한 것이 아닌가 검토해야 한다.

2. 환매권의 의의와 근거 및 법적 성질

가. 의의 및 근거

(1) 환매권이란 수용의 목적물인 토지가 공공사업의 폐지·변경 기타의 사유로 인하여 필요 없게 되거나 수용 후 오랫동안 그 공익사업에 현실적으로 이용되지 아니한 경우에 수용 당시의 토지소유자 또는 그 포괄승계인이 원칙적으로 보상금에 상당하는 금액을 지급하고, 소유권을 다시 취득할 수 있는 권리를 말한다.

(2) 환매권을 인정하는 것은 재산권의 존속보장 또는 피수용자의 감정의 존중에 있다. 판례와 학설은 헌법의 재산권보장 규정으로는 충분하지 않고, 실정법상의 근거가 있어야 한다고 본다.

나. 법적 성질

(1) 학설

환매권이 공권에 해당한다면 환매권에 관한 쟁송은 행정쟁송절차에 의할 것이다.

학설은 ① 환매권의 내용은 일정한 금액을 지급하고 수용의 목적물을 다시 취득하는 것이므로 사법상의 권리로 보는 사권설과, ② 환매권은 공법적 수단에 의하여 상실된 권리를 회복하는 제도로서 공법상의 권리라고 하는 공권설이 있다.

(2) 판례의 태도

판례는 이를 사권으로 본다. 환매권은 재판상이든 재판 외이든 그 기간 내에 행사하면 이로써 매매의 효력이 생기고, 위 매매는 환매권자와 국가 간의 사법상의 매매라 할 것이라고 한다. 또한 환매권행사를 부인하는 의사표시는 헌법소원심판의 대상이 되는 공권력의 행사라고 볼 수는 없다는 입장이다.

다만 환매가격의 증감에 관한 소송은 공법상 당사자소송으로 파악하고 있다.

3. 환매권의 요건
  가. 환매권자
   수용 당시의 토지소유자 또는 그 포괄승계인이다(공익사업을 위한 토지 등의 취득 및 보상에 관한 법률 71①). 사안에서 원고들은 수용 당시의 토지소유자이므로 환매권자에 해당된다.

  나. 환매권의 행사요건
   (1) 법률의 규정
    수용의 개시일로 부터 10년 이내에 공익사업의 폐지·변경 기타의 사유로 인하여 수용한 토지의 전부 또는 일부가 필요 없게 된 경우, 또는 수용일로부터 5년 이내에 수용한 토지 전부를 당해 사업에 이용하지 아니한 때이다(동법 91①·②).
   (2) 사안의 경우
    협의취득 또는 수용된 토지가 필요 없게 되었는지 여부는 사업시행자의 주관적인 의사를 표준으로 할 것이 아니라 당해 사업의 목적과 내용, 협의취득의 경위와 범위 등 제반 사정에 비추어 객관적·합리적으로 판단하여야 한다는 것이 판례의 태도이다.
    ① 당초 구체적으로 특정된 공익사업은 '초등학교' 건립사업이었고, ② 경기도가 B주식회사와 아파트 단지 내 부지와 이 사건 토지를 교환함으로써 결국 이 사건 토지를 제3자에게 매각·처분한 것이므로, 당초 사업이 폐지되었음을 경기도가 스스로 인정하는 결과가 된 점 등에 비추어 보면, 경기도와 B 사이의 교환계약에 따라 이 사건 토지의 소유권이 피고 회사에 이전됨으로써 위 공익사업은 폐지되었다고 봄이 상당하다.

  다. 환매의 목적물
   토지소유권이다(동법 91①). 따라서 토지에 대한 소유권 이외의 권리 및 토지 이외의 물건 등은 환매의 대상이 되지 아니한다. 수용한 토지의 일부만이 당해 공익사업에 불필요하게 된 경우에는 그 불필요하게 된 부분의 토지에 대하여 환매권을 행사할 수 있다.

  라. 환매금액
   환매금액은 원칙적으로 토지에 대하여 지급받은 보상금에 상당한 금액이다(동법 91①). 다만, 토지의 현저히 변동된 경우 환매금액에 대하여 먼저 서로 협의하되, 협의가 성립되지 아니한 때에는 그 금액의 증감을 법원에 청구할 수 있다(동법 91④). 환매권의 경우 환매대금의 선이행을 명문으로 규정하고 있으므로(동법 91①) 환매대금 상당을 지급하거나 공탁하지 아니한 경우는 환매로 인한 소유권이전등기청구를 구할 수 없다.
   사안에서 원고들은 경기도를 피공탁자로 하여 협의 당시 경기도로부터 지급받은 보상금 상당금액을 변제공탁을 하여 선이행의무를 이행하였다.

4. 환매의 절차 및 효과

가. 통지·공고

환매할 토지가 생겼을 때에는 사업시행자는 지체없이 이를 환매권자에게 통지하여야 한다(동법 92①). 사업시행자의 통지나 공고에 의하여, 또는 통지나 공고를 기다릴 것 없이 환매권자가 자발적으로 이를 할 수 있다.

나. 환매권의 존속기간

(1) 법률의 규정

사업시행자의 통지를 받은 날 또는 공고를 한 날로부터 6월이 경과함으로써 환매권이 소멸된다(동법 92②). 사업시행자의 통지나 공고가 없는 경우에는 ① 당해 토지의 전부 또는 일부가 필요 없게 된 때부터 1년 또는 그 취득일부터 10년 이내, ② 사업에 이용하지 아니하고 5년이 된 때에는 수용일로부터 6년을 경과함으로써 소멸된다(동법 91①·②).

(2) 사안의 경우

사안에서 피고 경기도는 원고들에게 이 사건 토지에 대한 환매권 행사를 위하여 통지를 하거나 공고를 한 사실이 없다. '필요없게 된 때'로부터 1년이 경과하였더라도 취득일로부터 10년이 경과되지 아니하였다면 환매권을 행사할 수 있다는 것이 판례의 태도이다.

그러므로 이 사건 토지가 피고 경기도의 양산초등학교 건립사업에 필요없게 된 때로부터 1년이 도과하였다 하더라도, 피고 경기도가 원고들로부터 이 사건 토지의 소유권을 협의에 의하여 취득한 날부터 기산하여 10년 이내이면 환매권 행사가 가능하다.

다. 효과

환매는 사업시행자의 동의를 요하지 않고, 환매권자의 의사표시만으로 성립하는 형성권이다. 환매권의 행사로 소유권의 변동이 일어나는 것은 아니고 소유권이전등기청구권이 발생한다.

5. 사안의 해결

원고들은 초등학교 건립사업을 위한 공익사업의 폐지·변경으로 환매사유가 발생하였다고 주장한다.

사안에서 경기도는 B주식회사와 사이에 아파트 단지 내 부지와 이 사건 학교용지를 교환함으로써 이 사건 토지는 당초의 공익사업부지로 사용되지 않게 되었다. 결국 이 사건 협의취득의 목적이 된 '양산초등학교 건립사업'은 폐지·변경되었고 이 사건 토지는 더 이상 위 당해 사업에 필요 없게 되었다. 따라서 이 사건 토지에 대하여 환매사유가 발생하였다는 원고들의 주장은 타당하다.

II. 설문(2)의 해결 - 공익사업의 변환에 해당하는지 여부

1. 문제점

원고들 소유였던 이 사건 토지가 초등학교 건립사업에서 중학교 건립사업으로 변경된 것이 공익토지법 제4조 제4호 소정(학교)의 공익사업으로서 제91조 제6항 소정의 공익사업의 변환에 해당하는지를 검토할 필요가 있다.

2. 공익사업의 변환

가. 의의 및 취지

토지를 협의취득 또는 수용한 후에 그 공익사업이 다른 공익사업으로 변경된 경우에 다시 동일한 절차를 거치지 않고 다른 공익사업에 그 토지를 이용하도록 하는 제도를 말한다.

원칙적으로 환매의 대상이 된다고 할 것이나, 환매를 하고 다시 수용하는 번거로움을 없애는 무용한 절차의 반복을 피하기 위하여 공익사업의 변환을 인정한다.

나. 성립요건

① 주체는 국가·지방자치단체 또는 '공공기관의 운영에 관한 법률' 제4조부터 제6조까지의 규정에 따라 지정된 공공기관 중 대통령령으로 정하는 공공기관이다. ② 사업인정을 받은 공익사업이 공익토지법 제4조 제1호 내지 제5호에 규정된 사업으로 변경된 경우여야 한다(동법 91⑥). ③ 사업시행자와 다른 공익사업의 사업시행자가 동일할 것은 요하지 않는다.

다. 변경된 사업의 사업인정

새로운 공익사업에 관해서도 공익토지법 제20조 제1항의 규정에 의해 사업인정을 받은 것으로 볼 수 있는 경우에만 이를 인정할 수 있다는 것이 판례의 태도이다. 그런데 사안에서는 이 사건 소송 도중에 국토계획법 제30조에 의하여 이 사건 학교용지에 설치될 시설을 '초등학교'에서 '중학교'로 변경하는 내용 등이 포함된 도시관리계획을 결정하고 이를 고시하였을 뿐 중학교 건립사업에 관하여 공익토지법에 따른 사업인정을 받지 않았다.

라. 변환의 효과

토지의 환매권 행사기간은 당해 공익사업의 변경을 고시한 날부터 기산한다(동법 91⑥). 공익사업의 변환은 공익사업의 변경고시일로부터 새로운 환매기간이 기산되므로 환매권 행사기간이 연장되는 결과가 된다.

3. 사안의 해결

피고 경기도는 공익사업의 변환을 주장하는 '중학교 건립사업'에 대하여 공익토지법에 따른 사업인정을 받은 바 없다. 그리고 이 사건 학교용지는 중학교 건립사업의 시행자와 무관한 B회사에 처분되어 현재 변경된 사업시행자가 소유하고 있지도 않다. 따라서 공익사업의 변환 주장은 이유가 없어 타당하지 않다고 할 것이다.

저자 약력

- 경희대학교 법과대학, 동 대학원 졸업(법학박사, 행정법)
- 제34회 사법시험 합격, 사법연수원 24기 수료, 변호사
- 경희대학교 법과대학·법학전문대학원 교수
- 행정법 전문변호사(대한변협 2010년 등록)
- 지방직 공무원시험 출제위원(행정법)
- 중앙행정심판위원회 위원
- 법무부 변호사제도개선위원회 위원
- 제52회 사법시험 2차 출제위원(행정법)
- 변호사시험 위원(행정법)
- 제2회 법조윤리시험 출제위원
- 서울북부지방검찰청 정보공개심의회 위원

주요저서

* 법조윤리강의[개정판], 박영사, 2011.
* 최신행정법강의(상), 박영사, 2009.
* 공법기록형 공법소송실무, 박영사, 2011.
* 최신행정법강의(하), 박영사, 2009.

주요논문

◇ 교통공해와 영조물책임 (인권과 정의 2008. 4.)
◇ 인신보호법에 관한 연구 (인권과 정의 2009. 2.)
◇ 변호사의 직업윤리에 대한 고찰 (법조 2009. 6.)
◇ 질서위반행위규제법에 대한 고찰 (외법논집 2009. 8.)
◇ 과태료의 실효성 제고수단에 관한 연구 (성균관법학 2009. 12.)
◇ 집중효가 발생하는 건축신고에 관한 법률적 검토 (외법논집 2010. 2.)
◇ 변호사법상 법무법인, 법무법인(유한), 법무조합의 책임에 관한 연구(경희법학 2010. 3.)
◇ 변호사 직무의 공공성(한양법학 2010. 5.)
◇ 변호사의 보수에 관한 고찰(법조 2010. 6.)
◇ 공행정을 수행하는 사인의 법적 지위(경희법학 2010. 6.)
◇ 사립학교의 종교교육의 자유(한양법학 2010. 8.)
◇ 개정 행정심판법의 주요쟁점에 관한 검토(행정법연구 2010. 8.)
◇ 변호사와 의뢰인의 수임관계에 관한 고찰(외법논집 2010. 11.)
◇ 변호사 징계제도에 관한 비판적 고찰(법과 정책연구 2010. 12.)
◇ 변호사의 이익충돌회피의무(경희법학 2011. 6.)
◇ 변호사의 비밀유지의무(외법논집 2011. 11.)

실전답안 행정법연습

지은이 / 정 형 근	발 행 / 2012. 1. 30
펴낸이 / 조 형 근	
펴낸곳 / 도서출판 동방문화사	

서울시 서초구 방배1동 905-16. 1층
전화 : 02)3473-7294   팩스 : (02)587-7294
메일 : 34737294@hanmail.net   등록 : 서울 제22-1433호
표지디자인 / 서진아이디피 02)2264-8288

저자와의 합의에 의해 인지 생략

破本은 바꿔 드립니다.
정 가 : 48,000원

本書의 無斷複製行爲를 禁합니다.
ISBN 978-89-91902-01-5 93360